咬文嚼字

合订本

2019

上海咬文嚼字文化传播有限公司

上海文艺出版社

图书在版编目（CIP）数据

2019年《咬文嚼字》合订本 / 《咬文嚼字》编辑部编. -- 上海 : 上海文艺出版社, 2020
ISBN 978-7-5321-7425-6

Ⅰ. ①2… Ⅱ. ①咬… Ⅲ. ①汉语－语法分析 Ⅳ. ①H14

中国版本图书馆CIP数据核字(2019)第245322号

封面设计 王怡君

2019 Nián《Yǎowén-jiáozì》Hédìngběn
书　　名　2019年《咬文嚼字》合订本
编　　者　《咬文嚼字》编辑部
出　　版　上海文艺出版社
地　　址　上海绍兴路7号2楼
邮政编码　200020
发　　行　上海文艺出版社发行中心发行　上海市绍兴路50号
印　　刷　上海春秋印刷厂
开　　本　787×1092 1/32
印　　张　24.875
版　　次　2020年1月第1版 2020年1月第1次印刷
国际书号　ISBN 978-7-5321-7425-6/H.063
定　　价　50.00元（平装）
告 读 者　如发现本书有印刷质量问题请与印刷厂质量科联系
电　　话　021-33854186

更上一层楼

（序）

濮之珍

2019年12月，《咬文嚼字》出版300期，回想初创时不容易，现在深受广大读者喜爱，并多次得奖，成为全国知名语文刊物，可喜可贺。

语文是基础。汉语汉字是具有中国民族特色的语文形式，是祖国几千年优秀文化的载体。汉语汉字随着我国社会发展，历经了发展变化，一直在为我国的社会主义建设事业服务。

我国自古以来就有重视语文规范的传统。秦始皇统一中国后，推行“书同文”，以小篆为规范正字。汉代重识字教育，编写多种识字课本，还定下语文政策。据《汉书·艺文志》记载：“太史试学童，能讽书九千字以上，乃得为史。……吏民上书，字或不正，辄举劾。”这就是说，学童能背书九千字以上，方能任职，而吏民上书朝廷，写了错字就要受罚。可见当时对语文规范要求是相当严格的。

我国自古以来就重视对语文的应用。古人讲求炼字、遣词。如关于唐代贾岛、韩愈“推敲”的故事。据记载：贾岛构思得句“鸟宿池边树，僧敲月下门”，始欲着“推”字，又欲着“敲”字，炼之未定。遂于驴上吟哦，时时引手作“推敲”之势，竟忘形闯了韩愈的道。后来与韩愈讨论，韩立马良久，谓岛曰：“作‘敲’字佳矣。”为什么“敲”比“推”好呢？我们体会，用了“敲”字这个具有动态的词，使全诗不仅有画面，而且有声音，有了听觉形象。

又如《容斋随笔》记载：王荆公绝句云“京口瓜洲一水

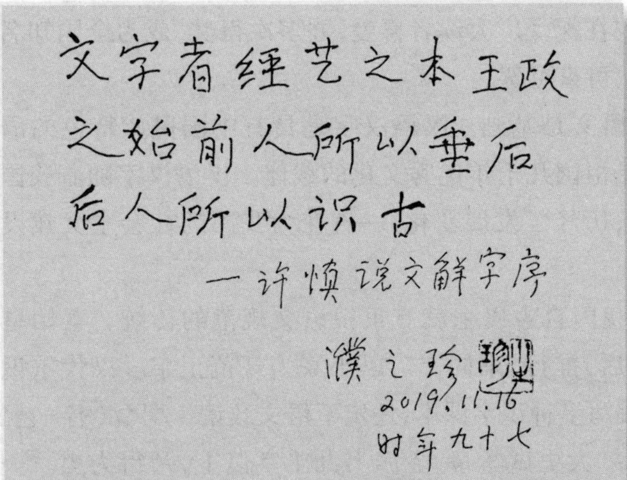

濮之珍先生题词祝贺《咬文嚼字》出版300期

间，钟山只隔数重山。春风又绿江南岸，明月何时照我还”。吴中士人家藏其草，初云“又到江南岸”，圈去“到”字，注曰“不好”，改为“过”。复圈去，改为“入”，旋改为“满”，凡如是十许字，始定为“绿”。王安石这句诗，为什么“绿”字好呢？因为用“绿”字，既表达了“到、过、入、满”等字所能表达的，又表达了它们所不能表达的，那就是诗人思之再三所要表达的春天的颜色。

可见，要想词能达意，说得准确，写得生动，就要重视语文的学习、应用，要下功夫学好语文。

1949 年中华人民共和国成立以后，党中央十分重视语文的学习和规范，并制定了有关语文政策。1955 年，在北京召开“现代汉语规范问题学术会议”，当时周总理是十分关心现代汉语的学习、规范的。2001 年又施行了《中华人民共和国国家通用语言文字法》。我们要重视语文学习、语文应用的好传统，我们要热爱母语，领悟母语的优美。

《咬文嚼字》编者恪尽职守、谦虚谨慎，联系社会语文实际，关心读者的需要。《咬文嚼字》办得好，在语文学习、研究方面起到推动作用，在语文规范方面是有贡献的。祝《咬文嚼字》越办越好，更上一层楼。

2019 年 11 月 14 日

《咬文嚼字》2019年第1—12期(总第289—300期)

总 目 录

（斜线后的数字，前为期数，后为页数）

年度盘点

语林漫步

热点聚焦

气 象 站

追踪荧屏

时尚词苑

一针见血

辨字析词

借题发挥

学　林

正　音　室

文章病院

热线电话

网言网语

十字街头

东语西渐

检 测 窗

词语春秋

华 语 圈

锁定名人

编校信箱

八面来风

谈联说谜

读　书

向你挑战

看图说话

雾里看花

微 语 录

火眼金睛

新年寄语

广 角 镜

其　他

2018年度向全国少年儿童推荐的百种优秀报刊

YAOWEN-JIAOZI

咬文嚼字®

锦鲤

鲤经长期选育而产生的变种。体形硕长，极富观赏价值，因其色彩鲜艳美丽而称“锦鲤”。“鲤”是因何而得名呢？《本草纲目·鳞部》：“鲤鳞有十字纹理，故名鲤。”

01
2019

上海世纪出版集团

欢迎至邮局订阅本刊 邮发代号 4-641
国内统一连续出版物号 CN 31-1801/G
定价：5.00 元

新年寄语

编刊人也要弘扬“店小二”精神

编 者

“岁去弦吐箭”，似乎是在转眼间，我们将迎来2019年。在这里，我们向新老朋友致以新年的祝福，祝大家万事如意，喜乐安康！

许多地方倡导，政府部门、领导干部要当好服务企业、服务基层的“店小二”。编刊人一样，也应弘扬“店小二”精神，做好服务读者的“店小二”。在新的一年，本刊工作将围绕以下两点展开：

一要弘扬“店小二”的“顾客至上”精神。把读者摆在第一位，以读者为中心，想读者之所想，急读者之所急。栏目的设置、稿件的组织、文章的加工、版式的编排等等，均以满足读者需要为最高原则。

二要弘扬“店小二”的“服务至上”精神。一切为读者的利益考虑，尽最大努力为读者提供最便利、最可靠、最优质的服务。在继续办好《热线电话》专栏的基础上，探索数字化传播形态下更好服务读者的新举措。

亲爱的读者朋友，让我们手拉着手，一起进入2019吧。

2018年12月

“粪翁”的由来

康　泰／文　臧田心／画

邓散木是声名显赫的金石书画家。原名“铁”，字“钝铁”，作品上也常署含有“铁”字的名号。邓散木成名后，附庸风雅者竞相效仿，也以“铁”字起名、起号。邓散木笑了，改号“粪翁”。从此，再也无人效仿了。其实，“粪翁”的“粪”，是“粪除”的意思，即打扫、清除。

咬文嚼字®
2019年1月1日出版
1
总第289期

主管：上海世纪出版集团
主办：上海咬文嚼字文化传播有限公司
编辑、出版：《咬文嚼字》杂志社
集团网站：http://www.shwenyi.com
E-mail：yaowenjiaozi2@163.com
官方微博：
http://weibo.com/yaowenjiaozish
电话传真：021-64330669
发行电话：021-64674759
邮购电话：021-64372608-243
地址：上海市绍兴路7号
邮政编码：200020
发行：上海市报刊发行局
发行范围：国内外公开
订阅处：全国各地邮局
邮发代号：4-641
ISSN 1009-2390
CN 31-1801/G
印刷：上海中华印刷有限公司
印厂电话：021-60829062
021-60299079
广告经营许可证：沪工商广字
3100320050020号
定价：5.00元

年度盘点

2018年十大流行语

《咬文嚼字》编辑部

（2018年12月）

一、命运共同体　命运共同体，即在相同条件下结成的命运攸关的集体，源自人类命运共同体。人类命运共同体指全人类都生活在同一地球上，同处于一个利益攸关的集体中，各国要在追求本国利益时兼顾他国合理关切，在谋求本国发展中促进各国共同发展。十八大以来，习近平总书记在一系列国内国际场合提出构建“人类命运共同体”。在十九大报告中，总书记再一次提出，“坚持和平发展道路，推动构建人类命运共同体”。2018年3月11日，第十三届全国人民代表大会第一次会议通过《中华人民共和国宪法修正案》，将《序言》中“发展同各国的外交关系和经济、文化的交流”修改为“发展同各国的外交关系和经济、文化交流，推动构建人类命运共同体”。构建“人类命运共同体”已引起各国关注，得到全球认同，成为推动全球治理体系变革、构建新型国际关系的国际共识。“命运共同体”也已成为一个全球“热词”。

二、锦鲤　锦鲤，本是一种高档观赏鱼，深受人们喜爱。2018年国庆期间，支付宝官方微博开展了一个抽奖活动，从转发此条抽奖微博者中抽奖，抽中的人为“中国锦鲤”，吸引300多万次转发。10月7日支付宝揭晓了抽奖结果，幸运的

"中国锦鲤"获得了"中国锦鲤全球免单大礼包"。"锦鲤"立马走红,网络上掀起了转发配有"锦鲤转运""锦鲤祈愿""锦鲤保佑""锦鲤还愿"等文字的锦鲤图像的热潮。"锦鲤"于是成为"好运"的象征。后来,随着热度增长,"锦鲤"开始泛指在小概率事件中运气极佳的人。"锦鲤"的走红及其意义的泛化,隐含了人们对美好生活的向往。

三、店小二 店小二,原指旧时茶馆、酒肆、旅店等处负责接待顾客的伙计。"店小二"热情的态度、周到的服务,是店家带给顾客美好体验的重要因素。浙江曾提倡,政府部门、领导干部要当好服务企业、服务基层的"店小二"。"店小二"便逐渐演化出新用法,推进经济发展、为企业提供周到服务的政府部门及领导干部常自比"店小二"。随后,上海也强调,"政府要努力做好'店小二'"。发扬"店小二"精神,优化营商环境,已成为开创高质量发展新局面的新动能。

四、教科书式 2018年5月,有人上传了一段上海民警街头执法的视频。视频中执法人员查处违法行为,无论是执法程序还是现场指令等都无可挑剔,具有教科书般的规范性,被网民称为"教科书式执法"。随着视频的"热传","教科书式"也逐渐流传开来,人们用它来指"规范的""典范的""经典的""示范的""完美的"等,形容某事做得非常标准、规范,如"教科书式表演""教科书式避险""教科书式设计"等等。同时,语言运用中也出现了"教科书式耍赖""教科书式下套""教科书式坑人"等说法,这是对"教科书式"的反用。

五、官宣 2018年10月16日,赵丽颖与冯绍峰同时在微博上发布"官宣",公布二人结婚喜讯。两人都是粉丝众多的明星,婚讯备受关注,引发网络疯狂转发。几天后,"官宣"纷纷出现在新旧媒体上,都是某个人或某机构宣布的某消息。

“官宣”迅速走红。“官宣”从“官网”“官微”衍生而来，义为“官方宣布”。其“官方”指某种权利的拥有方。“官方”本指政府方面，如“官方人士”“官方消息”等，把个人、机构等非官方的信息发布行为称“官方”，也有强调其权威性、可靠性的意味。

六、确认过眼神 确认过眼神，即从眼神里得到了证实，出自林俊杰《醉赤壁》里的一句歌词：“确认过眼神，我遇上对的人。”今年走红网络的“确认过眼神”，仅表示“确认过”“甄别过”的意思，与“眼神”不一定有关。这个用法源自2018年春节（2月16日）一网友发布的一条吐槽广东人过年红包面额小的微博：“确认过眼神，你是广东人。”后又有网友在网上发了一个题为《傻子看傻子觉得对方才是傻子》的视频：两个男生在楼下用手机拍趴在楼顶的三只哈士奇狗，而哈士奇则一脸冷漠地看着楼下。有网友评论“确认过眼神，是不想理的人”，收到大量的“赞”。“确认过眼神”于是走红，网络上掀起一场造句“竞赛”，如“确认过眼神，他是我爱的人”“确认过眼神，你是能考上‘双一流’的人”“确认过眼神，你是蚊子偏爱的人”“确认过眼神，是我要买的包”等等，层出不穷。“确认过眼神”的流行，反映了人们面对良莠不齐的海量消息甚至虚假信息时希望得到“确认”“甄别”的心理。

七、退群 群，指在微信、QQ等社交平台建立的可以供一定数量的人群交流的小组；退群，即退出某个社交平台上的交流小组。后来，含义引申，使用范围扩大，退群也指退出某一群体。特朗普担任总统之后，美国接连退出了好些国际协议或组织，如《跨太平洋伙伴关系协定》、《巴黎气候变化协定》、《伊朗核问题全面协议》、万国邮政联盟、联合国教科文组织等等。特朗普甚至扬言，美国将退出世界贸易组织。“退群”因此成为一个高频热词，广泛出现在新闻报道中。

八、佛系 “佛系”是一个外来词。2014年日本某杂志介绍了一个“男性新品种”——“佛系男子”，即爱独处、专注于自己的兴趣、不想花时间与异性交往的男人。2017年12月，一篇题目为《第一批90后已经出家了》的博文介绍了现在年轻人的“佛系生活”方式，其“佛系”义指“不争不抢，不求输赢，不苛求、不在乎、不计较，看淡一切，随遇而安”的生活态度。“佛系”迅速引爆网络，并显示出超强的构词能力，“佛系青年”“佛系生活”“佛系人生”“佛系乘客”“佛系父母”以及“佛系恋爱”“佛系养生”“佛系养鱼”“佛系购物”等等，层出不穷。有人说，“佛系”的流行体现了年轻人对锱铢必较、非理性争执的反感，希望构建和谐的生活秩序。也有人说，年轻人以“佛系”自嘲，体现的是一种求之不得干脆降低人生期待值的无奈，反映的是一种不可取的消极生活态度。

九、巨婴 巨婴，本是指体形巨大的婴儿。近年来，人们用“巨婴”喻指心理滞留在婴儿阶段的成年人。这类人以自我为中心，缺乏规则意识，没有道德约束，一旦出现超乎自己预期的情况，就会情绪失控，产生过激的非理性行为，给社会带来灾难性后果。今年“高铁霸座”“重庆万州公交车坠江”等事件，让“巨婴”的热度进一步升高。“巨婴”现象已引起了全社会关注。

十、杠精 杠，即抬杠；精，即精灵、精怪。杠精，指“抬杠成精”的人。这种人往往不问真相，不求是非，为反对而反对，为争论而争论。“杠精”去年已出现。今年4月有人在网上发表了一幅调侃“杠精”的漫画：一女生向一“杠精”表白，并要求去见他的母亲。“杠精”说：唯独这件事不可以，因为“杠精”不配拥有母亲。“杠精”迅速走红。“杠精”的流行是人们对这种行为的反感所致。

追踪荧屏

此“芗”非彼“湘”

◎禾　宝

央视戏曲频道2018年10月5日播出的《2018中国戏曲大会》节目中出现了一道连线题，要求将戏剧名和剧种进行配对。点评嘉宾在讲解时说道：“那么福建的湘剧，自然就写的谷文昌。”（字幕同步显示）这里出了一个错误，“湘剧”应为“芗剧”。

芗剧是一个戏曲剧种。其前身歌仔戏形成于清末，主要流行于福建南部和台湾。1937年，以歌仔戏为基础，吸收锦歌以及高甲戏、京剧、南词的音乐发展出一种“改良戏”。由于改良戏在闽南芗江（九龙江中游，今属漳州龙海）一带广泛流传与发展，1954年改名为“芗剧”。其唱腔曲调有七字调、杂碎调、哭调、杂念调和民歌小曲等。伴奏乐器有壳子弦、大广弦、台湾笛、三弦等。

“湘”是湖南的别称，而湘剧正是流传于湖南长沙、湘潭一带的戏曲剧种。湘剧起源于明代，以唱高腔、乱弹为主，传统剧目有一千多个，如《投笔记》《琵琶记》《奇双会》等。电视节目中提到的谷文昌曾任福建东山县县长，是个热爱人民的好干部，漳州是他曾经工作过的地方，也是他病逝的地方。芗剧《谷文昌》是福建当地人民为了纪念他创作的，和湘剧没有关系。

对皇帝什么时候称庙号

◎龙启群

电视剧《大明王朝惊变录》中，明代皇帝朱祁镇北征瓦剌，在土木堡之变中被瓦剌俘虏。瓦剌太师挟朱祁镇要挟明廷不成，率军进犯北京，但瓦剌军大败。剧中第13集瓦剌军队撤退时，瓦剌太师吩咐手下："带上英宗，撤退三十里地扎营。"（字幕同步显示）英宗是朱祁镇的庙号，剧中称朱祁镇为英宗是不妥的。

庙号是皇帝死后，在太庙立室奉祀时特起的名号。瓦剌兵败退走后，留着朱祁镇无用，将他放回北京。此时，朱祁镇的弟弟朱祁钰已即位，他将归来的兄长软禁在宫中。后朱祁镇于景泰八年（1457）复辟，改元"天顺"。天顺八年（1464）朱祁镇病逝，他的儿子朱见深继位做了皇帝，谥朱祁镇为法天立道仁明诚敬昭文宪武至德广孝睿皇帝，庙号为英宗，葬于明十三陵之裕陵。也就是说，在朱祁镇被俘时，明朝根本还没有"英宗"这一名号，瓦剌太师也就不可能把朱祁镇称作"英宗"。

屈原怎会自称“灵均”

◎夏传寿

《思美人》是一部以屈原为主人公的电视连续剧。笔者发现剧中不止一次地出现屈原自称“灵均”的情节，如第二集中屈原就说：“今日大君寿宴，集天地精华荟萃，日月恩宠加身，灵均特献诗一首。”（字幕同步显示）这是很不妥当的。

屈原（约前340—约前278），名平，字原；又自云名正则，字灵均。《楚辞·离骚》：“名余曰正则兮，字余曰灵均。”而字是在本名之外另取的和本名含义有某种关联的名字。如“原”即平坦的地面，和“平”有关。

成年取字，是供他人称呼用的。古代男子成人后，按照礼节他人不便直呼其名，故取字作为别名。《礼记·曲礼上》：“男子二十，冠而字……”孔颖达疏：“人年二十，有为人父之道，朋友等类不可复呼其名，故冠而加字。”字还有表达德行之用，所以当要表达对他人的尊重时，必要称其表德的字。后因称字为表字。而本人自称时应谦虚，不可用表字。“灵均”是屈原的字，别人可以称他为“灵均”，他本人却不应该自称“灵均”。

时尚词苑

此"戏精"不是彼"戏精"

◎刘冰鑫

《说文解字》中对"精"字的解释为"精，择也。从米青声"。"精"的本义为细选出的上等好米，后表示摘选或提炼出的优质品，如"味精""香精""酒精"等。随着使用范围扩大，"精"的指称对象由物扩展到人，如形容人聪明伶俐、精明能干，常常使用"人精"。流行语"戏精"可理解为演技精湛的演员。例如：

（1）曾有观众担心，来自南方水乡的周迅是否能诠释好山东大妮九儿，不过"戏精"就是"戏精"，周迅把自己身上那股敢爱敢恨的率性，和九儿的倔强泼辣，融合得浑然一体。（《长沙晚报》2014年10月30日）

（2）如果说《泰坦尼克号》时期的莱昂纳多，还是个靠外表惊艳世人的青涩小子，那这些年，从《纽约黑帮》里背负心魔十年的黑帮大佬儿子……再到最近的《被解放的迪亚戈》中油腔滑调的农场主，莱昂纳多已被打磨成"戏精"。（《郑州晚报》2013年1月23日）

例（1）（2）中的演员并非天赋异禀，而是凭借自己多年的努力和付出才赢得"戏精"的美称。这个"戏精"只形容演员，是对演员演艺的赞赏，为褒义词。这是沿用多年的"戏精"，"演艺精湛的演员"乃是"戏精"的本义。近年来突然又冒出一个词义截然不同的新"戏精"。

2017年，有一档名叫《演员

的诞生》的综艺节目火遍网络。不少网友认为这档节目之所以风靡一时，并不是演员的演技有多么出色，而是节目组自我肆意炒作，制造网络热点以博人眼球。由于事实上明星的演技并不尽如人意，该节目遭到众多网友的吐槽，他们将“演员的诞生”改写为“戏精的诞生”。从此，“戏精”常被用作贬义词，带有随意夸大、过分表演之意。

渐渐地，“戏精”不再专指演员，任何职业身份的人都可称为“戏精”，以讽刺某些人为了引起他人关注，故意炫耀、作秀，过分表现自己。请看：

（3）“霸座男”孙某赤裸上身，以办公座椅当轮椅，由朋友推着，他笑着挥手，还喊“龙哥”帮他推车……此举被网友精辟地点评为：无耻到了新高度，也由此掀起了新一轮对“戏精”孙某的批评和嘲讽。（《钱江晚报》2018年9月5日）

“戏精”还可以指两面三刀、表里不一的人，他们往往隐瞒真相，欺骗他人，牟取不正当利益。请看：

（4）两面人隐藏极深、伪装极具欺骗性，是官场里的“戏精”，对党的事业危害甚大。（《中国纪检监察报》2018年7月26日）

（5）仅仅是空调遥控器乱码，重新设置只需1分钟，然而上门服务的11家维修商中，仅2家说真话，其余9家编造出电脑板或电子元器件故障、缺少制冷剂等各种毛病，堪称“戏精”。（《解放日报》2018年7月19日）

例（4）“戏精”干部说一套做一套，违背党的初衷，不为人民办实事，影响恶劣。例（5）“戏精”维修商不尊重顾客，随意欺瞒消费者，侵犯了消费者的合法权益，受到谴责。

各式各样的新“戏精”们不择手段，追求“虚浮夸”“假大空”，败坏了社会风气。此风不可长！我们希望每一个人都要活出真实自我，少一份套路，少一份虚假，多一份真诚，多一份信用，使社会更和谐、更温馨。

方言词“怂”走进主流媒体

◎徐靖怡

“××真怂”“不能怂”曾经是网络上出现频率很高的语句，表达一种不要胆怯退缩、应该勇往直前的态度。后来，“怂”成了相声、小品，乃至电视连续剧中的流行词。其实“怂”是“㞞”的讹借字，或者说“㞞”被雅化写作“怂”。跟词典上原有的“怂”不同，这个“怂（㞞）”本是陕甘地区方言的常用词，用来讥笑嘲讽人软弱无能。随着这一用法的广泛传播，报纸上也常能见到“怂”的身影。例如：

（1）一次连队组织3公里跑，全班竟有一大半不合格。讲评时，班长恨铁不成钢地吐出两个字：“怂货！”（《解放军报》2015年12月9日）

（2）张翰饰演的卓亦凡出场时，就带着一种少年不知愁的小傲娇，可惜遇到真汉子吴京就立刻破功变成怂包。（《环球时报》2017年8月9日）

（3）而人前吆五喝六的大帅竟然是最怕老婆的怂人，还有萌倒众人的呆萌小僵尸，浓烈的喜剧元素扑面而来，影片中惊喜更是不断。（《北京青年报》2016年4月14日）

（4）六爷掏心窝子说：最起码男人要有个男人的样子，我顶看不上你那娘了吧唧的怂样……这是老辈人对小辈人的总吐槽，也是双方关系中的一道死结。（《北京青年报》2015年12月26日）

例（1）中跑步不及格被称

作“怂货”，例(2)中与“真汉子”相对的“怂包”，例(3)中怕老婆的“怂人”，以及例(4)中“娘了吧唧”的“怂样”，都是指人不能干、胆小怯懦，带有贬义色彩。

近来，方言词“怂”也可以用来调侃自己。例如：

(5)法网首轮0:2出局的大威，吞下了职业生涯第一个两站大满贯连续一轮游。封杀她的是中国美少女王蔷……这次中国姑娘果断坚决地赢到了最后，“取胜关键就是没有怂……”(《新民晚报》2018年5月29日)

(6)不过在现场，徐静蕾透露自己突然变得特别“怂”，这次跨界音乐之旅已经成了她人生中除了考电影学院最大的一个挑战，“特别可怕，我为此瘦了8斤”。(《人民日报》2018年6月8日)

例(5)中说自己取胜关键是“没有怂”，例(6)中透露自己变得“特别怂”，都是对自己的调侃，用流行词将内心恐惧、弱势轻松化。

“怂”字的本义为惊惧，作动词时表示鼓动，如怂恿，这是“怂”的传统用法。如今，方言词“怂”已经走进主流媒体。我们应该了解“怂”的新义新用法。

《当风暴来时》参考答案

1. 启示——启事
2. 偏辟——偏僻
3. 危胁——威胁
4. 单簿——单薄
5. 凑和——凑合
6. 欣尝——欣赏
7. 脑羞成怒——恼羞成怒
8. 肆无忌殚——肆无忌惮
9. 克不容缓——刻不容缓
10. 气喘嘘嘘——气喘吁吁

一针见血

如何“秣马”

◎李景祥

2018年9月6日《辽沈晚报》第16版有《沙果干》一文，其中有一句是这么说的：“有人说大辽萧太后的妹妹英哥在大岭中秫马厉兵时就喜欢吃沙果干，也有人说沈阳大帅府的张作霖父子把沙果干当成东北一宝了。”这里的“秫马”当改为“秣马”。

秣，读作mò，喂牲口的饲料，引申为喂牲口。汉语里有“秣马厉兵”一词，义为喂饱战马，磨砺兵器，即做好战斗的准备。“秫”读shú，指有黏性的谷物，也泛指高粱。“秫马”解释不通。误“秣”为“秫”当是形近所致。

“急蹴”怎可成文

◎陈关春

在中国工人出版社2001年出版的《检讨书》一书的第44页上，有这样一段文字：“‘现代修正主义者’为郭小川鸣冤叫屈的消息传入国内，郭就坐不住了，慌恐中急蹴了一篇文章——《不值一驳》，表明‘自己的态度’……”这里的“急蹴”一词应改为“急就”。

“就”有很多义项，可以表达成功、完成之义。《老残游记》第十七回：“老残已在纸上如说写就。”所谓“急就”便是速成、仓促而成的意思。叶圣陶《某城纪事》：“仲篪说完他的急就的计划，结句说：我们至亲，一定可以帮忙吧？”上述文章中说郭小川因慌恐而立刻写了篇文章，正可谓“急就”。

蹴，读cù，从足就声，义为踩、踢、追逐。文章是“急蹴”不出来的。

不是“钗子”是“叉子”

◎沈阳仁

“女人麻利地舞动着双臂，

用特制的钗子把红薯叶从开水里捞起，稍微沥下水后，丢进旁边的缸里，动作娴熟而有节奏。”这是2018年9月12日《人民日报》24版《红薯叶》中的一句。其中“钗子”应为“叉子”。

钗子是一种首饰，由两股簪子交叉组合而成。一般用它来绾住头发，也有人用它把帽子别在头发上。用钗子从开水中捞红薯叶，不但难以捞出，还容易把人烫伤。况且，现今女性一般也不用钗子了，更无人“特制”钗子去从开水里捞东西。而叉子是一端有两个或两个以上的长齿，另一端有或长或短的便于手握之柄的器具。用来从开水中捞红薯叶的该是“叉子”，“特制”的应当更好用。

“沉淀淀”？“沉甸甸”！

◎国　轩

上海教育电视台2018年9月21日晚播出的《百姓鉴宝汇》节目中，前来鉴宝的绿松石主人说：这块绿宝石的重量有一千多克，捧在手里沉 diàndiàn 的。同步显示的字幕中最后四个字为“沉淀淀的”。“沉淀淀”应是“沉甸甸”。

沉甸甸，形容物体重量大。《红楼梦》第四十回：“那刘姥姥入了坐，拿起箸来，沉甸甸的不伏手。”“沉淀”是个化学术语，指溶液中难溶解的物质下沉到溶液底层，也指这种下沉的物质，引申指积累、凝聚。如潘漠华《冷泉岩》：“他用和平日不同的沉淀的眼光望住我。”

汉语中有“沉淀”“沉甸甸”，但无“沉淀淀”之说。

“国色天香”与《墨梅》无关

◎晋　相

央视中文国际频道在2018年9月30日播出的《快乐汉语》节目中，对牡丹“国色天香”的说法进行溯源，并在荧屏上显示了唐代李正封的《墨梅》。这里出现了一个错误，这首诗名为《牡丹诗》，而不是《墨梅》。

《牡丹诗》是唐代诗人李正封写的五言绝句，首二句为："国色朝酣酒，天香夜染衣。"当时玩赏牡丹在社会上蔚然成风，李诗用"国色""天香"来赞美牡丹的花色、花香，这是牡丹被称为"国色天香"的由来。

《墨梅》一诗是元代王冕的七言绝句。诗中借带有墨痕的梅花来自喻，表达出诗人洁身自好的人生追求。李正封并未作过《墨梅》。

此珠可"还"不可"环"

◎李可钦

《文史天地》2018 年第 10 期有一征联稿，其中一上联是"合浦环珠，时弊清除为国本"。这里"环珠"写错了，应是"还珠"。

"合浦还珠"的典故源自东汉孟尝的事迹。《后汉书·循吏传·孟尝》中记载：合浦原来盛产蚌珠，当地百姓以采珠为生，因原来的官吏趁机贪索，使得珠民大肆捕捞，导致蚌珠产量越来越少，人们误以为珠蚌迁往了他地。孟尝任合浦太守后，改革前弊，蚌珠生产又恢复了正常，人们以为珠蚌又从他地回来了。后来用"合浦还珠"比喻东西失而复得或人去复归。亦作"合浦珠还""还珠合浦"等。如元代王举之《送友赴都》："千里携书，赋温润荆山进玉，吐宫商合浦还珠。"将"还"误作"环"，应是音同形近致误。

"《牡丹亭》和临川四梦"？

◎木　子

《博览群书》2018 年 10 期刊有《为孙胤航列个书单》一文，其中有这样一句："明代更重要的作品是汤显祖《牡丹亭》和临川四梦，人类的情感，可以如汤显祖这般，情不知所起，一往而深。"句中"《牡丹亭》和临川四梦”有误，不该把《牡丹亭》和“临川四梦”并列而称。

汤显祖是明代著名戏曲作家，其戏曲代表作品有《紫钗记》、《还魂记》（亦名《牡丹亭》）、《南柯记》、《邯郸记》等。上述四部作品都有梦境穿插，而汤显祖为江西临川人，故合称为“临川四梦”。以《牡丹亭》最为著名。

《牡丹亭》中南安太守杜宝之女杜丽娘梦中与书生柳梦梅相爱，醒后感伤而死，葬花园梅树下并建梅花庵。三年后柳梦梅赴京应试途中因感风寒，住梅花庵中养病，在太湖石下拾得杜丽娘自画像。杜丽娘魂游花园与柳相会，柳开掘棺木，杜感而复生，最终二人结为夫妻。《牡丹亭》为“临川四梦”之一，不可将两者并举。

谁知“蒙鹿”义

◎阎德喜

《古文明之谜》（内蒙古文化出版社2002年1月出版）中有这样一句话：“到了女真兴起，大举南侵，汴京失守，徽钦蒙鹿，史称靖康之难。”句中“徽钦蒙鹿”让人不知所云，这里的“蒙鹿”应是“蒙尘”。

“蒙尘”是指为灰尘蒙覆，古代多指帝王失位逃亡在外，蒙受风尘。《左传·僖公二十四年》：“天子蒙尘于外，敢不奔问官守。”上述引文中所说的是北宋时金人强大，攻破汴京，徽钦二帝被掳北去。称徽钦二帝的遭遇为“蒙尘”是符合历史实际的。如清代梁绍壬《两般秋雨庵随笔·史阁部书》中就有“徽钦蒙尘，宋高缵统”一语。

将“蒙尘”误作“蒙鹿”，可能是“鹿”字与“尘”的繁体字形“塵”形似所致。

“惜字如墨”说不通

◎得　喜

《文学报》2018年8月23日第8版有一篇《庾信文章老

来成》，其中有一句："《放生记》中他写甲鱼的活灵活现，惜字如墨，看似轻松如意，实则都是处心积虑，大有讲究。"文中的"惜字如墨"应是"惜墨如金"。

惜墨如金，原指作画时不轻易用墨。陶宗仪《辍耕录》卷八："作画用墨最难，但先用淡墨，积至可观处，然后用焦墨浓墨……李成惜墨如金，是也。"现在形容写字、绘画、写文章等下笔非常慎重，力求精练。孙犁《秀露集·夜思》："现在，有些文艺评论家，赞美我在文字上惜墨如金。""惜字如墨"则不知所云。

人民法院并非政府部门

◎毛纬武

2018 年 10 月 18 日《余杭晨报》第 3 版整版刊载了《余杭区市民文明积分管理平台正式启用》一文，其中用图文并茂的方式介绍了"文明积分数据采集来源"，有一张图列举"政府部门数据归集"的对象，其中居然出现了"法院"。将法院列入"政府部门"是不准确的。

政府，即国家行政机关，是国家权力的执行机关。政府的具体组织形式各国都有所不同，我国政府指的是国务院（中央人民政府）和地方各级人民政府。法院和政府同为国家机构，均由人民代表大会产生，但它们的职能是完全不同的。按宪法规定，人民法院是国家的审判机关，我国设立最高人民法院、地方各级人民法院和军事法院等专门人民法院。人民法院属于审判机关，依照法律独立行使审判权，不受行政机关即政府干涉，自然也不属于"政府部门"。

"携榼"为哪般

◎杨昌俊

2018 年 10 月 11 日《北京晚报》第 38 版刊有《老北京人重阳登高上哪儿》一文，提及明清两代京城重阳登高的民俗活动时，引用了清代《燕京岁时记》里的一段话：

京师谓重阳为九月九。每届九月九日则都人士提壶携楹，出郭登高。

读到此处，让人疑惑。古人重阳登高时常常饮酒赋诗，“提壶”之意好理解，可“携楹”又为哪般？这“携楹”应是“携榼”之误。

榼，读作 kē，是古代盛酒或者贮水的器具，泛指盒类容器。《左传·成公十六年》：“使行人执榼承饮。”榼与壶，都是可以盛酒水的器具，古人重阳登高确有“提壶携榼”的习惯。

楹，读作 yíng，指厅堂的前柱，也泛指柱子。重阳登高干吗要“携楹”呢？

应是“琨蔽”和“六簙”

◎重 阳

《益寿文摘》2018 年 10 月 10 日 13 版《简谈“琴棋书画”》一文说：“六博棋亦称博戏或陆博，出现在春秋战国以前，《楚辞·招魂》中记载了六博棋的形制和比赛方法：‘篦蔽象棋，有六簿些。……’其中的‘六簿’便是六博棋。”《楚辞·招魂》中的原句为“琨蔽象棋，有六簙些”，引文中把“琨”误成了“篦”，把“簙”误成了“簿”。

琨，音 kūn，同“琨”，义为美玉。蔽，即簙箸，是六博的用具。琨蔽，就是用玉装饰的簙具。而篦，是一种梳齿较密的梳头用具，与六博棋无关。

簙，音 bó，是一种古老的掷彩下棋的游戏。六簙，即六博棋，由棋子、博箸、簙局（棋盘）三种器具组成。比赛时，“投六箸，行六棋，故为六簙也”（《楚辞章句》）。而簿，指本子，如练习簿、记事簿等，与六博棋无涉。

辨字析词

“雇佣”与“雇用”

◎王　敏

“雇佣”与“雇用”都是动词,都能指出钱请人为自己做事,但是它们还是有区别的。

一、读音不同

“雇佣”读 gùyōng,“雇用”读 gùyòng。

二、搭配对象不同

“雇佣”的对象必须是人,如“雇佣老妈子”。而“雇用”的对象可以是人,如“雇用工人”,还可以是人之外的事物,如“雇用车船、雇用马匹”等。

三、含义不同

同样是指出钱请人做事,“雇佣保姆”和“雇用保姆”意思一样。但是,“雇佣”另有两种特殊含义。

(1)作为政治经济学用语,特指资本对劳动力的支配关系。比如“雇佣劳动”特指受雇于资本家的雇佣劳动者的劳动。雇佣工人在生产中不仅能再生产出自身劳动力的价值,而且能创造出被资本家无偿占有的剩余价值。剥削雇佣劳动是资本主义制度的特征。马克思根据 1847 年 12 月的演讲稿写成《雇佣劳动与资本》一书,用通俗易懂的语言阐明了以剥削雇佣工人劳动为基础的资产阶级生产关系的实质,其中的“雇佣”不能写成“雇用”。

(2)构成名词性结构,特指受雇、被雇。“雇”既可指雇用,如“雇主”,也可指受雇,如“雇员”“雇农”。最复杂的词是“雇工”,如果把它理解为动词性结构,是指雇用了工人;如果把它理解为名词性结构,则是指受雇用的工人。“雇佣”可以特指受雇,比如“雇佣军”“雇佣兵”。特指受雇的结构都是名词性的，其中的“雇佣”不能写成“雇用”。且以“雇佣劳动者”为例，如果写成“雇用劳动者”，那就变成动词性结构了。

“雇佣”与“雇用”同中有异，显然不能混而用之。

遗憾的是，笔者手头的辞书，有的只说明了两者搭配对象不同，有的只收“雇佣”不收“雇用”。《现代汉语词典》释“雇佣”为“用货币购买劳动力”，释“雇用”为“出钱让人为自己做事”，很难分清二者的区别。其实，第二版及之前的《现汉》，词条有“雇佣”无“雇用”，但在“雇工”“东家”等释义中一直用“雇用”。第3版之后才收“雇用”和“雇主”。

常有人问，为什么“佣金”的“佣”念yòng不念yōng？回答是：此佣（yòng）非彼佣（yōng）。这个“佣”来自“用”。来看《汉语大字典》“用”字第19个义项的解释：“旧称买卖时给中间人的报酬为‘用钱’。后作‘佣’。《警世通言·吕大郎还金完骨肉》：‘（布商）知道吕玉买卖中通透，拉他同往山西脱货，就带绒货转来发卖，于中有些用钱相谢。’”

“雇佣”的“佣”是“傭”的简化字，作“被雇用、雇用”解时，《广韵》注音为余封切，折合成今天的读音是yōng。

还有人会问“用人”一词。《现汉》里有两个“用人”：读非轻声yòngrén，指的是“使用人”，动词；读轻声yòngren，指的是“仆人”，名词。但是，根据用字习惯，总觉得“用人”是动词，比如“用人单位”。如果指称仆人，加上单人旁的“佣人”更顺眼，但《汉语大词典》里“佣人”却读“yōngrén”。很可能，“用人”（yòngren）和“佣人”（yōngrén）都不能笑到最后。2016年向社会发布征求意见的《普通话异读词审音表（修订稿）》审订“佣人”的“佣”读yòng。最后到底会是什么结果呢？不妨拭目以待。

学林

王之涣《登鹳雀楼》的格律和用字

◎苏培成

王之涣《登鹳雀楼》是一首五言绝句。全诗四句，每句五个字，共二十个字。全诗是：

白日依山尽，黄河入海流。

欲穷千里目，更上一层楼。

绝句的格律指押韵和平仄。五言绝句的第二句和第四句要押韵，第一句可以押韵也可以不押韵。《登鹳雀楼》的第二句和第四句的韵脚分别是“流 liú（lióu）”和“楼 lóu”，韵部是 óu。平仄指的是声调的类型。古代汉语有四声，就是平声、上声、去声、入声。平声读平调，上、去、入三声合起来叫仄声，仄就是非平，调值有高低的变化。近体诗里平声和仄声要按照一定的格式组织起来，形成一种韵律，显示出诗歌的音乐美。普通话的四声是阴平、阳平、上声、去声。古代的平声分化为阴平和阳平，仍读平调。古代入声字在普通话里分别改读为阴平、阳平、上声、去声。读阴平、阳平的改为平调，读上声、去声的仍为仄声。按照诗律，五言绝句首句不入韵的平仄格式是：

㊀仄仄平平仄，平平仄仄平。

㊀平平仄仄，㊀仄仄平平。

字外加圈的字表示可平可仄。《登鹳雀楼》里“白”“日”“入”“欲”“目”“一”六个字古代是入声，普通话里分别演变为平声和去声。演变为平声的现代读起来，与古代的平仄不合。“白”现代读平声，出现在可平可仄的位置。“一”现在读平声，连读变调时改读为去声。“日”“入”“欲”“目”

现代读去声，去声属仄声，与古代的平仄一致。《登鹳雀楼》的二十个字的声调符合五言绝句的平仄格式。

下面谈《登鹳雀楼》的用字：

白。甲骨文白字象人头部的正面形，见于小篆皃字的上部。皃是貌的初文，指人的容貌。假借为黑白的白。

日。象形字，古文字象太阳之形。把弯曲的线条改为平直、方折的笔画就成为隶书、楷书的日字。

依。《说文》："依，倚也。从人，衣声。"倚：倚靠。依是形声字。

山。象形字，象山之形。

尽。繁体作盡。甲骨文盡是会意字，象手持洗涤用具洗涤器皿，意思是吃完饭把器皿洗涤干净，本义为完毕、完了。

黄。甲骨文黄字从矢，本义不明。假借为黄色之黄，沿用至今。

河。河本指黄河，后来泛指北方的河流。河是形声字，从水可声。

入。《说文》："入，内也。象从上俱下也。"意思是进入，象从上面都下来。这样解释难于理解，尚待研究。入用于进入。

海。《说文》："海，天池也，以纳百川者。从水，每声。"天池：天然的大湖泊。海是形声字，从水每声。上古每与海读音相近。

流。《说文》指出流的本义是"水行也"，即水的流动。流是从水㐬声的形声字。

欲。《说文》："欲，贪欲也。从欠，谷声。"徐灏《段注笺》："人心所欲，皆感于物而动，故从欠。欠者，气也。欠之义引申为欠少，欲之所由生也。"欲是形声字。

穷。小篆作窮，楷书繁体作窮。《说文》："窮，极也。从穴，躳(gōng)声。"极：终结，尽头。意符是穴。徐锴《说文解字系传》："入于穴，是极也。"意思是进入洞穴就是到了尽头，本义为阻塞不通。与"通"或"达"相对。上古没有钱不叫穷，而叫贫，与富相对。

千。《说文》："千，十百也。从十从人。"从十从人：这个讲法不准确，应当作从人从一。人与千在上古同属真部，读音相近，甲骨文里人假借为千。人上加一，为一千。千是会意字。

里。《说文》："里，居也。从田，从土。"指居住的地方，是会意字。假借为长度单位里。

目。象形字，象眼目之形。把弯曲的线条改为平直、方折的笔画就成为隶书、楷书的目字。

更。小篆作叓，隶变作更。《说文》："叓，改也。从攴丙声。"古行切，读 gēng。更是形声字，本义为更改。假借为副词，表示"再""复""又"，改读 gèng。

上。古文字作 二，指事字。因为容易与数字二相混，后改为上。

一。一横画，表示数字一。一是指事字。

层。繁体作層。《说文》："層，重屋也。从尸，曾声。"重屋：重叠的房子。尸象屋形。層是形声字，引申为量词，用于重叠、积累的东西。

楼。繁体作樓。《说文》："樓，重屋也。从木，婁声。"楼是形声字。

微语录·生活

师父在一块小黑板上写了四道算术题：2+2=4；4+4=8；8+8=16；9+9=19。徒弟们异口同声地说道："算错了一道。"师父转过身来，慢慢地说："是的，这道题是算错了。可我前面算对了三道题，为什么没有人夸奖我？做人也一样，不管做对多少次都可能没有人留意，但只要做错一次，马上就会有人注意到。"

（乔　桥/辑）

文章病院

董存瑞并未参加抗美援朝

◎李华山

2018年10月26日《辽沈晚报》第16版上有《陵园碧血思万千》一文,其中写道:“同李献一样,有千千万万个志愿军战士牺牲在朝鲜战场。黄继光、董存瑞、杨根思、邱少云等等特级英雄英烈也都安葬在沈阳烈士陵园。”这里存在两误:董存瑞并不是牺牲在朝鲜战场,也没被安葬在沈阳烈士陵园。

董存瑞(1929—1948),河北怀来人,1945年参加八路军,1947年加入中国共产党。1948年5月25日,在解放河北省隆化县的战斗中担任爆破敌桥头堡的任务。因桥下没有合适位置安放炸药包,董存瑞便用手托着炸药包顶住桥身,毅然引爆雷管炸毁敌堡,牺牲自己的生命为部队开辟了前进的道路。为怀念烈士,将他安葬在隆化县西北苔山脚下的董存瑞烈士陵园,园内有烈士墓、纪念碑、纪念馆等。

上述文章中提到的黄继光、杨根思、邱少云三位烈士确是安葬在沈阳烈士陵园,他们都参加了抗美援朝战争。黄继光在朝鲜上甘岭战役中用胸膛堵住敌方的机枪枪口,为保证部队攻克高地而牺牲;杨根思在朝鲜下碣隅里为阻止敌人反扑,抱着引燃的炸药包冲入敌阵与敌人同归于尽。他们二人都被授予“特级战斗英雄”称号。邱少云为了不暴露部队埋伏点,在被燃烧弹烧到后仍卧地不动直至牺牲,后被授予“一级战斗英雄”称号。这点和上文描述也有些许出入。

组成“卦”的是“爻”不是“艾”

◎阎心士

内蒙古文化出版社 2002 年 1 月出版的《古文明之谜》中有一篇文章《〈易经〉是外星人传来的吗》,其中有段对《易经》的有趣说法:“外星人光顾地球,并‘告诉’了周文王许多先进的科学知识,而周文王……只能以卦艾推理系统记录下其形式……”这里的“卦艾”应是“卦爻(yáo)”之误。

《易经》通常指《周易》,也指《周易》中《经》《传》两部分中的《经》,上文所指应为后者。《周易》由卦、爻两种符号和卦辞(对卦的说明)、爻辞(对爻的说明)构成。爻是构成卦的长短横道,分阳爻(一个长横道)和阴爻(两个短横道)两种。每三爻合一卦可成八卦,如三画阳爻为乾卦☰,三画阴爻为坤卦☷,其他还有震卦☳、巽卦☴、坎卦☵、离卦☲、艮卦☶、兑卦☱。每六爻(两卦)相重可得六十四卦。关于《周易》的作者,说法有很多种,其中的“伏羲画卦,文王作辞”一说流传甚广。

艾,即艾蒿,多年生草本。“艾”和“卦”没有关系。

《火眼金睛》提示

图 1,“享通”应为“亨通”。

图 2,“黎明”应为“黎民”。

图 3,“报道处”应为“报到处”。

图 4,“战鼓雷”应为“战鼓擂”。

人的瞳孔也能缩放

◎郑文安

《汉字春秋·天地写真》(华中师范大学出版社2014年3月出版)一书在第70页有一段对瞳孔的描述:“猫的瞳孔正午缩成一根线,夜晚扩张得又大又圆,能在黑暗的环境中看清东西,捕捉老鼠。人的瞳孔,既不能扩大,也不能缩小,依靠光线才能看见。”此处说人的瞳孔不能扩大和缩小,这是不符合实际的。

瞳孔,指眼虹膜中心的圆孔,光线通过它进入眼内,也称“瞳仁”“瞳人”。正常成人的瞳孔为边缘规则的圆形,直径3～4毫米。依靠瞳孔周围的环状肌,其大小能随条件变化而自动调节:光线增强时缩小,光线减弱则扩大;注视近物时缩小,视远时则扩大。在医学上,瞳孔对光的反射具有重要意义,可以此诊断眼部疾病,了解神经系统功能状态和一些药物麻醉的深度。如人死后瞳孔周围环状肌松弛,由此导致的瞳孔散大及固定,可作为判断死亡的一个依据。显然,人的瞳孔并非“既不能扩大,也不能缩小”。

此外,很多像猫这样因习性关系生存环境光线强度变化很大的动物,它们的瞳孔为椭圆形。白天光线太强时,这些动物的瞳孔会缩成线状,减少射入的光;夜晚缺乏光线时则扩大成圆形,以便吸收更多的光。但即便是猫也是“依靠光线才能看见”,在这点上和人没有什么不同,上述文章的表述容易引起误解。

为日心说献身的并非哥白尼

◎姜庆刚

2018年10月12日的《光明日报》头版刊文《爱在高原》，其中写道："哥白尼为了捍卫日心说，捍卫科学真理，不惜献出生命。"说哥白尼因捍卫日心说而死，这就犯了个常识性错误。

哥白尼（1473—1543），波兰天文学家，近代天文学的奠基人。他最大的成就是以科学的日心说否定了当时在西方占统治地位的地心说。日心说早在公元前3世纪就已被古希腊天文学家提出，但始终被地心说压制。哥白尼通过大量科学观测和计算，建立了完整的日心说宇宙模型，并在其著作《天体运行论》中进行了系统论述。这个学说认为宇宙的中心是太阳，而非地球。在科学发展史上具有划时代意义。哥白尼在提出日心说时已预想到可能会遭坚持地心说的教会反对，因此在完成《天体运行论》后迟迟没有将它出版。直到1543年，年届古稀的哥白尼才决定出版此书，不久后便病逝家中。哥白尼虽然是日心说的建立者，却并未因捍卫日心说"献出生命"。

要说为捍卫日心说"献出生命"的，比较著名的有意大利哲学家布鲁诺。布鲁诺（1548—1600）致力利用泛神论的形式宣传唯物主义思想，传播推广了很多与当时罗马教会的经院哲学相左的学说，其中就有哥白尼的日心说。他被宗教裁判所判处为异端并逮捕，在罗马囚禁了8年后被送上火刑柱烧死。说布鲁诺"为了捍卫日心说，捍卫科学真理，不惜献出生命"是合适的。

名不副实的“中外留学生”

◎廖　宁

2018 年 10 月 7 日,《沈阳日报》在头版刊文《80 多名中外留学生盛赞大美沈阳》,介绍了于前一天举办的“2018 中国沈阳·中外留学生艺术节”相关活动。看完报道,发现这活动的主要内容是组织来自 10 所大学的 80 多名留学生体验沈阳的非物质文化遗产,并举行募捐和文艺演出。如此,文章中多次出现的“中外留学生”便显得不妥当了。

留学生指的是留居外国进行研究学习的学生。我国历史上对留学的认知大约始于唐代,唐太宗时(627—649)高丽、日本等国都曾派遣年轻子弟到中国留学,他们可算外国留学生。玄奘去印度研究佛学,这是中国留学生了。清同治末年官派大量留学生出国学习也很有名。现代,中外交流已经非常频繁,无论是来我国的外国留学生还是去外国的中国留学生都很常见。所谓“中外留学生”,从字面上看当是中国留学生和外国留学生的合称,然而上述报道中活动的参与者都是外国留学生,和出国的中国留学生并不相干。即使有些活动中有中国学生参与,既然在本国,他们也不算中国留学生。

吴刚“斫桂”不“折桂”

◎辜良仲

2018年9月10日《人民政协报》第10版刊载了文章《“秋暮夕月”与中秋节起源》，其中写道：“嫦娥奔月、金蟾玉兔、吴刚折桂的美好传说，还有月饼起源于元末起义之事等等，无一不是附着在中秋节上面的美丽传说……”这里的“吴刚折桂”应为“吴刚斫桂”。

斫，读作zhuó，从斤石声，义为用刀斧砍削。吴刚是神话里居住在月亮上的仙人。唐段成式《酉阳杂俎·天咫》：“旧言月中有桂，有蟾蜍，故异书言，月桂高五百丈，下有一人常斫之，树创随合。人姓吴名刚，西河人，学仙有过，谪令伐树。”这里讲的是月宫中有蟾蜍和桂树，吴刚被“谪令”砍伐桂树，但此树受伤后会立刻愈合，怎么也砍不倒。后世因此有了“吴刚斫桂”的故事，上述文章说的正是此事。

汉语中有“折桂”一词，和月宫也有关系。据《晋书》记载，郤诜举贤良对策，名列第一，晋武帝问他如何自评，郤诜回答：“犹桂林之一枝，昆山之片玉。”因月宫有蟾有桂，唐以来牵合两事，将科举及第称为“蟾宫折桂”。元施惠《幽闺记·士女随迁》：“镇朝经暮史，寐晚兴夙，拟蟾宫折桂之梯步。”由此可知，“折桂”的是应试考生，“斫桂”的才是吴刚。

细看组织方对这次活动名称的英文翻译，直译是“来自中国和海外的学生”，主办方想强调中外交流的用意很明显。既然如此，直接说“中外学生”即可。

网言网语

快转发这条“锦鲤”

◎贾颖月

中国锦鲤来了！2018年10月7日支付宝官方微博抽奖平台从300多万转发者中抽出了唯一的“中国锦鲤”。微博昵称为“信小呆”的网友获得200多家商户提供的“中国锦鲤全球免单大礼包”。一时间这条幸运的“锦鲤”引起了网络热议，支付宝锦鲤的微博也被纷纷转发：

“转发这只信小呆，你也将成为锦鲤，往后生活幸福美满！”

其实，转发、评论、点赞与锦鲤有关的微博来祈福的现象在网络中早已屡见不鲜。

“点赞+转发好运锦鲤，一个好消息就要来了。”

“转发锦鲤，美梦成真。”

从色彩缤纷的鲤鱼到支付宝锦鲤信小呆，“锦鲤”背后究竟有何神秘力量，引发了全网转发的热潮呢？

“锦鲤”一词既可以指鳞光闪烁的鲤鱼，也可以指传说中的鲤鱼。“锦”可形容色彩鲜艳华美，给人以美好之感。诸多与“锦”有关的成语，如“繁花似锦”“锦心绣口”“前程似锦”，均含褒义。“鲤”是我国流传很广的吉祥物，年画中常见击磬童子与持鲤鱼童子相戏舞等图案，鲤鱼的“鱼”与“余”同音，谓之“年年有余”，让人产生生活美好、衣食有余的心理愿望。《诗经·衡门》吟咏：“岂其食鱼，必河之鲤，岂其娶妻，必宋之子。”将挑选鲤鱼与挑选美貌妻室并论，后世也以“鱼水之欢”祝福婚姻美满。

追溯锦鲤的历史，中国自古有“鲤鱼跃龙门”之说，喻人官运亨通。而锦鲤真正“跃上龙门”是在日本。锦鲤最初由中国传入日本，经过日本养殖者改良培育，锦鲤更加绚丽多彩，备受皇族喜爱，人们赋予其吉祥、幸福的文化内涵，甚至视锦鲤为日本国鱼。除了现实中养殖的锦鲤，网络虚拟空间中的锦鲤符号也呈现出了明显的外来文化与本土文化相融合的特点，五月鲤鱼旗、日式庭院中的大和锦与昭和三色锦鲤都成了“锦鲤祈福”微博的主要配图。如今，锦鲤兜兜转转又回到中国当起了“网红”，成为新晋大热网络用语，吸粉无数。

网络用语“锦鲤”的诞生，是将锦鲤图像与“锦鲤”二字抽象为好运的符号。如：“锦鲤附体的经历”即好运降临的经历。“锦鲤转运”“锦鲤祈愿”“锦鲤还愿”指以锦鲤图像作为视觉符号，以文字表达使用者愿望，在网络平台上实施的祈愿行为，如：“转发这条锦鲤，九月好运连连！”“锦鲤保佑，工作顺利，心想事成。”

后来，随着微博抽奖活动的热度增长，“锦鲤”开始泛指在小概率事件中运气极佳的人。“幸运者”本人又被作为幸运的象征，从而被转发。当“锦鲤”的内涵被具体到某个人时，女团青春成长节目《创造101》中的“锦鲤”杨超越横空出世。杨超越在个人微博上许下的很多心愿都实现了，如一年前她许愿希望上《快乐大本营》，结果出道后的她就与何炅、谢娜等人同框了。于是，类似“杨超越锦鲤头像升级版，转发就好运”的微博也开始被大量转发。

而在10月7日之后，全民的“中国锦鲤”变成了信小呆。网友们将其头像制作成“锦鲤”转运表情包，转发微博并评论、点赞，期望获得好运。在网络中，杨超越与信小呆象征着好运，本来已被抽象为好运的“锦鲤”又具象化到了她们身上。

转发“锦鲤”不是对日常生活中祈愿仪式的简单移植，大多数人是通过这样的网络祈愿行为温和地表达着对现实压力

“猪蹄”不仅是食物了？

◎付秦钰

猪蹄营养丰富，烹饪方式多样，所以广受人们喜爱。然而在2018年，一组“男人都是大猪蹄子”的表情包走红网络，一夜之间，“大猪蹄子”火了。

我们都知道电视剧或者综艺中的男女主人公会被称为男主角和女主角，而在韩国一档综艺节目《信号小屋》中，因为其中的男主角没有选择和一开始与其暧昧的女生在一起，而被网友观众们大骂“太渣”，后来就把主角谐音成了“猪脚”，口语化就成了“大猪蹄子”，延伸到现在就用来代指善变的、具有欺骗性的男人。

起初，“大猪蹄子”是女性用来吐槽男人变心、说话不算话的常见用语，多用于形容追求的时候山盟海誓，到手之后毫不珍惜的渣男行为。之后，“大猪蹄子”的语义发生了泛化，并不单纯指“负心汉”，而是泛指有欺骗行为的男性，其用法等于“大骗子”，比如《延禧攻略》中的皇帝乾隆就被网友在

的虚拟抵抗。生活的压力无处不在，转发“锦鲤”隐含着人们追求美好生活的愿景。但是，过度迷信也不可取，只是转发“锦鲤”而空想不劳而获必然无效，努力才是关键。就像“锦鲤大王”说过的一句话：“我们锦鲤界有句名言：愿望和运气交给锦鲤，你只管努力就好！”我们不否定对美好生活的期盼与向往，但我们也要为幸福而努力奋斗。真正激励我们的不是一条“锦鲤”，而是你的拼搏与你内心想要变得更好的希望。

弹幕中刷屏“大猪蹄子”，原因就是皇帝明明喜欢魏璎珞，但就是不承认，让网友们看着干着急；《延禧攻略》中的第二个“大猪蹄子”就是富察傅恒，他在剧中一开始信誓旦旦地说自己非璎珞不娶，可是转眼就和喜塔腊·尔晴拜堂成亲。之前的琼瑶剧《情深深雨蒙蒙》也被网友扒出来，指出其中的何书桓也是“大猪蹄子”的典型，在如萍和依萍之间摇摆不定，拈花惹草。

后来，“大猪蹄子”又发生了转义，也可以用来指不懂浪漫、不解风情的“直男”，多用来形容男性无法领会女性的心态和行为。比如不明白为什么女生一定要化妆、不明白为什么口红要买很多或者不懂为什么今天女朋友又生气了等等。到这时候，“大猪蹄子”已经逐渐演变成女性用来吐槽男性的戏谑之言，而并非一种真正的辱骂性语言，甚至可以用来作为情侣之间的爱称。很多女生将自己男朋友的微信备注都改成了“大猪蹄子”，开心的时候甜腻地说“我家的大猪蹄子真好”，生气愤怒的时候又会骂“男人都是大猪蹄子，没一个好东西”。

“大猪蹄子”这个既能表达吐槽意味，又带有一定的趣味性的词语很快就不仅仅限于男女间的戏谑用法，而可以用来形容其他社会现象了。2018 年 10 月 12 日，《金融界》公众号发表了一篇有关美股暴跌的报道，它的标题是《听说美股才是大猪蹄子？》。因为美联储所谓的“不合时宜”的加息，美股随之大跌，从而引发全球股市恐慌性大跌。对于“屡教不改”、坚持加息的美联储，文章称其为“大猪蹄子”。以表情包强势出道的“大猪蹄子”本身凭借浓厚的娱乐戏谑性质诞生，与娱乐内容的结合实为意料中的事，运用到其他领域也是顺势而为，“大猪蹄子”从此具有了“欺骗者”的比喻引申义，为人们的谐谑表达又增加了一个可供选择的词。

『土味』的味道

◎蒋雅心

随着“土味情话”的一夜爆红，土味直播、土味女孩等流行语的刷屏，人们不难发现“土味文化”已经在“高大上”的互联网中悄然占据了一席之地，以“土味××”为形式的热词甚至蔓延至主流媒体：

从田间寻常物到国际展会“爆款”新疆乡村“土味”特产变身（新华网2018年9月1日）

土味变形金刚？面包车改装变身“移动加油车”幸好被抓了（央视网2018年10月9日）

这场盛大的网络“土味”狂欢不禁让人好奇：“土味”到底是什么味？它是如何演变出现在的意思的？人们为何又对这个乡土气息浓郁的词语情有独钟？让我们来一起分析该词的来源和兴起，揭示其背后的文化心理。

从词源角度看，“土”的本义指“土壤”。后来词义扩大，引申为“土地、疆土、土田”等。随着语言的不断发展，词义又发生变化，产生了“乡土、本土、地方”的意思，比如土纸、土音、土兵等。到了明清时期，随着传统民族文化和现代外来文明的碰撞，“土”产生了新的意思——俗气的、不合潮流的，也即“非现代化的”，多指我国民间沿用的生产技术、设备、产品和其他各种事物。“土”和“洋”由此成了一对反义词，人们常说的“土纱”和“洋纱”使用的就是这组对立的意思。由此可见，“土”的含义极其丰富，褒义是田园乡土接地气的“僮汲野泉兼土味”，贬义是“赶不上趟儿”的“土鳖、土包子”。

而目前网络上使用的“土味”大致有以下两种含义：一是“不高级的、俗气的”。例如土味文化，就是指一种源于民间的、植根乡土的网络文化。最初以微博营销号“土味老爹”和“土味挖掘机”的搞笑段子和短视频为代表，具体形式包括社会摇、喊麦、尬舞等。视频中刻意营造的虚假都市氛围、非主流风格的妆发和着装、浮夸而自信的演技让人啼笑皆非。这种土味文化是由于庞大的乡镇群体涌入网络、盲目模仿城市文化而产生的，而“土”就是在乡土社会和都市社会的文化隔阂被网络放大的情况下成为了一个贬义标签。

二是后来演化出的“让人感到尴尬、不适”的意思，例如土味情话、土味歌词。土味情话是借用了段子形式的对话体情话，类似于冷幽默的翻版。主要是利用谐音和情境给人一种出乎意料的喜剧效果，可谓“套路遇上情话”，让人直呼“尬尬的”。相比于“土里土气”却冒着粉红泡泡的土味情话，更让人想吐槽的还是影视剧中的土味台词和流行歌曲的土味歌词。比如琼瑶剧《情深深雨蒙蒙》中的台词“你有毒，请把我毒死吧”就饱受诟病，还有周杰伦的新歌《不爱我就拉倒》中的“哥练的胸肌，如果你还想靠”也堪称土味歌词的代表。

不管怎么说，“土味”始终暗含贬义，也不符合人们传统意义上的审美追求，但为何还是受到人们乐此不疲的狂热追捧，并在网络的推波助澜之下愈演愈烈呢？原因复杂多样，其一是顺应了大众心理。土味文化作为网络文化的产物，让大众在愉悦中得到放松是其重要的特质之一，它以新奇独特的形式满足了人们的猎奇心理，人们出于戏谑消遣、从众跟风的目的，纷纷玩起了“土味梗”。此外，“土味”的通俗、“接地气”也使它更易于被接受。

回顾“土味”的发展，其兴起固然昭示着通俗文化的巨大影响力，但如何在兼顾大众趣味的同时不让网络文化流于盲目恶搞和低俗，才是这场狂欢背后值得深思的问题，毕竟喜闻乐见、雅俗共赏同时也能守住底线的大众文化才是我们所追求的。

有此一说

天子呼来不上船

◎谷衍奎

杜甫在著名的《饮中八仙歌》中对李白有如下精妙的描绘："李白一斗诗百篇，长安市上酒家眠。天子呼来不上船，自称臣是酒中仙。"诗中的"船"何义？至今没有定论。主要有四种说法。

一说是："船"就是指"水上的船"。问题是，长安并非水城，李白不可能由一个酒家坐船沿水路进入皇宫。如果说是"唐玄宗在白莲池泛舟，召见李白，李白已经喝醉了，上不了船"，这说明李白已经到皇宫了。李白既然能从酒家到皇宫，怎么会"上不了船"呢？此说不能服人。

二说是："船"指"船形的酒杯"。解释说，李白在酒肆喝醉了，碰到唐玄宗相邀，就醉醺醺地过去了，可是去了一看，唐玄宗竟然没给他"上船"，即"摆上酒杯"。"船"确实可以指一种"酒杯"，《辞海》就曾引用李浚《松窗杂录》里"上因联饮三银船"作例证。然而问题又来了，诗中"不上船"的主语是李白，绝不可能是皇帝不摆上酒杯。这里的"船"不指酒杯，十分明显。

三说是："船"应解释为"衣领或扣子"。理由是《康熙字典》里有"衣领曰船"的义项。并解释说"当时李白在长安酒肆喝完酒后，衣冠不整，唐玄宗召见他的时候，害怕自己的形象不雅，所以不去"。与此说近似的一说断定"船"是"穿"字之误，认为"李白因醉还没有穿好衣服，所以不去"。此二说未免招笑。杜甫不会把好友李白描写为邋遢的酒鬼。

四说是："船"是皇权的代称，表示李白藐视皇权。认为"李白一生不讲求功名利禄，藐视权贵，所以不听唐玄宗的招约"。此说实在牵强。李白蔑视权贵，但并不讨厌皇帝，他并不拒绝功名利禄。

笔者认为，这里的“船”正确的解释应当指船形鞋，鲁西鄄（juàn）城俗称之为“铲鞋”，“船”盖为“铲”之一声之转。

这种鞋，前脸呈正三角形，上边的尖角向上倒卷成钩，像船形，所以称船鞋。京剧里的朝靴下部似有这种鞋的影子。这种鞋鞋帮下部密密多纳几行，特别结实耐穿，一般给常干活的人或淘气费鞋的孩子穿。鞋底由数层袼褙叠起来经过细密纳实做成，讲究一点的，多叠几层，夸张地叫千层底。由于鄄城为黄河淤积平原，到处是一马平川、一望无垠的黄土地，不见山影，没有石子，鞋不钉掌，也绝无迅速磨损之虞。穿久了，鞋帮穿破啦，鞋底仍不破损。穿这种鞋，走在黄土地上，软软的，很是舒服。

考之古文字，这种鞋其实就是古代的履。履，金文从页（突出头部的人）从足，会人走路之意。籀文一形承之，另加义符舟形鞋；二形省去人，另加半条街彳和一只脚夊（止）；三形又省去夊，另加人形尸。大篆合籀文的二、三形而成。篆文承之并整齐化，成为从尸（人）从彳（道路）从夊（止）从舟（鞋）会意，表示人穿着船形鞋在街道上行走之意。作名词，则指走路穿的船形鞋。

杜甫用“天子呼来不上船，自称臣是酒中仙”两句，将李白连天子传诏也不买账，并不诚惶诚恐地急忙起身穿鞋应召，而是自豪地大呼“臣是酒中仙”！把他那种自不受人间天子管辖的桀骜不驯、豪放飘逸、傲视王侯的谪仙人形象刻画得淋漓尽致，鲜明地表现出李白不畏权贵的傲岸性格，正像他自己诗中说的“安能摧眉折腰事权贵，使我不得开心颜”。

盛唐时，中国人当还是脱鞋席地而坐的，入席时要脱鞋跪坐，故有高力士给李白脱靴之举。这样，外出就要穿上鞋，所以把诗中的“船”解释为“鞋”，比上述几种解释当更为合情合理，更加符合实际，更要准确可信。笔者已将这一解释收

“您我”做得到？

◎郑　敏

笔者前几天到香港海洋公园游玩时，在某处的墙面上看到一则标语：“關愛地球您我做得到！”其中“關愛”二字是“关爱”的繁体。这则标语乍一看可能没什么问题，细想便感觉怪怪的。

“关爱地球您我做得到”应该是想说我们所有人都能做到关爱地球，呼吁大家一起行动。其中的“您我”是想表达大家、所有人之义。但是，“您”是第二人称代词，含敬意，用在对话中指称对方。“您我”是特称，指具体的“你和我”，哪里能表示“大家、所有人”的泛称义呢？这里的“您”换成“你”才通顺。

“你”是人称代词，常用来称呼对方。“你”还可以用以泛指任何人，如“他的才学叫你不得不服”。“我”也是人称代词，称自己。“你”和“我”两字对举联用时，可泛指许多人，如“你争我夺”“大家你看看我，我看看你，谁也没说话”等等。“你我”对举联用正与标语之义相符。

笔者认为，如将“关爱地球您我做得到”改为“关爱地球你我做得到”，感觉就顺了。

入《汉字源流大字典》里，作为“船”字下的一个义项。

唐朝以前我们先民的坐姿是跪坐，即甲骨文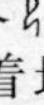（卩）的样子。跪坐时两膝着地，臀部放在脚后跟上，双手放在膝上。受中华文化影响很深的日本，至今还延续着我们先民的这种坐姿。这种坐姿后来经过金文和篆文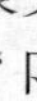的简化，演变为汉字里的“卩”字，俗称单耳旁，其实与“耳”毫无关系。《鸿门宴》中“项王按剑而跽”的“跽”字，就是由“卩”这种坐姿来的：臀部离开脚后跟并直起腰来，左手把剑鞘，右手握剑柄，摆出欲抽的架势就是“跽”，这是紧急情况下的警戒动作。

语言哲思

“番茄”是蔬菜还是水果？

◎宗守云

1893年，美国高等法院裁决了一桩案件，这桩案件是有关番茄属性的问题，原告和被告双方就番茄到底是蔬菜还是水果进行了激烈的交锋，法院最终裁定，番茄属于蔬菜。根据美国1883年的关税法，进口蔬菜要缴纳高达10%的关税，而进口水果则不用缴税。做番茄进口生意的约翰·尼克斯等人认真研习了一番植物学知识后，发现根据严格的植物学定义，番茄应该归到水果范畴，如果番茄属于水果，则以后进口番茄不用缴税，以前所缴税款也应该返还。于是约翰·尼克斯等人把纽约港海关告上法庭，要求返还以前被征收的关税。这场官司一路闹到美国最高法院，1893年法院才做出最终裁定。

原告和被告双方论辩都是基于词典的定义。原告认为，按照字典的定义，番茄属于果实，所以应该按照水果处理，不应征收关税；而被告认为，像豌豆、茄子、黄瓜这样的果实，实际上是作为蔬菜看待的，既然这些果实应该征收关税，那

么番茄当然也应该征收关税。法官站在被告一方，认为番茄是蔬菜而不是水果，尽管番茄完全符合植物学中水果的定义，但人们通常把它作为蔬菜看待，通过烹饪食用，而不是像水果一样直接食用，从大众观念和日常吃法而言，它还是更像蔬菜，应该归入蔬菜范畴。

这其实是有关分类或归类的问题。分类或归类有两个不同角度，一是科学的角度，一是日常的角度。科学角度的分类或归类严格遵循逻辑原则，讲求类属包容，大类包含小类，小类包含更小类，同一层次类别成员不能相互包含，相互交叉。日常角度的分类或归类没有这么严格，更多是一种习惯。按照科学分类的原则，不但番茄是水果，黄瓜、豆荚、玉米、榛子、橡果都应该归到水果范畴。（参见《番茄是水果还是蔬菜》，《北方园艺》2009年第6期）但从日常习惯来看，番茄、黄瓜一般归为蔬菜，豆荚、玉米则归为主食，而榛子、橡果归为干果。从社会、文化、教育、法制等角度看，在有争议的情况下，一般以日常角度的分类作为决断的标准，而不考虑科学角度的分类。

从日常分类来看，一些新型的番茄、黄瓜甚至玉米、胡萝卜也是归到水果范畴的，但这样的食品是有标记的，在正式命名中被称为“水果番茄”“水果黄瓜”“水果玉米”“水果胡萝卜”等。例如：

（1）韩长赋走进产业园，听取企业负责人介绍情况，品尝企业自主培育的水果番茄，并和在企业工作的博士生交谈，鼓励他们要靠创新驱动，提高育种技术，将蔬菜种子的育繁推、产学研真正一体化。（《农民日报》2014年12月31日）

（2）东北农业大学园艺专业毕业来到农场后，郭晶每天起早贪黑，在大棚里学习水果黄瓜的种植方法。（《党的生活（黑龙江）》2016年第4期）

（3）今年，北京市农业技术推广站推广种植的高端水果

玉米品种主要是纯黄色的美珍206、黄白粒色的BMB380和纯白色的京白甜456。(《北京晚报》2018年6月30日)

(4)传统的胡萝卜种植利润率比较低,解决滞销必须产品升级。比如生产水果胡萝卜,个头比较小,含糖量比较高,品质好,价格自然就高,所以还是要品种创新。(《经济参考报》2015年3月10日)

现在水果摊上常常有小番茄、小黄瓜,都是作为水果出售的。

日常分类或归类常常和文化有关,不同的文化有不同的分类或归类方式。美国语言学家莱科夫在《女人、火和危险的事物》一书中论及澳大利亚德伯尔人的分类问题,德伯尔人把世界万事万物分为四类,男人、月亮等归为一类,女人、水、火、太阳、星星、危险的事物归为另一类。这种分类对德伯尔人以外的文化而言是稀奇古怪的,不可思议的,但对德伯尔人自身而言是正常的,习惯的。因此,从科学的角度看,分类或归类是纯净的,合逻辑的,甚至可以说是完美的;而从日常的角度看,分类或归类是复杂多样的,不拘一格的,甚至在异文化看来是令人惊异的。但日常角度的分类或归类,恰好体现了人类思维、文化、社会生活的丰富多样性。

微语录·趣闻

他是农民的儿子,在县城上学,成绩很好。父亲去看他,穿一双破凉鞋,戴着一顶旧草帽,在教室窗外看着他傻笑。他生气地对父亲道:不要再来学校了!后来,他考上了大学,工作后又顺风顺水,步步高升。在春风得意的时候,他涉事入狱。父亲去监狱看他,穿一套笔挺挺的西装,隔着玻璃窗看着他傻笑。他问父亲怎么这副打扮,父亲道:“怕给你丢人。”

(刘　芳/辑)

东语西渐

从“拍巴掌”到“跳探戈”

◎陆建非

2018年4月，中国驻美大使崔天凯接受了记者采访，并就中美间的贸易问题发表了看法。国内媒体在进行报道时引了崔天凯的话：“我们仍然倾向于谈判，但是一个巴掌拍不响。我们将拭目以待，看看美国如何行动。”而路透社等外国媒体的报道对这段话是这么表达的：“Negotiation would still be our preference，but it takes two to tango. We will see what the U.S. will do.”话里其他几句都能从字面上一一对应，但对“一个巴掌拍不响”的翻译则是“it takes two to tango（探戈需要两个人跳）”。“拍巴掌”是如何与“跳探戈”联系起来的呢？

“一个巴掌拍不响”源自《红楼梦》第五十八回：芳官的干娘拿着芳官的月钱，买了洗头的用品，却先给亲女儿小鸠儿洗，洗剩了才给芳官洗，两人因此吵了起来。袭人评价说：“一个巴掌拍不响，老的也太不公些，小的也太可恶些。”这个形象生动的俗语由此而生，后被广泛引用，所谓“孤掌难鸣”，一件事情的发生，双方都有责任，“各打五十大板”。

此成语如果用英语直译的话，即为“One hand alone can't clap——it takes two to make a quarrel.”（一个巴掌拍不响，吵架是需要两个人的。）当然，还有其他翻译选项，如“One palm cannot clap”或“You can't clap with one hand”（一个手掌无法鼓掌），意思大同小异。在上海等地区，我们有时也会听到“一只碗不响，两只碗叮当”的说法，表述的也是同样的意思。如果按这个意思译外国人也能懂，但不会一下子就理解到位。

电影《水性杨花》中跳探戈的场景

用了 tango 这个英语单词，翻译效果就会大不一样。“Tango（探戈）”指一种复杂的舞蹈形式，起源于南美洲。而“it takes two to tango”这一说法之所以变得流行，要从 20 世纪 50 年代出的一首歌说起，那首歌的歌名就叫《Takes Two to Tango》，即《两人来跳探戈舞》，歌中唱道：You can sail in a ship by yourself / Take a nap or a nip by yourself / You can get into debt on your own / There are lots of things that you can do alone/ But it takes two to tango（你可以独自泛舟 / 独自打盹或者小酌 / 你可以独自负债 / 可以独自做的事儿还有很多很多 / 但两个人才跳得了探戈）。1982 年时任美国总统里根在谈到美苏关系时就用到了“It takes two to tango”一句，显得巧妙而且得体。随后这种说法便成了媒体上经常出现的暗喻，后来就被英语世界当作一个俗语而迅速流行开来。

“一个巴掌拍不响”在“双方都有责任”这层意思上与“it takes two to tango”基本对等。正如前国务委员戴秉国在《破解 21 世纪“斯芬克斯”之谜》一文中所说：“新兴大国与守成大国是否发生冲突，还要看守成大国采取什么样的政策。中国有句俗话叫‘一个巴掌拍不响’，如果两个人打起架来，总是双方的原因造成的。”

华语圈

说"闷经济"

［中国台湾］高婉瑜

2013 年 4 月 21 日，台湾行政部门最高长官江宜桦形容台湾经济局面"闷"，需谋改革。这个话题引起大众热议，很快地成为一个新词语"闷经济"。直到现在，台湾经济未有明显起色，"闷经济"一词还是持续使用。2018 年元旦，有家报纸用以入题：《新年新愿，打破闷经济》。

新词语"闷经济"的产生深刻反映了台湾受限于产业无法顺利升级转型，促使薪资冻涨、失业率居高不下，经济成长率陷入瓶颈，导致经济情势与社会气氛沉闷，造成民众对政府的管理失去信心。对商业活动而言，"闷经济"是不乐见的状况；对政治人物而言，"闷经济"更是影响政权稳固的罩门。

反映在语言层面，具负面义的"闷经济"往往跟具有"离去""破除"义的动词相搭配，如"突破""打破""冲破""破解""摆脱""抢救""解决""走出""逃离""甩"等等，亦有视"闷经济"如同一种病症，需要治疗、开药方，如"为台湾闷经济把脉"，"摆脱台湾'闷经济'的一帖免费良方"。

伴随着"闷经济"，媒体还衍生了一些相关词语，例如称经济沉闷的时代为"闷经济世代"。受"闷经济"之苦的群体称为"闷世代""闷族群"，如"六成闷世代想 60 岁退休"，"给希望，拉民调，抢救'闷'族群"。

有趣的是，"闷世代"还有程度轻重之分，程度轻一点称为“闷世代”或“厌世代”(厌世的世代,特征是低薪、贫穷与看不见未来),严重的被称为“崩世代”(经济崩坏的世代)。

(作者是高雄师范大学国文学系教授)

百搭之“水”

[马来西亚]邓月璇

水,无色无味,平淡无奇,但口语中用“水”构成的词语却五花八门,用法有褒有贬,尤其是广东话中的“水”,百搭得让人啧啧称奇,信手拈来就有“水鱼”“水皮”“威水”,甚至钱也称作“水”。

马来西亚华人的方言深受香港广东话的影响,并有一些自己独特的跟“水”有关的用词习惯。例如在餐厅中点餐时,侍者会问你喝什么“水”,答案可能是凉茶、咖啡、中国茶、汽水等饮料,如果是带甜味的羹汤,有红豆水、薏米水、番薯水,统称糖水,消暑解热的“凉茶”叫“凉水”。虽然不论什么饮料一律称为“水”,但点饮料时人们通常说“叫水喝”而不说“买水”,老人家特别忌讳,因“买水”另有含义。按照华人习俗,死者家属必须到河边取水回来替死者洗净遗体,俗称“买水”。说者无心听者有意,听到别人问“要不要买水?”心里难免会暗叫:“呸、呸、呸,大吉利是!”(大吉利是/大吉利市,广东话指遇到不吉利的事或听到犯忌讳的话而必须用“大吉利是”驱除晦气。)

人们相约喝茶叫“聊天”,现代人把胡扯闲谈叫作“吹水”。《全球华语大词典》收录“吹水”,释义为“吹牛”或“漫无边际地闲谈”。

马来西亚各州属都有许多脸书(Facebook),这些社交网站的名称有 KL 吹水站、马六甲吹水站、古晋吹水站等等，群内网友统称“水友”。同样是喝茶聊天的地方，老一辈人叫茶室、咖啡店，年轻人则用“吹吹水”做店名，就连报章副刊栏名也有《吹水站》。看来，“吹水”比“聊天”更草根、更市井、更亲切，因而使用频率更高。

在农业领域也有含“水”的特有名词，例如“扣水”“水限”。“扣水”指稻农在出售稻谷时，收购商会按重量扣除特定的水分比率，而割胶工人出售熏干或晒干的胶片时，商家也视情况决定扣水率；“水限”则指雨季来临时，胶工被逼停工休息，这段日子称为“水限”。

（作者是马来西亚《中国报》助理编辑主任）

“马哈蒂尔”是谁

[马来西亚] 杨欣儒

2018 年 5 月 9 日，年届 93 岁的“马哈蒂尔”在马来西亚全国普选中，击败前首相“纳吉布”，重掌政权。这是他第二次成为马来西亚首相。同年 8 月底他第八次访华，中国报章的标题都用“马哈蒂尔”，可是马来西亚人并不认识“马哈蒂尔”呀！

原来首相“马哈蒂尔”在马来西亚的中文译名是“马哈迪”；前首相“纳吉布”，我们叫“纳吉”。

关于“马哈蒂尔”的译名，我们可以查看中国民政部、国家测绘局联合制定的《外语地名汉字译写导则》(GB/T17693，1999 年，以下简称《导则》)，它共有 6 个语种，其中有阿拉伯语。这个《导则》涵盖地名与人名的译写；中国媒体对马来西亚穆斯林人名的译写，根据的就是这个《导则》。

中国媒体对世界各地穆斯林名字的译写有一个准则，就是每个音节包括闭音节（以辅音结尾的音节）的辅音尾都会音译出来。例如 Yaqub，《导则》的译名是“雅各布”，这里的闭音节辅音尾是 b，音译为“布”。可马来西亚约定俗成的译法是“雅谷”，b 不译。Hashim 我们的译名是“哈欣”，中国的译名是“哈希姆”。

马来西亚历届访华之首相有：阿卜杜勒·拉扎克（Abdul Razak），我国的译名是阿都·拉萨；侯赛因·奥恩（Hussein Onn），我国的译名是胡申·翁；阿卜杜拉（Abdullah），我国的译名是阿都拉。由此我们可以归纳一个基本原则，即闭音节的尾辅音发音不明显，我们并没有把它音译出来。例如 Razak 中 za 的尾辅音 k、Abdul 和 Abdullah 的 ab 音节尾辅音 b，马来西亚在翻译时都省略未译。Mahathir 的 thir 音节尾卷舌音 r 我们也省译，中国则用“尔”译出，于是我们叫“马哈迪”，中国叫“马哈蒂尔”，判若两人。马来西亚的货币单位 rinngit，我们叫“令吉”，中国的译名却是“林吉特”，二者大不一样。

马来西亚的穆斯林中文译名已经沿用了几代，早已约定俗成，却跟中国的译名格格不入。笔者希望国际华语媒体对马来西亚穆斯林人物的译名能够遵从“名从主人”的原则，采用马来西亚的译法，尤其是国家领导人的名字。

（作者是马来西亚华语规范理事会副主席）

会见马来西亚总理马哈蒂尔

习近平：中马关系大有可为

马哈蒂尔表示，马来西亚对华友好的政策不会变化

本报北京8月20日电（记者李伟红）国家主席习近平20日在钓鱼台国宾馆会见马来 的东盟国家。中方坚定奉行中马友好，相信新时期中马关系大有可为。要本着相互尊 人民表明，马来西亚对华友好的政策不会变化。中国是有重要影响的国家，也是马来西

港式中文表因果关系的特有连词

[中国香港]马毛朋

从来源上看，现代汉语的绝大部分介词都由动词演变而来。有些动词虚化得不彻底，因而兼有动词和介词两种词性，比如“在”；有些是动词还是介词还存在争议，比如“面对”“因应”，《现代汉语词典》只标作动词，不少研究著作则认为它们可以兼作介词。

在港式中文里，“面对”“因应”不仅可以当介词用，而且后面还可以引导一个句子，用法很像连词。例如：

（1）面对二手缺盘，此类突然推出的一手笋盘，又会否成为你上车的契机呢？（《置业家居》，2018-07-28）

（2）因应近年本港车辆数目持续上升，惟车位数量却未能跟随，因此价钱急速上升。（《星岛日报》，2018-08-15）

依据现代汉语标准中文的表达习惯，类似的引介相关事物、情况的介词比如“关于”“鉴于”等构成的介词短语，后面一般都会加上“的情况”“的现象”等。上文例（1），标准中文会说成“面对二手缺盘的情况”。那么，我们要问，这些引导句子的介词，是否已经转化成连词了，还是说港式中文里介词有了新用法，具有引介句子的功能？

标准中文介词和连词的区别是很清楚的。有些词兼有介词和连词的词性，比如“和”“跟”“与”“同”等。比如“我和他说”，这个“和”是介词，与“他”组成介宾短语，作状语；“我和他都喜欢唱歌”，这个“和”是连词，将“我”与“他”连接起来，作主语。此外，连词可以连接句子，介词则没有这种功能。

就港式中文"面对"等的用法而言，一种理解是，仍认定其为介词，句子表达了一个事件，这里是一个"事件"作介词的宾语。这样理解带来的问题是，仅仅因为这几个词，就得承认介词具有引介句子的功能，这样介词和连词的界限就模糊了。所以，还是将"面对"等理解为连词的好，认为它们兼有介词和连词的属性，而且在语义上，它们大致表示原因，正可以归入表示因果关系的连词中去。或许可以说，"面对""因应"是港式中文特有的表示因果关系的连词。（编者按："面对""因应"的这种用法并非港式中文所特有，我国台湾地区和马来西亚也有这种用法。）

（作者是香港岭南大学中国语文教学与测试中心博士、高级语言导师）

大学学院

［马来西亚］杜忠全

按百度百科上对"大学学院"的说法，"许多历史悠久的大学在获得大学地位之前都是附属于伦敦大学并借其名义颁发学位的大学学院"，马来西亚是前英国殖民地，教育制度也主要沿袭英制。在高教层次，早前都是政府办学，20世纪90年代中期开始开放私人办学之后，近年先后崛起了不少的大学学院。

马来西亚的大学学院概念，源自英国，但又不尽相同。早期的大学都是国立的，20多年前崛起了许多规模不一的私立学院。学院与大学的区别是，大学能自行授予学位（Degree），学院则只能颁发专业文凭（Diploma）。因此，早前不少的私立学院，都与外国的知名大学合作，以双联制让学生取得外国大学的本科学位文凭。这里的差异是，有些是学生在本地完成专业文凭学分之后，按合作协议转移学分，到相关的外国大学以1到2年的时间继续完成学位。然而，赴外国完成学位毕竟是一笔不小的经济负担，后来就有了所谓的3+0或4+0的模式，即在本地完成外国学分的修读，并在本地被授予外国学位。

私立学院办学有年之后，经学术评估团体鉴定其得以升格，即可经由申请程序，获得“大学学院（University College）”的地位。大学学院与大学的区别是，大学一般为研究型，而大学学院则以教学为主，唯可以授予自己的学位文凭，同时也开始规划及开办高等学位课程。一般而言，学院的专业文凭是90学分，而一般的大学学位则是124学分。

以马来西亚的情况来说，大学多是由政府直接开办，或外国大学来马办分校，而本地的私立学院要提升为大学，多要经由大学学院的阶段。这一过渡性的阶段，一般以2年为期，期限届满，同时符合升格条件，即可成为正式的大学。在马来西亚，不少的私立和民办学院，目前都处于这个阶段，即已从学院升格为大学学院，而继续迈向私立大学的最终目标。在这之前，马来西亚的正规大学，都是政府或官联企业开办的，拉曼大学则是极少数由官方批准直接开办的私立大学之一。

因此，大学学院是偏正短语，可以说，是迈向大学建制的学院，但终究还不算大学，等到条件完备了，才正式成为大学。而这需要另一个鉴定程序。

（作者是马来西亚拉曼大学金宝校区中文系主任）

谈联说谜

唐诗灯谜琐谈(上)

◎江更生

唐代的诗歌,简称“唐诗”。唐代是我国古代诗歌创作的极其辉煌灿烂的巅峰时代,据不完全统计,流传至今的诗作将近五万首,诗人辈出,竟有两千多位。千百年来,唐诗与“汉赋”“宋词”“元曲”及明清小说等文学瑰宝并峙而立,成为中华民族引以为豪的文化遗产之一。

多姿多彩、脍炙人口的唐诗不但赢得了无数爱好诗歌读者的钟爱和激赏,而且也受到了广大笃好灯谜朋友的垂青和追捧。

由于唐诗数量繁多,内容丰赡,给撰制灯谜者提供了取之不竭、用之难尽的灯谜素材,所以“唐诗灯谜”也就成了人们爱制喜猜的热门谜种了。为了方便猜者,前辈谜家“约定俗成”地从众多的唐诗选本中聚焦到清代蘅塘退士孙洙所编的《唐诗三百首》上。因为这本读物影响最大,读者面广,几乎家喻户晓,妇孺皆知,以至民间还流传着“熟读《唐诗三百首》,不会作诗也会吟”的话语。规定谜目标示“打唐诗一句”的“唐诗”,皆为出自此书的诗句。我们在披览前人谜集时不可不知。

先来谈谈以个中诗句为谜底的“唐诗灯谜”。记得小时候学谜时,听前辈谜家介绍过一条“穿越”式趣谜,谜面为“张翼德调查户口”,要求打“七唐”(即七言唐诗,五言唐诗则称“五唐”)一句,谜底为刘禹锡《乌衣巷》诗名句“飞入寻常百姓家”(注:飞,作三国人名“张飞”解;张飞,字翼德)。前辈边说边评，说此谜固然有趣，但古人办今事，有悖情理，不足为训。笔者在学习灯谜的过程中见到过不少谜坛先贤的唐诗佳谜，印象最深的一条是以“鼓盆而歌”为谜面，打王昌龄《闺怨》中的名句“闺中少妇不知愁”。此谜运用了《庄子·至乐》中的典故：庄周丧妻后，其友人惠施往吊，见他“箕踞鼓盆而歌”（岔开双腿，如簸箕似的坐在地上，敲打着瓦盆，长歌代哭）。据此，谜底应别解为“（庄子）闺房中少掉了妇人，他却不知忧愁地在击盆唱歌”之意与面句相切。用典精当，别解巧妙，极具匠心。

近年来，出现了不少充满时代气息的唐诗灯谜，很受猜者欢迎。例如以“蜜月旅行”打綦毋潜《春泛若耶溪》中名句“此去随所偶”（注：偶，别解为“配偶”）；又如以“两部大片捧红了一位导演和两位明星”打李白《月下独酌四首·其一》中的诗句“对影成三人”（注：别解为“两部影片成就三个人”；对，一对，两部）；再如以“消费查账单”打孟浩然《春晓》中的诗句“花落知多少”（注：花落，作“花费掉”解）；还有如以“溥仪致词感激政协设席款待”打刘禹锡《乌衣巷》名句“旧时王谢堂前燕”。解最后一谜时，须将谜底顿读作“旧时王/谢堂前燕”，别解为“旧时的君王（指清废帝溥仪）在人民大会堂宴席前致谢”。“燕”在此作通假字，通“宴”。在一次戏迷朋友的餐聚时，笔者出了条与京剧有关的唐诗灯谜给大家助兴，谜面是“自称迷上余叔岩”，要求打五言唐诗一句。猜了好久仍无人揭底，只得放低门槛，加上四个字，谜面增为“自称迷上‘冬皇’之师余叔岩”。这么一来，无多时谜底便揭穿，它是李白《赠孟浩然》中的诗句“吾爱孟夫子”。爱好京剧的读者都知道，京剧老生流派“余派”的创始人余叔岩有位得意的女弟子孟小冬，戏迷们誉其为“冬皇”，“夫子”在此别解为“老师”，故而相扣。

劝君更尽一杯酒

◎刘茂业

上世纪八十年代初，沪上老谜家周浊先生创作有一条灯谜名作："劝君更尽一杯酒" 打外国地名"巴尔干"。谜面采撷自唐代诗人王维七绝《送元二使安西》诗，谜底三字，字字切题，"巴" 解释为"巴望、期望"，"尔" 在古汉语里是 "你" 的意思，"干" 解释为 "干杯"。此谜将本无汉语意义的外国地名译音，翻生出 "希望你再干一杯酒" 的新意，把原诗表达的主客双方强烈、深挚的惜别之情，重现于灯谜中，脍炙人口。

同样以这句 "劝君更尽一杯酒" 为谜面，还有不少谜作。如：一、打春秋人名二 "干将、要离"，"干将" 是铸剑师，"要离" 是著名刺客，现将这两个人名别解成 "干了这杯酒，就将要离别了"；二、打鲁迅笔名二 "巴人、干"，别解为 "巴望客人干杯"；三、打考试用语 "酌情得分"，别解为 "酌酒之情，得分手了"；四、打现代作家及其作品名 "路遥《人生》"，此谜采用灯谜中的 "承上启下法"，谜底解释为 "路途遥远处，人都将是陌生的"，与 "劝君更尽一杯酒" 的下句 "西出阳关无故人" 之意相契合。

以上数谜，皆将王维这句名诗用灯谜语言巧妙诠释，饶具趣味，可谓诗谜合璧。

每月二谜

1. 字字句句写得清(打核心价值观一)
2. 丑小鸭长成美天鹅(打成语一)

上期答案

1. 如同二月好时光(打核心价值观一)
   谜底：平等(注：二月，平月；与 "平月" 等同)
2. 姥爷得五票(打核心价值观一)
   谜底：公正

读书

高楼何以叫广场

◎周振鹤

高楼何以叫广场？这是一个翻译的问题。现在流行叫作广场的高楼，是从英语 plaza 一词译过来的，而英语的这个词又来源于西班牙语。当然，从西班牙语还可往上溯，但不必要了。在西班牙语中，plaza 是一个多义词：广场、市场、地方、空间、场所、论坛、办公室、大百货店、要塞、堡垒，甚至于名誉、声望等等。也可作动词用，"plaza！ plaza！"的意思就是请让路、劳驾、借光。此词借用于英语以后，含义虽然没有那么广，但亦不止于"广场"一义。在美国有许多西班牙裔聚集区（Spanish town），其中的市场、商场就叫作 plaza，这些 plaza 本来都是一层的，面积很大，与"广场"的意思背离不多。然而发展下去，购物场所越来越大，非一层所能容纳，多层的购物中心应运而生，于是在美国也就渐渐俗称购物中心、百货大楼一类建筑为 plaza 了。推而广之，其他用途的商用大楼也可称作 plaza。现在移译到中国来，如要名副其实的话，最好是按 plaza 的不同用途，分别称为购物中心、百货大楼、商场、公寓、办公大楼等等比较妥当。只可惜时人视此类词为陈词滥调，少有人用，或者也有些人不晓得 plaza 可以译成这么多意思，所以仍用此词的最基本意思：广场。这就是现在许多高楼何以叫作广场的缘由。

在西文中，词的意义主要是与其发音相联系，而在汉语，词义则主要是与词形相关

八九不离十的语言否定

◎石毓智

咱们自然语言的否定，遵循一个原则，那就是八九不离十。否定了“十”，实际情况可能是“八”或者“九”。也就是说，比所否定的情况差一些，但是不能差得太离谱。

现在女孩子找对象，很讲究身高。按照流行的标准，一米八以上最帅，一米七以上一般，一米七以下则是二等残废。假如你给一个女士介绍一个男朋友，说“这位男士的身高没有一米八”，而实际情况是这位男士的身高为一米六多一点儿，

联。所以在西方，plaza 是广场也好，是高楼也好，听起发音来不大会产生心理障碍。而在中国，看到“广场”两字，想到的马上是一片开阔的空地，无法与高楼调和起来。如果汉语与西文一样是拼音化，将 plaza 译作“guǎng chǎng”而不是“广场”，那肯定没有现在的麻烦。换句话说，对一个文盲来说，你如果告诉他，这座大楼叫 guǎng chǎng，那块开阔地也叫 guǎng chǎng，他至多只会奇怪于这两样东西何以听起来相像，而绝不会有识字者明明看到是一座大楼，而上面却偏偏挂着“××广场”招牌时的别扭感觉。当然，我并非因此而主张汉语应当走拼音化的道路，而是认为应当为 plaza 想一个适当的译语，以免造成将高楼叫成广场的尴尬局面。

（选自《逸言殊语》，上海人民出版社 2008 年 8 月出版）

那你就是在有意传播误导性信息,企图欺骗姑娘。当说一个男士“没有一米八高”,他的实际身高应是不到一米八,很可能是一米七八左右,总之,不能离一米八差得太远。

很多千真万确的事实,虽然你说出来的时候表面上听起来是没错,像是大实话,但是却不能说,因为背后有这个“八九不离十”的原则在制约着。比如,“这次神十上天,我没有参加”这句话,从逻辑上讲,谁都可以这样说。然而,假如你是一个普通人,压根儿跟这件事情不沾边,不是所选定的航天员,说这话就不合适了,因为当你说这话的时候,意味着你是有条件上天的,是长期受训准备上天的航天员之一。

小品相声很多是利用这个“八九不离十的原则”来制造笑料,抖包袱。赵本山、高秀敏和范伟合演的一个小品叫《送水工》。高秀敏扮演一个单身母亲,靠缝纫衣服供养在国外留学的儿子(范伟饰)。为了让儿子在国外安心读书,母亲假称给儿子找了一个有钱的爸爸。儿子突然从国外回来看望母亲,母亲这下慌了,怕事情露馅儿,使儿子在外边学习不安心,就让一个来送矿泉水的农民工(赵本山饰)临时扮演一下爸爸。下面是他们刚见面的对话:

范伟一进门就问赵本山:“您老是做什么工作的?”

高秀敏马上接过话头:“你爸爸是送水工程师。”

赵本山接着说:“是啊,三峡工程、南水北调什么的……”

范伟:“您老都参加了?”

赵本山:“这都没有我啥事儿,我负责把水从城南调到城北……”

赵本山提到“三峡工程、南水北调”,这就有一个强烈的蕴涵,那就是赵工程师参与了这些事,所以才有范伟接着话茬儿往下说“您老都参加了?”赵本山的回答却很意外,“这都没有我啥事儿”,引得观众哄堂大笑。

类似的，当有人说“这件衬衣不白”，那么这件衬衣是什么颜色？绝对不是黑的、红的或者别的什么颜色，仍然是白的，只是白的程度不高。同样，说“这瓶墨水不黑”，也不会是别的颜色，还是黑的，只是黑的程度没有达到说话者所期望的。日常语言的否定，大都属于这种八九不离十。

像“没”呀，“不”呀，这些都叫作否定标记，它们经常用在动词或者形容词之前，学界就把它们叫作状语。除此之外，还有很多状语也有八九不离十的现象。不少小品也巧妙地利用这一点儿来制造笑料。

还来谈赵本山、高秀敏、范伟他们“三人行”的小品，他们合作的另一个很火的春晚小品是《卖车》。赵本山又开始忽悠了，让范伟长吼一声，看他的气有多长。范伟把自己吼得缺了氧，两眼直冒金星，脚下直晃悠，脑子犯迷糊。这时候，范伟开始接受赵本山的“脑筋急转弯”测试：

赵本山：“青春痘长在什么地方比较不让你担心？”

范伟：“青春痘长在腰上不让我担心。”

赵本山：“错。媳妇，你来答。”

高秀敏：“青春痘长在别人的脸上不让你担心。”

赵本山：“长在腰上那叫闷头，长在屁股上那叫火疖子。”

赵本山开始问的那句话，按照正常人的理解，这个“什么地方”并不是随便哪里，更不可能是别人身上什么地方，一定是“你”这个人的身体某个部位，而且通常是脸上。范伟是按照正常人的思维回答的，结果中了赵“大忽悠”的圈套，也让观众大大感到意外，取得了绝佳的搞笑效果。

日常交际遵循着很多原则，很多小品或者相声就是巧妙“打破”这些原则，来抖包袱，制造笑料的。

（选自《汉语春秋》，江西教育出版社 2015 年 1 月出版）

向你挑战

当风暴来时

（文中有十处差错，你能找出来吗？答案在本期找）

◎伯　淮　设计

罗兰在靠近大西洋西岸的地方新开了个农场。他发了个招聘启示，想找几个帮工。但因农场位于远离城市的偏辟之地，并且有时还有风暴光顾，存在一定程度上的安全危胁，好长时间都没有一个人来应聘。

这天，农场终于迎来一个男子，他叫埃迪。“你要知道，这里经常刮海风，农场打理起来可不轻松。”罗兰看对方身材矮小，体质单簿，满是怀疑地说道。埃迪自信地回答：“没问题，就算风暴来了，也保证你能安睡。”

罗兰留下了埃迪，准备凑和一段时间再说。出乎意料的是，埃迪很能干，也很卖力，总是把农场打理得井井有条。罗兰开始欣尝起埃迪来了。但在正式签聘用合同前，罗兰还想看看埃迪在风暴来临时的表现。

终于，风暴在一个夜晚来了。罗兰心急火燎地去找埃迪，却发现他还在呼呼大睡。罗兰脑羞成怒地大吼：“快起来！你听不到外面的风声吗？在风暴掀翻农场前我们得把所有的东西都绑好！”埃迪起身看了眼窗外，说：“老板，我跟你说过，就算来了风暴你也可以安稳睡觉。”然后又肆无忌殚地躺了回去。

罗兰差点气昏过去，但事态严峻，克不容缓，必须马上做好预防准备。罗兰一边往外冲一边打定主意要炒了埃迪。当他气喘嘘嘘地奔入农场时，发现畜栏里所有牲畜都拴在柱子上，干草堆上盖了厚厚的防水布，所有门窗已用粗绳加固……一切早已预防妥当。

如果提前做好准备，当风暴来临时，也可睡个安稳觉！

“惠赠”的误用

黄伦峰

某品牌的食用油在搞“买一送一”的促销活动——买一桶食用油，送一瓶酱油。附赠的酱油瓶上贴了个标签，上书“惠赠酱香”。很好的活动，让这四个字打了个大折扣！

“惠赠酱香”的意思不难理解：这瓶充满“酱香”的酱油是送给顾客的，不用花钱。然而，“惠赠”能这样用吗？

“惠”的本义是恩惠，许多以“惠”开头的动词都是敬词，都用于对方对自己的行为上，有表达对方的行为是对自己“施恩”的意思。如“惠允”用于对方应允自己（做某事），“惠临”用于对方到自己这里来，“惠存”用于请对方保存（自己所送的物品），等等。

“惠赠”也是敬词，用于对方赠予自己（财物），说话人是受赠的一方。商家把自己赠送顾客酱油的行为说成“惠赠”，不符合汉语交流中的谦敬习俗。如要表达敬意，可将“惠赠”改成“敬赠”。“敬赠”即恭敬地赠送。

火眼金睛

图中差错知多少？

李再兴　齐　群
邹正明　龙新田　提供

（答案在本期找）

1　2　3　4

ISSN 1009-2390
01>
9 771009 239197

2018年度向全国少年儿童推荐的百种优秀报刊

YAOWEN-JIAOZI

咬文嚼字®

02
2019

鲥鱼

硬骨鱼纲，鲱科，生活在海洋中，主要分布于中国及朝鲜半岛、菲律宾等沿海海域。洄游性鱼类，春夏之交，溯江产卵繁殖，后游归海中。“因时而至，因时而去”，故名“鲥”。

上海世纪出版集团

欢迎至邮局订阅本刊 邮发代号 4-641

国内统一连续出版物号 CN 31-1801/G

定价：5.00 元

广角镜

喜报

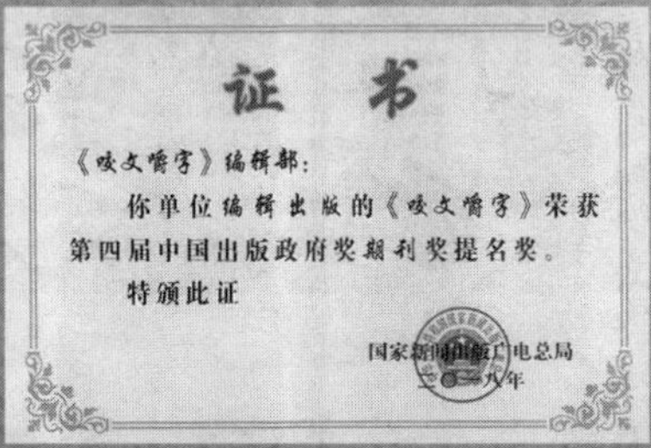
证书

《咬文嚼字》编辑部：

你单位编辑出版的《咬文嚼字》荣获第四届中国出版政府奖期刊奖提名奖。

特颁此证

国家新闻出版广电总局

二〇一八年

2019年1月8日下午，第四届上海市期刊协会第四次会员大会在上海交通大学医学院懿德楼隆重召开。大会为获奖期刊颁发了证书。《咬文嚼字》获颁中国出版政府奖期刊奖提名奖。这是本刊第二次荣获该奖项。（编　者）

“2 加 3 在什么情况下等于 4？”

康　泰 / 文　臧田心 / 画

有一次，侯宝林去拜访老朋友、著名数学家华罗庚。闲谈中，侯宝林竟想考考这位数学家，问道：“2 加 3 在什么情况下等于 4？”华罗庚想了半天，答不上来。侯宝林笑着公布答案：“在数学家喝醉了的情况下。”华罗庚拍着脑袋哈哈大笑起来。

咬文嚼字®

2019年2月1日出版

2

总第290期

主管：上海世纪出版集团
主办：上海咬文嚼字文化传播有限公司
编辑、出版：《咬文嚼字》杂志社
集团网站：http://www.shwenyi.com
E-mail：yaowenjiaozi2@163.com
官方微博：
http://weibo.com/yaowenjiaozish
电话传真：021-64330669
发行电话：021-64674759
邮购电话：021-64372608-243
地址：上海市绍兴路7号
邮政编码：200020
发行：上海市报刊发行局
发行范围：国内外公开
订阅处：全国各地邮局
邮发代号：4-641
ISSN 1009-2390
CN 31-1801／G
印刷：上海中华印刷有限公司
印厂电话：021-60829062
021-60299079
广告经营许可证：沪工商广字
3100320050020号
定价：5.00元

如发现本刊有装印质量上的问题，请在当月与承印公司联系调换。

年度盘点

2018 年十大语文差错

《咬文嚼字》编辑部

（2018年12月）

一、重庆公交车坠江报道中的读音错误："发生口角"的"角"误读为 jiǎo。2018 年 10 月，重庆万州发生公交车坠江重大交通事故，经后续调查发现，该事故是乘客同司机发生口角与肢体冲突所致。某些媒体播报这则新闻时，将"口角"的"角"读为 jiǎo。"角"是个多音字，有 jiǎo、jué 两个读音。读 jiǎo 时，指牛羊等动物头顶上长出的尖长的骨状突起物，也指物体两个边沿相接的地方。读 jué 时，有较量、比试、竞争之义。乘客与司机发生"口角"，即在口头上进行较量，"角"应读 jué。

二、高校校庆演讲中的读音错误："鸿鹄"的"鹄"误读为 hào。2018 年 5 月，北京大学 120 周年校庆，时任校长在演讲中鼓励学生"立鸿鹄志"，"鹄"读成了 hào。"鹄"在"鸿鹄"中的正确读音是 hú。"鸿鹄"俗称天鹅，因善高飞，人们常用"鸿鹄志"比喻远大的志向。

三、"进口博览会"报道中的用字错误："青睐"误为"亲睐"。2018 年 11 月，中国国际进口博览会在上海成功举办，大量外国企业前来参展，显示了中国市场在国际上的巨大吸引力。报道相关新闻时，有媒体称外国企业"亲睐"中国营商环境。"亲睐"应为"青睐"，典出三国时期的名士阮籍。阮常用“青白眼”看人，喜欢的人平视露出黑眼珠，不喜欢的人则以白眼相向。“青”指黑眼珠，“睐”有看的意思。

四、演艺圈风波报道中的用字错误：“捅娄子”误为“捅篓子”。从2018年5月开始，崔永元不断利用微博揭露演艺圈“阴阳合同”等“潜规则”，引起有关部门的注意和调查。某些网络媒体称崔永元“捅篓子”了，演艺圈黑幕一旦揭开，将掀起“滔天巨浪”。“捅篓子”应是“捅娄子”。娄，本指物体中空，“捅娄子”即捅出漏洞来，常比喻引起乱子、纠纷、祸事等。“篓子”是用竹篾、荆条、铁丝等编成的盛物器具，没有“捅篓子”一说。

五、范冰冰逃税报道中的用字错误：“不知所终”误为“不知所踪”。2018年10月，税务机关公布了对范冰冰逃税案件的处罚决定。在此前的一段时间，作为该事件“主角”的范冰冰远离了公众视野，某些媒体说她“不知所踪”。“不知所踪”应为“不知所终”。“终”是动词，指终止、结束。“所终”是一个“所”字结构，结构助词“所”加动词“终”构成名词性成分，充当“不知”的宾语。“踪”即踪迹，是名词，不能跟“所”字搭配。

六、世界杯赛事报道中的不当表达：“争夺冠亚军”。2018年世界杯足球赛于6月14日至7月15日在俄罗斯举行。法国队和克罗地亚队打进决赛，最后法国队夺得冠军。报道相关新闻时，某些媒体说法国队和克罗地亚队“争夺冠亚军”。参加决赛的两支队伍争夺的是“冠军”，而非“亚军”。“亚军”是不必争夺的。“争夺冠亚军”是一种似是而非的说法。

七、中美贸易争端报道中的词语误用：“反击”误为“反戈一击”。2018年美国对从中国进口的商品加征关税，蛮横地挑起贸易争端；中国进行了“有理、有利、有节”的反制。某些媒体报道相关新闻时，说中国的反制措施是对美国的“反戈一击”。“反戈一击”指掉转枪口向自己原来所属的阵营发起攻击。中国不属于美国的阵营，在中美贸易争端中，中国反制美国，是对美国的“反击”，而非“反戈一击”。

八、沙特记者遇害报道中的词形错误：“籍籍无名”。2018年10月，沙特记者卡舒吉在沙特驻土耳其伊斯坦布尔领事馆遇害，引起了国际社会的高度关注。在介绍该事件的背景时，有媒体称卡舒吉家世在中东赫赫有名，并非“籍籍无名”之辈。“籍籍无名”应是“寂寂无名”。汉语中“籍籍”一词，常形容声名盛大；“籍籍无名”在逻辑上是说不通的。

九、国际关系报道中的修辞错误：“360度”大转弯。美国总统特朗普在应对一些重大国际问题时，态度反复无常。某些媒体报道相关新闻时，常用“360度”大转弯形容其态度的巨大转变。如：“不打叙利亚了？特朗普一夜之间360度大转弯！”“特朗普对伊朗态度360度大转弯，称愿不设条件见伊总统。”这种说法犯了夸张失度的错误。一条射线在平面上以端点为定点，旋转360度时回到原位，旋转180度时正好形成平角，汉语中常以“180度”大转弯来形容转变幅度很大，到了前后相反的地步。

十、社交用语中的用词错误：赠人物品用“惠赠”。在社交用语中，“惠”是一个常用敬词，凡以“惠”开头的词语都是指对方的行为有“恩”于己，如惠顾、惠存、惠临、惠赠。某知名人士在送给别人的书上，有“惠赠某某”的题词，某商家开张时，有“惠赠礼品”的告示，都是用错了“惠赠”，可改为“敬赠”。

时尚词苑

“打卡”的源和流

◎高丕永

四十多年前，“打卡”一词已经在港台地区普遍使用，指“员工上下班时，将出勤卡放在打卡钟里打出时间，作为自己出勤时间的记录”（《国语辞典简编本》）。“打卡钟”，打印纸质考勤卡用的特制时钟，又名“打卡机”。据《人民日报》1998年7月18日《打开引资之门（纪念改革开放20年难忘第一）》一文所述，北京香港合资创建的北京航空食品公司，于1980年5月开业，是内地改革开放后的第一家合资企业，也是内地“率先实行考勤‘打卡上班’”的企业。可见，“打卡”一词在改革开放初期就进入了内地。

“打卡”的“打”是什么意思？《现代汉语词典》“打（dǎ）”条目下有“付给或领取（证件）”义项，并举例“打介绍信”。这个“打”组成的词语还有“打银票、打支票、打白条、打借条、打路条”等。这个“打”也就是“打卡”的“打”，所谓“打卡”就是“付给或领取出勤时间记录作为证明”。

四十年来，“打卡”设备不断升级。“打”纸质考勤卡的打卡机之后，“打”身份磁卡的电脑打卡机、指纹打卡机、刷脸打卡机、虹膜打卡机等相继问世。显然，指纹打卡机以及之后的其他新型打卡机，“打”的并不是实体的“卡”。但是，“打卡”一词仍在使用，常见的说法还有“拍照打卡”“QQ打卡”“微信打卡”“云打卡”等。

“考勤”意义的“打卡”，1980年代已经有了另一个引申义，指“按时到访（参与）”。如今的台湾著名女作家赖香吟，在1987年还是一个大一学生，她在《联合文学》上发表了第一篇小说《蛙》。小说中有这样一句："这蛙是如此愉快地过着这种打卡上晚班的水管生活，甚至忍不住对着管梢那点亮光欢乐地歌唱起来。"近年来，"打卡"的这个引申用法在各种媒体上大为流行，比如，"在学生群体之间，一些具有'打卡'功能的APP开始悄然流行。这些APP的'打卡'功能主要用于督促人们每日坚持进行某项活动，任务完成后可以'打卡'并分享到朋友圈。"(《人民日报》2018年5月24日)再如：

(1)位于上海兴业路76号的中共一大会址，参观人群络绎不绝。这一年，中共一大会址参观量呈爆发式增长……中共一大会址成为全国党员群众的打卡地。(《解放日报》2018年10月31日)

(2)连着5年的上海简单生活节，今年时间线拉长到了国庆7天连办，对于……文艺青年们来说，这可是一年一度必须"打卡"的盛大节日。(《人民日报》2018年11月1日)

(3)在社交媒体发达的当下，"打卡"早已成为微信朋友圈中的常态：背单词、健身、品尝美食、旅游、掌握新技能等等，"打卡"截个屏，大家在朋友圈里"晒"起生活来乐此不疲。(《人民日报》2018年8月28日)

例(1)的"打卡"表示"到访"，例(2)(3)的"打卡"表示"参加活动"或"参与其事"。

除了"出勤打卡"之外，"打卡"还有另一含义。1985年，内地发行了第一张信用卡。十年不到，各种银行卡已经普及，还有购物卡、公交卡、校园卡等。这些卡，外形和考勤用的身份磁卡差不多，操作动作相似，而且银行卡等"打"过后也会储存记录作为证明。自然而然，"打卡"很快引申出了新的意义，即"通过卡完成汇款或付款的过程"。确切意思是"汇款"还是"付款"，视"打卡"动作的发出者及上下文而定。例如：

怎能一言不合就“退群”

◎刘冰鑫

“退群”，最早出自腾讯QQ，指退出QQ群聊，后引申为退出各式网络群聊，如退出微信群、微博群、支付宝群等。如今，“退群”使用范围进一步扩大，频频现身国际新闻，成为热词。请看：

（1）近日，美国政府多次对世界贸易组织表示不满，威胁要“退群”，宣称美国在贸易等方面受到不公平待遇，美国吃亏了。（《人民日报》2018年7月6日）

（2）分析认为，美国“退群”使全面落实伊核协议的国际统一行动遭到破坏，伊核问题前景将面临更多不确定性。（《人民日报》2018年5月10日）

（4）他们建立支农资金“绿色通道”，把所有面向农民的补贴资金统一到财政一个渠道，由金融部门统一打卡发放。（《人民日报》2005年4月1日）

（5）有人说，我们现在已经进入了卡的时代。这不，我们吃饭打卡，手机付费打卡，购物打卡，乘公交车打卡……可以说卡与我们生活紧密相连。（《初中生（中考指南）》2007年第1期）

例（4）“打卡”的动作发出者是“金融部门”，钱款是农业补贴，意思是给农民“汇款”。例（5）“打卡”动作发出者是消费者，意思就是“付款”。1990年代中期，专指“付款”的港台词语“刷卡”进入内地。目前，“打卡”一词有时指“汇款”，有时指“付款”；而“刷卡”继续专指“付款”。

例(1)"退群"指退出世界贸易组织,例(2)"退群"指退出伊核协议。"退群"的行为主体不再是人,而是国家。"群"的所指范围由小型网络群聊扩展为大型国际组织、协议。

"退群"新用法从何而来?这还要从英国"脱欧"说起。2016年6月23日,英国就是否脱离欧盟之事进行公投,最终赞成"脱欧"的一方以微弱优势获胜,英国宣布将正式"脱欧"。此举在国际社会产生重大影响,中国多家媒体将英国脱欧称为"英国退群"。请看:

(3)红包发得多抢得少 英国退群了(标题,《华商报》2016年6月25日)

(4)英国"退群"了,据说是抢到的"红包"没别人多(标题,《郑州晚报》2016年6月25日)

例(3)(4)"退群"由"退出微信群"之义引申而来。欧盟按照成员国发达程度收取会费,英国每年必须给欧盟缴纳大额会费,投入和付出远远超过回报,收支不平衡成为英国"脱欧"的重要原因。从此,"退群"变成"某国家退出某国际性组织"的代称。

由于报纸和网络的推崇,"退群"在短时间内迅速流行开来。此后,"退群"又跳出了国际新闻圈,应用到别的领域。例如:

(5)作为三大视频网站之一,爱奇艺单方宣布"退群",不管腾讯视频、优酷等平台是否会跟进,都对原有"唯点击量"构建的视频网站竞争体系造成了冲击。(《北京日报》2018年9月6日)

例(5)"退群"指爱奇艺关闭前台播放数据,退出各大视频网站以播放量刷流量、拼热度的"决斗场"。"退群"的行为主体变为视频网站。

"退群"一词常常与"一言不合就""动辄"等词语搭配。请看:

(6)签了协议就要认账,加入了组织就要服从,不能"一言不合就退群"。(《人民日报海外

版》2017年6月5日）

（7）美国政府毫无国际法基本概念，视国家承诺与信誉为儿戏，动辄“退群”。（《人民日报》2018年7月11日）

“一言不合就”和“动辄”都可解释为“动不动就”，表示一种行为或举动频繁发生。在（6）（7）两个例句中，它们与“退群”组合使用，暗示美国反复无常，推行“单边主义”“实用主义”，违背了全球化时代提倡的共同繁荣、和平合作、开放包容的理念。

新词“退群”的发展演变，与“拉黑”有异曲同工之妙。两词最早都出自腾讯QQ，后来被新闻界引用，语义发生改变，通过新闻传播，逐步进入其他社会生活领域。那么，为什么这些词会受到报纸媒体的欢迎呢？一方面，社会日新月异，新事物不断出现，选用已有的、被人们熟知的语言符号来满足表达需要，给原词增添新义项，符合语言经济性原则。另一方面，“退群”“拉黑”等口语词被用于国际新闻报道中，新颖别致，形象生动，给文章增光添彩，更容易吸引读者。

21世纪，是同舟共济、互利共赢、共建人类命运共同体的新时代，每个个体都应有正确的群体意识。“退群”需谨慎，切勿“一言不合就退群”，损人不利己。

《泉边的破碗》参考答案

1. 婉蜒——蜿蜒
2. 清烈——清冽
3. 臽水——舀水
4. 留恋忘返——流连忘返
5. 感概——感慨
6. 不相配，——不相配。
7. 称人不注意——趁人不注意
8. 行襄——行囊
9. 不冀而飞——不翼而飞
10. 厮言——斯言

一针见血

琴声如何“窨哑”

◎杨昌俊

2018 年 7 月 30 日的《西安日报》第 8 版刊有《哦哦 神奇的手机》一文，文中提及老伴退休后练习乐器时这样写道：“二胡于他最为熟稔，电子琴是偶尔抚弄，可那天弹奏起来，声音却不对味，窨哑晦涩，还有一个单键不响了。”其中的“窨哑”，应写为“喑哑”。

“喑”读作 yīn，义为嗓子哑、不能说话，引申出缄默、不作声的意思。成语“万马齐喑”，即千万匹马都寂静无声，比喻人们都沉默，不说话，不发表意见，形容场面很沉闷。“喑哑”，指嗓子干涩发不出声音或者发音低而不清楚，用来形容弹奏乐器发不出清晰响亮的声音是恰当的。

“窨”是个多音字，读作 yìn 时，义为地窖、地下室，也可作动词，表窖藏、深藏的意思。读作 xūn 时，同“熏”，用于窨茶叶，把茉莉花等放在茶叶中，使茶叶染上花的香味。

喑与窨，音相近而义不同。汉语中没有“窨哑”的说法。

何来“捌犬”

◎厉国轩

《中国中医药报》2018 年 10 月 31 日《葛洪以毒攻毒治疗狂犬病》一文中有一段话说：

古代没有疫苗，狂犬病发病迅猛且死亡率高，如果被疯狗咬伤又该如何救治呢？东晋医家葛洪在《肘后方》中有所提及，曰：“凡捌犬咬人，七日一发，三七日不发，则脱也……”

其中“捌犬”为何犬？应该是“猘犬”吧。猘，音 zhì，指狗疯狂。猘犬即疯狗。《宋书·张畅传》：“弟枚尝为猘犬所伤，医者云食虾蟆可疗。”“猘犬咬人”即疯狗咬人。而捌，音 bā，本是农具名，指无齿耙，现常用作数字“八”的大写。“捌”与疯狗无关。

“大肚能容”是弥勒

◎王宗祥

2018年11月19日《新民晚报》第17版刊有《大事与大气》一文，文中写道：“有朋友劝他们胸怀要大些，不妨学学弥陀佛，‘大肚能容，容天下难容之事’，他们听不进去，最后弄得朋友越来越少……”这里的“弥陀佛”应是“弥勒佛”。

弥陀佛，是阿弥陀佛的简称。阿弥陀佛，意译作“无量寿佛”或“无量光佛”，是大乘佛教的佛名，是西方“极乐世界”的教主，净土宗主要信仰对象。在寺院佛殿中，其造像常与释迦牟尼、药师两佛并坐，称“三尊”。

弥勒，是梵语Maitreya音译，意译为“慈氏”，是佛教大乘菩萨，又称“未来佛”。在中国的寺院中多供奉笑口常开的大肚弥勒塑像，该塑像其实是以五代时布袋和尚为原型的，传说布袋和尚是弥勒佛的化身，故后人造像作为弥勒供奉。在弥勒像两侧常书楹联：“大肚能容容天下难容诸事，慈颜常笑笑世间可笑之人。”可知，上述引文中“大肚能容”的应是弥勒佛。

“急功”如何“好义”

◎居容人

2018年10月9日的《静安报》A4版刊有《追回昔日的时光》一文，其中有这样一段话：“总感到此生最大的憾事乃读书太少，青少年时因穷得常常身无分文，家徒四壁，没机会多读书……还是在一位急功好义的朋友帮助下，断断续续读完了初中。”其中“急功好义”一词是“急公好义”之误写。

急，义为想要马上达到某种目的而激动不安，也有对众人之事或别人的困难尽快帮助的意思。“公”有公共、共同之义。“急公好义”是个褒义词，形容人热心公益，见义勇为。

晚清小说《官场现形记》第三十四回:"此次由上海捐集巨款,来晋赈济,急公好义,已堪嘉尚。"

"功"字,有功效、成就、功利等义。汉语中有"急功近利"一词,义为急于谋求眼前的功利,系贬义,也作"急功好利"。形容人急于求成,贪图眼前利益。

"一叶"怎能"窥豹"

◎江城子

2018年8月4日的《张家界日报》第11版刊有《美好的人事》一文,文中这样写道:"他是三十年来重复同样的故事,从不觉得厌烦,把平凡做到了极致。一叶窥豹,从'茅房'初创到三十而立,武陵源建区三十年来的成就,从他的新闻作品里都有迹可循。"其中"一叶窥豹"有误,是把"一叶知秋"和"管中窥豹"杂糅在一起了。

一叶知秋,语出《淮南子·说山训》:"以小明大,见一叶落而知岁之将暮。"就是说从一片树叶的凋落,就可以知道秋天将要来临。比喻由细微的迹象看出事物发展变化的趋势,由现象或部分推知本质或全体。上述引文中说的是从"他的新闻作品"找到痕迹,发现"武陵源建区三十年来的成就",用"一叶知秋"是合适的。

管中窥豹,语出南朝宋刘义庆《世说新语·方正》:"此郎亦管中窥豹,时见一斑。"即从管子里看豹,只能看到豹身上的一块花斑,比喻看到的不是全部或者整体。后也有用"管中窥豹"表示略见大概的意思的。

"崭获"应是"斩获"

◎李可钦

2018年11月9日《东南商报》A19版刊有文章《阿里巴巴数据中心将用上"宁波造"》,其中写道："今年5月，阿里从全国与施耐德、ABB、西门子的合作商中挑选了9家企业，送样柜到杭州参加'盲评'式评审，立新科技的产品脱颖而出，崭获第一。"这里"崭获"写错了，应是"斩获"。

斩获，原指战争中斩首与俘获。《旧唐书·本纪第五》："二月，鸡林道行军大总管大破新罗之众于七重城，斩获甚众。"现在泛指收获，多指在竞赛中获得奖章、奖牌、好名次等。"斩获第一"即获得第一的好名次。

"崭"有高峻、优异等义，如崭露头角、崭新等。汉语中并无"崭获"，"崭获"也说不通。

菠萝不是"长在树上的"

◎李华山

2018年6月1日《北京晚报》42版《菠萝：罐头封存的美味》一文中有这样一段话："长在树上的菠萝果实看外表的话并不太让人喜欢，外皮布满带有毛刺的'钉眼'，可是它金黄的颜色格外醒目……"文章说菠萝果实是"长在树上的"，此说有误。

菠萝，有"黄梨""凤梨"等别称，属于凤梨科多年生常绿草本，叶子大，呈剑状，花紫色。菠萝的果实可供生食，也常被制作成罐头食品或其他的加工品。菠萝是草本植物，其果实不会长在树上。

有一种与菠萝名字相近的水果——波罗蜜，又名木波罗、树波罗，属桑科常绿乔木，果味甜，也可食用。波罗蜜的果实是长在树上的，但此"波罗"不是彼"菠萝"，文章怕是弄混了。

不是"兵险"是"兵燹"

◎木　子

2018年10月3日中央电视台戏曲频道播出《2018中国戏曲大会》第二场，其中有一道图片题展示的是山西洪洞县广胜寺的一幅壁画，嘉宾在介绍这幅壁画时说：“它是在深山里边，不容易遭受兵险、各种灾荒的破坏，所以它能保存下来……”（字幕同步显示）字幕中“兵险”写错了，应写成“兵燹”。

燹，读作 xiǎn，本义指火、野火，引申有焚烧、兵火、战祸等义。兵燹，指因战乱而造成的焚烧破坏等灾害。郁达夫《给一位文学青年的公开状》一文中，就有“你的故乡连年兵燹，房屋田产都已毁尽”之句。

嘉宾说那幅壁画之所以得以保存下来，是因为它在深山古寺中，不易受外界战祸等灾害的破坏，用“兵燹”一词是完全正确的。

“汗漫”无关“出汗”

◎新　德

《每周文摘》2017 年 11 月 25 日 15 版《中药名也能成诗》一文中，引用了南宋辛弃疾的一首词《定风波·山路风来草木香》，用来说明“中药成了他抒发心绪、排遣情怀的棋子”。引文将该词下阕中“湖海早知身汗漫”这句中的“汗漫”错成了“汗浸”。

“汗漫”是个联绵词，也可写为“漫汗”“瀚漫”，形容广大、漫无边际，引申有渺茫不可知之义。《淮南子·道应训》：“吾与汗漫期于九垓之外。”高诱注：“汗漫，不可知也。”辛弃疾的这首词，作于谪居上饶时期，“湖海早知身汗漫”，表达了他彼时空有一腔报国之志，却只能赋闲山水，可有可无地存于世间，这里用“汗漫”是十分恰当的。“汗浸”则难以说通。

明朝无“嘉庆”年号

◎晋　相

2018 年 12 月 7 日《北京晚报》38 版《平生事　圣人境》一文中有句：“在嘉庆之前的这一段时间明朝的政治环境与社会

环境动荡不安，而王阳明则恰好生长在这一段时期，王阳明也曾仗义执言被权倾一时的大太监刘瑾贬至贵州深山……”王阳明是明朝人，明朝年号有“嘉靖”无“嘉庆”。

王阳明，即王守仁，是明代的哲学家、教育家。他生于明宪宗成化八年（1472），经历了明孝宗的弘治年、明武宗的正德年，于明世宗的嘉靖七年十一月二十九日（1529年1月9日）逝世。他生活的这一段时期正在嘉靖初之前的这一段时间。而“嘉庆”是清仁宗年号（1796—1820）。嘉庆元年王阳明离开人世已两百多年了。“嘉庆”“嘉靖”一字之差，不可弄混。

是“靥”不是“魇”

◎李信宜

“绸面镜子、古风扇子以及红豆手链，韩国游客放下那个，又拿起这个，爱不释手……精致小物换成了一张张韩币，摊主韩宇飞笑魇如花。”这是《山西日报》2018年8月21日3版《一个景区　唱响太行好风光》一文中的一个片段，其中“笑魇如花”错了，应是“笑靥如花”。

靥，读yè，义为面颊上的小圆窝，俗称酒窝。“笑靥”既可指酒窝，如郁达夫《沉沦》：“笑起来的时候，面上有两颗笑靥。”也可用来泛称笑脸、笑容，如巴金《秋》：“芸也常常保持着她的笑靥。”生活中，我们常用“笑靥如花”形容人的笑脸像花一样美丽灿烂。

魇，读yǎn，本义为梦中惊骇、恶梦，引申有迷梦、迷惑、妖邪等义。汉语中没有“笑魇”的说法。将“靥”误作“魇”，应是形近致误。

演技高超称“入化”

◎阎德喜

《黑龙江广播电视报》2018年44期22版《追剧的得与失》一文，为电视剧《父母爱情》的演员点赞:“演小姑子的,演姐姐的,演姐夫的……没空一一品评了,那个表演层次的丰富,内心把握的精准,简直出神入话了。”其中的“出神入话”应写成“出神入化”。

“出神入化”是个成语。神,指神妙的境地;化,指化境,即一种极高的境界。“出神入化”形容文学、艺术等技艺达到了绝妙的境界。上述引文想要表达的,是《父母爱情》这部剧中的演员演技高超,能把剧中人物的精神、性格、心态准确地展现给观众,有很强的艺术感染力,令人信服。以“出神入化”来称赞他们的演技,是非常合适的。

“二尺钩”?“二齿钩”!

◎达式东

“他比我小一岁,膀大腰粗,当地人讲话,二尺钩挠痒痒,是干活儿的一把好手。”这是2018年11月16日《今晚报》第9版《青春大兴岛》中的一句话,其中的“二尺钩”应该是“二齿钩”。

二齿钩,是前端有两个齿的爪状农具,有长把,用来搂柴、整地、起粪等。聂绀弩《排水赠姚法规》:“鹤嘴锄同二齿钩,红旗招展气吞牛。”

汉语中有歇后语“二齿钩子挠痒痒——硬手(是把硬手)”。肖复兴《小院纪事》:“全院里的人暗地齐声叫好,称他是二齿钩挠痒痒,是把硬手。我自然更加佩服。”其中“硬手”是个双关语。二齿钩呈爪状,金属制,像是一只“硬”的“手”。而“硬手”,又有高手、能手的意思,如《人民文学》1979年第9期:“现在来了个抓生产的硬手,管得严一点,大家又受不了,骂爹骂娘。”

上述文章中说“二尺钩挠痒痒,是干活的一把好手”,其中的“好手”与“硬手”意思大致相同。但现实生活中并没有“二尺钩”这个说法,“二尺钩”当是“二齿钩”之误。

语言哲思

『生活不止眼前的苟且』

◎宗守云

高晓松创作的《生活不止眼前的苟且》中写道：“生活不止眼前的苟且，还有诗和远方的田野。”这首歌一经传唱，就红遍网络，“生活不止眼前的苟且，还有诗和远方”成为网络流行语，而且被纷纷模仿。有两种不同的模仿方式。第一种模仿，例如：

生活不止眼前的苟且，还有柴米油盐酱醋茶。

生活不止眼前的苟且，还有下个月的房租。

生活不止眼前的苟且，还有数不尽的美食。

生活不止眼前的苟且，还有诗和神秘的石化工业。

第二种模仿，例如：

生活不止眼前的苟且，还有远方的苟且。

生活不止眼前的苟且，还有从前的苟且。

生活不止眼前的苟且，还有将来的苟且。

生活不止眼前的苟且，还有以后的苟且。

两种不同的模仿，反映了两种不同的焦点信息呈现方式。焦点是说话人传达给听话人新信息中的重点内容，一般情况下，焦点总是在句子末尾的位置，这是“自然焦点”；特殊情况下，焦点不在句子末尾，在前面的某个位置出现，这是“对比焦点”。第一种模仿是自然焦点的呈现，说话人传达给听话人新信息的重点是句子末尾的内容，说明生活所包含的内容，有眼前的苟且，也有柴米油盐酱醋茶、下个月的房租、数不尽的美食、神秘的石化工业等等。第二种模仿是对比焦点的呈现，说话人传达给听话人新信息的重点不是“苟且”，而是“远方、从前、将来、以后”，在语音上，这些内容都需要重读。

在话语中，自然焦点是最

常见的信息呈现方式，句子末尾是听话人解读的重点内容。我们所熟知的“屡战屡败”和“屡败屡战”的用例，就是因为解读的重点在句子末尾，所以“屡败屡战”比“屡战屡败”更易于为听话人接受。再比如，有个段子说，有的女大学生白天读大学，晚上陪酒，听起来感觉不好；如果说陪酒女晚上陪酒，白天读大学，就满满的正能量。这其实也是因为句子末尾是解读的重点内容，前面重点解读“陪酒”，后面重点解读“读大学”。再比如，师父告诉小和尚，“念经的时候抽烟”不可以，“抽烟的时候念经”可以，这也是因为重点解读的内容不同，前面重点解读“抽烟”，后面重点解读“念经”。

对比焦点在话语中并不常见，但也是重要的信息呈现方式。对比焦点是需要标记的。在语音上，对比焦点需要重读，比如“张三明天去北京开会”，如果重读“张三”，就排除了别人，重读“明天”，就排除了其他时间，重读“北京”，就排除了其他地方，“张三”“明天”“北京”分别是对比焦点。对比焦点的前面还可以加上一个无实在意义的“是”，用来标记对比焦点，比如“张三是明天去北京开会”，“明天”是对比焦点，就排除了其他时间。

自然焦点和对比焦点是两种不同的信息呈现方式，不能混同。如果把自然焦点理解为对比焦点，或者把对比焦点理解为自然焦点，就会造成笑话效果。比如，某甲说自己没有在镇上偷过东西，某乙问他：“那你在哪里偷过东西呢？”这是把自然焦点解读为对比焦点了，某甲说的重点是“偷东西”，某乙则用“在哪里”回应，把解读重点理解为“在镇上”。再比如，老师看见学生上课喝可乐，问：“你为什么上课喝可乐？”学生回答说：“因为雪碧喝完了。”这是把对比焦点解读为自然焦点了，老师问的重点是“上课”，而学生解读的重点则是“可乐”。

热线电话

“你好，我是64330669……”(62)

◎姚博士

“五个月零二十天”错了吗

问：您好！“五个月零二十天”这个说法对不对？我感觉这样说不对，因为这里没有空位，不能加“零”。是不是应该改成“五个月二十天”？

——上海　朱之佑

答：“五个月零二十天”是无误的。

您提到的“空位”是“零”的一种用法。“零”可以用来表示数的空位。写成阿拉伯数字时，一般有几个空位写几个“0”，而写成汉语数字则不管有几个空位，只需一个“零”，如“1001”即“一千零一”。

“五个月零二十天”中“零”并不是数的空位，而是用来强调零头的。将“零”放在两个数量短语中间，可以用来表示单位较高的量下还附有单位较低的量。如您问题中的“五个月零二十天”，“月”相对于“天”是单位较高的量词，故可在“五个月”和“二十天”中间用“零”连接，表示“五个月”还多了“二十天”的零头。再举个例子，《儒林外史》第三一回：“（酒）而今埋在地下足足有九年零七月了。”句中单位较高的量词是“年”，单位较低的量词是“月”，故“零”可用来连接“九年”和“七月”。强调零头的“零”可以用在重量、长度、时间、年岁中，如“二十斤零一两”“一岁零五个月”“三分零十五秒”。其中的“零”也可不出现，说成是“二十斤一两”“一岁五个月”“三分十五秒”。

所以“五个月零二十天”的表述是无误的。

“魏徵”的“徵”简化还是不简化？

问： 有关唐代的文章中常有人将“魏征”写为“魏徵”。有人根据《国家通用语言文字法》的相关规定，认为“魏徵”的“徵”不用简化。请问“魏徵”的“徵”字需要简化吗？

——广东深圳 李 祈

答： 应该简化，这位历史名人的姓名应写作“魏征”。

徵，一读 zhēng，表示迹象、象征、证明、质问、征召、征收等义。一读 zhǐ，是古代的“宫、商、角、徵、羽”五音之一。

“徵”的简化字是“征”。而“征”在古代本有其字，表示的是远行、征讨的意思，如出征、长征、征战。简化字颁布实施后，“征”字一身兼二职，既可表示远行、征讨，也可表示迹象、象征等义。《简化字总表》和《通用规范汉字表》中都对“徵”做了补充说明：用于五音的“徵”，读 zhǐ，保留“徵”的写法，不简化。

可见，当“徵”读 zhēng 时，应该简化为“征”；当“徵”读 zhǐ 时，不简化，仍写作“徵”。在“魏徵”这个人名中，“徵”读 zhēng，不读 zhǐ，所以“魏徵”的“徵”应简化为“征”。

《中华人民共和国国家通用语言文字法》：“有下列情形的，可以保留或使用繁体字、异体字：（一）文物古迹；（二）姓氏中的异体字；（三）书法、篆刻等艺术作品；（四）题词和招牌的手书字；（五）出版、教学、研究中需要使用的；（六）经国务院有关部门批准的特殊情况。”根据本条，人名中可以保留使用繁体字或异体字的情况应出现在“姓氏”中，但“魏徵”的“徵”是“名”而非“姓氏”。因此，“魏徵”的“徵”应当简化为“征”。同理，明代书画家“文徵明”的“徵”也应简化为“征”。

追踪荧屏

偪阳国之“偪”怎么读

◎郑学富

中央电视台《国宝档案》栏目2015年11月9日播出专题节目《古国探秘——偪阳大战》，其中介绍了春秋时期以晋国为首的十三个诸侯国大战偪阳国的历史。节目中，主持人和被采访的专家都把“偪阳国”的“偪”读作bī。“偪阳”真是这样读的吗？

在《汉语大词典》中，“偪”有两个读音，一个读音是bī，其义项与“逼”基本一致，有逼迫、威胁、靠近、狭窄等义。另一个读音是fù，解释为：“春秋时期有偪阳国。见《春秋·襄公十年》。《穀梁传》作‘傅阳’。”《辞海》（第六版）对“偪（fù）”的解释与此略同。可见，作古国名时，“偪阳国”的“偪”应该读成fù。

偪阳国遗址在今山东省枣庄市台儿庄区境内，2006年被列为全国重点文物保护单位。《傅氏探源》一文说：“妫姓傅氏在傅岩建立了傅国，夏代被夏王远封东夷某地（今山东枣庄南50公里处，微山湖东），春秋时期被晋国为首的多国部队所灭，存在了大约1 300年。”可见，此国最初叫傅国，被封“东夷”后，

是『反』还是『不反』？

◎邓晓冬

电视连续剧《三国演义》第65集马谡向诸葛亮献策道："此番南征，擒孟获易，服孟获难哪！南王恃其地远山险，不服已久，虽今日破之，难保日后再反！"此处"难保日后再反"与马谡想表达的意思刚好相反。

难保，不能保证。如赵树理《三里湾·还是分开好》："吃稀的又不能劳动，饭又只能由他们决定，很难保不饿肚。"马谡说的"难保日后再反"，字面意思是不能保证他日后再反。而根据剧情可知，马谡担心的是仅武力征服孟获，等大军走后，孟获又反，不能保证的是孟获不反。因此应将"再"改为"不"，或将"难保"改为"难免"，才符合马谡的原意。

演化成了"偪阳国"。成书于清朝的《峄县志》载："偪阳城：县南五十里，古妘姓之国，祝融之孙陆终第四子求言封于偪阳，后为晋所灭。后汉为傅阳县，属彭城。"说明了后汉时期的傅阳县是由偪阳国演化而来。

北魏的《水经注》卷二十六中有"偪阳城"，清末民初著名历史地理学家杨守敬与门人熊会贞所著《水经注疏》按："左氏经传作偪阳。《释文》，偪音福。"其中明确地指出：偪音福（读 fù）。

总之，"偪阳国"的"偪"还是读成 fù 为好。

慎用“犬子”

◎浦东轩

央视综艺频道2018年10月22日晚播出的《开门大吉》节目中，著名朗诵艺术家陈铎参与猜答，女主持人在采访陈铎之子陈雷时说：“下面采访一下犬子。”（字幕同步显示）主持人能称陈铎之子为“犬子”吗？不能。

“犬子”是个谦词，一般用来对他人称呼自己的儿子。如李渔《蜃中楼·婚诺》：“只得一个犬子，如今十六岁了。”当用“犬子”称呼别人的儿子时，“犬子”就成为了一个詈（lì）词，是鄙视他人儿子的称呼。如《三国演义》中，孙权向关羽示好，派人向关羽提议，让自己的儿子和他女儿成亲，然而关羽并不领情，并怒斥孙权之子为“犬子”——“云长勃然大怒曰：‘吾虎女安肯嫁犬子乎！不看汝弟之面，立斩汝首。’”

主持人不是陈雷的父母，用“犬子”让人愕然。

“大腹 biànbiàn”？

◎王树凡

东方卫视 2018 年 7 月 30 日《中国新相亲》节目中张国立先生介绍一位女嘉宾时说道：“那些个一天到晚大腹便便在高尔夫球场上打高尔夫球的人都是瞎闹的，这才是真正打高尔夫的。”（字幕同步显示）张国立先生把“大腹便便”的“便”读成了 biàn，其实应读作 pián。

便，读 biàn，有合适、非正式的等义，如便利、方便、便饭等。而在“大腹便便”中，“便”读作 pián。便便，形容腹部肥满。《后汉书·边韶传》中有这样一个故事：东汉桓帝时，陈留郡人边韶，字孝先，有文采，还是个能言善辩之才，但因肥胖又爱瞌睡，他的学生就笑话他：“边孝先，腹便便。懒读书，但欲眠。”边韶回应道：“边为姓，孝为字。腹便便，五经笥（sì，方形竹器）。”说自己的大肚子，里面装的是学问（五经）。“大腹便便”即肚子肥大凸出的样子，现在多含贬义。如杨沫《青春之歌》：“这时不管他是工人、农民、公务人员，还是大腹便便的商人，人们的眼睛都被一种莫名其妙的困惑苦恼着。”

微型讲坛

“中国”一词是怎么来的

◎石毓智

很多人可能认为“中国”只是“中华人民共和国”的简称，其实这一词最早见于3 000年之前的《诗经》中。那时的“国”意为“都城”“京畿”，专指周朝的都城——西周的镐京（故址在今西安市长安区西北）和东周的雒邑（故址在今洛阳市洛水北岸、瀍水东西）。《诗经》里的“中国”都是“国中”的倒序，意为“都城之内”，用今天的话说就是“西安（洛阳）城里”。后“中国”引申指整个周王朝统治的天下，包括黄河和长江流域各个诸侯国，再由此自然引申出今天“我国”的含义。然而辞书普遍是这样解释的——“中国”是指位于中原的国家。其实这是谬解，历史上从来不存在只有这种用法的时期。

每一个炎黄子孙都应该知道“中国”这个词是怎么来的，然而令人遗憾的是，目前即使最权威的工具书都解释错了，以致以讹传讹，导致华夏儿女大都不知道自己祖国名称的来源。就拿《辞源》来说吧，它是这样解释“中国”一词的来源的：

上古时代，我国华夏族建国于黄河流域一带，以为居天下之中，故称中国，而把周围我国其他地区称为四方。后成为我国的专称。《礼·中庸》：“是以声名洋溢乎中国。”

上面是最为流行的关于“中国”来源的说法，《辞源》所给出的最早例子是《礼记》，而这部经典是汉代初年（约公元前一世纪）才成书的。更重要的是，这个例子中的“中国”并不一定仅指黄河流域的华夏诸国。

“中国”作为一个专有名词，其实早在公元前十世纪左右的《诗经》中已经广泛使用。根据《说文解字》，“国”是一个形声字，外边的方框表示“城郭”，原来繁体字里边是“或”，指示这个字的读音。“国”的最早意思就是都城、京畿，专门指周王朝的国都，“中国”的本来语序应该为“国中”，就是“都城之中”的意思。例如：

民亦劳止，汔（意为“差不多”）可小康。惠（意为“爱”）此中国，以绥（意为“安”）四方。（《毛诗·大雅·民劳》）

文王曰咨（意为“叹息、哀叹”），咨女殷商。女炰烋（páoxiāo，意为“傲慢”）于中国，敛怨以为德。（《毛诗·大雅·荡》）

上古时代的语序跟今天的不完全一样，比如《左传》中的“城濮之战”今天则应该说成“濮城之战”。《诗经》里“中”的使用顺序也与现代汉语的相反，比如《诗经·葛覃》：“葛之覃兮，施于中谷，维叶萋萋。”覃，意为“蔓延、延及”；施，yì，意为移易、改变；“中谷”就是“谷中”的意思，即“山谷里边”。句子的意思是葛草在山谷中蔓延，叶子十分茂盛。又如《诗经·柏舟》：“泛彼柏舟，在彼中河。”“中河”就是“河中”的意思。

《诗经》中所有“中国”的用例都是“国中”的意思，意为“都城之中”。周王朝先后定都镐京（西安）和雒邑（洛阳），那么很自然，《诗经》中的“中国”就是“西安城里”或者“洛阳城里”。

普遍认为，春秋战国时期华夏大地有很多国家，相对于周边诸侯国来说，位于黄河下游的中原国家叫“中国”。然而历史上根本不存在这个时期，孟子和庄子时代的“中国”就可以指包含各诸侯国在内的华夏大地。例如：

禹疏九河，瀹（yuè，疏通

水道，使水流通畅）济漯，而注诸海，决汝汉，排淮泗，而注之江，然后中国可得而食也。（《孟子·滕文公上》）

计四海之在天地之间也，不似礨空（即“蚁穴、小洞”）之在大泽乎？计中国之在海内，不似稊米（即“小米”）之在大仓乎？（《庄子·秋水》）

显然，上述《孟子》用例的“中国”就包括了黄河和长江流域的广大地区，《庄子》的例子则说明“四海”之内都是“中国”的范围。值得注意的是，在孟子和庄子之前并不存在这么一段时间，其间“中国”是仅仅指地处中原的国家。可见，“中国”一词由原来的周朝都城一下子就引申来表示周王朝统治的所有地区。

也就是说，“中国”在《诗经》中是指周王朝的都城，后来泛指周王朝统辖的整个“天下”。春秋战国时期，虽然有很多诸侯国，然而它们都是周王分封的，它们之间的地位是不平等的，周王朝是月亮，诸侯国是星星，形成众星拱月的政治格局。各诸侯国都与周王朝是宗亲关系，每年都要向周王朝进贡交税。所以，周王朝的天下就是一家。

“中国”也不是相对于周边的所谓“蛮夷”的少数民族而说的，因为在上古时代，这些周边的少数民族不被认为是“国家”。所以，《辞源》的解释是不可靠的，古时中原人不会以“四方”的少数民族为参照系来称自己为“中国”。注意，《诗经》中所说的“四方”是指都城之外的所有地方。

“中国”的词义引申过程也符合汉语的发展规律，即从局部引申为指整体。比如“眼”本来指眼珠子，后来指整个视觉器官。又如，“脸”本来指眼睛下边那一小块儿，后来指整个面部。如此就不难理解，“中国”原来指周王朝的都城，后来扩大到整个周王朝的统治地区。

作为一个中国人，应该知道自己祖国名称的来源。

检测窗

编校差错扫描(六)

◎王 敏

如今“粘”“黏”已分工

【错例】超声内镜(EUS)可对消化道管壁粘膜下生长的病变性质进行鉴别诊断。

【简析】“粘膜”应为“黏膜”。1955年发布的《第一批异体字整理表》确定“黏”是“粘”的异体字,并淘汰了“黏”字。但1988年发布的《现代汉语通用字表》确认恢复“黏”为规范字。2013年发布的《通用规范汉字表》也以“黏”为规范字。根据用字规范,“黏”和“粘”分工如下:“黏”读nián,多作形容词,指像胶水一样能使一个物体附着在另一物体上的性质,如“黏性、黏液、黏土”等,也可作动词,如“黏着、黏附、黏人”等;“粘”读zhān,用作动词,指用黏的东西使物体连接起来,如“粘连、粘贴”等。如果不了解两者目前的分工,就容易把“黏结、黏合”等词语中的“黏”写成“粘”。

“左右互搏”须用手

【错例】忽忆起昨夜一梦,吾习得老顽童左右互博之术,大展神威于江湖。

【简析】“左右互博”应为“左右互搏”。“博”是形声字,从十尃(fū)声,“十”有四方中央齐备之义,“尃”也表义,有广泛分布之义。“博”本义指大,如“宽衣博带”，引申指丰富、众多、广泛、普遍等，如“地大物博、博闻强志、博览群书”等。“搏”也是形声字，形符为手，本义指搏斗、对打，如“搏杀、搏击”，引申指跳动，如“搏动、脉搏”。左右互搏之术，这是《射雕英雄传》中“老顽童”周伯通在桃花岛地洞里自创的功夫，开始是自娱自乐，后用于实战，遂无敌于天下。用左手和右手打架，当然要用“搏”字。

莫将“骊马”配“骈文”

【错例】汉魏六朝，赋体盛行，其词藻讲究骈骊华美，其音节讲究铿锵和谐。

【简析】“骈骊”应为“骈俪”。“骈”(pián)是形声字，从马并声，本义指两马并驾一车，引申指并列的、成双成对的。“俪”(lì)和“骊”(lí)也是形声字。“俪”从人丽声，本义指配偶，如“伉俪”就是指夫妻，引申指并列、成双。古人“骈俪”连用，特指对偶的句法。“骈俪文”则是一种词句整齐、对仗工整、声韵和谐、词藻华丽的文体。“骊”则从马丽声，本义为纯黑色的马，也指黑色。“骈俪”误为“骈骊”，大概是受马字旁的“骈”字的影响吧。

试问“陀螺”何处驼

【错例】他完全恢复了平静，和平常一样做作业，和同学们一起玩“能量驼螺”。

【简析】“驼螺”应为“陀螺”。“陀螺”是一种儿童玩具，形状略似海螺，通常用木头制成，下面有铁尖，能使之在地上直立旋转，有的用铁皮制成，利用发条的弹力旋转。“陀”是形声字，从阜(fù)它声，从阜，表示含义与山有关，本义指倾斜不平的样子，如“陂陀”

(pōtuó),也指山冈。"驼"也是形声字,从马它声,从马,表示所指的动物与马相类,本义指骆驼,后用"驼"形容人身体背部向后成拱形,就像骆驼的背一样,如"驼背"。"陀螺"不驼,不能写成"驼螺"。

"税务证管"无人知

【错例】笔者认为,国税总局作为全国税务证管的最高机构不会做这样出尔反尔的事。

【简析】"税务证管"应为"税务征管"。"征管"在这里是"征稽管理"的省称。"征"是形声字,其形符为彳(chì),表示含义与行走有关,本义指到很远的地方去、远行,如李白《送友人》"孤蓬万里征"。后引申指征伐、征讨,这是依靠强力使对方服从、使自己获利的方式,因此又引申指征收。"证"也是形声字,其形符为言,本义为"谏也",即告发,引申指验证、证实,又作名词,指证据、凭据等,并没有征收的意思。我国的税务领域,也没有"证管"一说。

辛劳困顿不用"遁"

【错例】爱美的女人们再也不用跑到香港欧洲去买了,省了车马劳遁之苦。

【简析】"劳遁"应为"劳顿"。"劳顿",指劳累疲倦,如"鞍马劳顿",又指烦扰,如"劳顿朋友"。"顿"是形声字,形符为页(xié),表示含义与头有关,本义指叩头、磕头,如"顿首",引申指以足跺地,如"顿脚",再引申指跌倒,如"顿踣"即倒踣。用作形容词,则指劳累疲弊,如"困顿"。"遁"也是形声字,形符为辵(chuò),表示含义与脚有关,本义指逃避、逃跑。"遁"没有劳累的意思,无法与"劳"搭配。

文章病院

此西湖非彼西湖

◎许龙桃

安徽省颍州西湖一景

《边疆文学》2007年第12期刊发了一篇名为《西湖滇池咫尺间》的散文，用相当的笔墨描绘了杭州西湖的景色。文章开头写道：“西湖的美丽自古流传。大诗人欧阳修游览西湖之后曾言道：‘轻舟短棹西湖好，绿水逶迤，芳草长堤，隐隐笙歌处处随。无风水面琉璃滑，不觉船移，微动涟漪，惊起沙禽掠岸飞。’”之后又列举了林升“山外青山楼外楼”、苏轼“欲把西湖比西子”等描写杭州西湖美景的诗句。其实，作者这里把欧阳修这首词的赞美对象搞错了，欧阳修写的不是杭州西湖，而是颍州西湖，位于今安徽省阜阳市区西9公里处。

引文中提到的欧阳修词句，为《采桑子十首》之一。欧阳修晚年退居颍州，极喜爱颍州西湖的景色，在此写下十首词。这组联章词前九首写景，最后一首抒情，每首的第一句都以“西湖好”三字入词，主要是酒宴时唱诵之作，描绘、赞美了颍州西湖佳景，颇富情韵。

事实上，以“西湖”为名的湖泊在我国有多处。清人陆以湉所著《冷庐杂识》中说：“天下

又闻“低 yǐ 户”

◎田娟华

看到朋友发在微信里的视频,父亲和读小学的女儿一同唱根据苏轼《水调歌头·中秋》谱写的歌,也就是我们非常熟悉的《但愿人长久》。唱到“转朱阁,低绮户,照无眠”一句时,“低绮户”的“绮”不出所料,被唱成了“yǐ”。这是一个老生常谈的错误,像邓丽君、王菲这样著名的歌星都是这样唱的,谁又能不受影响呢?

绮,读作 qǐ,是一个形声字,从糸,奇声。本义是平纹底起花的丝织品,古诗里有“遍身罗绮者,不是养蚕人”。引申有华丽、美盛、精美的意思。常见词有绮丽、绮靡、绮年等。绮户,即彩绘雕花的门户。

汉字的发展是复杂的,奇作声符的字发音不止一个:有的发 ji 音,如畸、犄(角);有的发 qi 音,如崎、琦、绮;有的发 yi 音,如椅、倚、猗。凭主观臆断,是很容易把字读错的。2018 年在网上引起热议的北大校长把鸿鹄(hú)读成鸿 hào,就是掉进类似的坑里了。所以在没有把握的时候,一定要查查字典。

西湖三十又六,唯杭州最著。”除杭州西湖外,中国有名的西湖还有惠州西湖、扬州瘦西湖、颍州西湖、福州西湖等。网上曾流传《欧阳修到底多爱杭州?一口气写出十首〈采桑子〉》一文,杜撰出欧阳修对杭州西湖向往已久,辞官后把杭州西湖游了个遍,并写下十首《采桑子》的假故事。由此可见,见到“西湖”就认为是指杭州西湖者还真是不少。

“胸有块垒”与“胸有丘壑”

◎甘正气

吉林文史出版社2010年出版的《豪放词派》中这样写道：“苏轼……以其超尘绝俗的人格境界，高风绝尘、超迈豪横的审美韵致，开创了以超旷为主导风格的多样词风。苏轼胸有块垒，大气如虹，多写气象阔大高远的江河、长空、明月等，意象澄澈空明，超凡脱俗。”这句话中“胸有块垒”用得不妥，应用“胸有丘壑”。

“块垒”本义是积累的块状物，常用来比喻郁积在心中的气愤或愁闷。清代蒲松龄《聊斋志异·仙人岛》：“一身剩有须眉在，小饮能令块垒消。”说人“胸有块垒”，即说这个人心中苦闷、难以释怀。上述引文想表达的是苏轼度量宽宏，洒脱豁达，所以能够形成超旷的词风，用“胸有块垒”并不贴切。

“丘壑”，即山陵和溪谷，后可用来比喻深远的意境；“胸有丘壑”，本指在作文、绘画前，心中早已有了深远的意象。黄庭坚曾写过一首《题子瞻枯木》赞苏轼的画作：“折冲儒墨阵堂堂，书入颜杨鸿雁行。胸中元自有丘壑，故作老木蟠风霜。”后“胸有丘壑”也比喻思虑深远，胸怀远大。这个词用在上引文字的语境中，文从字顺。

《永州八记》的第一篇是《捕蛇者说》吗

◎马志国

永州，别称“竹城”，是柳宗元、欧阳修、陆游、徐霞客笔下描绘过的神奇地方。其中柳宗元留下了著名的《永州八记》，其第一篇《捕蛇者说》开篇就是“永州之野产异蛇”。

这段话出自 2018 年 10 月 28 日《光明日报》第 10 版《课本里的湖南》。《永州八记》的第一篇是《捕蛇者说》吗？非也！

唐代文学家柳宗元被贬为永州（今属湖南）司马时，借写山水游记，浇胸中块垒，写下了多篇山水散文。其中的《始得西山宴游记》《钴鉧潭记》《钴鉧潭西小丘记》《至小丘西小石潭记》《袁家渴记》《石渠记》《石涧记》《小石城山记》，因所写景物都在永州城郊，且篇名最后皆为一“记”字，被后人称为《永州八记》，是古代山水游记小品中的杰作。《永州八记》的第一篇为《始得西山宴游记》，该文记述作者发现和宴游西山的经过，描写西山奇怪特别之处，抒发了其怀才不遇之情和对现实的无奈。

《捕蛇者说》也是柳宗元写于被贬永州期间的散文名篇。文章记述永州蒋某以捕蛇为业，虽有生命危险，但因捕蛇无赋税征收之苦，仍自愿继续下去，通过毒蛇之毒来衬托赋税之毒，抨击了社会的黑暗。《捕蛇者说》的体裁为“说（议论性散文）”而非“游记”，《永州八记》中根本没有它，又怎么会成为其中的首篇呢？

佛能“跌跏”云上吗

◎李景祥

北京西郊法海寺壁画(局部)

《北京晚报》2018年11月29日第33、34版刊有《一壁丹青自醉眸——京西法海寺壁画再探》一文,介绍了北京西郊法海寺大殿中的明代壁画,其中有这样一段话:“两幅画的内容基本相同,所述为佛、菩萨讲经参禅赴会的场景。画面均以三组人物为主体,分别为四菩萨、十方佛和六菩萨,众佛跌跏于祥云之上,错落有致……”句中的“跌跏”为“趺跏”之误。

趺跏(fūjiā),是佛教术语“结跏趺坐”的略称,也作跏趺、趺坐、跏坐等,本为佛教中修禅者的一种坐法,即两足交叉,将脚背分别置于另一侧的大腿上。据佛经说,这种坐法可以减少妄念,集中思想。后也泛指盘腿端坐、静坐。许多古代诗文中都曾写到这种坐姿,如唐代王维《登辨觉寺》:“软草承趺坐,长松响梵声。”宋代苏轼《又次韵二守同访新居》:“也知卜筑非真宅,聊欲跏趺看此心。”

跌,读作diē,有摔倒、坠落等义。“跌跏”不成词。误“趺”为“跌”,应是两字形近所致。

有此一说

“华夏”与“中华”之称的来历

◎谷衍奎

《尚书·禹贡》记载:“雷夏既潴,澭沮会同。”意思是:雷夏泽已经聚成了湖泊,澭水和沮水汇合也流进了雷夏泽里。

雷夏,即夏泽,因有雷神居之,故称雷夏泽,简称雷泽,是远古形成的天然大湖。南宋学者罗泌在《历山考》中说“雷泽不闻有二”,罗氏认为雷泽在濮州,即今山东鄄城无疑。

泽取名为“雷”,当然不是真的有雷神;又取名为“夏”,则因为“夏”甲骨文作,是一个手持锄头的高大的农夫形象。泽称“雷夏”,实际反映的是这一带气候温润,雷鸣电闪,行云布雨,农时节应,风调雨顺,无非是说周边土壤肥沃,渔猎农耕发达,五谷丰登之意。

古雷泽周边地区远古有箕山、青山、历山等环绕,著名的濮水绕其南,古老的瓠(hù)子河流其北。水源充足,气候温润,植物丰茂,花果众多,盛产桑、漆、葫芦;山野间有众多的禽兽,湖河里有丰富的鱼虾,可供先民衣食之用。所以古雷泽之滨是非常适宜先民生存、繁衍的风水宝地。

远古雷泽周边聚居着母系氏族社会后期的不少部落。我国上古原始社会发达极早的母系氏族部落“华胥氏”就生活在雷泽湖畔。

司马贞《三皇本纪》记载:“太皞伏羲氏,风姓,代燧人氏,继天而王。母曰华胥。履大人迹于雷泽,而生伏羲于成,纪

（系）蛇身人首。”

这是说，华胥氏踩了雷泽中雷龙的足迹意感怀孕而生伏羲，故伏羲生下来就是蛇身人首。伏羲的妻子叫女娲，也是蛇身人首。龙蛇一体，故有龙的遗传基因。所以由二人生的后人都是龙的后裔，这就是华夏子孙自称是龙的传人的根源所在。

雷夏泽是华胥履迹生伏羲之处。所以鄄城雷泽一带是中华龙族的发源地。这里有华胥故里，在鄄城南部雷夏泽南岸，距东边的舜王城不远。现有庙堂高耸。习近平同志在菏泽视察时称，鄄城是“伏羲之桑梓，尧舜之故里”。

据闻一多考证，瓠子河的“瓠”就是葫芦，瓠子河，即葫芦河。以瓠子命名河流，肯定这一地区当时盛产瓠子。葫芦易种速长，是原始社会人们由生食向熟食发展过程中所食用的重要素食食源。葫芦开花多，产量大，能让人们吃饱。住在雷泽周边的氏族部落喜爱葫芦和葫芦花，并以其作自己部族的图腾和名字，叫作“华胥”，自然也就顺理成章了。这样看来，“华胥”之“华”应取自葫芦华（花）。这从语音上也有蛛丝马迹可寻。无怪闻一多认为“华胥”“伏羲”与“葫芦”是一音之转了。

“华”甲骨文作，象挂满花朵的植物；“胥”金文作，从足从月（肉）会意，本义为蟹酱。瓠蟹二物皆是令人喜欢的东西，所以“华胥”乃是盛产葫芦和蟹酱的美好欢乐的地方之意，即《诗经》所谓的“乐土”。又因为华胥氏首领具有“赫然之德，使民胥（相）附”，故又称“赫胥氏”。

由于华胥母子和伏羲夫妇经营有方，把华胥部落治理得非常富饶美好，随着雷夏泽畔华胥子孙繁衍生息日益壮大，便于此建立了美丽富饶的华胥国，成为中华第一国。后世敬祖追宗，遂取“华胥”之“华”和“雷夏”之“夏”，组成“华夏”作为故国之称。华者，花也，象征

五霸为何称五伯

◎陈运舟

春秋时的齐桓公、晋文公、楚庄王、秦穆公、宋襄公(一说齐桓公、晋文公、楚庄王、吴王夫差、越王勾践),历史上称为春秋五霸。可"五霸"二字,有的书上却作"五伯",如《汉书·严安传》:"(周衰)亦三百余年,故五伯更起。"唐颜师古注:"伯读曰霸。"五霸为何称五伯?

《说文·人部》:"伯,长也。""伯"即长的意思,兄弟之长为伯,诸侯之长也为伯。在甲骨文和金文中,伯均作白,字形为,如《甲骨文合集》6987:"乎

美丽富饶;夏者,农人也,表示农耕发达。"华夏",即为美丽富饶、农耕发达的家园之意。

这就是"华夏"一词的来源,所以"华夏"最初指以菏泽鄄城为中心的古中原地区,又因华胥国所处的菏鄄之地古代号称"天下中",故又称"华夏"为"中华"。

"华夏"一词延续到今天,依然有着无限的生命力和强大的亲和力,与炎帝治理下的窑火照耀下的"赤县"、黄帝治下的仙境般的"神州",以及大禹划分的"九州"等,后来都成了中国的别称,并且范围逐渐扩大,泛指整个中国,总称"中华"。

华胥国的建立,培育了华夏父系社会的幼苗,推动了我国远古社会由母系部落到父系部落的转变,并最终过渡到父系社会时代。所以,华胥是中华的"老祖母"。

取微白。”意为命令捉拿微方的首领。朱骏声《说文通训定声》：“蒋骥曰：‘(白)字从日，上象日未出初生微光。’按日未出地平时，先露其光恒白，今苏俗语昧爽，曰东方发白是也，字当从日，指事。训太阳之明也。”商承祚《〈说文〉中之古文考》：“(白)从日锐顶，象日始出地面，光闪耀如尖锐，天色已白，故曰白也。”他们认为“白”字本义指日始出地面之光，可备一说。小篆中白另加上了意符“人”，作，成为伯字。“伯”有“长”的意义，或许就是以天象比拟人事，与初生的太阳光为“白”有关。

霸，《说文》：“霸，月始生霸然也。承大月二日，承小月三日。”意为阴历每月月初始见的月亮为霸(音 pò)，前月月大则初二出现，前月月小则初三出现。此字从月得义。只要是晴朗的夜空，每当这个时候人们便可看到一弯月牙儿。这月牙儿，现在的人管它叫蛾眉月、新月，可古代的人管它叫霸。

霸，起先用以表时间，《尚书·顾命》：“唯四月，哉生霸，王不怿。”说的是西周周成王二十八年四月月初，成王身体不适。春秋时代，霸也被借来指代诸侯联盟的首领。《考声》云：“(霸，)长也，伯也，居众之长方伯之任也。”《孟子·告子下》：“虞不用百里奚而亡，秦穆公用之而霸。”

白、伯、霸，音义皆通。日始升为白，用于人事，人始生者及诸侯之长者亦为白，后加人字为伯；月始生为霸，用于人事，诸侯之长者也为霸。也许是人们所见地外天体日月星辰中，以日月为最，古人便以日月比附人事，人间最大者亦为白、霸。

《火眼金睛》提示

图 1，“销费”应为“消费”。

图 2，“贱踏”应为“践踏”。

图 3，“地主之宜”应为“地主之谊”。

图 4，“加想”应为“加强”。

网言网语

同学，你是哪个"系"的

◎邓鸿慧

"快来测测你的他是猫系男友，还是犬系男友？"

"我已经是个佛系女孩了。"

"盐系爱豆我的最爱。"

近来，网络上掀起了一股"×系风"，一夜之间，似乎所有的性格都可以根据特征被划入某个系别，网友们纷纷对号入座，玩得不亦乐乎。猫系、犬系、草食系，佛系、道系，盐系、甜系，日系、韩系，等等。各种系别背后，究竟隐藏着哪些玄机？

"×系"的用法最初起源于日本，2018年在国内网络爆红的"佛系""盐系"等网络流行词，其实早在2014年就开始出现于日本大众媒体上。日本2014年的某杂志刊登了称为"仏男子""塩男子"的男性，用以指称具有某种特别的性格特征的日本男人，如"仏男子"指自己的兴趣爱好永远都放在第一位，总是嫌谈恋爱太麻烦，也不想交什么女朋友，就单纯喜欢自己一个人的日本男性；"塩男子"则指清瘦，五官偏淡，服装色系偏淡，能偏淡的都偏淡的男人。2017年底，"仏男子""塩男子"的用法被翻译为"佛系男""盐系男"并引入中国大陆的社交网络，受到了广大网友的青睐。

"×系"的用法虽是由日文翻译而来，但如果仅采取字字对应的直译方法，应翻译为"佛男""盐男"之类的词语。但"仏男子"最终被译为"佛系男"，除了三字词读起来较二字词更有韵律感外，"系"字本身也具有"系统、类别"的含义。《汉语大词典》中"系"字释义有"引申为统绪，系统"，"×

系”本身也是一个概括某群体特征的名词结构,那么在翻译的过程中最终选择了“系”字,也就不足为奇了。

“×系”结构的名词在传入中国大陆的社交网络后表现出了强大的能产性,逐渐替代了中国本土产生并流行的网络用语“×流”,开始成为用途广泛的名词性定语——“佛系员工”“佛系追星”“佛系生活”“猫系男友”“草食系少年”“盐系装修”“日/韩系装扮”等,形容当今社会背景下人们的生活态度、时尚潮流。“×系”结构词得以如此盛行,也与当今社会善于标签化事物的风潮有密不可分的关系。

根据“佛系”这一带有宗教哲学色彩的用法,中国网友们创造出了一系列诸如“道系”“法系”“墨系”等具有中国本土特色的、根据诸子百家思想特点总结而来的“×系”名词,不仅使“×系”结构更具活力,也使中国网友们在一定程度上了解了诸子百家的精粹思想,增强了我们的文化自信;而“猫系”“犬系”“草食系”一类的词语,则是总结概括了类似于猫、狗、草食动物等受人喜爱的特征,与人的性格进行比对,从而创造出来的词语:猫咪有时而“高冷”,时而黏人爱娇的特性,“猫系”便被总结成“有自己傲娇清高的步调、具有喵星人的神经质特征,时而热情如火,时而文质彬彬”,而“犬系”则与猫系相对,总结的是一种比较开朗外向的性格特点;“甜系”则是由来自日本的“盐系”衍生而来的与其相对的词语,类比吃糖带来的享受,用以概括“可爱、甜美、幸福”的感觉;至于“日系”“韩系”“欧美系”等的用法,则是从“日流”“韩流”等词演变而来的,是形容国外的某种时尚潮流,仅在词语的表达上贴合了现下网络流行词的用法。

“×系”名词的趣味用法给我们的日常交际生活带来了更多的乐趣,但事物不会是一成不变的,平面与标签化总不能限制了时代与青年的发展。愿我们在享受娱乐的同时，也别忘了充实自己、开阔眼界，成为一个全面发展的新时代青年，融入多彩的社会，做一个“多元系”的人呀！

加油！猪猪女孩！

◎邹王菁

网络语言中经常用动物来比喻人，比如用猫狗来比喻人，是因为它们颜值又高，性格又讨人喜欢。“猫系女孩”说的是像猫一样时而可爱黏人、时而傲娇别扭的女孩，“犬系男孩”说的是像狗一样忠实可靠、温暖贴心的男孩。可你是否听说过“猪猪女孩”？在过去的印象中，猪是又懒又馋的代表，即便是像二师兄那样的猪仙，在取经路上都是贪吃好色，惹祸不断，那么“猪猪女孩”难道是比喻像猪一样好吃懒做的女孩吗？让我们来看看：

“答辩被怼也不是一天两天的事了，谁还不是个不认输的猪猪女孩？”

“身体是革命的本钱，过了今天又是一个活力满满的猪猪女孩！”

实际语境中，不难发现“猪猪女孩”前的定语经常是充满正能量的，“猪猪女孩”绝非是负面形象，反而代表了一种不认输、不随意、充满活力的生活态度。它被用来形容像小猪一样平凡无奇的普通女孩，但她们有乐观、励志的精神和单纯、娇憨的特质，因而受人喜爱。在“猪猪女孩”心中，美食是第一位的，因此她们容易满足而成为乐天派，具有相当积极的生活态度。她们带着一点傻乎乎的气质,但这反而使她们看起来更大大咧咧、单纯可爱。

从构词上说,“猪猪女孩”是个叠音词。叠字常常带来一种可爱化甚至幼龄化的效果,比如“吃饭饭”“睡觉觉”,因此“猪猪”带有网络用语常见的卖萌口吻,显得亲切生动。从意义上看,近些年来,为“猪”平反的研究成果也被人不断提出,研究表明猪是一种善良、温驯的动物。随着认识的多元化,虽然人们的刻板印象不能被根除,但“猪”本身的贬义色彩也在一定程度上淡化了。

在实际使用中,人们往往不会用“猫系”或“犬系”形容自己,但“猪猪女孩”却常常被用于自我评价。“猪猪”一词具有新加的积极色彩,却又带有“猪”的旧有负面意义,所以称自己是“猪猪女孩”也有复杂的蕴意。“自己简直变成了猪猪女孩,吃了睡,睡了吃。”在这样的语境中,“猪猪女孩”被用作自嘲语,调侃自己的懒惰生活。而“精致的猪猪女孩绝不认输”,意为虽然自己是普通的女孩但也有强大的能量,这是一种风趣的自我鼓励和俏皮的反抗宣言。再如“早晨护肤,做个精致的猪猪女孩!”这是一种以退为进的表达,表面上说自己貌不惊人,实际上却在努力护肤,期待着他人欣赏自己不断变美的过程,确实是年轻女孩口不对心的风格了!

在“猪猪女孩”的用法中,“精致的猪猪女孩”是最常见的搭配,“精致”与“猪猪”的对立统一用诙谐的口吻道出女孩们认真遵守的生活信条。“猪猪女孩”如何“精致”生活?第一阶段,使得自己的外貌变得靓丽大方,“猪猪女孩”们细致耐心地挑选护肤品和衣物饰品,同时保持良好的生活习惯。第二阶段,给生活增添仪式感,“猪猪女孩”们热衷于享受各种节日氛围,给自己和他人制造小惊喜、小情趣。最后,“猪猪女孩”们以努力摆脱平庸,不断靠近理想中的自己,活成那个平凡但精彩的女孩!

天涯何处寻“次元”

◎陈至远

当问起别人来自哪里时，你当然会得到诸如北京、上海的回答。但也许你会听到这样的答案：二次元、二点五次元……“次元”，何以逐渐代替实际地名，成为社群的归属，乃至于划分人际圈的标准了呢？

次元（dimension）本身是一个物理学名词，意即“维度”，指独立的时空坐标的数目。日语用じげん表示“维度”，翻译过来就是“次元”。而在日本动漫文化的大力影响下，网络文化中，汉语“维度”这个词语渐渐被“次元”代替，并且衍生出各种不同的词组。最常见的是一个数词加上“次元”的形式，如：一次元（最高只有线的概念）、二次元（最高只有面的概念）……这种形式往往有对应的物理学依据，但网络上又会给它们赋予特殊意义，即：

一次元——主要指小说，可以理解为是由点或线条构成，归属于物理学意义上的一维世界。

二次元——主要指动漫和游戏，可以理解为制作动画需要不同的图层，有点、线、平面的概念，归属于物理学意义上的二维世界。

三次元——现实生活，即所说的三维世界。

在这三种典型的次元之间，还有过渡地带，如：

一点五次元——轻小说，介于单纯的小说和动漫之间。

二点五次元——指衍生玩具、真人角色扮演或有3D建模的动画等。

这些次元，既是动漫作品的分类，也是各个兴趣不同的玩家的集合体。网络上的不同用户，根据受众对象的不同，自然而然地同类相聚。如果一个人说“来自于一次元”，实际意义是这个人沉迷于小说，以小说里的思维来理解和处理世事。至于其他次元，则以此类推。

以上这种形式的“次元”主要还是从物理学出发，随着对象复杂程度的上升而逐步增加数字以划分物类的概念。另有一种形式，是一个修饰词加上“次元”，这里的“次元”往往可以与“世界”这个概念相互替代，如：

异次元——时空隧道或高维空间。

超次元——连接时空的独立存在。

这些与“世界”同构的“次元”，恰好说明了当下以“次元”划分社群的词义基础。网络意义的“世界”，其实就是指网络域，一种虚拟的网络空间。在与现实类似的社会心理下，人们试图把现实社群的划分搬到网络中。而由于网络的互通性，现实中的地域划分显然不如这种依赖兴趣和个性的“次元”划分更有效、更灵便。如现在有些网络平台，就以“某某次元”来命名，这和之前的网络流行语“某某地带”是有共通性的。

既然是兴趣和个性造就了不同的“次元”，而这些“次元”又划分了网络群体，那么就很容易理解为什么现实人际圈也受“次元”的影响了。随着网络的普及化，网络对现实生活的影响也越发明显。网络上属于不同次元的用户，在现实中也很可能属于不同的人际圈。

在这个几乎处处都有网络的时代，你生活在哪个“次元”？其实，“次元”的存在，昭示着一个悖论：网络明明是方便人们交流的工具，却也带来了新一轮的社群划分。与其兴致勃勃地划分“次元”，不如打破“次元”的边界，让人们在网络上不再隔空喊话，让相互理解和包容的温情长留。

华语圈

台湾政事的颜色词

[中国香港]汪惠迪

宝岛台湾，红日、蓝天、绿地、碧海，山明水秀，风光旖旎，这是造物赋予的自然美。台湾政坛，红橙黄绿蓝靛紫，五颜六色，光怪陆离，这是政党政治衍生的特有景象。

岛上现有334个政党，多如牛毛。有人调侃说，台湾人是以大无畏的娱乐精神在建党啊！光看党名，还真有点“娱乐”味儿呢。龙党、虎党、凤凰党，白党、绿党、树党、圆党，客家党、东方红党，台湾番薯党、金门高粱党，天宙和平统一家庭党。大家最熟悉的是国民党和民进党。

凡政党皆有党旗，设计党旗得选颜色。国民党党旗以蓝色为主，其势力集团叫蓝营；民进党党旗以绿色为主，其势力集团叫绿营。无党无派叫“白色力量”，正有壮大成白营之势。

去年11月24日台湾地区举行四年一度的“九合一选举”，国民党在22个县市长中，获得15席，民进党仅得6席，“白色力量”的代表人物、外号柯P（professor，教授）的柯文哲，以微差连任台北市长，暗自庆幸未在蓝绿夹击下被歼。

选举翌日，岛内外的媒体纷纷高调报道选举结果，异口同声地说：没想到一夜之间主客易位，绿地变蓝天，翻转程度超过四年前的蓝天变绿地。当年国民党大败，蓝天变绿地；如今民进党惨败，绿地变蓝天。

说到蓝绿，还有“泛蓝”与“泛绿”。前者指反对“台独”的联盟，后者指支持“台独”的联盟。“泛蓝”尚有浅蓝、中蓝、深蓝，“泛绿”则有浅绿、中绿、深绿。浅蓝和浅绿是中间派，中蓝是国民党中坚，中绿是有“台独”理念的机会主义者，深蓝是已退休的国民党时代的高官、公务员和老兵，深绿是“台独”基本教义派。

说完蓝绿，简介一下橙黄红紫。橙指亲民党，党旗是橙底白字，黄指新党，党旗是黄底蓝字，二者皆属泛蓝阵营。红有两个：一个叫“红党”(Home Party)，党旗以暗红为底色，中间有一个白色圆圈；一个叫“中国台湾红党”，党旗以红为底色，中间有金黄色台湾地图。紫指“泛紫联盟”，标榜以象征弱势的紫色为代表，以与蓝绿区隔。

红橙黄绿蓝靛紫是日光光谱的基本颜色，也是观察台湾政坛和政事的七种基本颜色。

（作者是本刊特约编委）

“巴结”出政权

[马来西亚]邓月璇

去年5月9日马来西亚第14届全国大选的结果是迎来了新政权，国民阵线政府被“希望联盟”战胜。“希望联盟”是由民主行动党、人民公正党、土著团结党和国家诚信党所组成。在马来文里“希望联盟”所组成的新政府叫Pakatan Harapan。

Pakatan是由pakat加后缀an构成的，pakat中文音译为“巴结”，意思可以是正面的，也可以是负面的：正面的意思是商量、协约、结盟，负面的意思则是趋炎附势、勾结、串通、共谋。中国的普通话和马新华语中都有“巴结”这个词。《现代汉语词典》的释义是：①动趋炎附势，奉承讨好；②〈方〉形努力；勤奋。

“巴结”这个马来语音译词

很早就渗透到马新两国的华族方言群中，甚至成为日常生活用词，不过，一般人都用它的贬义，例如“他平常总爱巴结上司争宠，是同事眼里的马屁精”。这个意思连小孩儿也明白，会哭哭啼啼地向妈妈投诉小伙伴们“巴结”（串通）起来不跟他玩。

华语中的“巴结”与马来语中 pakat 的音译词“巴结”，都有阿谀奉承之意，而且词形相同，这种现象是巧合还是语言之间相互借鉴，有待考证。因为现今有相当数量的马来语借词在词典中并没有注明来自汉语，而被当作是马来语词汇。

再说说“希望联盟”。这个政党在野时，就被敌对的阵营讥讽为“巴结党”，指他们是为了竞选而巴结（pakat）起来的组织，不过是乌合之众，纯粹是为夺取政权而拉帮结派。然而在“希望联盟”阵营内，“巴结”是具有正能量的一个词，意思是商量与协商，各成员党因有共同的理念，且达致共识，才结的盟。

犹记得在大选期间的群众场合里，只要“希望联盟”的领袖高呼 Pakatan，支持他们的群众就脱口而出高喊：Harapan（希望之意）。有“巴结”就有希望，终于“巴结”出政权来了！

（作者是马来西亚《中国报》助理编辑主任）

委婉用词建文明

［中国香港］田小琳

我常称赞香港人用词文明。一样的话，让人爱听。在香港年满 65 岁以上的老人，被尊称为“长者”，都持有“长者卡”，可享多种优惠，例如有“长者住屋计划”“长者租金津贴计划”“长者医疗券”，平时乘巴士地铁只需两元，过海小轮免费，海洋公园免门票等等。人老了不爱听“老”字，称“长者”，就是社会尊老人为长辈，尊重老人对社会曾做出的贡献，听了当然喜欢。

对残疾人士的称呼，香港报章常用“伤健人士”。例如：运动会有“伤健人士运动会”；一些大学和商場里的洗手间，门上标明“伤健人士专用”；有的通道也标明为“伤健人士”而设。“伤”指肢体某部分有毛病，“健”是说身残心不残，精神是健康的。“伤”和“健”两个语素是并列关系。伤健人士和健康人士一样，可以接受各种程度的教育，包括高级教育；可以从事力所能及的各行各业的工作，包括资讯科技。因而，用“伤健人士”这个称呼，是十分得体的。这个社区词的产生和应用使我们看到香港社会平等待人、尊重他人的风气。文明用词令社会和谐。

“消极怠工”听起来不好。香港有个委婉的说法叫“按章工作”。这里的“按章工作”，不是词面上的意思，特指工会领导工人抗议雇主损害工人利益而发起的一种集体行动，不是罢工，是怠工，指工作时没有任何灵活性。例如：照工作时间上下班，拒绝加班；大批员工请假；公交车司机在客满时仍停车，故意靠慢线行驶，车只有对准车站才开门；等等。怠工给雇主带来损失，雇主便不得不和工会代表谈判解决工人提出的问题。香港报刊常见“按章工作”新闻。

还有些词，如色情、淫秽、淫亵等表示黄色的词语，说着难听，写着难看。香港有一个“三级”系列的词语来代替，像“三级电影/影片，三级影院，三级影碟，三级书刊，三级影星”等等。1988年11月，香港《电影检查条例》规定实行“电影三级制”，三级片为色情、淫亵、暴力等内容的影片。此后，“三级”就成为“色情”和“淫亵”的代名词。说“三级”比直接说“色情”“淫亵”委婉文明。凡“三级”事物，都不允许18岁及以下的人沾边儿的。所以“三级影片、三级影碟、三级书刊”等又说成“成人影片、成人影碟、成人书刊”(18岁及以上的人士可以观看)或“儿童不宜”。

委婉用词建文明,在现代社会至关重要。

(作者是本刊特约编委)

形形色色的“选举票”

[中国台湾]高婉瑜

台湾每隔几年就会有选举活动,综观数十年的选举,除了候选人必须端出有牛肉的政见,搭配吉利又响亮的口号之外,每一位候选人都希望能争得最多的选票,以求获胜。

翻开台湾的选举史,发现有个有趣的语言现象,即不同的时代反映了不同的“选票”模式。

早年选举风气不佳,经常听到“买票”情事。“买票”用字面义,在选举中是违法行为,以钞票买“选票”,贿赂选民投给特定候选人,如“小桩脚(在基层为候选人搭票的人)以每票500元向选民行贿”。后来,随着教育的普及与反贿选政令倡导的成功,“买票”的风气不那么猖獗了。随着钞票与选票的纠葛淡化,继之而起的是“铁票”与“游离票”。

“铁票”与“游离票”是一组反义词。“铁票”指某些选民的选举意向早已确定,对某人或某政党高度忠诚,不会受他人左右,这些选民被称为“铁票”。相反,“游离票”则是指中间选民,他们没有特定的政党倾向,选举意向不明确,或者说是不表态,因此“游离票”成为选举输赢的变量,也是各候选人极力争取的不确定票,能获得较多中间选民的支持,胜选的概率更大。

近年来,出现新的一组反义

词，即“组织票”与“空气票”。选举如同战争，所谓“组织票”指的是打“陆军地面战”，候选人需要有扎实的问政表现，仰赖组织动员附属单位、利益团体去投票，能有效掌握或调配票数。相对于“组织票”，近来流行“空军（网军）作战”，也就是网络“空气票”。候选人得营造好形象，利用网络媒介，透过脸书、line（流通于台湾的免费通信软件）聚集人气，制造话题，引领讨论，累积网络声量，壮大声势。不过，网络声量是抽象的，如何让“空气票”转化成实体选票，需要更大的推力。

值得注意的是，选举中的“空气票”有歧义。一是指网络的声量，显示高人气，反义词即“组织票”。一是用字面义，解决空污问题是影响选情的因素之一，因此，凸显空气质量议题的选票称为“空气票”，此义尚无反义词。

（作者是高雄师范大学国文学系教授）

红　毛

［马来西亚］杜忠全

与《现代汉语词典》相比，《全球华语大词典》收了14个《现汉》所没有收录的以“红毛”为语素的词语，例如“红毛兵、红毛册、红毛灰、红毛泥、红毛年、红毛文化、红毛字”等等。大词典对“红毛”的解释是“指西洋或西洋人”（第625页）。本文尝试探讨“红毛”的词源。

“红毛”给人视觉上的第一印象是：在大航海的殖民时代，东南亚群岛所见的西洋人，先后有来自葡萄牙、荷兰、西班牙的，最后来的是大不列颠帝国的英吉利人。这些来自西欧的殖民者，虽然不全是，但在视觉上显然有别于东方的有色人种。他们给人的第一印象就是金发蓝眼外加白皙的皮肤,手上、胸前也都是一撮撮金红的毛发。“红毛”之名,首先源于非我族类的华夷之分。

虽是华夷之分,但当地华人多称之为“番”,一如古代中华那样。古人以番为前缀的人或物,一概是中外文化交流下进入中华大地的,如番人、番仔、番茄、番石榴等等。视外族为“番”,是古代中原天朝文化自尊自大的表现。然而经历了西欧工业革命及大航海时代之后,东西方人在东南亚群岛的历史风云中相遇。比起万国来朝的古代中国天朝,这个东西方人相遇的历史新舞台,角色显然已经对调了。

在殖民地经济发展下被引进的新移民,对于来自殖民宗主国的人们,他们的高下关系是判然的。这些西洋人尤其是掌握了行政与语言权力的一群,自不宜再视之为土番了;他们仪表堂堂,高人一等,比起命运被主宰之劳苦移民华工,当然要尊贵得多,焉能不予区别?

然而“红毛”并非尊称,但也说不上是文化等次低下的贬称,至少是源自视觉上的客观描述吧。在殖民文化铸造下,“红毛”甚至有着高档的意味,例如许多华人不会说“红毛话”,也不会读“红毛书”,如果他们想让子孙后代在社会上有出息,唯有向殖民者学习,怎会对“红毛人”不尊而敬之呢?

上举一系列的“红毛”词语,都广泛流传在中国的澳门、台湾地区和东南亚的马来西亚、新加坡、泰国、印尼等国。除澳门外,其余国家和地区的华语几乎都以闽南方言为主,因此我们可以说,“红毛”系列词语是闽南、潮汕移民来到西方殖民者统治的东南亚群岛之后,在以异族文化为主流的社会中所铸造的带有时代烙印的词语了。如今东南亚的闽南系方言中,依然保留着不少“红毛”词语,代代相传,已经深入社会人心了。

(作者是马来西亚拉曼大学金宝校区中文系主任)

谈联说谜

爱谜史家杨联陞

◎刘茂业

杨联陞是著名的历史学家，有“汉学界第一人”之誉。他早年喜爱制谜。据其胞弟杨仲耆在《先兄杨联陞琐忆》一文中回忆：“给我印象最深的是兄在高中时代旧历年间，曾主办过一次‘灯谜候教’。在旧历新春正月，主办者于本城各处贴出海报，到那日，在自家门口挂出一个正方形白纸烛光灯笼。灯的三面贴出谜语二十至三十条，并且备有更换。为了应付场面我兄事先得自编灯谜百余条才行。事后兄告诉我，制谜、猜谜也有规律可循。”杨联陞又为弟弟举了谜例，像“两点一直，一直两点”射“慎”字，左边“忄”是两点加一“直”（竖），右边“真”是“直”字下加两点；“Morning”射“谭”字，谜底拆成“西、言（讠）、早”，意谓谜面是西方人说“早”。

杨联陞还在1935年第1期《清华副刊》上刊登《以文会友》，称“弹蝇非曰小任，射虎聊以怡情”，推出八条猜射清华大学同学名的谜作。如：“子曰：泰伯，可谓至德”猜“吴其仁”，谜面见《论语·泰伯》，谜底解释为“吴泰伯其人有仁德”；“原不过青埂峰下一块顽石，有甚希罕”猜“何玉珍”，谜面典出《红楼梦》，贾宝玉出生时嘴里衔来的通灵宝玉，原是女娲补天时剩下的石头。谜底别解作“何以说宝玉是奇珍”。通过以上两谜，尝鼎一脔，可知杨的确是制谜高手。

每月二谜

上期答案

1. 字字句句写得清（打核心价值观一）

谜底：文明

2. 丑小鸭长成美天鹅（打成语一）

谜底：有容乃大（注：容，容颜）

唐诗灯谜琐谈(下)

◎江更生

前面我们介绍了以诗句作为谜底材料的“唐诗灯谜”。接下来聊聊采撷唐诗名句作为谜面的作品。

灯谜界将摘取现成诗文句子作面制成的灯谜，称为“成句谜”，用以区别自行遣词造句谋营谜面的“自撰式”灯谜。由于过去制谜行家推崇引经据典，讲究谜面须“字字有来历”，故而自前清至1949年间，“成句谜”甚是风行。近年来随着兴起“国学热”，似乎“成句谜”又引起了人们的极大兴趣。在众多的“成句谜”中，以唐诗名句作谜面的尤为广大猜谜爱好者所青睐。一般说来，运用“增损离合”手法的“唐诗灯谜”最容易让人猜破。例如有人以诗仙李白《静夜思》中的诗句“床前明月光”作面，要求打7笔字一。根据面句所示方位与笔画去舍之意，可以获知“床前”为“广”，“明月光”当为“日”，两下里凑合则为“旷”字，那便是谜底无疑。再来看一条仍是用李学士名句的谜，谜面为“昨日之日不可留”(见《宣州谢朓楼饯别校书叔云》)，要求打非洲国名一。我们揆度面句，很快可以得出“乍”字，进而联想，谜底应为“乍得”(注：别解为“可得一‘乍’字”)。当然，也有让人“云山雾罩”的离合体“唐诗灯谜”。清代梁绍壬《两般秋雨庵随笔》上曾有这么一条字谜，谜面用的是诗圣杜甫《登高》里的名句“无边落木萧萧下”，谜底为“日”字。初闻此谜者定会大惑不解。原来作者在谜中设下了扣合朝代的陷阱:“萧萧下”三字不作树叶飘落解释,而是强行曲解为“在南北朝时,南朝姓萧的两朝(即齐朝梁朝)之下的朝代和皇姓”,那就是陈霸先建立的“陈”朝。再联系诗句的前四字“无边落木”,将“陈”(繁体字作“陳”)去掉偏旁与“木”字,这才得出个“日”字,晦涩曲折,分明存心为难猜者。此谜当归入清代李汝珍在小说《镜花缘》中所讥诮的只有自己了解,旁人无从知晓,在鞋内“动脚趾头”的灯谜。

现今出现于猜谜场合的“唐诗灯谜”,大多以“会意体”为主,不但洋溢着文学气息,而且充满着谜味谐趣,诚可谓“诗中有谜,谜中有诗”。例如有人以白居易《琵琶行》诗句“门前冷落车马稀”打大型飞行器简称一,谜底为“空客”(注:别解为“空缺的是宾客”);又如以王昌龄《闺怨》中名句“忽见陌头杨柳色”打称谓名“女知青”(别解为“该女知道杨柳吐青了”);再如以韩愈名句“雪拥蓝关马不前”打肉制食品“冻蹄”(诗见《左迁至蓝关示侄孙湘》);还有如以“独酌无相亲”打集邮名词“孤品”(注:别解为“孤单一人在品酒”。面句见李白《月下独酌四首》)、以杜甫《石壕吏》中的“夜久语声绝”打常言“不明不白”(注:明,天明;白,说话)、以王维的“劝君更尽一杯酒”打外国地名“巴尔干”(注:别解为“巴望你干掉这杯酒”。诗见《送元二使安西》)、以白居易《问刘十九》之“能饮一杯无”打口语“干吗”,等等。均是很接地气、贴近生活的好谜。

还有一种谜底内容较为丰富的集锦式“唐诗灯谜”,颇富想象力,很为爱谜者垂注。它将几个同类的词儿组装成“复式”谜底,借以适当增加难度,从而提升谜趣。例如上海灯谜名家朱育珉,曾以李青莲《望庐山瀑布》里的名句“飞流直下三千尺”为面,打中国少数民族四,谜底为“高山、水、景颇、壮”(注:别解为“高山瀑布流水景

读书

无锡并不是没有锡的意思

◎周振鹤

无锡这个地名并不是表示没有锡的意思，这个道理一般人不明白并不奇怪，但听说最近在某专门地理杂志上，竟然还有人撰文解释为什么叫作无锡，是因为当地本来有锡，后来采完了的缘故，这就令人十分诧异了。

古代少数民族语言地名存在于今天少数民族地区自然是很明显的，但是存在于今天的汉族地区就不易被人察觉了。无锡作为县名，最早见于《汉书·地理志》，但这个地名大约很早以前已经存在，所以汉武帝封侯时，将无锡这个地方封给多军这个人做侯国，侯国废了以后才设县。汉字容易望文生义，从字面看，无锡就是没有锡的意思，这种误解从汉代起已经存在，因此王莽大改地名时，将无锡改为有锡，后来民间

致颇为壮观”之意），巧行组合，妙用顿读，且浑成贴切，洵属佳构。又见有人以杜甫称誉卧龙先生的诗句“诸葛大名垂宇宙”打《水浒传》人名二：“宣赞、孔明”（诗见《咏怀古迹五首·其五》）；还见有人以高适《别董大二首》中的“天下谁人不识君”打中国地名二：“大名、常熟”；更见有人以李太白《早发白帝城》中的“两岸猿声啼不住，轻舟已过万重山”打物理名词二：“共鸣、速度”；等等。如此扣合自如，都是些生面别开，耐人寻味，诗中蕴含谜意，谜中透发诗情的“唐诗灯谜”。

更附会出“无锡宁，有锡兵”的民谣来。其实，如果我们把古代地名搜集排列起来，就会发现无锡不过是众多以“无”字开头的非汉语地名中的一个而已。这些地名略举一下就有：无娄（又作牟娄，山东诸城），无终（天津蓟县），无棣水（河北盐山南），无胥，无盐（山东汶上北），无锡，无水（即湖南沅水），无虑（辽宁北镇南），无宛，无湖（安徽芜湖），无阳（湖南芷江北），无敛（又作毋敛，贵州独山北）等等。

除了“无”字开头的地名，还有以“余”、以“句”、以“姑”开头的地名，如余杭、余姚、余暨，句容、句乘、句吴，姑苏、姑妹、姑蔑等。这些地名多分布在古越人居住或曾经到过的地方，其共同特点之一是齐头式，与汉语地名的齐尾式明显有别。推测这些地名应当是古越语地名的遗存，虽然其含义今天已无法索解，但不能简单地由汉字望文生义却是应当注意的。其实这并不是什么新发现，二十世纪六十年代时，谭其骧先生已经提到，八十年代游汝杰兄与我合著《方言与中国文化》时说得更详细点。古代少数民族地名的分布远比今天广阔，因而不但无锡，即连昆明、成都、延安等地名也都是少数民族地名或准少数民族地名，这点恐怕更少有人想到了。

（选自《逸言殊语》，上海人民出版社 2008 年 8 月出版）

微语录·生活

虾——大红之日，便是大悲之时。

气球——只要被人一吹，便飘飘然了。

钟表——可以回到起点，但永远回不到昨天。

（乔　桥 / 辑）

向你挑战

泉边的破碗

（文中有十处差错，你能找出来吗？答案在本期找）

◎梁北夕　设计

临近乡村的小路边，一条清澈的山泉婉蜒而过。泉水甘甜清烈，往来行人累了，常常在泉边歇脚喝水。为了方便过路人从泉眼里臽水喝，有人在泉眼旁放了一只有个大缺口的破碗。

一个画家来乡村写生。他被眼前的美景深深吸引，在此留恋忘返，待了很长一段时间。看到那只破碗，画家心中感概万端：破碗粗糙丑陋，与清雅宜人的景色一点儿不相配，他掏钱买了一只精美的瓷碗放在泉边，而把破碗扔掉了。

破碗虽然破，但满足路人喝水之用毫无问题。除了供路人取水之用，破碗似乎也没有其他什么用途。路人喝完了水，都会把它放回原处，以便其他人继续使用。

可是，自从这只漂亮的瓷碗出现后，便有人打起了“歪”主意。有一天，一个过路人喝完水后，称人不注意，把这只碗装进了自己的行襄，然后悄然而去。后来人要喝水，只能用手捧了。画家又掏钱买了一只同样的碗放在泉边。过了一段时间，这只碗又不冀而飞了。……

画家大概明白了什么，决定不再花钱做这种无用功了。他从村里找来一只旧碗，并在石头上磕出一个缺口，放在了泉边。自此以后，人来人往，过路人再没有缺少过取水工具。

可见，缺了口的破碗比精美的瓷碗，更适合放在泉边供路人取水之用。俗话说：适合的才是最好的。诚哉，斯言！

广角镜

媒体聚焦“双十大”

编者

2018 年《咬文嚼字》“十大流行语”“十大语文差错”发布以后，立即引起了各路媒体的竞相报道，在社会各界产生了强烈反响。

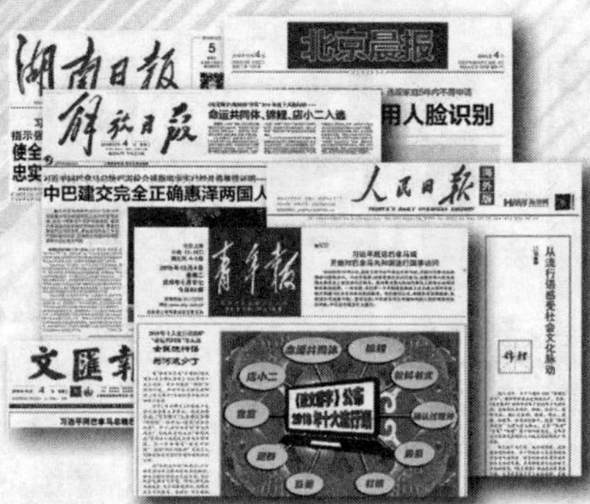

《人民日报海外版》《解放日报》《文汇报》《新闻晨报》《劳动报》《青年报》《扬子晚报》等竞相报道。

上海电视台、辽宁卫视、江西卫视等电视广播媒体，也报道了本刊发布“双十大”的新闻。

新媒体是报道“双十大”新闻的“主力军”。

《人民日报》客户端发布“2018 十大流行语”消息后，几天时间里，点击量接近 300 万。

新华社客户端、《光明日报》官方微博发布“2018 十大语文差错”新闻后，几天时间里阅读量均超过百万。

“2018 十大流行语”一度在微博热搜榜排名第四。

此外，咬文嚼字的微信公众号发布 2018 年“双十大”后受到了广泛的关注，数百家公众号进行了转载。

微信公众号

微博

火眼金睛

图中差错知多少？

林万树 段美菊 龙启群 张文梅 提供

（答案在本期找）

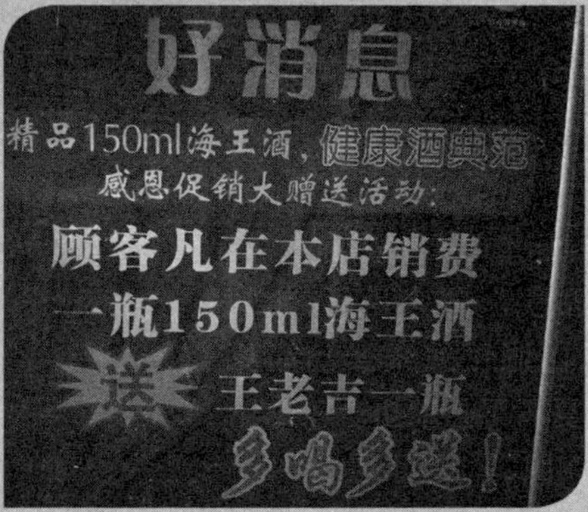

1 2 3 4

ISSN 1009-2390
02>
9 771009 239197

2018年度向全国少年儿童推荐的百种优秀报刊

YAOWEN-JIAOZI

咬文嚼字®

03
2019

鲟鱼

鱼纲，鲟科，体长，背部灰黄，腹部白色。有尖长的吻，背部及腹部有五行纵行排列的骨板。生活在淡水中，有些入海越冬。在古汉语中，“寻”有“长”义，此鱼体长故曰“鲟”。也称“鱏（xún）鱼”，《本草纲目》：“此鱼延长，故从寻从覃，皆延长之义。”古汉语中，“覃”也可释为“长”。

上海世纪出版集团

欢迎至邮局订阅本刊 邮发代号 4-641
国内统一连续出版物号 CN 31-1801/G
定价：5.00 元

“瑶池归来”

梅　佳/文　臧田心/画

书画家林散之73岁时去一浴室洗澡，不慎被开水烫伤，被送进医院治疗。因伤口严重感染，林散之高烧不退，昏迷好长时间。醒来时，他问医生的第一句话是：“我的手还能写字吗？”通过精心治疗及恢复训练，林散之后来终于能提笔写字了。他十分高兴，风趣地写了一首诗，其中两句是：“可怜王母多情甚，接入瑶池又送还。”并且刻了一颗闲章“瑶池归来”。

咬文嚼字®

2019年3月1日出版

3

总第291期

主管：上海世纪出版集团
主办：上海咬文嚼字文化传播有限公司
编辑、出版：《咬文嚼字》杂志社
集团网站：http://www.shwenyi.com
E-mail：yaowenjiaozi2 @ 163.com
官方微博：
http://weibo.com/yaowenjiaozish
电话传真：021-64330669
发行电话：021-64674759
邮购电话：021-64372608-243
地址：上海市绍兴路7号
邮政编码：200020
发行：上海市报刊发行局
发行范围：国内外公开
订阅处：全国各地邮局
邮发代号：4-641
ISSN 1009-2390
CN 31-1801 / G
印刷：上海中华印刷有限公司
印厂电话：021-60829062
021-60299079
广告经营许可证：沪工商广字
3100320050020号
定价：5.00元

“中式英文”，大胆地说

◎狮子坡

前不久，在网上看到一则调侃新加坡人英语、汉语水平的段子：为了让女儿学好中文，美国金融“大鳄”罗杰斯举家搬到新加坡常住，因为新加坡人既讲英语又讲中文，有利于以英文为母语者学习中文。到了那里才知道，这是个很糟糕的想法，因为新加坡人英文、中文都讲得很烂！

“英语没有学到家，汉语也说得不地道！”对新加坡人的类似嘲笑，一直是个国际话题，在世界各地广为流传。

新加坡人口主要由华人、马来人、印度人等组成。大致上，华人以华语为母语，马来人以马来语为母语，印度人以泰米尔语为母语。新加坡政府承认四种官方语言：英语、马来语、华语以及泰米尔语。新加坡实行“双语政策”，所有学生都学习英语和各自的母语。英文不是绝大多数新加坡人的母语，而是他们的第二语言。以英语为第二语言的新加坡人，说英语不如以英语为母语的英美人“到家”，是可以理解的。而新加坡华人主要来自福建、广东等中国东南沿海省份，其母语为福州话、闽南话、粤语、潮州话、客家话等。虽然新加坡政府大力推行“讲华语（普通话）运动”，但受方言影响，新加坡华人华语（普通话）“说得不地道”也是可以理解的。

新加坡人所说的“不到家”的英语，被称为“新加坡式英文”（Singlish），是英文的一种“地域变体”。语言的地域传播，必然产生“地域变体”，甚至分化成不同的语言。澳大利亚人、新西兰人、印度人等等都说英文,但都有别于英美英文。就是英国人和美国人所说的英文,也不完全一样。现代法语、西班牙语、意大利语、葡萄牙语等等,都是从古拉丁语分化而来。

新加坡华人最多,占总人口的四分之三左右,“新加坡式英文”受汉语影响的痕迹特别明显。现任新加坡国立大学终身教职的石毓智先生曾归纳过“新加坡式英文”的特点,他说:“要说新加坡的英语有什么特色,那就是‘英语的形,汉语的神’。”他还举例做了具体说明:“用英语说‘我已经吃了午饭了’就是I have eaten my lunch,用完成体标记have,而且动词eat要变形,用过去分词eaten。新加坡的英语在这些地方更像汉语,他们最常用的表达为I eat my lunch already。在这里,动词eat不变形,already用在句末表示动作的完成,就相当于汉语的‘了’。”“新加坡式英文”的词汇系统中,更是有大量源自汉语的成分。

对绝大多数新加坡人来说,英文仅仅用作交流思想、传递信息的工具。要实现这一功能,“新加坡式英文”完全够用、合用。并且,从理论上说,所谓“新加坡式英文”,正是新加坡人对英文进行“本土化”改造的结果,更符合新加坡人的思维习惯,更切合新加坡的文化特征,新加坡人用起来更顺溜。语言是一种工具,并无高低、优劣之分,够用、合用就行!嘲笑“新加坡式英文”,不是一件可笑的事吗?

其实,对我们中国人也有类似嘲笑。中国人所说的英文也不地道,也带有中国人的思维特征,有明显的汉语痕迹,人称“中式英文”(Chinglish)。“中式英文”主要流行于机场、海关、宾馆等等“窗口”行业,常见于路牌、店招、菜单、景点介绍等等公共场所用语中。一位美籍华人朋友,曾讲述过在中国遭遇“中式英文”的亲身经历。他曾在北京乘出租车,司机很热情,一上车就对他说

"Welcome to take my taxi"(欢迎乘我的车)。这就是一句"中式英文"。在英语中,相关意思一般说"Thanks for taking my taxi"(谢谢乘我的车),而非"Welcome to take my taxi"。这位美国朋友还说,到宾馆时,服务员帮他拿行李,他对服务员说"Thanks"(谢谢),可服务员说"No,thanks"。这也是一句"中式英文"。在英文中,通常用"No,thanks"表示礼貌地拒绝,比如有人邀请你聚会,你不想去的话就可以说"No,thanks"。英语常用"It's nothing"表示"不谢"的意思。再如,经常在中国听到或看到的"big rain"(大雨)、"black beer"(黑啤酒)、"social flower"(交际花)等等,也是典型的"中式英文",地道的说法是"heavy rain""dark beer""social butterfly"等等。

"中式英文"也可视为英文的一种"地域变体"。中国人不可能把英文说得跟英美人一模一样,中国人所说的英文一定是带有"中国特色"的英文,这符合语言的"区域传播"规律。再说,交流是双方的事,我们在努力地说,对方也在努力地听。不要低估外国朋友的智商,"中式英文"他们大都能听懂!当然,我们也要尽量按英美人的表达习惯说,力求把英文说得像英文。

情况也正在发生变化,西方人对"中式英文"的态度,开始由"嘲笑"向"接受"的方向转变。一些"中式英语"正逐步成为英文的一部分。《牛津英语词典》已收录几十个"中式英文"语词,如大家熟悉的long time no see(好久不见)、add oil(加油)等,就被列入其中。据说,现在许多英美人来中国,都会自觉地学习他们自己的语言——英文("中式英文")。

不过,我们在这里所说的"中式英文",不包括拼错用错的情况。如把shopping centre(购物中心)拼成shoping centre、把"残疾人厕所"译成"deformed toilet"(畸形人厕所)等等。这是应该避免的。

时尚词苑

『有毒』新解

◎高丕永

汉语本来的“有毒”是短语，指“存在有害物质”，也可以指“存在对思想意识有害的事物”，“存在毒品”或“（计算机软件）存在病毒”。（参见《现代汉语词典》第7版“毒”字条）但是，现在报刊上和网络上流行的“有毒”，不是短语而是词（“有”和“毒”不能拆开使用），也不能简单地用短语“有毒”的意义来解释。请看以下例句：

（1）CNN说，政治辩论将从这里开始，是更好地保护国会议员，还是遏制有毒政治言论，抑或枪支管制，都将成为焦点话题。（《解放日报》2017年6月16日）

（2）让我们难以置信的是，被称为“金融市场看门人”的三大评级机构为了追逐利润，竟然违背职业操守，把许多“有毒资产”贴上优质的标签推向全世界。（《人民日报》2009年10月29日）

例（1）（2）中的“有毒”（以下标记为“有毒①”），意译自英语的“toxic”，新世纪初借入汉语。根据《新牛津英语大词典》和《韦氏大学英语词典》等，“toxic”除了指“存在有毒物质”之外，还指“非常不和谐的，非常可恶的，非常有害的”。比如例（1）。又如：“最近，电视神剧《娘道》在中老年观众群体中流行，但在网络上却是骂声一片，《娘道》目前在豆瓣的评分为2.8分，13 000多名评分者超过80%的人给了一星差评，原因是该剧‘三观不正’‘三观有毒’。”（《新民晚报》2018年10月15日）

“toxic”，修饰“debt（债务）/investment（投资）/asset（资产）/loan（贷款）”时，往往翻译为“有毒债务/投资/资产/贷款”，其含义相当于“几乎没有可能偿还或付息的债务/高风险的投资/严重贬值的资产/难以偿还的贷款”。比如例(2)。又如:“在危机爆发前,希腊金融业购买了欧美市场过多的‘有毒’债券,这也推高了希腊债务水平。”(《解放日报》2012 年 6 月 13 日)

概括起来说,汉语新词“有毒①”有两个义项:一是“非常不和谐的,非常可恶的,非常有害的”;二是“有风险的,可能亏损的(经济行为)”。

“有毒①”在我国网络上的流行,与 2009 年推出的大型多人对战竞技网游《英雄联盟》有很大关系。游戏团战过程中,有少数玩家自己出错却“甩锅”责怪队友,习惯性地用恶毒语言挑衅队友或对手,设置种种障碍,最终拉低了队友的排位。《英雄联盟》开发商的前首席社交设计师 Lyte 认为这些玩家的行为“非常可恶”,对整个网游的团战氛围“非常有害”,故称之为“toxic player”(有毒玩家)。

除了有直接害处的“毒”外,“毒”的一个代表物“毒品”具有着令人上瘾的特性。因此,人们开始把“让人上瘾”的人或物称为“有毒”(可标记为“有毒②”)。例如:

(3)《太子妃升职记》可谓粗制滥造。大红大绿、质地像蚊帐布一样的服装,简陋不堪的布景,雷死人不偿命的人物造型,以及号称“整个剧组最值钱的道具是一部鼓风机”,但凭借各种戏谑恶搞、不良意识,就足以让很多网友像中毒上瘾一般,疯狂追剧、大肆追捧。“有毒”成为该剧出奇制胜的最大法宝。(《解放日报》2016 年 1 月 12 日)

(4)这剧有毒:明明八点档剧情,但董洁和翟天临的甜、李立群的暖,还是让人着迷(标题,《文汇报》2018 年 11 月 20 日)

起初,“有毒②”的感情色彩是贬义的;但随着使用范围的扩大很快变为中性,是褒是贬还需要根据上下文来确定。例(3)中的“有毒”是贬义的,例(4)中的则是褒义的。

汉语新词“有毒②”的词义可以归纳为“(好像吸毒一样)让人上瘾”。

从"买买买"到"买全球"

◎刘冰鑫

改革开放四十年来，中国经济飞速发展，人民收入增加，消费能力增强。近年来，不时有中国游客在海外疯狂购物，比如，中国大妈们蜂拥而出，到韩国购买价廉物美的化妆品，到日本购买智能马桶盖……在新闻报道中，这种行为被戏称为"买买买"。例如：

（1）中国节假日期间，海外商场奢侈品柜台上挤满中国买家，一些奢侈品品牌甚至专门在伦敦、纽约、巴黎等地柜台推出针对中国游客的优惠活动，吸引中国人"买买买"。（《中国证券报》2017 年 2 月 4 日）

伴随淘宝、京东、苏宁等电商平台的崛起，人们购物日益便捷，足不出户就可购买商品，享受送货上门的快捷服务。于是，"买买买"又与网络购物联系在一起。例如：

（2）"双 11"刚过，朋友圈满是晒购物的。一查数据，天猫全天交易额就超过了 1 682 亿元！"剁手"指数又创新高。看来，大家腰包鼓了，买买买起来，眼睛都不眨似的。（《人民日报》2017 年 11 月 20 日）

"买买买"运用了反复修辞格，如同前两年的流行语"重要的事情说三遍"所说的，将"买"重复三次，凸显了"买"这一行为，表现出人们强烈的购买欲。

习近平总书记曾说过："在经济全球化的今天，没有与世隔绝的孤岛。"21 世纪，我国积极顺应经济全球化趋势，加入 WTO、成立上合组织、倡议共建

“一带一路”……不断提高对外开放水平，为世界经济稳定发展做出巨大贡献。尤其是首届国际进口博览会在上海举办，来自130多个国家的3 600多家企业参展，大量外国商品进入中国。商品超越国界，全球销售。与此相应，新词语“买全球”也迅速使用开了。请看：

（3）为满足人民美好生活需要拓宽渠道，有了进博会，在国内就能“买全球”，不但消费升级，也推动经济高质量发展。（《人民日报》2018年11月4日）

（4）进博会开幕前夕，松江区内企业已做好准备在家门口“买全球”，目前意向采购金额已超10亿元……在全市18个交易分团中位居前列。（《解放日报》2018年11月4日）

“买全球”运用了借代修辞格，“全球”代指“全球商品”，其中“全球商品”是本体，“全球”是借体。修辞效果十分明显，既突出了重点，又新颖生动。“全球”替代“全球商品”，并与“买”组合，组成“1+2”动宾结构，简洁明快，朗朗上口，受到人们的欢迎。

在“买全球”基础上，通过类推，又出现“卖全球”“运全球”“送全球”等新的词语搭配，这些词语在句中常常连用或同现。请看：

（5）“新时代，共享未来。”进博会的内涵，远不止于“买全球，卖全球”，其主题彰显的是构建人类命运共同体的最新中国实践。（《解放日报》2018年11月5日）

（6）“卖全球”意味着“运全球”，快递业在其中发挥着“先遣队”的作用。（《经济参考报》2018年8月7日）

“买全球”“卖全球”“运全球”“送全球”等词语，体现了经济全球化格局下商品在市场上出售的一系列过程。

从海外购物到境内购物，从出门采购到送货上门，从“买买买”到“买全球”，都彰显了中国经济的发展速度，为我们描绘了未来美好生活的宏伟蓝图。

劝君莫做“巨婴”

◎代宗艳

2016年12月出版了一本名为《巨婴国》的图书，书中这样说：“我们90%的爱与痛，都和一个基本事实有关——大多数成年人，心理水平是婴儿。这样的成年人，是巨婴……”此书重新定义了“巨婴”这个词。令人没想到的是，这个“巨婴”居然成了流行词，并一举被评选为《咬文嚼字》2018年十大流行语之一，成为各种新闻媒体热议的话题。例如：

（1）包办代替，缺乏责任心。不管孩子多大，家长总把他当作长不大的孩子，包办代替。这种做法不利于培养孩子独立自主的意识，导致其缺乏责任心，依赖他人。长此以往，长大后很可能变成“巨婴”。（《生命时报》2018年10月25日）

（2）“巨婴”活在自己的小世界里，对外面一切无感，缺乏正常社会道德感和基本伦理意识，更没有感情的滋润与释放，冷血而无趣，漠然而可怕。（《中国青年报》2018年12月18日）

“巨婴”常常用来指称那些缺乏面对挫折、解决难题的勇气和能力，年纪不小而心智却不成熟的一类成年人。简单来说，即指“长不大的成年人”。为何这类人会被称为“巨婴”呢？“巨婴”原本在医学上是指体形巨大的婴儿，后来引申为有了成年人的年纪和体形，但心智还停留在婴儿阶段，呈现出“幼态持续”的状况，其贬义色彩浓厚。“巨婴”人群常具有两个心理特征：一是高度的不自觉的依赖。相比一般成年人的独立自主，这类人往往表现出一种似乎是理所应当的过度依赖感。二是无力担责。相比一般成年人必须要为自己的言行买单，这类人往往是任性的，对自己的言行缺乏明确的责任意识。

如今，从“高铁堵门”到不顾外交部明文提示的巴厘岛“任性出游”，再到“高铁霸座”“重庆万州公交车坠江”等，这一系列社会事件带红了“巨婴”这个词，将“巨婴”一词的使用推向高潮，经常出现于新闻标题当中。例如：

（3）在蜜罐里长大，谨防“巨婴”养出“巨婴”（标题，《生命时报》2018年4月13日）

（4）留学败光200万元，保温瓶式教育塑造了“巨婴”（标题，《中国青年报》2018年12月18日）

造成“巨婴”现象的原因很多，主要有两个方面。一方面，社会飞速发展，更高的学历教育使得新一代年轻人完成学业时年龄偏大，而经济的发展又使得这个群体就业竞争剧增，导致了一部分人经济独立性降低，更多地依赖于父母；另一方面，“包办一切”的教育方式使得更多年轻人从小就形成了以自我为中心的心理习惯，逐渐丧失了独立的能力。

随着“巨婴”事件的发酵以及“巨婴”使用的泛化，甚至出现了“巨婴式公民”“巨婴式游客”等说法。请看：

（5）这种人绝对算得上巨婴式公民——放弃自己作为一个成年、成熟、健康公民的社会责任，完全依赖社会、政府，像个孩子一样要求社会、政府来照顾自己，满足自己不合理的要求。（《法制日报》2018年2月1日）

（6）部分“巨婴式”游客，不要再给祖国添麻烦。（《中国报业》2018年1月23日）

“巨婴”成为年度热词，再次提醒我们，人人都需要自主成长，千万别当可笑又可悲的“巨婴”。

追踪荧屏

行刑不在“五时三刻”

◎沈阳仁

电视连续剧《茶馆》第9集中有这样一个场景，在中午的阳光下，执行死刑的官员确认完犯人的名单，大声喊道：“五时三刻已到，问斩！”（字幕同步显示），刽子手随即手起刀落，将犯人斩首。此处字幕中的“五时三刻”有误，应改为“午时三刻”。

我国古代将一天分为十二个时辰，每个时辰合现在的两小时，分别用地支为名。从半夜起算，半夜十一点到第二天的一点为子时，以此类推，上午十一点到下午一点为午时。午时还可进一步分为午初（上午十一点）和午正（正午十二点）。古人还以漏壶计时，将一昼夜分为百刻。后来随着日晷的使用分为九十六刻，对照现在的钟表计时，一刻为十五分钟。“午时三刻”历来有两种说法，一说认为是“午初三刻”，一说认为是“午正三刻”。按照《近代汉语词典》（上海教育出版社 2015 年 12 月出版）的说法，“午时三刻”相当于现今的中午十二时三十分至十二时四十五分。在古时的阴阳观念中，处刑杀人会产生阴气，而午时三刻正是一天中阳气最盛的时候，选在此时行刑可冲淡阴气。在午时三刻执行死刑的规定大

误用“有目共睹”

◎浦东轩

上海电视台七彩戏剧频道2018年12月9日播出了《戏剧大舞台》节目，内容是对长宁沪剧团的专访。一位受邀嘉宾说道：“在长宁沪剧团这么多年，应该说剧团的发展我是有目共睹的。”（字幕同步显示）“我”是一个人，怎么能“有目共睹”呢？

“有目共睹”指凡是有眼睛的都看见了，说明人人都能看见，一般用来形容事实极其明显。艾芜《〈桂花村的孩子们〉序言》：“他就在农村中不断地写作，写出许多坚实优秀的作品，广大读者都是有目共睹的。”而仅“我”一人所见是不能说“有目共睹”的。上述节目中嘉宾的话是想表达亲眼看见了剧团几十年来的发展变化，可以说成“剧团的发展我是亲眼所见的”，这样语意才通畅。

约起源于明代，清代沿之，在很多戏剧和小说中都有反映。

“五时三刻”从字面看指的是五点三刻，上述电视剧的故事发生在清代，当时并不用“五时”这种表达。

一针见血

何来“相祇以湿”

◎陈关春

中国工人出版社2001年1月出版的《检讨书》第280页有如下一句话：“其实何必呢，这正是需要彼此‘相祇以湿，相濡以沫’的时候。”“相祇以湿”应是“相呴以湿”。

“相呴以湿”语出《庄子·大宗师》：“泉涸，鱼相与处于陆，相呴以湿，相濡以沫，不如相忘于江湖。”呴，音xǔ，义为嘘气、哈气。相呴以湿，彼此用呼出的气湿润对方，比喻在遭遇困难时，以微薄的力量竭力相互帮助。祇，本义是地神。《说文》：“祇，地祇，提出万物者也。”泛指神灵。“相祇以湿”语意难解。

“风姿”岂能“绰绰”

◎阎德喜

2018年10月11日《文学报》第15版所刊文章《智量老师》中写道：“与他们相伴厮守的，是来自彼得堡与巴黎沙龙里典雅美丽、风姿绰绰的贵妇人阔小姐。”其中的“风姿绰绰”应是“风姿绰约”。

绰绰，可指宽裕的样子，如绰绰有余。还可指舒缓的样子。唐张祜《筝》诗：“绰绰下云烟，微收皓腕鲜。”“风姿”和“绰绰”组合让人难以理解。

绰约，形容女子姿态柔美。白居易《长恨歌》中有：“楼阁玲珑五云起，其中绰约多仙子。”“风姿”即风韵体态；“风姿绰约”形容女子风韵体态柔美动人。

应是“人影憧憧”

◎江城子

2018年12月10日《泰州日报》S1版上刊文《溱潼会船》，其中一段写道：“一时码头人影瞳瞳，长篙林立，脚步声声，参赛的，观赛的，表演的，乐队操弦掌锣的……”这里的“瞳瞳”应改为“幢幢”。

“幢”是个形声字，从巾童声。它有两个读音，读 chuáng 时，指古代一种用作仪仗的旗帜，也指写有佛号或经咒的锦帛；读 zhuàng 时，指的是舟船上形如车盖的帷幔，也作量词，用于建筑物等矗立物。“幢幢（chuáng chuáng）”是个书面语，有多个义项，可指羽毛下垂貌、回旋貌、往复不绝貌等，现多用来形容影子摇晃，如人影幢幢、灯影幢幢等。

瞳，读 tóng，即瞳孔。汉语词汇中没有“瞳瞳”，误“幢”为“瞳”可能是形近所致。

“一篑”与“一溃”

◎李　军

2018 年第 24 期《世界知识》杂志中有一篇文章《朝核问题谈判：谁在把控节奏》，其中写道：“朝美严重缺乏互信……半岛形势仍存在发生严重反复、功亏一溃甚至引发剧烈对抗冲突的不确定性。”其中“功亏一溃”的“溃”应为“篑”。

篑，古代用来盛土的竹筐。“功亏一篑”一词出自《书·旅獒》：“为山九仞，功亏一篑。”意思是堆高达九仞（古代长度单位）的山，只因缺少了一筐土而未成功，比喻做一件事只因差了最后一点努力而失败。

“溃”本义指水漏，引申指大水冲破堤防。“一溃千里”形容败得不可收拾。汉语中没有“功亏一溃”的说法。

“觏闵”误为“观闵”

◎王晓晗

2018 年 7 月 24 日《齐鲁晚报》A15 版刊发了《让她们不再说“Me Too”》一文，文中引用了《诗经·邶风·柏舟》中的一段：“忧心悄悄，愠于群小。观闵既多，受侮不少。静言思之，寤辟有摽。”其中的“观闵既多”有误，应为“觏（gòu）闵既多”。

《柏舟》中的原句为“覯闵既多,受侮不少”。按朱熹《诗集传》,“覯”义为“见”,用在动词前表示被动,相当于被、受到;“闵”义为“病”,这里作动词用,义为中伤。“覯闵既多,受侮不少”的意思是,“遭遇到的中伤陷害已经很多,受到的侮辱也不少”。

观,繁体作“觀”,有 guān 和 guàn 两个读音。读 guān,有看、游览、玩赏、外观、景象等义项;读 guàn,指道教的庙宇、古代宫门前的双阙、楼台等。错把“覯闵既多”写作“观闵既多”,可能是因“观”的繁体字“觀”与“覯”的繁体字“覯”形近所致。

“洌干水分”?“沥干水分”!

◎居容人

2018 年 12 月 24 日《盐城晚报》A11 版刊有《童年》一文,其中写道:“童年时,印象深的还有妈妈做的酱,把当年收的新鲜的小麦洗净、浸泡,煮软烂后,洌干水分……”“洌干水分”应写为“沥干水分”。

沥,读 lì,与“漉”同义,指水、酒等液体一滴一滴地落下,引申出渗出、吐露等。“沥干水分”意为使物品中的水分渗出而变干。洌,读 liè,指(水、酒等液体)清澈的样子。欧阳修《醉翁亭记》:“泉香而酒洌。”“沥”与“洌”音、形、义皆不同,“洌干水分”的说法,让人无从索解。

“烩”如何“细”

◎杨昌俊

2018 年 10 月 26 日《安徽日报》第 10 版上刊载了《山一般的芋》一文,其中写道:“在‘食不厌精,烩不厌细’的今天,山芋依旧受到乡亲们的喜爱,故乡的餐桌上仍时常能看到它庞大的身影,那是为了营养搭配和回归自然。”这里的“烩不厌细”错了，“烩”字应改为“脍”。

脍，读 kuài，从肉会声，本义是细切的肉。“食不厌精，脍不厌细”一句出自《论语·乡党》。此句讲的是祭祀时对供品的要求，粮食要尽量精挑细选，肉要尽量切细。这些要求是为了体现祭祀时对祖先的敬意，后人常借此形容对饮食极为讲究。厌，满足；不厌，不满足。

烩，读 huì，指的是一种烹饪方法。将汤汁注入锅中，加入食材后用慢火煮，至汤汁不多时勾芡即可。古今汉语都没有“烩不厌细”的说法。

“加冕”与“桂冠”

◎林 鸣

“中国棋手居文君在 2018 年女子国际象棋世锦赛决赛中战胜俄罗斯名将拉戈诺，加冕棋后桂冠。”这是 2018 年 12 月 14 日《益寿文摘》第 1 版《新闻回顾》中的一条新闻。其中的“加冕棋后桂冠”一语不妥。

冕，本指天子、诸侯、卿、大夫所戴的礼帽，后专指帝王的礼帽。加冕，将王冠或皇冠戴在君主的头上，是某些国家的君主即位时所举行的仪式。现在“加冕”常用于给予某个称号。

冠，也指帽子。桂冠，用月桂树叶编的帽子。古代希腊人将桂冠授予杰出诗人或竞技的优胜者，后来欧洲习惯以桂冠为光荣称号，现在也用来指竞赛中的冠军。

“加冕”与“桂冠”语义重复，不宜一起使用，可以改成“加冕为棋后”或者是“夺得棋后桂冠”。

向清水鞠躬？

◎肖遥生

2018 年 11 月 7 日《黄山晨刊》第 10 版刊有《带着忧伤出发》一文，文中写道：“午后的村庄，太阳暖暖地铺洒在黝黑的屋瓦，灰色的墙体上……几只狗在路上晃来荡去，时间好似一鞠清水慢慢从指缝间流去。”其中“一鞠清水”应写为“一掬清水”。

掬，音 jū，义为双手捧取、抓取。如“笑容可掬”指笑容露出来，好像可以用手捧住，形容满脸堆笑的样子。“掬”作量词用时，与“捧”意义相近，指双手相合所能捧起的量。“一掬清水”就是“一捧清水”。鞠，也读 jū，可表示抚养、养育，如鞠养、鞠育；也可表示弯曲、弯腰，如鞠躬。

把“一掬清水”写成“一鞠清水”，应是两字音同形近致误。

20 世纪 50 年代并无“中国社会科学院”

◎陈关春

2018 年 12 月 13 日《解放日报》第 15 版刊载的《钱学森留下的书信丰碑》一文中写道：“钱学森一直对书信情有独钟。早在 20 世纪 50 年代他在中国社会科学院力学研究所任所长时，就要求大家，有群众来信一定要回复。”此处“中国社会科学院”说法有误，应是“中国科学院”。

中国科学院是我国自然科学的最高学术机构和全国自然科学与高技术综合研究与发展中心，1949 年 11 月成立。上世纪 50 年代，应用力学家、系统工程科学家钱学森先生冲破重重阻力，从美国回到祖国后，担任了中国科学院力学研究所所长。

中国社会科学院，是中国哲学社会科学研究机构。其前身是 1955 年成立的中国科学院哲学社会科学部。1977 年，在中国科学院哲学社会科学部基础上正式组建了中国社会科学院。上世纪 50 年代尚无中国社会科学院。

“旰食”误为“吁食”

◎常　隽

2018 年 10 月 23 日《宿迁

日报》在B3版上刊有《情溢花香》一文，其中写道：“袁枚彻夜难眠，一大早就动了身，宵衣吁食，与民共苦，同治水患。”这里的“宵衣吁食”应是“宵衣旰食”。

旰，从日干声，读gàn，义为天色晚。宵，夜。所谓“宵衣旰食”，指的是天还没亮就穿衣起床，天色已晚才吃饭，形容工作辛勤，多用于称颂帝王勤于政事。茅盾《关于长篇历史小说〈李自成〉》五：“崇祯的宵衣旰食，励精图治，反而加速了明王朝覆灭的进度。”也作“旰食宵衣”，或省作“宵旰”。

“吁”是个多音字。读作xū时表叹息，如长吁短叹；读作yù时表示为某种要求呼喊，如呼吁。“宵衣吁食”说不通，显然写了别字。

“蓬荜生辉”是谦词

◎屠林明

2018年12月14日《益寿文摘》（总第2833期）15版刊有《名人题医匾趣话》一文，文章提到孙中山为沪上名医丁甘仁题匾之事时写道：“孙中山感其诚德，亲书‘博施济众’匾额嘉勉之，其匾即悬于丁氏诊室大厅正中，足以令其蓬荜生辉。”句中误用了“蓬荜生辉”。

蓬荜，即蓬门荜户，用蓬草、荆条竹木等做的门户，指穷苦人家的简陋房屋。蓬荜生辉，是说由于别人到自己家里来，或张挂了别人给自己题赠的字画等，使自家简陋的房屋也产生了光辉，感到非常荣幸，是一个用于自称的谦词。明无名氏《鸣凤记·邹林游学》：“得兄光顾，蓬荜生辉。”上述引文中的“足以令其蓬荜生辉”以第三者的口气，说孙中山的题匾可以让丁氏诊室大厅“蓬荜生辉”，这是典型的谦词误用。

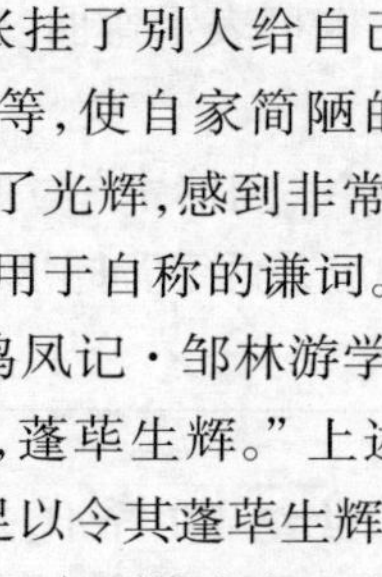

学林

汉语拼音化研究简述

◎苏培成

汉字是中华民族的祖先独立创造的自源文字，自殷墟甲骨文到现代已有三千三百多年。殷墟甲骨文是比较成熟的文字，在它之前汉字已经存在了两三千年。汉字对中华民族的发展繁荣起了很大的作用，在古代享有崇高的地位。1840年鸦片战争，中国被列强打败，面临被瓜分的危机。爱国人士积极探寻救国的道路，认为教育落后是重要原因，而教育落后又源于汉字难学难用，于是产生了改革汉字的思潮，主张把汉字改为拼音文字。1892年，卢戆章说："中国字或者是当今普天之下之字之至难者。"五四时期这种思潮达到了高峰。1922年钱玄同发表《汉字革命》，他认为不但要"谋汉字的根本改革"，而且要谋"汉字之根本改革的根本改革"。"什么是'汉字之根本改革'？就是将汉字改用字母拼音，像现在的注音字母就是了。什么是'汉字之根本改革的根本改革'？就是拼音字母应该采用世界的字母——罗马字母式的字母。"与此同时也出现了不同的声音。1923年瑞典汉学家高本汉在《中国语与中国文》中说："中国人果真不愿废弃这种特别的文字，以采用西洋的字母，那决不是由于笨拙顽固的保守主义所致。中国的文字和中国的语言情形，非常适合，所以他是必不可少的；中国人一旦把这种文字废弃了，就是把中国文化实行的基础降伏于他人了。"1949年唐兰说："文字改革的主要目的是使文字易于学习，但改革文字必须注意到中国具体环境。中国语言同音字众多,改用纯粹的拼音文字是不可能的。考虑到汉字是承载着过去的历史文化,完全废除汉字更是行不通的。”高本汉和唐兰都认为汉字适合汉语的特点,汉语不适合使用拼音文字。1951年2月5日,吴玉章说:“我本着自我批评的精神来说,我过去对文字改革的认识有以下两方面的错误:(一)认为文字是社会上层建筑……。(二)没有估计到民族特点和习惯,而把它抛开了。认为汉字可以立即用拼音文字来代替。这事实上是一种脱离实际的幻想。中国人没有拼音的习惯,以前念书的人少,懂得反切和音韵学的人更少。汉字已有悠久的历史,在文化生活上有深厚的基础,其改革必须是渐进的,而不应粗暴地从事。”吴玉章并不反对汉语拼音化,只是认为汉字不可以立即用拼音文字来代替。

1951年毛泽东主席指示说:“文字必须改革,要走世界文字共同的拼音方向。”毛主席又指示我们:汉字的拼音化需要做许多准备工作;在实行拼音化以前,必须简化汉字,以利目前的应用,同时积极进行各项准备。1958年1月10日,周恩来总理在《当前文字改革的任务》里提出了当前文字改革的三项任务,就是简化汉字、推广普通话、制定和推行《汉语拼音方案》。关于汉字的前途,他说:“汉字在历史上有过不可磨灭的功绩,在这一点上我们大家的意见都是一致的。至于汉字的前途,它是不是千秋万岁永远不变呢?还是要变呢?它是向着汉字自己的形体变化呢?还是被拼音文字代替呢?它是为拉丁字母式的拼音文字所代替,还是为另一种形式的拼音文字所代替呢?这个问题我们现在还不忙作出结论。但是文字总是要变化的,拿汉字过去的变化就可以证明。”“关于汉字的前途问题,大家有不同的意见,可以争鸣,我们在这里不打算多谈,因为这不属于当前文字改革任务的范围。”在这之后，政府推行的是文字改革的三项任务，对汉字的前途还不忙作出结论。

1986年1月举行的全国语言文字工作会议贯彻中央提出的新时期语言文字工作的方针和任务，首先是促进语言文字规范化、标准化。因为五十年代确定的三项任务，有些还没有很好完成，需要继续完成，所以方针中明确规定要“继续推动文字改革工作”。会议没有重申汉字要走世界文字共同的拼音方向，而强调的是在今后相当长的时期，汉字作为国家的法定文字还要继续发挥它的作用。对汉字的前途，会议认为周总理1958年讲的话仍然具有指导意义，仍然不宜匆忙作出结论。胡乔木在会议的闭幕式上的讲话指出：“这次会议并没有妨碍我们的研究工作和各种实验工作的继续进行，也不影响各方面实际工作的开展。相反，它是要求我们加强研究工作、实验工作和在人民群众里进行更多的宣传、推广、实践工作的。”

1996年周有光发表《东西方之间的文化桥梁》，对拼音化作了解释。他说：“进入信息化时代，必然进入拼音化时代。拼音化的含义不是‘废除汉字，改用拼音’，而是‘利用拼音，帮助汉字’。”1998年周有光出版了《比较文字学初探》。在这部著作中，他说：“文字制度的重大变化都是在文字传播到异民族以后才发生的。在原民族中间虽然经常发生形体的量变，可是不容易发生结构的质变。传播到异民族中间以后，遇到了新的矛盾，由此引起新的创造。异民族对外来的文字，没有原民族那样固执的图腾习惯。”周先生看到了汉字在中国本土很难实现拼音化，但认为是由于“固执的图腾习惯”，却不如汉字基本适应汉语的特点更有解释力。

2000年10月31日，第九届全国人大常委会第十八次会议通过的《国家通用语言文字

浅说“氏”

◎谷衍奎

自古以来，华夏子孙以姓氏为家族延续的标志。然最初“姓”“氏”之称是不同的，既不是一回事，也不是一个词。姓产生于前，氏出现在后。

对于“氏”字的理解，颇多异议。氏，甲骨文作  或 ，《说文·氏部》解释为：“巴蜀山名岸胁之旁箸欲落堕者曰氏。氏崩（声）闻数百里。象形，乀声。”后人已指出其析形、释义皆不确。然故训多遵从此说，甚至为其曲说。

今人对“氏”字本义的解释也有分歧。或说是“匙之初文”，或说为提挈之义，有的字书承此说遂释为“像人提物的样子”；其他像“阜字”说、“龙蛇状图腾”说、“枝蔓之形”说等等不一。于省吾认为此皆误释。

观察“氏”的甲骨文字形，既看不出山形，也无匕匙之状；说是“像人提物”吧，然分析从“氏”取义的字，并无表示提挈之义的。

那么，“氏（shì）”的本义到底是什么呢？朱骏声的《说文通训定声》及林义光的《文源》早已指出“氏”的本义为“木本”，即树根。于省吾等学者及《汉语大字典》皆从此说，现已

法》第三条是：“国家推广普通话，推行规范汉字。”整部法律都没有汉语拼音化的内容。

根据上面介绍的情况，我们得出的结论是：汉语拼音化不是国家的语文政策，专家学者和各界人士可以进行汉语拼音化的研究和实验。

无异议。

从“氏”字的各古文字之形分析，其本义为根柢（dǐ），特指主根直根，当无所疑。甲骨文一形  正像是种子生根萌芽之形；二形  由种子又长出一根。金文  将种子演化为一个圆点并让根下扎；古文  将点演变为一横并将根弯曲；篆文  承接古文并整齐化，隶变后楷书写作氏。

与氏同源的还有氐字，金文作 ，在氏的根部加一指事符号，指出根扎到这里，篆文  整齐化。隶变后楷书写作氐。《说文·氐部》：“氐，至也。从氏下箸一。一，地也。”所释为引申义。本义也当为根柢。由于氏为引申义所专用，根柢之义便用“氐”来表示。又由于“氐”用作了偏旁，根柢之义便又另加义符木写作“柢”来表示。

“氏”本义为根柢，而人们的姓氏标志着祖宗的来源，表示人之所由生，子孙之所从出，也是一种根柢，所以“氏”遂顺理成章地引申为姓氏的专用字。

上古母系氏族社会妇女是繁衍后代、保证氏族延续的主体，地位崇高。那时，生女则留在族里继续生儿育女，延续族群；生男则要分出去倒插门“嫁”到别的部落另立门户，就产生了“氏”。所以，“氏”是姓的分支，是用以区别子孙之所由出的。最初的氏是男性部落首领的称号，可以是封邑（解氏）、住地（西门氏）、官名（司马氏）、职业（陶氏）、祖先的字（孔氏）等等。

秦汉之前，氏与姓是不同的，女子称姓，男子称氏。例如孔子，子是姓，孔是氏，丘是名，因男子称氏不称姓，故称之为孔丘，而不叫子丘。

随着社会生产力的发展，母系氏族制度过渡到父系氏族制度。至伏羲氏族社会时期，一祖所繁衍的子孙越来越多，一个部族往往会分成若干支系散居各地。各个分支的子孙除了保留原姓之外，为了相互区别并表示自己的特性，便要取一个称号，这称号就是“氏”。所以，上古有姓又有氏，姓为氏之本，氏是姓的分支，可以自立，能够改变。如果说“姓”是一个家族所有后代的共同称号，那么“氏”则是从姓中派生出来的不同支系的标志。

到了夏、商、周时期，氏族制度渐被阶级制度代替，于是便有了“天子建德，因生以赐姓，胙（zuò）之土而命之氏”的做法，就是说一个氏从大宗分出来，另立门户要经周王认可。氏的出现是社会进步的又一个重要标志。据说，黄帝治理天下时，已有“胙土命氏”的做法。

至周代，由于大规模分封诸侯，这些诸侯国的后人就以封国之名为氏；而各诸侯国又以同样的方式对国内的卿大夫进行分封，卿大夫的后人也以受封之国的名称为氏。这样“氏”的数量就大增，并远远超过了姓的数量。

“氏”既然是分封产生的，那么三代时也就只有贵族才能有氏，贫贱者则有名无氏，于是“氏”遂成为古代贵族表示宗族系统的独有标志。一般平民，则只能以其职业相称，如“庖丁”就是对一个叫“丁”的“厨师”的称呼。所以《通志·氏族略》有“姓所以别婚姻，氏所以别贵贱”之说。

周代，姓氏制度是宗法制度的一部分，“礼不娶同姓”已以法律的形式确定下来。同姓同根，异氏同源，氏同姓不同可以通婚，姓同氏不同则不可以通婚。

姓不能变而氏则可随着封邑、官职的改变而改变，父子两代可以不同氏。姓氏与人名共同构成一个人的名字。

也正由于“氏”表示根柢，古代又常用在远古的帝王、国名、国号、朝代后作为称呼，如伏羲氏、神农氏、夏后氏等等。后也用在官职、姓名、亲属后表示尊称，如太史氏、左氏、异史氏、舅氏、母氏等等。

氏、氐本义为根柢，也体现

在组字上。大凡从氏、氐取义的字皆与根柢、至到、触及等义有关。例如：大地是万物的根本，故从“氏”取义的“祇（qí）”义为地神；以舌舔物，舌必触及物，故从“氏”取义的“舐（shì）”表示用舌舔触。他如：植物根本为柢，诬言相加为诋，人所至居为邸，等等，不一而足。

姓、氏相别的制度沿用到秦朝时，由于西周封建宗法制度瓦解，旧的姓氏制度也遂被废除。姓和氏的区别已不明显。至司马迁作《史记》时，干脆把姓氏混而为一，例如称秦始皇为“姓赵氏”，称汉高祖为“姓刘氏”。从此姓与氏合用并称不再区分，姓即氏，氏即姓，使用起来简单省事，更无贵贱之别，皆可用以别婚姻，而另以地望明贵贱。

但在特殊场合，已形成了习惯用法，姓和氏的使用仍有些区别。例如不相识的人见面，常礼貌性地说“请问贵姓”而未有说“请问贵氏”的。而在族谱或家谱题名上，则只能题《某氏族谱》或《某氏家谱》，从未见有题《某姓族谱》或《某姓家谱》的。这是因为“氏”在古代是男子的标识符号，族谱、家谱是记录男姓家族成员的血缘关系的图册，所以题名只能用“氏”。再说“氏”与“死”音近，说“请问贵氏”未免“犯忌”。

中华姓氏文化源远流长，历经了五千年始终延续和稳定地发展着，每一种姓都有其独特而丰富的文化内涵，都有其代表人物，没有贫富、高低、贵贱之分，这得益于同姓聚居和联宗修谱的习俗。中华姓氏文化，以一种血缘文化的特殊形式促进了中华民族的形成，在中华文化的融会与国家的统一上起过独特的凝聚作用。所以，姓氏不仅是维系文化传统的纽带，团结宗族的磁石，形成尊祖敬宗美德的保证，同时也是维护祖国统一的力量。一个中国人，不管他迁徙到何国何乡，都会念念不忘自己的祖国、祖籍、祖先，并不忘来中国寻根拜祭，续谱认宗。

热线电话

“你好，我是64330669……”（63）

◎姚博士

“的卢”的读音和意义

问：辛弃疾《破阵子·为陈同甫赋壮词以寄之》有一句“马作的卢飞快”。请问“的卢”的“的”如何读？“的卢”是什么意思？

——广东深圳　王　腾

答：“的卢”的“的”读dì。一般认为“的卢”指马额头有白色斑点。

的，本作“旳”，读dì，表示白色、鲜明等义。《说文》：“旳，明也。”段玉裁注：“旳，白之明也。故俗字作的。”读此音时，也表示箭靶的中心、目标等义。除此之外，“的”还读dí，表示真实、实在，如的确。还读de，助词，如铁的纪律、我的母亲。

的卢马是什么马呢？刘孝标注引伯乐《相马经》曰：“马白额入口至齿者，名曰榆雁，一名的卢。奴乘客死，主乘弃市，凶马也。”在古文献中，“的卢”亦写作“的颅”，如《晋书·庾亮传》：“初，亮所乘马有的颅，殷浩以为不利于主，劝亮卖之。”可见“的卢”即“的颅”，指额头白色的马。其“的”指“白色”，应读dì。

“蹦出”与“迸出”

问：想请教，是“蹦出一句话”还是“迸出一句话”？

——浙江绍兴　张婷婷

答： 两种说法都可以，语义和表达效果上存在一些区别。

蹦，本义是双脚并拢跳跃，后泛指跳跃、跳动。“蹦出”某物，某物的出现是带有突然感的。如毕淑敏《跳级》：“可他们其实才不把大人看在眼里，他们敢顶嘴，各抒己见，时不时还能蹦出一句叫你诧异不已的幽默。”其中“蹦出”的“幽默”是让人“诧异不已”的。所以，“蹦出一句话”即“一句话”突然从嘴中“跳”出来，强调该句话出现得突然。

迸，是涌出、喷射。“迸出一句话”，动作的发出者是人，是说从嘴中向外涌出、喷射出一句话，强调说话的语气之强烈。茅盾《子夜》：“后来王和甫从牙齿缝里迸出一句话来：‘明天早上我同吉人到你公馆里商量罢！’”从“牙齿缝里”“迸出”的话，有咬牙切齿之感。又如《人民日报》1995年5月17日：“1990年，梁忠保发明的常压蒸汽助燃热水锅炉终于出世了，好不容易才将专家们请到场……一个接一个的问题，急得梁忠保迸出一句话：现场试验，效果不好，不再鉴定。”可见，使用“迸出一句话”时是在强调说话语气之强烈。

微语录·亲情

她一直和妈妈生活在一起，两人相依为命。渐渐长大了，她有了自己的事，有了自己的生活。偌大的房子里，时常只有妈妈一个人。一天傍晚，她又要出去与朋友相会。妈妈站在门口，看着正要出门的她，轻轻地问：“你……可不可以带我一起去？”她鼻子一酸，差点流下了眼泪。

（乔　桥/辑）

文章病院

尼克松访华不是秘密

◎毛纬武

2018年11月29日《每日商报》08—09版刊发文章《戚国伟：躬身侍茶六十载　不负龙井不负春》，其中写道："1970年代初，尼克松秘密访华，周恩来用西湖龙井茶招待他……"这里有个常识性错误，尼克松访华并非"秘密"进行的。

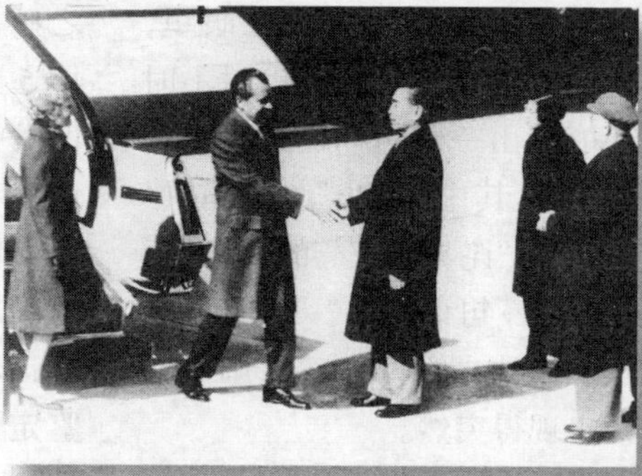

周恩来总理在机场迎接尼克松总统

20世纪60年代末，时任美国总统的尼克松希望改善中美关系，而当时中国也有同样的需求。经过了一系列的前期准备工作后，尼克松在1972年2月21日乘坐"空军一号"抵达北京机场开始访华，周恩来总理亲自到机场迎接。2月28日，尼克松和周恩来乘机飞往上海，共同签署《中华人民共和国和美利坚合众国联合公报》，即《上海公报》。之后尼克松归国。同日，中美双方发表《上海公报》，标志着中美打开了外交的大门，两国关系开始正常化。尼克松此次来中国访问，并没有遮遮掩掩，最后还发布了联合公报，国际社会也投以广泛关注，并非什么"秘密访华"。

“祥林嫂圆规似的站姿”？

◎方德佺

2018 年第 10 期《语文月刊》第 31 页上刊发了《用系统思维，突破写作瓶颈》一文，其中这样写道：“比如鲁迅的文章……即使毕业多年的学生，也不可能忘记百草园的美景，月夜行舟的愉快，少年闰土闪着月光的银项圈，祥林嫂圆规似的站姿……”“圆规似的站姿”说的是祥林嫂吗？

“圆规似的站姿”出自鲁迅的小说《故乡》。《故乡》中这样写道：“却见一个凸颧骨，薄嘴唇，五十岁上下的女人站在我面前，两手搭在髀间，没有系裙，张着脚，正像一个画图仪器里细脚伶仃的圆规。”描述的是有着“豆腐西施”称谓的杨二嫂。小说将杨二嫂的站姿比喻为圆规，十分形象生动。

祥林嫂也是鲁迅笔下的经典人物，她是小说《祝福》的主人公。书中对她的形象进行过多次描写，但从未写她有“圆规似的站姿”。上述文章将祥林嫂和杨二嫂混淆了。

“秘密访华”的美国使者，在中美正式建交前确实有过，最著名的莫过于尼克松的重要顾问基辛格。为了中美双方领导人能够正式会晤，时任国家安全事务助理的基辛格曾在 1971 年 7 月 9 日秘密来到中国，与中方领导人进行磋商。白宫公布基辛格的公开行程是，他先访问越南，然后访问巴黎，中途访问泰国、印度及巴基斯坦。基辛格到巴基斯坦首都伊斯兰堡时，秘密乘机飞到北京。上述文章混淆了这一重大历史事件的主人公。

是“水碓”不是“水椎”

◎苏 俊

水 碓

2018 年 10 月 22 日《人民日报海外版》第 12 版刊载的《瑞安“三宝”》一文，提及瑞安传统工艺时，这样写道：“古法造纸，离不开水椎。每座水椎五米见方，石板砌就。工匠利用水的落差，以湍急的水力推动木椎上启下砸。砸什么呢？把腌好的水竹捣碎，取其竹绒造纸。”文中的“水椎”应写为“水碓”。

碓，音 duì，是舂米的工具。《说文·石部》：“碓，舂也。”王筠句读：“杵臼任手，碓则任足。”原理是在臼旁用柱子架起一根木杠，杠端系上石头，用脚踏起另一端，连续起落。后来又有利用水力代替人力的，这便是“水碓”。明代宋应星所著《天工开物》记载：“凡水碓，山国之人居河滨者之所为也。攻稻之法省人力十倍，人乐为之。”水碓作为一种半机械化设备，使用范围不断扩大，古法造纸工序繁多，常利用水碓进行舂捣。

椎，多音字，读 chuí 时，指

误用“潘多拉盒子”

◎杨镇江

2018 年 11 月 23 日的《光明日报》第 16 版刊有《哪首诗是唐诗压卷之作》一文，其中写道：“第一个从唐诗中选出独占鳌头之作的当数严羽，他在《沧浪诗话》中说：‘唐人七言律诗，当以崔颢《黄鹤楼》为第一。’在严羽打开潘多拉盒子之后，七律桂冠便言人人殊，莫衷一是。”在文坛提出一个有趣的话题，引来众说纷纭，这是打开了“潘多拉盒子”吗？

潘多拉是希腊神话中的第一个尘世女子。普罗米修斯因盗取天火给人类，冒犯了主神宙斯。宙斯图谋报复，命令火神赫菲斯托斯用黏土做成美女潘多拉，送给普罗米修斯的弟弟厄庇米修斯做妻子。潘多拉貌美性诈，偷偷打开宙斯让她送给厄庇米修斯的一只盒子，于是盒里的饥荒、瘟疫、疾病、疯狂、罪恶、战争、嫉妒等各种恶毒的东西随着黑烟一齐飞出，只剩下唯一美好的东西——希望在盒底没来得及飞出，潘多拉就将盒子永远地关上了。人间因此充满各种灾祸。“潘多拉的盒子”常被用来比喻造成灾害的根源。

七律桂冠“言人人殊，莫衷一是”是文学评论的正常现象，把严羽之举说成是“打开潘多拉盒子”是不妥当的。

捶击的工具，如铁椎、木椎。读 zhuī 时，指椎骨，构成脊柱的短骨，如颈椎、胸椎。

碓与椎，音、义皆不同，把“水碓”写成“水椎”，或许是字形相近致误。

马可·波罗不是传教士

◎李景祥

2018年12月7日《光明日报》15版刊登的《泛舟运河话姑苏》中有这样一段话：

在这“命脉”上运送的还有大量的商品，到过苏州段运河的意大利传教士马可·波罗说……

将马可·波罗称为“意大利传教士”是不妥当的。

马可·波罗（约1254—1324），是意大利商人、旅行家。马可·波罗17岁时跟随父亲和叔叔前往中国，于1275年到达元朝首都，见到元世祖忽必烈后深受信任，仕元十七年。1292年初离开中国。1298年他在意大利的一场战争中被俘虏，1299年获释返回威尼斯。《马可·波罗游记》是他被俘后在狱中口述东游所见所闻，由同狱比萨人鲁思梯谦笔录而成的。书中描述了东方的富庶，使欧洲人对中国这个东方古国有所了解。书中没有写到传教。马可·波罗出生在一个商人家庭，父亲和叔父都是威尼斯商人，他不是传教士。

"燕书郢说"?"郢书燕说"!

◎刘日建

红学大家周汝昌先生的《红楼艺术》(人民文学出版社1995年9月出版)中写道:"然而,面对着这等重大的中国'叙事美学'中的课题,视而不见,置而不论,掩耳盗铃,是对不住中华文化,枉为中国人了,所以又必须努力尝试,来为之做些解说——或者只是揣测之言,扪叩之见,够不上解说,正不妨姑作'燕书郢说',倒由此引出'义外'(不是意外)的妙绪来,亦未可知。"其中的"燕书郢说"应为"郢书燕说"。

"郢书燕说"是个成语,出自《韩非子·外储说左上》。郢是春秋时楚国的都城。有郢人晚上给燕国宰相写信,灯火不够亮,对侍者说"举烛",即把蜡烛举高点。在说"举烛"的同时,这个郢人不小心在信上也写了"举烛"二字。燕国宰相看信后浮想联翩,由"举烛"联想到治国安邦,并告诉了燕王,燕王非常高兴。后来国家得到了治理。后用"郢书燕说"比喻穿凿附会或曲解原意。如清代纪昀《阅微草堂笔记》:"即康节最通数学,亦仅以奇偶方圆,揣摩影响,实非从推步而知。故持论弥高,弥不免郢书燕说。"

上述引文谦虚地说要对《红楼梦》的"叙事美学"做些"解说——或者只是揣测之言,扪叩之见",这正也符合成语"郢书燕说"的意思。将"郢书燕说"写作"燕书郢说",弄反了方向,当是笔误。

谁能咽下“萝卜茵”

◎吴江生

2018 年 10 月 9 日《宿迁晚报》第 9 版上刊文《勤劳善良的二娘》，其中写道：“不论酷暑严寒，白天田里忙，摸黑回家，半夜披着月光到富人家地里去捡胡萝卜茵回家煮吃。”“胡萝卜茵”是什么？可以吃吗？其实这里应是“胡萝卜缨”。

缨，读作 yīng，本义是用来系帽的绳子，也指一种叫作缨子的穗状装饰物，又引申为像缨子的东西。萝卜是常见的蔬菜，人们一般取食的是它的肉质主根，其实它的叶子也可食用。胡萝卜叶有长柄，丛生于主根露出地面的一端，形状和缨子很相似，因此被称为“胡萝卜缨”。胡萝卜缨除了可以食用外，也有一定药用价值。

“茵”读 yīn，本指古时车上的垫褥，也作垫褥的通称。所谓“胡萝卜茵”，只能理解成胡萝卜铺成的垫子，这不仅匪夷所思，而且也不符上述文章的语境。能捡回家煮吃的应该是“胡萝卜缨”。

语言哲思

“罂粟，或者加州罂粟”

◎宗守云

旅居美国的女作家二湘在《罂粟，或者加州罂粟》(《江南》2018年第5期)中写道：

我初到加州，听说加州的州花是加州罂粟，吓了一跳，罂粟不是生产海洛因的原料，是不折不扣的恶之花吗？后来我终于搞清楚原来加州罂粟和罂粟，或者说鸦片罂粟其实是两种花，都属罂粟科，但是不同类，有些孪生姐妹的意味。加州罂粟的叶子有羽状细裂，花瓣是三角状扇形，多为黄橙两色。而罂粟的叶片是波缘状锯齿，花瓣是圆形或椭圆形，颜色各异。最重要的，罂粟的果实大，可以提炼海洛因。比起来，加州罂粟温和多了，虽然也可入药，有镇静，抗焦虑的作用，却是不会让人上瘾的。

在我们的刻板印象中，罂粟是生产海洛因的原料，长期使用容易成瘾，对健康造成危害。但加州罂粟却不同于一般罂粟，即使长期使用也不会让人上瘾。加州罂粟当然还是罂粟，无论从科学分类的角度看，还是从语言命名的角度看，加州罂粟都属于罂粟。但加州罂粟显然不是典型的罂粟，典型的罂粟是鸦片罂粟，可以提炼毒品，可以使人上瘾，而加州罂粟不具有这样的特征。

范畴是事物类别的整体，某类事物所有的成员形成一个范畴。罂粟的所有成员是罂粟范畴。范畴有特征范畴和原型范畴之分。特征范畴是基于充分必要条件定义的,任何两个相近的范畴都有泾渭分明的界限,没有中间状态,同一范畴成员之间的地位是平等的。比如罂粟和非罂粟,作为植物,要么是罂粟,要么不是罂粟,不存在罂粟和非罂粟的中间状态,而罂粟的内部成员地位都是平等的。特征范畴适用于某些领域,比如数学中的奇数与偶数。原型范畴是基于典型性定义的,两个相近的范畴之间没有泾渭分明的界线,存在中间状态,同一范畴成员之间的地位是不平等的,有的典型,有的不典型。比如罂粟,有的罂粟是典型的罂粟,像鸦片罂粟,有的罂粟不够典型,像加州罂粟。典型罂粟和非典型罂粟之间不存在泾渭分明的界限,像加州罂粟,已经具有某种程度的非罂粟特征。

原型范畴更符合客观世界的真实情形,也符合人类的一般认知原则。客观世界是复杂多样的,因此范畴也一定是复杂多样的。同一范畴往往由很多成员组成,这些成员虽然属于同一范畴,但又各不相同,在范畴中表现出地位的差异,有的在中心位置,有的在边缘位置。

比如鸟类,麻雀和知更鸟是典型的鸟,有羽有喙,会飞会鸣,因而居于范畴的中心位置,而企鹅和鸵鸟就不是典型的鸟,它们不会飞翔,因而居于范畴的边缘位置。罂粟也是如此,鸦片罂粟居于罂粟范畴的中心位置,加州罂粟则居于罂粟范畴的边缘位置。从认知看,人类认识事物是从典型成员开始的,然后扩展延伸到非典型成员。比如,人们在认识鸟的时候,首先认识的是麻雀、燕子、喜鹊、知更鸟等等,后来才认识企鹅和鸵鸟等等。在《罂粟,或者加州罂粟》中,主人公最先认识的是典型的罂粟,后来才认识加州罂粟,尽管加州罂粟在叶子、花瓣、颜色、性质上都和鸦片罂粟不同,但仍然属于罂粟范畴,只不过不是典型的罂粟而已。

网言网语

“硬核”的前世今生

◎陆诗依

近日,网络上掀起了一阵“硬核”风——

“古力娜扎在《风暴舞》中挑战硬核打女形象,新作即将杀青,被曝演技在线!”

“现在9万就可买的自动挡SUV——全新车型竟然比旧款更‘硬核’!”

“如何攻下硬核高薪岗位?你准备好了吗?”

“太‘硬核’了!‘双创’周最年轻‘创客’竟然是个10岁女娃?!”

面对诸如此类的表达,你不禁要问:“硬核”?什么是“硬核”?

作为网络流行语的“硬核”可不是字面意义“坚硬的核心”那么简单了。“硬核”来源于英语“hardcore”的翻译,原指“一种说唱音乐的风格”。被称为“硬核说唱”的音乐具有热情奔放的主题、猛烈强劲的鼓点和嘈杂无章的节奏,它们正如字面形容的那样强硬而激烈,有很强的力量感,歌词也大都反映与社会背道而驰的叛逆思维。它有一定的侵略性和反叛性,却也不失幽默。典型的硬核说唱具有快准狠的冲击力,让听众冷汗与鸡皮疙瘩并出,而幽默的歌词在调侃现实的同时也唤起人们的思考。

与此同时,“硬核”在不知不觉中从音乐领域走向游戏圈子,“硬核游戏”(hardcore game)就诞生了。这类游戏在玩法上存在一定难度,如果不是水平高超的游戏高手,很难在这类游戏里面尝到甜头,因此它们有特定的受众。也正因为如此,那些能够玩转这些高难度游戏的玩家也被称为“硬核玩家”，所以当你听闻“73岁魔兽世界硬核玩家每天打12个小时游戏，水平比孙子还要高”的时候，你应当为这位玩家竖起大拇指，因为他真的可以说是相当“硬核”了！

后来，“硬核”也被引申出“面向核心受众，有一定难度和欣赏门槛的事物”或者“类似于高水平爱好者的行事风格”等诸多含义。但是作为网络语而重生的“硬核”一词就不单单形容说唱和游戏那么简单了，它具有更加广大的使用范围，意思也已经偏离了原义，简单一点理解，我们可以把它当作“很厉害”“很彪悍”来使用。

其实从“硬核”意义的演变过程来看，也不难理解其中的发展规律。

“超‘硬核’空军飞行员竟然在乘坐云霄飞车时还能打电话？”——在这类“硬核”的描述中，继承了“硬核游戏”中“水平高超”而又“受众较少”的意思，表达了说话人敬佩和惊讶的情感，毕竟要完成这样的壮举，不是经过专业训练而且职业固定的那一批人是绝对做不到的。

“网络约车，约来了一辆马车！这款叫车软件是真的‘硬核’啊！”——约到马车的情况非常罕见，但同时又让见者捧腹，闻者哄堂。它不仅沿袭了“硬核游戏”中所夹带的“小众”含义，也体现了“硬核说唱”中所展示的那种“凶悍”和“幽默”，表达了说话者的惊讶和尴尬。

“硬核”作为网络流行用语脱胎换骨之后，具有了不一样的含义。说起“硬核说唱”，指的未必是一段十分彪悍的说唱；提到“硬核玩家”，也不是指一个精通说唱的游戏玩家。只要我们理清了“硬核”一词的“前世今生”，就不会在日常交流中贻笑大方了。

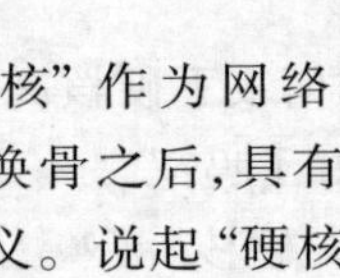

你属于“隐形贫困人口”吗

◎何　婧

有这样一群人，他们胡吃海喝，尝遍山珍海味；他们游山玩水，饱览大好河山；他们各路名牌在手，走遍天下不愁。透过朋友圈动态，他们将自己放荡不羁的生活展露无遗；而光鲜亮丽的背后，却是空空如也的钱包和永远还不完的信用卡，见证着“富有”的代价。他们就是城市青年的新阶层——隐形贫困人口。

“隐形贫困人口”兴起于来自微博的一个名词解释——隐形贫困人口：指有些人看起来每天有吃有喝有玩，但实际上非常穷。这一解释立刻引起了广大网友的共鸣，他们纷纷站出来“认领”这一称号，更有网友调侃：“真羡慕你们这些隐形贫困人口，我是真的穷，写在脸上的那种。”自“贫穷限制了我的想象力”在网上风靡后，人们对于“穷”有了新的认识，“隐形贫困人口”就是最新的自嘲型矛盾热词。

许慎《说文解字》：“隐，蔽也。”“隐形”即隐蔽不为人所知，隐而未现，与“贫困人口”这一词语结合为“隐形贫困人口”，便成为那些看起来富有实则贫困的人的代名词，正所谓“你不是真正的富裕，你的挥霍只是你穷的保护色”。

“昨天抢到了今年新发行的限量款名牌包包”“今天要打卡网友推荐的精致网红餐厅”“明天去健身房跟私教燃烧我的卡路里”，这一群体与我们熟悉的“月光族”不谋而合，他们虽然生活在城市中并有着较为稳定的收入，但消费常常随心所欲没有预算，以至于入不敷出，长期以来存款基本为零甚至负值。隐形贫困人口的背后，其实是当代青年消费与支出难以平衡的窘态。但与此同时，消费带来的快感也排解了一定的社会压力，信用卡等支付方式也给他们带来更多的消费自由，如此有“腔调”的生活让他们实现身份认同而融入都市社会。

隐形贫困人口可以是那些“为爱买单”的人——可以是爱宠物，“猫狗双全，人生赢家，猫粮必须是皇家的，狗狗的玩具甄选婴儿级无毒材质，挣钱不就是要给尊贵的主子们花的吗？”可以是爱明星，“爱豆又出新专辑啦！打榜、周边、巡演一个都不能少！”隐形贫困人口也可以是那些“及时行乐”的人——“繁忙的工作使我憔悴，是时候买个全自动扫地机器人犒劳一下自己了”“人生应该来一场说走就走的旅行”，他们秉持着“今朝有钱今朝花，此时不花待何时”的理念，只要剁手剁得心满意足，月底沦为贫民窟的男孩女孩也无怨无悔。还有一类是“打脸充胖型”隐形贫困人口，他们向往着有腔调的奢华生活，只要能向显形富豪人口靠近一点点，做什么都心甘情愿。隐形贫困人口以他们的一言一行重新定义着“挥金如土”：在外挥霍钱财，回家默默吃土。

值得一提的是，“隐形××人口”也发展成了一个可替换的结构，让广大网友的创造力得以施展，他们脑洞大开，创造出一系列新词——隐形富豪人口：生活朴素与世无争，实际上腰缠万贯日进斗金；隐形单身人口：撩妹技术高超，实际上从未谈过恋爱；隐形学霸人口：爱玩爱浪爱放纵，实际上经常刷题到深夜；隐形吃货人口：看起来瘦到能被风吹倒，实际上一顿能吃三大碗……

不过，“隐形贫困人口”的调侃用法，也使我们看到大多数当代城市青年其实并不是十分认同这种做法，只要保持消费理性，隐形贫困人口在时代浪潮的洗礼下，一定会脱贫致富！

『敲黑板！课代表来了！』

◎万安

属于校园时光的经典语录，你还记得吗？

“课代表，帮忙把卷子发一下。”

“划重点了，快拿本子记下来。”

咚咚咚，老师敲着黑板提醒道：“这个知识点一定会考，同学们要记熟。”

也许你会略带惆怅地说，你早已不再是学生，这些校园用语已离你远去。别急，刷刷微博，看看微信，“课代表”和“敲黑板”的“老师们”依然活跃在你眼中。比如：

“今天获物理学奖的研究到底说的是啥？啥啥激光？有没有课代表啊？”

“敲黑板！上海、北京整治住房租赁市场乱象！”

“课代表来啦！我来为大家总结视频里产品的优缺点。”

“事情真相到底是什么，我看不明白，有没有课代表说明一下？”

校园语境中，“课代表”指“教学班中负责跟某门课程的任课教师沟通教学情况的学生代表”，有时也作“科代表”。校园生活里，“敲黑板”“划重点”，是老师指出教学要点时的提示行为。网络语境中，校园日常用语摇身一变，成了趣味性流行语。微博、微信朋友圈等网络平台被类比成教室，网络讯息传递过程被比作授课；信息接受者扮演“学生”，接收海量资讯；信息发布者扮演“老师”，用“敲黑板”“划重点”等动作来吸引读者眼球；“了解某知识的人”“善于总结的人”“知道背后真相的人”，承担网络中的“课代表”角色，他们的任务是分享知识、解答困惑、总结社交平台上的长文章、提取视频中的关键点、总结最近发生的事情、指出复杂事件背后的真相等等。校园“课代表”与网络“课代表”作用相似，前者是促进同学与任课教师沟通的桥梁，后者是连接网友与信息发布者，并帮助网友快速获取关键内容的中介者。

将网络中无法面对面交流的对象，比作朝夕相处的同学、老师，这能拉近互动双方的心理距离，使网络交流俏皮有趣，富有亲切感。对早已离开校园、步入社会的人而言，在网络中重温熟悉的语句，更能促使他们回忆青春美好的校园时光。

校园用语网络化在带来趣味与温情的同时，也反映了一定的现实问题。以“课代表”为例，它的存在既有利于网友们共享信息，加深互动，节省阅读时间，也反映出“信息发布者”“信息接收者”“网络大环境”三方面的困境：于发布者而言，部分人文字功底、视频制作水平不高，作品太过冗长或逻辑不通，令人难以理解，要想有效传播，离不开“课代表”的提炼总结；于接收者而言，在碎片化信息冲击思维的背景下，部分人缺乏深阅读的能力，面对稍长的文章或视频，便焦虑浮躁，静不下心，无法提取关键内容；于网络大环境而言，网络平台是把双刃剑，在提供有效资讯的同时，它也是虚假信息的巢穴，浮躁心态的温床。

所以，下面“课代表”要划重点了：在享受快餐化阅读的便利时，不要忘了深阅读对思维培养、品格塑造的重要性；在面对“罗生门”般的社会事件时，多保持一份理智和耐心；身处浩瀚的信息海洋之时，请守护校园时代的简单纯净，不要迷失在五光十色的网络世界里。

《火眼金睛》提示

图 1，“家长礼短”应为“家长里短”。

图 2，“葱稣烧饼”应为“葱酥烧饼”。

图 3，“鲁肉饭”应为“卤肉饭”。

图 4，“妙炙神针”应为“妙灸神针”。

检测窗

编校差错扫描（七）

◎王　敏

寂静无声当用“悄”（qiǎo）

【错例】每一天就这样消无声息地从指缝间溜走。

【简析】“消无声息”应是“悄无声息”。“悄”是形容词，本读qiǎo，指忧愁的样子，如《诗·邶风·柏舟》中“忧心悄悄”，形容的就是心中充满忧愁的样子；又指寂静无声，如白居易《琵琶行》中“东船西舫悄无言，唯见江心秋月白”。“悄无声息”形容寂静无声或者一点儿消息也没有。现代汉语中叠音词“悄悄”应读qiāoqiāo。“消”本义指消灭，是动词；又指消息，是名词。它没有形容词的用法，不能表示寂静。

“马大嫂”会“买汏烧”

【错例】他妈妈身体不好，我们结婚后，家里买汰烧就移交到我身上。

【简析】“买汰烧”应为“买汏烧”。“汏”读音为dà，意思是洗洗涮涮，“汏头”就是“洗头”，“汏衣裳”就是“洗衣裳”。“汏”是一个方言词，上海方言里有“买汏烧”的习惯说法，特指买菜洗菜烧饭的过程。“买汏烧”主要由家庭主妇承担，上海方言还利用谐音，把心灵手巧、善于持家的主妇称为“马大嫂”。“汰”读音为tài，本义指淘洗米、豆等，引申指淘汰。“汏”和“汰”只有一点之差，但读音和意思都不一样。写成“买汰烧”就无法和“马大嫂”构成谐音了。

骗子调包用诡“计”

【错例】当顾客接过假币离去后，苏某便完成了真假币的“调包记”。

【简析】“调包记”应为“调包计”。“计”“记”同音不同义。“计”是会意字，从言，从十，本义指算账、计算。《说文解字》：“计，会也，算也。”引申指谋划、安排，如“计策、计谋”。而“记”是形声字，从言，己声，本义为记载、记录。《说文解字》：“记，疏也。”段玉裁认为此处的“疏”，其正字为“疋”，其含义为“分疏而识之”。所谓“调包”，是指乘人不备，用假的换真的，或用差的换好的。上例所言，是以假币换真币的坑人伎俩，当然是“调包计”。如果写成“调包记”，意思就是对“调包”过程的记录了。

微微点头称“颔首”

【错例】她的轻盈步态，她的颌首浅笑……所有的一切都让我有了一种空灵的感觉。

【简析】“颌首”应为“颔首”。“颔”和“颌”字形相似，都是形声字，在历史上曾有过交集，如今音义已经分开。“颔”读音为 hàn，本义为面黄。《说文解字》：“颔，面黄也。”但在文献中，“颔”罕指面黄，多指下巴，比如“燕颔虎头”“颔下之珠”。下巴内收下顿，其实便是点头的动作，“颔”字因此引申指点头，如“颔首”。“颌”读音为 hé，本义为下巴。《说文解字》：“颌，頤（古同颔）也。”《方言》载：“颔、颐，颌也。”认为三字同义，都指下巴，南楚称颔，秦晋称颌，颐则是通用语。但到现代汉语中，“颌”指构成口腔的骨头和肌肉组织，如“上颌、下颌”。“颌”不指点头，“颌首”说不通。

“防范”原本是名词

【错例】（鸽舍）每年冬天都有猫头鹰光顾，所幸一直采取了严密的防犯措施，才幸免于难。

【简析】“防犯”应为“防范”。“防范”现在常用含义是防备，错成“防犯”，大概是望文生义，把它理解成了“防备侵犯”了。其实，“防范”原本是名词。“防”从阜（fù），方声，本义指堤坝。《说文解字》：“防，隄（同堤）也。”“防范”的“范”，繁体字作“範”，“从車，笵省声”（《说文解字》），本义指竹制的模（mú）子。西汉扬雄《法言·五百》“川有防，器有范”，晋李轨注：“川防禁溢，器范检形，以谕礼教人之防范也。”堤坝防洪，模具造物，“防范”由此引申泛指约束物，又进一步引申出防备、戒备的意思。

稻麦茎“秆”莫作“杆”

【错例】尘土稻叶飞扬，几天下来，浑身痒痒，而且满院子的稻杆，打扫也不方便。

【简析】“稻杆”应为“稻秆”。“杆”和“秆”音形相似，都是形声字，但含义和用法都有差别。“秆”形旁为“禾”，读音为 gǎn，本义指“禾茎”，后泛指稻、麦、高粱等农作物的茎。农作物有高秆作物和矮秆作物之分，前者如高粱、玉米等，后者如稻子、麦子、黄豆等，这些农作物的茎统称“秸秆”。芦苇、茅草等植物的直立的茎也称“秆”。“杆”形旁为“木”，是个多音字，念 gān 时指细长的木头或类似的东西，如旗杆、电线杆、桅杆等，念 gǎn 时指器物上像棍子的细长部分，如笔杆、秤杆、枪杆等。

华语圈

“黄金交叉”和“绿色恐怖”

［中国台湾］高婉瑜

2018 年 11 月台湾举行九合一选举，媒体上尽是选举用语。如某党派委托民调中心进行民意调查，然后就听到某候选人支持度出现“黄金交叉”。其次，传得沸沸扬扬的“绿色恐怖”，亦是很热门的词语。

“黄金交叉”（Gold Cross）原是股市术语，指长天期的技术平均线下降趋势逐渐缓和，而短天期的技术平均线自底部向上翻升，突破中长期平均线，并带动中长期平均线同步翻转向上。“黄金交叉”是买进的讯号。

将股市用语移借到选举，意指候选人的支持度出现领先其他对手的迹象。报道的一般模式往往是：某阵营宣称自己的民调出现“黄金交叉”了，表示候选人胜利有望。众所周知，民调有很多变量，只能当作参考，当某人试图带风向，表示自己赢过对方时，敌方阵营当然会不甘示弱地反击。例如新闻标题说“绿称新北黄金交叉　蓝：票投下去才是真的”，意即新北市某党候选人民调支持度领先对手，对手立即说真的投给你才有用。又如某候选人说：“预计两人支持度在本月下旬出现‘黄金交叉’。但对方阵营不以为然，反讽对手以内部民调自我安慰，予以尊重。”

“绿色恐怖”是模仿“白色恐怖”（White Terror）而来的新词语。“白色恐怖”原是法国大革命时，法国政府军镇压敌方阵营的行为，因为政府军以白为代表色，故称“白色恐怖”。同理，台湾的“绿色恐怖”，指的是目前的执政党以权势欺压敌对阵营的行为，该党党旗为绿色，故称。例如："昨凌晨1时许传出某候选人民间脸书粉丝团遭停权，让网友质疑，'真的回到封建时代还是我们现在是绿色恐怖吗？'"

特别须要澄清的是，台湾现在有"绿色恐怖"，却没有"蓝色恐怖"一语。倒不是国民党做得比较好，而是因为国民党主政的政府曾被称为"白色祖国"，因此在台湾，50年代以后执政者以不当手段铲除异己的统治，不称"蓝色恐怖"，而称之为台湾的"白色恐怖"。

（作者是高雄师范大学国文学系教授）

"Q唛"精神值得提倡

[中国香港]田小琳

"Q唛"是个字母词，英文为Qualified mark（优质标志）。Q是qualified的代表；"唛"是mark的粤语音译，是个粤方言字，入声，普通话读如mài。

1978年，香港工业总会设立"香港优质标志局"，于今已有40年历史。目的是借着不同的Q唛计划，提升公司产品、服务及环保方面的质量标准。这三个方面都是关乎民生的大事。三个计划的标志图形一样，分别用红色、黄色、绿色表示。

一、Q唛优质产品计划是一个产品认证计划。计划嘉许拥有一套完善品质管理系统且生产质量稳定的公司，对申请公司的产品，根据国际标准和国家标准进行测试和现场评审。评审者均为专业人士。

二、Q唛优质服务计划是一个服务系统认证计划，协助服务公司提升服务水平。香港一向以优质服务著称，此计划有助于保持香港在这方面的优势。

三、Q 唛环保管理计划适应了人们对环保愈益重视的诉求，表扬在环保管理方面有卓越表现的公司。

这三项计划都可供中国内地或者澳门的公司申请。所以 Q 唛这个标志会越来越广泛地被使用，大家看到就明白它所代表的意思，有这个标志，产品可放心使用，服务和环保的管理也都可以放心。

Q 唛，在香港已经连续推行了 40 年，每年都举行 Q 唛准用证颁发典礼。在 40 周年的庆典上，还颁发了"Q 唛人气品牌大奖""新晋 Q 唛人气品牌奖"。"人气"一词来自日语，顾名思义，有人气，人人光顾，就是受欢迎。香港优质标志局不负使命，即使已经认证的 Q 唛公司，也会定期严格监控。无怪乎香港人的寿命在世界排名上领先。

查《全球华语词典》《全球华语大词典》，其中均未收释"Q 唛"一词，似应补上。40 年前香港已使用此词，是有历史渊源的字母词了。

经商以仁义为先，以诚信为本。见利忘义，以毒奶粉、地沟油牟利，荼毒儿童生命，不顾百姓健康，为天理所不容。

香港的 Q 唛精神值得好好提倡。

（作者是本刊特约编委）

中途之家

［中国香港］汪惠迪

每个人都有属于自己的"家"，"中途之家"是什么样的"家"？

"中途之家"不是一般意义上的"家"，是指一种社会公益机构，分为公办和民办两种，其功能因国家或地区不同而有所区别。

我国“中途之家”有三项基本功能和三项辅助功能。三项基本功能：一是对社区服刑人员进行集中教育；二是为有需求的社区服刑人员和刑释解教人员（以下简称“两类”人员）提供社会适应指导；三是为有需求的“两类”人员提供心理咨询和心理辅导。三项辅助功能：一是为“三无”人员（无家可归、无亲可投、无生活来源的“两类”人员）提供临时安置；二是为“两类”人员提供就业帮助；三是为社区服刑人员提供社区服务项目。

社区服刑人员亦称社区矫正人员，指被法院判处管制、宣告缓刑、从监狱假释、暂予监外执行的罪犯；刑释解教人员指从监狱刑满释放回归的人员、劳教所期满回归的人员及社区服刑期满的人员。

2008年7月8日北京市“朝阳区阳光中途之家”正式投入使用，这是我国第一个“中途之家”。现在，各地的“中途之家”越办越多。

“中途之家”源自欧洲，英语为 halfway house。《牛津高阶英汉双解词典》的释义是：重返社会训练所，中途之家（为出狱者及离院病人而设）。现在，“中途之家”除上述主要功能外，还有“残疾人中途之家”“脊椎损伤病友中途之家”“流浪犬猫中途之家”“猫咪中途之家”等，其功能大大地增加了。

我国台湾地区也有“中途之家”，《重编国语辞典修订本》收作条目。同样的机构，香港特区叫“中途宿舍”（pelican house），新加坡和马来西亚也都有“中途之家”，其主要收容对象跟香港的“中途宿舍”相似。有些收容需要保护的妇女、儿童或边缘少年的机构，不叫“中途之家”，而叫“庇护/护佑之家”（shelter home）。

大陆一般语文词典都未见收录“中途之家”，《两岸常用词典》（2012）、《两岸差异词词典》（2014）、《全球华语大词典》（2016）都收录了。《两岸常用词典》在条目“中途之家”前加标▲,以示“属于台湾特有的”,其实大陆在2008年也有了。

（作者是本刊特约编委）

红毛甲子

［马来西亚］杜忠全

许多“红毛”语词,都是时代遗存,有些只有从那个时代过来的人还说,年轻一辈就绝少用到了,比如老人家以前常说的“红毛甲子”。

闽南人以方言道出的“红毛甲子”,说白了就是阳历。老人家数日子都习惯用农历,但在跨世代沟通时,总要说年轻人熟悉的阳历,否则时间说着说着就难免乱了套。那个时候,老人家就说,我说的是“红毛甲子”。

按华人的时间概念,一“甲子”是60年,但这里说的,就如文人所说的“山中无甲子”那样,指的就是标记时间的坐标,而“红毛甲子”,当然是指华洋交融之后,殖民地洋人通行的时间坐标了。

随着阳历通行,老人家的脑袋里,总要在两种时间概念之间换算。日常生活里说年月,有按阳历说的“红毛年”或“红毛日”,也有按传统的农历说的。说起年龄,有时说实岁有时又说虚岁：虚岁是老祖宗的算法,而实岁则是南来生活之后年轻人的主流算法,那是“红毛岁数”。于是,自己或孩子过生日,也就有农历生日和“红毛生日”之分：农历生日是母亲在厨房煮了两个鸡蛋,外壳染红,然后把孩子唤来跟前,让他在剥蛋壳时双手染红,再抓着蛋吃下,年年如此,也就记住了自己的农历生日。至于在外头买来了蛋糕再插上蜡烛,一群同龄的伙伴围着唱生日歌送礼物的快乐生日会，那往往还是“红毛生日”呢！

阳历与农历并行的年代，年要过两次：全国公家机关公休，银行也不办公，但百货商场里人潮汹涌，那是“红毛年”；至于鞭炮锣鼓响连天、新衣新帽新皮鞋、逢人道恭喜讨红包的，当然是红彤彤的传统农历年了。

一年到头，农历与阳历总也在纠缠但又清楚分明：虽然在热带的艳阳底下，但一到年终腊月，东北季候风呼呼地吹，冬至还是照样地过，热腾腾的汤圆还是少不了的。冬至过后几天，就是阳历 12 月 25 日，东西两半球都沉浸在圣诞节的欢乐氛围里。不信教也对圣诞节无感的老人家，怎么认识这殖民地洋人的盛大节日呢？他们说，哦，那是“红毛冬至”！

“红毛冬至”一过，旧日历就准备换下，等“红毛年”到来，新的一年又开始了，得打扫灰尘又添购吃穿的，准备真正过上一回红彤彤的农历年，唯有这，才是真正的过年呢！

“红毛甲子”只是日常谋生的节奏，逢年过节大费周章的，还在于农历，在于老祖宗传下的甲子岁月呢！

（作者是马来西亚拉曼大学金宝校区中文系主任）

各位“丧家”

［马来西亚］杨欣儒

许多年前马来西亚一位华裔部长出席一个招商会，当时在场的多数是中国商人。这位部长致辞时，一开口便举座哗然。原来他开口的称呼是“各位丧家”，他把“商家”（shang 家）给念成了“丧家”（sang 家）。

我们这里的华裔，所说的方

言主要是中国南方的方言，如闽南语、粤语、潮汕语、海南语等，而这些方言就很少翘舌音，所以我们都把翘舌音念成平舌音，因而时常闹笑话。例如把“出口成章”读成“粗口层脏”，把“周”先生当成“邹”先生，“陈”小姐成了“岑”小姐，“诗人”作品变成了“私人”作品。

还有，本地一些人讲华语时，发不准撮口音，于是“坐月子”读成“坐叶子”，“家园”成了“家严”。不知天上啥时有“银”，后来才知道是“云”；“全家”去拜年被误解为“钱家”去拜年。诸如此类，不乏其例。

有些人掌握不好 h 和 f 的发音，常把 h 声母念成 f。想当年我刚出来教书，就遇到了不能掌握声母 h 的学生。例如老师问学生“会不会”，学生抢着大声回答说：“我吠！我吠！”我只好告诉他们：“各位小狗，会的就举手说会，别吠，别吠！”

潮州人前鼻音多念不准，常给念成后鼻音。例如把“大胆”念成“大党”，“泛滥”成了“放浪”；“安”念成 ang，ang 潮州话指丈夫。有人调侃本地潮州人把“早安”念成“找 ang”（找丈夫），午安叫“午 ang”（有了丈夫），晚上则是 wa ang（换丈夫）。于是早上去寻找丈夫，中午才有了丈夫，晚上却换了一个丈夫。

此外，本地华裔由于受到方言的影响，第一和第二声的词语经常发成第四声，于是“威逼”成了“未必”，“格式”误读为“各式”，“极度”变成“季度”。一些老一辈还保留入声的音节，例如“读书”念成“duk 书”，“渴望”念成“kek 望”，“宝塔”念成“宝 tat”。

其他常念错的字也不少，例如“暴殄天物”念成暴“珍”天物，“模棱两可”念成模“铃”两可，“会计”念成“惠”计。误读半边字的更是比比皆是，例如把“瓦砾”念成瓦“勒”，“旷课”念成“广”课，“贻笑大方”念成“台”笑大方，等等。

（作者是马来西亚华语规范理事会副主席）

读书

说“有”

◎石毓智

“吃了饭”“结了婚”“上了大学”，这些话咱们都经常听到。动词加上“了”表示有关的动作行为已经完成了。如果情况恰好相反，那就改说成是“没吃饭”“没结婚”“没上大学”。

可能大家都没想到，“了”和“没”实在配不到一起去，因为它们俩本来不是一家的。“了”本是一个“完成”动词，现在还保留在“了解”“一了百了”这些词语中。然而，“没”与“有”才是完美的一对，分别表示“领有”的否定和肯定。按理说，既然“没”和“有”是一家子，在表达动作“完成”概念时，最理想的结局是，肯定时在动词前加上“有”，否定时就加上“没”，简单又便于学习。

在广大北方地区中，生生地把“没”和“有”这一对青梅竹马拆开了，硬让“没”和“了”配对。可是生扭的瓜不甜。它们俩从来不在一起出现，谁也没见过“没吃了饭”这种说法，而且它们长期分居，“没”总在动词前，“了”总在动词后。

唉，没有办法，这是普通话的法律。你不认同这种事实，那就会遭别人白眼。

但是很多南方方言就比较知情达理，让“没”和“有”一家承包动词完成的表达。诸如闽南话啦，广东话啦，都是如此。它们是“有吃饭”与“没吃饭”相对，“有结婚”与“没结婚”匹配，“有上大学”与“没上大学”成双。

广大方言的这种用法，是符合国际婚姻法的。世界上许许多多的语言都是借用“领有”动词的肯定和否定双方，来表达动作完成的肯定与否定。比如英语的“我吃了午饭”为I have eaten my lunch，“我没吃午饭”就是I have not eaten my lunch。别误会，这也不是谁学谁的，他们都是按照人之常情制定的法则。这种现象，先秦汉语中都已经有了，那时候谁还不知道谁呢。近三千年前的《诗经》中的“有”就有表示动作完成的用法，比如“女子有行，远父母兄弟”，就是女儿出嫁了，远离自己的父母兄弟。其中的“有”就相当于现在“了”，表示动作的完成。不知什么原因，这条线在北方方言中断了，而在南方方言中则得以保留下来。一个合理的推测是可能受外来力量的冲击，在中国历史上，中原地区多次被周边少数民族征服，汉语与其他少数民族语言之间的激烈冲撞，使得汉语丢失一些原有的语法现象。

很多南方人说普通话，很容易把“吃了饭”说成“有吃饭”，而且还屡教不改。北方人常笑话他们的普通话不地道，殊不知人家说的才是国际流行风。

人为地硬把“有”与“没”这对初恋情人拆开，可是“有”并不甘心，它始终在寻找机会找回自己的旧爱。在现代汉语中，“有”在不少场合逐渐取“了”而代之，比如“有改善”大致等于“改善了”，“有进步”大致等于“进步了”，“有提高”大致等于“提高了”。还有一个岗位，“有”完全顶替了“了”，比如“她在银行存了一万块钱”也可以说成“她在银行存有一万块钱”。

如前文所述，“有”在疑问句中也打开了缺口，“了”受到了强烈的挑战。二三十年之前，普通话还只能说“你见到了王老师没有”，而现在越来越多的是“你有没有见到王老师”。“有”和“没有”之间的这种暧昧关系，常见于当代小说家的描写之中，还不断在中央电视台被曝光，几乎成了家喻户晓的绯闻了。那些脑子更加开放的90后新生代，才不管什么父母之命，媒妁之言，干脆把“没”和“有”合法化。你如果问他们“你有没有完成今天老师布置的作业”，他们很可能回答“我有完成”。

“没”和“了”走到一起，这是历史的错配鸳鸯。宋代之前，汉语并没有专职表达完成的标记。大约在十世纪左右，“了”首先承担起这个责任，先在“完成”的二居室中占有一间，表达“完成”的肯定。大约过了五百年，“没”才搬进这个二居室，占有了另一间。因为感情不合，它们俩一直别别扭扭，主要原因是外边还有一个小三“有”老在张望，时刻寻找机会插足其中。现在已经出现了这种趋势，“了”的空间得到了压缩，最终也许会被“没”和“有”排挤出表达“完成”这个家庭。

其实，纵观人类语言，在表达完成这个职责上，“了”与“没”“有”具有同样的法理依据。但是“了”是个单身汉，命中注定这一辈子要独行，所以它的力量就比不上一个家庭，竞争能力也比较弱。

（选自《汉语春秋》，江西教育出版社2015年1月出版。文章有删节，原文标题为《不合理的语法规则》）

《寻找新居》参考答案

1. 风尘朴朴——风尘仆仆
2. 多糟了”！——多糟了！”
3. 报怨——抱怨
4. 绅仕——绅士
5. 不肖——不屑
6. 哀声叹气——唉声叹气
7. 彬彬有理——彬彬有礼
8. 心心相应——心心相印
9. 冲满——充满
10. 入驻——入住

“龟兹”的读法

◎周振鹤

龟兹在中国和中亚的历史上都很有名气。西汉时代它是西域都护府辖下的城郭诸国中最大的一个(除去大宛和乌孙两个超大国不算),西汉的上郡还因为有龟兹国的降人而设置龟兹县。到了唐代,龟兹又成了安西都护府的驻地。龟兹的有名并不在其大,而在于它控扼着丝绸之路的南道以及其文化的辉煌。龟兹乐在中国的音乐史上占极重要的地位。

那么,这样一个负有盛名的古国,它的名字应该怎么读呢?

稍有历史知识的人都晓得,“龟兹”绝不能念成今音 guī zī,那要被人笑话,说是没知识,而应该读作 qiū cí(丘慈),这是所有的汉语字典都标明了的。但是读成 qiū cí 果真就是有知识了吗?恐怕不见得。

历史上最早给“龟兹”注音的是应劭,他在《汉书·地理志》龟兹县下注:“龟兹音丘慈。”应劭是东汉人。五百年后,中唐的李贤注《后汉书·西域传》云:“龟兹读曰丘慈。”从汉到唐都说“龟兹”应该读成丘慈,表面上看来一点不错。然而问题正出在这里:汉字不是表音文字,而古今字音的变化又很大,我们又有什么根据把现在“丘慈”的读音 qiū cí 当成汉、唐时期“丘慈”的读音呢?如果我们稍作进一步的研究,便知今天“丘慈”的读法与古代有绝大的不同。

不用说,“龟兹”此名只是当地发音的记录,也就是说,只是个译音词。因此，可以用其他同音或近音字来记录。事实正是如此。唐代以后，“龟兹”亦写作屈支、屈茨、邱兹或丘慈。虽然写法不一，但读音是一样的，而且显然不能以今音来读这些地名，否则“龟兹”也可以读成 qū zhī（“屈支”的今音）了。地名的读音是最稳定不变的，变的只是记音的形式，因此我们不应以“丘慈”的今音来读“龟兹”，而应该从其他角度来推测“龟兹”的本音。

汉代龟兹国在今新疆库车县一带，国都延城即今库车县治，唐代龟兹镇、龟兹都督府和安西都护府也在今库车县。因此，“库车”的读音应与“龟兹”相关联。“库车”的当地读音是 kǔ qià，如果再往前回溯，该地在元代叫作苦叉，其今音 kǔ chā 与“库车”极相似。因而我们可以推想：“龟兹”，也就是“丘慈”的读音应与“库车”相去不远，至少“龟”与“丘”的读法应作 kū 而不是 qiū。这个推想还可以从方言得到证明。在闽南方言中，“丘”正读作 kǔ，而“龟”读作 gū，与“库车”的“库”同音或相近。同时，“慈”和“兹”的韵母都是 -i。方言往往是古音的反映，因此我们可以推断：“龟兹”或汉唐时期“丘慈”的读音应该是 ku ci 或与之相近，而绝不会是 qiū cí。这只是从汉语本身进行研究得出的结论，如果从龟兹当地出土的古文字来进行研究，恐怕结果也是一样。

最后还得赘上一句，本文意图并非要改国人读“龟兹”为“丘慈”（qiū cí）的习惯，只是发表一己之见而已。世界上将错就错的事也太多了点，只要无害，又何须一一纠正不可呢。只要读书时不泥古，不唯书，不唯上，庶几可矣。

（选自《逸言殊语》，上海人民出版社 2008 年 8 月出版）

向你挑战

寻找新居

（文中有十处差错，你能找出来吗？答案在本期找）

◎伯　淮　设计

这是一座才建成几年的村子，一位老人正坐在村口晒太阳。

一个风尘朴朴的年轻人驾着马车途经此地，他停下车来向老人打听："老先生，我正想找个地方安新家，这里的居民都是些怎样的人？"

老人看了年轻人一眼，说道："你先说说你原来住的地方都是些怎样的人吧。"

"别提有多糟了"！陌生人立马报怨了起来，"那里的人没有一点绅仕风度，既粗野又自私，让人忍无可忍。我之所以搬家，就是因为不肖与他们为邻。"

老人听后慢腾腾地说："哦，那真是遗憾。这里的居民一样，他们也是一群粗野无礼的人。"

年轻人哀声叹气地驾车就走。

没过多久，一个中年人骑着马来了。又是一个寻找新居的人，他也向老人打听村子的事情，问了一些类似的话。

"你先说说你原来住的地方都是些怎样的人吧。"老人提出了同样的要求。

"他们都热情友好，彬彬有理，大家心心相应，相处和睦。要不是因为换了工作的缘故，我真舍不得离开他们。我希望找到和他们一样的邻居。"中年人答道，脸上冲满了幸福的笑容。

"恭喜你，你已经找到了！这个村子的居民就是这样的。"老人也笑了，他热情地向中年人提议，"入驻此处吧，你会喜欢他们的，他们也会喜欢你的。"

“能力”如何“防范”

姚海涛

这是笔者在一家证券公司附近看到的一条横幅。“防范金融欺诈能力”如何理解？到底要让人“防范”什么？是“金融欺诈能力”吗？“能力”如何“防范”？

稍稍一想不难发现，标语要人“防范”的是“金融欺诈”的“行为”，而非“金融欺诈”的“能力”。因此，把“能力”改成“行为”就妥当了。如果“行为”二字不出现，径说成“防范金融欺诈”也可。

如果要保留“能力”的话，可在“防范”前加“提高”，把话说成“提高防范金融欺诈能力”。“能力”是“提高”的对象，“防范金融欺诈”是“能力”的定语，语法语义都没问题。

火眼金睛

图中差错知多少？

龙启群　杨院生
黄美文　高维翰　提供

（答案在本期找）

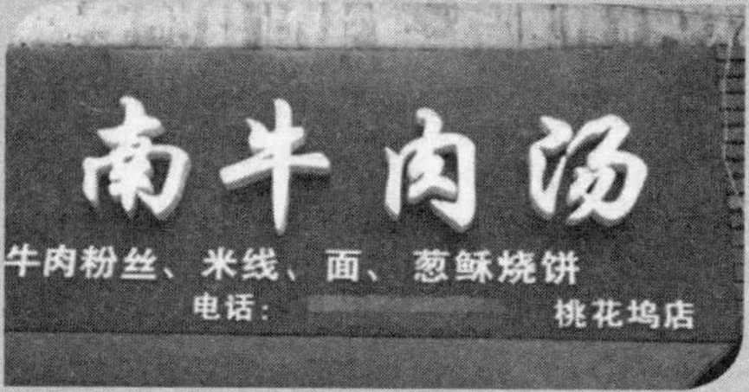

1	4
2	
3	

ISSN 1009-2390
9 771009 239197 03>

2018年度向全国少年儿童推荐的百种优秀报刊

YAOWEN-JIAOZI

咬文嚼字®

04

2019

河豚

硬骨鱼纲，鲀科鱼类的俗称。体呈圆筒形，有气囊，能吸气膨胀，也称“吹肚鱼”。肉鲜美，但肝脏、生殖腺及血液含有毒素，经处理后，始能食用。其鼓胀后体形似“豚”（也有人说味美如“豚”），常在河口捕到，故俗称“河豚”。豚，本指小猪。

上海世纪出版集团

欢迎至邮局订阅本刊 邮发代号 4-641

国内统一连续出版物号 CN 31-1801/G

定价：5.00 元

雾里看花

“膻食”是什么意思

刘德成

这是一家售卖五谷杂粮类食品的店，交易窗口上贴了一条标语，上书“古方膻食 五谷天地”。膻音shān，指像羊肉的气味。“膻食”是什么意思？难道店里售卖的是有膻味的五谷杂粮吗？猜猜看，答案见本期。

“牛得草”

叶泽舟 / 文　臧田心 / 画

著名豫剧大师牛得草，原名牛俊国。

牛俊国的丑角艺术颇具特色，深受戏迷喜爱。戏迷中有位老人李春芳，常到后台跟牛俊国聊戏，两人成了忘年交。一天，李春芳对牛俊国说：“你演得好，可惜名字不风趣，也不好记。”牛俊国有同感，说：“如果咬字不准，或没听清楚，‘牛俊国’就成了‘牛进锅’了。”李老先生说：“姓侯的有叫侯得山的，姓于的有叫于得水的，姓朱的有叫朱得康（糠）的。你姓牛，就叫牛得草吧。”牛俊国非常高兴，于是改名牛得草。后来还取字“料足”，别号“饮水”。

咬文嚼字®

2019年4月1日出版

4

总第292期

主管：上海世纪出版集团
主办：上海咬文嚼字文化传播有限公司
编辑、出版：《咬文嚼字》杂志社
集团网站：http://www.shwenyi.com
E-mail：yaowenjiaozi2@163.com
官方微博：
http://weibo.com/yaowenjiaozish
电话传真：021-64330669
发行电话：021-64674759
邮购电话：021-64370935
地址：上海市绍兴路7号
邮政编码：200020
发行：上海市报刊发行局
发行范围：国内外公开
订阅处：全国各地邮局
邮发代号：4-641
ISSN 1009-2390
CN 31-1801/G
印刷：上海中华印刷有限公司
印厂电话：021-60829062
021-60299079
广告经营许可证：沪工商广字
3100320050020号
定价：5.00元

顾　　问
濮之珍　何伟渔
陈必祥　金文明
姚以恩
名誉主编　郝铭鉴
主　　编　黄安靖
副 主 编　王　敏
特约编委
汪惠迪(中国香港)
田小琳(中国香港)
林国安(马来西亚)
吴英成(新加坡)
责任编辑　施隽南
何中辰
朱恺迪
通　　联　张　炜
封面设计　王怡君
特约审校
蔡维藩　陈以鸿
李光羽　王中原
张献通　黄殿容

热点聚焦

古典诗文的读音问题

◎苏培成

为了继承优秀的传统文化，我们不时要阅读研究古典诗文，有时还要诵读。自古至今汉语是逐渐发展演变的，这种发展演变首先表现在语音上。阅读古典诗文用什么语音呢？古代没有录音机，古人的语音无法传留后世。音韵学家构拟出不同时代的语音系统，是用来说明语音演变的规律，非专业的音韵研究人员无法用来诵读古典诗文。现代人诵读古典诗文是给现代人听的，所以诵读古典诗文基本上还只能用普通话语音。用普通话诵读古典诗文是切实可行的，可是也会遇到一些特殊问题，需要研究解决。本文只就常见的三个问题，举例说明，供读者参考。

一、押韵。古典诗词是押韵的，用普通话来诵读古典诗词依旧押韵，和谐悦耳。例如李白《静夜思》：“床前明月光，疑是地上霜。举头望明月，低头思故乡。”可是也时常遇到不押韵的情况。

杜牧《山行》：“远上寒山石径斜，白云生处有人家。停车坐爱枫林晚，霜叶红于二月花。”押韵字是斜、家、花。

刘禹锡《乌衣巷》：“朱雀桥边野草花，乌衣巷口夕阳斜。旧时王谢堂前燕，飞入寻常百姓家。”押韵字是花、斜、家。

孟浩然《过故人庄》：“故人具鸡黍，邀我至田家。绿树村边合，青山郭外斜。开轩面场圃，把酒话桑麻。待到重阳日，还来就菊花。”押韵字是家、斜、麻、花。

这三首诗在唐代都是押韵的，“斜、家、花、麻”的主要元音相同。可是我们用普通话读时，“家、花、麻”很谐和，只有“斜”不押韵。这是由于“斜”字和其他三个字语音演变的规律不同而造成的，这使我们的诵读多少会失去优美的韵味。可这是无可奈何的事，我们也只能面对。有人不甘心就这样诵读，提出临时改读“斜”的读音，把 xié 改读为 xiá。声母 x 和介音 i 不变，只改动作为韵腹的主要元音，听起来就押韵了。有人甚至认为 xiá 就是“斜”的古音。这种办法从学术上说是不能成立的，普通话里“斜”只能读 xié，不能读 xiá。“斜”的古音是浊声母，也不读 xiá。这只是为了押韵而临时改读。整首诗都按照普通话来读，只有一个“斜”字随意改读也没有道理。早在宋代，朱熹读《诗经》时遇到不能押韵的字就临时改读为押韵的字，叫作“叶（xié）音”。音韵学家早就批评了这种做法。其实这样改读也只能偶尔一用，无法推广。例如，苏轼《念奴娇·赤壁怀古》的上阕是：“大江东去，浪淘尽，千古风流人物。故垒西边，人道是，三国周郎赤壁。乱石穿空，惊涛拍岸，卷起千堆雪。江山如画，一时多少豪杰。”其中的“物、壁、雪、杰”是入声字，演变到普通话韵母分别是 u、i、ue、ie，很难用改读来使它变得押韵和谐，也只能听之任之，用普通话来读就是了。

二、平仄。古代诗词很讲求平仄，这是汉语诗词韵律的显著特点。用普通话来诵读，有的字改变了平仄，也会损伤原有的韵律美，这也是无可奈何的事。

杜牧《泊秦淮》：“烟笼寒水月笼沙，夜泊秦淮近酒家。商女不知亡国恨，隔江犹唱后庭花。”这是一首七绝，前两句平仄格式是“㊥平仄仄仄平平，仄仄平平仄仄平”（加圆圈表示可平可仄）。其中的两个“笼”字本来读 lóng，是平声，合乎平仄；普通话“笼”读 lǒng，是仄声，不合乎平仄。

杜甫《月夜》：“今夜鄜州月，闺中只独看。遥怜小儿女，未解忆长安。香雾云鬟湿，清辉玉臂寒。何时倚虚幌，双照泪痕干。”这是一首五律，前两句的平仄格式是“仄仄平平仄，

从字音的『改变』谈起

◎何伟渔

己亥年新春伊始，关于某些字的“改变”读音成了网上、报上热烈讨论的话题，引发了人们对语文生活中相关标准制定和修改的思考。语文规范的制定是一项十分复杂的工作，必须先做全面细致的调查研究，在出台新的“方案”之前，应多听取合理意见，以避免混乱。这儿，我们来看一个实例。

教育部和国家语委于 2001 年 12 月 19 日发布了《第一批异形词整理表》(以下简称《异形词一表》)。表中把“异形词”界定为“普通话书面语中并存并用的同音（本规范中指声、韵、调完全相同）、同义（本规范中指理性意义、色彩意义和语法意义完全相同）而书写形式不同的词语”。表中有一组是“独角戏—独脚戏”，“独角戏”是推荐的词形，“独脚戏”是舍弃的词形。我们认为这一组的审订不妥当。《现代汉语词典》

平平仄仄平”。“看”字读 kān，是平声，合乎平仄；普通话“看”读 kàn，是仄声，不合平仄。

三、有的字在古典文献里有特有的音义，与普通话不同。诵读时要按照古典文献固有的读音，不能采用普通话的读法。

杜牧《过华清宫》：“一骑红尘妃子笑，无人知是荔枝来。”其中的“骑”字在古典文献里区分词性：动词读 qí，如胡服骑射的骑；名词读 jì，如骑乘（jìshèng，指车马）的骑。普通话的“骑”字不区分动词名词，都读 qí，如铁骑、坐骑的骑。《普通话异读词审音表》审订的是普通话异读词的读音，所以规定“骑”统读 qí。这个统读不适用于古典文献。有人主张把“一骑红尘”里的“骑”按照《审音表》读为 qí。这是对《审音表》的误解，这个“骑”仍读 jì。

（第 7 版）的“独角戏”有三个义项：①只有一个角色的戏；②比喻一个人独自做某件事（通常需要多人做的）；③曲艺的一种，流行于上海、杭州、苏州等地，和北方相声相近。义项①，“只有一个角色的戏”确实有，但是比较罕见，例如孟京辉戏剧工作室推出的由黄湘丽出演的独角戏《一个陌生女人的来信》。义项②是个比喻义，通常写为“唱独角戏”。①②两个义项是本义和引申义的关系，可以看作同一个词。可是义项③却不同义，它只能采用“独脚戏”的词形。“独脚戏”作为一种曲艺形式，已经有近百年的历史，一直都写为“独脚戏”。其演员通常都是滑稽戏演员兼任的，所以也称滑稽独脚戏。独脚戏并不是只有“一个角色”，最常见的是由两人搭档演出，早期有江笑笑鲍乐乐等双档，20 世纪下半叶有姚慕双周柏春等双档，当下有王汝刚李九松、毛猛达沈荣海等双档，极盛时期光上海一地就有上百个独脚戏双档。去冬今春，为了纪念改革开放 40 周年，毛猛达沈荣海上演一台独脚戏专场《石库门的笑声》，十分火爆，连演连满。值得注意的是，剧场的海报和说明书上写的都是“独脚戏”，可是上海有些报纸在报道演出消息时，为了尊重《异形词一表》的规范，竟将“独脚戏”改成了“独角戏”，让人感到十分别扭。我们认为，“独角戏—独脚戏”这一组词应当修订。首先，建议在这一组后面加“注”：滑稽独脚戏仍写作“独脚戏”。其次，建议将“独角戏”的注音 dújiǎoxì 改为 dújuéxì。《异形词一表》曾提出整理异形词有三个原则，系统性原则是其中之一，即对同语素系列词的用字要考虑一致性。因为“角色”“主角”“配角”“丑角”“旦角”等系列词中的“角”都读 jué，所以“独角戏”的“角”也应该读 jué，以保证字音的“一致性”。倘能如此修改，往后“独角戏”读 dújuéxì，滑稽“独脚戏”则读

dújiǎoxì，那么，词形和字音都可以区分开来了。

由此又联想到《咬文嚼字》刊名的“拼音事件”。《咬文嚼字》杂志创刊时号召读者“向我开炮”。很快，有两位读者联名写信指出：封面上给刊名标注的拼音 yǎowénjuézì 错了，应当根据《普通话异读词审音表》（以下简称《审音表》），标为 yǎowénjiáozì。

接到来信后，编辑部邀请了沪上多位语言文字专家共同研讨这个“差错”事件。最终发现“差错”的源头在《审音表》。《审音表》“说明”第四条如下：“有些字有文白二读，本表以‘文’和‘语’作注。前者一般用于书面语言，用于复音词和文言成语中；后者多用于口语中的单音词及少数日常生活事物的复音词中。这种情况在必要时各举词语为例。”而正文中“嚼”字条目下却这样写：“嚼（一）jiáo（语） 味同～蜡 咬文～字”（以下略）。这个（语）表示白读，而举例的“味同嚼蜡”“咬文嚼字”分明是成语，理应“文读”，怎么能充当“白读”的用例呢？这不是自相矛盾了嘛！专家们研讨的结论是：根据汉字字音的演变规律，“咬文嚼字”的“嚼”应读 jué。《审音表》将“咬文嚼字”作为“嚼 jiáo（语）”的用例显然是错的。

怎么办？编辑部考虑到《咬文嚼字》是一份新创办的刊物，并且是一份语言文字类的、关注社会语言生活的刊物，应当维护《审音表》的权威性。既然“事出有因”，那就“将错就错”吧，改动一个字的读音，并不会影响大局。因此从第二期开始，封面刊名的拼音就改为 yǎowénjiáozì 了。

事实证明，经过三十几年的时间考验，yǎowénjiáozì 的读法已经通行无阻、深入人心了，成了新的“约定俗成”。同时也证明，字的读音不是绝对不能改动的。只要经过论证，持有充足的理由，就可以由权威部门公布新的字音规范。当然，如此改动务必慎之又慎。

从"硬核爷爷""硬核佩奇"说起

◎高丕永

今年1月17日,短视频《啥是佩奇》刷爆了社交圈。视频里,大山里的爷爷给城里的儿子打电话,问问啥时回家过年。接电话的是孙子,爷爷问要啥礼物,孙子说要佩奇。("佩奇"是英语儿童语"piggy"的音译,意思是"小猪";孙子说的"佩奇"指"仿照动画片主角名叫'佩奇'的粉红小猪形象所制作的毛绒玩具"。)可是,爷爷不知道啥是佩奇。为了满足孙子的愿望,爷爷在村里到处打听。幸好,有一位在北京做过保姆的村民提供了线索,爷爷动手切割焊接,把手摇小型鼓风机改造成了自己所了解的佩奇。网民知道,这段视频是一部猪年贺岁电影的宣传片,但还是被洋溢的浓浓亲情感动,所以纷纷转发。年轻网民还点赞这位爷爷是"硬核爷爷",点赞硬核爷爷的鼓风机佩奇是"硬核佩奇"。有些老年网民看了,则在纳闷:"啥是硬核?"

汉语的"硬核",本义是"核果中心的坚硬部分",比喻义指"人体肿块中心的坚硬部分"等。比如,东汉《神农本草经》记载了海藻酒能"散颈下硬核痛"。显然,汉语"硬核"原有的两项释义,解释不了"硬核爷爷""硬核佩奇"里的"硬核"。实际上,年轻网民喜欢用的"硬核"借自英语。英语名词性固定词组"hard core"(作定语通常写为"hard-core"),一般都按"hard(坚硬)"和"core(果核、核心)"的字面意义译为"硬核",先后共有三个义项借入了汉语。

借词"硬核"义项之一指"长期失业(者),长期不能解决的(难题)",借入汉语比较早,上世纪六十年代已有使用。比如:"那些被联邦经济学家称为

'硬核'的失业者，即失业超过二十七周的人，在2月中旬不仅比1月中旬增加，而且比去年同期经济衰退最严重时还有所增加。"（《人民日报》1962年3月23日）现在，也常用到这个"硬核"。比如："革命老区已经成为区域经济发展、新农村建设最为薄弱的环节，成为中国经济快速倍增时期的发展短板，如无专门开发策略，极有可能形成经济发展中最难消化的硬核。"（《人民日报海外版》2012年6月19日）可是借词"硬核"的这个义项，解释不了"硬核爷爷""硬核佩奇"里的"硬核"。

借词"硬核"义项之二指"最基本的（部分）、最重要的（因素）"，改革开放初期借入汉语。比如："科学理论（包括假说）是一个有结构的复杂的综合体。它由硬核（hard core）和围绕着核心的保护带（protective belt）组成。"（《哲学研究》1979年第11期）这个"硬核"，现在也用得比较多。比如，"质量和创新是'硬核'"（标题，《医药经济报》2019年1月2日）。但借词"硬核"的这个义项，还是不能很好解释"硬核爷爷""硬核佩奇"里的"硬核"。

借词"硬核"义项之三指"最狂热的（人）、最坚定的（人）、最投入的（人）"，几年前借入汉语。比如："如在碰到危险时，母亲会为了保护孩子而挺身而出。一般情况下，这种以血缘为纽带的利他行为被称为'硬核利他'（hard-core altruism）。"（《课堂内外（科学Fans）》2015年第4期）这个"硬核"，因"硬核音乐"（比朋克音乐力量更强、速度更快、声音更噪的音乐形式）和"硬核游戏"（场面大、难度高，但资深玩家酷爱的竞技游戏）通过网络在年轻人中流传。现在，它的意义进一步泛化，也可以指"很厉害的（事物）、很强悍的（事物）、很酷的（事物）"。比如"融媒致胜'硬核'频出——云南网融媒体报道呈现多彩两会"（标题，《云南日报》2019年1月30日），又如"《流浪地球》：开启

惹人反感的“杠精”

◎代宗艳

2018年12月3日，《咬文嚼字》公布了“2018年十大流行语”，其中，“杠精”位列第十。2018年12月19日，“杠精”又入选国家语言资源监测与研究中心发布的“2018年十大网络用语”。“杠精”一词多见于微博、微信、贴吧等网络社交平台，同时也在报纸杂志上频频亮相。

那么，何谓“杠精”呢？从字面意义上看，“杠”即“抬杠”，“精”即“精灵、精怪”，而“杠精”就是指那些“抬杠成精”的人。这类人往往以“抬杠”为己任，无论你说什么，他都会反驳你，不是为了证明自己的观点正确，只是为了反驳而反驳。显然，“杠精”颇具贬义色彩。例如：

（1）你发个微信朋友圈说熊猫好看，他偏偏评论说难道斑马不好看？自以为标新立异，叫人好气又好笑。这样热衷抬杠的一类人，被网友称为“杠精”。（《人民日报》2018年5月15日）

（2）接受采访时，吴谨言对魏璎珞（笔者注，电视剧《延禧攻略》的女主角）的解读是“杠

中国科幻片硬核时代”（标题，《联合时报》2019年2月15日）。可见，借词“硬核”的这个义项，用来解释“硬核爷爷”“硬核佩奇”里的“硬核”，是再恰当不过了。“硬核爷爷”是最坚定最投入的爷爷，“硬核佩奇”是很酷很厉害的佩奇。

精”，四处抬杠，全凭三寸不烂之舌一路过关斩将，所以台词是她真正要攻克的难关，至于气场，全权交给编剧和服装的“金手指”解决。(《广州日报》2018年8月7日)

“杠精”这个词早在2017年已经出现，源自固有词“抬杠”与网络词“戏精”二者的结合。2018年4月，有人在网上发表了一幅调侃“杠精”的漫画，随后“杠精”一词迅速流行开来。究其走红的缘由，则是人们对“杠精”们普遍反感的情感倾向。

随着“杠精”一词的流行，逐渐形成了一种“杠精”文化。报纸杂志上不乏对“杠精”的讨论，“杠精”常出现在各种新闻报道当中。例如：

(3)遭遇“杠精”网友：回句“你真可爱”以柔克“杠”(标题，《人民日报》2018年5月15日)

由于“xy本y”结构(比如“戏精本精”“可爱本爱”等)的流行，“杠精”又衍生出了一种新用法，叫作“杠精本精”，形容某人就是“杠精”本人的意思。请看：

(4)弟弟乔礼杰古板严肃，是个爱怼人的“毒舌”物理博士，被陈坤自己调侃为“杠精本精”。(《北京青年报》2018年6月27日)

新词“杠精”的热度居高不下，那么，“杠精”们是如何“炼”成的呢？粗略地说，“杠精”往往由这三类人群组成：一是自尊心过强的敏感人群，当别人与自己观点不一致时，常常认为是在针对自己；二是过于自负的人群，总是以自我为中心，认为自己永远是对的；三是缺乏存在感的人群，往往通过“抬杠”的方式来展示自己。

继“键盘侠”“网络喷子”之后，“杠精”掀起了新一轮网络热潮，成为年度热词。社会生活中确实常见抬杠之人、抬杠之事。但是我们应该学会尊重和宽容，不要做惹人反感的“杠精”。

追求“成色”

◎何俊萍

选购金银饰品时，人们一般都会关注饰品的成色和价格，希望物有所值。大家对“成色”一词并不陌生。

《现代汉语词典》的解释是：成色指金币、银币、首饰、器物等所含纯金、纯银的量。如：这对镯子的成色好。

《辞海》的解释是：成色指金属货币、金银条块或饰品器物的金属纯度。一般以千分比表示。各国对铸币成色都有法律规定。如中国1933年《银本位币铸造条例》规定银元一枚的重量为26.6971克，含纯银23.493448克，成色为880‰。饰金的成色以“成”表示，如称成色900‰的饰金为“九成金”。

“成色”，最初是金银珠宝行业的专有名词，主要用于珠宝首饰、金币银币、金银器物等。如钻石的成色、水晶的成色等。

（1）凡收受诸色课程变卖物货，起解金银，须要足色。如成色不及分数，提调官吏人匠，各笞四十。（《大明律·附例七》）

渐渐地，使用的对象扩展到其他物品。如衣服的成色、手表的成色、电脑的成色、手机的成色、相机的成色、镜头的成色等。

我们知道，金币、银币、首饰、器物等成色的高下决定了物品质量的好坏。因此，“成色”的引申义，泛指质量，关涉到各种物品的新旧、好坏等。例如：

（2）因思跟贾政出门，便不肯拿出十分出色的新鲜衣服来，只拣那三等成色的来。（《红楼梦》第七七回）

（3）荔枝蜜的特点是成色纯，养分大。（杨朔《荔枝蜜》）

以上两例中，例（2）的三

等“成色”指的是衣服的质量一般,只有三成新;例(3)的“成色”纯指的是荔枝蜜的质量好,新鲜。

“成色”还可以用于人,指人的素质、职责、能力等。例如:

(4)选人用人要确保成色好、成色足(中央纪委监察部网站,2017年5月15日)

(5)世乒赛检验国乒诸将成色(《海南日报》2018年5月8日)

例(4)的“成色”指的是地方领导班子换届中,被选用的党员领导干部必须具备的对党忠诚、政治可靠、德才兼备、作风过硬、敢于担当等品质;例(5)的“成色”指的是国乒诸将的实力、能力、心态等。

“成色”还不断地扩展使用范围,成为当今新闻媒体的宠儿。例如:

(6)美国经济复苏“成色”几何(《上海证券报》2018年3月23日)

(7)提高全面建成小康社会成色　乡村振兴令人憧憬(《人民日报》2018年1月7日)

由此可知,“成色”的使用范围很大,用法十分灵活。作为名词,它可以充当句子的主语,后面往往加上“十足”“完美”“很棒”“一般”“不足”等词,以表现“成色”的高低、好坏。

(8)亚运金牌成色十足　东京期待更多惊喜(《中国体育报》2018年9月7日)

“成色”也充当句子的宾语,与“确保、失去、捍卫”等动词搭配使用。

(9)乡村振兴重在确保“成色”(《半月谈》2018年3月16日)

“成色”,也可指由人的成熟程度体现出来的特质。因此有两种固定的组合:“有成色”和“没成色”(多用于口语)。“有成色”特指年纪小却表现出成年人的成熟和持重,常用于称赞小孩听话、懂事,说话做事得体。如:“小孩子家比大人还有成色。”“没成色”特指成年人的言谈举止不够稳重,带有明显的孩子气,常隐含没出息的意思。如:“孩子都这么大了,他还这么没成色。”

一针见血

误用“萍水相逢”

◎阎德喜

《古典文学知识》2018 年第 6 期刊文《德不孤，必有邻——读李商隐〈哭刘蕡〉》，文中有这样一段话：“上句写去年春天诗人（李商隐）与刘蕡在黄陵萍水相逢，随即各奔前程。”此处的“萍水相逢”属于误用。

“萍水相逢”的“萍”，即指浮萍，是一种草本植物。萍浮生水面，随水漂泊，聚散无定，因而人们常用“萍水相逢”比喻向来不认识的人偶然相遇。唐代王勃《滕王阁序》：“萍水相逢，尽是他乡之客。”上述引文中的李商隐和刘蕡（fén）是好友，他们曾同在节度使令狐楚幕中，后令狐楚去世，两人也天各一方。多年后，李商隐在黄陵偶遇北上澧州的刘蕡，之后随即各奔前程。李商隐和刘蕡的这次会面确实是偶然相遇，但是两人并非互不相识之人，所以这里不能说是“萍水相逢”，改成“匆匆一晤”，就文从字顺了。

“诛笺”？“朱笺”！

◎江城子

2019 年 1 月 30 日《人民日报》第 20 版刊有《过年》一文，其中写道：“春联，除寺庙用黄纸，其余都用红纸。那时红纸有顺红、梅红、木红、诛笺、万年红等多种之分，如同穿衣的布料一样（有）多种多样的讲究。”引文中的“诛笺”有误。

诛，义为谴责、责备、杀死。如“诛戮”即杀害，“诛心”即揭露、指责人的思想、内心，“口诛笔伐”即用言语或文字宣布罪状加以声讨。写春联用的红纸怎么可能和“诛”相关？“诛笺”应为“朱笺”。

“朱笺”是“朱笺纸”的略称。“朱”指朱砂，一种矿物质，颜色鲜红，半透明。朱笺纸，就是朱色的笺纸，多用于书写吉庆对联。清代富察敦崇《燕京岁时记·春联》:“春联者,即桃符也……或用朱笺,或用红纸。”

中国水稻七千年

◎文昌聿

2018年11月28日《北京青年报》B6版载有《器以载道 物以传情》一文,其中说道:“因为中国人在宋以前没有水稻,大部分是吃粥,所以碗的形态适合粥。”谁说宋以前中国没有水稻?中国人早就开始栽培水稻了。

水稻,是栽培稻的基本类型,适宜在水田中种植,故称水稻,有籼稻、粳稻两大类。在距今约七千年的浙江余姚河姆渡遗址以及桐乡罗家谷遗址都发掘出了栽培稻遗存,这说明早在七千年前中国就开始种植水稻,比上述文章中说的宋朝早了差不多六千年。而在北魏贾思勰所著的《齐民要术》中,更有一章专门讲述“水稻”的种植方法。可见说“中国人在宋以前没有水稻”是不符合史实的。

“祈盼稼墙丰收”?

◎周 振

2018年11月26日《书刊报》第5版所刊《一对谷仓罐 半部南宋史》一文,在描述一对南宋谷仓罐的外形时写道:“其‘仓库’罐的仓字刻划得最有意趣,把其仓字写在图画的仓房之上,酷似如今丰字贴在粮仓之上一样,寓意祈盼稼墙丰收、‘仓库常满’之寓意。”这段话除了最后三个字“之寓意”为蛇足之外,“祈盼稼墙丰收”当为“祈盼稼穑丰收”之误。

稼穑(sè),义为谷物的种植与收割,《尚书·洪范》:“土爰稼穑。”孔传:“种曰稼,敛曰穑。”亦泛指农事,也可指农作物。前者如《汉书·高后传赞》:“天下晏然,民务稼穑。”后者如唐代储光羲《晚次东亭献郑州宋使君文》:“林晚鸟雀噪,田秋稼穑黄。”我国古代以农为本，“祈盼稼穑丰收”就是祈盼农作物获得丰收，能过上温饱生活。

墙，义为砖、石或土等筑成的屏障或外围，“穑”“墙”两字虽然形似，但是音义皆不同，不可混为一谈。汉语中没有“稼墙”的说法。

应是“师心自用”

◎阎心士

2018 年第 6 期《古典文学知识》所刊《〈左传〉叙战与〈春秋〉笔削——读晋楚城濮之战的叙事义法（下）》中，提到楚国将领子玉时说：“不媚神，不听人，则其刚愎桀骜，私心自用可知。”这里“私心自用”有误，正确的应是“师心自用”。

“师心自用”是个成语。师心，即以心为师，指只相信自己。《庄子·人间世》：“夫胡可以及化，犹师心者也。”成玄英疏：“是犹以心为师，尚有成见，未能付之自然。”自用，义为自行其是，不接受别人的意见。师心自用，义为只凭主观，固执己见，自以为是。也作“师心自任”。上述引文是说楚令尹子玉致命的个性特征，不但目无神明，目无君王，亦目无余子，堪称目空一切。以“师心自用”来形容他，可谓恰当矣。

私心是一个名词，义为个人的心意，也可指为自己打算的念头、利己之心。古今汉语中没有“私心自用”的说法，与文意也不符。

是“淖”还是“焯”？

◎刘凤坤

世界文化出版社 2015 年出版的《健康有道》第 11 页有这样一句话：“蔬菜尽量不要凉拌生吃，最好先在开水中淖一淖或者炖、蒸、煮。”这句话中的“淖一淖”应改为“焯一焯”。

淖，读作 nào，义为烂泥，泥沼。《红楼梦》第二十七回中，林黛玉在葬花时吟诵出“未若锦囊收艳骨，一抔净土掩风流。质本洁来还洁去，不教污淖陷渠沟”之句，表达了她惜花之心，不忍其陷落泥沼污水中。蔬菜如果“淖一淖”，就是过了一遍泥水，怎么会有人吃呢？

“焯”是一个多音字，读作chāo时义为一种烹饪方式，即把蔬菜放在开水里略微一煮就拿出来，符合上述引文想要表达的意思。误“焯”为“淖”，应是两字形近所致。

垂髫换齿之时称“龉龀”吗

◎龙启群

《中国皇帝全传》(当代世界出版社 2019 年 1月第 3 版）介绍北宋英宗赵曙时说：“景祐初年，保庆皇太后（真宗杨淑妃）见仁宗赵祯荒于酒色，体质羸弱，恐其绝嗣，便劝说赵祯，早选宗子近属而贤者养育宫中，以为继嗣。仁宗以为然，便以允让多子，选其年未龉龀（垂髫换齿之时）的幼子十三子抚养于皇后之所。”（第 315 页）句中的“龉龀”令人颇费猜详，经查阅，应是“龆龀”之误。

“龆”音 tiáo，指小孩脱落乳齿，换长恒齿。也通“髫”，指孩童下垂的头发。“龀”音 chèn，也指小孩儿脱乳齿换长恒齿。“龆龀”即：“垂髫换齿之时。指童年。”此义与上段引文中的文意以及第二个括注一致。

“龉”音 yǔ，指牙齿参差不整齐；与“龃（jǔ）”字组成“龃龉”，指上下牙齿不对应，比喻意见不合，相抵触。“年未龉龀”说不通。误“龆”为“龉”应是形近所致。

“点击率”还是“点击量”？

◎李可钦

2018 年 11 月 28 日《东莞时报》A11 版刊有文章《赵丽颖又开启屏霸时间》，其中写道：“赵丽颖之前主演的《花千骨》网络点击率超 200 亿，《楚乔传》网络点击率高达400亿,几乎是拍一部火一部。”这里两个“点击率”都用错了。

率,是两个相关数在一定条件下的比值,如比率、概率。点击率,指单位时间内某网页内容被点击的次数,也可指平均一段时间内链接点击量与网页浏览量的比值。不管是哪一种,点击率都应是一个比率,但上述文章中写的是具体的次数,而非比率。其中的“点击率”都应改成“点击量”。

“点击量”是指点击某内容或页面或广告的次数,用在上述语境中与其后“200亿”“400亿”也是相符合的。

多了一个“十”

◎苏建华

2019年1月28日《中老年时报》所刊《腊月廿三说灶王和“婆婆眼”》一文里,开篇说了“每年都有腊月廿十三”,后文中又说“到了腊月廿十三这一天”,这两处中的“廿十三”都多了一个“十”,改成同标题一致的“廿三”才正确。

“三”“十”“廿”都是用来表数的汉字。“廿”读作niàn,是个合体字,将两个十连在一起,表示二十。《说文》:“廿,二十并也。古文省。”在古文字中,表达十的倍数常采用合书。郭沫若在《甲骨文字研究》中说过:“十之倍数,古文则多合书。”除了表示“二十”的“廿”,如今我们在使用的还有“卅(sà)”和“卌(xì)”,分别表示“三十”和“四十”。

“腊月廿三”即腊月二十三,是北方地区的小年,民间有扫尘、祭灶、吃灶糖的传统。

何来“衔州市”

◎厉国轩

“我在浙西衢州市常山县天马街道一个叫五联村的地方长大。”这是2018年7月24日《每周文摘》7版《父亲的水稻田》

中的一句话。何来“衙州市”？应是“衢州市”。

衢州市，在浙江省西部，钱塘江上游。衢州之名从何而来？衢，本指四通八达的道路，引申指途径，进一步引申指歧出、分岔。胡三省《资治通鉴音注》：“唐置衢州，以三衢山名。昔洪水派（义为“水分道而流”）山为三道，故曰三衢。”意思是洪水在山上分为三道，故将这座山称为三衢山，衢州因三衢山而得名。

衙，音 yá，旧时官署之称，如衙门、衙役。我国自古以来无“衙州”。

酒怎能斟“三旬”

◎曹景坤

海豚出版社 2017 年 7 月出版的《上书房行走》第 144 页有这样一句话：“其实我特别喜欢大侠喝酒的那个爽快劲儿，酒过三旬，他会越喝越猛，真可谓把酒当歌，方显英雄本色。”这里的“酒过三旬”应是“酒过三巡”。

巡，本义为巡视、来往查看，也可以当量词用，表示遍。在酒席上指给全座斟酒的次数，“三巡”即斟酒三次，亦可泛指多次。《醒世恒言·佛印师四调琴娘》：“二人对酌，酒至三巡。”

旬，为十天，《说文·勹部》：“旬，遍也。十日为旬。”所以一个月分为三旬，即我们常说的上旬、中旬、下旬。还有以十岁为一旬的，如年过六旬、年逾七旬等。不论是“十天”还是“十岁”，“酒过三旬”都难以说通。

何来“强弩”

◎达式东

2019 年 2 月 3 日《中老年时报》所刊《闲话“剃头死舅舅”》一文说：“正月剃头死舅舅”的说法“是明末清初各族人民对清廷用钢刀强驽推行‘剃发令’的一种顽强抵制”。暂且不论此说是真是假，单纯说引句，其中的“强驽”应是“强弩”。

驽，音 nú，指劣马，走不快的马，比喻愚钝无能。如：驽将，才能低劣的将领；驽钝，平庸低下。“强驽”从字面上讲即“强健的劣马”，自相矛盾。

弩，读 nǔ，指用机械发箭的弓。“强弩”即强劲的弓、硬弓。“钢刀强弩”即锋利的战刀、强劲的弓箭。上述文章说清廷强制推行“剃发令”，使百姓剃发。以“钢刀强弩”指清廷的武力统治是可以的。

辽河不能“涵盖整个东北地区”

◎沈阳仁

2018 年 7 月 13 日《沈阳日报》第 11 版《辽河文化，为你歌一曲历史畅想》一文中说道：“辽河，我国七大河流之一，全长 1345 公里，流域蜿蜒广阔，涵盖整个东北地区和部分河北与内蒙古地区的辽阔区域。”这里对辽河流域的认识是不准确的。

辽河，汉代以前称句骊河，汉代称大辽河，五代以后称辽河。辽河有二源。东源称东辽河，发源于吉林省东辽县哈达岭西北。西源称西辽河，又有两源，北源出自内蒙古白岔山，南源出自河北省光头山。东西辽河在辽宁省昌图县汇合。辽河流经河北、内蒙古、吉林、辽宁四省（区），最后注入渤海。

东北地区，一般指我国东北的辽宁、吉林、黑龙江三省。辽河并不经过黑龙江省。黑龙江省在东北地区北部，属松花江流域，与南部的辽河流域隔着一个松辽分水岭，故辽河的确是流经我国东北地区的一条大河，但是辽河流域不能“涵盖整个东北地区”。

锁定名人

贺知章不是“诗鬼”

◎丛日贵

近日读于丹《于丹趣品人生》,此书在两边空白处有重要人物资料、名句摘录等等,给人带来丰富的阅读体验。在介绍诗人贺知章时出现了一个错误:“贺知章(659—约744),字季真,唐越州永兴(今浙江杭州市萧山区)人。晚年旷达不羁,自号‘四明狂客’,又因其诗豪放旷达,人称‘诗鬼’。”(第123页)错误就在这“诗鬼”的称呼上。

唐代许多诗人都有独特的称号,如李白称“诗仙”,杜甫称“诗圣”,王维称“诗佛”等等。贺知章平生豪迈不羁,不拘小节,而且生性好酒,因而被称为“诗狂”。《旧唐书》中记载:“知章晚年尤加纵诞,无复规检,自号四明狂客,又称‘秘书外监’。遨游里巷,醉后属词,动成卷轴,文不加点,咸有可观。”杜甫的《饮中八仙歌》把贺知章列为酒中八仙之首,起句就是:“知章骑马似乘船,眼花落井水底眠。”写出了贺知章“但得饮酒,何论生死”的豪迈和狂放。

事实上,“诗鬼”指的是中唐李贺。李贺(790—816),字长吉,与李白、李商隐三人并称唐代“三李”。李贺的诗歌多写“鬼神”,大都构思奇特,意境怪诞,迷离恍惚,变幻莫测,格调多为幽冥凄冷,是中唐诗坛中个性非常突出的诗人。李商隐为他立传,称其为“不独地上少,即天上亦不多”。宋魏庆之云:“太白仙才,长吉鬼才。”因而,李贺有了“诗鬼”之称。

贺知章秉性放达,自称“狂客”,世人谓之“诗狂”;李贺怀有“鬼才”,所以被称为“诗鬼”。两者不应混为一谈。

秦可卿是贾宝玉的“嫂嫂”吗

◎刘曰建

著名作家王蒙的《不奴隶，毋宁死？》(北京十月文艺出版社 2008 年 6 月版)是一本谈论《红楼梦》的著作,作家以独到的视角臧否《红楼梦》中的人物,颇富新意。在谈到贾宝玉梦中与秦可卿的风月之事时这样说:“这够得上一绝,从中与其说是看到了宝玉的反封建,不如说是看到了宝玉的娇纵任性,他是对着年轻美丽的嫂嫂可卿撒娇。”(第 246 页)这里错了辈分,秦可卿并非宝玉的“嫂嫂”。

秦可卿是《红楼梦》中一位重要的人物,为“金陵十二钗”之一。虽然在第十三回就去世了,但是她身上的神秘色彩一直是红学家们乐于研究谈论的重点话题。秦可卿是宁国府贾蓉的妻子,贾蓉是贾珍嫡长子,秦可卿即贾珍的儿媳妇。贾珍与宝玉分属宁国府和荣国府,是同为玉字辈的堂兄弟,因此,贾蓉应为宝玉侄儿,秦可卿是宝玉的侄媳妇。这在《红楼梦》第五回《开生面梦演红楼梦 立新场情传幻境情》中说得明白,贾珍之妻尤氏邀贾母等赏花,宝玉“欲睡中觉”,因讨厌开始为他准备的房间的布置,连说“出去出去!”可卿说:“这里还不好,可往那里去呢?不然到我屋里去罢。”宝玉立即点头,一嬷嬷说:“那里有个叔叔往侄儿房里去睡觉的礼?”

作家把可卿说成宝玉的“嫂嫂”,可能是受人物年龄的影响。据《红楼梦》文本可推断,贾蓉要比宝玉年长七八岁,容易让人忽视了辈分问题,误把贾蓉当成宝玉的“哥哥”,秦可卿就自然成了“嫂嫂”。

学林

六书说、三书说和新六书说

◎苏培成

一、六书说

汉字是汉族祖先独立创造出来的自源文字，它的历史至少有五千年。对汉字的研究开始得很早，春秋战国时期已经有了萌芽，到了汉代出现了有关汉字结构类型的“六书说”。“六书”这个词最早见于《周礼·地官·保氏》，但是没有说明它的内容。东汉时，班固著的《汉书·艺文志》里说：“古者，八岁入小学，故周官保氏掌养国子，教之六书，谓象形、象事、象意、象声、转注、假借，造字之本也。”其后，郑众注《周礼·地官·保氏》说：“六书，象形、会意、转注、处事、假借、谐声也。”再后，许慎著的《说文解字·叙》里说：“周礼八岁入小学，保氏教国子先以六书。一曰指事。指事者，视而可识，察而见意，上下是也。二曰象形。象形者，画成其物，随体诘诎（诘诎：曲折），日月是也。三曰形声。形声者，以事为名，取譬相成，江河是也。四曰会意。会意者，比类合谊（“谊”通“义”），以见指㧑（“㧑”通“麾”。“指麾”指“意之所指”），武信是也。五曰转注。转注者，建类一首，同意相受，考老是也。六曰假借。假借者，本无其字，依声托事，令长是也。”三家的说法大同小异，都是来自西汉末年的经学家刘歆。许慎应用六书理论对一万多个小篆、古文、籀文的字形进行了分析，著成《说文解字》（简称《说文》）。这是汉语文字学的经典，被后代视为圭臬，至今仍有很大的影响。

二、三书说

清末以来，随着甲骨文等古文字的发现和解读，开阔了眼界，发现了“六书说”的不足。第一个对“六书说”提出批评的是唐兰。他说：“关于文字构成的说法，旧时只有‘六书’这种学说，发源于应用六国文字和小篆的时代，本是依据当时文字所作的解释。这种解释，并不像往昔学者们所想的完善，而只是很粗疏的。”（《古文字学导论》第85页）“六书说能给我们什么？第一，它从来就没有过明确的界说，各人可有各人的说法。其次，每个文字如用六书来分类，常常不能断定它应属哪一类。单以这两点说，我们就不能只信仰六书而不去找别的解释。”（《中国文字学》第75页）针对“六书说”的缺点，唐兰提出了“三书说”。唐兰的“三书说”是象形文字、象意文字、形声文字。唐兰说：“象形象意是上古期的图画文字，形声文字是近古期的声符文字，这三类可以包括尽一切中国文字。”（《中国文字学》第76页）

其后，陈梦家提出了与唐兰不同的三书说。他说：“凡有形象的都可以造出象形字。”“文字是语言的记录，因此对于不能象形的某些词，就借用已有的象形字作为音符；把象形字当作一个代音的注音的符号来记录某些语词。因此象形字的‘羽’字和第二天的‘翌’或‘昱’在语言中同一个音，就借用‘羽’为第二天，这就是假借字。但是假借字是有缺陷的：第一，一个象形字可以和若干不同的语词同音，所以某一个象形字可假借为若干个同音的语词，如此就要发生混淆；第二，假借字只有注音的功用，它对于表现一个字义是不周全的。为了防止混淆、明确意义，于假借字加上事物同类的形符，如‘羽’假借为次日，加上‘日’的形符，成为‘翊’。这便是形声所以产生的原因之一。象形、假借和形声是从以

象形为构造原则下逐渐产生的三种基本类型，是汉字的基本类型。”（《殷虚卜辞综述》第77页）

裘锡圭提出了自己的“三书说”。他说：“（我的）三书说把汉字分成表意字、假借字和形声字三类。表意字使用意符，也可以称为意符字。假借字使用音符，也可以称为表音字或音符字。形声字同时使用意符和音符，也可以称为半表意半表音字或意符音符字。这样分类，眉目清楚，合乎逻辑，比六书说要好得多。”（《文字学概要》2013年版第111页）

三、新六书说

笔者参考各位专家的论述，不避固陋试提出“新六书说”的设想，扼要说明如下，该设想尚待完善，敬请读者指正。

1. 独体表意字。这一类分为五个小类：

象形字，由一个形符构成。相当于六书说里的象形字。例如：甲骨文里的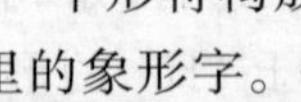。

象意字，由一个意符构成。例如：楷书里的人、女、木、矢已经不再象形，但溯源后仍可追寻到字的本义。

象事字，由一个意符构成。从字形看似是象形字，但表示的不是事物的意义，而是形状等意义。例如：甲骨文“大”象人正立之形，而表示的是大小的大。甲骨文“又”本象右手，而表示的是左右的右。

抽象字，由一个意符构成。字形不指具体的事物，而是表示抽象意义。例如：凹、凸、一、二、三。

变体字，由已有的文字改变方向、增减笔画成为新字。例如：甲骨文“大”（正立的人形）上下反转为“屰”（意思是不顺），小篆“从”左右反转为“比”（表示亲密）。甲骨文“言”增加一横成为“音”，楷书“角”减少一折笔为“甪（读lù）”。

2. 合体表意字。相当于六书里的会意字和带指示号的指事字。

会意字，由两个或两个以上意符构成。例如：牢、林、盅、祭（从示，以手持肉）。

带指示号的指事字。例如：刃、亦、本、末。“刃、亦”里的点，“本、末”里的横，是指示号，属于意符。

3. 形声字。由意符和音符组成。例如：铜、杨、洋、跑。它们的左侧是意符，右侧是音符。

4. 假借字。由音符构成。借同音字表意。例如：“豆”本指盛食物的器皿，假借为菽（豆类）。“不”本指花萼，假借为否定副词。

5. 记号字。由记号构成。小篆“青”是从丹生声的形声字（依章太炎说），楷书变为“青”，成为记号字。小篆“擊”是从手毄声的形声字，楷书简化为“击”，成为记号字。

6. 半记号字。由意符或音符、记号构成，包括半意符半记号字和半音符半记号字。例如：雷（雨是意符，田是记号）、华（化是音符，十是记号）。

新六书说便于说明字形的变化，例如：

甲骨文“”象犬形，是独体表意字（象形字）；楷书“犬”变为记号字。

甲骨文“保”字从人从子，象人负子之形，是会意字；楷书“保”字人是意符呆是记号，是半意符半记号字。

《好酒与清水》参考答案

1. 剌耳——刺耳
2. 估名钓誉——沽名钓誉
3. 自私自利、甚至——自私自利，甚至（或自私自利甚至）
4. 令人堪忧——令人担忧
5. 齐人忧天——杞人忧天
6. 附合——附和
7. 臽酒喝——舀酒喝
8. 齐涮涮——齐刷刷
9. 面面相嘘——面面相觑
10. 渗入——掺入

追踪荧屏

此处“顾及”应是“顾忌”

◎李信宜

“王上，我赵国虽有上天庇佑，但是从综合实力上来看，秦国确实略微强于我们，质子是我们用来防止强秦来犯的重要手段，一旦释放了质子，秦兴兵犯赵将再无顾及……”（字幕同步显示）这是新版《寻秦记》第6集中巨鹿侯对赵王所说的一段话。这里的“顾及”有误，应是“顾忌”。

顾及，意为照顾到、注意到，如成语“无暇顾及”。顾忌，意思是恐怕对人或对事情不利而有顾虑，如欧阳予倩《木兰从军》：“我们只要不做亡国奴，不做顺民，还有什么顾忌！”

上文所引台词是巨鹿侯向赵王说明：只要秦国质子还在赵国手中，秦国如果想兴兵攻打赵国，就会害怕赵国因此而加害秦国质子，所以不敢轻举妄动；如果把质子放回，秦国攻打赵国则没有需要顾虑的。所谓“质子”，是古代送往敌方或他国的人质，多为王子、世子等身份高贵的贵族。可见，台词中说的应是“顾忌”，而非“顾及”。

自己的字画怎能称“墨宝”

◎沈　金

电视连续剧《少帅》第38集讲蒋介石与张学良第一次见面。会面之前，饰演蒋介石的演员有这样两句台词：“薛秘书，把我刚刚写好的那幅中堂拿来。初次见面，我送他一副墨宝。”（字幕同步显示）“中堂”指挂在厅堂正中的大幅字画，剧中蒋介石打算将自己写的字送给张学良，此处的“墨宝”用得不妥。

墨宝，指可宝贵的字画，如赵翼《题肃本淳化帖》诗：“淳化天子盛文物，爱古墨宝勤搜罗。”也用来尊称别人写的字或画的画，如请人写字或画画可说“敬求墨宝”。蒋介石将自己刚刚写好的字称为“墨宝”是非常不合适的。

另外，字幕中的“副”也错了，应为“幅”。“副”作为量词，常用于成对、配套的物品，如一副手套、一副对联；也可用于态度或面部表情，如一副笑脸、一副严肃的表情。“幅”才是用于字画、布帛的量词。

语言哲思

“公务员也是人”

◎宗守云

作家裘山山在《死亡设置》(《长江文艺》2014年第10期)中写道:

(1)田野不以为然地说,这有什么,现在公务员离婚的很多,很普遍。公务员也是人嘛。

不仅公务员“也是人”,法官、律师、首长“也是人”:

(2)其实,法官也是人,是人总归有七情六欲,脱下法袍便偷鸡摸狗,这样不良的法官,中国有,外国也有,不算稀奇。(杨树荫《斯文扫地之种种》,《中国城市化》2014年第9期)

(3)虽说老谢给了律师费,但律师也是人,眼里不光有案件和业务,也有是非和善恶。(李清源《苏让的救赎》,《当代》2015年第1期)

(4)同志们别紧张,首长也是人嘛,一定要把手术做好,记住,某县一百多万百姓正在看着你们,看着你们手中的刀。(申剑《白衣胜雪》,《山花》2015年第3期)

公务员也好,法官、律师、首长也好,他们当然都是人,说他们“也是人”,似乎是废话。但说话人既然这样说,就一定有这样说的理由。拿例(1)来说,在一般人看来,公务员作为国家公职人员,应该有较高的道德操守,不能像普通人一样轻易离婚,但在说话人看来,公务员虽然有较高的社会地位,但他们也和普通人一样,有七情六欲的诱惑,有柴米油盐的需求,因此公务员离婚的很多,很普通,是可以理解的。

人都具有两面性。一方面,人作为动物,有动物性的一面,有吃喝拉撒睡的生理需求,有追求安全的本能。另一方面,人又是高级动物,按照《圣经》的说法,人是上帝按照自己的形象创造出来的,因此人又有神性的一面,比如讲求伦理道德,会创造,能分辨善恶,等等。美国心理学家亚伯拉罕·马斯洛1943年在《人类激励理论》一文中指出,人类的需求按照从低到高的层次可以分为五种,分别是:生理需求、安全需求、社交需求、尊重需求和自我实现需求。其中前两种反映了人类的动物性需求,后三种反映了人类的精神性需求。每个个体的人都可以分出两个层次,动物性层次和精神性层次,前者是人的基本需求层次,后者是人的高级需求层次。

社会成员有地位之分,有的社会成员地位较高,有的地位较低。就社会认知而言,地位较高的社会成员,其精神性层次往往被凸显,动物性层次被抑制。比如,对于一个诗人而言,人们往往把他想象成不食人间烟火的超人,而实际上,他和普通人一样具有七情六欲,也需要吃喝拉撒睡,在特定语境中,说话人就需要把这种实际情形激活——"诗人也是人嘛"。相反,地位较低的社会成员,其动物性层次被凸显,精神性层次被抑制。比如,对于一个乞丐而言,人们往往认为他只有动物性的生理需求,没有人格,没有尊严,而实际上即使是最低层次的人,也一样有自己的人格和尊严,在特定语境中,说话人也会把这样的实际情形激活:

乞丐也是人嘛

罪犯也是人嘛

贫民也是人嘛

智障也是人嘛

可见,同样"也是人",情况并不相同。"诗人也是人",是说诗人也有普通人的动物性需求;"乞丐也是人",是说乞丐也有普通人的精神性权利。

在语言中,表面看是废话的,往往有特定的表达需求;表面看是相同的结构,往往可以细分出不同的情形。

检测窗

编校差错扫描(八)

◎王　敏

“刍议”自谦不瞎“诌”

【错例】约翰·密尔自由主义思想诌议(标题)

【简析】“诌议”应为“刍议”。“刍”音chú,会意字。甲骨文作“[illegible]”,从又,从艸,会以手拔草之意。本义就是拔草,引申指割草。《说文解字》:“刍,刈(yì)草也。”又可指割草之人。《诗经·大雅·板》:“先民有言,询于刍荛。”刍荛(ráo),这里指割草采薪之人。古时割草打柴者地位低贱,故“刍荛”可泛指草野之人,也指浅陋的见解,多作谦辞。由此而出的“刍荛之议”“刍议”也是谦辞,指自己的言论浅陋、不成熟。“诌”音zhōu,形声字,常用含义是信口胡说,如“胡诌乱扯”。“诌议”是无法表示谦虚的。

“陡然”“徒然”大不同

【错例】飞机降落咸阳机场,一踏上厚厚的黄土地,我心里徒然涌出一阵滚烫的感觉。

【简析】“徒然”应为“陡然”。“陡”和“徒”都是形声字,声旁都是“走”。“陡”从阜,含义与地形有关。《集韵》:“陡,峻立也。”其本义指山势陡峭,近于垂直，如“陡壁、陡崖、陡坡”等。后引申指顿时、突然，如“陡变”即突然改变或变化。“徒”从辵（chuò），含义与行走有关。《说文解字》：“徒，步行也。”其本义指步行，如“徒步”。周代打仗用战车，车上的兵称“甲士”，车后跟着步行的兵称“徒”。后引申指同一类或同一派别的人，如“党徒、教徒、门徒”。地位低贱的人也称徒，如“歹徒、匪徒、无耻之徒”等。“徒”又可指裸、光、空，如“徒手”即空手。“徒”还作副词，指仅仅，如“徒有其表、徒有虚名”等。“陡然”指突然、骤然，“徒然”指枉然、白白地，两者不能混为一谈。

心有希求用“期冀”

【错例】创意冰淇淋蛋糕满含了亲密的爱以及对美好的期翼，也融入了人们对最亲密的爱人最深切、最真挚的爱。

【简析】“期翼”应为“期冀”。“冀”和“翼”都是形声字，声旁都是“異”。“冀”从北，其本义历来有分歧。《说文解字》：“冀，北方州也。”认为其本义为州名，指冀州。假借指希望、希图，如“希冀”。清代徐灏《说文解字注笺》则认为：“冀，从北。北，古背字，盖从后有所仰望之义。”“冀”本义即希求。而郭沫若《两周金文辞大系图录考释》则认为：“冀犹小心翼翼之翼，敬也。”其本义指恭敬。金文中“冀”字或从飛，異声。《秦公钟》“冀”作“𩙺”，它是“翼”的异体字。“翼”字本义明确，即翅膀。《说文解字》：“翼，翅也。”还列举了两种字形：一从羽，以鸟的器官表义；一从飛，以器官的功能表义。引申指像翅膀一样的东西，如“屋翼”。又指左右两侧，如“左翼、侧翼”。由此又指从旁辅佐、帮助，如“翼助”。由位居两侧，又引申出恭敬之义。但“翼”从不指期盼。

一幅照片称“一帧”

【错例】一桢桢老照片勾起了我的记忆。

【简析】“一桢桢”应为“一帧帧”。“桢”和“帧”都是形声字，声旁都是“贞”。“桢”从木，本义指坚硬之木。《说文解字》：“桢，刚木也。”“桢”也为木名，“桢木”即女贞树。另外，古时筑墙所用的木柱，竖在两端的叫“桢”，竖在两旁的叫“干”，因此“桢干”比喻骨干人员。“帧”从巾，含义与丝织物有关，本义指画幅。《正字通·巾部》释“帧”：“绢画在竹格也。”还说：“今人以一幅为一帧。”可见，“帧”既可作名词，也可作量词，一幅画可称一帧画。“一帧帧照片”即一幅幅照片，写成“一桢桢”就不知所云了。

“擘”是剖开“擎”是举

【错例】关注点一：陆家嘴东擎划当代商界影响力（标题）

【简析】“擎划”应为“擘划”。“擎”和“擘”都是形声字，形旁均为“手”，含义都与手有关。“擘”声旁是“辟”，读bò。《说文解字》：“擘，扐（huī）也。”扐指分裂、剖开，此为“擘”本义。“擘析”就是“分析”，“擘肌分理”就是剖析肌肉的纹理，比喻分析精密。“擘”又指大拇指。《尔雅·释名》：“腹虺（huǐ）博三寸，首大如擘。”陆德明释文：“擘，大指也，手足大指俱名擘也。”又称“巨擘”。清段玉裁《说文解字注》：“大指主开，余四指主合，故大指谓之巨擘。”由此比喻优秀人物。“擎”声旁是“敬”，读qíng。《广雅·释诂一》：“擎，举也。”本义指向上托、托举，如“左牵黄，右擎苍”。引申指支撑，如“擎天柱”。“擘划”现多写作“擘画”，指筹划、安排，写成“擎划”就说不通了。

文章病院

应是《折狱龟鉴》

◎李景祥

2018年11月7日《北京晚报》第35版《古代私生子有无继承权》一文中，有这样一段话：

南宋郑克编撰的刑事侦查案例汇编《折狱鬼鉴》载，宋徽宗年间，浙江宁波地区有个土豪，生了一子，土豪后来又与仆人的老婆通奸，又生了一个儿子，并收养在家……土豪的老婆和“小三”都死了，私生子回来要跟同父异母的兄长分财产……

文中所提到的《折狱鬼鉴》应是《折狱龟鉴》。书中所收的也并非都是“刑事侦查案例”，作者所举这则要求“分财产”的例子就与刑侦无关，属于民事诉讼案例。

《折狱龟鉴》又名《决狱龟鉴》，南宋郑克编。郑克以五代时和凝父子之《疑狱集》为基础，予以增补、分类并附以论断，分释冤、辨诬、惩恶、察奸、证慝、迹盗等二十门，编成了一部二十卷的《折狱龟鉴》。书名中的“折”即判断，“狱”为诉讼、官司，“折狱”为判决诉讼案件。《论语·颜渊》：“子曰：片言可以折狱者，其由也与？子路无宿诺。”龟指龟甲，古人占卜时灼龟甲观其裂纹以判断吉凶。鉴指镜子。龟鉴，比喻可供人对照学习的榜样或引以为戒的教训。苏轼《乞校正陆贽奏议上进札子》：“聚古今之精英，实治乱之龟鉴。”以“折狱龟鉴”为书名，意思就是判断诉讼时官员可以参照学习这本书。误“龟鉴”为“鬼鉴”，显系音近所致，编校者疏忽了。

“上马横塑下马诗”？

◎杨昌俊

2018年10月11日《太行日报》第7版刊有《伯方那个传奇人物》一文，文中介绍了清康熙年间“廉能”名臣毕振姬，其中写道：“‘上马横塑下马诗’是毕阁老的真实写照，‘为天地立心，为生民立命’更是毕生信念，此信念使得他在功名利禄面前始终清醒而不迷失自己。”引文中的“横塑”写为“横槊”才对。

槊，读作shuò，义为长矛，是古代的一种兵器。横槊，即横持长矛，常借指从军或习武，后也用来形容气概豪迈。“上马横槊下马诗”应是化用了成语“横槊赋诗”，即军旅征途中，在马上横着长矛吟诗，多形容能文能武的豪迈潇洒风度。最初是唐代元稹在《唐故工部员外郎杜君墓系铭》中形容曹操父子的：“建安之后，天下文士遭罹兵战，曹氏父子鞍马间为文，往往横槊赋诗，故其抑扬怨哀悲离之作，尤极于古。”后北宋苏轼在《前赤壁赋》中有“舳舻千里，旌旗蔽空，酾酒临江，横槊赋诗，固一世之雄也”之句，使得这个成语进一步广为流传。上段引文中用“上马横槊下马诗”来描述毕振姬文武双全的形象，是很合适的。

塑，读作sù，义为塑造，即用泥土等造成人物形象，引申出用语言文字或其他艺术手段表现人物形象之意，如“塑像”。也指塑料，如“塑封”。

槊与塑，音、义皆不同，不能混为一谈。

崇祯帝铲除“庵党”？

◎方必成

《图说明清大对决》(金盾出版社2015年1月出版)用近300幅图片,图文并茂地勾画了明朝灭亡、清朝兴起的历史转折轮廓。有一幅图片的图注为“崇祯帝铲除庵党,昭雪冤狱”,其中的“庵党”应该是“阉党”。

阉,读音为yān,一义为阉割,泛指摘除雄性动物的生殖腺。也指被阉割的人,古代常用来看守宫门,后专指宦官,《玉篇·门部》:“阉,宦人也。”宦官是古代以阉割后失去男性功能之人,在宫中侍奉皇帝及其家族。也称“阉人”“阉宦”“内监”等。本为内廷执役的奴仆,不能干预朝政,但因与皇室接近而关系密切,故历史上常出现阉宦专权的局面。结成党羽的宦官或依附于宦官而结成党羽的官僚,都叫作“阉党”。明朝曾多次出现宦官专权的情况,明英宗时的王振,明宪宗时的汪直,明武宗时的刘瑾,都在当时拥有极大的势力。不仅在政治上弄权,干预朝政,残害忠良,还在经济上贪污受贿,大肆敛财。而明熹宗时期的魏忠贤,更是权倾朝野,到了“自内阁六部,四方总督巡抚,遍置死党”的地步,时人称其为“九千岁”。崇祯帝朱由检即位后,熟知魏忠贤的恶性,将党附魏忠贤之人定为“阉党”,严加惩治。“铲除阉党,昭雪冤狱”是崇祯初年最为重要的政治举措。

庵,读作ān,义为圆顶草屋,也指僧尼奉佛的小寺庙。古今汉语中没有“庵党”的说法。

孔尚任并非元曲作家

◎王宏玉

《图说二十四节气》(长江文艺出版社 2018 年版)一书,在介绍“惊蛰”节气的节俗时,提到了“花朝节”。其中有句话说:“作有《桃花扇》的元曲作家孔尚任便以《竹枝词》来形容花朝节盛况‘千里仙乡变醉乡,参差城阙掩斜阳。雕鞍绣辔争门入,带得红尘扑鼻香’。”孔尚任不是元曲作家。

孔尚任(1648—1718),字聘之、季重,号东塘、岸堂、云亭山人。山东曲阜人,孔子六十四代孙,是清初著名的诗人、戏曲作家。孔尚任最为人熟知的作品是传奇剧本《桃花扇》,是他历经十余年苦心创作而成。全剧以复社文人侯方域与秦淮名妓李香君的悲欢离合为主线,反映了南明弘光王朝的政治动乱,表达了明朝遗民的亡国之痛。后人将孔尚任与《长生殿》作者洪昇并论,称“南洪北孔”。

元曲,是盛行于元代的一种文艺形式,包括杂剧和散曲,有时专指杂剧。皆采用当时流行的北曲演唱。出现了许多优秀的作品,如《窦娥冤》《西厢记》《汉宫秋》《倩女离魂》等。也涌现了一大批杰出的作家,如被列为“元曲四大家”的关汉卿、马致远、郑光祖、白朴。因此,元曲常被作为元代文学的代表,与唐诗、宋词并称。

孔尚任是清朝人,他出生时元朝已被推翻 280 年了。而他的代表作《桃花扇》是以明末史事为背景,明朝在元朝之后,又怎么可能是元曲呢?

"墨子间诂"非"闲诂"

◎潘洁清

最近翻读九州出版社2013年3月出版的论文集《近代中国的思潮与人物》，该书乙编首篇为《梁启超的学术思想》，文中多次提及或引用清末孙诒让所著"《墨子闲诂》"。其实，写作"《墨子间诂》"才对。

閒，是个繁体字，本指缝隙，引申表隔阂、间杂、离间等义，此时读jiàn；引申表当中、中间等义时，读jiān。表示上述义项时简化字简化为"间"。"閒"又引申表示空暇、闲暇等义，此时读xián，现在规范的写法为"闲"。所以，"閒"对应的简化字有二：一为"间"，一为"闲"，"閒"转为简体时需考虑是"间"还是"闲"。

回到"《墨子闲诂》"。孙诒让以毕沅本为底本，"考校文字，征引文献，训诂名物"，对《墨子》进行整理和校注，形成了《墨子间（原作"閒"）诂》。"閒"是"间"还是"闲"？其实从《墨子间（原作"閒"）诂》序中就可以知道。孙诒让在序中称："昔许叔重注淮南王书，题曰《鸿烈间（原作"閒"）诂》。閒者，发其疑忤；诂者，正其训释。今于字谊多遵许学，故遂用题署。"许叔重即许慎。许慎为《淮南王书》作注，题目是《鸿烈间（原作"閒"）诂》，其中的"閒"是发现疑惑、抵牾之处，"诂"是纠正其注解、解释。孙诒让于是仿其书名，将书取名为《墨子间（原作"閒"）诂》。

所以，《墨子间（原作"閒"）诂》的"閒"表示的是发现抵牾、查漏补阙之义，这是从缝隙义引申而来的。因此这里的"閒"当是"间"，读jiàn。

“南京”是“顺天府”吗

◎许龙桃

《救时宰相——张居正》(海潮出版社 2013 年 1 月出版)说:“万历七年,有个叫张国用的盗贼被捕,由南京顺天府派差役押送,但是过了若干时限,还没有到达。”(第 153 页)这句话中把“顺天府”和“应天府”弄混了,“南京顺天府”应改为“南京应天府”。

稽考史料可知,1356 年,朱元璋攻破集庆路(南京在元朝时的名称)后,即改集庆路为应天府,取应从天命、上应天意之义。1368 年,朱元璋建立明朝,以应天府为都城所在。旋即欲迁都于北宋都城开封,而以应天府为留都,并将应天府称为南京,将开封称为北京。洪武十一年(1378),因漕运难以恢复等原因,朱元璋放弃迁都开封的念头,开封也罢称“北京”,下旨正式将南京应天府作为京师所在。明洪武元年(1368),元大都路改为北平府,明成祖朱棣于永乐元年(1403)以北平为“行在”(天子行銮驻跸之地),并常驻于此,将北平升格为北京,称顺天府,以示其执掌天下是顺乎天意。十多年后,明王朝正式迁都顺天府(北京),将应天府(南京)作为留都。1645 年,清军攻克应天府后,将其改名为江宁府,习惯上仍称南京。

历史上还有一个应天府,也称过南京,不过与现在的南京无关,指的是今商丘。因宋太祖赵匡胤曾任宋州(今商丘)节度使,于是宋州被看作宋朝“龙兴之地”。后来,宋真宗将宋州升州为府,称应天府,后又以应天府为南京,与彼时都城东京开封府相呼应。

因贪杯而贫困，不宜说“清风两袖”

◎屠林明

2018 年 4 月 11 日 的《报刊文摘》刊有《死前剩下二十六元》一文，此文摘自百花洲文艺出版社出版的《刘荒田小品文精选》。文中写道：“他死后，刑警来调查，发现他没有存折和股票，没有任何贵重物品，身边的钱加起来，是 26 元。他一辈子清风两袖，是贪杯的缘故，每个月工资到手，马上托同事买足一个月的饭票，给公交卡和手机充值，剩下的，全部献给酒吧、酒庄。”因为贪杯，死前只剩下 26 元，能说此人“一辈子清风两袖”吗？

清风两袖，也作“两袖清风”。谓除两袖清风外别无所有，没有余财，形容做官廉洁。明代诗人于谦为人耿直，在担任晋豫巡抚期间，从任地回京时什么礼物特产也不带，并写下著名的《入京》：“绢帕蘑菇与线香，本资民用反为殃。清风两袖朝天去，免得闾阎话短长。”只带两袖清风去朝见天子，体现其不同流俗、清廉自律的品格。

“清风两袖”除了身无长物的字面义，在使用时更主要的是强调清廉的品格。在上述引文中，“他”因贪杯导致贫穷，说“他一辈子清风两袖”是不恰当的。

有此一说

"治大国若烹小鲜"究竟何意

◎石毓智

习主席曾经在接受外国记者采访时，引用了老子的"治大国若烹小鲜"这句话，用以说明新一代领导人的治国理念。老子这句话是个比喻，比喻的优点是形象生动，缺点则是表达模糊，可以有多种理解。那么，如何来理解老子这句话？

古往今来，不论文人学士还是帝王将相几乎都是这样理解这句话的：烹鱼不能频繁地搅腾，否则就会碎掉烂掉，不便食用。由此推及，治理国家不能烦扰民众，否则无以成功业。历史上关于这句话的注解很多，就让我们看看两位大学者和两个皇帝的解释吧。

（1）《诗经》毛传："烹鱼烦则碎，治民烦则散，知烹鱼则知治民。"

（2）三国魏经学大师王弼："治大国若烹小鲜，不挠也，躁而多害，静则全真。故其国弥大，而其主弥静，然后乃能广得众心矣。"

（3）唐玄宗："烹小鲜者，不可挠，治大国者不可烦，烦则伤人，挠则鱼烂矣。此喻说也。小鲜，小鱼也，言烹小鲜不可挠，挠则鱼溃，喻理大国者，不可烦，烦则人乱，皆须用道，所以成功尔。"

（4）宋徽宗："事大众而数摇之，则少成功；藏大器而数徙之，则多败伤；烹小鲜而数挠之，则溃，治大国而数变法，则惑。"

先哲的理解大同小异，不

外乎上面这些说法。在一般人看来，是呀，这不是很有道理嘛！人们都会根据自己的直接或者间接经验，想当然地认为这是明摆着的真理。没有烹调过鱼，起码吃过鱼，谁喜欢吃碎烂的鱼肉？国家也是如此，当政者天天折腾百姓，人人不得安居乐业，社会怎么会发展？这道理既正确又深刻，然而问题是：这是不是老子的原意？老子的话中有没有更深刻的意义？

其实，从古到今都错会了老子的本意，主要原因就是忽略了其中的“大”“小”这两个关键词。老子这里谈的是“治理大国”之道，用的是“烹制小鱼”的比喻。试想一下，难道“烹调大鱼”就可以随便翻腾了吗？“治理小国”就可时常扰民吗？一样不可以！老子肯定不赞成“频扰民”，然而他这里关心的不是这个问题。

凡做过鱼的人都知道，大鱼比小鱼更怕折腾。比如你煎一条3斤重的黄河大鲤鱼，跟做一条只有小拇指大小的湘江楞子鱼比一下，楞子鱼体小肉紧，翻搅几次没多大关系，仍然完好无缺，然而大鲤鱼搅腾两次就可能烂掉了，碎成一锅鱼粥。如果老子就是想说明“治理大国不能折腾”这一道理，那么他的话应该是“治大国若烹大鲜”，因为这样更加贴切。显然，老子是另有所喻。

人们对老子这句话的理解偏颇来自忽略了这两个关键词“大”和“小”，正确的答案也在有关的数量上。在日常生活中，你想吃黄河大鲤鱼，到菜市场买一条大的就够全家吃了，人少的家庭，斤把子就行；人口多的家庭，就买一条三五斤重的。然而想吃湘江楞子鱼，没有人只买一条的，因为最大的只有食指那么大，普通的就是小拇指大小，一条只够一个人填牙缝。所以，通常人们一买就是好几斤，一斤就是几十条。

像湘江楞子鱼才能叫“小鲜”，烹制的时候，谁也不会一条一条去做，都是很多条一起做。

烹大鱼一般是一条一条做，小鱼则是众多条一起做。这才是“烹小鲜”和“烹大鲜”的最显著区别，也是老子比喻的精髓所在。

烹大鱼，你只用眼盯着一条大鱼就行了，相对比较简单。然而烹小鱼，你就必须照顾到众多的小鱼，让每条鱼受热均匀，不至于贴近锅底的烧煳了，而上面的还是生的；作料汤汁要覆盖所有的小鱼，不至于有些鱼死咸，而有的还没一点儿咸味。

可以说“治小国如烹大鲜”，国家就一个城市那么大，照顾好了皇城根下的子民，全国大多数人也就满意了。然而治理大国就像烹制小鱼一样，幅员辽阔，庶民众多，要照顾到每一个子民，这样难度就大很多，当政者就必须想尽一切办法，做出更大的努力，让那些偏远地区的子民得到跟皇城根下的一样的待遇。

老子的寓意就在于管理人口大小不同国家的差别。所以他紧接着就说“以道莅天下”，“德交归焉”。“天下”是一个政治地理概念，涵盖国家的所有地区，提倡执政者应该“泽被所有的生民”。老子的思想蕴含着平等，反对在一个国家内部搞地域特权甚至地方歧视。

传统的解读可以概括为：做小鱼不能搅腾，治大国不能折腾。如果这种理解是正确的，就可以逻辑地推出：做大鱼可以随便搅腾，治小国就能随便折腾。其实，不论是做大鱼还是做小鱼，都不能搅腾；不论是治大国还是治小国，都不能折腾。显然，传统的解读有悖逻辑，也曲解了老子的本意。

老子这里谈论的是治“大国”之道，不是泛谈治国方法。因为大国幅员辽阔，人口众多，当政者要全国一盘棋，关怀到所有地区的每个子民。这就如同烹调小鱼，锅里鱼多，每条都要受热均匀，汤汁作料搅拌均匀，不能有的熟有的生，有的咸有的淡。

古人已离我们太远,一句古文究竟何意,具有争论的空间。然而,这并不总是一个"公说公有理,婆说婆有理"的问题,还是存在相对客观的标准来判断孰是孰非。那就是看说这句话的上下文,特别是同一部典籍中的其他相关论述,这是理解古人的最好证据。先看包含这句话的段落:

治大国若烹小鲜。以道莅天下,其鬼不神。非其鬼不神,其神不伤人。非其神不伤人,圣人亦不伤人。夫两不相伤,故德交归焉。——《道德经》第六十章

如果传统的解读是对的,那么老子就会紧接着第一句话之后进一步阐发"频扰民"的弊端,以及当政者怎样才能做到"不扰民",让老百姓安居乐业。可是后续语句并没有这些内容,显然传统的理解是有问题的。

然而按照我们的解读,前后文意衔接得就非常自然。老子先指出大国的每个地区的每个子民应得到同样的政治关怀,接着就谈如何实现这一点,那就是"以道莅天下"。这里的"道"就是"治理国家的原则规律","莅"为"临视""统治"的意思。"鬼""神"和"圣人"是无处不在的力量,调节着人与人、人与自然的关系。这里的"人"指"庶民",就是一般的大众。当这些超人的力量都不"伤人",每个人都得到了很好的照顾的时候,那么整个社会关系就会变得和谐,即"德交归焉"。"交归"就是"交馈",古汉语中"归"和"馈"通用,就是以"德"相待。"德"就像烹小鱼的汤汁,汤汁让每条小鱼都有味,小鱼又让鱼汤更鲜美。

老子的上述思想系统地反映在他的《道德经》其他章节中。按照现在我们这个解读,不仅同一段落的前后文意连贯,而且与《道德经》的其他思想观点也和谐一致。"烹小鲜"论的精髓就是天下百姓得到同样的照顾,做到天下"无弃人":"是以圣人常善救人,故无弃

人；常善救物，故无弃物。”（《道德经》第二十七章）“圣人善救人”也就是说圣人善于管理天下，那么衡量的标准是什么？就是天下“无弃人”，世间“无弃物”，如同“烹小鲜”时，每条小鱼都得到同样精心的烹制。

老子是反对区别对待老百姓的，不在百姓之中区别出贵贱贤愚，明确提出“不尚贤，使民不争”（《道德经》第三章）。也就如同在烹制小鲜时，每条小鱼小虾都一视同仁地得到“照顾”。当然，老子的愚民思想有其历史的局限性。

那么，如何才能做到一视同仁地对待大国中的每一个民众？就是行“善德”。老子经常用水来比喻善德：“上善若水。水善利万物而不争，处众人之所恶，故几于道。”在烹调美味佳肴时，“汤汁”就是照顾到每一条小鱼的“善德”，所以以此来比喻执政。

很多人认为老子的“烹小鲜论”是在提倡“无为而治”，这是不清楚老子思想体系的缘故。“无为而治”实际上是庄子的强烈主张，老子对“无为”是持谨慎怀疑的态度，甚至质疑当政者能否做到“无为”：“爱民治国，能无为乎？天门开阖，能为雌乎？”（《道德经》第十章）是呀，一个国君要爱护自己的国家，治理好自己的民众，怎能够“无为”？就像生民之处，怎能够没有女性？古往今来，没有哪个国君真正可以“无为而治”，都必须“有为”，区别就在于“如何为”。习主席多次提到的“实干兴邦，空谈误国”，就是明确了“如何为”的问题。

总之，老子是用美味佳肴的制作原理，来比喻把一个大国治理成美好和谐社会的道理。

《火眼金睛》提示

图 1，“敏儿好学” 应为“敏而好学”。

图 2，“温固而知新” 应为“温故而知新”。

图 3，“乙亥年”应为“己亥年”。

图 4，“文邹邹”应为“文绉绉”。

网言网语

你的"肝"还好吗

◎魏久欣

"这么晚了,快去睡觉吧。""等我肝完这一集就去睡!"

"你最近的黑眼圈怎么这么重?""别说了,我肝了好几个晚上的毕业设计。"

不知从何时起,"肝"已经成为我们生活中的常用语,无论何时,总有人在不知疲惫地"肝"着论文;每到考试周,总有一个群体在图书馆里"肝"着一本本专业书。不同的人在朋友圈里不约而同地用一个字叫嚣抱怨着自己"惨绝人寰"的生活,那就是——"肝"。

"肝 ××"最早来源于游戏圈中"爆肝"一词。许多游戏发烧友为了完成任务,用一整个晚上刷副本,在中医看来,熬夜伤肝,于是网友们就将这种熬夜通宵打游戏的行为称为"肝",而那种特别拼命的人就被"尊称"为"肝帝"。为了进一步突出这种行为的后果,网友们就在"肝"的前面加了个前缀——"爆"。"爆",灼也,热也。熬夜通宵即意味着将自己的肝脏拿到火上炙烤,能不伤肝伤身吗?因此,"肝"成为了"熬夜拼命干某事"的代名词。

在汉语中,我们常有"肝肠寸断""肝胆相照""大动肝火"等用法,从这里不难看出,作为人体的一大器官,"肝"和我们的情绪本身就有着千丝万缕的联系。如今的年轻人承受着巨大的工作压力,工作到深夜会易怒、焦躁,再加上"肝"现在有熬夜这个意思的加持,"爆肝"很容易就流传开来了。为了使"肝"的用法更加广泛,网友们将名词活用,赋予了"肝"动词的用法,作为动词的"肝"可以随意搭配，“肝论文”“肝报告”等应时而生。这时的“肝”就不再具体指人体的某个器官，也不再局限于熬夜做事。“肝××”表示了一种“费时费神的、大工作量的行为”。这个用法一经开发，便广为流传：中学生深夜复习，做作业叫“肝作业”；大学生熬夜写论文叫“肝论文”；工作人员通宵写报告叫“肝报告”；度过难熬的工作日叫“肝过这一周”；喝到某个难喝却又不舍得扔掉的饮料叫“肝了这杯水”；有些人不眠不休追完几十集的连续剧叫“肝剧”；甚至还有网友直言放弃叫“肝不动了”。“肝××”最开始是在青年群体中流行，不过现在也逐渐年轻化，一些小学生也过上了“伤肝”的生活。他们也要面带微笑地“肝”完老师布置的各科作业，虽然是“宝宝心里苦，可是我不说”……

当“肝××”逐渐流行，我们会发现潜藏在这个词背后的一种现代人的生活方式。为什么现在熬夜已经成为了年轻人的生活常态？为什么我们动不动就“爆肝”？分析其原因，不过是社会压力增大的结果。社会生活节奏越来越快，要求人们必须保持长时间的高效率工作，工作的时候必须像卷紧了的发条，不间断地运转。而高速的工作节奏必然会使工作量骤然增加，需要处理的文件堆积如山，于是乎加班成为一种常态，工作时间的加长使得原来的休闲时光推迟。但劳累了一天的人们并不能接受属于自己的休息时间被压缩，于是追剧、打游戏的时间得到了保证，“夜生活”倒是有滋有味，但睡觉的时间就自然而然地被挤占。

其实不管你是游戏发烧友还是正在加班的职场精英，不管你是为论文头疼的大学生还是被试卷、作业“淹没”的中学生，都应该合理规划好自己的生活，不要仗着年轻气盛去挥霍自己的健康，在你醉心于自己眼前的“事业”的时候还是应该适时扪肝询问一句：“今天你还好吗？”

画饼、送饼和吃饼

◎王子怡

想必你一定听过《画饼充饥》的故事吧，它出自陈寿《三国志·魏书·卢毓传》:“选举莫取有名，名如画地作饼，不可啖也。”魏明帝这话就是在说，世人所谓的“名声”不过似地上画的一张饼，是空而无实的，因而选贤举能不能光看名声。这里的“饼”，聪明的你一定知道它的喻意，就是“不切实际的东西”。

现如今，网络世界里到处都在“画饼”，人们常用“画饼”来指一方给出虚无缥缈的承诺以讨好取悦另一方的行为。在影视圈里，营销号说某明星要来演某部剧，粉丝就会质疑说:“不要给我们画饼，我们等官宣。”这里的“画饼”也就是提前爆料，“饼”带有“未被证实的消息”之意。除了给粉丝的“饼”，也有“饼”是给明星的，比如看到有关新剧新片的筹划，粉丝希望自己的偶像能参演，这就是给自己的偶像“画饼”。而有些宣传过头、实际质量堪忧的影视片，也被吐槽为“毒饼”，谁吃了这“毒饼”，票房和声誉都会“中毒”。

在职场上，有些公司高层也会被吐槽在“画大饼”，他们口中的“愿景”“远景”“规划”云云，实际上是中看不中用的空想。但是另一方面，“画饼”也被看作是企业的一种激励手段，被称为“职场画饼术”。通常是在新职工培训会上，给员工指明工作福利和发展前景，培养员工对企业的认同和工作热情，然而光“画饼”而不给“饼”，也常常会变成负激励。无独有偶，也出现了“反向画大饼”，这是指求职者、职工反过来给公司高层“画饼”，比如“虽然没有经验，但我愿意和单位一起共同成长”“给我一个机会，还您一份惊喜”之类的空话，让上司认为其具有远见卓识。

更为喜剧化的是，在体育赛事中，人们也不断地“做”着各种“饼”。比如，足球球迷常常吐槽“曼联的大英饼王鲁尼”，调侃“鲁尼洁身自好，不食嗟来之饼”；体育频道也常常出现这样幽默的标题：“这口饼价值连城！鲁尼轻轻一顶创造两大纪录”“鲁尼神龙摆尾世界级吃饼　网友：这是印度飞饼”。而这里的“饼”接近于“天上掉馅饼”中的“馅饼”，就是指足球比赛中类似于踢进空门那么简单的球，“吃饼”就是形容毫无困难地打进这些球。以上的表达都是球迷们用来“黑”鲁尼的，调侃他打进或打不进低难度的球。还有人以“饼”来吐槽国足的水平：“当你在盼望国足赢的时候，你会发现全世界都在给国足喂饼。”这些用法也引申出足球赛事上的一系列“饼”：“吐饼”是说踢飞极容易进的球，浪费绝佳机会；“做饼师傅”是指那些善于助攻的球员；等等。与足球类似，篮球也不例外。在篮球赛事中，“吃饼”的意思是被助攻，即别人给某一球员传出舒服的球，他以简单的方式进攻得分。相应的也有“喂饼”“送饼”等类似的表达。

一个简单的“饼”可以生发出如此丰富的含义，运用得如此淋漓尽致，不得不去佩服网友的脑洞。很多网络语的调侃，既形象又喜感，让人由此更深刻地感受到了语言千变万化的独特魅力。

《“膻食”是什么意思》解疑

原来，是店家写了别字。标语上的“膻食”应为“膳食”。膳，音 shàn，义为饭食。膳食，即日常吃的饭菜。

“塑料姐妹花”是一种什么花

◎刘 恬

“塑料姐妹花”的说法源于微博段子“好姐妹的感情就像塑料花，特别假，却永不凋谢”。后来就专门用来形容女性间的虚伪友谊，比如一女生为吓退追求者竟用闺蜜丑照网恋引起轩然大波。这生动诠释了“塑料”友谊究竟能“假”到何种程度。当然，日常生活中的例子也不少：自拍照里的精致妆容全靠女伴的大饼脸衬托；平日总说为朋友两肋插刀，关键时刻还得插朋友两刀。“塑料姐妹花”之间感情复杂，亦敌亦友，暗自勾心斗角、互相伤害，却不与对方决裂，表面上仍维持着较好的朋友关系。她们明面上“商业互吹”，背地里却上演宫斗大剧，虚假友谊的小船总是说翻就翻，与时时浇灌、滋长友谊鲜花的好姐妹有着迥然不同的画风。

探究词源，“姐妹花”原指面容姣好的亲生姐妹，如同一朵花的两片花瓣，后用于称呼关系特别好的闺中密友，泛指情同姐妹的好朋友。在网络交际语境下，人们为了更加有感染力地表达情感，习惯使用略夸张的表达，因此“姐妹花”用于称呼普通的女性朋友也未尝不可。

而“塑料姐妹花”则因带上了“塑料”二字，被赋予了更复杂的内涵。塑料制品在质量和质感上的劣势为“塑料”一词带来了贬义色彩：塑料因为价格便宜在生活中常常被用作偷工减料、以次充好的替代品，有不是真材实料的含义，如“我在天桥上把手机借给了个老头，却被调包成了塑料模型机，真让人哭笑不得”。另外，塑料制品在质感上与金属、实木等材质相比显得很便宜很低档，由此也有差的、次等的意思，如江西、湖南一带习惯把不标准的普通话称为“塑料普通话”。这种带有口音的普通话是江西人和湖南人在方言影响下尽力将语音、遣词用字调整为最接近普通话的状态的结果，但仍让人感觉别扭，往往被贴上“塑普”的标签。

“塑料”在使用过程中逐渐形容词化，由其本身的材料特征引申出诸如“假”“次等”这样的性质意义，与“姐妹花”一词组合，从而把对虚伪友情的复杂描述集合于一词，为困于复杂人际关系的年轻人提供了一种简约、新鲜、诙谐的吐槽表达。

除了“塑料姐妹花”之外，“塑料”还有丰富的组合形式。例如，在女朋友生气时淡定地转身打游戏的“塑料男朋友”、年节串门也不忘炫富的“塑料亲戚”，爸妈总觉得别人家的孩子什么都好，和自家孩子之间却只剩“塑料亲情”。甚至在“塑料”一词的基础上还产生了“聚乙烯朋友”这类以陌生化方式创造幽默效果的组合。

“塑料姐妹花”等多样的词语组合以具体可感的塑料制品转喻抽象复杂的人际关系，表达了年轻人对碍于面子而不得不维持虚假感情的无奈，再现了他们时常怀疑自己“可能交了个假朋友”的社交焦虑。实际上，让友谊的巨轮扬帆远航并不难，多一些坦诚，少一些“套路”，真朋友多了，也就不必为“塑料姐妹花”和“塑料兄弟情”而焦虑啦！

微语录·快乐

1. 小时候，快乐是很简单的事；长大了，简单是很快乐的事。

2. 生气是拿别人做错的事来惩罚自己。

（李数鸿／辑）

华语圈

台湾的手机用语

［中国台湾］高婉瑜

根据Newzoo的2017年全球手机市场报告，就“智能型手机渗透率”而言，台湾是70.4%，位居所有调查对象的第五名。手机与台湾人的生活密切相关，过去，拥有手机是奢侈的象征，如今，手机变成一种必需品。

按键式手机与智能型手机使用的方法不同，前者以按压键盘发送讯息或拨打电话；后者以拨动荧幕的方式发讯息、打电话、玩游戏、看影片，拨动荧幕的动作在台湾称为“滑手机”。“滑”有在光溜的物体表面溜动的意思，例如“滑冰”“滑了一跤”，手机荧幕亦是光溜溜的表面，故将手指拨弄荧幕的动作称为“滑”。

因应“滑手机”现象的普及，出现了“滑世代”，指喜欢或沉溺于使用手机的世代（族群），如“滑世代经济当道，电子商务发展加速成长”。呼应“滑世代”，便有“滑经济”，又叫“手指经济”，指以手机上网购物的经济行为，如“台湾网购‘滑经济’爆发，行动购物量更达到电商交易总量的60%，比例高居亚洲区之首”。

与“滑经济”类似的词是“哔经济”，指以行动支付费用，如“哔经济当道　森林游乐区12月起可行动支付”。但是，“滑经济”与“哔经济”的词语取象与适用对象有别。取象方面，前者着眼于“滑动手机”的购物形式，后者侧重于以卡片、手机支付费用，感应的机器会发出“哔”的响声。适用对象方面，“哔经济”适用较广，包括储值卡、信用卡、手机等等。

要留意的是，台湾人说的“滑手机”与“刷手机”略有不同，“滑手机”比较通行，指一般使用手机、玩手机的行为，往往不涉及行动支付。“刷手机”比较少用，可能是单纯的玩手机，亦可能指感应条形码或行动支付，如“饭店无人化管理，刷手机就能入住”。另一个词“刷机”与“刷手机”虽然只差一字，但语意不同，“刷机”是将手机的软件升级或更改系统，涉及程序设计问题，日常生活较少使用。

（本文作者是高雄师范大学国文学系教授）

台湾菜王高丽菜

［中国香港］汪惠迪

2009年2月24日，有“台湾菜王”美誉的一千余箱优质高丽菜空运北京上市，这是台湾蔬菜首次进军北京，摆上市民餐桌。

高丽菜是什么菜，是否跟高丽（Goryeo/Koryo/Korea）有关？一说是，这种菜起源于地中海沿岸，中世纪后，经海陆两路传到朝鲜国，后由朝鲜半岛传入中国；另一说是，日本人认为这种菜营养价值很高，堪与高丽参相比。如此说来，高丽菜因高丽而得名，跟高丽有关。

还有一种说法是，高丽菜西班牙语叫col、荷兰语叫kool，是随着西、荷侵占台湾时引进培植的。col或kool跟当地闽南方言高丽参（ko-le-sam）中的“高丽”二字音近，于是写成“高丽”，后加“菜”字，以与“参”相区别。当地潮州人也叫kole菜，但是写成“哥枥”或“哥呖”。台湾历经西、荷统治，所以老辈都说“高丽”，沿用至今。如此说来，“高丽”是欧语的闽南和潮州方言音译，跟高丽（朝鲜）无关。

新加坡酒楼、餐馆大多说包菜，但是华人口头上习惯说高丽菜。笔者曾向一位新加坡本土语文专家请教过高丽菜得名之由。承告可能与花椰菜（菜花/花菜）有关。由于包菜跟花椰菜形似，因此在新加坡有人把花椰菜叫作包菜花，花椰菜英语叫 cauliflower，音义兼译便是高丽花，那没有花的包菜就叫作高丽（菜）了，高丽是从花上移用到菜上的。如此说来，也跟高丽（朝鲜）无关。马来西亚祖籍闽南的华人也多称包菜为高丽菜。

植物学上，高丽菜称结球甘蓝，通称圆白菜、洋白菜，在不同地区有包菜、包心菜、卷心菜、大头菜、疙瘩白、莲花白、葵花白等名称。广东部分地区也称“椰菜”，香港叫“白椰菜”（扁圆形包菜，叶为白玉浅绿色）和“翡翠椰菜”（球形包菜，叶为深绿色）。

《全球华语大词典》收录高丽菜，注明用于中国台湾地区、新加坡、马来西亚等地。《闽南方言大词典》收录高丽菜，说是闽南方言特有词语。

（作者是本刊特约编委）

华文报标题中的字母词

［马来西亚］邓月璇

AI、APEC、OPEC、CEO、GST、GDP 这些耳熟能详的字母词，近年来越来越频繁地出现在马来西亚华文报的标题中，这对走过百余年途程的华文报章来说，是一道新的风景。

犹记得上世纪八九十年代，报章标题就曾出现一些诸如 WTO、UNESCO（联合国教科文组织）之类的英语缩略语，但为年长读者所排斥，他们表示不明白这些字母词的含义，并且批评标题华英夹杂不伦不类。对此，报馆从善如流，尽量保持语言的“纯净”。

对编辑而言，打标题用字母词完全是出自对字数的考量，例如 LGBT 是英语 Lesbian（女同性恋者）、Gay（男同性恋者）、Bisexual（双性恋者）与 Transgender（跨性别者）首字母的缩略语，如果制作标题时用“同性恋”“双性恋”“跨性别群体”，要用 11 个字，而采用字母词 LGBT 就简省好多，标题不至于太长。再如讲到血缘关系的鉴定，“脱氧核糖核酸”有 6 个字，而用 DNA 就精简多了。

前不久，马来西亚朝野为是否签署《消除一切形式种族歧视国际公约》（ICERD）产生了巨大的争议，而报纸编辑则为怎样简称这个公约而绞尽脑汁。他们从“反种族歧视公约”简缩到“反歧视公约”总觉得表达不够周密，最后决定采用英语 International Convention on the Elimination of All Forms of Racial Discrimination 的缩写 ICERD。字母词顿成弥补华文简写不到位的好帮手。

还有令全球注目的“一个马来西亚发展公司”（1 Malaysia Development Berhad）丑闻，多数新闻标题已从“一马公司”改为 1MDB，因为这个高频热词更能吸引读者眼球。

当然，华文报也不是无原则地使用字母词，抉择标准是根据使用频率和本国受众熟悉的程度。使用时，字母词通常括注在华文词语之后，如“马来西亚电台电视台（RTM）”。标题上的字母词，读者如果不明白，可读新闻导语，导语中一定会解释清楚。字母词通常在正文里只出现一次，其后全以华文书写。

马来西亚的年轻读者大多会华英巫（马来）三语，因此华文媒体如在标题或正文中使用字母词，对他们来说，不会造成阅读障碍，也不会影响新闻的有效传播。

（作者是马来西亚《中国报》助理编辑主任）

八面来风

“年度语文差错”是给语言“定期排毒”

◎戴先任

自2006年开始，《咬文嚼字》编辑部每年发布年度“十大语文差错”，至2018年，已连续发布了13次。

《咬文嚼字》近日发布的2018年度“十大语文差错”，很多都是热点事件中出现的一些语文差错。比如，重庆公交车坠江报道中，“口角”的“角”本应读jué，但一些媒体播报中读为jiǎo。对这些人们习以为常甚至“弄假成真”的语文差错进行纠正，有利于阻止谬种流传，让纠错变得更有价值和意义。

比如，北京大学120周年校庆时，其当时的校长在演讲中将“鸿鹄”的“鹄”读成了hào——这一差错或许并不普遍，但犯错之人是公众人物，事件又引发了公众热议，将这一差错列入年度“十大语文差错”也很有意义。对公众人物来说，尤其应该注意自己的言行，要多学习，要知道自己犯的错可能会误导很多人，造成很坏的影响。

“十大语文差错”还有其他一些常见的差错，比如将“青睐”误为“亲睐”、“捅娄子”误为“捅篓子”、“不知所终”误为“不知所踪”、“反击”误为“反戈一击”，等等。这些差错都具有一定的典型性和广泛性。

对语言进行纠错，《咬文嚼字》有“语林啄木鸟”之美誉。它每年选出的“十大语文差错”往往都能引发社会共鸣，在发布后，相同的差错也会明显减少，这些都体现了这项工作的价值所在。

一方面，我们的母语可以兼容并蓄，容下更多生动鲜活的流行语、网络用语，另一方面，也有必要定期给其“排毒”——每年发布“十大语文差错”某种程度上就有这种“排毒”的功效。汉语博大精深，传

『十大流行语』彰显网络文明在提升

◎刘剑飞

2018 年 12 月 3 日，《咬文嚼字》编辑部公布了 2018 年十大流行语，命运共同体、锦鲤、店小二、教科书式、官宣、确认过眼神、退群、佛系、巨婴、杠精入选。（12 月 3 日环球网）

每年年底，《咬文嚼字》都会发布年度流行语，对一年来的网络语言进行梳理，从中选出一些使用频率高、流传广泛的众所周知的网络词语。这种行为不仅是对网络文化的盘点，也是对网络文明的打捞。只是，2018 年的网络流行语与往年相比，更加积极，更加干净，从这些流行语中，不难看到网络的文明与进步。

网络是一个虚拟世界，每个人在这里都是隐形的，这就给一些人的随心所欲提供了机会。一些人在网络发言中，不注重文明，指责、谩骂，搞人身攻击，让网络充斥着焦虑浮躁甚至暴戾色彩，导致一些粗俗的词语充斥网络，严重污染着网络文明，损害着社会健康，这是长期以来，网络存在的一大问题。

而今，这些上榜的流行语，却没有看到低俗影子，反而充满了积极的能量，比如，"命运共同体"的背后隐含着公众对时政的关注，对国家大事的关心，

承了几千年，要能更好传承下去，就需要多一些像《咬文嚼字》这样的"语林啄木鸟"。而且，每个人都应积极参与进来，努力正确使用语言，认真对待并敬畏自己牙牙学语时就开始使用的语言，这样才能净化语言环境，让语言这一社会最重要的交际工具与思维工具更好发挥作用，让母语文明更好传承下去，让社会变得更加美好，让生活变得更加精彩。

（原载于 2018 年 12 月 28 日《工人日报》）

而“锦鲤”则透射出公众对美好生活的向往，“店小二”则反映出一些地方致力优化发展环境的决心和诚意……每一个流行语都有着不可忽视的关注力量，背后显示出积极的意味，这些词语成为年度流行语，也昭示着公众舆论关注的成熟和理性。

不再只是关注娱乐信息，不再只是关心明星的花边新闻，将更多的时间和精力用在国计民生类的信息上，用在社会热点问题上，继而产生积极的思考，网民的这种舆论素养是值得肯定与欣慰的。尤其是在交流工具发生明显变化，更加注重隐私保护的交流环境下，能够涌现出这些充满正能量的网络流行语，是难能可贵的。因此，这些网络流行语可以视为是公众素养提升的佐证，也是网络文明提升的缩影，其背后有着深刻的年代轨迹和时代印记，是一种文化创造和文明展现。

网络流行语是网络文化的组成，也是时代的必然产物，不仅提升着交流效率，也丰富着汉语文化。网络流行语流传于网络，但是却与现实教育密不可分。因此，要想让网络更文明，流行语更健康，就需要加强现实教育，一方面加强对青少年的文明教育，树立和培养网络文明意识，自觉传播文明的网络文化，抵制不良文化的侵袭，让文明发言、理性发声，成为一种习惯，由此构建健康的网络文化。

另一方面，加强网络文化治理。对于网络上出现的一些极端的、偏激的，或者不文明、不健康的语言，以及低俗信息，应该采取措施，加以净化，比如，可以通过技术手段进行屏蔽，对相关账号进行权限限制等，通过过滤和治理，营造健康积极的网络环境。

窥斑见豹，一叶知秋。虽然2018年十大流行语只有十个词语，但是，却可以让人看到公众文明素养的提升，看到网络文化的文明和健康，这应该就是今年流行语的价值和意义所在吧。

（原载于2018年12月5日四川文明网）

向你挑战

好酒与清水

（文中有十处差错，你能找出来吗？答案在本期找）

◎梁北夕　设计

一天，族长对族人们说道：“经过各自的努力，现在大家的日子都好过了，不像过去那样缺衣少食；但说句刺耳的话，世风还不够淳厚，估名钓誉、自私自利、甚至坑蒙拐骗的事情还是很多。这是最令人堪忧的事情。……”

族长的话还没有说完，就被一位中年男子打断了：“族长，您也太齐人忧天了，我觉得您夸大其词了，没那么严重。”

听了这话，族长并没有立马反对。他看了看族人，只见大家虽未随声附合，但脸上微微流露出赞同的表情。族长在心中叹了口气，对这个男子微微一笑，轻轻说道：“等到了收获季节，我们全族开个丰收庆典。到那时，你就会知道究竟谁的话是对的了。”

秋收之后，族长果然组织了一次隆重热闹的丰收庆典。庆典的前一天晚上，族长通知每户家庭准备一坛好酒，庆典当天都倒在一只大桶里，以供全族人痛饮。

第二天，庆典正式开幕后，大伙莫不欣喜，都争先恐后地把自己带来的酒倒进了事先准备好的大桶里。然后，族长按辈分和年龄，让众人先后从桶里舀酒喝。

“干！”族长一声“令”下，大伙儿都捧起酒碗准备一饮而尽。不想酒刚入口，大家便都齐涮涮停下了，并且面面相嘘，真是尴尬至极——大家喝的几乎是清水，没有一点酒味！原来，族人大都认为，自己在那么大一桶酒中渗入一坛清水，一定不会被察觉。

“乔迁”不宜这样用

邹享昌

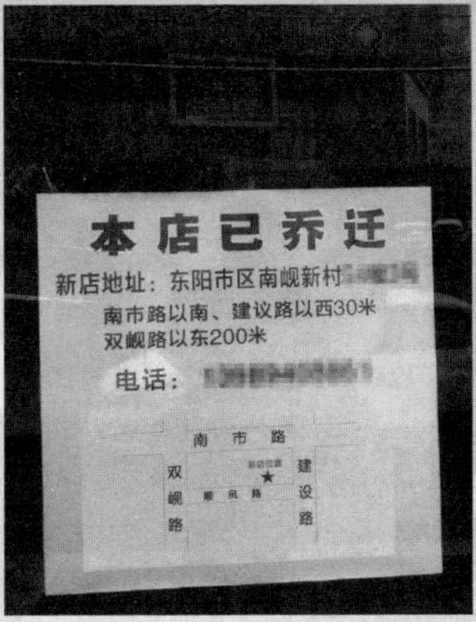

这是浙江东阳某店面的迁址告示，上书“本店已乔迁”五个大字，告诉市民这处店面已迁移至别处。这个信息，相信大家都能明白。但是，“乔迁”二字，却不可以这样用。

乔迁，语出《诗经·小雅·伐木》：“伐木丁丁，鸟鸣嘤嘤。出自幽谷，迁于乔木。”说的是鸟儿飞离深谷，迁移到高大的树木上去。从中提取的“乔迁”一词，指人搬到好的地方去住或官职高升，常用于表达祝贺之义。“乔迁”是一个敬词，在我国的文化传统中，敬词一般只能用于他人，以表示对他人的尊敬和礼貌，不可用在自己身上，对自己只能用谦词。如有亲朋迁新居，我们可以说“恭贺乔迁之喜”，而自己搬进新房子，称搬家就可以了，也有一些地方称“进新屋”。

有鉴于此，这则告示中的“本店已乔迁”宜改为“本店已迁址”。

火眼金睛

图中差错知多少？

周开轩 张吉文 林仙军 尹圣梦 提供

（答案在本期找）

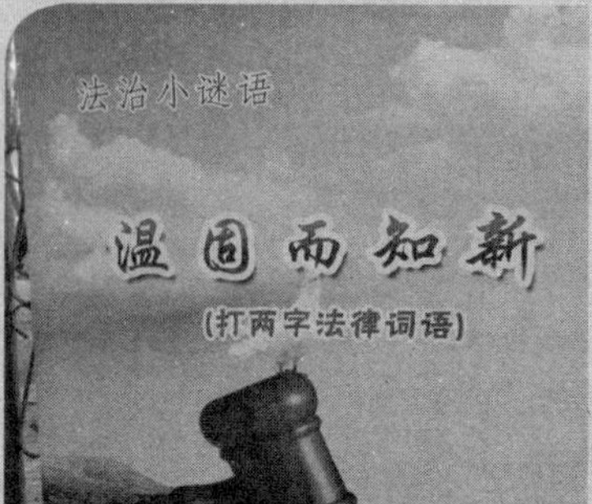

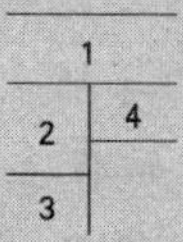

ISSN 1009-2390
9 771009 239197 04

2018年度向全国少年儿童推荐的百种优秀报刊

YAOWEN-JIAOZI

咬文嚼字®

05
2019

鲳鱼

硬骨鱼纲，鲳科。体侧扁而高，银灰色。肉味鲜美。据《本草纲目》，其得名有两说：鲳从鱼从昌，“昌”义“美”，因味美得名“鲳”；鲳游于水，群鱼随之，“有类于娼”，故名“鲳”。

上海世纪出版集团

欢迎至邮局订阅本刊 邮发代号 4-641

国内统一连续出版物号 CN 31-1801/G

定价：5.00 元

雾里看花

“值保农药”是啥意思

苏秦

这是一家售卖农业用品的商店。“惠农”大家都理解，但“值保”是什么意思？有人说是“保值”的误写，但农药又如何保值呢？猜猜看，答案见本期。

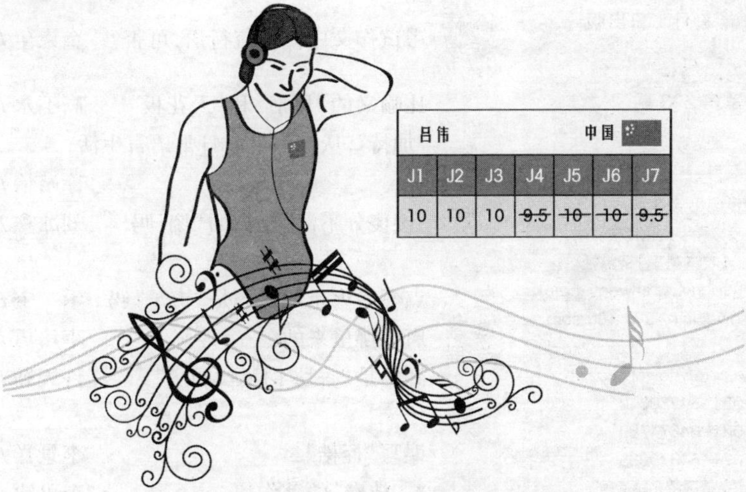

冠军的妙答

乐　圆 / 文　臧田心 / 画

跳水“女皇”吕伟是个音乐迷，赛前、赛后甚至赛中休息时，她都会听一会儿轻松愉快的音乐。在一次国际比赛中，吕伟摘得了金牌。有人问她：“你向前翻腾一周半，空中转体三周，动作完美无瑕，七位裁判有五位打了满分。取得这样的成绩，你当时是怎么想的？”“很抱歉，当时我在听《蓝色的多瑙河》，什么都没有想。”吕伟笑着回答。

咬文嚼字®
2019年5月1日出版
5
总第293期

主管：上海世纪出版集团
主办：上海咬文嚼字文化传播有限公司
编辑、出版：《咬文嚼字》杂志社
集团网站：http://www.shwenyi.com
E-mail：yaowenjiaozi2@163.com
官方微博：
http://weibo.com/yaowenjiaozish
电话传真：021-64330669
发行电话：021-64674759
邮购电话：021-64370935
地址：上海市黄浦区绍兴路7号
邮政编码：200020
发行：上海市报刊发行局
发行范围：国内外公开
订阅处：全国各地邮局
邮发代号：4-641
ISSN 1009-2390
CN 31-1801/G
印刷：上海中华印刷有限公司
印厂电话：021-60829062
021-60299079
广告经营许可证：沪工商广字
3100320050020号
定价：5.00元

气象站

编者按

3月10日，埃塞俄比亚航空公司的一架波音737 MAX 8客机，从埃塞俄比亚首都飞往肯尼亚首都途中坠毁，引起全世界的关注。中国民航局航空安全办公室相关人员接受采访时，把波音737-700、737-800以及737-7、737-8等中的“-”读成了“减”，引发网友热议：不是一直都读“杠”吗，怎么读成了“减”？随后，多位航空业内人士表示：“杠”也可能指“斜杠”“竖杠”等，表义不明确，因此，在航企内部飞机型号中的“-”均读为“减”。产品型号中的“-”究竟如何读？我们来看看北京大学教授苏培成先生、《咬文嚼字》名誉主编郝铭鉴先生是怎么说的。

怎么读连接号

◎苏培成

连接号是一种常用的标点符号，它的基本用法是把意义密切相关的词语、字母、数字连成一个整体。使用连接号是要使意思表达得清楚明白，不造成误解；可用可不用时就不要用，使书面语干净简洁。

正确使用连接号要解决好三个问题。第一，什么时候用什么时候不用。下面这六个例子里的连接号就一定要用，不用就可能造成意思的混乱：

（1）语文学有三大传统：希腊—罗马、印度、中国的小学。

（2）马尼拉—广州—北京航线八月一日首次通航。

（3）公历日期：2019–05–01。

（4）沈括（1031—1095），宋朝人。

（5）电话号码：010–62871893。

（6）第五—八课。

“波音 737–7”“波音 737–700”等要用连接号，如果不用就成了“波音 7377”“波音 737700”；但是“运 7”“歼 20”等就不用连接号，因为不用也不会产生误解。

第二，连接号要不要读出来。标点符号是书面语的东西，供阅读时分清语句的结构和性质，口语中用不着读出来，因为说话时有停顿和语气。连接号有特殊性，在口语中有些不必读出来，而有些一定要读出来，不读出来别人就会听不明白。例如“第五—八课”意思是“自第五课到第八课”，不设法把连接号读出来就成了“第五十八课”。

第三，对那些必须读出来的连接号怎么读。总的原则是尽量采用语言里已有的说法，以避免误解。例如，（1）里的“希腊—罗马”可读为“希腊和罗马”，（2）里的“马尼拉—广州—北京”可读为“马尼拉经广州到北京”，（3）里的“2019–05–01”可读为“2019 年 5 月 1 日”，（4）里的“1031—1095”可读为“1031 年至 1095 年”。如果语言里找不到相应的说法，就按照连接号的形体读为“杠”，意思是短横。例如，（5）里的“010–62871893”可读为“010 杠 62871893”，“波音 737–7”可读为“波音 737 杠 7”。有人在公众场合把“波音 737–7”里的连接号读为“减”，视为数学里的减号。这样读不合适，因为“737–7”里的短横不是数学里的减号。语言是约定俗成的交际工具，具有社会性，个人和局部要遵照社会通用的规则来使用，不能违背社会的习惯。表示不同意思的符号不能混用，混用会造成混淆，妨碍交际的畅通。

奇怪的读法

◎郝铭鉴

产品型号中的短横线，在标点符号中属于连接号，但又不是一般的连接号。一般的连接号，把连接的成分构成一个整体，在需要读出声来的时候，是可以按意义来选择合适的读法的。比如“由生物医学模型发展为生物－社会医学模型”，“生物－社会”可以读成“生物和社会”。“乘坐上海—北京高铁”，“上海—北京”可以读成“上海到北京”。“鲁迅(1881—1936)”，“1881—1936”可以读成“1881至1936”。产品型号中的短横线，没有明确的意义可寻，通常只是编码，那么，需要读的时候，该怎么读呢？

其实，社会上是有约定俗成的读法的。比如“波音737–7”，这个“737–7”，就读成“737杠7”。产品型号中的短横线，凡是居中的，一律读成杠；只读一个音：杠。如果短横线是居下的，则读成下划线。如果不是短横呢，则根据线条的方向，分别读成竖杠、斜杠、反斜杠。总之，杠是基本形态，其他的皆是变体。只要读的是“杠”，那一定是短横线，不存在歧义问题。这是在长期使用实践中形成的社会共识。

第一次听到有人把“737–7”读成“737减7”，我开始是一头雾水，知道“减”是指连接号时，则百思而不得其解。第一，产品型号中用连接号，并非是航空业的专利，为什么业内人士的读法要别具一格呢？第二，“1”读“幺”，“7”读“拐”，确实有发音清晰的效果，可“杠”比“减”读起来还要洪亮啊！第三，国人都知道“杠”特指短横线，为什么要故意扯上竖杠、斜杠？这不是“杠精”思路吗？第四，退一万步说，如果确实和飞行安全有关，那也应该创造一个新鲜的说法，作为行业的特殊用语，而不是借用数学中的“减”的概念。须知一用“减”字，反而会产生干扰性的联想。“737”和“7”不是“减”的关系呀！

语林漫步

考试作文中使用流行语，可否？

◎金東生

也许因为我是数十年从事“现代汉语”教学的退休教师，每年临近高考、中考的5月份，总会有几位朋友(有的是语文老师，有的是学生的家长)跟我讨论或者向我咨询一个热门问题：高考、中考语文卷的作文中能不能使用流行语？我的第一反应往往是为什么不能使用流行语。朋友们告诉我，如今00后的中学生十分熟悉不断翻新的网言网语。他们在朋友圈里发的消息，大人简直看不懂。这些网言网语有时也会不知不觉地渗透到学生的随笔、周记中，甚至出现在语文课的作文中。语文老师的态度和处理办法则不尽相同，最极端的是睁一只眼闭一只眼地放过了。不过，每一位语文老师都会严肃地告诫学生，正规的考试作文可不能滥用流行语啊！噢，原来这才是问题的症结所在。

这儿不方便展示中学生写作的实例。为了说清楚问题的严重性，暂且先借用《文汇报》一篇报道《看不懂的“新词奇象”》中所引用的几句话：

> (影视)圈内最新潮的发言是这样的：“九千岁极难取悦。他们看得透融梗、撞梗，戳得穿抠像、倒模。但只要九千岁站定CP，那些IP就有屠榜可能。”(《文汇报》2017年5月3日)

这几句话，我真的看不懂，我猜想绝大多数读者也看不懂。倘若这几句话出现在考生的作文里，阅卷老师谁看得懂！据该报的“相关链接”介绍：“九千岁”是90后和00后的合称；“融梗”是一种“高明”的抄袭，将其他作者的桥段，拆分整合融到自己的作品里；“IP”是指可供改编的原作；“屠榜”指占领收视率排行榜。

写文章是要让读者阅读的，考试作文是要让阅卷老师评阅并打分的。阅卷老师中有青年、中年和老年。大部分中年、老年教师恐怕不一定熟悉层出不穷的、形形色色的流行语。由此可见，中学老师为了“保险”，谆谆告诫学生“不能滥用流行语”是完全正确、十分必要的。

在全国各地的高考规则中，一般都有这样的条文：要用“规范的语言文字”答题。但是，流行语绝不能与“不规范的语言文字”画等号。

流行语，粗略地可分为两大类：一类是网络流行语，一类是社会流行语（或称纸媒流行语、大众流行语）。网络流行语，只在网络上流行，比如“简直了”“颜表立”“开口脆”“实锤（石锤、铁锤）打脸”等。社会流行语，指已经在纸质媒体上流行，特别是已经在大型报刊上流行的，比如“接地气”“正能量”“高大上”“诗与远方”等。社会流行语不断地分批地被词典修订本收录为词条，成为现代汉语词汇库的取之不尽的新鲜血液。《现代汉语词典》（第7版）“裸”这个字头下面，收了“裸官、裸婚、裸捐、裸考、裸退”等词条，这些词原本都是社会流行语。这5个“裸×”，毫无疑问都可以用于考试作文中。

困难在于，如何区分网络流行语和社会流行语。二者之间并没有不可逾越的界限。许许多多社会流行语都是从网络流行语演变过来的。一部分网络流行语由于生动形象而又言简意明，就渐渐地融入纸质媒体，转化为社会流行语。

怎样有效地区分网络流行语和社会流行语呢？我们推荐一个可靠的参照物——《人民日报》。《人民日报》是党中央机关报，是我国第一大报。在语言文字应用上，《人民日报》既郑重其事，讲究规范，又十分开放，不断吸收并使用新词新语。在维护汉语规范，助推汉语发展上,《人民日报》是全国各种报刊的榜样和标杆,一直发挥着引领和示范作用。因此,凡是在《人民日报》上多次出现的新词新语,即使"出身"于网言网语,也可以看作是社会流行语了。

《人民日报》向来十分关注汉语规范化工作,既重视理论上的宣传教育,又重视实践中的潜移默化。《人民日报》每年都会发表多篇倡导汉语规范的评论文章。《人民日报》更在所有刊登的新闻、报道、评论、杂文、散文、小说中,先先后后、陆陆续续推出了一个又一个新词新语,成为各个时期的流行词语。试举二例:

其一,是众所周知的"给力"。2010年11月10日《人民日报》头版头条新闻标题:《江苏"给力"文化教育》。一石激起千层浪,从11月11日开始,当时人们几乎天天可以在各类报刊上见到"给力""不给力"这两个词语。有人说,"给力"原是网络流行词,其网络属性与《人民日报》严谨平实的风格产生了很大的反差,非常抓人眼球。也有人说,党报调整语言风格,用民众喜闻乐见的词语来表达,体现了亲民性。还有人说,"给力"被《人民日报》接受,也就有了"身份证",不再是"野词"了。

其二,"圈粉"。起先,也是一个网络用词。《人民日报》在2018年这一年里,使用了含"圈粉"字样的新闻标题达十余个,仅4月就用了3个,请看:(1)优秀传统文化进校园,这样"圈粉"(4月18日);(2)慕课讲历史 圈粉三十万(4月20日);(3)(男排)决赛现场观众爆满 电视直播圈粉无数(4月26日)。至于新闻报道的"正文"中用到"圈粉"一词的更是不计其数。如此频繁地力推,"圈粉"自然就取得了社会流行语的资格。

总而言之,高考、中考的作文里应使用规范的语言文字,其中当然也包含大众喜闻乐见的社会流行语,可是不能包含只有小众能懂会用的网络"专用"词语。

时尚词苑

比喻义的“顶格”和“天花板”

◎高丕永

2018年10月17日，各地报纸报道了国家有关部门依法对长春长生生物科技有限责任公司违法违规生产狂犬病疫苗做出的处罚。有400余家报纸的报道里用到了“顶格”与“处罚、重罚”等构成的词组。一夜之间，这个不太引人注意的非常用词“顶格”突然红火起来了。

“顶格”，在《现代汉语词典》（第7版）中只有一个意义，指“书写或排版时，把字写在或排在横行最左边的一格或直行最上边的一格”。这个“顶格”，《宋史》卷七十就使用过。《汉语大词典》的“顶格”词条则列出两个义项。一个与《现代汉语词典》一样；另一个指“天花板”，例句摘自清代李渔《闲情偶寄》：“精室不见椽瓦，或以板覆，或以纸糊，以掩屋上之丑态，名为‘顶格’，天下皆然。”显然，这两个义项，难以解释“顶格处罚”“顶格重罚”等词组里的“顶格”。

汉语“顶格处罚”等词组里的“顶格”是英语“ceiling”的直译。“ceiling”除了指“天花板”之外，还喻指“（规定的）最高（限度）、最大（限量）、上限、限制”等。“ceiling”的比喻义使用非常广泛，所以《牛津高阶英汉双解词典》《朗文当代高级英语辞典》等都把它列为“ceiling”的一个义项。进入21世纪后，比喻义的“ceiling”借入汉语，有时就译为“顶格”。例如：

（1）从已出台方案看，厅局级车补标准全部“顶格”执行，处级车补仅少数省份低于上限。据了解，顶格并不越格，但

各地不能全按上限制定标准，地方车改须达7%的节支率。(《廉政瞭望》2015年第24期)

(2)管道公司日前做出决定：……一旦发生事故，应该承当责任的，不论是谁，按照“顶格处理”的规定，都会受到从重处罚。……当然，顶格处理不是目的，只是一种强化安全管理的手段。(《中国石化报》2017年1月5日)

汉语比喻义的“顶格”组成词组时，除了修饰名词性成分，还经常修饰动词性成分。比如，例(1)的“顶格执行”。又如，“顶格惩戒暴力网红”(标题，《浙江日报》2018年9月12日)。“顶格××”词组，常见的还有“顶格利率、顶格罚单、顶格价格、顶格定价、顶格奖励、顶格申购、顶格执法、顶格问责、顶格查处、顶格惩治、顶格重判、顶格罚款”等。

有时，比喻义的“顶格”还可以用作动词。比如：“他们强调，这个‘顶格’一是处理力度要顶格，二是处理的职务层级要顶格。……处理力度顶格，有利于进一步强化全员安全意识。”(《中国石化报》2017年1月5日)

英语喻指“(规定的)最高(限度)、最大(限量)、上限、限制”等的“ceiling”，汉语有时直译为“天花板”，和“顶格”表义相同。比喻义的“天花板”组成词组时，可以修饰名词性成分，也可以受名词性成分修饰。例如：

(3)药物指导价是“药物最高限价”，在业界也被称之为“药物的天花板价”。政府希望它能降低看病费用，缓解“看病贵”问题。(《人民日报》2010年5月19日)

(4)对无证排水、向城镇排水管网倾倒施工泥浆、在城镇排水设施覆盖范围内未纳管排水、雨污混排等违法行为，逾期不改正的，一律予以顶格处罚，许多违法行为的罚款“天花板”从10万元升至了50万元。(《解放日报》2017年6月2日)

比喻义的“天花板”一般不修饰动词性成分。

“加持”，从佛门走向日常语言生活

◎徐靖怡

“加持”，即互相加入，彼此摄持。原为佛教用语，由梵语意译而来。佛门中人认为佛菩萨以不可思议之力，保护众生，可称为神变加持。因此，“加持”一词常常出现在佛教活动中。例如：

（1）中国佛教协会在《关于在全国佛教界继续大力开展文明敬香建设生态寺院活动的倡议书》中指出，“……得到十方三宝加持，与法界诸佛、菩萨沟通、交流”。（《人民日报》2014年6月17日）

佛教源远流长，许多专门用语在人们进行相关活动的时候得以逐渐普及和流传。“加持”便是其中之一，并且引申出了加护之义。例如：

（2）清明节后，寺院法师将统一取出“忏悔祈福卡”，诵经焚化，为游客加持赐福，消灾免难。（《人民日报》2015年4月3日）

例（2）中的法师为前来的游客、信徒“加持”，使他们得到佛祖的恩泽庇护，消灾免难。

近年来，“加持”越来越频繁地出现在新闻媒体中，成为一个热词。例如：

（3）上映前造势靠营销，公映后热度的持续，则少不了口碑加持，而口碑也正是冯小刚《我不是潘金莲》所欠缺的。（《海峡都市报》2016年12月7日）

（4）电视剧《邮差》此前曾在江苏、山东等地面频道播出，

均取得了迄今为止第一的收视成绩，为该剧的质量加持。(《人民日报》2016年5月25日)

"加持"的使用范围逐步扩大，除了语言、成绩等的"加持"，也可以是具体的人和事物的"加持"。例如：

(5)今年，Lanvin、Valentino和Marc Jacobs开衩裙的设计不仅可以充分显腿长、展露小性感，裤子的加持避免了走光的困扰，而高腰开衩的设计亦能最大程度地露出内搭的裤装，充分突显出造型的层次感。(《广州日报》2018年9月14日)

(6)没有殷实家底加持，张大千的收藏之路难免捉襟见肘。他的收藏资本，多半是仗着自己善于绘画的双手辛劳攒下的。(《文汇报》2016年11月30日)

(7)无论是很北京还是最上海，被地域加持的话剧似乎都不愁市场。根据第九届茅盾文学奖获奖作品、金宇澄的《繁花》改编的同名沪语舞台剧，将于6月21日亮相天桥艺术中心。(《北京青年报》2018年6月15日)

(8)加持惠台31条 京湘两省市细则尽显地方特色(标题，《人民政协报》2018年10月27日)

以上数例中，小到裤子，大到家底资产，甚至是地域，都可以"加持"，表达维护、支持的意思，这些"加持"往往是积极的、美好的。不妨分析一下例(8)：2018年2月28日，国务院台办和国家发改委共同发布《关于促进两岸经济文化交流合作的若干措施》(简称"惠台31条")。此后，全国许多省区市先后推出落实惠台31条的实施细则。所谓"京湘两省市细则"指的是北京55条细则和湖南59条细则，都是为了"加持"惠台31条，即维护、支持并实施惠台31条。

"加持"原本是佛门中人的一种美好祈愿，是对未来的期许。如今，"加持"由佛门跨入尘世，但愿每个人都能得到"加持"，事事顺遂，前途光明。

“傻傻分不清”是真的“傻”吗

◎刘冰鑫

热播网剧《白夜追凶》口碑爆棚，备受网友追捧。剧中潘粤明一人分饰孪生兄弟两角，网友们观看时，时常大呼“傻傻分不清”。

“傻傻分不清”出自蔡依林的歌曲《野蛮游戏》：“老虎老鼠，傻傻分不清楚。”既指“老虎”“老鼠”读音上分不清，又暗指人们在爱情中难以辨别对方是强势凶猛的老虎，还是弱小可爱的老鼠。

随后，“傻傻分不清”迅速走红于社交网络，并且成为各种报纸的新宠。请看：

（1）今年音乐节目继续扎堆，《偶滴歌神啊》《谁是大歌神》《隐藏的歌手》《我想和你唱》《我是歌手》《歌手是谁》《跨界歌王》《蒙面歌王》……完全让观众傻傻分不清。（《重庆晚报》2016年10月12日）

（2）他纂修的《陇右山南图》，非常注重比例尺的精确性。为了避免很多地理盲对古今地名傻傻分不清的情况，又用朱墨加以区别。（《光明日报》2017年8月25日）

（3）本月起，苏州市区的网约车陆续张贴统一标志……网约车和私家车，不再“傻傻分不清楚”，既方便乘客识别，又利于规范行业。（《新民晚报》2018年5月24日）

上述例句中“傻傻分不清”可直接理解为“分不清”，意思是某些人或事物高度相似，而无法区分。“傻”本指愚蠢、糊涂，但现代人常用“傻”来表达喜爱之情，连“傻瓜”都可以用于对爱人、对孩子的亲密戏称。重叠形容词“傻傻”含呆萌、可爱之意，与“分不清”的组合颇具戏谑化的效果。

还有一种用法，是在“傻傻分不清”成为流行语后，渐渐地，其中“分不清”的意义虚化，更多地突出“傻傻”的幽默风趣色彩。某些新闻报纸在调侃明明分得清的事物时也会使用“傻傻分不清”。例如：

（4）如此不菲的国学班收费，却俨然让厚重、古朴、深邃和博大的国学成了时髦奢侈品。这究竟是“国学热”还是“敛财热”？有些傻傻分不清。（《人民日报海外版》2013年8月2日）

例（4）国学被当作牟利赚钱的工具，具有敛财的性质。但人们对国学的追捧，本质上仍属于“国学热”。因此作者使用“傻傻分不清”是故作“傻傻”状，用来讽刺当今已“变味”的国学教育。这儿的“傻傻”并非真傻，乃是一种别出心裁的修辞手法。

“傻傻分不清”甚至与能否分清无关，产生了全新的意义。请看：

（5）最近这些年，越来越多的楼盘、商场、酒店热衷起洋名，“曼哈顿”“威尼斯”到处都是，“瑞士小镇”“加州广场”“爱丁堡”“安纳溪”，让人傻傻分不清是干啥的。（《人民日报》2016年7月18日）

区分某些事物的前提是对它们有一定的认知，但看了例（5），人们根本不明白这些洋名所代表的真实含义，就别提能否区分它们了。在此，“傻傻分不清”似可解释为“不知道”。

当今世界，科学技术日新月异，新事物不断涌现，“傻傻分不清”的现象时常发生，我们应理性对待，理解包容。但在正式的或严肃的场合我们应避免使用“傻傻分不清”。比如辩论赛中，“傻傻分不清”就不宜作为一方选手反驳对方的用语，双方都要讲礼貌，要尊重对方。

点燃后火星四射的是“梅子”吗

◎禾　宝

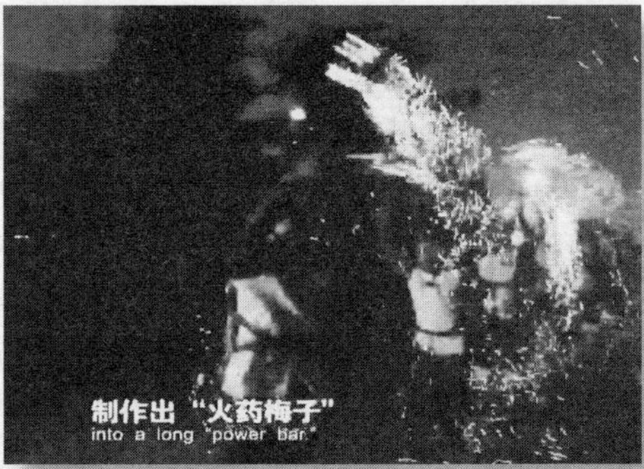

央视中文国际频道2018年7月7日《非常传奇》节目介绍了湖南省醴陵市的一种传统艺术——星子灯。在讲到星子灯的历史传说时，旁白道：“朱元璋让人从醴陵当地的鞭炮作坊里找来硫磺，掺上少量黑火药，搓成长条，制作出‘火药méi子’……”旁白的“火药méi子”，同步字幕显示为“火药梅子”。“火药梅子”是什么？可以点燃吗？其实这里说的应是“火药媒子”。

媒，可指媒介。所谓“媒子”，指捕鸟时用的鸟媒，即用以引诱他鸟而拴系的活鸟。也可以指引火时用的纸媒，即用易于引火的纸搓成的细纸捻儿。节目里说的“火药媒子”是表演星子灯舞蹈时的重要道具，用纸包裹硝石、硫黄等，搓成长条状的捻儿，表演时用火引燃。此物燃烧过程缓慢，挥动时只见火星而没有火焰。火药媒子和引火的媒子用途有所不同，但都是用来燃烧的条状纸卷，故名。

梅子是梅树的果实，立夏后成熟，味酸可口，还有入药、泡酒等用途，是很常见的水果。梅子和火药两物风马牛不相及，想必世上没有“火药梅子”这种东西。

唐代哪里来的《三字经》

◎李培勇

电视连续剧《神探狄仁杰之情花金人案》第14集中有这样一段情节，一位母亲考校儿子的功课，她要求道："那今天就背三字经吧。"她儿子便开始背诵："人之初，性本善，性相近，习相远……"然而，在狄仁杰生活的时代有《三字经》吗？

《三字经》是我国古代的蒙学课本，在国外也有一定影响力。内容侧重道德教育，还包含了历史、天文、地理、民间传说等，文体为三言韵语，读来朗朗上口，便于记诵。相传为王应麟（一说为区适子）所著，明清学者陆续对其内容进行了补充，1928年由章炳麟重订。王应麟（1223—1296），为南宋学者，另一可能的作者区适子和他是同时代的人。

狄仁杰（630—700），字怀英，唐代名臣，以不畏权势著称。《神探狄仁杰之情花金人案》讲述的是以狄仁杰为主角的故事，背景为唐代武则天执政时期，比《三字经》成书早了五六百年。显然，那时候的人不可能会看到《三字经》，更甭说读它、背它了。

到的是“香坊”不是“厢房”

◎许天勤

央视中文国际频道2018年7月22日播出的《中国文艺》向相声表演艺术家师胜杰先生致敬，并在节目中回顾了他的经典作品《郝市长》。其中有一段电车报站的情节，由师胜杰扮演报站员，荧屏上同步字幕对他的台词显示为：“本次车是由友谊路开往公滨路去的三线无轨电车……途经有哈医北、火车站、博物馆……文化宫、省医院、省政府、西厢房……”这里的字幕中有两处差错，“哈医北”应为“哈一百”，“西厢房”应为“西香坊”。

相声作品《郝市长》是根据一位哈尔滨市长的真实事迹创作而成的，这部作品的背景地点正是哈尔滨市。相声里出现的一连串站名都是真实存在的。“哈一百”是哈尔滨市第一百货商店的简称，这家店曾被誉为“国有百货第一店”，现改名哈尔滨新一百购物广场。“香坊”是哈尔滨市辖区名，“西香坊”即香坊区西部。厢房，指正房前面两旁的房屋，位在西面的厢房可称西厢房，但哈尔滨却并无一个叫“西厢房”的站点。

一针见血

误写“桎梏”

◎李景祥

2019年2月12日《今晚报》第12版上有《把盏凄然北望》一文，其中写道：“林和靖虽走出大一统思想的至酷，自得水边林下，然而始终不脱一己情怀。”这里的“至酷”应是“桎梏”。

桎，拘束两脚的刑具；梏，拘束两手的刑具。“桎梏”便是脚镣和手铐，常用来比喻束缚人或事物的东西。孙中山《伦敦被难记》一：“虽然，华人之被桎梏虽极酷烈，而其天生之性灵，深沉之智力，到底不可磨灭。”北宋诗人林逋（967—1029），字君复，终身不仕不娶，隐居西湖孤山，种梅养鹤，故有“梅妻鹤子”之称。卒后，谥和靖先生，故称林和靖。上述文章要表达的是林和靖的思想摆脱了某种束缚，用“桎梏”来形容是合适的。

“至酷”似可释为极其冷酷，但结合语境显得莫名其妙。可能是因“桎梏（zhìgù）”和“至酷”读音相近致误。

“一枝春”的著作权

◎李可钦

萧娴一看画，不禁赞不绝口：“哎哟，画得真好，梅花是南京的市花”，并化用范晔的诗“江南无所有，聊寄一枝春”，挥笔题下“江南一枝春”，这五个字可谓对端木礼海绘画艺术生涯的最佳褒奖。

这是2018年10月31日《马鞍山日报》第7版文章《一枝“梅”香满江南》中的一段话。其中表述有误，“江南无所有，聊寄一枝春”不是出自范晔的诗，而是出自北魏陆凯的诗——《赠范晔》。

陆凯的《赠范晔》全诗为：“折梅逢驿使，寄与陇头人。江南无所有，聊赠（一作‘寄’）一枝春。”《太平御览》引南朝宋盛弘之《荆州记》载：“陆凯与范晔交善，自江南寄梅花一枝，诣长安与晔，兼赠诗。”范晔是收赠者，而非写此诗之人。

“岁寒三友”指什么

◎李信宜

2019年1月4日《潮州日报》第6版刊有文章《慢，才能品尝生活的滋味》，其中写道：“古代文人雅士总喜欢把草木寓人，赋予一定的人格，画家喜欢画梅兰菊竹，称之为‘四君子’，松竹柏‘岁寒三友’，陶渊明爱菊，周敦颐爱莲。”这里表述有误，岁寒三友指的是松、竹、梅，不是松、竹、柏。

松、竹经寒冬不凋，梅则迎寒开花，都具有坚韧耐寒的品质，它们独特的气质和象征精神，为文人所喜爱，故称岁寒三友。自宋朝开始，“岁寒三友”便常出现在文人墨客的诗画中，宋代赵孟坚有《岁寒三友图》，所画的便是松竹梅三物。

虽然柏树也是经冬不凋，也常与松并称，如《论语·子罕》：“岁寒，然后知松柏之后凋也。”刘桢《赠从弟·其二》：“岂不罹凝寒，松柏有本性。”但柏树并不是岁寒三友之一。

“玉笏”不是“玉芴”

◎尹圣梦

北方文艺出版社2016年1月出版的《古文观止》中有《臧哀伯谏纳郜鼎》一文，其中对“珽”是这样解释的：“古代天子所执的玉芴。”其中的“芴”应该是“笏”。

笏，音hù，本义为古代君臣在朝廷相见时手中所拿的板子，按品第分别用玉、象牙、竹板制成，用以记事。帝王所持的笏为玉笏，其名曰“珽”。

芴，读wù时，一是指一种草本植物，二是指一种有机化合物；读hū时，古通“忽”。均与“珽”无干。

误“笏”为“芴”，可能是二字形近所致。

何来“堀起”

◎杨昌俊

2018年12月25日《杨浦时报》第8版上刊载了《水清鱼翔》一文,文章开头写道:“新江湾城是位于上海市东北角的一个新堀起的社区。”这里的“堀起”错了,应是“崛起”。

崛,从山屈声,读作jué,义为突起、高起。崛起,本义为(山峰等)耸起,如平原上崛起一座山峰;也可以表示兴起、奋起,如工人们崛起展开奋斗。上述引文用“崛起”来表达新江湾城的建设兴起。“堀”读kū,古同“窟”,指洞穴。汉语中没有“堀起”的用法。

干支纪年无“甲戍”

◎杨宏著

广州出版社2009年9月出版的《天龙八部》中有这样一段话:“各人出示英雄帖,帖子注明这天是甲戍冬至,大吉大利,利于出门会友……”这里的“甲戍”错了,应为“甲戌”。

中国古代采用干支纪年法,即用十天干和十二地支相配来表示年份。天干为甲、乙、丙、丁、戊、己、庚、辛、壬、癸,地支为子、丑、寅、卯、辰、巳、午、未、申、酉、戌、亥。天干在前,地支在后,按序排列,如甲子、乙丑、丙寅之类。地支中没有“戍”,自然也不会有“甲戍”这一年份。“戌”“戍”字形相近,误“戌”为“戍”可能是手民误植所致。

弄错了祢衡的姓

◎朱建芳

小说《苏东坡》(四川人民出版社2017年5月出版)在第三十二章《“乌台”诗案》中有这样一段情节,宋神宗向宰相吴充询问苏轼到底该不该治罪,吴充拿曹操举例,说:“然而以曹操之多疑与暴戾,尚可容忍弥衡当众骂他,陛下要效法尧舜,胜过李世民,为何就容不下一个苏轼呢?”这里有个常识性错误,当众骂曹的是“祢衡”,不是“弥衡”。

祢衡(173—198),字正平,汉末文学家。年少时就有才辩,但性情刚毅傲物。孔融与祢衡交好,便向曹操举荐他,但祢衡称病不去。后曹操召他做鼓史,想要羞辱他,结果祢衡裸身击鼓反过来羞辱了曹操。之后祢衡不顾孔融劝说,当众大骂曹操,曹操便将他送去了荆州。祢衡对荆州牧刘表也很轻慢,又被转送江夏太守黄祖。最后因辱骂黄祖被杀。

“弥”和“祢”一样可作姓氏,但骂曹操的不是“弥衡”。误“祢”为“弥”当是音同形近所致。

“落地举人”?

◎龙启群

在《如果这是宋史》(浙江人民出版社2017年5月出版)第一卷中,有一段说到赵匡胤给李煜提要求,要他派人送一樊姓人家到开封去,而“这家姓樊的极其普通,最有出息的是个叫樊若水的落地举人”。“落地举人”应是“落第举人”。

第,本义为次序,引申指科举考试及格的等次。落第,即在科举考试中未被录取。按照隋、唐、宋三代的科举制度,由地方推举去京都应科举考试的人,称为“举人”。如果没能考中,那就成了“落第举人”。

“落地”可指物体落到地上,也可指婴儿出生等。“落地”和“举人”搭配莫名其妙。

苦瓜没有“瓢”

◎周平果

2018年12月10日《报刊文摘》第3版上有《健康与养生》栏目,其中说到如何用苦瓜制作缓解前列腺炎症状的饮料。在制作方法里写了这样的步骤:“先将苦瓜洗净,剖开去除瓢和瓜核,切成小段,然后与灯心花一起放进砂锅内,加进适量清水,煎汤饮用。”这里有个别字,“瓢”应改为“瓤”。

瓤,从瓜襄声,读作 ráng。义为瓜类的肉,也泛指瓜、柑橘等内部包着种子的部分,如红瓤西瓜、橘子瓤。苦瓜是葫芦科一年生草本,果实呈纺锤或长圆筒形,表面有瘤状突起。果肉鲜红色,有苦味,故名。苦瓜是常见的蔬菜,果瓤是主要取食部分,也可入药。

“瓢”读作 piáo,指的是一种舀水或盛东西的器具,多用对半剖开的匏瓜或木头制成,常见的有葫芦瓢。苦瓜不适合做成瓢,它的内部也不可能长出瓢来。误“瓤”为“瓢”应是形近所致。

“慵”不是“佣”

◎王晓晗

2018 年 8 月 3 日《老年生活报》第 1 版上刊载了《酷夏寻凉》一文,其中写道:“倘若能在大海里冲凉,抑或傍晚洗完海澡躺在沙滩上,吹着暖暖的海风,看着海上升起的明月,佣懒地眯上一会儿,享受夏季赐予的最大的快乐,那才叫一个幸福!”这一句中的“佣懒”错了,应改为“慵懒”。

慵,从心庸声,读作 yōng,义为懒。“慵懒”是个书面语,用来形容懒散、不振作。靳以《到佛子岭去》:“我由于饭后的慵懒和赶早的疲乏,汽车的声音渐渐小下去,景物也逐渐模糊,终于什么都看不见也听不见了。”

“佣”是个多音字,读 yòng 时指佣金,读 yōng 时作为“傭”的简化字表示雇用。“佣懒”语义难明,汉语中没有这种用法。

“栉次林比”?

◎沈阳仁

2018 年 12 月 11 日《辽沈

晚报》第16版刊载了《期待一场雪花飘》，其中写道："对面那栉次林比的楼宇披上了雪白的盛装，洁白得有些耀眼，光秃秃的树木静静地矗立在街道楼宇旁，只是偶尔抖抖身上的积雪。"这里的"栉次林比"应改为"栉比鳞次"。

"栉比鳞次"是个成语，指像梳子的齿和鱼的鳞片那样密密地依次排列，常用来形容房屋等密集。冰心《最后的安息》："万绿丛中的土屋，栉比鳞次地排列着。"栉，即梳子；鳞，即鱼鳞；比、次，皆是并列、排列的意思。也作"鳞次栉比"。

"扑簌"不搭配"迷离"

◎王殿雷

2019年第2期《中国摄影》杂志上有《乌蒙山记事》一文，其中写道："那时候没有民族成分鉴定，所以乌蒙王具体是今天的什么民族，便变得扑簌迷离。"这里的"扑簌迷离"错了，应是"扑朔迷离"。

"扑朔迷离"是个成语，语出《乐府诗集·横吹曲辞五·木兰诗之一》："雄兔脚扑朔，雌兔眼迷离。两兔傍地走，安能辨我是雄雌。"扑朔，指雄兔的脚毛蓬松，一说为四足跳跃貌；迷离，指雌兔眼睛眯缝。诗句说的是虽然雄兔和雌兔各有特征可以分辨，但当它们在地上跑起来后就难辨雌雄了。后用"扑朔迷离"来形容事物错综复杂，难以看清真相。王蒙《歌神》："这些传说尽管扑朔迷离，却唤起了我的希望。"

汉语中有"扑簌"一词，义为物体轻落貌，也可作象声词形容鸟类拍翅的声音。"扑簌"和"迷离"无关，两者搭配不起来。

是"砌磋"还是"切磋"？

◎阎南岗

2018年第12期《书屋》杂志的《书屋絮语》中有这样一

句："亦师亦友，砌磋不已，山高水远，嘤其鸣矣……"其中"砌磋"有误，正确的当是"切磋"。

切，指加工珠宝骨器。磋，指磨制象牙。切磋，即加工器物。清汪懋麟《唐官屯阻雨舟中寄怀》诗："惜阴在分寸，攻石须切磋。"也用来比喻在道德学问方面相互研讨勉励。《鲁迅书信集·致李桦》："现在零星的个人，还在刻木刻的是有的，不过很难进步。那原因，一则无人切磋，二则大抵苦于不懂外国文，不能看参考书，只能暗中摸索。"

砌，指用和好的泥灰把砖石等层层垒起，也指台阶。"砌"与"磋"组合显然说不通，汉语中也无"砌磋"之说。

四月不是仲春

◎陈福季

《台湾名家散文精品鉴赏》一书中收录了文章《春雨·古宅·念珠》，其中写道："于是，在四月仲春广大朦胧的烟雨中，我开始怀一分沉思的心情，跨过那高起来的门槛，走进正厅，走进一页活生生的历史……"这里有个常识性错误，四月并不属于仲春。

我国将从立春到立夏的三个月时间称为春季，习惯上也指农历正、二、三三个月。"仲"有在当中的意思，"仲春"即春季三个月当中的二月。《初学记》卷三引南朝梁元帝《纂要》："二月仲春，亦曰仲阳。"依此类推还有仲夏（五月）、仲秋（八月）、仲冬（十一月）。需要注意的是，这里的月份都是以农历计算的，农历四月当然不是仲春；而即使用公历算，四月对应的通常是农历三月，也不是仲春。

学林

《普通话异读词审音表》举例

◎苏培成

1955年10月，中国科学院哲学社会科学学部在北京举行现代汉语规范问题学术会议，对汉语规范化的一些原则问题做出决定，动员全国语文工作者共同进行汉语规范化工作。会议有一项决议是："建议中国科学院聘请专家若干人，组成普通话审音委员会，研究并确定普通话常用词汇的语音。"普通话常用词汇语音里面存在的急需解决的问题是异读词的读音。异读词是指一个词有两个或两个以上读音而表示的意义和用法相同。例如，在普通话里面"复杂"有人读为fùzá，有人读为fǔzá；"波浪"有人读为bōlàng，有人读为pōlàng。这就是异读词。异读词的存在使词语的读音缺乏明确的标准，给交际带来许多困扰。消除异读词的办法是进行异读词的审音。所谓审音就是根据一定的标准，对异读词语的几个读音做出取舍，从中确定一个读音为标准加以推广，其余的读音作为异读淘汰不用。这是语音规范化里的主要工作。中国科学院语言研究所于1956年1月组成了普通话审音委员会开始对异读词的读音进行审订。因为普通话是以北京语音为标准音，所以异读词的读音标准根据北京音系。根据这个标准，具体拟订审订原则。例如："一个字的读音在北京话里非常通行而不合北京语音的一般发展规律的，这个音还是可以采用，但是同时也要考虑到这个音在北方方言里应用得是否广泛。

例如在北京话里，'危'念 wēi，'期'念 qī，'帆'念 fān，这些音不合一般发展规律，但是采用了，因为在北京话里非常通行，北方方言也大致通行。可是像'酵'也念 xiào，'诊'也念 zhēn，这些不合规律的音就不采用，而把'酵'的音订为 jiào，'诊'的音订为 zhěn，因为这是符合一般发展规律并为北方方言所通用的。"审音委员会根据审音标准和审音原则进行工作，自 1957 年 10 月到 1962 年 12 月先后发表了三批《普通话异读词审音表初稿》，并于 1963 年辑录成《普通话异读词三次审音总表初稿》（下文称《初稿》）。

《初稿》自公布以来，受到文教、出版、广播等部门广泛重视，对现代汉语的语音规范和普通话的推广起了积极作用。但是，随着语言的发展，《初稿》中原审的一些词语的读音需要重新审订；同时，作为语音规范化的标准，《初稿》也急需定稿。因此在 1982 年 6 月重建了普通话审音委员会，继续进行工作。这次修订以符合普通话语音发展规律为原则，以便利广大群众学习普通话为着眼点，采取约定俗成、承认现实的态度。对《初稿》原订读音的改动，力求慎重。经过三年多的努力工作完成了预定任务。1985 年 12 月 27 日，国家语言文字工作委员会、国家教育委员会、广播电视部发布《普通话异读词审音表》（下文称《定稿》），并决定："自公布之日起，文教、出版、广播等部门及全国其他部门、行业所涉及的普通话异读词的读音、标音，均以本表为准。"

《普通话异读词审音表》里的有些字后注明"统读"，"表示此字不论用于任何词语中只读一音（轻声变读不受此限），本表不再举出词例。例如：'阀'字注明'fá（统读）'，原表'军阀''学阀''财阀'条和原表所无的'阀门'等词均不再举"。请注意，"统读"是在普通话范围内的统读，不涉及古音和方音。不要随意扩大“统读”的范围。下面从《定稿》审订的条目里举出十条稍加解释，供读者参考：

1.呆。《初稿》只审“呆板”，订为 áibǎn，依据的大约是北京的口语音。其他包含有“呆”的词语未审。《定稿》改为“呆 dāi（统读）”。“呆板”的“呆”与“呆傻、痴呆、发呆、书呆子、呆头呆脑、呆若木鸡”的“呆”读音一致，便于使用。

2.质。《初稿》只审“质量”“质问”两个词，“质”定为 zhì。“质量”条有括注（“木质、地质、对质、品质、朴质、实质”的“质”也念 zhì）。《定稿》改为“质 zhì（统读）”。“质”本为入声字，近代北方方言入声消失，“质”有 zhí、zhì、zhǐ 几种读法。《定稿》审订为 zhì。

3.说。《初稿》审订“游说”为 yóushuì。《定稿》改为“说 shuì 游说”，读音不变。“游说”的意思是劝说别人接受某种意见或主张。“游说”的“说”不能读为 shuō。读为 shuō 是一种低俗的倾向，不符合读音规范的原则。另外在普通话里“说服”的“说”读 shuō，不能读 shuì。另外文言有“说客”一词，白话文中有时也用到。指善于用言语说动对方的人，似应读为 shuìkè。《审音表》修订时可以考虑补入。

4.脊。《初稿》审订“脊梁”为 jíliang，“脊髓”为 jǐsuǐ，“背脊”为 bèijǐ。这三个“脊”字的意义相同，不必分为两个读音。“脊”本是古入声字，北京话里入声消失了，出现了 jí、jǐ 的不同读法。《定稿》采取比较通用的读音，改为“脊 jǐ（统读）”。《现代汉语词典》“脊梁”读为 jǐ · liáng，“脊梁骨”读为 jǐ · liánggǔ，都是正确的。

5.迹。《初稿》审订“陈迹、古迹、绝迹、敛迹、墨迹、心迹、踪迹”的“迹”一律念阴平。“迹”是古入声字，声母是全清。按照规律应归入阴平，但在北京话里绝大多数读为去声 jì，《定稿》改为“迹 jì（统读）”。

6.荨。《初稿》审订“荨麻”

一词，定“荨”读qián，不取xún音。“荨麻”是一种植物，人如果被它刺伤，皮肤就刺痒起疹，成为“荨麻疹”。医生和病人把“荨麻疹”读为xúnmázhěn，与“荨麻”的读音不一致。《定稿》把“荨”字的读音分为文读和白读：文读读qián，如荨麻；白读读xún，如荨麻疹。

7. 橙。《初稿》审订“橙子（水果名）chénzi”。又，“橙（如橙树、橙黄）chéng。（“广橙”的“橙”同音。但“橙子、橙皮”的“橙”念chén。）”这两个词语里的“橙”意义相同，读音应当合并。《定稿》改为“橙chéng（统读）”。

8. 帧。“装帧”指书画等物的装潢设计。《集韵·映韵》：“帧，张画绘也。”猪孟切，字书据此注为zhèng。声旁是贞，通行的读音是zhēn。《初稿》未审，《定稿》读为zhēn，与贞、侦读音一致。

9. 拙，卓。“拙笨、拙见、拙劣、卓（姓）、卓见、卓绝、卓识、卓著”这八个条目里的“拙”和“卓”，《初稿》都审订为zhuō。“拙”和“卓”意义不同但读音相同，诵读时容易混淆，不易分辨。而且涵盖不全，尚有“拙作、藏拙、弄巧成拙、卓越、卓尔不群”等。《定稿》加以区分便于应用，改为“拙zhuō（统读）”，“卓zhuó（统读）”。

10. 凿。《初稿》审订“凿枘”为zuòruì，并附括注：“穿凿、斧凿痕、确凿、枘凿”的“凿”也念zuò。“凿子、凿个洞”的“凿”念záo。《定稿》改为“凿záo（统读）”。似有不妥，应区分文读和白读：文读读zuò，如穿凿、确凿、言之凿凿；白读读záo，如凿子、凿个洞。《审音表》修订时可以考虑补入。

《火眼金睛》提示

图1，“蜜署”应为“蜜薯”。

图2，“严历”应为“严厉”。

图3，“剁馅”应为“剁馅”。

图4，“感概”应为“感慨”。

有此一说

“华夏”和“中华”的来源

◎石毓智

“华夏”原来的意思类似于“大汉”或“盛唐”,这里的“华”是一个形容词,大意为“光华、文明进步”。而“华”的本义是花朵,后来字形产生了分化:表示花朵的写作“花”,“华”就作为“华夏”的简称专指黄河流域的族群,这才有了后来的“华人”之说。按理说,既然从“大汉”变成“汉人”,从“盛唐”变成“唐人”,那么从“华夏”来的本应是“夏人”,但是后人不大清楚“华”的原义,就把它作为我们这个民族的称谓了。

我遍查了各种权威性工具书,发现它们对“华夏”和“中华”如此重要的历史文化概念的解释都是一笔糊涂账。然而这两个概念不同于一般的词语,搞清楚它们的来源和含义不仅有助于提高民族认同感,而且可以增强民族凝聚力。一个民族只有知道自己从哪里来,才能明白自己能到哪里去。

《辞源》对“中华”的解释为:我国古代华夏族兴起于黄河流域一带,居四方之中,文化发达,历史悠久,因称其地带为中华,亦称中原、中国。这就搞混了三个概念之间的时间关系,其实“中国”一词比“中华”早出现1 000多年,而且这三个词在表达上也有明确分工:“中国”是政权概念,指统治的疆域;“中华”是民族概念,指的是族群;“中原”则是个地理概念,指黄河中下游地区。其他工具书的解释大同小异,它们给读者徒增混乱。下面我们来简单梳理一下这几个概念之间的历史渊源。

“华夏”一词最早见于《尚书·武成》:“华夏蛮貊(mò),罔不率俾(服从),恭天成命。”蛮,指南方民族;貊,指北方民族。有人把“华”和“夏”也看作两个位居中原的民族,这种解释是错误的,其实这里的“华”是一个形容词作定语,用来修饰“夏”的。要明白这一点,请看下面分析。

如同“汉人”来自汉朝一样,上古汉语的“夏”则是用中国第一个朝代来称呼相关的族群。夏朝约建于公元前2070年,标志着中华文明史的开端。最早的三个朝代夏、商、周之间具有文化上的传承关系,这一点孔子说得很明白:“殷因于夏礼,所损益,可知也;周因于殷礼,所损益,可知也。”(《论语·为政》)孔子很向往这三个朝代:“行夏之时,乘殷之辂,服周之冕,乐则韶舞。”(《论语·卫灵公》)特别值得注意的是,《论语》多次说到“夏”,而从来没有提到“华”,可见“华”并不是与“夏”平行的另外一个中原族群的名称。同时,历史上不存在一个叫“华”的朝代。

“华”的繁体字是“華”,上面有个草字头,这是“花”的最早写法。《诗经》中只有“華”字而没有“花”字,它共有三种意思。①花朵:“桃之夭夭,灼灼其华。”(《诗经·桃夭》)②开花,抽穗:“昔我往矣,黍稷方华。”(《诗经·出车》)③光华:“尚之以琼华乎而。”(《诗经·著》)

“华”由植物的“花朵”义发展成一个褒义的形容词,表示光华、繁荣、文明进步之意,“华夏”的“华”就是取这种意义。“华”还可以用作动词,表示“增加荣光、荣誉”的意思,例如:“妾不衣帛,马不食粟,人其以子为爱,且不华国乎?”(《国语·鲁语上》)“华国”就是“为国增光”。

到了周朝,“夏”就不再专指朝代,而常引申指居住在黄河中下游地区的族群或国家。孔子以“诸夏”来称呼周朝的诸侯国,例如:“夷狄之有君,不如诸夏之亡也。”(《论语·八佾》)“诸”是“多个”的意思。“华”是“文明进步”的意思,“华夏”代表着先人的文化优越感,所以它常在与周边少数民族对比时使用,比如孟子这样说道:“吾闻用夏变夷者,未闻变于夷者也。”(《孟子·滕文公上》)显然,孟子认为应用文明的“夏”文化引导落后的蛮夷,而不是相反。

“华夏”成为一个词后,就出现了用“华”一个字来代替整个概念的用法。例如:“我诸戎饮食衣服不与华同,贽币不通,言语不达。”(《左传·襄公十四年》)“华”的这种单独使用为“中华”一词的出现创造了可能性。造成这种现象的原因是,当“华(華)”指示“华夏民族”或“中华民族”后,它原来表达与植物花朵有关的意义就逐渐写成“花”了。如此就自然会出现“华人”“华族”的用法。

“中华”这个词直到魏晋南北朝时才出现,例如:“若使游步中华,骋其龙光,岂夫多士所能沉翳哉!”(《三国志·诸葛亮传》裴松之注)又如:“其地东接中华,西通西域。”(《魏书·宕昌传》)那么“中华”是怎么出现的呢?最合理的推测是,这是来自“中国”的类推影响。“中国”已经在《诗经》上出现了,原指周王朝的都城,至迟到公元前3世纪就指黄河和长江流域各诸侯国。既然“华”单用时与“中国”的概念基本一致,随着汉语词汇双音节化的发展,也就很自然地出现了“中华”这个双音节词。

因为“国”与“华”的来源不一样,也导致了这两个词今天的用法也有明确分工。“国”原来指都城,强调的是疆域,今天则主要用于国家政体特别是疆土的概念,如“中国领土”。“华”原来指属性,表示光华、文明进步,今天则主要用于指示种族,所以可以说“华人”“华语”“中华民族”“中华文化”等,而这些地方的“华”都不能换为“国”。

最后,来简单总结一下。“夏”是历史上第一个朝代,后用它称呼族群或诸侯国,这与

说“丁”

◎陈运舟

“丁”字，清代徐灏《说文解字注笺》：“疑丁即今之钉字，象铁弋形。”近现代诸多学者承徐氏之说，谓丁即钉字，如唐兰《释丁》：“余谓丁者钉之本字。”唯有闻一多《周易义证类纂》认为丁是颠（diān）牙：“盖丁颠音近，丁即颠牙本字，颠牙即壮齿，故丁有壮义。”其说可从。

《字汇》：“颠，牙末。”《仪礼·既夕礼》：“左颠右颠。”唐孔颖达疏：“谓牙两畔最长者。”颠牙就是牙床末端长出的两对磨牙，也称智齿、真牙、牙末。考甲骨文、金文丁字字形，前者均为颠牙咬合部的横截面形，如《殷墟文字乙编》7795作，后者多为整个颠牙之形，如《虢季子白盘》作。

据研究，人恒齿生长的顺序，首先长出的是牙齿中最大、咀嚼频率最高的第一臼齿，接着是中央门齿、侧门齿等等，最后长出的是第三臼齿，即颠牙。《六书故》：“颠，真牙也。男子二十四岁，女子二十一岁，真牙

“汉人”用法的道理一样。“华”原来是花朵之意，后引申出光华、文明进步的意思。“华夏”指示黄河和长江流域的诸侯国，是相对于周边少数民族而言的，它蕴含着古人的民族优越感。后来“华夏”又简称为“华”，结果就出现了“华人”的表达。按照我们民族称谓的规律，本应该是“夏人”，但是因为字形和词义的演化遮盖了“华”的本义，结果“华人”就替代了“夏人”。语言文字可以帮助我们解码很多文化现象。

生。”长出顛牙意味着男女均进入壮年时期，故丁与壮联系在了一起。《史记·律书》：“丁者，言万物之丁壮也，故曰丁。”丁强、壮丁是壮年男子，丁年是壮年，丁役是服劳役的壮年人，丁女是堪任力役的成年女子，丁妻是处于壮年的妻子，丁婢是二十岁以上的成年婢女。丁又直接指代人和人口，如白居易《新丰折臂翁》：“无何天宝大征兵，户有三丁点一丁。”刘禹锡《陋室铭》：“谈笑有鸿儒，往来无白丁。”

谓丁为顛牙，说丁与人的年龄有关，这还可从齿、龄等与人及人的年龄有关的字中得到佐证。牙齿的生长与人的年龄有着十分密切的关系。小孩出生几个月后就长出牙齿，这牙齿称为乳齿。到了七八岁，乳齿逐渐脱落，换长出新的牙齿。因此，“年龄”的“龄”形旁就取“齿”。人们甚至干脆用“齿”代表年龄。《广雅·释诂》：“齿，年也。”宋代王安石《酬冲卿见别》：“同官同齿复同科，朋友婚姻分最多。”其中“同齿”就是同年龄。

那么丁的钉子义从何而来？顛牙的一端平整而面大，一端深入牙床很深，钉极似之，故钉实由丁（顛牙）引申而来，钉子义并非丁之本义。

《沸水中的变化》参考答案

1. 刻尽职守——恪尽职守
2. 奋奋不平——愤愤不平
3. 他先是拿出三个小锅——父亲先是拿出三个小锅
4. 一支鸡蛋——一只鸡蛋
5. 苦思瞑想——苦思冥想
6. 您想要表达什么”。——您想要表达什么。”
7. 漂来——飘来
8. 反映——反应
9. 滩软无力——瘫软无力
10. 部份——部分

文章病院

弄错溥仪故事

◎晋　相

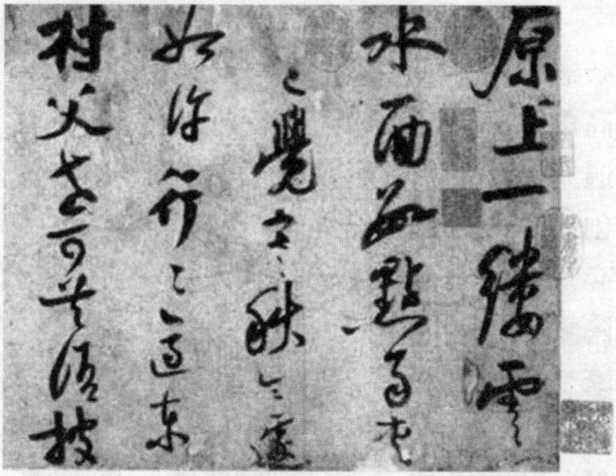

书法作品《陆游自书诗卷》(部分)

2019年1月16日《辽宁日报》20版刊有《80岁陆游勉励65岁辛弃疾北伐》，报道正在辽宁省博物馆展出的《陆游自书诗卷》诸事。文章的结语这样说道：

> 《陆游自书诗卷》数百年间身世堪称曲折。溥仪在逊位前，以赏溥杰为名，将此诗卷连同其他一些书画，经天津运往长春伪皇宫。抗日战争胜利后，溥仪携其逃至吉林省临江市……

溥仪(1906—1967)以赏赐溥杰为名盗出书画等国宝之事，是在他逊位之后发生的，不是在他逊位前。1908年12月，溥仪即皇帝位。1911年10月武昌起义，全国响应。1912年元旦，中华民国建立。当年2月12日，清帝逊位。逊位后根据民国政府的优待清室条例，他仍然住在紫禁城，直到1924年11月被冯玉祥驱逐。1922年“大婚”后，溥仪就不断地以“赏赐”为名，把宫中的一些

“同盟欧鹭”？

◎方德佺

2019年第2期《名作赏析》杂志上有一篇文章《我病君来高歌饮——以梁衡〈把栏杆拍遍〉为例析“三点一线”的散文创作理论》，其中这样写道：“辛弃疾在悲剧命运中的伟大人格隐藏在三处：……三是以词家性情同盟欧鹭、登高怀古的百味杂陈、欲言又止。”这里的“同盟欧鹭”错了，应是“同盟鸥鹭”。

鸥、鹭都是生活在湖海附近捕食鱼类的鸟。“同盟鸥鹭”出自辛弃疾所作的一首词《水调歌头·盟鸥》。词的上阕中有一句“凡我同盟鸥鹭，今日既盟之后，来往莫相猜”，意思是我与鸥鹭结盟，从今往后要多往来，不要互相猜疑。辛弃疾用了《列子·黄帝》中的一个典故：有个喜欢鸥鸟的人，每天都会有成百只鸥鸟飞来与他嬉戏，一天他父亲要他捕一只鸥鸟回来，结果第二天一只鸥鸟也不飞下来了。后人多用“盟鸥”来喻退隐。

欧，古同“讴”，现多指欧洲。“欧鹭”显然不合语境。

珍宝盗运出宫，被赶出时也带出了一些珍宝。被盗出的珍宝中就包括了《陆游自书诗卷》。1932年3月1日，日本扶持溥仪在东北地区建立伪满洲国。《陆游自书诗卷》被收藏于长春伪满皇宫中。1945年，溥仪出逃，文物散佚，后辗转入东北银行。《陆游自书诗卷》现藏辽宁省博物馆。

毛主席说“才饮长江水”？

◎李钱排

2018年6月24日《楚天都市报》A04版上有《万里长江横渡　极目楚天舒》一文，其中写道：“1956年5月31日，63岁的毛泽东主席视察武汉，首次畅游长江，写下了著名的《水调歌头·游泳》：‘才饮长江水，又食武昌鱼。万里长江横渡，极目楚天舒。’”这里的“才饮长江水”有误，应为“才饮长沙水”。

毛泽东主席热爱游泳是件众所周知的事，上述文章引用的词正是他在游长江后所作。1956年5月，毛泽东到广州视察，其间他在珠江口游泳，并提出要去武汉游长江。5月30日，他先乘机去了长沙，并在湘江里游泳。5月31日，乘机到达武汉，一方面视察当地的建设情况，一方面也得偿所愿游了长江。《水调歌头·游泳》便是在这个背景下创作的，其中“才饮长沙水，又食武昌鱼”一句正反映了毛泽东当时的视察行程。

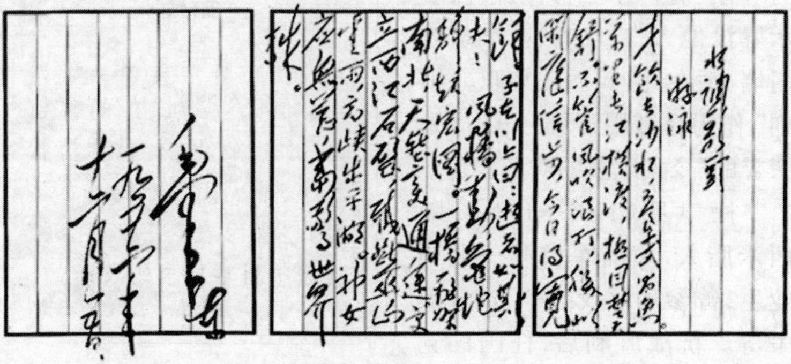

“战犯”岂能“忝列”

◎周　振

2018年11月19日《书刊报》第4版上刊有文章《粟裕为何说杜聿明只能打胜仗》，其中有这样一段描述：

杜聿明“中将副总司令”的真实身份也很快被查了出来，他认为自己忝列“战犯”，必死无疑，因此情绪低落，几番寻死觅活，准备“不成功便成仁”“壮烈殉国”。

这里的“忝列”一词用错了。忝，从心天声，读作tiǎn，义为辱没、有愧于。常作谦辞，表示辱没他人，自己有愧，如忝列门墙、忝在此列、忝任某职。“忝列”作为自谦用语，忝列的应是荣誉的、令人欣羡的对象。

杜聿明（1905—1981），陕西米脂人，黄埔军校第一期毕业生，曾参加北伐战争、抗日战争等。抗战胜利后，任国民党军东北保安司令长官、东北“剿总”副总司令、徐州“剿总”副总司令兼前线指挥所主任，与解放军作战。1949年，杜聿明在淮海战役中战败被俘，后收容在战犯管理所，1959年被特赦。“战犯”即在战争中曾犯下严重罪行的人，不是什么光彩的身份，“忝列”其中的说法是不得体的。

《“值保农药”是啥意思》解疑

原来标语里出了个别字，“值保”应为“植保”。“植保”即植物保护，也称植物医学，是现代农业的基本学科。“植保农药”即符合植物保护科学要求的农药。

“尺犊”何物

◎江城子

2018 年 12 月 22 日《团结报》第 7 版刊有《胡适先生的书法》一文，其中写道：“胡适结体紧密、随意潇散的尺犊体书法，写得风神潇散、洒脱自如。”此处的“尺犊” 错了，应为“尺牍”。

牍，读作 dú，从片卖声，指古代写字用的木片，即木简。古人常用长一尺左右的木简来写书信，故将信札、书信等称为“尺牍”。刘师培《〈文章学史〉序》：“有由下告上之词，则为奏疏；有同辈相告之词，则为书启尺牍。”鲁迅《花边文学 · 一思而行》：“看郑板桥《道情》一遍，谈幽默十天，买袁中郎尺牍半本，作小品一卷。”魏晋以后，“尺牍” 也为墨迹、字迹。《新唐书 · 儒学传上 · 欧阳询》：“询

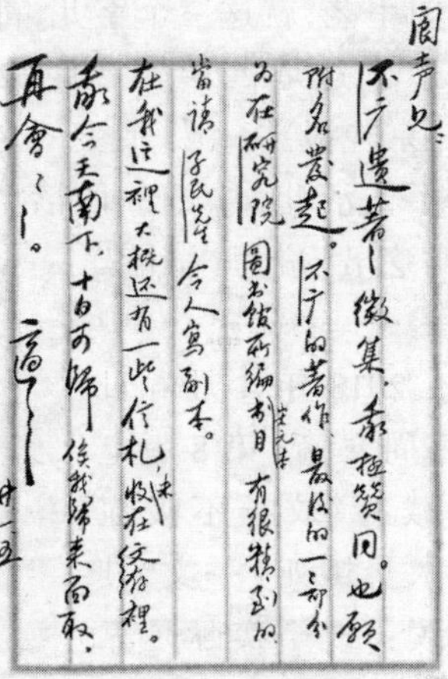
寅声兄：
不广遗著征集，我极赞同。也愿附名发起。不广的著作，最后的一部分为在研究院图书馆所编书目，有很精到的
尚请孑民先生令人写副本。
在我这里大概还有一些信札，未收在文存里。
我今天南下，十日可归，候我归来面取。
再会了。
适
廿一·五

胡适致张宗祥信札

初效王羲之书，后险劲过之，因自名其体。尺牍所传，人以为法。”

“犊” 读 dú，义为小牛，汉语里没有所谓 “尺犊” 一词。误 “牍” 为 “犊” 应是音同形似所致。

“袼褙”误为“疙帛”

◎刘曰建

“还有一位老奶奶，她是打疙帛的。现在的年轻人，甭说这门手艺，就这三个字儿，都不会念。”这是2019年2月12日《北京晚报》36版《消失的老北京手艺活儿》中的一段话。其中“疙帛”应为“袼褙”。

袼褙，音gēbei，是用碎布或旧布加衬纸裱成的厚片，多用来制作布鞋、纸盒等物。郭澄清《大刀记》第十五章：“李月金老汉拿着一个用纸袼褙做的大喇叭筒。”

疙，音gē；疙瘩就是皮肤上突起或肌肉上结成的小硬块。帛是丝织品的总称。“疙帛”不知所云。

『嗉囊』岂能作『素囊』

◎重阳

2018年4月6日《每周文摘》第8版上刊载有《蚊子不吸血多久会饿死》一文，其中说：“蚊子实际是靠吸食植物的汁液来维持正常生活的。植物的汁液只是进入到素囊……”这里的“素囊”应为“嗉囊”。

嗉，异体字为“膆”，本义与“肉”（月）有关，指鸟类食管后段用来暂贮食物的膨大部分。也称“嗉囊”。蚯蚓、蛭、昆虫等食道后的膨大部分也称嗉囊，蚊子也是具有嗉囊的动物。蚊子吸血的习性众所周知，不过会吸血的其实只有雌性。雄性蚊子并不吸血，而是以植物汁液为食。在开始进行消化前，吸食的汁液会先贮藏在嗉囊里。

素，义为本色的帛，也指白色。“素囊”可解释为白色的囊，但动物暂贮食物的囊也不是白色的。“素囊”显然不对。

语言哲思

从“蛤蟆鼓”说起

◎宗守云

《蛤蟆鼓》是传统相声名段，其中说道：

甲：那我问问你，蛤蟆你看见过吧？

乙：谁没见过蛤蟆呀。

甲：你说为什么它那么小的动物，叫唤出来的声音会那么大呢？

乙：那是因为它嘴大肚儿大脖子粗，叫唤出来的声音必然大。万物都是一个理。

甲：我家的字纸篓子也是嘴大脖子粗，为什么它不叫唤哪？

乙：字纸篓是死物，那是竹子编的，不但不叫，连响都响不了。

甲：吹的笙也是竹子的，怎么响呢？

乙：虽然竹子编的，因为它有窟窿有眼儿，有眼儿的就响。

甲：我家筛米的筛子尽是窟窿眼儿，怎么吹不响？

乙：因为圆的扁的不响。

甲：戏台上打的锣怎么响啊？

乙：它不是中间有个脐儿，怎么不响？

甲：我们做饭的锅也有脐儿，怎么不响？

乙：它是铁的，不响。

甲：庙里的钟也是铁的，怎么响？

乙：它不是挂着哪，钟悬则鸣。

甲：我家秤砣挂那儿了，咋没响过？

这段相声中，甲提问，乙回答，甲不赞同乙的回答，于是再提问，乙再回答，如此不断反复进行。这段相声给我们的初步感觉是，乙的回答并没有问题，关键在于甲，甲是“杠精”，他是在不断地抬杠。显然，甲和乙是处在交际冲突中的，这种冲突来源于对原因的理解差异，乙回答的是“必要原因”，而甲当作“充分原因”理解，从而导致冲突。比如，乙说，蛤蟆嘴大肚儿大脖子粗，所以叫唤出来的声音大；甲反问，字纸篓子也是嘴大脖子粗，但并不叫唤。这里乙所说的嘴大肚儿大脖子粗，是蛤蟆叫唤声音大的“必要原因”，但不是“充分原因”，蛤蟆叫唤声音大，除了嘴大肚儿大脖子粗，还需要蛤蟆是活物、蛤蟆处于健康状态、蛤蟆旁边没有人干扰等等条件。甲则把嘴大肚儿大脖子粗作为蛤蟆叫唤声音大的“充分原因”，即只要有嘴大肚儿大脖子粗这个条件，就有叫唤声音大的结果。正是由于对“必要原因”和“充分原因”理解的差异，才导致了交际冲突。

从人对原因和结果的认识角度看，结果是显明的、具体的，而原因是潜藏的。我们看到的世界万象都只是结果而已，至于原因，是需要依靠人的理性去探求的。在许多情况下，我们只能知道结果，不一定能知道原因，比如某种疾病的产生，医学上往往用“病因不详”说明原因的不可知。从人的本性看，探求原因是人的本性之一，当我们看到一个结果的时候，有时会本能地去思考产生这种结果的原因，许多发现就是在这样的情况下产生的。原因往往是多方面的，当我们知道某种原因，并把原因告诉他人的时候，一般只需要说出“必要原因”就可以了，这是最快捷、方便、经济的方式，因为把所有原因全部揭示、表达出来是不可能的。听话人则应该积极同说话人合作，按照“必要原因”理解。如果听话人故意理解为“充分原因”，抬杠就会发生，交际冲突是不可避免的。在《蛤蟆鼓》中，由于乙遵循一般的表达原则，而甲违背一般的理解原则，因此甲成为强势一方，最终的结果就是以乙的哑口无言结束。请看《蛤蟆鼓》结尾：

甲：咱俩说这么半天，你有气没有？

乙：有气。

甲：怎么不响？

乙：我呀——

东语西渐

英语媒体如何翻译『脱贫』

◎陆建非

在今年“两会”的《政府工作报告》中，李克强总理好几次提到“脱贫”这件全党、全国人民牵挂的大事，如“精准脱贫”“脱贫攻坚”“脱贫致富”等。截止到2018年底，我国还有1 660万贫困人口。作为“三大攻坚战”之一，今年的扶贫步伐或将加快，以实现到2020年确保现行标准下农村贫困人口实现脱贫、贫困县全部摘帽的目标。贫困是个全球难题，尤其在欠发达地区，贫困现象异常凸显，中国的脱贫工程以及取得的非凡成就在世界上引起了广泛关注，“脱贫”一词在英语外媒中频频出现。

2018年2月6日，BBC有一条新闻的标题为“Is China On Track to End Poverty by 2020？”（中国正在通往2020年脱贫的道路上？）当时用的是end poverty，直译为“结束贫困”。到了2019年3月20日，BBC报道：“An international conference aimed at finding ways to reduce world poverty has opened in China.”（一个旨在寻求脱贫途径的国际会议在中国召开。）用的是reduce poverty（减少贫困）。同时，在这篇报道中提到了“脱贫办”这一机构，它的英文名也为the local Poverty Reduction Bureau。而为了避免重复使用同一个词，该报道还用了reduce的近义词cut，将“脱贫”译为cut poverty。

2017年10月15日，路透社（Reuters）在一则针对中国的报道中说：“The country is placing an unprecedented amount of effort on alleviating poverty.”（这个国家正在付出前所未有的努力缓解贫困。）这里的alleviate义为“减轻、减弱、缓和、缓解”。除了路透社以外，不少外国媒体都倾向于用alleviate这个词翻译“脱贫”的“脱”。我国也在官方翻译中使用了这一词，比如中国日报网（chinadaily.com.cn）对李克强总理今年两会上所做政府工作报告的翻译：“Precision poverty alleviation made significant progress, with the rural poor population reduced by 13.86 million, including 2.8 million people assisted through relocation from inhospitable areas.”（精　准脱贫有力推进，农村贫困人口减少 1 386 万，易地扶贫搬迁 280 万人。）这里的“精准脱贫”便是翻译成“precision poverty alleviation”，使用了 alleviate 的名词形式 alleviation。

值得关注的是，我国官方媒体对“脱贫”一词还使用了另一种英语表达，即“lift…out of poverty”。如国务院印发的《“十三五”脱贫攻坚规划》提出：“到 2020 年，确保现行标准下建档立卡贫困人口实现脱贫，不愁吃、不愁穿，义务教育、基本医疗和住房安全有保障，12.8 万个建档立卡贫困村有序摘帽，832 个贫困县全部摘帽，解决好区域性整体贫困问题。”中国日报网发布的译文为：To lift all of its poor out of poverty by 2020, ensuring people have enough to eat and wear, and that they have adequate education, health services and housing, those who live in the nation's 128,000 poor villages and 832 poor counties will be out of poverty and the regional issue of poverty will be taken care of.

有一些外媒对这种翻译持有异议，认为“lift…out of poverty”从字面上看义为“把……从贫困中抬出来”，在语义上容易让人产生“被动”的感觉，不能很好反映出贫困人口在脱贫中的主观能动性。但是，外媒的这种看法显然失之偏颇。西方社会在处理问题时总是倾向于强调“个人”的作用，政治的制度设计倾向于“小政府”，这和自古以来就善于“集中力量办大事”的中国制度和华夏智慧有着较大差异。从此词引发的思辨中，反映了两种不同的思维方式和社会制度。

网言网语

四舍五入就是专业人士了

——被引入网络语言的学科用语

◎杨怡坤

在网络上“冲浪”的时候，你是否听到过“四舍五入就是一个亿”“四舍五入就是我的人了”之类说法呢？

“四舍五入”体在网络走红源于主持人倪萍在主持大型公益节目《等着我》中的一段话，她在提及节目的微博时说：“我们微博的阅读量是五千五百万，同志们，这是什么？这是一个亿！”网友们对她的这种四舍五入的计算方法展开了热烈的讨论。倪萍本人随后在微博上真诚地道歉，称自己“是典型的数学不好”。但四舍五入的热潮并未因此平息，大家开始积极地将自己的工资、奖金、收到的点赞数等数据四舍五入成一个亿。虽说是四舍五入，但网友们在对“越多越好型”数据进行计算时更多地把重点落在“入”上而刻意忽略了“舍”，四百元的工资被四舍五入到一个亿、三百万的阅读量也被网友们戏称四舍五入就是一个亿；而对“越少越好型”数据进行计算时，大家又心照不宣地选择了“舍”的方法，比如学生们会说“一百道题我只错了四十四道，四舍五入我就是全对呀”。可见，四舍五入这种数学计算法，被机智的网友们当成自我安慰的“自我感觉优化法”，他们通过将数字向理想的方向放大或缩小来达到自我安慰的目的，工资少的上班族安慰自己“四舍五入就是一个亿，也不算很少”，错题多的学生安慰自己“四舍五入就是没做错题，我其实还有救”，这样就能让他们在压力山大的社会中继续坚持奋斗。而且四舍五入法并没有局限于数字范围，随着人们自我安慰需求的不断增大，四舍五入法被引入更广阔的领域。比如吃货看到有朋友吃到了自己想吃的美食，就会说“四舍五入就是我吃过了”；追星族发现自己的评论被偶像点赞了，就会欣喜地昭告世界“这四舍五入就是结婚了”；前段时间流行起来的土味情话中更是有一句“你是中国人，我也是中国人，四舍五入一下，你就是我的人”。人们乐此不疲地引用四舍五入法来靠近理想的生活状态，一方面提高了自己的幸福指数，一方面又因为使用了数学用语而感觉自己说的话有理有据、专业可信。

不只是数学，物理学领域也给我们带来了“正能量”这样风靡一时的词语。原本出自量子电动力学的物理名词被英国心理学家在《正能量》一书中做了新的解释，其中将人体比作一个能量场，而正能量被用于代表积极向上、乐观阳光、带给人希望和奋进力量的人和事。伴随着正能量代表积极事物的意义，负能量也就同时被赋予与之相反的表示消极事物的意义。正能量和负能量被广泛地运用到人们的日常生活中，“每天一句正能量激励自己”“献给需要正能量的人”等语录和文章大量涌现，“十一种方法拒绝负能量”“怎样摆脱负能量”等消减负能量的文章也层出不穷。

生物学领域中也有被网友引入的专业术语，如果提示到这里你还没想到，那就说明你“反射弧太长了”。反射弧，是执行反射活动的特定神经结构，人对外界的反应大多需要通过反射弧进行传递然后表现出来，所以反射弧长就意味着信息传输时间长，从受到刺激到做出反应的动作所需的时间也就更长，所以反应就会相对慢半拍。现在人们常用“反射弧长”形容反应迟钝的人，不仅带有一种专业的学术感，还具有一种含蓄感，使得调侃没有那么直接，被说反射弧长的人

前方高能预警！
“学×”族强势来袭！

◎曾艺彤

说起学习等级，想必人人都不陌生：古有“进士、举人、生员（秀才）”之分，今有“学霸、学渣”之别。在“学霸”这一网络热词的引领下，近年来网络上频繁出现了一组依据学习能力和学习成绩的高低而划分的新兴词语，大致上有如下

也不会那么容易有被嘲笑的感觉。反射弧长的朋友也不要嫉妒反应快的小伙伴，毕竟嫉妒使人“质壁分离”。“质壁分离”又是一个被引入网络语言的生物学词语，原本是指植物细胞由于液泡失水而使原生质层和细胞壁分离的现象，由于在显微镜下可以观察到质壁分离后的细胞和原来的细胞外观上的差异，被用来代替“嫉妒使我面目全非”中的面目全非，简单地理解此处的“质壁分离”就是丑陋、面部扭曲的意思。除此之外，优秀的网友们还引入了数学（如高斯模糊，此处主要取“模糊”的含义）、化学（如氧化分解，此处主要取“分解”意，含有分裂扭曲的意思）等多个领域的词语来代替“面目全非”一词。学科领域的术语的引入使得网络交流越来越有趣多样，不仅能营造一种“文化人交流”的氛围，还能很大程度减缓一些负面词语的消极意义。

了解这些网络语言以后，再也不用因为听不懂专业术语而嫉妒到质壁分离了，查清楚网络用语中的每一个学科术语，就算反射弧再长也充满正能量，四舍五入一下，你也是专业人士啦！

几类：

学神：表面上疏于学习，实际上学习成绩名列前茅的学生，比学霸的学习能力更强。

学霸：学习刻苦、成绩突出，处于学习生物圈上层的高智商学生。

学痞：品行不端但学习成绩好的学生。

学民：智商普通，膜拜学霸，却瞧不起学渣的学生。

学渣：平时不努力学习，临近期末时才开始突击的学生，又叫学灰。

学弱：刻苦学习到身体虚弱，不堪重负，但学习成绩仍然较差的学生。

我们不难发现“学 ×”词的大量产生，在词汇结构上来看主要源于类推机制，“学渣”等词就是以“学霸”为模型，按照“学 ×”构词规则而产生的。这些词语受到了网络媒体和学生群体的青睐，被广泛应用在多种语境中。

对于“学 ×”词来说，尽管它们在语词模式、语用功能上具有一定的共性，但它们彼此之间的个性仍值得注意。除了语义上的差别，“学 ×”词之间最大的差别在于其产生的时间不一致。根据《汉语大词典》第四卷的记载，“学霸”“学民”这两个词语在古代汉语中已有使用：学民，指有知识的人，儒生；学霸，指学界的恶棍，即依仗势力在学校或者教育界为非作歹的人。申时行的《明会典》中记载了“生员内有刁泼无耻之徒，号称学霸”，《商君书·农战》中记载了“国有事，则学民恶法，商民善化，技艺之民不用，故其国易破也”，这些史料都是“学霸”“学民”存在于古代汉语中的历史性证据。虽然无论在古、今汉语中，“学霸”“学民”都属于教育行业用词，但很明显今天作为划分学生学习态度与成绩水平的新词语，与旧词义之间并没有任何意义上的联系。

语言的适应性和生命力决定了“学 ×”词的产生和流行，也必然反映出一定的社会文化心理。划分学等的行为在古代早已出现，但“学×”词作为校园文化与网络文化相结合的产物，不仅是网络上热议的新兴语词，更是学生们评价定位、自嘲调侃的新方式，而这种黑色幽默恰恰是缓解学习压力的体现。

在互联网的推动下，“学×”族的影响力已经从校园语境辐射到了通用领域，如：“抗癌学霸”指的是医学抗癌领域的牛人，“美鉴学渣”指的是美术鉴赏领域的落后者。进一步看，“学×”词族的语义主要指向学习、学术上具有“×”属性的人，这种词义的指向性在词义层面上决定了“学×”词和带“×”的某些词族的联系，这种联系正是“学×”词族辐射性的基础，运用广泛性的前提。如：“学霸”和“学渣”还可以联系到“网霸”（即互联网领域的领军人物）和“网渣”（即互联网环境里的“污物”），房产“销神”“销霸”和“销渣”，以及“麦霸”“考霸”“座霸（高铁占座者）”等。“学×”词族依靠词语结构和新旧词义的灵活运用不断衍生，大大增加了社会语词的丰富度。

对我们每一个人来说，“学×”词的现实意义应该是：它告诉我们，无论你的能力如何，无论你的付出多少，所有人都能在自己的领域内找到属于自己的位置，成为“学×”族的一员，并且从当下的位置出发，争取早日进阶高位！

微语录·亲情

她亲手给男朋友织了一条围巾，花了整整一个月时间。她幸福地给他围上，不料他冷冷地取了下来，说：“我不喜欢戴围巾！”她瞬间心凉，失落地回到家中，把围巾随手往沙发上一扔。爸爸回来了，以为是给自己的，自个围上，满脸充满幸福的笑容。她看着爸爸，说：“你不是不喜欢这种颜色吗？”爸爸说：“我特喜欢。”她顿时泪崩。

（刘　芳/辑）

怎么才算『讲究』

◎戴兰茜

“讲究”是北京话中经常使用的词，在《新华字典》上有三种释义：当动词使用时有“讲求、注重”的意思，比如“讲究质量”；当形容词时则为“精美”之义，如“这房子盖得真讲究”；当名词时可以在后面加上儿化音，“讲究儿”指一定的方法或道理、惯例。

或许是北京话天生拥有俏皮属性，最近“讲究”这个词成为网上的调侃利器，不仅精美的事物被称作“讲究”，一切事物的细节都可以被说是“讲究”。比如“暑假最后一天写作业，讲究”“外国人吃饭用筷子，讲究”“饭前先洗手，讲究”“用溪水洗锅，讲究”“楼主发帖问‘讲究’什么意思，讲究”等等。“××，讲究”也成为一种固定的句式充斥于网络视频弹幕和各种论坛。那么到底什么才算是“讲究”呢？

其实，“××，讲究”并不是这几年才出现的梗，在它最近的流行之前，聪明的语言艺术家们早已发现这句话俏皮的潜质，进行广泛运用了。比如在相声中，捧人时就会运用“××，讲究”句式。在影视剧中，比较经典、影响较大的就是《让子弹飞》中，敌对两阵营混在一起无法辨认敌我而处于无法开战的窘境时，天空恰巧下起了雷雨，于是双方首领协商重新开战时借口道：“打雷天站在雨里头，有点儿不讲究，太不讲究了。”在这之后，“讲究”体便风靡网络。

“××，讲究”这个网络流行语中的“讲究”，其意义已经偏离本义了。很明显的是，这里的“讲究”是一个形容词，因此网络流行语的“讲究”是“精美”义项的一种延伸，但是它包含的内容就不仅仅是精美了，而是夹杂着很复杂的多种情绪，可以包括奇怪、嘲笑、批评等等，并且在向贬义发展。“讲究”由褒义到贬义泛化并不是一下子就完成的。起初，“××，讲究”是一种真实的赞美，常常指生活精致，比如“把菜摆好盘后再撒上一些芝麻，讲究”。可是渐渐地，“讲究”体可以使用在一些与众不同的事物或者社会现象上了，往往带有嘲讽和强调的作用。比如“上课玩手机，讲究”“用手机写论文，讲究”等。随着时间的推移，人们渐渐发现生活中的一切细节都可以“讲究”，于是“讲究”再次泛滥化。比较极端的例子就是有时看一个视频的弹幕，从头到尾主播动作的每个细节都被人“讲究”过了，这时的“讲究”已经失去了“精致、精美”的原意，而是完完全全成为人们娱乐的工具了，而“讲究”也更趋近于一个贬义词。

“讲究”体风靡网络，既是语言上的意义演变，也有社会心理的推动。

从语言上看，“讲究”一词历史悠久，又来源于北京话，有俏皮的天性，常常用在相声里。在“××，讲究”中，原本是一个褒义词的“讲究”在这里却在“过分夸耀”中拥有了较多的贬义情感，成为了一个反语。因此当“××”只是一个十分平常的事物时，这个“讲究”就反而拥有了一个更加重的“假讲究”意义，给语言增添了不少曲折的趣味性。

“讲究”体风靡网络，更是现代人们趋向于追求精致生活的体现。在物质和精神的基本需求得到满足后，人们渴望更多有意思的生活细节，而最容易获得这样生活细节的方法，莫过于把每一个生活细节都看作“讲究”的。这确实也是一种生活情趣的体现——即从平凡中发现不凡，但其中也隐藏着一个悖论：若是把每一个平凡的细节都看作不凡，那么不凡也将成为平凡。这也是“讲究”体在网络滥用后变为贬义的根本原因。

于是，在网络语言中，“讲究”也会变成“假讲究”了。在大量的滥用中，怎么才算真讲究也成了问题。适时地用好“讲究”体，多加思考而非一味跟风，这才是真讲究。

检测窗

编校差错扫描(九)

◎王　敏

听音辨义说“予”“与”

【错例】曾经参予渔民海捕的快乐时光！面向大海，捕鱼为生！让烦恼走远！

【简析】“参予”应为“参与”。“予”和“与”都可读yǔ，指赐予。《尔雅·释诂上》：“予，赐也。”《说文解字》：“与，赐予也。”比如“给(jǐ)予”也作“给与”；“赐予”也作“赐与”，“生杀予夺”也作“生杀与夺”。如果读音不同，“予”和“与”意思就不同。“予”读yú，是假借的用法，同“余”，意思是“我”，比如“予取予求”，原指从我这里取，从我这里求，后指任意索取。“与”读yù，意思是参加，如“与会代表”。“参”和“与”都指参加、加入，两者并列，构成“参与”，也作“与参”。无论读音是yǔ还是yú，“予”都没有参加的意思，“参与”不能写成“参予”。

“头往下扳”非木板

【错例】(外婆)去医院那天，抱她起床时，她的头使劲往下板，不肯离开枕头。

【简析】“往下板”应为“往下扳”。“扳”和“板”都是形声字。“扳”从手，其含义与手有关，本义指拉、引，是动词，如“扳动、扳开”等，引申指扭转、翻转等，如“扳回败局”。“板”从木，其含义与木头有关，本义指片状的木头，名词，也泛指片状物，如“石板、钢板、纸板”等。“板”也可作动词，如“板着脸”，指表情严肃，整个脸就像一块板。这里说外婆的头向下扭转，应当用“扳”，不能用“板”。

时空不同辨“届”“界”

【错例】通过对中外女排强队训练理念的对比分析，对排球的训练理念、方法及伤病防治提出一些思考，希望排球届人士从中能得到一些启发。

【简析】“排球届”应为“排球界”。“界”是形声字，从田介声，本指边界、疆界。《说文解字》：“畍，境也。”引申指一定的范围，如“外界、租界”等，又指职业、工作或性别等相同的一些社会成员的总体，如“知识界、新闻界”等。“届”也是形声字，本义指行动不便，到达极限。《说文解字》：“届，行不便也，一曰极也。从尸凷声。”凷读kuài，古同“块”。人行为土块所阻，不得前进，因此指到达极限。如今常用的“届”，都与时间有关。作动词指到（时候），如“届时、届期”等；作量词指次或期，用于周期性的对象，如“十八届、历届、换届”等。“届”指时间，“界”指空间，弄清这一点，就不会把“排球界”写成“排球届”了。

数不完用“不胜数”

【错例】有相同见解的文人和艺术家数不甚数，茨威格只是其中一员，此外还有弗洛伊德、克里姆特和托洛茨基。

【简析】“数不甚数”应为“数不胜数”。“胜”（shèng）繁体作“勝”，形声字，从力朕（zhèn）声，本义指受得起、能够承担。《说文解字》:"勝,任也。""胜任"即足以承担,"不胜"即受不了,如"不胜酒力"。引申指"尽","不胜"即不尽,"不胜感激"即感激不尽,"数不胜数"即数都数不完。另引申指胜利。"甚"是会意字,从甘从匹,本义指尤其安乐。《说文解字》:"甚,尤安乐也。"引申可作副词,表示非常,如"甚好";可作动词,表示超过,如"日甚一日";还可作连词,表示递进,如"甚至"。但无论如何,"数不甚数"都说不通。

"飞掣""诚挚"不相干

【错例】银龙飞挚向昆仑,神舟绕天冲九霄(标题)

【简析】"飞挚"应为"飞掣"。"挚"和"掣"下半部分均为"手",但音义相去甚远。"挚"读 zhì,会意字,从手从执,本义为"握持也"(《说文解字》)。引申指攫取,如"狼挚虎攫"。又引申指诚恳、亲密,如"真挚、挚友"等。"掣"读 chè,是形声字,从手制声,本义为"拽也"(《经典释文》)。引申指牵制、控制,如"掣制"即牵制。又引申指迅疾闪过,如"风驰电掣"形容像疾风闪电一样迅速。"飞掣"指迅速飞去,写成"飞挚"是说不通的。

"跨"越举足"垮"坍塌

【错例】骑在人民头上的,人民会把他摔跨;为人民做牛马的,人民永远记住他。

【简析】"摔跨"应为"摔垮"。"跨"与"垮"都是形声字。"跨"从足,其含义与腿脚有关,本义指越过。《说文解字》:"跨,渡也。""垮"从土,其含义与土地有关,本义指倒塌,引申指崩溃、瓦解、败坏。"摔垮"指使之摔倒、令其崩溃,"摔跨"则不知所云。

华语圈

并非还债的“还钱”

［中国大陆］郭　熙

《全球华语词典》收了新马泰特色词语“还”的一个用法：今天请吃饭由我还钱。《全球华语大词典》也在“还”的字头下加了这个义项。

“还”表示“支付”义广泛应用于新马地区的日常生活中，中国人听到后却很奇怪。在他们看来，要先有“欠”才会有“还”。《现代汉语词典》“还”条下有“偿还”义，但无“支付”义。台湾出版的《重编国语辞典修订本》“还”下虽以“偿付”释义，但举例却是“还债”“他不还我钱”等，并无“支付”义。

其实，“还”的支付义在中国历史上曾经广泛使用过。例如：

《老乞大》第二册：酒好么？好酒，你尝看。酒不好时不要还钱。

《金瓶梅词话》第二回：干娘记了帐目，明日一发还钱。

《三遂平妖传》第二十四回：那厮一路上逢着酒店便买点心来，两个吃了，他便还钱。

《儒林外史》第三十二回：说罢，张俊民还了面钱，一齐出来。

上举第一例《老乞大》是元末明初高丽人的华语教材，其余则是广为流传的小说，可见“还”的这种用法并不特殊。《水浒传》中谈到吃饭、喝酒、喝茶付钱时均用“还”，就不一一列举了。

《汉语大词典》中“还”的义项⑤释义为：偿还；交付。其中，交付义的用例就是《水浒传》第三回的“鲁达回头道：茶钱洒家自还你”。把“偿还”“交付”归为一个义项，“交付”义居后，或许也反映了编者对

"还"支付义的一种态度。

清代后,北方话支付义的"还"不见了,而它却在南方的一些方言中仍然活跃着,广东潮汕地区的闽南话就说"今天这顿饭我还钱",而上海、苏州、常州等地,则有"会钞"或"惠钞"的说法,或许这里的"会"或"惠"就是"还"的方言记音字。

这样看来,新马泰华语中"还"的支付义的来历还是清楚的:一是闽南话,主要是潮汕闽南话,在新马泰三国中,潮州人的影响是很大的;二是近代白话,已经有学者指出,南洋华语的基础是近代白话。

一个曾在华语中心区广泛使用的"还"悄然失踪,却在海外华人社会再现,正可谓"礼失而求诸野"的现实版。这再次体现了海外华语作为资源和视角的重要价值。

(作者是暨南大学海外华语研究中心主任)

上海人

[马来西亚]杜忠全

马来西亚华人主要来自中国华南的福建、广东、广西、海南等地,来自华东、华北地区的人,都属少数方言群。从大马华人的视角来看,闽粤两省以外的,都算"外省人"了。外省人一般不谙华南方言,日常都以国语/普通话沟通。

二战期间,上海是太平洋西岸的第一大商埠、国际大都会,也是华人世界引领潮流的时尚之都,电影、唱片、服饰、发式等等无不成为时代的流行指标。20世纪50年代之前,在东南亚华人眼中,无论是看的听的穿的戴的,只要是上海流行的,就是最时髦、最前卫的了。更有甚者,凡是闽粤人所不熟悉的新鲜事物，都被当作“上海”的。

于是，所谓“上海人”，其籍贯可能是上海当地，也可能是江浙一带的“外省人”，这些人不说闽粤潮客琼等南方方言，语言上判然分别。以前的老人家当然不晓得，这些“上海人”其实包括了上海、江苏、浙江等吴语区的人，甚至有操赣语的江西人在内。他们在东南亚国家所组成的地缘组织，叫“三江公会”或“三江会馆”。然而在一般华人眼中，他们都是“上海人”。

二战期间，也有一些江浙人士远走东南亚，从事当地人眼中的“时尚行业”。例如不少红木家具店，商号都冠以“上海”二字，“上海”成了时尚和高档的标志。在上海闯荡娱乐圈的人把上海蔚然成风的综合游乐场理念带到南洋来创业，有的则组织歌唱班或歌台，到大城小镇巡回演出，为当地单调的娱乐生活增添姿采。

“上海人”总是跟“美”“时髦”“流行”扯上关系，人们对“上海人”又怎能不另眼相看呢？于是，只要不是华南文化中的寻常事物，就被贴上“上海”标签。如老人家口里说的“上海班”，细问之下才知原来说的不是沪剧、越剧之类，而是北方的京剧！华南文化的市井生活里绝少京剧，会哼两句京腔的，都是“上海人”，因而有此一说。

还有榨菜，其发源地是四川，但对本地老辈而言，四川、榨菜似乎更加遥远、生疏，于是管它叫“上海菜”。追根究底，只能说那是“外省”事物，而南洋生活里所接触的“外省”，当时就数“上海”大家最熟悉，接触最频繁了。（作者按：新加坡人习惯上把榨菜叫作“四川菜”，“四川菜”不能简称“川菜”，因为“川菜”指具有四川风味的菜肴。《全球华语大词典》收录“四川菜”，注明新马是主要使用地区。）

（作者是马来西亚拉曼大学金宝校区中文系主任）

失调的平衡

［中国台湾］高婉瑜

现代人的生活很难离开网络。对求知而言，网络有海量的知识可供学习；对沟通而言，网络缩短空间距离，世界变成地球村。因为网络的无远弗届，当发生某件事情时，有相似观点的人利用网络，快速地聚集在一起，一同发声，形成“同温层”。

“同温层”（Stratosphere）本是气象术语，指对流层顶部至平流层的中下层，该区域温度为平流层最低且几乎保持不变，故名。气象术语借用到网络后，将观点、想法比喻为温度，有“相似想法”的团体组成“同温层”。

伴随网络“同温层”，还有两个相关的新词叫“取暖”与“讨拍”。所谓“取暖”，往往是不如意、心中失衡，在真实生活圈无处慰藉，转到虚拟世界“取暖”。网络“取暖”形式是发文（“取暖文”）到社群媒体，向网民诉苦，争取“同温层”的同情，让心理舒服一些，例如“不想再听不同声音，所以回到同温层中去取暖”。

与“取暖”接近的词是“讨拍”（或“讨拍拍”），“以手轻打”的肢体接触是人类表达善意，安抚情绪的常见方法。因此，网络发文“讨拍”，出发点也是遇到不开心，希望获得别人安抚。有趣的是，语用上“讨拍”经常搭配负面的回应，如“妇人违停还呛女警，录像上传网络讨拍反被打脸”，也就是发文者行为不恰当，但当局者迷，只一味地想“讨拍”，反而遭网友指责。

“取暖”与“讨拍”在网络世界屡见不鲜，反映有些人想利用虚拟世界追求空幻的安慰，让失调的心理回到平衡，或者利用社群集结志同道合者，形成厚厚的“同温层”，安处其中，误以为大家跟他一样，而自我感觉良好。殊不知，有冷有热才是真实的人生！

（作者是高雄师范大学国文学系教授）

读书

『积极』『消极』与『阳极』『阴极』

◎周振鹤

当伏打电池刚发明时，人们注意到在电池工作时有一个极板要变重，而另一个极板要变轻，因此这两个极板的名称在荷兰语中分别用 stellende pool 与 ontkennende pool 来表示，意即增加的极板与减少的极板。在 1826 年问世的《气海观澜》一书中，日本学者根据这两个词的荷兰文原义，将此二极板定名为增极和减极。十多年后，在另一本日本著作《舍密开宗》(舍密即化学)里，又把这两个译名雅化为积极与消极。但在中国则另有译法。1855 年英国人合信在广州出版了《博物新编》，译此二词为阴极与阳极，这很符合中国人阴阳五行的传统观念。大约在 1870 年左右，这一译法传入日本，先是与日本人的译语共同存在了一段时间，不久以后，“阴极”与“阳极”占了上风，“积极”与“消极”却失去原来的意思，转而成为今天人所皆知的隐喻意义，然后再输入到中国。于是乎今天再没有人晓得“积极”“消极”的原意了，笔者要不是读了一篇荷兰学者的文章也绝想不到的。

中国在十九世纪、二十世纪之交曾从日本接受了大量新词语，这些词语都是汉语固有或用汉字组成。许多人遂以为这些新词语都是日本学者从西文直接翻译过来，再输入中国，其实并不尽然。有些词语是在中国产生(或由中国人翻译，或由在华传教士翻译，或双方合译)再进入日本，而后又返回中国。上面提到的“阴极”与“阳极”就是这样，以致有人误会该二词原产于日本。因此在研究中日欧语言接触时，既要注意到欧—日—中的路线(“积极”与“消极”)，还要注意欧—中—日—中(“阴极”与“阳极”)的途径。

(选自《逸言殊语》，上海人民出版社 2008 年 8 月出版)

向你挑战

沸水中的变化

（文中有十处差错，你能找出来吗？答案在本期找）

◎伯　淮　设计

厂里评选先进员工，小李没能评上。想到自己平时刻尽职守、任劳任怨，却什么荣誉都没得到，小李不禁奋奋不平。晚饭时谈起这事，他跟父亲发了好一通牢骚。父亲一声不吭地听完，然后叫小李随他去厨房。

走进厨房，小李莫名其妙地看着父亲忙活着。他先是拿出三个小锅，注满水后放到灶台上加热。之后，他从食材里取出三样东西：一根萝卜、一支鸡蛋、一包咖啡粉。等到锅里的水煮开，父亲把三样东西分别放进了三个锅子。又过了十多分钟，他把锅里的东西盛进了三个碗里。

父亲指着三个碗，对小李说："看看它们，你有什么发现吗？""就是萝卜、鸡蛋和咖啡，"小李一番苦思瞑想后，依然一头雾水，"抱歉，我不明白您想要表达什么"。

父亲笑了，他先戳了戳萝卜，萝卜上立马多了一个坑。接着敲开鸡蛋的壳，露出凝成固态的鸡蛋。最后，他把咖啡端到小李面前，招呼道："来闻一闻吧！"小李闻到漂来的浓郁的咖啡香。

"同样放在沸水里煮，这三样东西的反映各不相同——原本硬邦邦的萝卜变软了；原本滩软无力的鸡蛋变硬了；原本是固态的咖啡粉改变了自己和水，变成了彼此的一部份，释放出了让人喜爱的香气。"父亲指着咖啡说，"人生总会有活在'沸水'里的时候，我希望你能像咖啡粉一样。"

我们无法选择事事如意的人生，但可以选择身处逆境的方式。可以选择服软，可以选择对抗；同样，可以选择去改变！

看图说话

“禁毒”害在何处

陈敏

路过一条小巷时，笔者看到这么一条公益宣传广告：远离禁毒危害珍爱生命健康。乍看没什么，稍想便觉不对：什么叫“禁毒危害”？禁毒有危害吗？

毒品即鸦片、大麻、海洛因等，会对生命健康产生重大危害。世界上绝大多数国家都将毒品危害视为严重的社会问题，并立法禁止。禁毒，是有利于社会的行为，自然不会产生什么危害，也不能“远离”！

显然是广告拟写者考虑不周，出错了。只要把“禁毒”改成“毒品”就可以了。设置宣传广告，本是禁毒工作的一部分，理应严肃认真，一丝不苟！由于文字运用欠斟酌而闹乌龙，可惜啊！

火眼金睛

图中差错知多少？

杨昌俊 谭德忠 康丽丽 李信宜 提供

（答案在本期找）

1

2

3

4

邮政 扫码订刊 轻松快捷

淘宝 扫码购书 优惠立享

微信公众号 扫码关注 精彩无限

ISSN 1009-2390

05>

9 771009 239197

2018年度向全国少年儿童推荐的百种优秀报刊

YAOWEN-JIAOZI

咬文嚼字®

06

2019

鲇鱼

硬骨鱼纲，鲇科。口宽大，有须两对。分布于中国各地淡水中。体表多黏液，故名“鲇”。李时珍《本草纲目》：“鲇，黏也。”

上海世纪出版集团

欢迎至邮局订阅本刊 邮发代号 4-641

国内统一连续出版物号 CN 31-1801/H

定价：5.00 元

雾里看花

“瓦糕”何物

杨丹

这是一个街头糕点摊位。“瓦糕”是什么糕？有人说，是形似瓦片的糕点；有人说，是用瓦器制作的糕点。究竟是什么？猜猜看，答案见本期。

名家语画

不愿为“中国医学前途进步之障碍”

李方乔 / 文　臧田心 / 画

因尿中带血，梁启超到协和医院诊治。医生发现其右肾有一个黑点，怀疑梁先生患了癌症，便做了右肾切除手术，但术后症状并未消除。梁启超治疗失败的消息传出后，社会一片哗然。甚至出现了一个耸人听闻的传说：手术出现失误，医生切除的是左肾而非右肾。梁启超立马写了一篇替协和说话的文章，诚恳地呼吁：我盼望社会上别借我的这回病为口实，生出一种反动的怪论，成为中国医学前途进步之障碍。

咬文嚼字®

2019年6月1日出版

6

总第294期

主管：上海文艺出版总社
主办：上海文化出版社
编辑、出版：《咬文嚼字》杂志社
集团网站：http://www.shwenyi.com
E-mail：yaowenjiaozi2 @ 163.com
官方微博：
http://weibo.com/yaowenjiaozish
电话传真：021-64330669
发行电话：021-64370935
邮购电话：021-64370935
地址：上海市黄浦区绍兴路7号
邮政编码：200020
发行：上海市报刊发行局
发行范围：国内外公开
订阅处：全国各地邮局
邮发代号：4-641
ISSN 1009-2390
CN 31-1801/H
印刷：上海中华印刷有限公司
印厂电话：021-60829062
021-60299079
定价：5.00元

语林漫步

由“夸夸群”引起的思考

◎代宗艳

今年3月，一种名为“夸夸群”的社交群组在各大高校兴起。所谓“夸夸群”，就是一种微信群，“夸”即“夸赞、赞赏”。在“夸夸群”内，被人夸奖是家常便饭。没有规则，直接夸，随意夸，各种夸都行。例如：有人提出“学习了一下午，求夸”，便会有群友夸赞称“能抵制住外界的诱惑而认真学习，说明您是一个自制力很强的好孩子”。某大学社会学院一个大三学生，一次不小心把啤酒倒在了书包上，在“夸夸群”内求夸，得到的夸赞让他意想不到：“背上带酒味的包去上课，你就是整条街最醉人的仔。”

目前，包括清华大学、北京大学、复旦大学、同济大学等多所高校，都出现了“夸夸群”。这种微信群在高校中流行，也催生了一种付费获夸的商业行为。某电商平台在3月初就推出了全新的“夸人服务”，价格在1元到100元不等。那么，对于“夸夸群”现象到底应该支持，还是应该反对？清华和北大还为此专门开了辩论赛。“夸夸群”的蹿红还引起了外媒的注意。英国《泰晤士报》就公开报道了这一现象。美国消费者新闻和商业频道（CNBC）发表了《中国新的社交媒体热潮：随意付钱给别人，为你奉上溢美之词》一文。

支持的观点是：在“夸夸群”里可以通过夸赞的方式消解一些不开心的情绪。而不赞成的则认为：过多的肯定与赞美会让人们迷失自我。其实，在“夸夸群”中，许多与其说是夸赞，还不如说是调侃。比如有人在群里说“早上没去上课结果被点名了”，便有人回复“睡眠这么好，一定是个幸福的人”“真羡慕，老师还记得你的名字”等。虽然这些很无厘头的夸赞或吹捧并不能解决什么实质性问题，但是能够缓解人们片刻的焦虑，给“丧”的生活注入活力。

“夸夸群”的夸赞行为是通过语言的方式给人的心理带来轻松感和快乐感，折射了语言对社会文化心理的影响。这就涉及语言的社会性质。根据认知语言学家的观点，认知是语言的基础，语言是认知的窗口。因此，社会性是语言符号最重要的特性之一。跟其他社会方言，乃至跟日常交际语言进行比较，网络语言这种语体显著的特征就是其“游戏”性质，娱乐色彩十分明显。“夸夸群”的出现满足了当下人们追求娱乐、调侃、放松的心理追求，凸显了语言传递信息之外的“游戏”功能。

在语言学领域，存在着“礼貌”“认同”与“互惠”的交际准则。“礼貌原则”是指说话人出于对礼貌的考虑，运用一些包括夸赞在内的语言使得谈话能够顺畅地进行下去。“认同”是“新修辞学”思想的核心，“新修辞学”认为修辞是说服听众的艺术，夸赞即被视为获得认同的一种重要方式。“互惠原则”则是构建交际两端共享的社会关系的基础，是构成人类社会群体的关键因素，“夸夸群”成员的互相夸赞也体现了人际交往中的“互惠原则”。这三项交际准则都与一定的社会历史、文化、民族心理、习俗等有着密切的联系。赞扬自古便是我国传统文化的一部分，是言语交际中不可缺少的一门艺术。“夸夸群”中无厘头的夸赞，纵然看起来十分虚假，倒也能营造出一种奇妙的互动关系。

从“夸夸群”中固然能获得些许心灵慰藉，不过，比起他人的赞美，人们更需要的是面对挫折的勇气与坚定的自我认同。

时尚词苑

“赋能”：从专业术语到热门用语

◎高丕永

这两三年，“赋能”一词非常热门。各种媒体上经常可见“赋能女性”“给小企业赋能”“为年轻人赋能”“科技赋能”“大数据赋能”“AI 赋能”等等。据两个大型数据库的不完全统计，2016 年至 2018 年，每年用到“赋能”一词的文章数量，后一年为前一年的两倍。何谓“赋能”？汉语工具书里找不到这个词。从众多实例来看，“赋能”的意思是“赋予合作者或服务对象能力或能量”。这个新词从何而来？

有人说，“赋能”是意译英语的“empower”而来。2017 年 4 月 1 日的《财富》杂志（英文版）有一篇关于阿里巴巴的特写，标题是“How Alibaba's Founder Is Empowering Entrepreneurs Globally”。2017 年第 7 期的《首席财务官》杂志刊登了这篇特写的汉译全文，标题译为“马云：阿里巴巴创始人如何赋能全球企业”。还有，在上海召开的 2018 世界人工智能大会的主题是“人工智能赋能新时代”，大会官网的英文翻译是“A New Era Empowered by Artificial Intelligence”。确实，汉语的“赋能”与英语的“empower”有关。要了解“赋能”的来历，可以从“empower”说起。

英语动词“empower”，一般有两个义项：①授权（把权力委托给他人或机构代为执行）；②增加自主权，使有能力。与动词“empower”相应的名词是“empowerment”，一般有两个义项：①授权；②增加自主权的行为，使有能力的行为。上世纪二十年代，英语名词“empowerment”在西方开始用作心理学专业术语，有时写为“Empowerment”以示区别。心理学中的“Empowerment”，简单来说就是“（通过言行、态度的改变）使……有能力的行为”，即大体相当于“empowerment”的义项②。后来，“Empowerment”理论还应用到了企业管理、女权运动、教育培训、医疗康复、社区工作、弱势群体保护等领域。

上世纪九十年代，我国为了提高企业的市场竞争力，开始引进国外包括“Empowerment”在内的企业管理新方法。那时，这个管理学专业术语曾经被翻译为“授权赋能”，指“增加员工自主权的行为，使员工有能力的行为”。比如：“要达到‘授权赋能’，与员工分享权力、信息和报酬，让员工对自己的工作有更多自主权，对业务及工作有关的上下游策略有更好的认识，对绩效结果负更多的责任，从而有被授权赋能的感觉。”（《经济视角》1996年第10期）后来，“赋能”可以单用，也表示“授权赋能”的意思，与此同时，“赋能”还开始泛指“赋予合作者或服务对象能力或能量”。比如，“要给电子商务运营者赋能，先要给安全赋能”（《中国计算机用户》2000年第41期）。

近年来，新时代精神“不断促进人的全面发展、全体人民共同富裕”，也催热了“赋能”一词。2016年11月9日，第二届中国互联网安全领袖峰会在北京召开，峰会主题是“智慧安全，连接赋能”。2017年12月6日，2017《财富》全球论坛在广州开幕，马云在访谈中说：“要不断地去给年轻人、给小企业、给女性用技术来赋能。”2018年8月23日，以“智能化：为经济赋能，为生活添彩”为主题的2018中国国际智能产业博览会在重庆召开。2018年9月17日，2018世界人工智能大会在上海开幕，习近平主席发贺信，信中说：“希望与会嘉宾围

从“道路千万条，安全第一条”说起

◎徐靖怡

随着科幻片《流浪地球》在春节期间热映，影片中“北京第三区交通委”反复播报的“道路千万条，安全第一条，行车不规范，亲人两行泪”一下子成为爆红的网络流行语。事实上，“道路千万条，安全第一条”这句口号的原创者是一位名叫朱国芬的警嫂：

（1）她和丈夫几经酝酿、斟酌，认为行车上路安全第一。“当时动了好多脑筋，想了好久才想出‘道路千万条，安全第一条’这句话，觉得朗朗上口，通俗易懂。”（《苏州日报》2019年2月22日）

这句曾在1999年公安部交通管理局举办的交通安全口号征集活动中获得一等奖的宣传语，如今被人以电影的方式重提，一下子传遍全国。借此热度，全国多处交管部门也将其搬到当地交通信息显示屏上，提醒人们注意交通安全，提高全民出行安全意识。例如：

（2）总之，树立正确的儿童道路安全观念，建立健全儿童乘车安全法律已刻不容缓。毕竟“道路千万条，安全第一条，儿童乘车不规范，亲人两行泪”。（《北京青年报》2019年3月13日）

绕‘人工智能赋能新时代’这一主题，深入交流、凝聚共识，共同推动人工智能造福人类。”可见，从专业术语到热门用语，“赋能”这个热词，因为有新时代为它不断赋能，肯定还会热下去。

（3）套用热映电影《流浪地球》的台词：道路千万条，便捷第一条，出行不顺畅，行人两行泪。（《工人日报》2019年2月19日）

之后，各行各业的官方微博也纷纷根据自身工作特点对口号做了修改，如中国消防的“提示千万条，记住第一条，当作耳旁风，亲人两行泪！”及共青团中央的“道路千万条，学习第一条。作业写不完，开学两行泪”。于是，“××千万条，××第一条”成了一个流行构式，即“千万条”和“第一条”前面的“××”可以替换为其他词语，形形色色。在这个构式中，最关键的是“千万条”对“第一条”的烘托，即通过前者的陪衬，使后者更加鲜明突出。人们先点出“××千万条”进行渲染，然后再引出主题“××第一条”，以此衬托出了它的重要性，从而达到提醒人们注意某事项的效果。又如：

（4）理论千万条，信仰第一条。中国共产党人之所以总是底气十足地谈信仰，正是因为我们的理想信念建立在对真理的正确认识之上、对规律的科学总结之上、对历史的准确把握之上。（《中国纪检监察报》2019年3月18日）

（5）2月14日，美国驻华大使馆在发布有关签证申请所需材料信息时回复道，“美国大使馆提示您：提示千万条，诚实第一条，材料不真实，拒签两行泪”。（《光明日报》2019年2月23日）

（6）综艺千万条，收视第一条。这季不创新，来年两行泪。对于目前相对饱和却又急于求新的综艺市场来说，新节目需要新感觉，老节目需要新创意。（《扬子晚报》2019年2月21日）

例（4）中的“信仰第一条”道出了共产党人坚定信仰的重要性，例（5）则强调了申请签证时“诚实”的原则，例（6）反映了综艺节目要想在市场占有一席之地的重要支撑就是“收视”。

人们用“××千万条，××

标题中的“知否知否”

◎刘冰鑫

2018 年年底，电视剧《知否知否应是绿肥红瘦》热播，“知否体”随即火遍网络。“知否体”源于著名宋代女词人李清照《如梦令》中的词句“知否知否，应是绿肥红瘦”。今年元旦，冯绍峰仿照该词句，在微博写道“知否知否，应是一家三口”，一言道出了妻子怀孕的喜讯，又宣传了自己的新剧，一举两得。独特的句式引发众多网友模仿，如今“知否知否”已演变为流行语，不仅在网络上传播，还常见于新闻报道的标题中。例如：

（1）知否知否，湿疹何堪忍受？（标题，《新民晚报》2019 年 3 月 15 日）

（2）知否，知否：湿纸巾是干垃圾，葡萄干是湿垃圾（标题，《新闻晨报》2019 年 2 月 25 日）

例（1）文章从症状、原因、治疗手段和预防措施四个方面入手，科学地阐述了湿疹的由来，让读者全面了解湿疹的危害和防治方法；例（2）文章强调了垃圾分类的必要性，并以问答形式告诉读者垃圾分类的正确方法。这两个标题都由“知否知否”引入，通过设问形式吸引读者注意，向读者传递了生活健康和垃圾分类的知识，具有科普性质。

从体裁上看，以“知否知

第一条”这样朗朗上口的语句表达对人、对事物、对各种行为的看法和评价，达到提醒、规劝的目的。该构式的兴起，也反映出了现代人对美好的向往和积极生活的态度。

否”为标题的文章多为幽默、诙谐的小品文。请看：

(3) 知否知否，A股不应是“绿肥红瘦”(标题，新华网，2012年1月15日)

(4) 知否知否　龙城一夜白头(标题，《山西晚报》2019年2月16日)

例(3)标题将股票的跌多涨少形象地比喻为“绿肥红瘦”(证券交易所的大屏幕上，绿色表示跌，红色表示涨)，文章语言活泼、轻松、有趣，多叙述，少议论，以幽默的方式呼吁股票市场加强监管机制，建立公平合理的市场环境；例(4)山西太原迎来新年第一场雪，新闻描述雪后公园场景，表达了人们对美好生活的期待与向往之情，标题仿照“知否体”，富有诗意，激发读者的阅读兴趣。这些文章短小精悍，贴近人们生活，受到读者欢迎。

此外，标点符号在标题中发挥着重要作用，合理巧妙地使用标点符号，能给标题增光添彩。例如：

(5) 知否，知否，这份治污“考卷”的要点你get到了吗？(标题，新华社，2019年3月6日)

(6) 知否？知否？23份保险理赔报告透露出的大秘密(标题，《国际金融报》2019年1月28日)

例(5)“知否”“知否”连用两个逗号，然后引出问题，娓娓道来，语气舒缓，给读者以亲切感，提升可读性；例(6)“知否”“知否”连用两个问号，通过设问设置悬念，增强语气，以生动、灵活、俏皮的语言向读者介绍金融知识。可见，文章标题中，使用不同的标点符号往往会产生不同的表达效果。

标题位于文章之首，是文章的眼睛，好的标题让人眼前一亮，也更容易博得读者的青睐。值得注意的是，标题中的“知否知否”不能随意使用，例如严肃的议论文或社论类的文章一般不宜以“知否知否”为题。若只是为了夺人眼球而忽略表意功能，就会失去标题传达文意和表现主旨的初衷了。

一针见血

覆辄？覆辙！

◎陈福季

《书屋》2018年第3期所刊《“新红学”质疑》一文中说：“这种‘自叙传’说，违反了小说创作的起码常识，遭到后人的不断抨击。如1925年《学衡》杂志发表黄乃秋的《评胡适〈红楼梦考证〉》说：胡氏此说‘适蹈（索隐派）王梦阮、蔡孑民附会之覆辄’。”此句中的“覆辄”应为“覆辙”。

上述文章相关句子其实是对成语“重蹈覆辙”的化用。“辙”本义为车轮碾出的痕迹，“覆辙”即翻车的轨迹，可用来比喻招致失败的教训。“重蹈覆辙”语出《后汉书·窦武传》：窦武上书桓帝，列举前朝奸佞祸国之事，称若“今不虑前事之失，复循覆车之轨”，意思是如果皇帝不采取措施贬黜佞宦，那么国家又会走上失败的老路。后来人们用“重蹈覆辙”比喻不吸取以往的教训，重犯过去的错误。

“辄”本义也与车有关，指古代车厢的左右两板，可供人倚靠。现常用作副词，表示总是、就、即等义，如“浅尝辄止”“动辄得咎”等。“辄”与“辙”音同义不同，不可混为一谈。

“窗扉”不是“香榧”

◎杨昌俊

2019年1月25日《宿迁日报》B3版刊有《青瓷》一文，其中写道：“古典窗榧下，我凝望着你，你喃喃自语，似乎想让我知道些什么……”其中“窗榧”应写为“窗扉”。

扉，读fēi，义为门扇。如“柴扉”，即柴门，旧时比喻贫苦人家。借指屋舍。如汉代张衡《西京赋》：“轿辐轻骛，容于一扉。”引申指像门一样的事物。如“扉画”指书籍正文前的插图。“窗扉”义为窗扇。

榧，读作fěi，树名，通称“香榧”，常绿乔木，春末开花，翌年秋季果熟，果实名榧子。种子有硬壳，两端尖，仁可以食用，也可榨油或入药。木质坚硬耐湿，可作造船材料。窗与榧，乃风马牛不相及的两种事物，把“窗扉”写成“窗榧”，疑是音近致误。

此“副”非彼“负”

◎阎德喜

2019年第3期《黑龙江广播电视报》05版文章《你读书，他们告诉你如何“读”》中，有对中国古典小说的评论：“比如《封神演义》，人物刻板，情节单一，思想陈腐，盛名之下，其实难负。”这句话中“其实难负”的“负”用错了，应写作“副”。

“盛名之下，其实难副”是个成语，也写作“盛名难副”。盛，义为盛大；副，义为符合、相称。指名望大的人实际很难与他享有的声望相称。语出《后汉书·黄琼传》：“阳春之曲，和者必寡，盛名之下，其实难副。”后多用以告诫人要有自知之明。上段引文想表达的意思是，《封神演义》虽然列于名著，但是在文学性、思想性等方面都很平庸，离文学名著应具备的水准有一定的差距，用“盛名之下，其实难副”来表达倒是可以的。

“故名”与“顾名”

◎张骏鹏

“这也叫‘飞蚊症’，故名思义，像蚊子在里面飞。”这句话出自《老同志之友》2019年2月（上）《眼睛玻璃体为什么会混浊——访上海交通大学附属第九人民医院眼科主任医师李瑾》一文。其中“故名思义”应是“顾名思义”。

“顾名思义”是指看到名称，就联想到它的含义。其中的“顾”是看的意思。碧野《青山常在水长流》：“顾名思义，我们很容易就知道，夫妻船是由一对夫妇驾驶的。”故名，可表示“所以命名”“旧名”等，“故名思义”说不通。

“肯綮”误为“肯紊”

◎李可钦

《杭州日报》2018年7月16日第7版刊有文章《“八八战略”对新时代社会主义建设的启示》，其中写道：“‘八八战略’的提出可谓切中肯紊，不仅对浙江省具有引领和带动作用，对于全国而言也有深远的示范作用和辐射意义。”这里“肯紊”写错了，应是“肯綮”。

肯，指附贴骨上的肌肉；綮，读作qìng，指筋肉聚结的部位。肯綮指的是筋骨结合的地方，后比喻事物的关键、要害之处。例如宋代黄庭坚《送李德素归舒城》诗：“婆娑万物表，藏刃避肯綮。”

紊，读wěn，义为乱，常用词有紊乱、有条不紊等。汉语中没有“肯紊”。将“綮”误作“紊”，疑是形近所致。

应是“勘破”

◎周　振

《报刊文摘》2019年1月23日第3版刊登的《富贵粪中求》，在结束语中这样说：“过来者却堪破了那古老的秘密：循规蹈矩的永远只能是老实人，肯垮下身段不嫌腌臜去捶粪，才有可能走捷径如愿攀上人生高峰。”其中的“堪破”应为“勘破”。

勘，本义为校对、核定，如校勘、勘误。后也有审讯、推究、探测等义。勘破，义为看破、看穿、看透。《红楼梦》中对应贾惜春的判词：“勘破三春景不长，缁衣顿改昔年妆。可怜绣户侯门女，独卧青灯古佛旁。”即说惜春目睹三位姐姐（元春、迎春、探春）的不幸命运后，看破红尘俗世，选择出家。

堪，义为受得住、经得起，如痛苦不堪、不堪一击。也表能够、可以等义。汉语中没有“堪破”的说法。

是"游弋"非"游戈"

◎盛祖杰

《世界知识》2019 年第 4 期《完善中国的国家利益观》一文中写道:"美国的这种'航行自由'观本质上是霸权思维,其不断蹿到中国家门口游戈本质上是强权行为。"其中"游戈"应为"游弋"。

弋,音 yì,《说文》:"橜也",本义为小木桩。《齐民要术》:"以钩弋压下枝,令着地。"用作动词,指以系绳的箭射猎飞禽。"游弋"指巡逻。林则徐《札南澳镇饬严办东路贩烟外国船只》:"唯思闽省南洋与粤省相连,其北洋则离粤甚远,有无夷船在彼游弋,粤省无由查知。"也可表示在水中游行。郭沫若《苏联纪行·七月十一日》:"船在江中往来游弋。"还指徘徊。《新华月报》1979 年第 1 期:"他这样漫无目标地游弋了一会儿,也不知什么时候脑子里忽然闪过个念头,竟一下子跳上公共汽车,朝家住的方向乘去。"

戈,音 gē,《说文》:"平头戟也",本义为一种长柄横刃的冷兵器。引申泛指兵器,又借指战争。

何来"虚位以左"

◎新　德

《中国人最易误解的文史常识》(中国书籍出版社 2008 年 1 月出版)一书中这样说道:"在酒宴上,人们往往要让出左边的位置给长者或尊者。这样一种做法,有着很悠久的历史,成为人们日常礼仪中的一部分。'虚位以左'这个词语就说明了这个道理。"是"虚位以左"吗?应是"虚左以待"吧。

虚,空着。左,即左边,在我国古代,大部分朝代都有以左为尊的礼仪。待,等待。虚左以待,即空出左边的位置等待,表示对宾客尊敬。《二十年目睹之怪现状》第四十回:"裱的全绫边,那绫边都题满了,却剩了一方。继之指着道：'这一方就是虚左以待的。'" 汉语中无"虚位以左"的说法。

是"饔飧"非"饔餮"

◎王梅胜

《退休生活》(综合版)2018年11期53页刊载了《最潇洒院士的养生之道》一文，其中写道："《朱子格言》上有两句话'家门和顺，虽饔餮不继，亦有余欢。国课早完，即囊橐无余，自得至乐'。"这里的"饔餮不继"错了，改为"饔飧不继"才正确。

饔，音 yōng，义为熟食，也可指早餐；飧，音 sūn，指晚饭。"饔飧不继"，义为吃了早餐没有晚饭，形容生活穷困，吃了上顿没下顿。前段引文中提到的《朱子格言》即《朱子治家格言》，又称《朱子家训》，作者为清代理学家、教育家朱用纯。全文文字通俗易懂，对仗工整，精辟地阐明了修身治家之道，是清代家喻户晓的教子治家的经典家训。"家门和顺，虽饔飧不继，亦有余欢"的意思是，家庭和睦，哪怕吃了上顿没有下顿也非常高兴。

餮，音 tiè，义为贪吃。汉语中常见"饕餮"一词，是传说中的一种贪食的恶兽，也比喻贪婪凶恶的人，后亦专指贪于饮食。"饔餮不继"说不通。

何来"草木甲圻"

◎厉国轩

"清明节前，草木甲圻，甫种豆麦。"这是《益寿文摘》2019年1月18日第6版《节气》中讲到清明时的一句话。"草木甲圻"为何义？应是"草木甲坼"。

甲，植物某些部分的外层，如种皮、花萼、果实外壳等。坼，读音为 chè，本义为裂开，引申有绽开、分离、裂缝等义。甲坼，谓草木发芽时种子外皮裂开。"清明节前，草木甲坼，甫种豆麦"出自清代的《古丰识略》，意思是：清明节前，种子外皮裂开，草木即将发芽,开始种植豆麦。

“圻”是个多音字。读qí时,义为边界;读yín时,义同“垠”。“草木甲圻”说不通。

心情是“悒郁”不是“挹郁”

◎陈关春

《检讨书——诗人郭小川在政治运动中的另类文字》(中国工人出版社2001年1月出版)中有这样一段话:“接踵而来的‘四人帮’对人民群众和周的含沙射影的咒骂,以及形势恶化的种种预兆,都使政治上十分敏感的父亲更加心情挹郁。”这里的“挹郁”应为“悒郁”。

悒,读作yì,义为忧愁不安,常用词有忧悒、悒悒不乐等。悒郁,即忧郁,《旧唐书·裴度传》:“昭既在散位,心微悒郁,而有怨逢吉之言。”

挹,也读作yì,义为舀、用瓢盛取,也有牵引、拉伸等义。《诗·小雅·大东》:“维北有斗,不可以挹酒浆。”将“悒”误为“挹”,恐是两字音同形近所致。

应是“酽醯醇醴”

◎罗家欣

《今生只活得深情二字》(梁实秋著,北京时代华文书局2018年3月出版)在第115页上有这样一句话:“莲池大师云:‘世间酽醯酮醴,藏之弥久而弥美者,皆繇封锢牢密不泄气故。’”查莲池大师的《竹窗随笔》,这里的“酽醯酮醴”应是“酽醯醇醴”。

酽,读yàn,表示浓郁。醯,读xī,指醋。醇,读chún,指酒味淳厚。醴,读lǐ,义为美酒。整句话的意思是:世间浓郁的醋、醇厚的美酒,储藏越久味道越美,都是因为密封牢固不致泄气的原因。意指人应多思少说,想好了再说。

“酮(tóng)”现在指的是有机化合物的一类。梁实秋先生不至于将“醇”写作“酮”,大概是手民失误所致。

追踪荧屏

不是“话柄”是“画饼”

◎梁德祥

2019年3月27日央视戏曲频道，播出了中国京剧音像集萃之《范进中举》。54岁的范进，考了36年，终于中了秀才。恩师说他的文章火候已到，明春乡试必能高中。但范进家贫如洗，求借无门，他眼巴巴地看着纷纷往来的赶考人，心急如焚。回顾40年读经应试的艰辛，功名在即却无钱应试，他绝望地唱道：“实指望苍天不负苦心人，又谁知费尽了心机成画饼，事到头来功名不成。”荧屏上的字幕，把“画饼”错成了“话柄”。

“画饼”源自《三国志·魏书·卢毓传》：“选举莫取有名，名如画地作饼，不可啖也。”意思是说，推举人不要只凭他的名声，名声不过是在地上画的饼，并不能吃。“画饼”比喻徒有虚名无补实用的人和物，也比喻落空的事情。茅盾《子夜》：“曾沧海心下一松，想到他的邀功计划虽然已成画饼，可是危险也没有。”后有成语“画饼充饥”，比喻以虚幻的想象来进行自我安慰。范进这段唱的是，

“醍醐”怎能救世

◎徐　鑫

电视剧《生死迷局》第20集中巡捕房探长陈浩审问冯大霖，冯大霖辩称：“广济堂能有什么秘密呀？我们做的可都是醍醐救世的事……”（字幕同步显示）这里的“醍醐救世”应为“悬壶救世”。

“醍醐”读作tíhú，指从酥酪中提制出的油。《大般涅槃经·圣行品》：“譬如从牛出乳，从乳出酪，从酪出生酥，从生酥出熟酥，从熟酥出醍醐。醍醐

近在眼前的功名（举人），却要因为没有盘缠，成了画在纸上的饼，可望而不可即。《范进中举》的故事源自清代吴敬梓所作的长篇小说《儒林外史》，京剧剧本为汪曾祺先生依照原作改编而成，查汪先生的剧本，原文确实是“画饼”。

话柄，义为被别人拿来做笑谈资料的言论或行为。“话柄”与“画饼”读音相同，词义迥别。

最上。”醍醐是酥酪最精华的部分。佛教中用醍醐比喻佛性、最高的佛法。“醍醐灌顶”即用纯酥油浇灌到人的头上，比喻以智慧灌输于人，使人彻底觉悟。后也形容清凉舒适。

《后汉书·方术列传》中有这样一则故事：东汉时有个叫费长房的人。一日，他在酒楼喝酒，偶见街上有一老翁，“悬一壶于肆头”，兜售丸散膏丹。卖了一阵，街上行人渐渐散去，老翁就悄悄钻入了葫芦之中。“市人莫之见，唯长房于楼上睹之，异焉，因往再拜”，老翁知他来意，领他一同钻入葫芦中。只见里面朱栏画栋，富丽堂皇，宛若仙山琼阁，别有洞天。费长房于是跟着老翁修行，最终成了半仙，能够医百病，驱瘟疫。后来，民间的郎中为了纪念这个传奇式的医师，就在药铺门口挂一个药葫芦作为行医的标志。人们因以“悬壶”指称行医卖药，“悬壶济世”也被用来颂誉医者行医救助世人。也作“悬壶救世”。

电视剧《生死迷局》中，冯大霖是“广济堂”的总监事，用“悬壶救世”来标榜自己的身份，是符合角色设定的。“醍醐救世”说不通。

《出乎意料的拍卖结果》参考答案

1. 落锤——落槌
2. 躁动——骚动
3. 了了——寥寥
4. 然而——而且
5. 喊道——喊到
6. 箭步——健步
7. 弦律——旋律
8. 飞弛——飞驰
9. 此起彼浮——此起彼伏
10. 竞然——竟然

那时不是『共产主义青年团』

◎高连宝

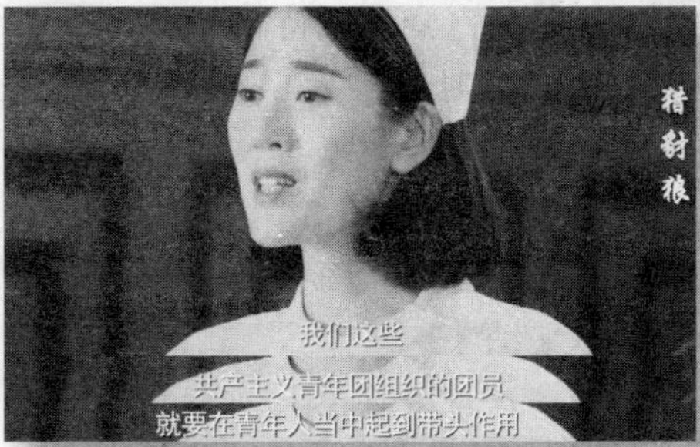

电视剧《猎豺狼》第9集中，周阿弟在行动中立功，负伤住院。医院护士、团员小组长卢芝萍说："我们大家都要向周阿弟同志学习……我们这些共产主义青年团组织的团员，就要在青年人当中起到带头作用……"（字幕同步显示）除此处外，"共产主义青年团"在剧中多次出现。其实，此剧里的"共产主义青年团"应是"新民主主义青年团"。

中国共产主义青年团，是中国共产党领导的先进青年的群众组织，简称"共青团"。1920年8月，上海共产主义小组在上海创建社会主义青年团。之后，其他地方的共产主义小组也在当地建立社会主义青年团组织。中国共产党成立后，在党的直接领导下，中国社会主义青年团于1922年5月在广州召开第一次全国代表大会，成立了全国统一的组织。1925年，改称为中国共产主义青年团。1935年11月为了团结广大青年抗日，共青团改组，先后出现中华民族解放先锋队、青年救国会、青年抗日先锋队等青年抗日救国团体。抗日战争胜利后，党中央提议建立新民主主义青年团。中国新民主主义青年团于1949年4月正式成立。1957年5月，改称中国共产主义青年团。

《猎豺狼》的故事从1949年5月开始，此时应称为"新民主主义青年团"，而不应说"共产主义青年团"。

语言哲思

『千里莺啼绿映红』

◎宗守云

唐代诗人杜牧在《江南春》中写道：“千里莺啼绿映红，水村山郭酒旗风。南朝四百八十寺，多少楼台烟雨中。”这首诗脍炙人口，传唱不衰。无论是韵律还是意境，无论是形象还是情感，都是无可挑剔的。可是到了明代，杨慎在《升庵诗话》卷八中说：“唐诗绝句，今本多误字，试举一二。如杜牧之《江南春》云‘十里莺啼绿映红’，今本误作‘千里’，若依俗本，‘千里莺啼’，谁人听得？‘千里绿映红’，谁人见得？若作‘十里’，则莺啼绿红之景，村郭楼台，僧寺酒旗，皆在其中矣。”清代，何文焕在《历代诗话考索》中又批评了杨慎的观点：“‘千里莺啼绿映红’云云，此杜牧《江南春》诗也。升庵谓‘千’应作‘十’。盖‘千里’已听不着、看不见矣，何所云‘莺啼绿映红’耶？余谓即作‘十里’，亦未必听得着、看得见。题云《江南春》，江南方广千里。千里之中，莺啼而绿映焉，水村山郭，无处无酒旗，四百八十寺，楼台多在烟雨中也。此诗之意既广，不得专指一处，故总而名曰《江南春》，诗家善立题者也。”孰是孰非？王希杰先生在《汉语修辞学》中说：“杨慎误会了杜牧的视点，作出了错误的理解，提出了不恰当的指责；何文焕正确地把握了杜牧的视点，他的意见是正确的。”

的确，关于“千里莺啼绿映红”的恩恩怨怨，归根到底都是视角的差异造成的。原作者杜牧的视角是“上帝视角”，写作者就像无所不在无所不知的上帝，能够以非现实的方式不受限制地描写任何事物。杜牧显然是以“上帝视角”来描写江南春景象的。杨慎则是以“言者视角”进行批评的。所谓“言者视角”，是指说话人以自我为中心描写事物，说话人处在特定的时间和空间背景下，以现实的方式描写事物，并参与事件的进程。如果以“言者视角”描写江南春景象，当然听不到千里莺啼，看不到千里绿映红，甚至连十里也听不到看不到。杜牧以“上帝视角”写作，杨慎以“言者视角”分析，所以说杨慎误会了杜牧的视角。何文焕回归到“上帝视角”分析，因而正确地把握了杜牧的视角。

“上帝视角”和“言者视角”的区分，可以很好地解释文学创作和语言表达。在鲁迅作品中，《阿Q正传》显然是基于“上帝视角”的叙述，作者鲁迅就像全知全能的上帝，阿Q的一切活动都尽在掌握，包括人物的语言、行为、心理等等，而作者本人并不参与其中；《孔乙己》则是基于“言者视角”的叙述，作者把自己当作咸亨酒店的伙计参与整个事件的进程，在《孔乙己》中，作者对孔乙己的刻画，要么是亲眼见到的，要么是听别人叙述的，都是以现实的方式叙述的，由于作者不是站在“上帝视角”描写，所以孔乙己的结局只能是猜测，“大约孔乙己的确死了”。

语言表达也有“上帝视角”和“言者视角”的区分，同样的客观事实，用不同方式表述，可以反映说话人的不同视角。例如：

（1）山谷中有许多房子散布其间。

（2）山谷中有许多房子不时闪现。

（3）长江自西向东流入大海。

（4）长江自西向东流了过来。

例（1）（3）是“上帝视角”的表述，说话人站在“上帝视角”描写特定场景，而自己并不参与其中；例（2）（4）是“言者视角”的表述，说话人参与其中，例（2）说话人是行走在山谷中的，例（4）说话人是面向西方，站立在长江边上的。上述情况说明，在情景相同的情况下，视角不同，语言表达方式也不同。

锁定名人

莫言谈粥谈错了

◎刘冬青

2019年1月14日《北京青年报》A16版刊发了一则《又见故人 莫言谈粥》的新闻，文中写道：“莫言还称，粥作为象形字，他通过《康熙字典》查询，给出的解释是：双边是弓，弓是张开的意思，让米最大限度地张开，用什么方式？用熬、用水，米最大限度地张开了就变成粥。”如此谈粥，不妥。

我们首先从“鬻”说起。鬻，最早见于金文，写作，意为“”（米，粮食）放在（鬲，煮锅）中烧煮。篆文形体变为，将金文字形中的写成，将金文字形中的写成，并加（弜）。而并不是张开、张弓射箭的“弓”，而是水蒸气的象形，意为煮粥时锅中热气腾腾。隶变后，隶书省去篆文字形中的“鬲”，并将篆文字形中的蒸汽状写成“弜”，篆文字形的“鬻”就简化成了“粥”。当然，“鬻”字还在使用，如“卖官鬻爵”，其中的“鬻”是卖的意思。

由此可见，“粥”和张弓的“弓”字，在意义上没有一点联系，莫言谈粥谈错了。

禅林用语“干屎橛”

◎章桂周

近日读海外名家叶维廉先生的《中国诗学》(北京三联书店 1992 年出版),其中第 62 页记载了一段禅宗公案。“僧问:‘如何是佛?’云门曰:‘干屎撅。’”这里的“干屎撅”写错了。这段话出自普济《五灯会元》,原文中写的是“干屎橛”。

橛,指木橛子、短木桩,音 jué。杨沫《青春之歌》第二部第十一章:“王老增扑通一声脸朝天跪下了,他跪得直橛子似的。”干屎橛,亦作“干矢橛”,为禅林用语。如《景德传灯录·义玄禅师》:“时有僧问:‘如何是无位真人?’师便打,云:‘无位真人是什么干屎橛!’”又如《朱子语类》卷七:“今之禅家多是‘麻三斤’‘干屎橛’之说,谓不落窠臼,不堕理路。”一般认为,“干屎橛”原指拭净人粪之短木桩,相当于现代的厕纸,佛家用以比喻至秽至贱之物。也有学者认为“干屎橛”就是指粪便,在有些方言中称“干屎橛子”。上述引文中,禅师以“干屎橛”喻明“道在屎溺”(即道无所不在)之理,这是说得通的。

撅,有翘起、折的意思,音 juē。《雍熙乐府·一枝花·悲欢离合》:“并头莲和蒂撅,连理树带根剜。”汉语中无“干屎撅”,引文中的“干屎撅”也无从索解。

《火眼金睛》提示

图 1,“广夏”应为“广厦”。
图 2,“尽情”应为“敬请”。
图 3,“黄梁”应为“黄粱”。
图 4,“口啤”应为“口碑”。

编校信箱

百问百答(1)

◎郝铭鉴

“消弭”可以写成“消弥”吗

可以。“弥”是一个多音字，读音为 mí 时，有满、松、长久、补益等多个义项，构成的词如弥天大谎等。读音为 mǐ 时，则可通“弭”，有消除、止息的意思，故《汉语大词典》两词兼收，解释“消弭”时，称“亦作‘消弥’”。此说在古籍中能找到根据。《集韵·纸韵》：“弥，止也，通作弭。”经学家孙诒让也曾说过：“窃疑汉时通用弭为弥。”据此，“消弭”和“消弥”可视为一组异形词。但通用工具书如《现代汉语词典》，只收“消弭”不收“消弥”，为有利于词语规范化，倾向于使用“消弭”。

“问渠那得清如许”中的“那”要改为“哪”吗

不改，不能改！这里关系到尊重汉字发展的历史问题。

“那”是一个会意字：左面部分为“冄”，指胡须；右面的耳朵为邑，指城邑。这个字的语音为 nuó，意思是指须发很长的少数民族的居住地域，所以《说文》的解释是：“那，西夷国。”

后来借用作代词，既可作指示代词，又可作疑问代词。作指示代词时，读音为 nà，和“这”相对，远指；作疑问代词时，读音为 nǎ，有虚指、任指等多种用法。“五四”以后，为了和指示代词“那”明确区别，疑问代词“那”另加“口”写成了“哪”。如今“那”“哪”已明确分开。

“问渠那得清如许”是宋代大儒朱熹的名句，那时，“哪”字还未出现，所以只能沿用“那”字。

1964年6月，中国青年出版社出版《毛泽东著作选读》乙种本，收录了《人的正确思想是从那里来的？》一文，篇名中用的是“那”；1986年人民出版社出版的《毛泽东著作选读》，同样收录了这篇文章，“那”改成了“哪”。毛泽东写这篇文章时，“哪”字已经出现，且现代汉语疑问代词以“哪”为规范，因此这一改动是正确的，也是必要的。这和朱熹的诗不是一回事。

“知书达理”是“知书达礼”的误写吗

不是。这两种写法都是可以的。

所谓“知书达礼”，就是熟读诗书，通达礼法，说明是一个很有教养的人。从词语历史来看，先有“知书达礼”，这和国人重视“诗礼传家”有关，明清小说中有大量用例；礼法被视为具有封建色彩以后，出现了两个变化，一是对“礼”重新诠释，说成是礼仪、礼貌，一是对词形进行改造，“知书达礼”成了“知书达理”。“达理”即通晓人情事理，同样也是说得通的。

工具书似乎有点举棋不定。强调语言传统的词典，一般收的是“知书达礼”，包括收入各种变体，如知书知礼、知书识礼、知书通礼，不收“知书达理”；强调语言规范的词典，却有意无视“知书达礼”，比如《现代汉语词典》，第5版只收“知书达理”，第6版开始才增收“知书达礼”。《现代汉语规范词典》至今只收“知书达理”。其实是不必如此纠结的，“知书达礼”花开两朵，是语言发展的产物，何必厚此薄彼？

有此一说

《将进酒》的"将"字读音再议

◎杨剑桥

最近，关于李白诗《将进酒》的"将"字究竟怎么读，报纸杂志和互联网上多有讨论。

叶嘉莹先生主张读 jiāng，认为：读 qiāng 时，"将"表示的是口气的婉转。李白《将进酒》气势流畅，"将进酒"的"将"并非语气的委婉，故应读为 jiāng。2019 年 1 月 12 日《光明日报》12 版刊登了魏学宝《〈将进酒〉的"将"究竟怎么读》，文章认为"将"字在唐代无 qiāng 音，将"将进酒"的"将"读为 qiāng 是沿袭清代语音的做法，而在现代汉语中"将"字实无"qiāng"音，故"将"应读为 jiāng。边家珍则认为："将进酒"中的"将"与《诗经·郑风·将仲子》"将仲子兮，无逾我里"之"将"含义相同，表达的是祈愿、祈请的意思，所以应当读为 qiāng。（2017 年 9 月 18 日《北京日报》）

这些讨论有主张读 jiāng 的，也有主张读 qiāng 的，各人坚持己见，争执不下。李白此诗是传统诗词中的名篇，人们经常诵读，关于"将"字的读音问题应该有一个明确答案才好。

首先需要弄清诗题《将进酒》的意思。我们知道，《将进酒》是汉代铙歌十八曲中的一首，铙歌是当时军队中所演奏的一种建威扬德献功的乐曲；乐曲配有歌辞，一个乐曲可以配有不同内容的歌辞。汉铙歌《将进酒》最早见于南北朝时代沈约所撰的《宋书·乐志四》，称为《将进酒曲》，曲名由歌辞第一句而来。其歌辞云："将进酒，乘太白。辨加哉，诗审搏。放故歌，心所作。同阴气，诗悉索。使禹良工，观者苦。"《宋书》还记录了《将进酒》在魏晋时不同时地的歌辞，如魏国："平关中，路向潼。济浊水，立高墉。斗韩马，离群凶。选骁骑，纵两翼。虏崩溃，级万亿。"吴国："章洪德，迈威神。感殊风，怀远邻。平南裔，齐海滨。越裳贡，扶南臣。珍货充庭，所见日新。"晋代："因时运，圣策施。长蛇交解，群桀离。势穷奔吴，虎骑厉。惟武进，审大计。时迈其德，清一世。"比较一下魏、吴、晋的不同歌辞，可以看到歌辞首句第一字都是实词，甚至是动词，由此来看"将进酒"的"将"字也应该是实词，甚至是动词。这样，有的学者认为"将"字是语气词，这一意见应该可以排除了。实际上，我们看汉铙歌全部十八曲，首句第一字没有哪一曲是用语气词(或叹词)的。

前引各句中之"将"字既然是动词，而《将进酒》一曲又是军队奏凯之乐，考虑到后文，则"将"字最合适的字义就是"愿，请"。所谓"将进酒，乘太白(即大白，指大酒杯)"，也就是"请喝酒吧(让我们喝酒吧)，举起我们的大酒杯"这样的意思。

"将"字的意义既然是"请"，那么它的读音又应该如何呢？我们已经知道，《诗经》"将子无怒，秋以为期""将仲子兮，无逾我墙"等的"将"字是读 qiāng 的，它的意义也是"愿，请"。不过也有学者质疑，认为 qiāng 这个音(千羊切)只见于宋代《集韵》，而不见于更早的韵书，所以"将"字唐人无 qiāng 这个音，直到明清 qiāng 音才成为主流，而今天沿袭明清是没有必要的。其实，这一说法是不能成立的，唐陆德明的《经典释文》给《诗经》上述两例的"将"字就分别加注了："七羊反。毛：愿也。郑：请也。""七羊反。请也。"也就是说，早在初唐时代，当时的标准音就已经把"愿，请"义的"将"字读为 qiāng 了，这个音在中国人口中至少已经流传使用了一千四百年了。同时，如果我们承认《诗经》"将子无怒"的"将"古人是读 qiāng 的，那么柳宗元写作《湘源二妃庙碑》"将子无讙"时，当然也是读 qiāng 的啊。

当然，这里所说唐人已经读 qiāng 音了，是按照古人的

杜诗“乌鬼”是指猪吗

◎刘日建

《北京日报》2019 年 2 月 8 日第 4 版做了“猪年说猪”的专题,在“历史典故”的版块刊登《为何把猪称为乌鬼》一文,其中说:“杜甫在《戏作俳谐体遣闷二首》中写道:‘家家养乌鬼,顿顿食黄鱼。’这‘乌鬼’便是猪的别名。宋《漫叟诗话》解释说:‘川人嗜猪肉,家家养猪,每呼猪作乌鬼声,故谓之乌鬼。’”“乌鬼”确实可以作猪的别名,但杜诗中的“乌鬼”并非指猪,应该是鸬鹚。

杜甫《戏作俳谐体遣闷二首》作于夔州,夔州即今天的重庆一带,其独特的巴蜀文化与

七羊反(千羊切)演变为现代语音来说的,唐人的实际读音确如有的学者所说,大致读成 ciāng。我们读古诗古文是按现代音读的,不可能都按古音读,也没法做到。既然“将进酒”的“将”字读七羊反(千羊切),那么折合成现代音,就是 qiāng。因为“七羊反(千羊切)”确实是 qiāng 音的前身。也有人说,现代汉语“将”字只有 jiāng 和 jiàng 两个音,不必强行改变现有读音去恢复古音。这是把现代汉语和古代汉语混淆起来了。作为“愿,请”义的“将”字只存在于古汉语中,我们当然只能按照古代注音,把它折合成普通话读音来读,正如古文中的“王”字用作动词时我们要读作 wàng、古文中的“亡”字义为“没有”时我们要读作 wú、古文中的“罢”我们大都读成 pí,这是一样的道理。

综上所述,李白诗《将进酒》的“将”字还是应该读成 qiāng,无论从字音和字义的切合来说,还是从历史的传承来说,这个音都是最合适的。

中原文化多异，杜甫在这首诗中感叹当地“异俗吁可怪，斯人难并居。家家养乌鬼，顿顿食黄鱼”。诗中“乌鬼”一词为何义，自古以来就有不同的理解。目前主要有三个理解，一为“川俗事奉的鬼神名”，二为“鸬鹚的别名”，三为“猪的别名，或特指祭鬼神用的猪”，以后两种为主流。北宋沈括《梦溪笔谈·艺文三》：“克乃按《夔州图经》，称峡中人谓鸬鹚为乌鬼。蜀人临水居者，皆养鸬鹚，绳系其颈，使之捕鱼。”明代李时珍也是“鸬鹚说”的拥护者，在《本草纲目》中“鸬”条下，引用了杜甫这句诗，即表明“乌鬼”指鸬鹚。郭沫若《李白与杜甫·杜甫的地主生活》中说：“‘乌鬼’有种种解释，有人解为鸬鹚（四川人呼为‘渔老鸦’），我认为比较可靠。《埤雅》引《夔州图经》称‘峡中人谓鸬鹚为乌鬼，养使捕鱼’。”

杜甫712年生于河南巩县（今巩义市）瑶湾，19岁到山西，后游吴越、过金陵、下姑苏，又到山东、长安、秦州等地，有此游历应不会把家家养猪视为“异俗”而“可怪”。而认为“乌鬼”是猪的《漫叟诗话》，提供的论据是“川人嗜猪肉，家家养猪”。但这种情况是宋朝的事，唐朝主要吃牛羊肉，唐代著名的“烧尾宴”食材丰富，甚至有青蛙和鹤，偏偏没有猪肉。郭沫若考证，杜甫在耒阳阻水，县令送“牛酒”慰问，天热变质，杜甫食物中毒死亡。“牛酒”是牛肉加酒还是肥羊加酒说不清，但不是猪肉。即便在宋朝，猪肉地位也不高，苏东坡就说“黄州好猪肉，价贱如泥土。贵者不肯吃，贫者不解煮”。宋朝羊肉价高，“平江九百一斤羊，俸薄如何敢买尝”。《中国诗词大会》嘉宾郦波教授说，宋神宗时代，一年消耗羊肉43万斤，消耗猪肉仅4 000斤，不到羊肉的1%。因此，说杜甫这首诗中的“乌鬼”是猪的别称，并没有非常充分的论据。另外，从这首诗的逻辑上说，家家养鸬鹚捕鱼，始能“顿顿食黄鱼”。

“厚德载物”的“德”是啥意思

◎石毓智

造成误解古文的常见原因之一，是用今天的词义来理解古文的意思。

几乎所有的人，包括梁启超、清华人都把“厚德载物”的“德”理解为“道德”或者“品德”。大家知道，“道德”是一种社会现象，指处理人与人之间关系的行为规范和做事原则。

然而，《易经》中的“德”并不是这个意思，而是指事物现象的“特质”“本性”“属性”等。所以在《易经》中才会有“天德”“龙德”“君德”等说法。例如：

（1）用九，天德不可为首也。

（2）龙德而正中者也。

（3）易曰：“见龙在田，利见大人。”君德也。

（4）飞龙在天，乃位乎天德。

《易经》中有三处谈到“地德”，它共有三个特性：一是“厚”，如例（5）；二是“无疆”，如例（6）；三是“方”，如例（7）。“坤”为“下”，指“地”。

（5）象曰：地势坤，君子以厚德载物。

（6）彖曰：至哉坤元，万物资生，乃顺承天。坤厚载物，德合无疆。

（7）文言曰：坤至柔，而动也刚，至静而德方，后得主而有常，含万物而化光。

特别值得注意的是例（6）的“坤厚载物”，与“厚德载物”的意思几乎一模一样，都是指大地的特性，意为“大地宽厚而能承载万物”，与君子的道德修养毫无关系。

所以，如果把“厚德载物”理解成“君子”的道德修养，那就与原意大相径庭了。

十字街头

应是“扬谷”

◎何立洲

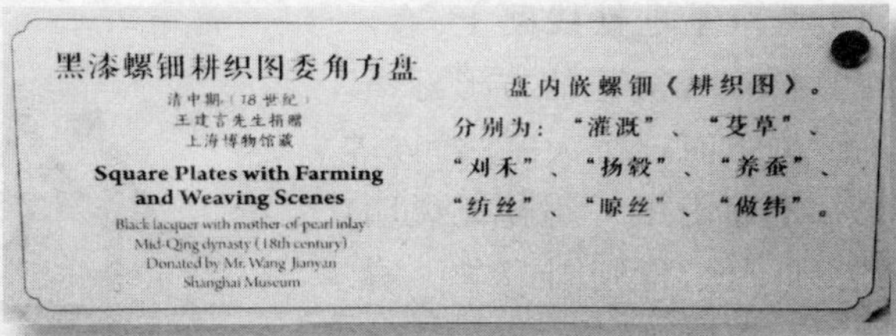

年前到上海博物馆参观“千文万华——中国历代漆器艺术展”。展品中有一套清中期的漆器——黑漆螺钿耕织图委角方盘。名中的“螺钿”指用螺壳或贝壳镶嵌在漆器等器物表面，做出有天然彩色光泽的花纹、图形的一种手工艺品；“委角”是指将器物的四个直角改为小斜边，使之成为八角形的做法。这套漆器一套八只，每盘有图一幅，共八幅，下方文字标牌写道：“盘内嵌螺钿《耕织图》，分别为：‘灌溉’‘芟草’‘刈禾’‘扬毂’‘养蚕’‘纺丝’‘晾丝’‘做纬’。”其中的“扬毂”有误。

毂，是个错字，其正确写法是“榖”。毂，音gǔ，繁体作“轂”，是车轮的中心部分，有圆孔，可以插入车轴并同辐条连接。上述标牌文字列举的是八幅《耕织图》的内容，“毂”与耕织无关，也不能扬，应该写成“扬谷”。

过去生产力低下，谷物收获上场后，要通过晒场、碾轧、扬谷等程序。扬谷，就是脱粒后用木锨将谷粒高高扬起，利用风力将谷物碎叶和秕谷吹去，留下子实饱满的谷子。

表示谷物的“谷”字繁体字作“榖”，与“毂”音同，字形相似，应是致错原因。

“俭则固”如何养德

◎焦　博

南京某地铁线路上，有一幅宣传俭朴美德的方形标语。画面中央有四个大字“俭以养德”，下面附了一句补充说明：“奢则不逊，俭则固。”乍一看，这则补充语料似乎是说奢侈会让人不谦虚谨慎，俭朴则会牢固安泰。但这其实是误解了这句话中“固”字的含义。

“奢则不逊，俭则固”这句话出自《论语·述而》，原文是“奢则不孙，俭则固。与其不孙也，宁固。”孙，同逊，恭顺的意思；不孙，即不恭顺，句中表示越礼。固，鄙陋的意思，句中表示寒酸。孔子的本意是要告诫众人，既不要因奢侈而越礼，也不能因节俭而寒酸，凡事都要中规中矩，按照礼制来办。只有在越礼和寒酸必择其一的极端情况下，才会选择寒酸。

“俭以养德”出自诸葛亮的《诫子书》：“静以修身，俭以养德，非淡泊无以明志，非宁静无以致远。”诸葛亮以此劝勉儿子勤学立志，用宁静淡泊修养身心，用俭朴的作风来培养品德。此言与“奢则不逊，俭则固”的意思完全不同。用“俭则固”诠释“俭以养德”，显然是误解了孔子的本意。

成语『八斗之才』典出何处

◎张继定

四川辞书出版社新近再版的《成语大辞典》(2018年6月第2版)第19页列有“八斗之才”条目,编者标注该成语的出处是:“《南史·谢灵运传》谢灵运曰:‘天下才共一石,曹子建独得八斗,我得一斗,自古及今共用一斗。’”

这样的标注由来已久。自明清至今数百年来,不下数十种的辞书、诗文选注汇注或学术著作,如清代《御选唐诗》、张玉书编《佩文韵府》和旧版《辞源》《辞海》等,都如出一辙地把《南史·谢灵运传》作为“八斗之才”“才高八斗”等成语典故的出处。

其实,唐李延寿撰的《南史·谢灵运传》,从篇首至篇尾,都无谢氏所说的那一段话。对此,古今多位学者早就先后指出过。例如,清代孙志祖《读书脞录》(清咸丰七年刻本)卷五即说:“注家皆引《南史》谢灵运曰‘天下才共一石,曹子建独得八斗,我得一斗,自古及今共得一斗……’,今检《南史》并无此语,唐以前书亦未见有引及此者。”清代梁章钜《浪迹三谈》卷三和当代学者黄世中《类纂李商隐诗笺注疏解》等也先后提出这一问题。

那么,谢灵运“天下才共一石,曹子建独得八斗……”之言及成语“八斗之才”究竟典出何书?

上海辞书出版社的《中国成语大辞典》和新版《辞源》《辞海》的回答是:宋无名氏《释常谈》。显然这比无中生有地误标该成语出处为《南史》是一大进步。虽然《释常谈》作者姓名已佚,某些内容有浅陋和引人生疑之嫌,但书中确实引有谢灵运那一段话。

不过,笔者以为,对“八斗之才”出处表述比较全面的,似乎还是傅璇琮、许逸民等主编的《中国诗学大辞典》(浙江教育出版社 1999 年 12 月第 1 版)。该辞典第 1132 页的“八斗才”词条阐释曰:

后晋李瀚《蒙求集注》:“谢灵运尝云:‘天下才共有一石,曹子建独得八斗,我得一斗,自古及今同用一斗,奇才敏捷,安有继之。’”宋无名氏《释常谈·八斗之才》:“文章多,谓之‘八斗之才’。谢灵运尝曰:‘天下才有一石,曹子建独得八斗,我得一斗,天下共分一斗。’”旧时称誉才学之士为“八斗之才”。唐李商隐《可叹》诗:“宓妃愁坐芝田馆,用尽陈王八斗才。”陈王即陈思王曹植。唐徐夤《献内翰杨侍郎》诗:“欲言温署三缄口,闲赋宫词八斗才。”……

这一词条与新版《辞源》《辞海》之词条相比,增添了“八斗才”的另一出处——《蒙求集注》(按:两部书所引谢灵运之言,个别文字略有区别),所举之例句遍及唐以下各个时期,充分显示出谢氏“子建独得八斗”之言的影响力。不足的是,文首“后晋李瀚《蒙求集注》”的说法有失实和欠准确之嫌,正确完整的表述应是“唐李翰撰、宋徐子光补注《蒙求集注》”或“《蒙求集注》(唐李翰撰,宋徐子光补注)”。因为实际编撰这册启蒙读物《蒙求》的是唐代天宝年间李翰,而非后人误传所谓五代后晋之李瀚或李澣,为《蒙求》补注的则是宋代的徐子光。关于这个问题,余嘉锡先生在《四库提要辨证》卷十六有过翔实有力的辨证,感兴趣的读者可以找出看看。

需要指出的是,无论是《释常谈》还是《蒙求集注》,应该均不是最早记载谢灵运那段话的著作。在学界尚未找出最早记载谢氏此言之文献的情况下,有关辞书或学术著作不得已而求其次,将《释常谈》或《蒙求集注》所载谢氏此言作为成语典故“八斗才”“才高八斗”的出处,自无不可。

文章病院

杜甫从未入翰林

◎李景祥

“沈阳故宫专家介绍，在各朝各代，翰林学士始终是社会中地位最高的士人群体……像唐朝的杜甫、宋朝的苏轼、明朝的张居正，晚清的曾国藩、李鸿章等皆是翰林中人。”这是2018年10月9日《沈阳日报》11版《来看看清代翰林们的书法》中的一段话。此处意指杜甫是翰林学士，但杜甫并不是。

青年时期的杜甫一心入仕，想要“致君尧舜上”，却没有机会。天宝六载(747)，杜甫到长安应试，但正遇上宰相李林甫的“野无遗贤”，参加考试的士子全部落选。天宝十载(751)，玄宗将举行祭祀太清宫、太庙和天地的三大盛典，杜甫于是献《三大礼赋》，得以“待制在集贤院”。直到天宝十四载(755)，杜甫才被授予河西尉。但杜甫不愿意就任，改任右卫率府兵曹参军。当年十一月，安史之乱爆发。第二年六月，玄宗西逃。七月肃宗即位。杜甫只身北上，途中不幸被叛军俘虏，押至长安。至德二载(757)四月，杜甫从长安逃出投奔肃宗。五月十六日，于凤翔(今陕西宝鸡)被肃宗授为左拾遗，故杜甫又被称为“杜拾遗”。好景不长，乾元元年(758)六月杜甫被贬为华州司功参军，第二年夏离职。广德二年(764)春，严武表荐杜甫为检校工部员外郎，杜甫于是成为严武的参谋，杜甫遂又被称为“杜工部”。不久杜甫又辞了职。永泰元年(765)杜甫辞归草堂，那之后没有任官职。

上述引文中的“翰林学士”是官名。唐玄宗开元初以张九

“木虱”是“虱子”吗

◎王宗祥

《胡志明汉字诗全集》(越南真理－国家政治出版社、中国江苏人民出版社 2017 年 8 月联合出版)收录了胡志明汉字诗181首。第250页《秋夜》诗:“门前卫士执枪立,天上残月傍云飞。木虱纵横如坦克,蚊虫聚散似飞机。”书中对这首诗的评注为:“最后两句描写牢房内部景象的冷嘲热讽的调侃显得既实际又幽默,那就是像坦克一样横行无忌的虱子和像飞机那样聚散的蚊子……木虱是广东话,就是寄生虫虱子。”此说并不准确。

在这首诗中,“木虱”确为广东方言,但是它并不指虱子,而是指臭虫。《广州方言词典》(江苏教育出版社1998年出版)第499页有“木虱”词条,释义为臭虫。臭虫为半翅目臭虫科昆虫。体扁,椭圆形,长约4毫米,有臭腺,分泌物有特殊气味。刺吸人和鸡、兔等的血液,常在夜晚活动,白天栖息于墙、床、家具等缝隙中。而虱子为虱目,是哺乳动物的体外寄生虫,吸食血液并传播疾病,与臭虫“木虱”是两种完全不同的昆虫。

龄、张说、陆坚等掌四方表疏批答、应和文章,号为“翰林供奉”,与集贤院学士分司起草诏书及应承皇帝的各种文字。德宗以后,翰林学士职掌为撰拟机要文书,有“内相”之称。明清则以翰林院为“储才”之地,在科举考试中选拔一部分人入院为翰林官。杜甫一生都未做过翰林学士。

“太守”就是“知州”

◎沈阳仁

2019年2月21日《沈阳日报》第9版《苏轼与马正卿的患难之交》一文，讲北宋元丰三年（1080）苏轼因“乌台诗案”被免死贬到黄州（今湖北黄冈市）之后，生活困难，老朋友马正卿给予帮助之事。文中有句：“马正卿是与苏轼相识20年的老朋友，当时正在黄州担任通判，辅佐知州、太守处理政务……于是，他请求黄州太守徐君猷，将黄州东面的几十亩荒地拨给苏轼。”说马正卿“辅佐知州、太守处理政务”，是将“太守”和“知州”当成了两个职务，其实“太守”就是“知州”。

知州，是“权知某军州事”的简称。宋代派朝臣担任州一级的地方行政长官，称“权知某军州事”，原意为暂行主管某军州兵政、民政事务。明清沿用，并作为一州长官的正式官名。

太守在宋代不是正式官名，而是一个对知州的习惯称呼。秦统一六国，行郡县制，郡之行政长官为郡守，西汉初沿置未改。汉景帝中元二年（前148）更名为太守，魏晋南北朝皆置。隋炀帝时以州刺史为郡长官，宋代改郡为府或州，没有了“太守”的官名，但人们仍习称知府、知州为太守。上述引文中称黄州知州徐君猷为“太守”就是用的习称。熙宁八年（1075）苏轼任密州（今山东诸城）知州时作《江城子·密州出猎》，其中“为报倾城随太守，亲射虎，看孙郎”，就是自称“太守”。

所以，“太守”就是“知州”，“知州”就是“太守”。

话说反了

◎阎心士

2018年第12期《书屋》刊登的《“新文体写作”的意义》中有关于“新文体”的论述：“他们在工作的空隙中，在旅途的劳顿中，都可以选择一些段落加以欣赏和思索，享受其中一些对世界、人类、历史的诗意认知，达到事倍功半的效果。”其中“事倍功半”应是“事半功倍”。

“事半功倍”形容费力小，收效大。《孟子·公孙丑上》：“万乘之国，行仁政，民之悦之，犹解倒悬也，故事半古之人，功必倍之，唯此时为然。”上述引文是称赞“新文体”的优点——利用零碎的时间就可以欣赏和思索，并且会有很大的收效，这正是费力小而收效大，即“事半功倍”。

“事倍功半”则形容费力大，收效小，与“事半功倍”正相反，不是文章所要表达的意思。

没有『昄依』

◎得喜

《书屋》2018年第12期《“新文体写作”的意义》中有对《刘再复新文体写作》一书的介绍：“第一部分体现了父亲在海外漂泊的岁月里不停地寻找‘家园’以及寻找精神昄依的旅程。”其中“昄依”实乃“皈依”之误。

皈（guī）依，原指佛教的入教仪式，后泛指虔诚地信奉佛教或参加其他宗教组织。也作“归依”。上述引文中的“父亲”在海外漂泊，这种游子生活使他不断寻找精神“家园”，将此喻为“寻找精神的皈依”是可以的。

“昄（bǎn）”是大的意思，现在江西有一个地方就叫“昄大”。古汉语中“昄宇”指版图、疆土，“昄章”指礼法制度得以彰明。但古今汉语中没有“昄依”的说法。

扁鹊见的是谁

◎余 宇 余欣湉

黑龙江美术出版社2011年4月出版的《与经典同行系列：中华成语故事》，第54页《讳疾忌医》中这样写道："战国时候，齐国有一个很有名的医生叫秦越人，人们都叫他扁鹊。有一天，扁鹊去看齐桓公，他瞧了瞧齐桓公的脸色，说：'您有病，病在皮肤里。'齐桓公不高兴地说他没病……"我们都熟悉扁鹊见蔡桓公的故事，怎么"蔡桓公"在这里成了"齐桓公"呢？扁鹊见的到底是谁呢？

齐桓公，指的是春秋时期齐国的国君，姜姓，名"小白"。出生年份不详，公元前685年即位，卒于公元前643年。在位期间重用管仲进行改革，使齐国国力日渐强盛。多次大会诸侯、订立盟约，成为春秋五霸之首。扁鹊，战国时期医学家，姓秦，名越人，生卒年份大约是公元前407年至公元前310年。他遍游各地行医，擅长多科，医名甚著。由此可见，扁鹊与齐桓公生活年代并没有交集，不存在相见的可能。

而扁鹊见蔡桓公的故事，出自《韩非子·喻老》。据学者考证，文中的"蔡桓公"并非指蔡国的国君，而是指战国时期田氏齐国的国君田午。齐国是从西周到春秋战国时期的一个诸侯国，分为姜姓吕氏齐国和田齐两个时代。田午即田齐的第三位君主，生卒年份为公元前400年—公元前357年，谥号"孝武桓公""田齐桓公"，也称"桓公"。因此谥与姜齐的齐桓公小白相同，为了避免混淆，故史称"田齐桓公"或"齐桓公午"。司马迁在《史记·扁鹊仓公列传》则称其为"齐桓侯"。

扁鹊见的既然是田齐桓公

不是曲高『合』寡

◎郑文安

崇文书局2011年6月出版的《新说文解字》中有这样一句话:“后来篆书把下部之人形改为‘分’,以表示少之义,如‘不患寡,而患不均’‘曲高合寡’等。”这句话中“曲高合寡”的“合”是个别字,写作“和”才正确。

和,在这里读hè,义为和谐地跟着唱。“曲高和寡”是一个成语,典出《文选·宋玉〈对楚王问〉》:有一个人在楚国的都城里唱歌,开始他唱《下里》《巴人》的时候,跟着唱的有数千人,唱《阳阿》《薤露》的时候,跟着唱的有数百人,唱《阳春》《白雪》时,跟着唱的不过数十人。《下里》《巴人》是楚国的民间通俗歌曲,《阳阿》《薤露》是春秋时期比较高深的歌曲,《阳春》《白雪》则是当时的高雅音乐。曲调越高雅,能跟着唱的人就越少,“是其曲弥高,其和弥寡”。“曲高和寡”本比喻知音难得,后亦比喻言论或作品不通俗,能理解的人很少。如周而复《上海的早晨》:“工商界大多数人,老实讲,是比较落后的。曲高和寡,容易脱离群众。”

“合”是多音字,读作hé时有合拢、聚合、联合、结合等义。将“曲高和寡”误作“曲高合寡”,或是没有真正理解成语本义,或是音近致误。

田午,称其为“齐桓公”似也无甚大问题,然而在缺少注解说明的情况下,读者很容易把此“齐桓公”与姜齐的“齐桓公”小白混淆在一起。因此,还是根据传统称之为“齐桓侯”或者“蔡桓公”比较妥当。“田齐桓公”被称为“蔡桓公”,有学者说是因为他曾经迁都上蔡,因迁都而改变称呼在春秋战国时是比较常见的,如魏惠王迁都大梁后,又被称为梁惠王。

检测窗

编校差错扫描(十)

◎王 敏

“呢料”“尼姑”大不同

【错例】罗瑞卿身着一身黄色马裤尼军服，那虎虎生威的双耳，令人望而生畏。

【简析】“马裤尼”应为“马裤呢”。“呢”常读ne，用作语气助词，用于句尾，如“干什么呢”。它还读ní，有两种含义：一是指小声絮语，如“呢喃”；二是指一种较厚较密的毛织品，多用来做制服、大衣等，如呢子、毛呢、粗呢、海军呢等。马裤呢用精梳毛线织成，表面有明显的斜纹，厚重耐磨，因最初多用以做马裤而得名。“尼”是会意字，甲骨文中的“尼”字象一个人坐在另一个人的背上，其本义指亲近、亲昵，后写作“昵”字。现在“尼”多指尼姑，佛教中出家修行的女子，是梵语“比丘尼”(Bhikṣuṇī)的简称。“尼”没有衣料的意思。

不变曰“恒”度称“衡”

【错例】房屋平均成交价体现的是无房者的购买能力，这个指标类似股市的平均成交价，无论大盘涨跌，这一价格总是衡定地稳步上涨……

【简析】“衡定”应为“恒定”。“恒”异体字为“恆”，是会意字，从心，从月，从二，“二”表示天地，天地之间，月亮的圆缺是历久不变的，因此，“恒”本义指永久、恒心。比如“恒星”之得名，就是因为人们最初以为这些自身发光、发热的星体是固定不变的。“衡”是形声字，本义指绑在牛角上的横木，用来防止牛角触人。引申指车辕前的横木。由横木的平置，又引申指秤，如“权衡”原本就是称量物体轻重的器具，权是秤锤，衡是秤杆。作动词指度量物体的重量，如“衡量”。再引申指品评、鉴别，“衡定”即指评定。说价格稳步上涨，趋势不变，当用“恒定”。

身姿修长称“颀长”

【**错例**】欣长的身姿，华美清纯的容貌，春天的花儿是她微卷栗色的长发，夜晚的星空是她璀璨深邃的眼眸……

【简析】“欣长”应为“颀长”。“颀”读 qí，是形声字，从页斤声，形符为页，表示含义与“头”有关，本义指头俊美。五代徐锴《说文系传》：“颀，头佳貌。”引申指身材修长，如“颀伟”指身材修长魁梧，“颀秀”指修长清秀。“欣”（xīn）也是形声字，从欠斤声，本义指喜悦。如欣喜、欢欣、欣慰等。引申指欣赏、欣慕。“欣欣”可指喜乐，如《诗经·大雅·凫鹥》：“旨酒欣欣，燔炙芬芬。”又可指草木茂盛，如“欣欣向荣”。把“颀长”误为“欣长”，大概是两字形近造成的。

失控野马称“脱缰”

【**错例**】为了应对金融危机，国家斥4万亿巨资想控制经济下滑的速度，意料之外的是上升的速度却如脱疆的野马，尤其是房价。

【简析】“脱疆”应为“脱

缰”。“缰”是形声字，从糸畺声，糸（mì）表示其含义与丝绳有关，本义指拴牲口的绳子。《说文解字》：“缰，马绁（xiè，绳索）也。”“信马由缰”指不勒缰绳，任马行走，比喻人没有目标地随便走。“脱缰”指马挣脱了缰绳，引申指失去控制。“疆”是会意字，其字形的演变经历了一个由简单到复杂的过程。在甲骨文中，其字本作畕，从二田会意，本义指的是田界。后来，两个“田”字上中下加了三条横线，加了丈量田地的用具“弓”，还加了意符“土”，都是为了使其字与土地有关的意思更加明显。《说文解字》：“畺，界也。从田，三其界画也。”引申指国界、边界、边际、止境、疆土等。上例中“脱缰的野马”比喻的是无法控制的价格上涨，和“疆界、疆域”意思相差甚远。

“幸灾乐祸”不用“兴”

【错例】2010年“新国四条”“新国十条”等调控房地产市场新政连续出台。对设计行业的影响呢？有设计企业“兴灾乐祸”地说，我们欢迎调控，越调控形势越好。

【简析】“兴灾乐祸”应为“幸灾乐祸”。“幸”是会意字，小篆字形上夭（头屈，表示有灾祸）下屰（nì，象头朝下的人，表逆反），其本义是幸运地免去灾祸。“幸灾乐祸”指人不善，为别人遇灾祸而感到高兴。“幸”“乐”是形容词，在“幸灾乐祸”里都作动词，属形容词的意动用法。“幸灾”与“乐祸”是并列互文，指“以他人之灾（祸）为幸（乐）”。“兴”繁体为“興”，是会意字，其甲骨文字形象四手共抬一大盘，金文又加一“口”，当是众手共同用力，喊号子抬起来的意思。“兴”（xīng）指兴起、发起，“兴灾”可理解为“兴起灾难”，但在结构上无法与“乐祸”搭配。“兴”（xìng）指高昂的情致，“兴灾”根本说不通。

网言网语

说"干货"

◎杨照敏

干货，是一种脱水食材，泛指经由风干或晒干后的食材。例如鱿鱼干、小鱼干、葡萄干、干海参、干香菇等。其中海产类的食材因富含水分，富含蛋白质等营养成分，经脱水处理制成干货可方便储存与运输，避免保存不当导致食材腐败变质。由此可知，"干货"具有以下特点：经过一定时间的提炼、脱水；富含营养；方便储存和运输，不易变质。

根据这些特点，人们用"干货"一词喻指实用性强、有价值的知识和内容。从可直接触摸的实物到抽象概念的词义引申，是利用了汉语词汇隐喻的方式。比喻义所反映的现象和本义具有相似之处：一、精炼性，经过一定时间，从实际经验中总结、提炼而来；二、实在性，具体内容多不含浮夸成分；三、实用性，有价值，有营养。

同时，"干货"也是相对于"水货"而言的。"水货"也可以指不良商家为了谋取私利用来冒充正品的劣质假冒产品，因为"掺杂水分"，"水货"也被引申为虚假劣质、没有营养、没有用处的东西。在讲究效率的快节奏社会，"水分"是所有务实者的大敌，人们拒绝"水货"，偏爱"干货"。

"干货"一词在网络上、生活中被广泛使用。最先通常指电子商务工作者发表分享的一些关于网络推广、网络营销工作知识经验和工作方法的文章，因为这些知识和方法都是实用性比较强的，也没有虚假的成分，所以业内人士通常称之为"干货"。该词现已延伸至各行各业使用,表示某人传授的知识、方法、技能等比较重要、实用,现在可谓强势“霸屏”,无处不在:职场上,干货用来指前辈或是成功人士分享的经验、方法,必备的办公软件使用技巧,少开会少吹捧、多务实行动的工作法则等等;生活中的干货更是必不可少,小到市场买菜、家庭卫生,大到育儿养老、防盗防骗等各种问题,一些实用的小知识、小妙招,让生活更加简单美好,充满幸福感;在学校里,一场干货满满的学术沙龙,让整个人的学习力都爆棚了!

随着网络的普及和不断发展,知识、资源的获取已经十分便捷,越来越多的人参与到资源共享的宏大队伍中来。而干货作为一种分享的实在内容,早已融入社会生活的方方面面,并非只有某一特定群体成为干货的分享者或受益者,每个人在自己的领域里都可以有值得总结、提炼的干货分享给需要的人。分享是一种精神,大数据时代需要分享,而不是秘藏独乐。所谓“术业有专攻”,正是各个行业领域的精英翘楚们无私的分享,才使得人们的社会生活更加便捷、高效。干货分享,不只是一种简单的传播知识与方法的途径,甚至成为很多人谋生的手段。

不过,不管是作为学术资源的共享,经验方法的传授,还是为了经济利益的获取,林林总总的干货“市场”为我们带来益处的同时,也会让我们陷入选择困难的境地。各种信息、资源铺天盖地地袭来,我们是一味地接受还是选择性地吸收?本文也送你一句“干货”:辨清真假、各取所需!

《“瓦糕”何物》解疑

原来是招牌写了别字,摊主卖的其实是“甑糕”。甑,是一种蒸器,有陶制、铜制、木制、铁制等等。甑糕即用糯米、红枣、红豆等置甑中蒸制而成的糕点。甑糕与“瓦”毫无关系。

“亲情价”中的亲情

◎顾菁怡

从“亲情价”的源流来看，商家最早将“亲情价”使用在广告词中。在日常生活中，每当商店进行促销时，我们总能看到类似于“感恩回馈顾客，全场亲情价”“亲情价，惠到底”的广告语。“亲情价”不是指亲情的价格，亲情是无价的，它指的是亲人们才能享受到的优惠价，商家用来表现自己的商品价格低廉。它的含义本质上和优惠价没有很大差别，只是“亲情价”相比优惠价在心理上更具情感吸引力。当顾客看到“亲情价”时，会联想到亲友之间的情谊。由此人们便会放松对促销优惠的警惕，继而购买欲增加，然后商家便可达到自己扩大销量的目的。实际上，商家和顾客之间没有什么真正的亲情可言，“亲情价”只是反映了一种买卖双方的信任关系，它是一种商业营销手段。“亲情价”引发的共情可以扩大销量，也衍生出“友情价”“亲友价”等词的使用。

但是，最近朋友圈流行的“亲情价”，不再是商业上买卖双方之间交易的价格，而是真正亲人之间的报价了，往往是指子女在买了东西之后给长辈（常常指父母）的报价。“亲情价”是指一件东西不管有多贵，在告诉父母的时候一定要报低价。或许是因为广告词巧妙好记的特点，许多的广告词成为了人们在日常生活中交流的调侃神器，同时也会或多或少影响人们的思考方式。生活中，子女孝顺父母而买了礼物给父母，但是因为父母往往会为价格较贵感到心疼，所以很多子女只能撕掉吊牌谎称这是商家促销的产品。新的"亲情价"就和商家使用的"亲情价"之间有了巧妙的联系。子女和商家在动机上,称商品价格低廉都是出于"亲情"。不同的是,商家使用的"亲情价"没有所谓的亲情,其亲情只是拉近与顾客距离的委婉用语,为优惠价蒙上一层情感色彩；而朋友圈流行的"亲情价"中,"亲情"是真正的亲人之间的情感。子女使用新的"亲情价"是出于对父母感情的考虑,而在父母面前谎称所购买的商品价格低廉。

事实上,子女对父母报"亲情价"一般出于两种目的：第一,子女给自己买了价格比较高的物品,为了避免被父母责怪乱花钱而报低价；第二,子女买了价格贵的物品给父母用又怕父母心疼而报低价。在网上,第一种情况较少,第二种情况更加普遍。两种情况的表现形式是一样的,都是在父母面前不管多贵的东西通通报低价。在生活中新"亲情价"的具体运用可以是：当父母看到你的一件衣服很漂亮然后问起价格的时候,如果这件衣服是1000元,那么可以回答："商店打折时候买的,很便宜的,只有100块。"当然,报低价的程度可以随机应变,一般是在父母心理上能接受的范围内。

新的"亲情价"能够在朋友圈流行,其实是子女体贴父母的表现。父母养育子女不易,子女忙于工作无法常伴,就想要在物质上弥补。考虑到父母的情感,善意的谎言让父母安心,由此"亲情价"也变得温情十足。但是如果是盲目购买超出自己经济能力的物件而担心受父母批评的话,还是需要端正自己的消费观,理性消费,莫要把"亲情价"作为挡箭牌,让"亲情价"中的亲情变了味。

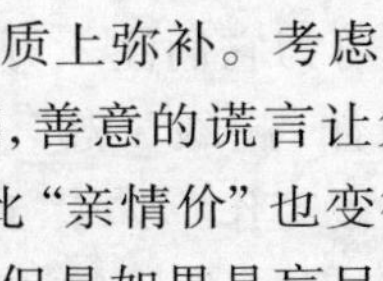

网络用语夸张用法

◎刘恬

在网络交际环境下，人们习惯用夸张的方式表达自己的感受，几乎每条网络用语都或多或少带有夸张因素。而要提高话语的夸张程度，最简便的方式就是直接使用表达程度意义的词或短语，机智的网友们由此创造出了一系列趣味性和表现力兼具的用法。

我们日常使用的普通话中已存在一定数量的程度副词，谐音则可为它们注入可爱的灵魂。例如“超级”“超”在网络环境中被写作“炒鸡”和“敲”，“非常”则摇身一变成为“灰常”，这类刻意以近音字的形式模仿儿童或动漫人物语音的程度副词，在表达程度深重的同时也带上了“萌”的属性，仿佛真有一个小女生在一旁奶声奶气地卖萌、撒娇似的：“我的爱豆真滴炒鸡帅哎”“这条小裙子敲可爱”。

还有一些汉语普通话中已经存在的词语在网络语境下被引申出了与之前不同的新义，因而也具有了生动地表达程度深的功能。“巨”原意为“很大”，在网络交际中语义逐渐扩大，不再特指“大”，而独立地具有“很”“特别”的意义，如“巨震撼”“巨漂亮”；“真心”原意为“发自内心”，而在网络中传播时，“真心”常用于表达对其修饰内容的肯定，如“真心好看”，其中“真心实意”的含义已经大大削弱；“严重”表示程度深的意义本仅限于消极的情况，在网络世界中这种限制也消失了，如“我严重同意你的观点”。

除此之外，部分形象鲜明可感的名词也能暂时“行使”副词的职责，起到增强夸张语气的作用，从而使语言表达更加生动有趣。“暴风”席卷一切、来势汹汹的特征得到绝大多数人的认同；因而，当它被创造性地与“哭泣”等动词结合起来时，便自然带上了“非常激烈”的含义，“暴风哭泣”形容因悲伤或激动至极而大哭不止。这一表达由于颇具趣味性和感染力，也产生了不少变体：女大学生报警求助却号啕大哭的新闻事件引起网友关注，也催发“暴雨梨花”的新用法，是“梨花带雨”夸张、另类的表达；“暴风”也能与其他动词搭配，产生更多新奇的组合，“暴风吸入”极言进食速度之快；另外，集中表示程度强烈意义的“暴”也可以单独使用，相当于“特别”“非常”，“暴可爱”“暴开心”等就是常见的组合。

当然，对所要表达的内容进行补充说明同样可以起到夸张的效果。前些年流行的“×得不要不要的”形容某种情况不能更甚，几乎达到了最高的程度。而近年来被网友们广泛使用的“×到死亡”虽与汉语中“×死了”的表达在组合形式上有相似之处，但仍蕴含着网络语言的独特性。一方面，与传统表达相同，通过言说生理反应中最痛苦的几种情况突出程度之深；另一方面，网络语言的独创性在于这一结构可以产生更多灵活的搭配。以表达“非常热”为例，我们不仅可以说“热到死亡”，还可以说“热到晕厥”“热到崩溃”“热到昏迷”“热到窒息”等，并且这一搭配虽主要用于非正式的网络交际场合，却使用“死亡”“晕厥”“窒息”等双音节的、主要用于书面语的词汇，口语化的句式和书面化的词语形成极其强烈的对比，幽默夸张的色彩也就随之产生和增强。

为何网友们如此热衷“夸大其词”呢？首先，使用网络语言的主要是年轻人，他们极具想象力和创造力，以夸张、活泼、诙谐的语言张扬个性。其次，网络世界的交流缺少面部表情、肢体动作、语气等面对面交流时具有的因素，于是，这些因素缺失带来的表意效果的减弱需要更加夸张的话语弥补。另外，夸张有趣的语言能给人带来抒发强烈情感的快感。因而，即使夸张的网络用语表意并不精确，却依旧被广泛接受。

东语西渐

“端午节”英语怎么说

◎陆建非

农历五月初五是端午节，又称重五节，这一重要的民间节日在我国已广泛流传了两千多年。世界各地的华裔群体也都依然保持着“过端午”的习俗。亚洲诸多国度也有类似的节日，如日本、韩国、越南、泰国等。很多西方人对中国的端午节也并不陌生，尤其对端午习俗比如赛龙舟、吃粽子，特别感兴趣。

“端午节”在英语中的说法，最常见的是（the）Dragon Boat Festival（龙舟节），或者（the）Dragon Boat Day（龙舟日），前者更常见。例如2008年6月25日英国《卫报（*The Guardian*）》新闻说：“Lighting fireworks to celebrate the newly-recognized Dragon Boat festival in memory of Qu Yuan.”（燃放鞭炮庆祝刚被认可的纪念屈原的端午节。）又如2013年6月12日英国广播公司（BBC News）有一条新闻标题为：“China prepares for Dragon Boat Festival”（中国准备过端午节）。由于端午节是在农历五月初五，月、日都是五，故称重五。所以，英语也可译成the Double Fifth（重五节）。

直接用汉语拼音译成（the）Duanwu Festival（端午节）在外媒上也不少见，如2011年6月6日BBC报道说：“China has celebrated Duanwu，a national holiday on 6 June，with a dragon-boat race in Beijing.”（中国在北京举行龙舟赛，庆祝6月6日的全民节日端午节。）2017年5月25日《卫报》载一赛龙舟新

闻照，文字说明为：Participants compete in a dragon boat race held to celebrate the Duanwu Festival.（参与者们在庆贺端午节的龙舟赛中一比高低。）

端午节最具代表性的节令食品非粽子莫属。在改革开放以前，中文的人名、地名、部分物名在英语中都是按威妥玛音标来拼写的，“粽子”也不例外。“有道词典”上就有把“粽子”根据威妥玛译为“tzung tzu”的例句：“A very popular dish during the Dragon Boat festival is tzung tzu.”（在端午节时受欢迎的食物就是粽子。）但是，现在官方英语媒体则大多按照“粽子”的汉语拼音译为“zongzi”或“zong”。2013年6月12日《纽约时报（*The New York Times*）》有一新闻，报道了中国宇航员要在太空中庆祝端午节，其中一个项目就是吃粽子：“... that the two male and one female astronauts will eat ‘dousha zong’, or sticky rice dumplings stuffed with sweet red beans and wrapped in green leaves, usually known as ‘zongzi’.”（两位男宇航员和一名女宇航员将吃“豆沙粽”，即塞满甜红豆裹着绿叶的糯米饭团，一般称为“粽子”。）2018年6月18日CGTN（中国国际电视台）报道说：“Chinese restaurant in Chicago offers Zongzi to mark Dragon Boat Festival.”（芝加哥的中国餐馆出售粽子来纪念端午节。）

在英语中，“dumpling”指面里有馅儿的食物，因而中国的饺子、馄饨、生煎、汤圆、青团等都可以归于“dumpling”之下。因此，把“粽子”译为“rice dumpling”的也不少见。例如2018年6月18日《中国日报（*China Daily*）》对一幅照片作如下解释：“People learn how to make Zongzi, or rice dumplings, at a workshop in a restaurant in Manhattan, New York City, the United States, on June 16, 2018.”（2018年6月16日人们在美国纽约曼哈顿一家餐馆的工作坊里学习如何做粽子，或称米团。）

华语圈

“语言歧视”与“语言安全”

[马来西亚]林国安

马来西亚和新加坡都是多元民族、多元语言、多元文化的国家。私人公司或企业的征聘启事出于业务或工作需要，有时会突出应聘人员须“谙华语”的要求，政府有关部门却认为是“种族歧视”和“语言歧视”，破坏了各族人民和谐相处的社会氛围，对不谙华语的其他族群不公平。

如果说征聘启事突出谙华语的要求是对马来裔和印度裔族群及其语言的歧视，那么，不久前马来西亚某地方议会下令老商铺用白漆涂掉店屋骑楼下柱子上的中文商号，否则征收广告执照费，不也是“种族歧视”和“语言歧视”吗？其实，正是他们才是种族歧视和语言歧视者，因为他们无视多元民族社会语言多样性的特点。

“语言从来就是政治、文化斗争的有效工具，是获取民族和国家经济发展的重要手段，是保持和发展国家－民族共同文化的重要内容。”[潘一禾：《当前国家体系中的文化安全问题》，《浙江大学学报（人文社科版）》，2005 年第 2 期]

西方一些理论家认为人类现代文明的发展是一个同质化的过程，很多语言的、文化的差异，只要通过全球化和趋同化即可消除。于是，在多元民族国度，少数民族、非社会主流语言文化，“被同化”于强势民族和主流社会语言文化。这是当前东南亚、南亚、拉美等地区族群矛盾冲突的根本原因。“民族语言安全”“文化传播安全”的概念就是在这样的背景下出现并引起广泛关注的。

“语言歧视”现象极有可能转化为“语言安全”危机，破坏多元民族社会语言文化多样性优势，影响民族融合与和谐社会构建。因此，少数民族群体处身多元民族社会，必须树立“民族语言安全”意识，既要维护本民族语言的尊严与使用权益，慎防语言遭受歧视、侮蔑、打压、攻击和不公正对待，又要保持语言作为民族文化载体的纯洁，防止强势语言及外来语的污染。另一方面，在用本民族语言进行文化传播和语文教育的过程中，既要坚持民族文化主体性，也要尊重异族文化，避免文化冲突引发族群之间的矛盾。

（作者是本刊特约编委）

香港“库房水浸”

[中国香港]李春普

2018年3月1日，香港《东方日报》的一则新闻的标题是：《库房水浸　基层苦困》。内地的朋友看到这则新闻大多会理解为因为库房被水淹了，普通的老百姓生活很困苦。

为了更好地理解这个标题，我们来看看新闻的主要内容：财政司司长陈茂波昨日发表2018至2019年度财政预算案，……港府在17至18年度录得破纪录的近1 400亿元盈余，财政储备到本月底将增至历史性的近1.1万亿元。不过，在库房严重水浸下，港府仅拨出四成盈余与市民共享……读到这里，大家大概猜到了，新闻中的“水浸”在这里的意思是财政盈余。

粤语里“水浸”的基本意思就是被水淹了，尽管普通话中没有这个词，但是大家看到这两个字，还是能猜到它基本的意思。香港还有一个专门的词叫“水浸报告”，就是指在多雨或台风天有哪些地方被水淹了的报告。

广东人一向以水为财，所以一方面忌讳与水相反的“干”，如“猪肝”要说“猪润”，“干杯”要说“饮胜”。另一方面则特别喜欢用有“水”的字来表示钱财，例如粤语中的“沓水”是指钱多，而“钱包缩水”则多指收入大幅减少。

说普通话的人看到“水浸”这个词，一定会觉得它是个不好的词，可香港粤语里这个表达被水淹了的词却能反向引申出钱多的意思，表示政府的钱多得像水淹没了地面一样，水淹没地面四处流淌，你能想象到钱多到什么程度了。

我们希望我们国家的库房永远“水浸”，我们也希望每位读者的小金库都永远“水浸”。（编者按：请参见2018年第3期《华语圈》的《三级彩色暴雨信号》和2019年第1期《华语圈》的《百搭之“水”》）

（作者是香港中文大学雅礼中国语文研习所讲师）

酸民

［马来西亚］杜忠全

源自网络社交媒体的“酸民”，指的是专门在网络平台针对新闻或社会事件发表尖酸刻薄评论的网民。据说，这个词儿源自台湾的网络平台，先有以加入网络社群的网友为“乡民”，其中每每发表尖酸刻薄之负面评论者，即被标签为“酸民”。网络社交平台普及之后，“乡民”处处，“酸民”也无处不现身，在特定的事件中尤其犯众怒，进而从虚拟网络穿透到现实世界，成为社会新闻的一部分了。

《全球华语大词典》未收录“酸民”一词，维基百科的解释是，“喜欢对事情发表尖酸刻薄言论，而不在乎事情对错的网民”，这确实能概括“酸民”的内涵。

如今的新闻媒体都开设有社交平台专页，不少的即时新闻都在网络优先发布，再编辑到报纸推出市场。类似的网络新闻帖子，都允许网民跟帖评论，因而底下往往出现数不清的网民跟帖，有长篇大论也有寥寥数语的评语。“酸民”的评语每每既尖酸刻薄又不在乎事情的对错，总之就是出言消费一番，以发泄肤浅的个人情绪或表现自己的不求甚解为能事，对事件的检讨或深入讨论，一点儿都没有助益。

“酸民”虽然藏身网络，但每每针对现实的社会或政治新闻发表评论，有时也会触犯禁忌。在马来西亚，近期因前国家元首退位，一些“酸民”在网络发表不当言论，踩了法律的红线，结果遭执法当局逮捕和提控。此事告诉人们，网络世界尽管虚拟，却不是隐身其中就得以胡言乱语的，如果所言不当，还是会招来现实世界的制裁的。

2019 年 1 月底，马来西亚半岛北部的槟威大桥，发生了学院生遭后车猛烈撞击而堕海的意外事件。事件中，因水警和海事执法单位的海上拯救队面对诸多不利因素，未能在短时间内将车子打捞上岸，有“酸民”在追踪网络新闻的同时，不明就里地对拯救人员发表极尽挖苦之能事的评论。社会大众与网民固然都心系此事，唯对“酸民”的言论依然无法认同，一阵挞伐。第二天，该“酸民”即现身在相关单位门前，对自己的不当言论当面致歉了。

因此，时至今日，“酸民”不光经常现身网上指称网络世界所标示的特定网民，且在纸媒的社会新闻中也已占有一席之地了。

（作者是马来西亚拉曼大学金宝校区中文系主任）

读书

『保险』一词的由来

◎周振鹤

"保险"作为一个词，首见于《三国志》。该书之《郑浑传》有云："今当广开降路，宣喻恩信。而保险自守，此示弱也。"但这里的"保险"与今天的意义完全不同，乃是据守险要的意思。这一层意思在《隋书·刘元进传》中亦可见到，而且一直沿用到清人毕沅所作的《续资治通鉴》里。至于现代表示作为补偿和分摊意外损失的经济手段意义的"保险"，完全是外来语 insurance 的意译，只是采用了古代汉语固有的旧躯壳而已。

起初，insurance 译为保安、担保等词，也有音译为烟苏、燕梳的。1805 年（清嘉庆十年），英商谏当保安行（Canton Insurance Society）在广州成立。"谏当"即 Canton（广州）的对音，"保安"即为 insurance 的意译。但新教来华的第一个传教士马礼逊于 1815～1822 年间所编的《字典》尚未出现有关 insurance 的译语。该字典分三大部分，第二部分"五车韵府"是分韵排列的汉英字典，其中有"保""保家""保商"诸语，但并非 insurance 的对译，第三部分"英汉辞典"则未收入 insurance 一词。看来当时他并不急于介绍西方的保险业务。

鸦片战争后，先进的中国人如魏源等对西方的保险已有所了解，所以魏源在其六十卷本《海国图志》的第五十一卷《英吉利国广述》中介绍了西方的保险公司，也介绍了火险、水险和寿险，但均未用"保险"一词，而是用"担保"来表示，因而有"宅担保""船担保""命担保"以及"担保会"这样的新词出现。魏源说："中国以农立国，西洋以商立国，故心计之工如贾三倍。其国所立规制，以利上下者一曰银票，二曰银馆，三曰挽银票，四曰担保会。此三者中国皆有先例，唯担保会无之。其会有三，一曰船担保……”后来在百卷本《夷情备采·贸易通史》中也有类似的介绍。大约与此差相同时，有佚姓之子卿其人，著《华英通语》，将insurance译为担保，对音烟苏；译insurance company为担保会，对音烟苏甘班尼。

最先将insurance译为保险的是英国罗布存德（W.Lobscheid），他在1866～1869年出版的《英华辞典》中，将insurance译成行保险之事，将insure译为俾稳、使稳（粤方言）、买保险、买燕梳、买保险单等。在“买燕梳”之后，还说明该词用于华南。看来当时南方用的是音译，而北方用的已是意译。罗氏之辞典还出现了“保火险”“保水险”这样的词。由此或可见当时外商在中国已开展了一定数量的保险业务，故“保险”一词才渐渐成形。从1805年的谏当保安行开始，到“保险”这一译语出现，过了半个多世纪。“保险”的今义虽已产生，但insure的音译或旧译依然照用不误。罗氏辞典不但如上面所示，将“燕梳”与“保险”并列，而且还将insurance company译成保险会、燕梳会、担保会、保险公司等。1869年日本东山一郎所编纂的《新塾日志》2号上载有《海上保证书译文及绪言》一文，提到“中国将海上担保取名为船担保或海上保险”，并有“命担保”“宅担保”或“火烛担保”等语，也是新旧译并陈。

1873年，有上海广方言馆出身之杨少坪其人写了一百首别琴竹枝词，登在《申报》上。这些竹枝词由洋泾浜英语的语词组成，其中第二十三首道：“保险洋行号燕梳，行中殷实有盈余。纷纷派送燕梳纸，岁底年年送历书。”可见当时“保险”一词已经广泛使用，而“燕梳”则尚未退出历史舞台。大约直到20世纪，“保险”一词所表达的今义才完全立稳了脚跟，而“燕梳”则已为今人所不闻矣。

（选自《逸言殊语》，上海人民出版社2008年8月出版）

向你挑战

出乎意料的拍卖结果

（文中有十处差错，你能找出来吗？答案在本期找）

◎梁北夕　设计

一场拍卖会正在进行，举牌、喊价、落锤，好不热闹。

拍卖师又拿出一件拍品，还未开拍，下面响起一阵轻微的躁动——就这样一把破烂的普通小提琴，能拍出个什么花儿来？

拍卖师面带微笑，轻轻地举起小提琴，徐徐说道：“这把琴有些年头了，已经很破旧了。首先声明，其材质并非价值连城的材料，也不是哪位名人大师的琴，它只是一把普普通通的琴。现在，有谁要开价？”

应价的人稀松了了，然而叫出的价格令人哭笑不得。“10块。”“20块。”喊道“100块”时，已经没有人再往下接了。

正当拍卖师准备宣布成交时，一位老者站了起来，他说：“请等一等。”大家抬眼一看，他就是本市最有名望的小提琴大师！老人箭步走上台去，掏出手绢擦了擦琴身上的尘土，调了一下琴弦，便演奏起来。优美的弦律从老人的指尖流出，时而如骏马飞弛，时而像清风拂过，众人无不陶醉……

乐曲演奏完毕，大师举起琴，缓缓说道：“我也为这把琴开个价吧，1 000块。”立刻，喊价此起彼浮，最终以10 000块成交。

一把破琴最终竞然拍到如此高的价钱，这显然是大师“点石成金”的结果！

看图说话

别扭的“御齿”

陈以诺

中华牌牙膏是我国知名品牌，近年推出了一个新的系列产品，取名“御齿护龈”。“护龈”意思清楚明了，但“御齿”读起来十分别扭。

御，义即抵御。如御敌（抵御敌人）、御寒（抵御寒冷）、御侮（抵御外侮）、御凶（抵御凶邪之气）等等。“御”后的名词多表示负面的、不好的东西。“齿”显然不应成为“御”的对象。

御，也可解释为防御。防御后可跟一个主谓短语，如防御谷物霉烂、防御名誉受损、防御房屋倒塌、防御包装破损等等。在这个格式里，“防御”的对象是“谷物霉烂”“名誉受损”“房屋倒塌”“包装破损”，而不是“谷物”“名誉”“房屋”“包装”。如改说成“防御谷物”“防御名誉”“防御房屋”“防御包装”，意思就不明确。

同理，如果说牙膏“防御牙齿受损”或“防御牙齿受细菌伤害”毫无问题，但说“防御牙齿”意思就不明确！这就是“御齿”读起来别扭的原因。

火眼金睛

图中差错知多少？

莫俊拔　郑时圆
孙凯歌　郝晶磊　提供

（答案在本期找）

1

2

3

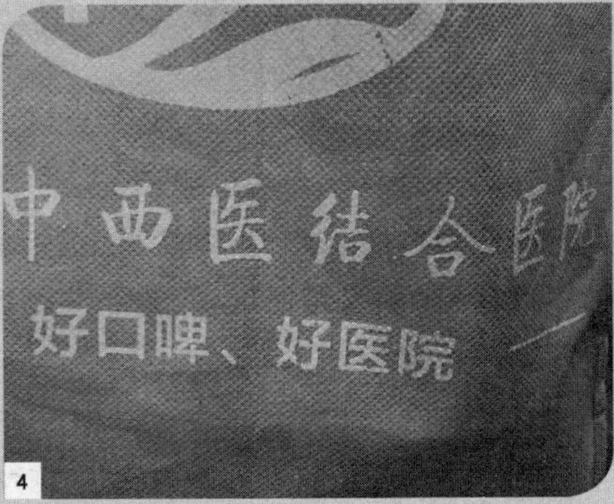

4

ISSN 1009-2390

9 771009 239197 06>

2018年度向全国少年儿童推荐的百种优秀报刊

YAOWEN-JIAOZI

咬文嚼字®

07

2019

鳢鱼

硬骨鱼纲，月鳢科，又名“黑鱼”。口大牙尖，体圆筒形，青褐色，有黑色花纹。性凶猛，捕食其他淡水鱼类。此鱼为什么叫“鳢”呢？古人认为，“鳢首有七星，夜朝北斗”，符合“自然之礼”，故名“鳢”。（《本草纲目》）“礼”的繁体字为“禮”，古代“豊”“禮”通用。

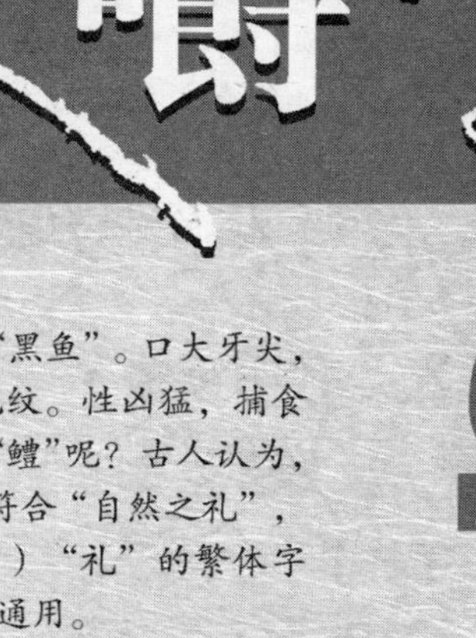

上海世纪出版集团

欢迎至邮局订阅本刊 邮发代号 4-641

国内统一连续出版物号 CN 31-1801/H

定价：5.00 元

名家语画

侯宝林“要是搞数学，也是好样的”

李方乔 / 文　臧田心 / 画

侯宝林与华罗庚是老朋友。一天，华罗庚说：“请你帮我去买一斤橘子汁，顺便再捎一包炒米花，总共给你四角四分钱。”四角四分钱正好够橘子汁的钱，但炒米花的钱怎么办？侯宝林明白，这是数学家在考自己。他笑吟吟地说：“我用四舍五入，一两橘子汁仅需四分钱，分十次零买，共用去四角钱。剩下的四分钱刚好买一包炒米花。”华罗庚很高兴，说：“你要是搞数学，也是好样的。”

咬文嚼字®

2019年7月1日出版

7

总第295期

主管：上海文艺出版总社
主办：上海文化出版社
编辑、出版：《咬文嚼字》杂志社
集团网站：http://www.shwenyi.com
E-mail：yaowenjiaozi2@163.com
官方微博：
http://weibo.com/yaowenjiaozish
电话传真：021-64330669
发行电话：021-64370935
邮购电话：021-64370935
地址：上海市黄浦区绍兴路7号
邮政编码：200020
发行：上海市报刊发行局
发行范围：国内外公开
订阅处：全国各地邮局
邮发代号：4-641
ISSN 1009-2390
CN 31-1801/H
印刷：上海中华印刷有限公司
印厂电话：021-60829062
021-60299079
定价：5.00元

如发现本刊有装印质量上的问题，请在当月与承印公司联系调换。

语林漫步

请拥抱“网络语言”

◎施南仁

今年3月,有媒体刊文讨论“网络时代下的语言匮乏症”问题。此讨论源于一项网络问卷调查,该调查显示:“网络环境下,年轻人越来越倾向于使用网络用语表达思想情感”,“习惯于使用网络用语的年轻人,语言越来越贫乏”,“这种现象不只发生在年轻人身上,也发生在喜欢使用网络社交工具的中老年人身上”。于是有人疾呼:“语言贫乏的‘网络病’得治!”如何治呢?也有人开出了“方子”:“首先要做个健谈者,放下手机、离开键盘,离开网聊环境,走入现实生活中的人际交流。其次要做个‘诵读者’,培养阅读名著、诵读经典的好习惯,不断提升个人的文化积累和修养。”

“做个健谈者”一定要以“放下手机、离开键盘”为前提吗?况且,在如今人们离开“手机”“键盘”现实吗?离开了“手机”“键盘”,人们还可以正常交流,正常工作,正常生活吗?不然去试试,不用电子邮件、不用微信、不用QQ、不上网,看看会有什么结果。我们非常赞成“培养阅读名著、诵读经典的好习惯”,这的确能“提升个人的文化积累和修养”,有助于提高语言能力。然而,这难道与网络“水火不相容”吗?事实可能恰恰相反!网络虽然还存在这样那样的问题,但总体来说,它对“阅读名著”“诵读经典”的作用是助推而非阻碍。因网络手段的使用,“阅读名著”“诵读经典”的效率获得了大幅度提升。这是众所周知的事情,无须任何证明。

现在是网络时代。网络改

变了人们的学习、工作、生活及思维方式，几乎各个领域各个行业，都不同程度地受到了网络的影响。对语言而言，网络的影响可以说也是“颠覆性”的。从本体到运用，语言的方方面面都因网络而有较大改变。网络对语言，既有积极的影响，也有消极的影响；但主要还是积极的影响。以下两个方面，表现得尤为明显：

一、语言创新空前活跃。在前互联网时代，语言创新活动主要以图书、报纸、期刊等为平台，这显然属于少数“社会精英”的专利，绝大多数普通民众很难参与其中。互联网给普通民众提供了一个无差别化的语言创新平台。只要有网络信号，只要有信息的发送及接收终端，不管是谁，都可以在网络上展示自己的语言智慧。互联网让社会进入了“全民造句”时代，许多生动形象、极富表现力的新词、新语、新用法，都源自普通网民的创新活动。互联网让语言创新呈现出从未有过的活跃景象。

二、语言传播空前迅疾。语言的任何创新，都必须依靠传播来实现。不能在全社会传播，不能被全社会接受的语言创新，不会成为真正的语言创新。在前互联网时代，新词、新语、新用法等出现后，主要通过书报刊等辗转、递相传播，时空上的阻隔无法避免。互联网实现了即时交流、即时传播功能，时空阻隔被彻底打破，新词、新语、新用法等出现后可立马在全社会传播开来，可立马被全社会接受。这个改变，也是前所未有的。

正是基于这两个方面的改变，现今的语言生活空前繁荣，新词、新语、新用法等不断涌现。《咬文嚼字》杂志每年评选“十大流行语”，其中很大一部分就源自普通网民的创新智慧。许多网络词，已经被《现代汉语词典》《现代汉语规范词典》等权威工具书收录。《人民日报》、中央广播电视总台、新华社等主流媒体，哪一家没有有意用过网络语词？连国家领导人的正式报告中，也能不时发现网络流行语的踪迹！

我们认为，所谓“网络时代下的语言匮乏”是个“假命题”。上文提到的问卷调查结果，不符合客观实际！网络到底给语言带来什么影响，哪些是积极的，哪些是消极的？网络用语到底是丰富了语言库，还是导致了“语言匮乏”？这些都是专业的理论问题，不适合用问卷调查的方式解决。用这种方式，不仅解决不了问题，还会得出错误的结论。

当然，我们也承认网络给语言带来消极影响的事实。互联网的“进入”门槛很低，网民素质也参差不齐，只要有意愿，几乎任何人都可以在网上展现“语言智慧”。网络也缺乏传统媒体的强大“过滤”功能。因此，网络用语中充斥了大量不符合汉语结构特点及社会文明规范的消极成分，给语言、给社会都带来了一定程度的冲击。应该承认，网络时代的语文生态是更为复杂了。网络背景下的语言引导甚至监管，正显得越来越重要，越来越急迫。这需要社会各界的共同努力。

稍做分析不难发现，持所谓“网络时代下的语言匮乏”论的人，抱的是“保守主义”语言观，他们对“网络用语”一概排斥，甚至不把“网络用语”当“语言”。语言交流所使用的话语是一个恒定的量，用了“网络用语”，必然会造成“非网络用语”使用量的减少。如果不把“网络用语”当“语言”，自然会得出“使用网络用语表达思想情感”导致“语言越来越贫乏”的结论。

语言是社会符号，语言不可避免地会带上时代的特点。网络时代，语言不可能不打上时代的烙印。排斥网络用语，有违语言发展演变规律。我们在此呼吁：大家要持历史唯物主义语言观，用开放、包容的态度看待网络用语，把符合汉语结构特点、符合社会文明规范的网络用语，吸收进我们的词汇库。

锁定名人

应是“呜哇”与“挑花”

◎许天勤

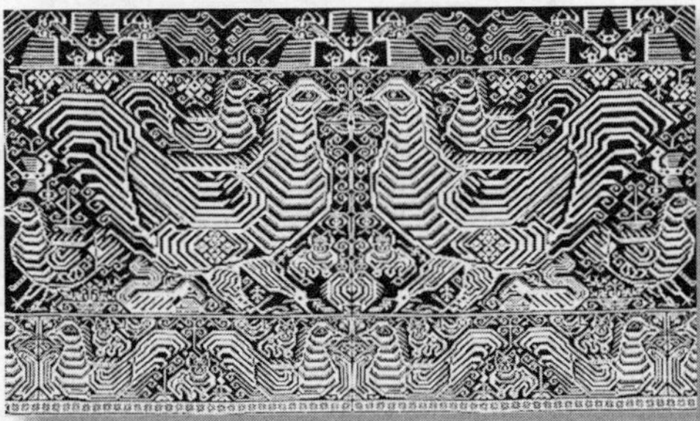

花瑶挑花刺绣

作家出版社2010年9月出版了冯骥才的散文集《乡土精神》，其中的《细雨探花瑶》一文中有句话这样写道：“花瑶人还知道他们的‘鸣哇山歌’和‘桃花刺绣’列入国家非物质文化遗产名录，老后是有功之臣……”（第105页）这里的“鸣哇山歌”和“桃花刺绣”各有一个错字，应是“呜哇山歌”“挑花刺绣”。

花瑶是生活在湖南雪峰山脉东麓的少数民族，通常认为是瑶族的一个分支。花瑶人有很多传统文化艺术传承至今，其中最著名的便是“呜哇山歌”和“挑花刺绣”。花瑶人喜欢唱山歌，通常是随编随唱，曲不离口。因为唱到最高音时常会加上“呜哇”的音，这种山歌就被称为“呜哇山歌”。挑花是一种刺绣针法。花瑶女子善于挑花，她们通常会在裤脚、腰带、衣袖、马褂、头巾、围裙等上面挑花作为装饰，花纹图案古朴繁杂，有着浓厚的民族特色。花瑶的“挑花刺绣”和“呜哇山歌”分别在2006年和2008年被收录进国家级非物质文化遗产名录。

误“呜”为“鸣”，误“挑”为“桃”，当是因形近导致的误植。

“郭鼎堂”不是郭沫若的化名

◎李景祥

2019年3月25日《辽沈晚报》第15版刊有刘心武先生的文章《海棠无香书有香》，文中说道：

我最得意的是，有次逛东安市场旧书摊，竟淘到了一本爱尔兰剧作家约翰·沁孤的剧本集，书页都发黄了，译者署名郭鼎堂，现在这位剧作家通译为约翰·辛格，后来也就知道郭鼎堂是郭沫若的化名，其中独幕剧《骑马下海的人》所表达的与宿命抗争的精神令我敬畏。

这里有一处不妥。化名是为了隐去真名而改用的名字，而郭沫若先生在译著上署的“郭鼎堂”，不是他的化名，其中“鼎堂”是他的表字。

郭沫若先生是我国著名作家、历史学家、考古学家、社会活动家。他幼名文豹，原名开贞，字鼎堂，号尚武，用过的笔名有沫若、麦克昂、石沱、高汝鸿、羊易之等。

早年，研究甲骨文卓有成就的四位大家被称为“甲骨四堂”，分别是鼎堂、彦堂、雪堂和观堂。其中的鼎堂就是郭沫若先生。另外三位是董作宾（字彦堂）、罗振玉（号雪堂）、王国维（号观堂）。

《火眼金睛》提示

图1，“乡坤”应为“乡绅”。

图2，“入框”应为“入筐”。

图3，“堤炼”应为“提炼”。

图4，“酥松”应为“疏松”。

时尚词苑

冲破俗流现"清流"

◎曹志彪

在2017年举行的第三届中国"互联网+"大学生创新创业大赛上，云南大学滇池学院的大学生罗三长的红糖馒头项目受到评委和投资者的青睐，获得大赛金奖。当年9月19日《中国教育报》的报道称，在以高科技项目为主打的大赛上，罗三长的项目是一股"清流"。

2018年10月24日《扬子晚报》报道了南京市的一名小学五年级学生，她在习作《藏在角落里的我》里写下："也许，我并不需要考哈佛北大，只要快乐就好。并不是每个人都不能呆在角落里，因为每个人都可以展示自己的才华。"因为这种与很多在学习上使劲儿往前冲的孩子不同的气质，被网友称为一股"清流"。

在电视荧屏上，曾经是娱乐类综艺节目盛行。近年来，中央电视台先后推出了《中国汉字听写大会》《中国诗词大会》《朗读者》等一批文化类综艺节目，被媒体称为电视圈里的一股"清流"；有一所学校的家委会竞选不再拼家长身份，而是看他们的"学习能力"，被称为家委会竞选中的一股"清流"；电竞圈里有一类玩家，不执着于胜负，不看重竞赛成绩和奖励，坚守着"输赢靠缘分，开心最重要"的信条，也被视为圈内的一股"清流"。诸如此类，几乎各行各业，方方面面，都有"清流"涌出。一时之间，"清流"一词流行了起来。因此，《人民日报》2018年7月16

日的《人民论坛》栏目发文指出:“时下,清流成了一个流行语,成为人们的一种向往。”

“清流”作为汉语词汇的一员,不是无源之水,而是有着非常久远的源头。“清”即清澈,“流”即流水,本义就是指自然界清澈的流水。如王羲之《兰亭集序》:“清流激湍,映带左右。”陶渊明《归去来兮辞》:“登东皋以舒啸,临清流而赋诗。”

“清”与“浊”是一对反义词。“浊”让人们联想到污浊、黑暗,“清”则代表着纯净、高洁。在封建社会政治黑暗、官场污浊的时期,一些正直清廉的文人士大夫不愿同流合污,常以“清”来自况,如屈原就曾感叹“举世皆浊我独清”。“清”在古代就与人的道德操守、政治品行产生了关联,因此“清流”又引申开来,指德行高洁、享有名望的士大夫。

这些被称为“清流”的人,往往在某个封建王朝官场腐败、权奸当道的时期成为一种政治力量。“清流”对“浊流”展开斗争,他们以儒家伦理道德为标准臧否人物,批评官吏,借用舆论的力量以激浊扬清,影响政治。因此,“清流”常常用来指称统治集团中那些评议时政,仗义执言,指斥官宦,揭批贪腐,主张整饬纪纲,扶正黜邪的清正廉洁官吏。比如清朝末期与后党抗争的李鸿藻、翁同龢等人,他们都赢得了时人和后代给他们的“清流”的美誉。

当下,“清流”的所指和古代有了很大不同,已经不限于指人,更与政治派别没有瓜葛,使用范围大幅度放宽了。

现在所说的“清流”一般是指那些具有清新之气、独特之风的人或事物。如果说古时候“清流”着重关联的是自然界清流的“清纯”和“清正”的特性,那么现在常见的用例中,更多突出的是它“清新”和“清奇”的特点。

所谓清新,就是新近出现的,新鲜的。2018 年 10 月 22

日环球网上有一篇文章评论罗振宇的“硬派脱口秀”《知识就是力量》:“在很长时间里,我们似乎已经习惯了越来越碎片化、可视化和娱乐化的阅读,习惯了快餐速食文化、各种面瘫小鲜肉和狗血剧霸屏……这类文化类、知识类节目的出现,无疑是一股清流。”《知识就是力量》是一档新创设的、同年7月初才首播的节目,所以称它“清流”是很恰当的。

所谓清奇,就是指比较独特的、脱俗的。如果普遍存在或者与大多数的情况没什么两样,也就无所谓“清流”了。同样是环球网,2018年10月10日有一篇报道,称电视剧《人间规则》为职场剧的“清流”之作,理由是剧中情节不谈恋爱,只谈业务,打破“国产职场剧一定有恋爱情节”的固有印象,不落俗套。这样的“清流”是与普遍情况相比较才得以凸显出来的。况且“清流”经常与数量词“一股”“一道”搭配,数词“一”言其少,“股”“道”作为量词总是用来修饰细长条形的事物,这也反映了与普遍情况相比“清流”的规模之小。

“清新”和“清奇”往往又是联系在一起的,新近出现的可以是与众不同的,反之亦然。因此,清新的,或者清奇的,或者二者兼而有之的,都可以被称为“清流”。

当代中国社会人们不满因循守旧,不想一成不变,崇尚创新成为了时代强音;人们也不甘与人雷同,喜欢别具一格,张扬个性成为越来越多人的行为准则。在这样的社会大背景下,新的思想、新的现象、新的事物就不断涌现,“清流”一词正好可以用来十分贴切地突显其特点。

做一股“清流”是不少人的价值追求,活出“清流”范儿的人也备受世人尊崇。当今人们口中的“清流”,无论指人还是指事物,一般都带有肯定和褒扬的色彩。因为喜爱和推崇,才会冠之以“清流”的名号。

奋斗才是真正的人生“锦鲤”

◎刘冰鑫

“锦鲤”,是一种高档的观赏鱼,有“水中活宝石”“会游泳的艺术品”的美称。古代,因锦鲤品种稀少、价格昂贵,王公贵族才有条件喂养,锦鲤成为了身份的标志。此外,锦鲤以长寿著称,日本有记载的最长寿锦鲤活到了226岁。因此,人们将“锦鲤”神圣化,视其为吉祥、如意、好运的象征。例如:

(1)今年,这条以锦鲤为原型的鱼就一跃来到了北语通知书的封面上,背景是国子监建筑门楼,上书“龙门”二字。(《人民日报》2016年8月22日)

(2)对中国来说,“锦鲤”是幸运的象征。(《中国青年报》2018年10月11日)

锦鲤的祖先是我们熟悉的鲤鱼,中国自古就有“鲤鱼跳龙门”的说法,传说黄河鲤鱼跃过龙门就会变成龙,常被用来比喻人升官、得志,飞黄腾达。例(1)北京语言大学在录取通知书上印上“锦鲤”和“龙门”,暗含对大一新生的美好祝愿。例(2)正是“锦鲤”在中国传统文化中象征义的体现。

2013年,微博上名叫“锦鲤大王”的账号发布了一条“本王法力无边,关注并转我子孙锦鲤图者,一月内必有好事发生”的微博,于是“锦鲤”开始走红网络。如今,“锦鲤大王”拥有1 700多万粉丝,首条微博的转发量已达930多万,评论数260多万,并呈持续上升趋势。“锦鲤”的影响力久盛不衰,更掀起了一股转发“锦鲤”的热潮。请看:

(3)邓超在微博晒出自己变身“美男鱼”的照片,他穿上

鱼尾、躺在沙滩上并称“转发这条锦鲤,2016年行大运”。(《广州日报》2016年2月6日)

(4)高考过后,“一条草鱼”刷了屏。事出2017年高考浙江省语文卷,其中有一道现代文阅读题,讲的是一碗草鱼汤的美味。因为题目之难,有人戏称,枉费在朋友圈转发了那么多条“好运锦鲤”,没想到败给了一条草鱼。(《人民日报》2017年6月15日)

2018年国庆,“锦鲤”再次成为社会关注焦点。这是因为国庆期间,支付宝公司在微博平台上开设了一个抽奖活动——“寻找中国锦鲤”,中奖者可获“全国免单大礼包”,吸引了300多万次转发。紧随其后,各大网络公众平台举办多种“锦鲤”抽奖活动,各式“锦鲤”层出不穷,如“游戏锦鲤”“火锅锦鲤”“球鞋锦鲤”“上海锦鲤”等等。网友们抱着转发不要钱的心态,积极参与“锦鲤”活动。请看:

(5)自网友“信小呆”抽中支付宝免单礼包后,“中国锦鲤”一词便不胫而走,迅速在全国蔓延开来。近日,各类“重庆锦鲤”刷屏朋友圈、微博,将重庆的吃喝玩乐一网打尽,引发了一股人人争当地区“锦鲤”的风潮。(《重庆商报》2018年10月18日)

例句中“锦鲤”的指称对象转向了人,泛指在某领域运气极好或在小概率抽奖活动中中奖的幸运儿。“锦鲤”的词义范围扩大了。

“锦鲤”盛行的原因,主要有两点:一是文化积淀。传统文化将“锦鲤”视为吉祥、幸运的代言者,暗合人们追求美好的心理。二是语义联想。“鲤”与“利”“礼”谐音,“锦”的本义是有彩色花纹的丝织品,容易让人联想到“锦上添花”“锦绣山河”等词语,因而受到人们的喜爱。

“锦鲤”的走红反映了人们对未来美好幸福生活的向往。但是我们不能将愿望、理想全交给“锦鲤”,人生不可能处处凭运气,奋斗才是真正的人生“锦鲤”。

聊一聊"轻 ×"新词语

◎高丕永

改革开放四十年以来，特别是新世纪以来，汉语里出现了许多由"轻松"意义的"轻"组成的新词语（以下简称"'轻×'新词语"），常见的有"轻生活、轻小说、轻阅读、轻户外、轻食、轻啤、轻咖啡、轻断食、轻应用、轻资产、轻酒店、轻支付、轻众筹"等。这些"轻×"新词语，组成了现代汉语里成员众多的新词语群之一，而且新成员还在增加中。

"轻"是个多义词，"轻"的"轻松"义项，汉语早有使用，但是使用率比较低，常见的仅有"无官一身轻"（苏东坡《借前韵贺子由生第四孙斗老》）、"无病一身轻"（明代《初刻拍案惊奇》）和"无事一身轻"（清代《晚晴簃诗汇》）。所以，《汉语大词典》"轻"字条目下没有"轻松"义项。20世纪70年代，轻松活泼的轻音乐风靡全国，"轻音乐"一词流行。1978年12月，《现代汉语词典》第1版出版，收录了"轻"的"轻松"义项，并以"轻音乐"为例。第3版起增补一例："无病一身轻"。

上世纪五十年代（或许更早），汉语从日语借入"轻音乐"和"轻歌剧"（题材轻松、曲调抒情的歌剧）。改革开放后，又从日语借入了"轻喜剧"（一种轻松的戏剧形式）、"轻食"（简单快捷的饭食）、"轻文学"（题材轻松的文学作品）、"轻小说"（娱乐小说）。这六个借词的日语原词，是从英语意译借入并用汉字书写的。英语原词依次为"light music""light opera""light comedy""light meal""light literature"和"light novel"。上世纪八十年代起，汉语开始直接从英语意译借入“轻 ×”新词语，如“light life”（轻生活——简约轻松的生活理念）、“light outdoor”（轻户外——轻松自然的户外运动）、“light reading”（轻阅读——轻松题材作品的阅读）等。

“轻 ×”新词语里，这些借词的英语原文基本上都是名词性词组，其中的形容词“light”有三种情况。第一种，“light”指“（意义、风格或方式等）轻松的、娱乐的”，组成生活社交、娱乐休闲等方面的词语，如“轻音乐”“轻生活”等词的英语原词。第二种，“light”指“（因低脂、低糖、低热量、低盐、低咖啡因或低酒精度）能放心食用的”，修饰食品饮料名称，如“light coffee”（轻咖啡）、“light ice-cream”（轻冰激淋）、“light cheese”（轻奶酪）等。第三种，上世纪五十年代，为突出宣传健康食品，英语造出“light”的异形词“lite”。比如，英语“轻啤”有两种写法：light beer 和 lite beer。后来，“lite”引申指“（计算机软件、手机软件等）经过精简但保留精华功能可以轻松运行的”，一般放在原来的软件名称后面作修饰语，如“Facebook Lite”。近年来，再次引申泛指“（互联网+条件下）能轻松运作的（应用程序、企业管理模式等）”，如“asset lite”（轻资产——企业将非核心业务外包的轻松运行模式）等。

“轻 ×”新词语，我们共收集到 140 余个。除了 20 来个借词，其余都是汉语仿造的，如“轻京剧”（吸收轻歌剧表演风格和创作手段等编排的京剧节目）、“轻火锅”（少油、低脂、清淡的健康火锅）、“轻支付”（支付宝和微信支付等网上轻松支付方式）、“轻银行”（提供轻松金融服务的网上银行）、“轻众筹”（手机客户端即发即筹的轻松小额众筹），还有一个更常见的“轻聊”（轻松的聊天讨论），等等。

行文至此，忽然想到本文标题似乎也可以改为：轻聊“轻 ×”新词语。

追踪荧屏

可"立命"不可"立民"

◎高良槐

在电影《龙吟诏》中有这样一个情节，一个披头散发的男子坐在桌上，口中喃喃道："为天地立心，为生民立民，为往圣继绝学，为万世开太平。"（字幕同步显示）什么叫"为生民立民"？应该是"为生民立命"。

电影中的这段台词其实是引用了北宋哲学家张载的名言。张载（1020—1077），字子厚，理学创始人之一。生于凤翔郿县（今陕西眉县）横渠镇，世称横渠先生。因在关中讲学，其学派被称为"关学"。他的思想对宋明理学影响很大。"为天地立心，为生民立命，为往圣继绝学，为万世开太平"是张载的名言，包含了儒家的思想理论。大意是为社会大众建立仁者之心，教人民百姓能够安身立命，继承孔孟的学术道统，开辟后世的太平基业。当代哲学家冯友兰将其称为"横渠四句"。"横渠四句"体现了张载的政治抱负，其中"为生民立命"源于古人追求"立命"的思想。"立命"即修身养性以奉天命，《孟子·尽心上》："夭寿不贰，修身以俟之，所以立命

锥刺的是“股”不是“骨”

◎徐家永

临沧市广播电视台2019年3月29日播出了人文类栏目《朗诵临沧》，其中一位女嘉宾朗诵了一篇散文作品《捧一杯茶虚度时光》。当她读到其中一句“抱着头悬梁锥刺gǔ的决心开始挑灯夜战”时，同步字幕将“锥刺gǔ”显示为“锥刺骨”。这里出了个别字，“骨”应为“股”。

散文中“头悬梁锥刺股”一句显然是由成语“悬梁刺股”变形而来，其中牵涉到两个典故。《太平御览》卷三百六十三引《汉书》：“孙敬字文宝，好学，晨夕不休。及至眠睡疲寝，以绳系头，悬屋梁。后为当世大儒。”用悬在屋梁上的绳子系住头发，每当要打瞌睡，就会因头发被拽而醒，这便是所谓“悬梁”，或称“悬头”。《国策·秦策一》：“（苏秦）读书欲睡，引锥自刺其股。”“股”即大腿，用锥子扎刺自己的大腿，靠疼痛提神，这便是所谓“刺股”。后以“悬梁刺股”形容刻苦自学。了解了典故，自然知道原文应为“锥刺股”。

骨在人的皮肉之下，可不是随便能刺到的。真要用锥子刺到骨头，那可就受重伤了，这般“决心”还是不要了吧！

也。”“为生民立命”就是要教化百姓，引导他们修身养性，使其能安身立命。

《龙吟诏》讲的是宋代的故事，剧中人引用张载的名言正合适。但汉语中没有“立民”一词，“为生民立民”的意思难以索解。

一针见血

“启明”与“长庚”

◎沈阳仁

2019年1月25日《沈阳日报》第9版连载《祖国至上——战略科学家黄大年“飞行记录”》,文中说道:“这几句话,像最先亮起来的启明星,引来众多星辰相继亮相,很快,于平与一批青年学者都被黄大年招到麾下……”这里用“启明星”不妥。

启明星就是金星。金星是太阳系里距离地球最近的一颗行星,亮度仅次于日、月。古代又称其为太白星,并将早晨出现于东方天空的金星叫作“启明星”或“明星”,黄昏出现于西方天空的金星叫作“长庚星”。所以《诗经·小雅·大东》有“东有启明,西有长庚”之句。

启明星指的是日出前出现在天空中的金星,此时众星都渐渐隐去,唯有启明星还在天上闪闪发亮,如韩愈《东方半明》所言:“东方半明大星没,独有太白配残月。”启明星是引不来“众多星辰相继亮相”的。如换作“长庚星”庶几可通。

“叱诧政坛”?

◎盛祖杰

2019年4月10日《环球时报》第2版刊文《以媒:大选凸现以色列右倾现实》,其中写道:“历史上曾叱诧政坛、代表以色列与巴勒斯坦签署《奥斯陆协议》的工党,则可能会在此次选举中遭受重挫,这也从一个侧面折射出眼下以色列社会右倾严重、在以阿关系上持强硬立场的客观现实。”这里的“叱诧”错了,应改为“叱咤”。

咤,读zhà,指怒声。叱,指大声呵斥。叱咤,义为大声吆喝、怒喝。骆宾王《代李敬业传檄天下文》(即《讨武曌檄》):“喑呜则山岳崩颓,叱咤则风云变色。”后便以“叱咤风云”形容声势威力很大。上述文章想表现以色列工党过去在以色列政坛影响力大，用“叱咤政坛”是妥帖的。

“诧”读作 chà，义为惊讶，如诧异、惊诧。汉语中从未有“叱诧”的说法。

“鳌”“鳖”不分误人名

◎赵成昌

2019 年 4 月 4 日《南方周末》副刊上刊载了《再忆诗人余光中》一文，其中写道：“就像有《昭明文选》，便该有李善；有杜甫就要有仇兆鳖。”这里搞错了人名，“仇兆鳖”应为“仇兆鳌”。

上述文章提到了一部著作、一位诗人和两个学者，他们是有对应联系的。《昭明文选》又称《文选》，由南朝梁萧统（昭明太子）编选先秦至梁的各体文章而成，是我国现存最早的诗文选集。李善是唐代著名学者，“文选学”奠基人。他长年研究注解《文选》，人称“文选学士”，著有《文选注》。仇兆鳌是明末清初的著名学者，他对杜甫诗的研究尤为精深。其著作《杜诗详注》被认为是杜甫诗学研究集大成者。

“鳌”“鳖”字形相近，可能是误植原因。

“孤”无可失

◎晋　相

2019 年 4 月 1 日《今晚报》第 9 版上刊有一文《宋朝的粥》，文章开头写道：“小时候看过一则故事，印象极深。故事说宋朝大文豪范仲淹，少年时发奋读书，因早年失孤、家境贫寒，仅靠吃粥维持生计。”这句话中的“失孤”错了，改成“失怙”才对。

“怙”是个形声字，从心古声，读作 hù，义为依靠、仗恃。古代常以“怙”指父亲。《诗 · 小雅 · 蓼莪》：“无父何怙？无母何恃？”古人据此称丧父为“失怙”，丧母为“失恃”。范仲淹还不到两岁时父亲就过世了，确属失怙。

孤，指幼年丧父或父母双亡。“孤”的意思可等同于“失怙”，在其前加“失”意思就不通了，汉语中不存在“失孤”的说法。

“仓廪”不可作“仓禀”

◎余培英

2019 年 4 月 28 日《珠江商报》A2 版上有《美食之都需要本土文化做佐料》一文，其中第二段说：“古人云，仓禀实而知礼节。仓禀实，美食肯定占据十分重要的部分，而顺德人的淳朴礼让精神，也是仓禀实带来的好礼节吧。”这里的“仓禀”有误，应是“仓廪”。

廪，读 lǐn，义为粮仓。仓廪，即贮藏米谷的仓库。上述文章所引的“仓廪实而知礼节”出自《管子·牧民》，原文为“仓廪实而知礼节，衣食足则知荣辱”，意思是（百姓）只有粮仓充实了才会知晓礼节，只有丰衣足食了才会知晓荣辱。

禀，读 bǐng，有禀报、承受等义。“禀”的异体字“稟”古时同“廪”，但现已和“廪”字区分了音义，“仓廪”不能写作“仓禀”。

“花自飘零水自流”是谁的词句

◎申恩军

2019 年第 4 期《中学语文教学参考》杂志上有一篇文章《由古诗复习课引发的思考》，其中写道：“我引导学生品读李煜的‘花自飘零水自流’和杜甫的‘映阶碧草自春色’，体会‘自’的妙用，问题就变得容易多了。”这里在引用“花自飘零水自流”一句时搞错了作者，这其实是李清照的词句。

《一剪梅·红藕香残玉簟秋》是宋代女词人李清照的名篇。其下阕尤为脍炙人口，原文为：“花自飘零水自流。一种相思，两处闲愁。此情无计可消除，才下眉头，却上心头。”这首词写的是李清照和丈夫别离后的相思之情。南唐后主李煜同样是位著名的词人,但这句寄托愁思的“花自飘零水自流”并非出自其手。

“孙康囊萤映雪”?

◎高仙游

2019年5月6日《福建日报》第12版刊有《古人读书以“修身”》一文,文章写道:“读书励志的故事,我们知道的大多是‘东周苏秦悬梁刺股’‘西汉匡衡凿壁借光’‘孙康囊萤映雪’,等等。”其中的“东周苏秦悬梁刺股”应删去“悬梁”,悬梁读书的是东汉孙敬。“孙康囊萤映雪”也有误,实际上并没有孙康“囊萤”的记载。

孙康家中贫穷,买不起蜡烛,冬天常利用大雪映出来的光看书。后来“映雪读书”用来形容家境清贫,勤学苦读。孙康的苦读故事中并没有“囊萤”,“囊萤”的是晋人车胤。

车胤从小好学不倦,但同孙康一样,因家境贫困,没有多余的钱买灯油晚上读书。于是夏天他就在绢袋里放几十只萤火虫当作灯,用来看书。如“映雪读书”一样,后来“囊萤”也成为勤学苦读之典。

以“映雪囊萤”形容夜以继日地苦学不倦,是可以的,但将“囊萤”也归于孙康,就不妥当了。

“政治陈诟”?

◎龙启群

2019年4月1日《环球时报》第16版刊载《乌克兰大选牵动各方神经》,文中说:“乌克兰通讯社报道称,泽连斯基的到来在投票站周围造成大规模拥堵,支持他的主要是年轻人。法新社称,支持者认为泽连斯基让人耳目一新,只有全新面孔才能清除这个国家的政治陈诟。”其中“陈诟”应是“陈垢”。

垢,义为污秽、肮脏、脏东西,如“污垢”。“陈垢”即陈年的污垢。诟，义为耻辱、辱骂，如“诟病”即指责。上述文章中支持者认为泽连斯基如竞选成功，可以清除乌克兰政治上的积弊，那么引文中应写为“政治陈垢”，而非“政治陈诟”。

开花的是“洋槐”非“杨槐”

◎杨西仑

2019年4月9日《平顶山日报》第6版上刊载了《淌蜜的河》一文，其中写道：“我的家乡是以槐树出名的，每年谷雨过后，满沟满坡的枝头上挂满一串串花蕾，那杨槐花溢出的香味把风也浸得甜滋滋、香幽幽的，整个槐树沟就像泡在蜜的海洋里……”这里的“杨槐花”应是“洋槐花”。

洋槐是刺槐的俗称，原产地为北美洲，18世纪引入中国并在各地广泛栽植。洋槐，豆科落叶乔木，高可达20米，小枝具托叶刺。生长快，耐干旱瘠薄，可作行道树、观赏树及沙地造林树。又为蜜源植物，产蜜量大且味甜。洋槐在夏初开花，花为白色，有芳香。

世上并无叫“杨槐”的植物，从字面看似可理解为杨树和槐树。但结合上下文，文章中并未提到杨树，而其描写的特征也与杨花不吻合。

可“对簿”不可“对薄”

◎余顺德

2019年4月12日《珠江商报》A8版刊载了文章《祸福相依》，其中写道：“你们俩就知道法法法，咱家和剑云家是邻居，抬头不见低头见，真要对薄公堂，两家以后就是仇人了。”这里的“对薄”应改为“对簿”。

簿，读bù，指册子、本子，也指文状、起诉书等。审理案件需要根据文状核对事实，故将受审称为“对簿”。《明史·邓子龙传》：“子龙方对簿，巡抚吴定请立功自赎，帝许之。”所谓“对簿公堂”，即在法庭上接受审问或上法庭打官司，上述文章中就是这个意思。

“薄”有多个音义，可读báo，指厚薄的薄；也可读bó，指轻薄的薄。但汉语中没有“对薄”的说法。

王维何处送元二

◎刘曰建

2019年4月26日《人民日报海外版》载《火焰山到底什么样》，文章说：“有一首唐诗《送元二使安西》这样写道：‘渭城朝雨浥轻尘，客舍青青柳色新。劝君更尽一杯酒，西出阳关无故人。’这首诗说的是诗人王维在古城西安为即将踏上‘陆上丝绸之路’的朋友元二送别的场景……”而事实上王维送元二西行在咸阳，而非古城西安。

诗中“渭城朝雨浥轻尘”已点明王维送别友人是在渭城。渭城本是秦朝的都城咸阳（今陕西咸阳市东北窑店镇附近）。汉高祖元年（前206）改名新城，后废。武帝元鼎三年（前114）复置，改名渭城，以南临渭水得名。东汉时并入长安县。唐高祖武德元年（618）重置咸阳县。王维的好友元二要到安西都护府（治所在龟兹，今新疆库车东），王维在咸阳送行，留下这首千古绝唱。

西安之称源于明代，它和咸阳不是一处，也未曾被称为渭城。

预言是“谶”不是“箴”

◎杨昌林

北上的琼花并没能栽活，倒是风雨飘摇的南宋，也如这琼花一般，没能逃脱亡国的结局。正如北宋文士张璪的《琼花》诗所言：“此花已去不须嗟，亡国亡家总为他。父老不知前日事，逢人口口道琼花。”本是讽隋末事，却一语成箴，变作南宋衰亡的注脚。

这段话出现在2019年第4期《博物》杂志《琼花：雪肤花

貌系兴亡》一文里，最后的“一语成箴”错了，应为“一语成谶”。

谶，读 chèn，从言韱声，本义指谈论预言的书籍，后迷信指将来要应验的预言。《红楼梦》第八十九回：“思前想后，竟应了前日梦中之谶，千愁万恨，堆上心来。”所谓“一语成谶”，即一句话像预言一样说中了后来的事，且大多指不好的事。

“箴”读作 zhēn，本义为缝衣服的工具，即针。后作规劝、告诫之义，如箴言、箴谏。上述文章要表达的是张璪的诗如同预言，不幸说中了南宋的灭亡，显然应用“一语成谶”。

杜威抱公鸡上讲台？

◎裴　伟

2019 年 2 月 14 日《镇江日报》第 6 版《让孩子充满希望地生活》中有这样一段话：“著名教育家杜威先生来中国演讲，先把一只大公鸡放在演讲台上，撒了一把米，摁着公鸡的头让它吃，可公鸡拼命挣扎，只叫不吃，当杜威先生后退几步，公鸡就自己吃起米来。”这个以“公鸡吃米”作为开场白的人并不是杜威，而是陶行知。

约翰·杜威（1859—1952）是美国哲学家、教育家。在哲学上是实用主义的主要代表之一，在教育上认为教育就是生活，学校就是生活，应让儿童“从做中学”。1919 年—1921 年，杜威应邀来中国讲学。杜威来华演讲篇目众多、内容庞杂，涉及哲学、教育学等。

陶行知（1891—1946）是我国著名教育学家，他曾留学美国哥伦比亚大学，是杜威的学生。批判地改造杜威实用主义教育学说，提出“生活即教育”“社会即学校”“教学做合一”等口号，形成“生活教育”思想体系。根据《中国教育史教程》《教育学案例教程》，是陶行知在武汉大学演讲时以公鸡吃米做演示，说明应让学生自由地学习，发挥其主观能动性。

有此一说

时间基点是否真的错了位

◎郑　琳

有学者认为,一些使用"×年前""×年后"的语句中存在着时间基点的错位。如:

14年前,他差一点成为阿富汗历史上的首位宇航员;14年后,他被任命为阿富汗目前的空军司令,尽管这支"空军"实际上连一架战斗机都没有。(《北京晚报》2002年2月24日)

句中"14年前"和"14年后"同时使用,读者会以现在为时间基点,认为从"14年前"到"14年后"经历28年;而写作者本意并非如此,句中"14年后"意在指现在,前后共14年。认为类似这样的表达方式会造成读者理解上的混乱,故称之为时间基点错位。《咬文嚼字》也曾刊文,表达同样的观点。但是,笔者认为此类表达的时间基点并没有错位。

首先,此类表述大量存在,如:

(1)我这回回家寻出了一部叶德辉的《翼教丛编》,读了一遍,才知道这二十年的中国实在已经有了许多大进步……二十年前的中国,骂康有为太新;二十年后的中国却骂康有为太旧。(胡适《归国杂感》)

(2)经过40多年的快速发展,我们还形成了全新的发展方法论……40年前,我国的主要经济矛盾是人民的吃饭穿衣问题……40年后,发展起来后的问题和矛盾呈现出新的特点,主要是人民日益增长的美好生活需要和不平衡不充分的

发展之间的矛盾。(《人民日报》2019年1月29日《必须坚持以发展为第一要务(新论·解读“九个必须坚持”⑥)》)

(3)十年之前/我不认识你 你不属于我/我们还是一样/陪在一个陌生人左右/走过渐渐熟悉的街头/十年之后/我们是朋友 还可以问候/只是那种温柔/再也找不到拥抱的理由/情人最后难免沦为朋友(陈奕迅演唱《十年》)

上述几例中,“×年前”“×年后”都成对使用,并以“×年后”指现在。在读、听这些句子时,读者并不会产生混乱,能明确知道“×年前”“×年后”具体指向何时。这样的例子的大量存在,说明人们对这样的表述有着较高的接受度,“×年前”“×年后”究竟具体指向何时不会产生误解。而且,“×年前……×年后……”的表述,句式整齐,对比鲜明,具有较强的修辞效果,因此在语用中频繁出现。

其实,在语用中“×年前……×年后……”这种构式含有两种语义结构:

一、以时点为观察点。以“现在”这个时间点为表述坐标,“×年前”是往前追溯“×年”,“×年后”是往后推测“×年”。如:

(4)三是“三年前和三年后进入汽车行业都不行,现在是最佳时刻”。三年前,国家对汽车行业管理太严,丝毫没有介入的可能……三年后进入,又太迟了。(《人民日报》2000年3月27日)

二、以时段为观察点。“×年”是一个时间段,以此为坐标,“×年前”即这个时段之前,“×年后”即这个时段之后。上面所举的例子中,例(1)(2)(3)就是参照的时间段,句中将这些时间段的前后情况列出对比,描述的是时间段前后的情况发生了变化。

尽管同一构式包含两种语义结构,但读者或听者可依上下文语境做出判断,不会产生混乱。

“乐府”的设立到底在何时

◎李耕拓

《现代汉语词典》(第7版)“乐府”词条写道:“原是汉代朝廷的音乐官署,它的主要任务是采集各地民间诗歌和乐曲。”商务印书馆出版、陈复华主编的《古代汉语词典》也这样释“乐府”:“①古时主管音乐的官署。起于汉代。”

在一些教材中也有类似的说法。由著名先秦史专家、北京师范大学晁福林先生主编的大学教材《中国古代史》上册中,有这样的解说:“乐府本来是政府的音乐机构,其设立当在汉武帝以前。”这里说乐府的设置“当在汉武帝以前”,讲得比较谨慎,但仍给人汉代机构的印象。

那么,“乐府”只是汉代的官署吗?它的产生是在汉代?

近四五十年来的考古发现和有关记载表明,“乐府”的设置最迟是在秦朝,并不只是汉代的官署。

1976年2月1日下午,我国著名的考古学家袁仲一先生在野外进行考古调查时,在陕西省临潼县(今西安市东部临潼区)秦始皇陵区西侧的晏寨村发现了一枚青铜编钟。这枚编钟高13厘米,清除表面的铜锈后发现,它通体装饰着金银花纹,其内侧为铸造纤细的蟠纹,造型异常精美,充分显示了秦代高超的青铜冶铸水平和工艺水平。然而,此钟的价值并不仅仅在这里,真正让学者们为之惊喜的是在它的钟钮一侧刻有小篆体的“乐府”字样,因此称之为“乐府钟”。“乐府”二字传递出一个极其重要的历史信息，那就是以前认为汉代才有的“乐府”这一音乐官署，实际上早在秦代就已经设立了。

有鉴于此，1989年版《辞海》“乐府”词条采用了新的说法：“①……‘乐府’一名始于秦，秦及西汉惠帝时均设有‘乐府令’。武帝时的乐府规模较大，掌管朝会宴飨、道路游行时所用的音乐，兼采民间诗歌和乐曲。”此后的1999年版和2009年版都采用了这一说法。付学文主编的《现代汉语辞海》中“乐府”词条也采用了这一新说：“①秦汉时主管音乐的官署，兼采民歌和乐曲。”朱绍侯等主编的《中国古代史》第5版上册也介绍说：“‘乐府’作为掌管音乐的官署，始于秦。到了汉武帝时，为了宫廷娱乐和庙堂祭祀，开始大规模地采集各地民歌。”人教版高中《语文》的选修教材《中国古代诗歌散文欣赏》一书《中国古代诗歌发展概述》一文中也说“史载秦汉立乐府”（第58页）。

人们对“乐府”起源的探索并没有止步，已有专家学者指出乐府的起源很有可能在战国时期。战国时期以“府”为名的机构曾大量涌现，其职能之一是贮藏，“乐府”最早可能是贮藏乐器之所。秦人素好乐，设立一个专门机构来管理乐器实有必要。

2004年7月，西安财经学院长安校区——西安市长安区神禾塬一带的建筑工地上，考古工作者发现了战国晚期秦始皇（前259—前210）的祖母——夏太后之墓。夏太后在秦始皇20岁时去世，此时距离秦国一统天下还有十几年的时间。显然，夏太后入葬时尚属战国时期。令众多考古专家惊讶不已的是，这座高规格墓葬的陪葬坑内出土了一套不完整的残磬，其中一件上刻有“北宫乐府”四字，而“北宫”恰为皇后和太后所居之处。至此，专家学者们多年来的探索终于得以证实——“乐府”的出现时间提前至战国时期。

语言哲思

“阿凡提是傻瓜”

◎宗守云

有一则笑话，是阿凡提和巴依老爷的对话——

巴依老爷：“阿凡提，咱俩谁是傻瓜？”

阿凡提：“阿凡提是傻瓜，巴依老爷。”

巴依老爷：“为什么你是傻瓜？”

阿凡提：“因为我没有看出巴依老爷是傻瓜。”

“我没有看出巴依老爷是傻瓜”包含一个预设（即预先设定的内容），这个预设是“巴依老爷是傻瓜”。预设具有恒真性，无论命题是肯定的还是否定的，都不影响预设的真实，如果“我看出巴依老爷是傻瓜”，那么“巴依老爷是傻瓜”仍然是真实的。阿凡提的话语之所以具有杀伤力，就因为有个恒真的预设“巴依老爷是傻瓜”。阿凡提说自己是傻瓜，其实只是一种方式，不是目的，其目的在于引出“巴依老爷是傻瓜”这个恒真预设。

预设是语言的机制之一，是不言自明的前提，一般情况下都是社会集团和交际双方的共有知识。预设存在于语言和语言运用的各个层面。

在短语层面，表面相同的结构，其语义预设不一定相同。比如“吃苹果”“吃父母”“吃大碗”“吃食堂”，这些短语都是述宾结构，但语义预设各不相同，“吃苹果”的预设是对象，“吃父母”的预设是方式，“吃大碗”的预设是工具，“吃食堂”的预设是处所。这在说汉语的人心目中是不言自明的，不会混淆的，但对于学习汉语的外国人来说就不一定能理解，有的留学生见到这样的短语就大惑不解：“苹果可以吃，父母、大碗、食堂也可以吃吗？”这是把宾语的语义预设都理解为对象的缘故。再比如“免冠照”和“半身照”都是定中结构，“免冠照”不仅仅有“不戴帽子”的字面意义，还预设整个头部、颈部、上半身的上部、前部等，“半身照”预设上半身、前部。有个笑话说某人去照相馆照“半身照”，等照片出来以后，发现照出来的是下半身。这里的问题在于，照相馆的工作人员违背了“半身照”的预设，因此闹出笑话。

在句子层面，预设是存在的前提，是句子得以成立的保证。“张三的老婆病了”，预设张三有老婆；“请把门打开”，预设门是关着的；“你看我什么时候能当教授？”预设说话人目前还不是教授；“您就是大名鼎鼎的罗玉凤？”预设说话人听说过罗玉凤，但没有见过罗玉凤。在小品等艺术作品中，有些演员为了取得幽默的效果，故意先创造一个预设，再取消这个预设，以此造成包袱。比如小品《小站故事》，演员黄宏先说“工钱挣了三千块，回到家，不给媳妇给我妈”，这里预设黄宏有媳妇，但接着又说“其实我还没成家”，又把预设取消了，先创造预设再取消预设，就形成观众理解的张力，从而取得幽默的效果。

在交际中，预设是交际双方的共有知识，这是引导交际成功的前提条件，如果交际双方没有共同预设，就会造成误解。例如，作家徐贵祥的小说《红霞飞》(《解放军文艺》2019年第1期)中有这样一段对话：

马德说，听了半天你还不明白啊，参加革命动机。

何连田愣住了，动机，啥冻鸡，我是南方人，南方不吃冻鸡。

马德一拍桌子说，动机，就是你……你为啥要参加革命。

马德是干部，需要了解部下参加革命的动机。何连田是战士，根本不知道“动机”是什么，因此理解为同音的“冻鸡”。由于双方在身份地位、思想认知等方面存在着差异，在对“动机”的理解上缺少共有知识，预设不同，因而造成误解。因此，预设作为交际双方的共有知识，是交际得以顺利进行的基础和保证。

文章病院

皇帝即位后都要改元吗

◎马志国

2019年1月28日《秦皇岛日报》的《文史走廊》栏目刊有《浅谈我国古代纪年法》一文，文中写道："汉武帝起开始有年号，此后每个皇帝即位都要改元，并以年号纪年。"这段话犯了一个常识性错误，并非每个皇帝即位都会改元。

中国纪年始于西周。公元前841年，周厉王因国人暴动逃离镐京，此后共伯和摄政，西周进入共和时期（一说因召公、周公二相共同执政而称"共和"）。后世称这一年为共和元年，元即一，中国自此有了明确的历史纪年。共和之后，通常以新君即位之年或次年为元年，重新计数，每易一君便改一次。公元前114年，汉武帝首创年号，并且追定自己即位的次年（前140）为"建元元年"。"建元"即我国第一个年号，此后历朝诸帝都立年号来纪年。新君即位大多会改用新年号纪年，即改元。以新君即位后次年改元最常见，如汉武帝之子汉昭帝，他于即位次年改元始元；也有新君即位后立即改元的，如三国蜀后主继位未逾月即改元建兴；还有新君即位后多年才改元的，如五代后梁末帝913年即位，至915年才改元。最特殊的情况是继位后不改年号的，如唐哀帝李柷（沿用唐昭宗李晔的年号"天祐"）、后汉隐帝刘承祐（沿用后汉高祖刘知远的年号"乾祐"）、后周世宗柴荣及后周恭帝柴宗训（两人皆沿用后周太祖郭威的年号"显

何谓“父母之邦”

◎阎德喜

2019年第2期《书屋》杂志刊载了文章《我眼里的张中行先生》，其中写道：“张先生第二次来香河是住在五百户我的一个学生卢志仓的家里，他和志仓的爷爷每天到青龙湾大堤上去散步，五百户在青龙湾北堤下面，张先生常凭堤远眺，对岸到底是他的父母之邦。”这段话中用了“父母之邦”一词，但用得不合适。

邦，本义指古代的诸侯国。《说文·邑部》：“邦，国也。”所谓“父母之邦”，通常指称祖国。续范亭《警告中国抗战营垒内的奸细分子》：“你们都是中国人，中华儿女，应该为中国尽忠，应该为祖国、为父母之邦尽忠。”上述文章描写的是著名学者张中行（1909—2006），他出生于河北省香河县河北屯乡的石庄。由于行政区划的调整，石庄现归入天津市武清区，不再属于河北省香河县，石庄和香河之间隔着青龙湾河。但无论是香河还是石庄，它们都归属中国。

张中行先生从香河眺望河对岸的石庄，两边无疑都是他的祖国，都是“他的父母之邦”。上述文章想强调的应是石庄是张中行出生的故乡。但因为不当地使用“父母之邦”，容易让人产生河两岸是两个国家的误解。直接把“父母之邦”改为“故乡”就妥当了。

德”）等。

由此可见，“每个皇帝即位都要改元”之说，是站不住脚的。

屋顶不需要“起背”

◎李华山

沈阳故宫十王亭

2019 年 4 月 9 日《沈阳日报》第 10 版刊有《空前绝后的“十王亭”》一文，该文第二个小标题为《歇山起背　火炕办公》，其中写道：“沈阳故宫十王亭以亭子的建筑出现，但它又高于亭子的结构形式。古代建筑中，歇山起背在建筑级别上要高于歇山卷棚，十王亭的外观上，以布瓦歇山起背展示，两个大吻威武雄壮。”包括小标题在内，这里三次出现的“歇山起背”皆系“歇山起脊”之误。

歇山是中国传统建筑屋顶的形式之一，由四个倾斜的屋面、一条正脊、四条垂脊、四条戗脊（垂脊下端处折向的一条）和两侧倾斜屋面上部转折成垂直的三角形墙面组成，由此形成两坡和四坡屋顶的混合形式。歇山外观庄重华丽，常用于园林、宫廷、寺庙等建筑群中。在建造歇山屋顶时，两个倾斜坡面的相交处形成隆起，“起脊”就是在这些隆起上用砖瓦等材料建造出屋脊并加以装饰美化，一方面能防止漏雨，一方面使屋顶更美观。脊，即物体中间高起的部分；起，即建造。与“歇山起脊”相对，不专

佛脚可“抱”不可“报”

◎周　振

2019年2月15日《报刊文摘》第2版刊登了一幅漫画作品，画面上一个牙科医生临做手术了还在翻看医书，躺在手术台上的病人目瞪口呆。漫画本身生动有趣，但其题目《临时报佛脚》却有瑕疵，不是“报佛脚”，应是“抱佛脚”。

临时报佛脚　朱丞 画

所谓“抱佛脚”，即求佛保佑之义，语出唐代孟郊《读经》诗：“垂老抱佛脚，教妻读黄经。”后衍生出一句俗语“平（闲）时不烧香，急来抱佛脚”，比喻平时不做准备，临事时才慌张应对。清代翟灏《通俗编·释道》引《宦游纪闻》：“云南之南一番国，专尚释教，有犯罪应诛者，捕之急，趋往寺中，抱佛脚悔过，便贳（读shì，义为赦免）其罪。”

报，有报答、传达等义。佛的脚，到寺里抱一抱还办得到，但要“报佛脚”就莫名其妙了。

门造出屋脊的就是引文中提到的“歇山卷棚”。

背，物体的后面或反面。屋背自然是有的，但那都是建房子时自然形成的，不需要专门去造，也没有“起背”的说法。

联邦德国是“东德”吗

◎周平果

2019年2月11日《报刊文摘》第3版刊有《拨乱反正开启中小学语文教材新时代》一文，其中写道：“1977年，邓小平再度出任党和国家的领导职务……在当时外汇储备十分紧张的情况下，指示拨专款10万美元，责成中国驻美国、英国、联邦德国（当年的东德）、法国、日本等使领馆协助选购一大批最新的中小学教材，尽快空运回国，给教材编写人员参考。”这段文字中针对“联邦德国”进行了括注说明，可惜这个说明犯了个常识性错误，其中的“东德”应改“西德”。

“东德”和“西德”相对，是德国一段时期内的特定称谓。1945年，德国在第二次世界大战中战败，根据《波茨坦协定》，苏、美、英、法四国分区占领了德国及其首都柏林。1947年冷战爆发，德国成为美苏斗争的桥头堡。1948年9月，美、英、法将占领区合并，1949年9月在此基础上成立了德意志联邦共和国，简称“联邦德国”。同年10月，苏联占领区内成立了德意志民主共和国，简称“民主德国”。德国就此分裂为两个国家，因所处地区的方位差别，联邦德国又称“西德”，民主德国又称“东德”。1990年8月31日，两德签订《统一条约》。同年10月3日两国重新统一，称德意志联邦共和国，即现在的德国。

上述文章中的时间点是1977年，其时联邦德国和民主德国都尚在。但把联邦德国标注为“当年的东德”显然错了，应是“当年的西德”。

《烈火金刚》?《烈火金钢》!

◎木　子

“我们小时候，爸爸像爷爷一样，常给我们念书……我记得念的书有《烈火金刚》《三侠五义》《肖飞买药》什么的。”这段话出自2018年11月15日《沈阳日报》第10版文章《一脉书痴》。其中《烈火金刚》应是《烈火金钢》，“肖飞买药”也不是书名，而是《烈火金钢》中的一段故事。

《烈火金钢》，作者刘流（1914—1977），1958年出版。小说写抗日战争时期八路军排长史更新、侦察员肖飞、骑兵丁尚武、女区长金月波等人在冀中平原坚持斗争，与敌后武工队配合进行神出鬼没般的游击战，打击日本军队的英勇斗争的故事。其中有段“肖飞买药”的情节，写侦察员肖飞独自进入敌人驻有重兵的县城为我军的伤病员买药，来去自如，胜利完成任务。

关于书名《烈火金钢》，“金钢”所指的应是书中那些抗日英雄。根据《长篇小说〈烈火金钢〉创作的前前后后》（《党史博采》2013年第5期），刘流在《关于〈烈火金钢〉的创作报告》中这样写道：“我了解了英雄们以后，脑子里自己的经历退让得没什么位置，游过来飞过去的总是英雄们的影子。如何呢？他们就像生铁投进熔炉一样，锤炼成钢……”书名中的“金钢”应是说小说所塑造的英雄们是不怕火炼的真金、百炼成钢的钢铁。

金刚，在佛教中指的是佛身边的手执古印度兵器的力士们。那些力士所执的兵器名曰金刚杵，故名“金刚”。《烈火金钢》与“金刚”无关。

曾氏父子莫混淆

◎辜良仲

2019年第4期《新天地》杂志刊载了文章《跨越千年踏青游》，其中在《三月三上巳节》一节中说："孔子让弟子各述其志，曾子说：'暮春者，春服既成，冠者五六人，童子六七人，浴乎沂，风乎舞雩，咏而归。'"此处搞错了说话人，不是"曾子"而应是"曾点"。

上述文章的内容源自《论语·先进》，所引"暮春者"原文为"莫春者"，"莫""暮"古代相通，姑且不提它，但不应错把曾点当作曾子。《论语》中这段讲孔子问弟子们的志向，开始就点明"子路、曾皙、冉有、公西华侍坐"，前面先说了子路、冉有和公西华的答案，孔子皆不满意，最后问曾点"点，尔何如"，曾点答了上面那段话后，孔子叹道"吾与点也"。曾点，字皙，春秋鲁国人，孔子的弟子。他是曾参之父，而曾参才是大名鼎鼎的"曾子"。曾参也是孔子的弟子，相传《大学》为他所著，世人尊称他为曾子、宗圣。

曾点、曾参父子俩都是孔子弟子，且皆列"七十二贤"。历史上的曾子指的是儿子曾参，莫要混淆了他们父子。

“邻妪”改行了？

◎文昌聿

馓 子

2019 年 5 月 2 日《北京晚报》第 8—9 版刊发了《才高几斗　任性几何》一文，文章写了苏轼的各种生平轶事。其中在《最佳广告奖》一节中有这样一段描写：

苏东坡也会制作广告语。在海南之时，为隔壁老妈妈卖饼所写广告词令人称道：“纤手握来玉色匀，碧油煎出嫩黄深。”

这段话里搞错了一个细节，苏轼这首诗描写的老妪是个卖馓子的，而不是卖饼的。

馓（sǎn）子，用糯粉和面制成的一种油炸食品。古代制作时会将其扭成环钏形，现在的馓子都细如面条，呈栅状。苏轼的这首诗诗名即《戏咏馓子赠邻妪》，可说是直接点明了“邻妪”的职业——卖馓子的。不仅如此，诗的后两句为“夜来春睡知轻重，压匾佳人缠臂金”，其中的“缠臂金（一种缠在手臂上的钏）”就是用来比喻馓子的。

饼是扁圆形的面制食品，虽然和馓子同为面食，但制作方法和形状都有区别。要是将原诗的“馓子”误会成了“饼”，苏轼的这则“广告”可就失败了。

《服鸟赋》?《鹏鸟赋》!

◎古　辛

2019年4月8日《光明日报》第13版刊有《飘飘有凌云之气》,文中写道:“一个简牍写本可以抄一篇文章,也可以抄几篇较短的文章。余嘉锡先生《古书通例》论及‘古书单篇别行之例’,正是写本时期的普遍现象……如屈原的《离骚》《天问》《招魂》《哀郢》,韩非子的《说难》《孤愤》,贾谊的《吊屈原赋》《服鸟赋》,司马相如的《上林赋》等都是单篇流传。”其中的《服鸟赋》应该写为《鹏鸟赋》。

《鹏鸟赋》是汉代文学家贾谊(前200—前168)谪居长沙时所作的赋。赋名中的“鹏鸟”是猫头鹰一类的鸟,旧时传说鹏鸟是不祥之鸟。《鹏鸟赋》的序中说:“谊为长沙王傅,三年,有鹏鸟飞入谊舍。谊即以谪居长沙,长沙卑湿,谊自伤悼,以为寿不得长,乃为赋以自广也。”贾谊在长沙做王傅三年,有一只鹏鸟飞入他的房间。贾谊因为谪居长沙,长沙地势低下潮湿,他非常哀伤,认为自己活不长,于是作了一篇赋来自我宽慰。赋中假托与鹏鸟的问答,表达了他谪居长沙时的哀伤情绪,并以老庄的思想自我解脱。

鹏鸟有时也可以写作“服鸟”。如汉代王充《论衡·指瑞》:“贾谊为长沙太傅,服鸟集舍。”但《鹏鸟赋》作为千古名篇流传至今,其名早已约定俗成,不应将赋名中的“鹏”随意改写为“服”。

1964年还未称“中央电视台”

◎王宏玉

2019年第5期《现代兵器》杂志在《军事漫话》栏目中刊载了文章《对越自卫反击战中的兵器：无后坐力炮和火箭筒》，文中有段话写道：“1964年10月中旬，他们接受了一个神秘的任务，出国执行10号工程，同行的还有《人民日报》、中央电视台、《解放军报》的记者和著名表演艺术家黄宗江。”文中有处常识性差错，在1964年并无所谓“中央电视台”。

中国中央电视台是国家电视台，是我国重要的新闻舆论机构，具有传播新闻、社会教育、文化娱乐、信息服务等多种功能。1958年5月1日，北京电视台成立，当年9月2日正式开播，为我国首个电视频道。1978年，北京电视台改称中央电视台。2018年3月，中共中央公布《深化党和国家机构改革方案》，撤销中央电视台（中国国际电视台）、中央人民广播电台、中国国际广播电台建制，三台整合组建中央广播电视总台，对内保留原呼号，对外统一呼号“中国之声”。

由上可知，1964年的央视正处于其前身“北京电视台”时期。这一年的12月，毛泽东还为当时的北京电视台题写台名作为台标。直到1978年改名，媒体报道中从未有“中央电视台”一说。今日谈当时之事，还是遵循当时的称呼为好。

微型讲坛

茴香豆的"茴"只有一种写法

◎石毓智

"茴香豆的'茴'有四样写法",这句话成了讽刺酸腐文人的惯用语。其实,这个典故出自大众对鲁迅小说《孔乙己》的误读,它是一个大面积的流行错误。大众在嘲笑孔乙己酸腐时,不小心暴露了缺乏求真精神的国民性。这是鲁迅跟国人开的一个玩笑吗?

上过中学的人都一定学过鲁迅的小说《孔乙己》。因为老师教得马虎,学生学得粗心,造成了一个极其普遍的错误,就是误认为孔乙己说过"茴香豆的'茴'有四个写法"。其实,孔乙己说的是"来回"的"回"有四种写法。根据各种权威工具书,茴香豆的"茴"只有一种写法。请看原文:

在这些时候,我可以附和着笑,掌柜是决不责备的。而且掌柜见了孔乙己,也每每这样问他,引人发笑。孔乙己自己知道不能和他们谈天,便只好向孩子说话。有一回对我说道,"你读过书么?"我略略点一点头。他说,"读过书,……我便考你一考。茴香豆的茴字,怎样写的?"我想,讨饭一样的人,也配考我么?便回过脸去,不再理会。孔乙己等了许久,很恳切的说道,"不能写罢?……我教给你,记着!这些字应该记着。将来做掌柜的时候,写账要用。"我暗想我和掌柜的等级还很远呢,而且我们掌柜也从不将茴香豆上账;又好笑,又不耐烦,懒懒的答他道,"谁要你教,不是草头底下一个来回的回字么?"孔乙己显出极高兴的样子，将两个指头的长指甲敲着柜台，点头说，“对呀对呀！……回字有四样写法，你知道么？”我愈不耐烦了，努着嘴走远。孔乙己刚用指甲蘸了酒，想在柜上写字，见我毫不热心，便又叹一口气，显出极惋惜的样子。

孔乙己是顺着小伙计的话来说的，小伙计说道：“不是草头底下一个来回的回字么？”这里带出了“来回”的“回”。孔乙己知道小伙计懂得“茴”字的写法，就想进一步告诉小伙计“来回”的“回”有四样写法。

学习鲁迅这篇小说时，大众只顾嘲笑孔乙己这个迂腐的老学究，人们觉得一个人懂一个汉字有四种写法这种事算不得什么能力，甚至认为这是件可笑的事，因此也就没有人去查一下字典，核实一下到底是哪四种写法，结果让错误流行泛滥起来。要知道，学习马虎，缺乏求真精神，就不可能真正培养出创造力。

只要简单查一下字典就会发现，“茴香豆”的“茴”只有这一种写法，而“来回”的“回”才有多种写法，孔乙己说得不全，起码有6种形体：①回 ②囘 ③囬 ④廻 ⑤迴 ⑥逥。后三个是后起的字，值得注意的是，它们在古汉语里的意义并不完全相同，比如“回”有“奸邪”的意思（王安石《兼并》：“兼并乃奸回。”），而后起的“廻”则没有这种用法。

造成上述流行错误的因素还有一个语言心理因素。前边孔乙己和小伙计都是在谈论茴香豆的“茴”如何写，可是孔乙己突然转移了话题说道：“回字有四样写法，你知道么？”“回”和“茴”的发音又一样，读者注意力因受前文话题的影响，就很容易理解错。再加上没有人去查证孔乙己说的是否属实，结果“不约而同”都错了。

求真和认真很重要，用这种态度可以发现人们习以为常的错误，这也是科学发现的必要素质。

网言网语

“盐系”是种什么风格

◎王　钰

“鱼鲙芥酱调，水葵盐豉絮”，正如韩愈在《东都遇春》中写到的，“盐”是让美食绽放于味蕾的厨房大将。但在今天的网络语言中，“盐”已经不满足于在烹饪界大展身手，而是跃身于网上，成了网络热词——“盐系”的一部分。“盐系”中的“盐”可不是简单的调味品，它被用来形容人或物品的风格和气质。

该词一出现便风靡粉丝界，出现如下的网络标题：

韩国男星中的盐系男子，谁是你的爱？

盐系少年易烊千玺，“高颜值搭配白嫩皮肤”你心动了吗？

这些标题中的“盐系”被粉丝们用来形容自己偶像性格清冷温和。

渐渐“盐系”走出粉丝界，除了形容人的气质外，还可以用来形容家居风格。例如：

养心又养眼的“盐系”定制家，你知道吗？

日系装修风格：“盐系”style正当红

这种情况下，“盐系”便是形容家具实用、简约，多半造型简单、线条流畅。

除此之外，它还用来形容穿搭风格。例如：

女孩子走盐系风格要怎么穿搭？

盐系少女穿搭，简约不简单的时髦感！

此时，“盐系”便可以形容那些颇有个性却不花哨，自然而有层次的穿衣搭配。

那么“盐系”到底是什么样子呢？

最初，日系杂志用“盐系

男”来形容那些气质清冽、柔和的男生，像盐一样，清新却不寡淡。这类男生，通常具有身材细瘦、喉结突出、嘴唇薄、发型清爽等特征，日常着装以基础纯色为主。之后可以用来形容有相同气质的女生。“盐系”男女的五官并不出众，往往第一眼不会有惊艳之感，但是在相处过后却可以发现他们独特的个人魅力，温和的气质和淡淡的疏离感让人百看不厌。而当“盐系”用来形容物时，便是简约、低调风格的代名词。

虽然“盐系”一词来源于日本，但是如果我们细心观察，便会发现，以“盐”作喻形容物或人在古诗中早已有所体现。

李白的《题东溪公幽居》写道“客到但知留一醉，盘中只有水晶盐”。陆蓉《菽园杂记》中解释为：“环庆之墟有盐池，产盐皆方块如骰子，色莹然明彻，盖即所谓水晶盐也。‘盘中只有水晶盐’，言无下酒之物，东溪公廉洁可见。”李白以盘中仅有的水晶盐暗喻杜陵贤人高洁清廉的品质。

柴米油盐酱醋茶，都是生活中重要但琐碎的小事，元稹在《开元观闲居酬吴士矩侍御三十韵》中写道“思拙惭圭璧，词烦杂米盐”，将自己的诗词比作米盐，便是婉转地表达自己的谦逊，言说自己诗词中多有家常俗语，不及其他诗人的高雅华丽，这也正代表了元稹的诗歌理念。

再者，顾况在《李供奉弹箜篌歌》中以盐味悠悠来形容李凭弹奏箜篌的绵长韵味，写道“饶盐饶酱无味足，弄调人间不识名”，味蕾感觉延伸至精神层面，让人身临其境。

与“盐系”相对，可爱、甜美、让人有吃到糖果般幸福感的一类人则被形容为“甜系”。影视圈中，粉丝们纷纷站队“甜系爱豆”（“爱豆”是英语 idol 的音译，意为偶像）和“盐系爱豆”，更有甚者称自己偶像性格为“可盐可甜”。但“甜系”并没有像“盐系”一样被广泛引用到其他领域，显见人们对“盐系”风格更感兴趣。

确认过眼神，是你要读的文

◎段佳蕊

最近，网络上刮起的“确认眼神”之风让人眼花缭乱，从最初的热搜新词逐渐传入寻常百姓家，在日常网络言论中被大范围使用。

从最初传达男女爱意“确认过眼神，我遇上对的人/是我爱的人”，到同学之间互相推荐自己的偶像“确认过眼神，是最帅的白敬亭”，进而由人及物“确认过眼神，是我要买的包”。然后各类商家借此为广告语，展开了“确认过眼神，是要买的×××”的竞争。就连主流媒体和新闻标题中也广泛使用，《人民日报》官微在高考前发博“确认过眼神，你是能考上双一流的人”，“央视新闻”官微在张学友演唱会上抓到逃犯的新闻介绍中说“确认过眼神，你就是要被抓的人！”“澎湃新闻”也有题为“‘秋蚊子’战斗力爆表！确认过眼神，你是蚊子偏爱的人”的报道……

可见，“确认过眼神”已不像大多网络热词仅仅停留在年轻人和搞笑段子中，而是深入各年龄层和各媒介的使用之中。

首先让我们来回顾一下它的前世：该句发源于歌词“确认过眼神，我遇上对的人”，出自林俊杰2008年发行的歌曲《醉赤壁》，因旋律动听，加上中国风的歌词，朗朗上口易记易唱，在当时就广为流传。也有很多人会唱错成“确认过眼神，你就是我的人”，后被调侃改编为“确认过眼神，你可能不是人”用于互相攻击吐槽。那么这样一句歌词为何10年后会一跃成为当下的网络流行语呢?

2018年2月15日(除夕),微博网友“玩网小学生”发博“确认过眼神,你是广东人”,并配以一张一元纸币的截图,以吐槽广东人过年红包面额小,引发外界热议,展开各地压岁钱红包数额的讨论。后有搞笑博主“文科班校花酱”发布题为《傻子看傻子觉得对方才是傻子》的视频,内容是两个男生在楼下用手机拍趴在楼顶的三只哈士奇,而哈士奇则一脸冷漠地看着楼下,网友评论“确认过眼神,是不想理的人”,此评论收到六千多个赞,该用法再度被关注。简短诙谐的文案、图文结合的形式、轻松幽默的谈资,皆与当下的网络传播规律相契合,引得众人纷纷效仿“确认过眼神”的句式。

追本溯源,似乎汉语中总是钟情于“眼”的表达:《诗经》中“巧笑倩兮,美目盼兮”的表述;众多与眼神有关的成语,如眉目传情、暗送秋波、明眸善睐、含情脉脉;耳熟能详的俗语“眼睛是心灵的窗户”;在今天的“读图时代”,又有霸占网络词坛的“辣眼睛”“闪瞎双眼”“给你一个眼神,自己体会”“×××的‘眼神戏’太到位了!”等一众“眼神体”,可谓赚足了眼球。在这样的背景下,“确认过眼神”借势走红也就不足为奇了。

“确认过眼神”也反映了一定的社会心理,“确认过”有种甄别的意味,先确认再发言的程序使其带有一种让人信服的力量。这也反映了信息接受者在面对良莠不齐的海量消息、虚假信息和谣言时的困惑,寄希望于他人的“确认”而免去自己的鉴别和思考。“确认过眼神”本指人与人之间面对面的眼神交流,强调在场性与甄别性,但随着大范围的使用,“眼”所承担的识别和交流作用急剧下降,从最初人与人之间的眉目传情的互动到现在人与物之间的单向“确认”,“先确认,再发言”的可信度已大打折扣。种种“泛确认”之下,我们还能

“躺”着不轻松

◎林宥辰

“躺”这个词指人或事物横倒的动作或状态，是一个很闲适、轻松的动作。可是在网络用词中，“躺”不仅被频繁使用，并且被赋予了新的网络意义，如果还是用本义来理解，就会令人感到困惑。

“躺枪”是最早流行的“躺”系词语，它是“躺着也中枪”的缩写，表明了一种无辜受到牵连的状态。这里的“躺”沿用了其引申义中“无辜、置身事外”的意味，同时因其强烈的戏剧感而为大众所欢迎。比如：

“今天明明是小王犯的错，老板却骂了我，我又躺枪了。”

“女明星结婚，前男友却上了热搜，无辜躺枪。”

而差不多时段出现的“躺赢”一词，则具有另一层含义。“躺赢”指的是“躺着也能赢”，表示的是对一方能力的绝对肯定，夸张称赞其对于局势把控的压倒性优势。这里的“躺”具有“不用费力”的意味，是炫耀的语气。比如：

“这场比赛毫无悬念，职业选手绝对躺赢。”

有意思的是，这两个词语不仅都是汉语双音化的产物，同时其超强的使用活力也证明了双音节词语在语用中受到

相信别人的“眼神”吗？

在网络信息急剧膨胀的今天，面对海量信息，我们一定要保有理智，通过自己的思考和鉴别，真正用“慧眼”来“确认”，莫要被“泛确认”的伪标题“闪瞎双眼”，更不要受了骗才惊呼“辣眼睛”了。

的偏爱。随着网络词汇的发展,“躺枪”依旧保持其原意,而“躺赢”则增加了一层自嘲或嘲讽的意味。如之前“火箭少女”杨超越出道的时候,就被附上“躺赢”的标签,以表示对其能力的质疑。除此之外,在网络上还出现了“坑底躺平”“躺尸”“躺列”等词语,为“躺”字增加了新的内涵。

“坑底躺平”指的是深深沉迷于一项事务,其中“躺”具有“沉迷其中不愿离弃”的意思。这个词语在饭圈(粉丝圈子)里很常用,如“我家爱豆的综艺真好看,难以自拔,果断坑底躺平”。“躺尸”则表示睡觉的状态,通常运用为“今天我一整天都在家里躺尸,什么也没做”。这里的“躺”具有“无所事事”的意味。“躺列”指在朋友列表中没有存在感,形容很久不联系的朋友,具有“无存在感”的意思,比如“我得清清微信列表了,好多好友整天躺列”。

我们可以发现,与“躺”字相关的网络词语,都表现出了字数上相同、形式上相近的模式,即由“躺”加上想表达的对象或是状态组合而成。从语义层面分析,我们可以发现“躺”系词语的情感倾向都朝着嘲讽或自嘲的方向发展,我们可以从中窥探出当代人的情感指向与生活理念。用“躺枪”形容自己无辜,用“躺赢”形容自己无才,用“躺平”形容自己沉迷,用“躺尸”形容自己无所事事,用“躺列”形容人际关系的淡漠。这些自我嘲讽的倾向表现出与“咸鱼”“猪猪女孩”“划水”“佛系”等词相同的情绪,都是对自己生活状态的调侃,有人将其归纳为“丧”文化。

尽管如此,这并不意味着当代青年是死气沉沉的,相反,越来越多的自嘲更像是一种轻松的排解,指向的是当代人对自己的关注。或许,我们缺少的只是一种敢于改变的勇气和当机立断的决心。所以,既然“躺”着不轻松,不如“站”起来,去改变,去进取,去勇敢走向更好的明天!

检测窗

编校差错扫描(十一)

◎王　敏

"光耦隔离"无需"藕"

【错例】这个模块的作用之一是可以在输入信号与输出信号之间进行光藕隔离。

【简析】"光藕隔离"应为"光耦隔离"。"耦"是形声字,从耒(lěi,翻土工具)禺声,本义指两人并力耕地。《说文解字》:"耒广五寸为伐,二伐为耦。"这种犁田方式需两人两耒合作,"耦"由此引申指成双、配对等,如"耦居"(两人同处)。"耦合",物理学上指两个或两个以上的体系或运动形式通过相互作用而彼此影响以至联合的现象。"光耦隔离"是采用光电耦合器(以光为媒介来传输电信号的器件)进行隔离,达到既耦合信号又隔离电路的效果。"藕"也是形声字,从艹耦声,指莲藕,与"耦合"无关。

"通风干燥"称"晾干"

【错例】用具在消毒前先清洗干净,再用无腐蚀性的消毒药浸泡1小时左右凉干即可。

【简析】"凉干"应为"晾干"。"晾"读liàng,从日京声,本义指曝晒。《字汇补》:"晾,晒暴也。"如"晾衣服"。引申指把东西放在阴凉通风的地方使干燥，如"晾干菜"。"凉"读 liáng，从水京声，本字为涼，本义指酒水淡薄。《说文解字》："涼，薄也。"引申指薄弱、低下，如"凉能"指才能微薄。又指温度低，如"凉风、冬暖夏凉"；人烟少，如"荒凉"；内心苦，如"悲凉"。"凉"还读 liàng，指把热东西放置一会儿，让温度降低，如"粥太烫，凉一凉再喝"。错例说用具消毒后使之干燥，应当用"晾干"。

"揭开谜底"不用"迷"

【错例】要揭开这个迷，就只能把两个空间叠合在一起。

【简析】"迷"应为"谜"。"迷"是形声字，从辵（chuò）米声，本义为迷惑。《说文解字》："迷，或（惑）也。"引申指迷路（如"指点迷津"）、困惑（如"当局者迷"）、使困惑（如"财迷心窍"）、使入迷（如"迷人"）、入迷者（如"球迷"）。"谜"是形声兼会意字，从言从迷，迷亦声，本义指谜语。《说文解字》："谜，隐语也。"这种由谜面、谜底等组成的文字游戏，要动脑筋去破解，"谜"因此引申指难以理解或没弄清楚的事物。古汉语中"迷""谜"偶通，但如今已分工。弄懂难懂之事，就像揭开了谜底，不应用"迷"字。

"吟诗"与"嘌呤"无关

【错例】你会呤诗作对吗？

【简析】"呤诗"应为"吟诗"。形声字"吟"和"呤"区别在声旁。"吟"读 yín，在《说文解字》中与"呻"互训："吟，呻也。""呻，吟也。"段玉裁注："呻者吟之舒，吟者呻之急，浑言之则不别也。"因此，"呻""吟"本义均指吟诵，"吟诗"即吟诵诗歌。今以"呻吟”指“疾痛声”，是引申义。“吟”有两个读音。读 líng，用于叠音词“呤呤”，指小声说话；读 lìng，用于译音词“嘌呤”(piàolìng)，是一种有机化合物，无色结晶，易溶于水，在人体内氧化而变成尿酸。无论读什么音，“呤诗”都是说不通的。

莫把“陈列”作“成为”

【错例】项目整体以中轴对称立基、赋予“国”字规制，中轴三进式的空间布局，进门伊始便在你眼前铺成开来。

【简析】“铺成开来”应为“铺陈开来”。“铺”和“陈”都可作动词，表示布置、摆设。《广雅》：“铺，陈也。”“陈，列也。”因此，“铺陈”是同义并列，意即陈设、布置，“铺陈开来”即指展开、分布排列。引申指铺叙、陈述，如“铺陈辞藻”。“成”本义是完成。《说文解字》：“成，就也。”引申指成为，如“形成、变成”。“铺成”可理解为铺设成为某种样子，如“铺成平行的两条线”。“铺成”后面要跟名词性结构，“开来”是个补语性质的结构，两者是搭配不起来的。

“tāng 出路子”要用“蹚”

【错例】能否迈开步子、趟出路子，直接关系改革成效。

【简析】“趟出路子”应为“蹚出路子”。1955 年《第一批异体字整理表》确定“蹚”是“趟”的异体字，但 2013 年《通用规范汉字表》恢复“蹚”为规范字。如今，“趟”读 tàng，指来往次数(如“走一趟”)、行进行列(如“赶不上趟”)等，不再读 tāng。“蹚”读 tāng，表示从浅水、草地、沙漠等没有路的地方走过去，如“蹚水过河”“蹚道”等。

东语西渐

"实锤"在英语中的替身

◎陆建非

最早在2014年,"实锤"一词便借助网络广泛流传。"实锤"字面意思就是很真或者很足的锤击,网络上通常指充足的证据,比如文字、图片、语音、视频等,对某些事物的定性已经不能改变了,便称之为实锤。

有人在翻译时将"实锤"直译成"real hammer",外国人看了似懂非懂。如果采取意译,"实锤"对应到英语中就是hard evidence(铁证如山),要注意铁证不用iron(铁)来修饰,hard在这里表示"确凿的,可靠的"。

最近国内外各大媒体在报道和评述一些重大国际时事和世人高度关注的案件时,纷纷采用一种更为形象且符合西方人理解习惯的词语来对应"实锤",那就是"smoking gun(还在冒烟的枪)"。

2019年1月28日《纽约时报》(New York Times)中文网在《"华为威胁论"有"实锤"吗?》一文中说:"从公司高管孟晚舟被捕到随后的国际外交风浪,华为深陷舆论漩涡。时报关于孟晚舟事件的最新追踪报道中,我们的记者发现,一年多以来,美国一直在敦促英国、德国等盟友禁止华为等中国企业参与5G网络建设,以在特朗普所谓的'新军备竞赛'中获胜。美国的迫切不由让人心生疑问:一轮新的'红色恐慌'正在向全球蔓延?可是,直到目前为止,围绕华为的担忧几乎完全是理论上的,没有'实锤'。"紧接着的一段英语文字中用"smoking gun"对应"实锤"。

2019年5月9日《华盛顿邮报》(The Washington Post)一篇文章在谈到中国华为在5G技术方面比美国公司的脚步迈得更快时也用"the smoking gun"表示"实锤",即"确凿的证据"。

2019年2月28日《中国日报》(欧洲版)一篇文章谈:前律师科恩质疑川普是"骗子",无实锤表明有串谋。其中也用"smoking gun"表示"实锤"。

根据《牛津词典》(The Oxford English Dictionary)的释义,"smoking gun"字面意思是"还在冒烟的枪",引申为"incontrovertible incrimination"(无可辩驳的指控)、"hard evidence"(确凿的证据),这正是中文语境中的实锤。smoking gun源起于福尔摩斯探案的系列故事,首次出现在1893年发表的*The Gloria Scott*(荣苏号)一文中。这篇文章在讲述一艘监狱船上发生的谋杀案时,柯南·道尔写道:"在死去的船长身旁,一个假牧师手里捏着一把冒着烟的枪,这一幕被认为是牧师杀人的确凿证据。"

上世纪70年代,美国水门事件让道尔那支"冒烟的枪"频繁被人使用,并最终被收录进词典。如今,smoking gun已成为形容证据确凿时常用的代名词,用它对译"实锤"是个不错的选择。

《乞丐挑硬币》参考答案

1. 瞢董——懵懂
2. 常驻——常住
3. 安生立命——安身立命
4. 分辩——分辨
5. 竞然——竟然
6. 侧隐——恻隐
7. 银燦燦——银灿灿
8. 艰信——坚信
9. 泯顽不灵——冥顽不灵
10. 冒似——貌似

华语圈

过冷河

[中国香港]汪惠迪

微信公众号“人民日报评论”2018年9月27日发表了一篇题为《什么比“留住张小平”更重要?》的文章,文末说:

(我们)更认可人才的自由流动,崇尚人才管理在制度框架之内进行。比如,对于体制内的人才流失,一些政府要津部门的离职,可以设立避嫌的“过冷河”机制……

想明白“‘过冷河’机制”是什么样的机制,得先明白“过冷河”的意思。

新加坡《联合早报》2017年4月26日刊登的一则香港新闻曾提到“过冷河”:

问责高官基本上与特首的任期挂钩,离职后还须受“过冷河”(空档期)规管,不能轻易重返相关界别。

上例“过冷河”后编辑括注“空档期”,可是“过冷河”与“空档期”是怎么扯上同义关系的呢?

“过冷河”是粤语,指“食物加工中,把本已煮熟的东西放到冷水中稍浸一下再重新煮的方法”(《香港粤语大词典》第246页,2018年7月出版),例如做冷面或凉面都需要“过冷河”,“过冷河”是广东民间流行的俗称。内地出版的《全球华语大词典》收“过冷河”。

“空档期”指“空着的时间段”,如“离职空档期”“恋爱空档期”,跟食物在烹调过程中“过冷河”有相似之处,而且“过冷河”是进行冷处理,因而又跟“冷静期”挂上了钩。

在澳门特区,《聘用外地雇员法》中还有“过大冷河”与“过小冷河”之分:“过大冷河”,

"空档期" 长达6个月;"过小冷河","空档期" 短于6个月。

根据《对行政长官和政府主要官员离任的限制规定》,澳门特区政府离任行政长官及主要官员于终止职务之日起计1年内,不得从事任何私人业务,并且这一期限届满后,如果想从事私人业务,还必须经在任行政长官批准。这个制度俗称"过冷河" 制度。

香港特区政府高官退休后,也有俗称"过冷河" 的"禁制期" 或"管制期",时限则视官员级别而定,通常是1至3年不等。在禁制期内,离任官员不能任职于任何商业机构,如想工作,须经"离职公务员就业申请咨询委员会" 审批,咨委会须向公务员事务局局长提交建议,最终由该局决定是否准许。

港澳特区政府为离职高官再就业设置种种门槛体现了对官员廉洁的规管,不仅在其任内,离职后同样受到规管。正因为有这样的机制,公务员才能真正自律,特区才能保持真正廉洁的形象。

(作者是本刊特约编委)

布老志工与时间银行

[中国台湾]高婉瑜

联合国预测21世纪人口高龄化(指65岁以上老人占人口的7% ~ 14%)比率会超过20世纪。人口高龄化是多数国家和地区必须面对的危机。台湾当局为解决人口快速老化产生的照顾问题,想了许多因应之道,如新北市在2013年10月推动"新北市布老时间银行——高龄照顾存本项目",2014年4月成立"布老管理中心",其中的"布老(指散布爱心照顾老人)”与“时间银行”是新的概念。

所谓“布老志工”是指愿意散布爱心、关心照顾长辈,能够到长辈家中提供5项服务(陪伴散步、陪伴运动、陪伴购物、送餐服务及文书服务)的志愿服务人员。布老志工服务的长辈是65岁以上日间独居、轻度失能及经评估有陪伴需求者,可以减轻家庭照顾者的压力。

一般而言,既然称为志工,就是没有金钱的对价关系,不求实质回报。但是,这个活动其实是一种“无息储蓄时间”的概念,连结“布老服务”与“存本(储蓄老本)”,形成有意义的长期照护的“时间银行”。

“时间银行”字面是将时间储存起来的银行,倡导者是美国的埃德加·卡恩(Edgar Cahn),旨在强调社区共荣、人人平等、善用时间,无论职业、贵贱,将自己多余的时间贡献出去,日后可以得到等价的回报,如提供1小时的服务,就可赚取1小时的信用(credit),将来可以换取别人提供的1小时服务。因之,参与布老活动的志工服务时数可以累积,永续储存,等到有朝一日自己或亲人也有被照顾的需求时,便可以申请布老陪伴。

“时间银行”是一个互助的平台,透过交换服务储存时间,能够促进社会互助,重建信任,改善生活质量,是社会服务网的一环。更有意义的是,除了官方的“布老时数存入时间银行”的活动之外,民间也有类似单位,并将服务范围扩大。如“台湾时间银行协会”提到凡是帮助别人的工作都可以存入“时间银行”,包括小学生的课业陪读、辅导,帮忙修理水电、油漆、操作计算机、打扫,指导才艺课程、语言教学等等。

如果大家能有储蓄时间的观念,有余力时奉献、服务别人,日后别人也同样回报你,如此,未来高龄了,或许就不再那么可怕。

(作者是高雄师范大学国文学系教授)

红毛土库

[马来西亚]杜忠全

马来西亚槟城乔治市的老城区有一条街，自殖民开埠的年代，那里就是英国洋行的集中路段，华人管那里叫"土库街"，一叫就叫了快两百年，迄今依然如此。

刺果番荔枝

"土库"不是什么土库曼，而是英语词godown落到闽南人口里的音变。英语词的godown是货栈，而在英国殖民年代，土库街一带是乔治市集中卖洋货色的商圈，吃的穿的，都有，殖民地的洋人及讲英语的亚裔社群，都会到那里采买日常用品；生活里追求洋装洋口味的本地人——一般是读"红毛册"的，也是如此。早期的乔治市土库街，吃的"红毛食"，穿的"红毛布""红毛裤""红毛衫"等等，都能找到。"红毛土库"之说，传沿了几代人，如今生活在岛上的人，依然把这旧时代的符号挂在嘴边。

"红毛土库"之外，华人南来这热带土地，很多新鲜货色分不清是洋(西方舶来品)还是番(东南亚热带土产)的，也冠以"红毛"名。好比说，榴梿是东南亚群岛常见的季节性水果，以前民间有“榴梿出，纱笼脱”之说，可见马来土著之爱榴梿了。另有一种仿佛也带刺的热带水果，所谓的刺果番荔枝（学名作 Annona muricata），然而，如你到坊间这么问，大概没人听得出究竟说的啥，因民间普遍把这也是常见的水果称作“红毛榴梿”。

马来西亚市场上很是普遍的“红毛榴梿”，因其味道有一些怪异，一些人特别抗拒。但是，前些年传说它具抗癌功能，一时身价百倍，人们切开来吃果肉，或榨汁作冰饮，都很受欢迎。

还有一种“红毛荔枝”，因其外观仿佛佛陀的发髻，台湾人普遍称作释迦果，本地的马来人称 Nona。华人南来之后生活接触得多，寻常也按此马来发音来说。这种奶白的果肉松软稍偏甜的水果，也是一种颇受欢迎的本地水果。但是，无论是“红毛榴梿”还是“红毛荔枝”，其实都不是洋货色，只是华人来到洋人统辖的殖民地才初遇乍见，因此有了口头惯称的“红毛”名。

至于非本地种植，而是外洋进口的温带水果，当然是“红毛水果”了，比如苹果、橙子、梨子等等，都是。比起杨桃、木瓜、黄梨等这些可能在自家院子里采来的热带水果，“红毛水果”都得花钱来买。在经济拮据的旧年代，一般收入不丰的下层家庭，“红毛水果”都是生活的奢侈开销，绝少购买和食用的呢！

（作者是马来西亚拉曼大学金宝校区中文系主任）

微语录 · 家庭

婚姻不是 1+1=2，而是 0.5+0.5=1。即两人各削去一半自己的个性和缺点，然后才能组成一个完整的家庭。

（乔　桥 / 辑）

侮辱与敬意

◎周振鹤

林黛玉的母亲叫贾敏，于是黛玉要把“敏”字读成密，写“敏”字时要缺笔，这是避家讳。在古代中国不但要避帝王的名讳，也要避父母祖上的讳，不避就是不敬。这种文化现象与西方的风俗习惯大相径庭。西洋人不但没有避讳一说，而且儿子与父亲同名，孙子与祖父同名所在多有，不但正常而且表示尊敬与怀念。在中国则父子不可能同名，甚至父子的名字也不可以有一字相同，否则会被人误会为兄弟（似乎只有魏晋南北朝时例外，当时人很多以“之”为名，父子同名“×之”的也不少，如王羲之与他的儿子王献之就是）。除了父子同名、祖孙同名外，西方还可以以朋友之名命名子女，这是朋友关系亲密的表示，含有敬意。而在中国，这样做却是一种侮辱。南朝梁元帝性极忌才，稍强于自己的就要想方设法贬损之。其姑表兄弟王氏八九人皆有盛名，元帝极为妒忌，于是将其宠姬王氏之兄王珩改名王琳，与其姑父同名，以此象征性地把其表兄弟的辈分拉下一辈，以解心头之妒。

但有意思的是，中国在古代也有过以他人名字为儿子命名以表示敬意的习惯。如后汉有任延其人，在交趾（今越南北部）做太守，办了不少好事，受到人民的爱戴，因此很多人将儿子取名为延。又如唐代人阳城在道州（在今湖南）任刺史，当时该州每年要向朝廷进贡侏儒，阳城取消了这一陋规。州人十分感动，也多以“阳”为自己儿子命名。可见中外心同此理，只不知何时断了此习。直到近现代，风气又有些变化，名人之子亦有与父同名者，如杨杏佛之子杨小佛便是。

（选自《逸言殊语》，上海人民出版社 2008 年 8 月出版）

向你挑战

乞丐挑硬币

（文中有十处差错，你能找出来吗？答案在本期找）

◎伯　淮　设计

一个看起来痴呆瞢董的乞丐，流浪到了一个小镇。

人们本以为这个流浪汉很快就会离开，没想到他在这里待了好几个月，俨然成了小镇上的常驻人口。

乞丐是如何在镇上“安生立命”的呢？

有人曾在地上放两枚硬币，一枚五角，一枚一块，让乞丐从里面挑一枚。乞丐分辩不出五角硬币和一块硬币的区别，竟然挑走了五角硬币，引得众人哈哈大笑。

此事传开后，镇上常有人用此法戏弄乞丐。有时，这样的事一天发生好几十次。

一天，一位老妇人对乞丐动了侧隐之心。在乞丐又一次挑走五角硬币后，她把他拉到墙角处，轻轻地对他说：“以后你别拿那个黄澄澄的硬币了，那是五角，要拿那个银燦燦的，那是一块。一块比五角多，你挑一块的，就不会有人笑话你了。”

“啊……嗯……咋……”乞丐似懂非懂，一脸茫然。老妇人更加艰信：这真是个傻子，泯顽不灵的傻子！

老妇人不明白的是：要是乞丐真听了她的，每次都挑一块的硬币，还有谁跟他玩这个游戏？要是游戏玩不下去，他能讨到这么多钱吗？

冒似傻，并不一定真傻！

应记心头的是"公德"

翁永良

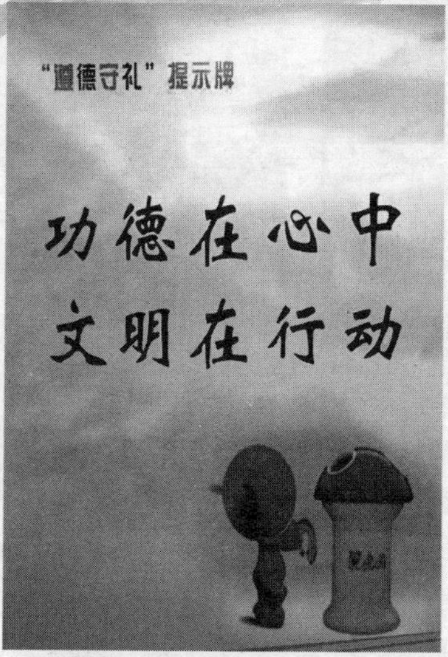

日前，笔者在某街头看到一块宣传"遵德守礼"的公益广告牌。内容很简单，就十个大字"功德在心中 文明在行动"。什么叫"功德在心中"？应是"公德在心中"吧。

"公德"即公共道德。"遵德守礼"中的"德"，指的就是"公德"。把"公德"记在心头，正是"遵德守礼"的前提。也只有心头有了"公德"，日常的行为举止才能符合文明规范。

"功德"本指人的功业和德行，如赵朴初《金缕曲·周总理逝世周年感赋》："雪侮霜欺香益烈，功德长留天地，却身与云飞无际。"也作佛教用语，用来泛指念佛诵经、布施行善等事，佛教徒的修行中经常要做功德。宣传广告显然不是这个意思。

把"公德"误成"功德"，应是音同所致。

火眼金睛

图中差错知多少？

陶凯龙　杨　辉
虞丽华　龙启群　提供

（答案在本期找）

1

2

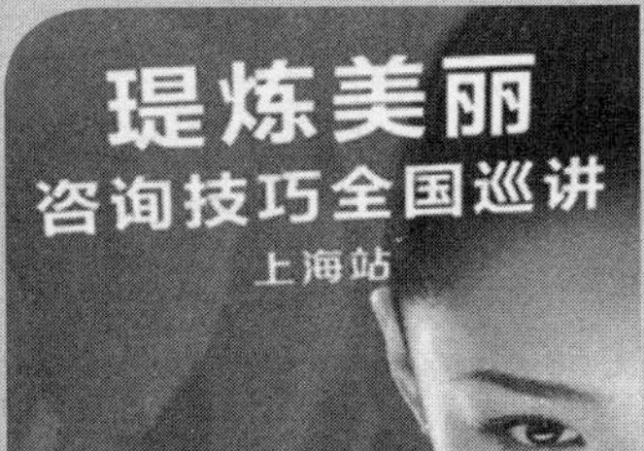

3

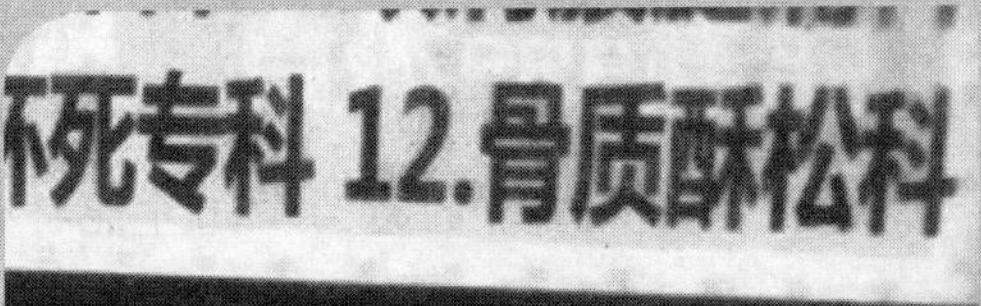

4

ISSN 1009-2390
9 771009 239197 07

2018年度向全国少年儿童推荐的百种优秀报刊

YAOWEN-JIAOZI

咬文嚼字®

08
2019

鳙鱼

硬骨鱼纲，鲤科，是我国常见的淡水鱼。其肉质松而口感差，是鱼中的平庸者，故名“鳙”。《本草纲目》：“此鱼中之下品，盖鱼之庸常以供馐食者，故曰鳙。”这种鱼的头特别大，又俗称“胖头鱼”。

上海世纪出版集团
欢迎至邮局订阅本刊 邮发代号 4-641
国内统一连续出版物号 CN 31-1801/H
定价：5.00 元

名家语画

"会！""敢！"

李方乔 / 文　臧田心 / 画

1974年，著名跳水运动员陈肖霞12岁。这天，她去考体校跳水班。"你会游泳吗？"老师问。"会！"陈肖霞大声回答。"你敢从跳台上往下跳吗？"老师指着跳台继续问。"敢！"陈肖霞仍然大声地回答。陈肖霞气定神闲地走上十米跳台，然后纵身往水池里跳。老师紧紧盯着水池，陈肖霞一个劲儿地在水池里乱扑腾，她根本不会游泳！老师迅即把她救了起来。不过，凭着这两个大声的回答，她被录取了，后来还成了世界冠军。

咬文嚼字®

2019年8月1日出版

8

总第296期

主管：上海文艺出版总社
主办：上海文化出版社
编辑、出版：《咬文嚼字》杂志社
集团网站：http://www.shwenyi.com
E-mail：yaowenjiaozi2@163.com
官方微博：
http://weibo.com/yaowenjiaozish
电话传真：021-64330669
发行电话：021-64370935
邮购电话：021-64370935
地址：上海市黄浦区绍兴路7号
邮政编码：200020
发行：上海市报刊发行局
发行范围：国内外公开
订阅处：全国各地邮局
邮发代号：4-641
ISSN 1009-2390
CN 31-1801/H
印刷：上海中华印刷有限公司
印厂电话：021-60829062
021-60299079
定价：5.00元

语林漫步

伪造名人名言，此风不可长！

◎代宗艳

今年6月，作家莫言因获赔210万而上了微博热搜，怎么回事呢？原来，去年12月，网络上出现了大量与莫言相关的广告代言信息，不但展示莫言题写的与陶瓷有关的书法作品，并且称莫言使用过某某产品。莫言的代言词是："用了玉瓷科技养生锅，炒菜味道就是不一样，健康养生。"在视频中，莫言与自称"世界陶瓷之父"的玉瓷科技董事长董震雷的合照多次出现。实际上，董震雷与莫言并不熟悉，只是通过中间人牵线拿到了莫言亲笔抄写的诗，以及会面合影，而所谓的莫言的代言词更是无稽之谈。今年2月，莫言将深圳名为"玉瓷科技有限公司"的企业告上法庭，历经3个多月的诉讼，于今年6月法院判决，莫言获赔210万元。这是他获得诺贝尔文学奖后打的第一场官司，也创下了名人人格权纠纷案获赔偿金的新纪录。

对于莫言的这一事件，网友们纷纷发表评论，更有网友调侃道"人在家中躺，无故背锅"。莫言事件的不断发酵，不禁让我想起了前不久鲁迅文献检索系统崩溃的事件。鲁迅文献检索系统早在2007年就已经上线，当时主要面向研究学者，没想到在今年年初访问量突然大增，直接导致服务器崩溃。这是什么原因呢？原来是网友们为验证鲁迅名言纷纷上线查询所导致的。随着鲁迅文献检索系统的走红，不少网友为其他名人请愿，称“李白杜甫也需要”。

近年来，张爱玲、杨澜、白岩松等名人纷纷躺枪，被指认为许多语录、心灵鸡汤的作者。伪造的名人名言，从柏拉图到尼采，从莎士比亚到托尔斯泰，从孔子到莫言，古今中外，一应俱全。白岩松几年前曾专门通过央视新闻中心官方微博发布声明，表示网上流传的一些白岩松言论有很多并非出自他本人。“假语录满天飞”现象不断发生，比如2013年7月，杨绛先生102岁诞辰之际，一篇名为《杨绛一百岁感言》的几百字小文走红网络。文中不乏“我们曾如此期盼外界的认可，到最后才知道：世界是自己的，与他人无关”等受人追捧的语句。实际上，这些多半是由网友们根据杨绛的作品仿造的。再如，曾经流行的哈佛经典校训“此刻打盹，你将做梦；此刻学习，你将圆梦”，也被证实为纯属编造。

打着“名人”头衔的语录着实有着很强的号召力，“鲁迅名言”“杨澜人生感悟”等不断在微博、贴吧、论坛，乃至时评文章中出现。有网友调侃称，把励志的心灵鸡汤安上名人的头衔便能立刻传遍千里。

人们或多或少都有名人崇拜心理，在某些群体中尤甚。一些文化程度不高、没有更多机会读书的人群，或是一些想要取得大众关注的人群，他们崇拜名人，认为名人的任何一句话都具有不可辩驳的引导力与较高的影响力。正因如此，为了博得人们的认可和关注，很多人开始借名人之口传自己之言。西班牙作家恩里克·比拉–马塔斯曾说道：“我们都是在记录这个世界、这个宇宙的。有时候想出一句妙句，但是从我嘴里说出没有分量，就假装这是莎士比亚说的，大家都觉得这果然是一句妙句然后广为传播。”因此，人们崇拜名人的心理极易被人利用，如果不长点心，就很可能被忽悠。

这种“名人效应”不仅存在

于网络社交媒体中，就连高考、中考作文中也时有出现。对于高考、中考作文写作，有的老师常说“作文有三宝，凤头豹尾名言少不了”，引用名人名言被视为作文提分的关键之一。但是谁又能保证任何主题的作文，考生都能当场想到与之对应的现成的名言警句呢？于是有些考生便自造了伪名言。常见的情形有两种：一种是张冠李戴型，考生确实记得有那么一句名言，但记不清是谁说的了，于是便随意选一位名人写上去；第二种是无中生有型，考生自己编出一句“名言”，借名人之“名”来以假充真。诚然，阅卷老师不可能熟悉世界所有名言，这些伪名言有时也能蒙混过关。

语言是文化的重要载体，是社会文化的风向标。语言不仅反映社会风貌，还会影响社会生活。淳朴的言语，有利于形成淳朴实在的社会风尚；虚假的言语，则会让社会刮起不正之风。故作高深，伪造名人名言，说到底是一种投机取巧的“蒙骗”行为，如果任其肆意蔓延，则会对社会造成严重的不良影响。

名人的语录具有独特的文化价值，是人类文化的积淀，它以一种通俗、简洁的语言模式引导着人们的行为。然而，文化的传播应该建立在真实性与准确性的基础上。使用汉语的人，应当树立严谨朴实的文风与学风，自觉抵制伪名言的产生与传播。

微语录·亲情

爸爸重病，昏迷了大半个月。一天下午，爸爸突然醒了，嘴角一直在动。妈妈把耳朵贴近爸爸的嘴，对他说：“你慢点说，我听着呢。”爸爸很虚弱地说：“女儿该放学回家了，你去做饭吧……”

（赵玲瑜／辑）

时尚词苑

“魔都结界”与“结界”

◎高丕永

近六七年来，每当上海的台风季节来临，网上贴吧和游戏论坛里，“魔都结界”说法都会流行，有时还会出现在上海的各大报纸上。2018年7月下旬，台风“安比”备受关注，再次带热“魔都结界”一说。例如：

（1）此前几年，上海屡屡受到台风威胁，最终大多有惊无险，好几次来势汹汹的台风到了最后一刻擦肩而过。这不免令人庆幸，许多网友也戏称上海有“魔都结界”，有吓退台风的“神力”。（《解放日报》2018年7月22日）

（2）昨天12时30分，今年第10号台风在上海崇明东部登陆。这是自1949年以来直接登陆上海的第3个台风。传说中的“魔都结界”并没有应验，吓退台风的“神力”也未出现。然而，上海全城动员，最终经受住了考验。（《新民晚报》2018年7月23日）

“魔都结界”里的“魔都”，是年轻人对上海的爱称。（请参看《咬文嚼字》2017年第7期《魔都：魔性十足的大上海》）至于其中“结界”的意义，在《国语辞典》《汉语大词典》和《现代汉语词典》等诸多汉语工具书里找不到答案。有一种意见认为“结界”即“台风边界终结者”。（参见《文汇报》2018年7月23日）似这样为了释义而生造出一个“台风边界”（正确说法是“台风边缘”或“台风边界层”），不免牵强附会。那么，“结界”到底是什么意思呢？

佛教传入中国时，汉语翻

译梵语佛经创造出了不少意译新词，“结界”就是其中之一，指“建伽蓝，或作戒坛，行一种之作法，而定其区域境界也”（《佛学大辞典》，丁福保主编）。根据《明行院结界记》记载，明行院结界作法时，其咒语为：“天可陟，吾疆不可入；地可陷，吾疆不可犯；不吉祥及诸恶律仪自退舍于广莫之野而无何有之乡。”（《至元嘉禾志·卷二十》）我们结合例（1）（2）来分析，“魔都结界”里的“结界”可能来自汉语佛经。但是，千百年来，汉语佛经里“结界”一词的使用量极小，一般的僧侣都不知道汉语佛经里有这个词，普通人更不知道，各种汉语词典也不收录。那么，有这种可能吗？

经考察，“魔都结界”里“结界”的源头确确实实是汉语佛经，不过还有一个中间环节，即日语的“结界”。日语的“结界”，是在佛教从中国传入日本时，直接从汉语佛经借入，意义与汉语佛经的“结界”基本一致。后来，日语的“结界”产生了一个引申义，指“（动漫、游戏和魔幻文学作品中）在一定时空范围内，通过施展法术使之形成一种周密严实牢固不可破损的组织结构”。日语“结界”的这个引申义，在2000年前后又被借入汉语。“魔都结界”里的“结界”，就是这个意思。又如：

（3）蚊帐 好一款神奇的中国结界（标题，《北京青年报》2016年8月12日）

（4）但没有人听到我和张大哥的对话。我们仿佛在一平方米的结界里。（《上海文学》2017年第1期）

另外，日语的“结界”还有一个意义，指“（寺院内）把僧俗分隔开的栅栏”，后来引申指“（不同时空、物质等之间的）交界，界线，阻碍”。日语“结界”的这个引申义也借入了汉语。比如，“大数据时代，第一个被打破的其实并不是技术壁垒，而是思维结界”（《时代农机》第45卷第5期，2018年5月）。

生活中的“仪式感”

◎徐靖怡

近年来，随着社会经济水平的提高，人们的生活也越来越丰富多彩，比如父母为年满18岁的子女操持成人礼，恋人走进婚姻会举办富有特色的婚礼，夫妻在纪念日为彼此准备礼物等。人们通过各种大大小小的仪式满足自己在生活品质上的精神需求，这种心理反映了当下年轻人常说的“仪式感”。日趋开放的社会氛围使得人们更加注重自己的情感表达，“仪式感”也就成为媒体中常见的流行词，例如：

（1）要高举中国特色社会主义伟大旗帜，以习近平新时代中国特色社会主义思想为指导……着重增强仪式感、参与感、现代感，讲好中国故事，讲好中国共产党故事，讲好新时代中国特色社会主义故事。（《人民日报》2019年5月20日）

（2）在工作人员的安排下，中国小旗手走在队伍的最前列，并就此开始了赛事的入场仪式。世界杯的舞台历来都充满仪式感和使命感，孩子们也在这样的过程中，亲身体会到了世界杯带来的荣光。（《人民日报》2019年6月10日）

这种“仪式感”即人们内心对仪式的精神性需求，是人们在一个仪式中融入该仪式情境所产生的情感体验。中国的文化源远流长，华夏民族向来都是注重“仪式感”的，最能体现的便是人们将节日的传统习俗代代传承。例如：

（3）显然，“年俗”本身具有很强的仪式感，要是按照这么些步骤一个个来,年味必然很浓,但今天的生活当中,传统的年俗因为一些客观原因在式微,这也是今天每逢过年我们总感觉年味越来越淡的原因。于是,我们又开始慢慢拾起"年俗"的文化,又开始找寻过年的那些仪式感。(《内蒙古日报》2015年2月25日)

(4)蛇年春节,从初一到初五,天坛公园将为游人呈献气势宏伟的祭天礼乐盛典。今年祭天仪仗表演增加了大臣撞肩礼和跪拜迎驾表演,并对武士队列表演进行了重新编排,仪式感更强。(《京华时报》2013年2月6日)

无论是例(3)"年俗"的"仪式感",还是例(4)"祭天礼乐盛典"的"仪式感",都是人们在这个特定的仪式场合中因融入该情境而产生的。如今,新时代生活的"仪式感"又产生了一些变化,不再局限于集体仪式,而更倾向于指个体内心"拟仪式般"的主观态度和体验。年轻人所谓的"仪式感"渐渐成为一种生活理念和个性表达,例如:

(5)其中最有仪式感的照片是她们与奶粉罐的合照,上面记录着Sara自出生起到第4个月所喝掉的29罐奶粉。复刻的照片上,数字变成了母女二人一起共处的9958天。(《扬子晚报》2019年5月13日)

(6)阅读打卡有"强制"的色彩。强制自己阅读,对于成年人来说,未尝是坏事,都市生活匆忙而慌乱,时间碎片化,注意力不集中,是每个人都要面对与解决的问题,于是,强行在每天的时间里拿出半个小时用来读书,就有了一种仪式感。(《中国青年报》2019年4月23日)

"感"是构词能力很强的语素,如"存在感""获得感""认同感""使命感""形式感"等。由于人们对"感"族词十分熟悉,使得"仪式感"一词广为流传。我们通过精心设置的仪式,让平凡的生活变得多姿多彩、鲜活有趣,为人生中的某一年、某一天、某一时刻标定其特有的精神内涵。

旧词“阵仗”展新颜

◎刘冰鑫

2019年1月28日，美国司法部宣布对中国华为提出刑事起诉。为起诉华为而举行的新闻发布会上，美国司法部还请来商务部长、联邦调查局局长、国土安全部长等多名高官助阵。次日，《环球时报》就此事发表社论《美司法部起诉华为阵仗虽大心却很虚》，这篇社论被多家报纸和网络媒体转载。因此，标题中的“阵仗”也借势红了起来。

“阵仗”并不是新词，常见于清代小说，指世面或场面。请看《红楼梦》中的用例：

（1）听见说只这一个女孩儿，十分娇养，也识得几个字，见不得大阵仗儿，常在房中不出来的。（《红楼梦》第八十四回）

“阵仗”常常与“大”连用，构成词组“大阵仗”，表示大场面或大世面。

如今，“阵仗”越来越多地出现在各大媒体的新闻标题中。例如：

（2）大阵仗！粤港澳消防“海陆空”秀技（标题，《广州日报》2019年5月21日）

（3）《琅琊榜》原班人马＋“华妃”＋“崔叔”是哪部新剧阵仗这么大？（标题，《扬子晚报》2016年4月8日）

例（2）“阵仗”指粤港澳三地消防演练的大场面；例（3）“阵仗”指电视剧《欢乐颂》大牌明星群集，极具规模。“阵仗”结构简单，意义丰富，用在标题中能够触发读者联想，吸引读者关注。

在语用中，除了“大阵仗”，偶尔也有说“小阵仗”的。请看：

（4）这次的法国超级杯只能算是“小阵仗”，200万欧元左右的成本也降低了赔本的风险，也显示出中国赛事公司在运营这类赛事时也更加小心翼翼。（《人民日报》2014年8月4日）

例句中“小阵仗”是相比之前的大规模投资而言的，表示此次法国超级杯的投入减少。“阵仗”的修饰语不是“大”，反而是“小”，这样说，具有新奇幽默的修辞效果。因为“阵仗”这个词往往带有大场面的隐含义，所以更倾向与“大”组合，“小阵仗”用例很少见。

现实生活中，大场面往往不同寻常，需要投入大量的人力、物力。因而，“阵仗”还引申出排场之义。例如：

（5）曝光明星出行奢华阵仗　金巧巧数十辆名车接送（标题，中国广播网，2014年6月23日）

例句中的“阵仗”旨在说明行为铺张奢侈，暗含一定的贬义色彩。

另外，“阵仗”容易让人联想到“布阵”“打仗”等词，语义感染使“阵仗”词义延伸，也可以表示阵势，即军队作战的阵容部署。例如：

（6）11纵进攻隆化，一上来就拿出了“杀鸡用牛刀”的阵势，攻守兵力对比达十比一。真的需要摆出这么大阵仗？程抟九答道：“需要。”（《北京日报》2015年9月8日）

“阵仗”是个旧词，从近代汉语到现代汉语，用了几百年。到了20世纪下半叶，“阵仗”却用得越来越少了，后期几乎无踪无影了，好像“失联”似的。本世纪，不知哪一位有心人，又从书海中将“失联”的“阵仗”找了回来，并且被大家使用开了。由于“阵仗”是个多义词，又带着书面语色彩，因而人们乐于使用它。对于广大使用者来说，多一个词，在遣词造句时便多一种选择，何乐而不为呢？

一针见血

“持鳌”如何话蟹

◎肖遥生

《长宁时报》2018年12月21日第7版刊有《上楼下楼》一文，文中提及食蟹话题时这样写道：“报刊中、广播电视里、微信朋友圈间……充斥着持鏊话蟹的图文、声音与视频。”这里的“持鏊话蟹”，应写为“持螯话蟹”。

持，义为拿着，握着。螯，读áo，指螃蟹等节肢动物的变形的第一对脚，形状像钳子，能开合，用来夹取食物或御敌自卫。《荀子·劝学》：“蟹六跪而二螯。”杨倞注：“跪，足也。螯，蟹首上如钺者。”“螯”后也成为螃蟹的代称，“持螯”即指食蟹。《红楼梦》第三十八回描写了大观园中的螃蟹宴，宝玉起兴作螃蟹诗，头两句便是“持螯更喜桂阴凉，泼醋擂姜兴欲狂”，表达了吃蟹赏桂之乐。

“鏊”，读作ào，俗称鏊子或鏊盘，是一种用来烙饼的平底锅，用铁制成，平面圆形，中心稍凸。上述引文说的是吃蟹的话题，举着平底锅“话蟹”，于情于理都说不通吧。

“垂帘”和“垂怜”

◎杨宏著

阿加莎·克里斯蒂的《幽巷谋杀案》(新星出版社2018年9月出版）中，波洛和苏珊有这样一段对话：“苏珊歪了歪头，回应道：‘写回忆录时我肯定会记下这一笔的。需要我下去帮忙吗？’‘那真是老天垂帘。’”此处“垂帘”一词用错了，应用“垂怜”才对。

“垂怜”是个敬辞，即赐予怜悯，用来称对方（多指长辈或上级）对自己的怜爱和同情。叶蔚林《蓝蓝的木兰溪》：“幸好上天垂怜他，赵双环到省里开会去了。”上述引文中的对话，是波洛对苏珊想要帮忙表达感激之情，用“老天垂怜”是很合适的。

“垂帘”即放下帘子，可指闲居无事，如《南史·顾觊之传》：“觊之御繁以约，县用无事。昼日垂帘，门阶闲寂。”也用以指女后辅佐幼主临朝听政。《旧唐书·高宗纪下》：“自诛上官仪后，上每视朝，天后垂帘于御座后，政事大小，皆预闻之，内外称为‘二圣’。”无论是哪个义项，都与小说的语境不相符。

将“垂怜”误作“垂帘”，恐是两词音同所致。

“瞋胀”误为“瞋胀”

◎厉国轩

《中国中医药报》2019 年 4 月 1 日《针刺治疗胀病》一文引用了《黄帝内经》的话：“浊气在上则生瞋胀。”引错了，不是“瞋胀”是“䐜胀”。

䐜，音 chēn，义为胀起、胀大。《说文·肉部》：“䐜，起也。”䐜胀，即肿胀、肿大。上述引文出自《黄帝内经》中的《素问·阴阳应象大论》：“清气在下，则生飧泄；浊气在上，则生䐜胀。”阐述的是中医理论中，由于阴阳清浊升降失调而导致的腹泻和胃胀的病理现象。

瞋，音与䐜同，本义为睁大眼睛。《说文·目部》：“瞋，张目也。”后也引申出怒、生气的意思，《红楼梦》宝黛初会时有对宝玉外表描写的句子：“眉如墨画，鼻如悬胆，睛若秋波，虽怒时而似笑，即瞋视而有情。”瞋视即怒目而视。因而，与“瞋”相关的词都是和眼睛神态有关系的，与胀病无关。

不寒而栗？不寒而栗！

◎一 沤

中国医药科技出版社 2017 年 7 月出版的《闲情偶寄》中有这样一句话：“《戴记》云：‘是月也，阴阳争，死生分。’危哉斯言！令人不寒而粟矣。”（第 26 页）其中，“不寒而粟”当为“不寒而栗”。

不寒而栗，指不冷而发抖，形容非常恐惧。《史记·酷吏列传》："是日皆报杀四百余人，其后郡中不寒而栗。"其中的"栗"，读lì，义为发抖、哆嗦。而粟，读sù，今北方通常称"谷子"，去壳后叫"小米"。将"不寒而栗"写为"不寒而粟"，应为字形相近而误。

"20世纪初期"哪有世界银行

◎禾　宝

2019年4月26日《环球时报》第15版《中国制度能力优势体现在哪》一文中写道："早在20世纪初期，世界银行的报告就曾判定，中国的市场经济发展受惠于中国健全的制度能力。"其中称"20世纪初期"明显有误，当时并没有世界银行。

世界银行是国际复兴开发银行的通称。1944年7月，中、法、苏、英、美等44国代表参加的布雷顿森林会议通过了《国际复兴开发银行协定》，1945年12月银行成立，1946年6月开始营业，1947年11月成为联合国的专门机构。中国是世界银行的创始国之一，1980年5月恢复合法席位。世界银行的宗旨是通过促进生产性资本投资协助成员国的建设和开发；通过担保和参与私营企业的贷款及投资，推动并促进国际贸易的均衡增长。出版刊物有《世界发展报告》《世界银行年度报告》等。

世界银行关于中国市场经济的相关报告，只能出现于它成立以后，不可能"早在20世纪初期"。

车夫岂能"奋蹄"

◎朱建芳

2019年5月6日《人民日报》第20版刊有一篇题为《每一处花开，都是我们期待的芬芳》的散文，文中作者描写自己出生的情况时这样说道："母亲说，1967年初春，下了一场大雪。半夜，突然肚子剧痛，有早产迹象……母亲的呻吟催促车夫不停地扬鞭奋蹄，车轮在沙包和泥淖间跳跃……”其中的“催促车夫不停地扬鞭奋蹄”不妥。

蹄是牛、马、羊、猪等动物生在趾端的角质物，也指具有这种角质物的脚。奋蹄，即振蹄，谓奔驰。“奋蹄”的应是动物，如茅盾《子夜》九：“骑巡队的高头大马在车辆与行人中间奋蹄振鬣，有时嘴里还喷着白沫。”此句中是“高头大马”在“奋蹄”。上述文章中说“车夫扬鞭奋蹄”，车夫是人，岂能“奋蹄”？如改成“母亲的呻吟催促车夫不停地扬鞭，让马儿奋蹄奔跑”就合乎常理了。

“乖谬不正”岂可“乘”

◎林建平

上海三联书店2014年1月出版的《古列女传译注》中有这样一段话：“……以此勉励庄姜培养高尚的节操，劝诫她作为国君的女儿，君主的夫人，尤其不能有乘谬不正的行为。”（第26页）其中的“乘谬不正”当为“乖谬不正”。

乖有违反、背离之义，如有乖人情，也可表示不正常，如乖戾。乖谬，义为抵触违背，如汉书·韦玄成传》：“违离祖统，乖缪（通“谬”）本义。”也可表示荒谬悖理，如《汉书·王莽传》中有：“将令正乖缪（通“谬”），壹异说云。”汉语中无“乘谬”，误“乖”为“乘”属形近致误。

不是“床弟”是“床笫”

◎杨增强

“听上去，歌声中正在‘四渡赤水’，可是‘战斗’在哪里呢？倒像温室中的催眠术，特别适于床弟缠绵。”这是2019年1月4日《讽刺与幽默》第7版《文化的荒诞与游戏》中的一段话。这里“床弟”应为“床笫”。

笫，读 zǐ，指竹编的床席。床笫，即床铺，多指闺房或夫妻之间。清代蒲松龄《聊斋志异·侠女》："向云'可一不可再'者，以相报不在床笫也；为君贫不能婚，将为君延一线之续。"

弟，古汉语中本义为次第、次序，后作"第"。现在主要指亲戚中同辈而年纪比自己小的男子，也作朋友相互间的谦称。"床弟"难以索解，将"床笫"误为"床弟"应是形近致误。

又见活人称谥号

◎肖燕君

电视连续剧《康熙王朝》中孝庄有这样一段台词："当年，你父皇顺治就是败于自个的心魔才使得半世帝王弃天下而去……不要学他，要学这些列祖列宗，学你的皇祖母，我，孝庄，天塌地陷，岿然不动……"这段台词有误，孝庄不能自称"孝庄"。

谥号，是历史上对皇帝、皇后以及诸侯大臣等在其去世之后依据其生前所作所为给出的一个具有评价意义的称号，用来概括其生平。历史上康熙皇帝给祖母上了尊崇的谥号——孝庄仁宣诚宪恭懿翊天启圣文皇后，简称孝庄文皇后。"孝庄"是其谥号，她不可能知道自己死后的称号，更不可能自称"孝庄"。

这样的错误不止出现在一部连续剧中。电视剧《大秦帝国》（第一部）中，齐王驾临稷下学宫，一个内侍喊了句"齐威王驾到"，这也是不正确的。齐王，田氏，名因齐，威字是谥号，在场的内侍不可能知道齐王死后的称号，更不可能直呼齐王的谥号。

"聊赠一枝春"的出处

◎李可钦

2018 年 2 月 26 日《潮州日报》第 5 版刊有文章《梅笺》，其中写道："'折花逢驿使，寄与陇头人，江南无所有，聊赠一枝春。’这是陆凯的《荆州记》。”陆凯这一首诗名叫《赠范晔》，而非《荆州记》。《荆州记》不是陆凯的著作。

据宋《太平御览·果部卷七》（“时序部卷四”亦有记载）引用南朝宋盛弘之《荆州记》载：“陆凯与范晔相善，自江南寄梅花一枝，诣长安与晔，并赠花诗曰：‘折花逢驿使，寄与陇头人。江南无所有，聊赠一枝春。’”《荆州记》原书早已散佚，《隋书·经籍志》云：“《荆州记》三卷，宋临川王侍郎盛弘之撰。”《荆州记》虽记载有陆凯这首诗及写作原因，但不代表诗的题目就是《荆州记》，而陆凯也没有写过《荆州记》。

何来“闷灌车”

◎杨昌俊

2018年11月11日《盐城晚报》A11版刊有《从军岁月》一文，其中写道：“浩荡的车队平安抵达连云港兵站，补充给养，在体育馆稍事休息后，乘专列开赴各部队。所谓专列其实是闷灌车而已，车厢内没有任何设施，没有座位和卫生间。”“闷灌车”应写为“闷罐车”。

罐，泛指圆筒形的盛物器皿。闷罐车，又叫“闷子车”，是铁路上有铁棚的货车，因其空间密闭，设施简陋，无窗户不通气，故被称为“闷罐”。以闷罐车载人，是在铁路客车数量不能满足大规模输送人员的情况下采取的方法。现在，闷罐车载人的情况已经很难见到。灌，有浇灌、注入液体等义。铁路交通中没有“闷灌车”，误“闷罐车”为“闷灌车”是形近音同所致。

“尿储留”是什么病

◎阎德喜

2019年第2期《黑龙江广播电视报》第12版文章《老翁“吓”跑了3个保姆，咋这么邪乎？》中说："（冯先生）由于憋尿患了尿储留，必须立即接受介入手术治疗。"其中的"尿储留"错了，应是"尿潴留"。

潴，音 zhū，义为（水）积聚，或指水积聚的地方。"尿潴留"是指尿液不能排出体外而积聚于膀胱内的现象，由尿道阻塞或膀胱机能发生障碍等原因引起。从上述文章介绍的情况看，82 岁的冯先生总想尿尿，可进厕所后又尿不出来。就是尿出来了，也是点点滴滴。这显然是尿潴留的症状。

储，即储藏、存放，音 chǔ。医学上无"尿储留"，尿液积聚于膀胱也不应称"储留"。误"尿潴留"为"尿储留"，应是音近形似所致。

"权益"与"权宜"

◎李景祥

2019 年 5 月 17 日《今晚报》第 12 版《丁文江租房做学问》一文中有一句话说："丁文江任职北票煤矿公司，只是养家糊口的权益之举，从骨子里来看他还是一个学者。"其中"权益"应是"权宜"。

权宜，是暂时适宜的、临时变通的。"权宜之计"，说的是为应付某种情况而采取的临时措施。如清代梁章钜《退庵随笔·政事三》："盐课归于地丁，足救目前之急，乃一时权宜，而非经远之计。"而权益则是应该享受到的、不容侵犯的权利，如"我们要保护消费者的合法权益"。

上述引文中提到的丁文江（1887—1936）被称为"中国近代地质学的开山鼻祖"。1916 年他与章鸿钊、翁文灏一起组建地质调查所，担任所长。1921 年他辞掉地质调查所所长的职位，出任北票煤矿总公司总经理。这是因为丁文江要负担家庭生活，而所长一职的工资无力支持。辞掉所长一职、任职北票煤矿公司是他的"权宜之举"。到 1925 年底，他就不在这个公司工作了。

辨字析词

“袭”字的理据和逻辑

◎郝铭鉴

一个普通的“袭”字，却让我感到像石头一般沉重。

朋友问我：你说“袭”字用作量词，只能用于服装，“一袭礼服”是对的，“一袭长发”则是错的。这是为什么呢？而且说只能用于成套服装或长形服装，“一袭长衫”是对的，“一袭短袄”则是错的。这又是为什么呢？

是的，话是我说的。但我不是《十万个为什么》，回答不了这一个接一个的问题。当时脑子里倒是闪了一下：“袭”字是由“龙衣”构成的。龙衣者，皇袍也。你没见过袍子吗？由袍子引申出来的量词，对适用对象有所限制，有什么可奇怪的？

回家后便查《说文》。天呀，幸亏“皇袍”没说出口，原来“袭”指死者穿的衣服！它还有一种写法“⿱龖衣”，上面是两个“龍”字。请看《说文》：“襲，左衽袍。从衣，龖省声。⿱龖衣，籀文襲不省。”右开襟是活人穿的，左开襟是死人穿的。可是——这时我自己脑子里出现了问号：难道因为死者穿的是成套殓服，“袭”字便限用于成套服装或长形服装吗？多么古怪的思路！

于是再查《汉语大字典》，一个个义项扑面而来：死者穿的衣服、重衣即衣上加衣、重叠、因袭、继承、袭击……它丰富了我对“袭”字的认识，却又增加了我心头的困惑。我一直认为，汉字是有大智慧的，造字必有理据，用字必有逻辑；即使只是声符,也未必和意义没有联系。可"龍"或"龖"和死者的衣服何干?死者静静地躺着,"袭击"义又从何而来?这些跨度甚大的义项,让我有点眼花缭乱。

于是又查《古文字诂林》。这是一部大型工具书,它汇录了历代名家关于古文字形音义的考释成果。以往遇到难题,总能从中得到启发,这次似乎不太走运。书中有一条倒是说得挺详细的:"卜辞又作祖先名,以声类求之,当为契。""金文也有这个字,可能是绣有龙纹的民族服装,本意是一种衣服的名称。"它"至少兼并了甲骨文表示'偷袭'和'重衣'的两个古文字"。信息量不可谓不大,其中"绣有龙纹"四字,让我眼前一亮;可仔细一琢磨,前面的"可能是"三字,又让我心头一沉。我的疙瘩还是没有解开。

人就是这样,越是回答不了,越想探个究竟,以至到了"为伊消得人憔悴"的境界。一天早上起床,脑子里突然冒出一条成语:"龙蛇之蛰"。它出自《易经·系辞下》:"龙蛇之蛰,以存身也。"施蛰存先生的大名便典出于此。龙蛇,通常的解释是巨龙长蛇,这一解释似乎还可斟酌。在《易经》中,它是和"尺蠖"对应的,应该只是一种动物;而且,冬眠也只是蛇的习性。我认为"龙蛇"即像龙一样的蛇,犹如"龙马"即像龙一样的马。我们家乡属蛇的人,在回答别人提问时,往往会说自己是"属小龙的",以龙代蛇。"袭"字上面的"龙",莫不就是蛇吧?这个念头一出来,顿时有隧道走到尽头的感觉。我想,所谓"龙衣"或许就是蛇蜕呀。

怪不得"袭"字的写法,可以是两个"龙"字。两条龙其实是一条龙。一条是蜕变前的蛇,一条是蜕变后的蛇。一条蛇蜕变后留下"龙衣",成了另一条蛇,但它的生命并没有实质性的变化。于是,"袭"有了继承的意思。因袭、承袭、世袭包括抄袭，都和继承有关。"袭击"呢？我小时候住在农村，经常看到草丛里的蛇蜕，却从未见过正在蜕皮的蛇。蛇的蜕皮是具有隐蔽性的，所以用作动词时，总有偷偷的、悄悄的色彩，如夜袭、突袭、奔袭、奇袭。

慢着，有一个关键问题：为什么古人众口一辞地把"袭"说成是死者穿的衣服呢？呵呵，这个可以解释：先民相信人是有灵魂的，人死后灵魂飞升，留下的只是躯壳。这和蛇的蜕变有相似之处。而按照古代的习俗，死者的殓服既有常衣，又有袭衣，多层包裹，由此自然又会引申出重衣、重叠等义项。

想到这里，不禁长呼了一口气。我觉得可以回答朋友的问题了。见过蛇蜕的人都知道，蛇蜕下的皮是完整的、长形的。因为有这样一个常识背景，人们把"袭"用作量词时，下意识地用于成套服装或长形服装，久而久之，成了共同遵守的规范。

造字必有理据，用字必有逻辑。"袭"字并不例外。

《吃苹果的方式》参考答案

1. 相象——相像
2. 大相经庭——大相径庭
3. 难看的、以及——"难看的以及"或者"难看的，以及"
4. 争锋相对——针锋相对
5. 不以为意——不以为然
6. 暴殄天物——暴殄天物
7. 勾通——沟通
8. 大名顶顶——大名鼎鼎
9. 切记——切忌
10. 才会——就会

借题发挥

五四精神应“赓续”

◎李信宜

2019 年 5 月 3 日《中国体彩报》第 1 版刊有《庚续五四精神　体彩正燃“青春志”》一文，文章最后总结：“庚续五四精神，奋进复兴历程，‘90 后’的中国体育彩票使命在肩，任重道远。”标题和文章中的“庚续”都错了，应改为“赓续”。

赓，读作 gēng，本义为继续、连续。《书 · 益稷》：“乃赓载歌。”“赓续”义为继续，北宋王安石《〈周礼义〉序》：“其法可施于后世，其文有见于载籍，莫具乎《周官》之书。盖其因习以崇之，赓续以终之，至于后世，无以复加。”如今较常见用法有赓续传统、赓续旧好等。

庚，同样读作 gēng，是天干的第七位。天干与地支相配，用以表示年、月、日的次序。“庚”也可指年龄，如年庚、同庚。汉语中没有“庚续”这个词，将“赓”误作“庚”，应是两字音同形近所致。

●彩市新语

庚续五四精神　体彩正燃“青春志”

■戴新

5 月 4 日，五四运动迎来百年纪念日。习近平总书记在纪念五四运动 100 周年大会上发表重要讲话时指出，青年是整个社会力量中最积极、最有生气的力量，国家的希望在青年，民族的未来在青年。

对于肩负公益使命的中国体育彩票而言，青年同样是最积极、最有生气的力量。五四百年，薪火相传，体彩正燃“青春志”。

首先，体彩本身就是“青年人”，是朝气蓬勃的“90 后”。1994 年，中国体育彩票呱呱坠地，以事业和体育事业的超过 4700 亿元的体彩公益金，交出了一份出色的青春答卷。

其次，在体育彩票从业者中，青年也是正值当打之年的主力军。在体彩机构内，在开奖大厅里，在兑奖窗口后，在销售柜台前，在科研项目上，在公益活动中，青年人都在为体彩事业发展贡献着力量，组成了一支强大的“公益接力之师”。在全国各地的体彩志愿服务队伍中，来自体彩机构和组织的青年人也总是冲在最前列，展示着体育彩票的健康形象和青春风采。

见不鲜，高学历青年人投身体彩行业的故事层出不穷。体彩，是很多青年人眼中的“朝阳产业”，他们愿意把青春和汗水挥洒在这片沃土。

当然，人们不应忘记的还有，在体育彩票助力公益事业和体育事业的过程中，青年是最广泛的受益群体之一。在体彩公益金支持的奥运争光计划和全民健身计划中，青年是在世界赛场拔金挂银、为国争光的励志榜样，是在健身场馆挥汗如雨、强身健体的运动达人。在已经开展十余年的“体彩·新长城助学基

那些虽然出身寒门却品学兼优、志存高远的青年骄子。

跨越百年，五四精神历久弥新。2019 年，当二十五岁的中国体育彩票恰逢五四运动的百年传承，“责任、诚信、团结、创新”的体彩精神与“爱国、进步、民主、科学”的五四精神也相得益彰地契合在时代的洪流之中。

正如习近平总书记所指出，新时代的中国青年正处在中华民族发展的最好时期，既面临着难得的建功立业的人生际遇，也面临着“天将降大任

药方不宜用“剂”

◎屠林明

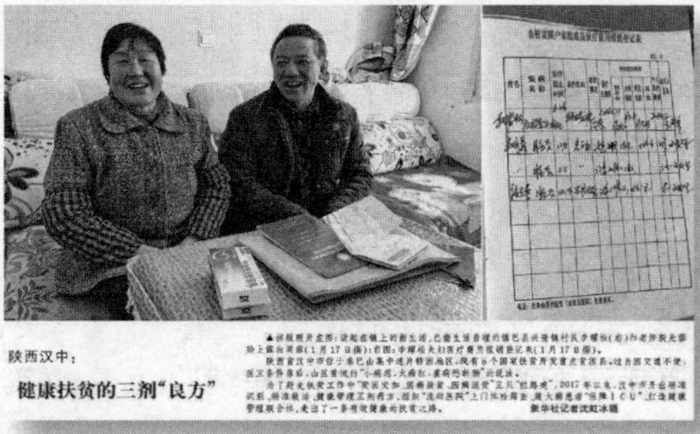

“为了赶走扶贫工作中‘贫困交加、因病致贫、因病返贫’三只‘拦路虎’，2017年以来，汉中市开出精准识别、精准救治、健康管理三剂药方……”这段文字见于《新华每日电讯》2018年1月25日第4版上的图片新闻，标题为《健康扶贫的三剂“良方”》。无论是文章还是标题，“剂”和“良方”“药方”的搭配都值得商榷。

“良方”，即疗效显著的药方。我国传统的医疗流程，医生对病人做出诊断之后，根据病情开出治病的方剂，这就是所谓的“开药方”。过去药方都是写在纸上，因而量词常用“张”。丁玲《母亲》：“他留下了两张药方，就回家过年去了。”而“剂”指配制的药物，如冲剂、针剂、麻醉剂等，也作药剂的量词。刘义庆《世说新语·术解》：“始服一剂汤便愈。”

“良方”宜用“张”作为量词，而量词“剂”则与“良药”搭配更妥当。因而，上述新闻报道中“三剂良方”“三剂药方”属量词与中心语搭配不当，改为“三张良方”“三张药方”比较妥当，或者改成“三剂良药”也可说通。

4月哪来小阳春

◎龙炘成

2019年4月13日《贵州都市报》头版有一新闻，标题为《降雨又降温　暂别小阳春》，标题中的“小阳春”一词用得不对。

小阳春，指农历十月。此时正值秋、冬交替之际，某些地区会出现回暖天气，一些果树会开二次花，呈现出好似春三月的暖和天气。农历十月又被称为阳月。为了与“阳春三月”区别，所以称之为“小阳春”。

上述新闻报道的是贵州省公历4月时的天气，大略相当于农历三月，称“阳春”可以，却与“小阳春”无关。

2019年公历4月中旬，虽已处于温暖的春季，但贵州等地有时会出现反常天气：刚刚还是艳阳高照，气温颇高，但只要出现短时间的强降雨或出现大风冰雹天气，气温则急速下降。将主标题改为《降雨降温　暂别阳春》就对了。

降雨又降温　暂别小阳春

周六晚间全省多地雨量较大，谨防地质灾害

记者 刘昌敏）省
夜我省西部地区
下跌，12日起至
雷雨天气，气温
周末请裹紧秋衣

西南部地区，西
降雨，贞丰出现大

风冰雹天气。共有1县39乡镇观测到冰雹（最大直径20mm），41站观测到短时强降水。强降雨导致今天早晨08时西南部地区气温比昨日普遍下降3–7℃，最低出现在盘县9℃。其余大部分地区上升1–2℃，赤水18.9℃为全省最高。

12日傍晚至夜间，贵州省的毕节市大部、贵阳市、安顺市中北部、黔南州和黔东南州、遵义市南部有阵雨或雷雨，局地伴有大风、短时强降水等强对流天气。

13日白天，省的中西部多云，其余地区阴天间多云；13日夜间起降雨有所增强，全省阴天有阵雨或雷雨，省的西北部边缘和南部地区雨量中到大雨，个别乡镇暴雨；14日白天省西部和北部地区阵雨转阴天间多云，其余地区阴天间多云有分散阵雨，全省气温下

降；14日夜间至1
或雷雨。

气象专家提醒
较强，可能会诱发地
汛，请及时关注当地
降雨可能引发的地
温的下降，这个周
及时添衣保暖。

语言哲思

什么“白茶”是“绿茶”

◎宗守云

先看两个例子：

（1）他说春天刚去过湖州，到了那里才知道安吉白茶跟这个白茶是两码事。安吉白茶其实是绿茶，也就是春茶，是一年也放不得的。（乔叶《至此无山》，《中国作家》2019年第1期）

（2）“以前，有些新会员还不知道安吉白茶是绿茶，常闹出很多常识性错误的小笑话。”但如今，每周的“充电”已经让他们的茶知识从一张白纸变成了一本有厚度的书。（《人民政协报》2014年8月1日）

安吉白茶不是白茶，是绿茶，这可能颠覆了我们的认知，但实际情况就是如此。这涉及命名和名实关系的问题。

安吉白茶冠以白茶的名称，是有根据的，由于浙江安吉生产的这种茶嫩叶全为白色，所以得名安吉白茶。但安吉白茶不是分类学意义的白茶。分类学意义的白茶是七大茶类之一，根据《茶叶分类》国家标准（2014年10月27日正式实施），我国茶叶产品分为绿茶、红茶、黄茶、白茶、乌龙茶、黑茶和再加工茶七大类，其分类标准是茶叶的制作方法，主要依据是发酵情况：绿茶是不发酵茶，白茶是轻微发酵茶，乌龙茶是半发酵茶，红茶是发酵茶，黄茶是闷堆发酵而成，黑茶是渥堆发酵而成，再加工茶顾名思义就是在上述六种茶叶的基础上经过再加工而成的茶叶，比如花茶。从分类看，安吉白茶是不发酵茶，而白茶是轻微发酵茶，所以安吉白茶应该归属绿茶而不是白茶。

安吉白茶是绿茶，还涉及名实关系问题。名实关系，有的是一致的，比如“鲤鱼、鲫鱼、鲈鱼、鳜鱼”都是鱼；有的是不一致的，比如“鲸鱼、墨鱼、甲鱼、书鱼”都不是鱼。名实一致，反映了命名和分类的一致性；名实不一致，反映了命名和分类的矛盾。卡西尔在《人论》中说："分类是人类言语基本特性之一。命名活动本身即依赖于分类过程。给一个对象或活动以一个名字，也就是把它纳入某一类观念之下。如果这种归类永远是由事物的本性规定的话，那么它就一定是唯一的和始终不变的。然而，人类语言中出现的名称，不可能用任何这样不变的方式来解释。"命名可以反映事物的某些性质特征，但不可能反映事物的全貌。比如，给一家新开的饭店命名，只能选择和饭店有关的一个方面命名，或者是饭店的经营者（"三毛饭店"），或者是饭店的经营物（"小龙虾饭店"），或者是对饭店的希望（"旺旺饭店"），所有这些命名都不可能反映事物的全貌。分类有两种，一种是民俗的分类，特定社会成员根据特定的文化状况给事物分类；一种是科学的分类，科学工作者根据类包容的原则给事物分类。名实不一致的情形，往往体现在命名和科学分类不一致方面。比如，从民俗分类来看，"鲸鱼、墨鱼、甲鱼、书鱼"也未尝不可以看作鱼类，如果看作鱼类，就不存在名实不一致的情形。从科学分类来看，"鲸鱼、墨鱼、甲鱼、书鱼"都不是鱼类，"鲸"是哺乳动物，"墨鱼"是软体动物，"甲鱼"是卵生动物，而"书鱼"只不过是蛀蚀衣服书籍的一种小虫而已，跟"鱼"基本上不沾边。

由于命名和科学分类不完全一致，名实不一致是不可避免的。虽然名实不一致在一定程度上影响了认知和推理，却使语言变得丰富多彩起来。试想，如果所有的名称都和实际完全一致，语言是不是就失去了很多趣味？正是由于名实之间存在着诸多关系，语言才给我们带来乐趣，人们常常运用名实的不一致进行语言游戏：

什么河没有水？——银河；
什么油不能燃？——酱油；
什么马不能骑？——海马；
什么饼不能吃？——煤饼。

追踪荧屏

“铁券”莫作“铁劵”

◎欧阳昌宏

电视连续剧《知否知否应是绿肥红瘦》第19集中，宁远侯府发生了一场争执，顾偃开对顾廷烨说了这么一段话：“你怎么变成一个泼皮无赖了呀？像我们这种丹书铁劵、勋爵人家的嫡子，满京城竟然没有一家人愿意把姑娘嫁给你！”（字幕同步显示）其中“劵”为“券”之误。

丹书铁券（quàn）又作“丹书铁契”，是指古代帝王颁授给功臣、重臣世袭的享有免罪等特权的凭证，相当于民间叙事中所说的“免死牌”“免死金牌”。丹书，用朱砂书写；铁券，即铁契，用铁制的凭证。以铁为契，以丹书之，故名。颁授丹书铁券的制度最早始于汉高祖刘邦，《汉书·高帝纪下》：“又与功臣剖符作誓，丹书铁契，金匮石室，藏之宗庙。”

劵，读juàn，是“倦”的古字，义为劳累、疲劳。“劵”是个形声字，《说文·力部》：“劵，劳也。从力，卷省声。”徐铉校注：“今俗作倦，义同。”段玉裁注：“今皆作倦，盖由与契券从刀相似而避之也。”从段玉裁的注中我们可以

凤凰与菩提树

◎龙启群

电视连续剧《冷案》大结局中,杀人嫌犯叶美玉裹挟她的丈夫陈励逃跑。一路上,叶美玉在讲述自己的成长经历时,说了这样一句话:“如果我真的是凤凰,为什么不能拥有一棵属于自己的菩提树啊?”(字幕同步显示)叶美玉把凤凰跟菩提树联系在一起,是不合适的。

菩提树,桑科常绿乔木,原产印度,大约和佛教同一时期传入我国。“菩提”一词为梵语Bodhi的音译,义为“觉”“智”“道”等,佛教用以指人忽如睡醒,豁然开悟,突入彻悟途径,顿悟真理,达到超凡脱俗的境界等。相传在两千多年前,佛祖释迦牟尼就是在菩提树下顿悟佛道,修成正果。所以,后来佛教一直都视菩提树为“圣树”,印度还将其定为国树。随着佛教传入我国,菩提树在我国也产生了一定的影响,唐代僧人惠能的四句偈:“菩提本无树,明镜亦非台,本来无一物,何处惹尘埃。”更是让这种树声名大振,可见菩提树与佛教文化渊源密切。

而在我国传统文化中,与凤凰紧密相关的树是梧桐树。这

知道,表疲劳义的“券”,因为字形与“契券”的“券”太相似,所以被加了人字旁并改下部“力”之形状以示区别。

在电视剧中,顾家为宁远侯府,是可以享受特权的阶层,这里用“丹书铁券”是合理的。“券”与“券”字形和读音都十分相近,但意思完全不同,不可混为一谈。

里说的梧桐并非如今我们在街道两旁常见的“法国梧桐”（二球悬铃木），而是产自中国本土的“中国梧桐”，也称“青桐”。早在先秦时期，《诗经》中就有：“凤凰鸣矣，于彼高冈。梧桐生矣，于彼朝阳。菶菶萋萋，雍雍喈喈。”大概的意思是说，梧桐树高大茂盛，引得凤凰啼鸣，两者相得益彰。《庄子·秋水》：“夫鹓鸲（凤凰一类的鸟）发于南海，而飞于北海，非梧桐不止。”凤凰是传说中的“百鸟之王”，高大挺拔的梧桐树亦是树木中的佼佼者，因而在中国文人的心中，凤凰与梧桐树都是高贵、高洁的象征。《三国演义》三十七回：“凤翱翔于千仞兮，非梧不栖；士伏处于一方兮，非主不依。”这句话以“凤凰非梧桐不栖”作比，表达了诸葛亮只愿辅佐明主的心声。后来，民间也渐渐流传开“栽下梧桐树，自有凤凰来”的说法。

《冷案》中叶美玉说出凤凰要找菩提树的话，是错误地把风马牛不相及的两件事物——凤凰跟菩提树生拉硬扯在一块了。

微语录·人生

1. 超过一点点，别人就会嫉妒你；超过一大截，别人就会羡慕你。

2. 每个人都在成长中成熟，在成熟中衰老。最佳状态是顺应自然，不要早熟，也不要早衰。

（吴敏之 / 辑）

拓片不能读 tuò 片

◎树　藩

电视连续剧《灵与肉》第23集中，有这样一个情节：男主角许灵均正在欣赏自己从山崖崖壁上拓印下来的一张神秘的图腾像。女知青何琳问许灵均正在看什么，许灵均把图像递给何琳说："你看。"何琳仔细地看了一会儿，说："这是拓片。"（字幕同步显示）此处何琳把"拓片"读成"tuò 片"，有误。

拓，是个多音多义字。读 tuò，可表示开辟、扩充。如：拓荒、开拓。也在姓中使用，如：拓跋。读 tà 时，指把碑刻、铜器等的形状和上面的文字、图像印下来。一般的方法是在刻铸有文字或图像的器物上，蒙上一层纸，用特殊的工具捶打，使之凹凸分明，然后上墨，显出文字图像来。这张拓印下形状、文字或图像的纸，被称作"拓片"。

电视剧中男主角许灵均正在看的正是把图像和形状拓印下来的纸片，所以不能读作"tuò 片"，应该读为"tà 片"。

微型讲坛

“格物致知”到底是什么意思(上)

◎石毓智

中学语文里有《礼记·大学》一课，所以大家都知道“格物致知”这个成语。那么，“格物致知”到底是什么意思？这成了儒学思想的千古难解之谜。古往今来，对它最流行的解读是“研究事物而获得知识、道理”。

宋代以来把它上升为人生价值的核心中的核心，深刻地影响着中国教育，这一思想出自汉代成书的《礼记》的“大学”一节，有关的原文如下：

大学之道，在明明德，在亲民，在止于至善。知止而后有定，定而后能静，静而后能安，安而后能虑，虑而后能得。物有本末，事有终始，知所先后，则近道矣。古之欲明明德于天下者，先治其国；欲治其国者，先齐其家；欲齐其家者，先修其身；欲修其身者，先正其心；欲正其心者，先诚其意；欲诚其意者，先致其知；致知在格物。物格而后知至，知至而后意诚，意诚而后心正，心正而后身修，身修而后家齐，家齐而后国治，国治而后天下平。自天子以至于庶人，壹是皆以修身为本。其本乱，而末治者否矣，其所厚者薄，而其所薄者厚，未之有也。

可是，在汉代以前的所有其他文献中都没有“格物”和“致知”的语言表达，因为缺乏旁证，后世的学者对它的含义陷入了臆测中，莫衷一是。

现在关于“格物致知”的最流行诠释是根据南宋朱熹的观点，认为“格物致知”就是“研究事物而获得知识、道理”。《现代汉语词典》将它解释为：“推究事物的原理法则而总结为理性知识。”下面是历朝历代的大学者的有关解释。

【东汉郑玄】事物之来发生，随人所知习性喜好。格，来也。物，犹事也。其知于善深，则来善物。

【唐朝孔颖达】事物之来发生，随人所知习性喜好。致知在格物者，言若能学习，招致所知。格，来也。

【南宋程颢】穷究事物道理，知性不受外物牵役。格，至也。穷理而至于物，则物理尽。

【南宋朱熹】穷究事物道理，致使知性通达至极。格，至也。物，犹事也。穷推至事物之理，欲其极处无不到也。所谓致知在格物者，言欲致吾之知，在即物而穷其理也。

【明朝王阳明】端正事业物境，达致自心良知本体。“致知”云者，非若后儒所谓充扩其知识之谓也，致吾心之良知焉耳。物者，事也，凡意之所发必有其事，意所在之事谓之物。格者，正也，正其不正以归于正之谓也。正其不正者，去恶之谓也。归于正者，为善之谓也。夫是之谓格。

除了王阳明把“格”理解成“正”以外，其他几位大学者都把它解释成“来”或“至”。这些解释都是缺乏证据的随文释义，因为“格”在汉代并没有这种意义。虽然在《诗经》上“格”有类似“来”的用法，如《诗经·小雅·楚茨》：“神保是格，报以介福”，然而秦汉已经废弃不用了。

要理解古文的确切意思，必须尊重当时的语言文字使用状况。“格”在汉代及其之前的文献中，常作“阻止、限止、阻碍”等意思讲，如《荀子·议兵》：服者不禽，格者不舍。《史记·孙子吴起列传》：批亢捣虚，形格势禁。成语“格格不入”中的“格”就是这个意思。它后又引申出“抵挡、抵御”，如晁错《言兵事疏》：劲弩长戟，射疏及远，则匈奴之弓弗能格也。

“格”从上述意义又自然引申出“法则、标准”的用法，如《礼记·缁衣》：言有物而行有格也。《后汉书·傅燮传》：由是朝廷重其方格。“法则”就是“限止人们的一些不合标准的言行”。后来“格”甚至可以直接指法律条文，如《旧唐书·刑法志》：武德二年，颁新格五十三条。

特别值得注意的是“格”在《礼记》中作“法则、标准”讲的这一现象，因为“格物致知”就是首见于这部儒家经典。同一部典籍之间的词语互证最有说服力。

按照上述汉代以前“格”的最通行用法，“格物”就是“遵照法则限止物事”，是讲人对待物事的态度。《礼记·缁衣》中还有同类的用法，如子曰：“夫民教之以德，齐之以礼，则民有格心。”“格心”就是心里有做事的道德和礼仪上的标准。

《礼记·哀公问》还有与“格物”相近的表达，例如：

公曰：“敢问何谓成身？”孔子对曰：“不过乎物。”

孔子蹴然辟席而对曰：“仁人不过乎物，孝子不过乎物。是故仁人之事亲也如事天，事天如事亲。是故孝子成身。”

上述例子中的“过”作“失”讲，就是说仁人不让自己丧失在“物事”之中。为什么？《礼记·大学》说得很明白：“物有本末，事有终始，知所先后，则近道矣。”“自天子以至于庶人，壹是皆以修身为本。其本乱，而末治者否矣，其所厚者薄，而其所薄者厚，未之有也。”就是说物事有本末之分，本末颠倒则一事无成，所以要“格除”那些“末”的物事。

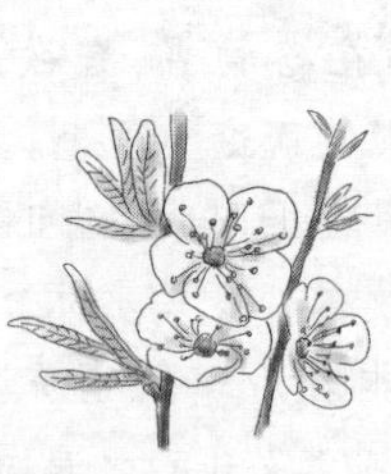

说“识”

◎陈运舟

“识”是现代汉语中的一个常用字。读 shí 时,表示知道、见解等义,如知识、意识等。读 zhì 时,表示记、记号,如博闻强识、款识。“识”字本义应是记号,其他义项皆由此而来。

“识”的繁体字作“識”。吴大澂《说文古籀补》说:“戠,古識字。”“戠”是“識”的古字。戠,甲骨文作(《甲骨文合集》29699),从戈从言。金文中“言”的“口”内或加饰点,遂似从“音”。(《字源》)关于“戠”,林义光《文源》:“即题识本字。言在戈上者,戈有识也。”商周时代的青铜器,其上往往铸有其制作者或拥有者的名字,有的还记叙着有关的人和事。1965年湖北荆州市江陵县楚墓群中出土越王勾践剑一把,其近剑格处有两行鸟篆铭文:“越王鸠浅(勾践)自乍(作)用剑。”西周宣王时期的史官颂所作的《颂鼎》中铸有很长的一段铭文,这篇铭文记录了这样一次典礼:“唯三年五月既死霸,王才(在)周康卲宫。旦,王各(格,义为“来、到”)大室,即立(位)……”这些铸在青铜器上的铭文便是识(zhì),识标明了器物所属。

识(zhì)在古籍中,还可当旗帜讲。旗帜也是一种识。据《周礼》记载,周代设有专门管理旗帜的官员,名为司常,那时的重大活动,如军事、祭祀、田猎、丧事等都要根据出席活动的首要人物的身份、地位选用不同的旗帜。旗帜用不同的颜色、图形作为徽识。表示旗帜的“识”后来写作“幟”,简化字作“帜”。《释名·释言语》:“识,帜也。”《汉书·王莽传下》：“京师闻青徐贼众数十万人，讫无文号旌旗表识，咸怪异之。”颜师古注：“识，读与帜同。”

青铜器上的题识（或说款识）也好，旗上的徽识也罢，这些“识”即标识（zhì）。古人设立标识的目的是让人们记住，因此识自然而然有了记、记述、记载等义。如明代徐弘祖《徐霞客游记·粤西游日记一》：“一路采笋，盈握则置路隅，以识来径。”其中的“识”就是做记号的意思。汉代王充《论衡·遭虎》：“孔子曰：‘弟子识诸，苛政暴吏甚于虎也。’”这里的“识”便是记住之义。

识读为 shí 时，表示知道、体会、了解、认识、识别、知识等意义。如李太白《与韩荆州书》曰：“生不用封万户侯，但愿一识韩荆州。”其中的“识”即认识。《旧唐书·刘子玄传》：“史才须有三长，世无其人，故史才少也。三长：谓才也，学也，识也。”识，即知识。这众多的词义应当都由识的记述、记载等义引申而来。杨树达：“识字依事之先后分三义：最先为记识，一也；认识次之，二也；最后为知识，三也。”

需要注意的是，上文提到的“标识（zhì）”现在的规范写法是“标志”。“标识（zhì）”在古汉语中也写作“标志”“标誌”。王力《同源字典》认为志与识是同源字。《周礼·春官·保章氏》：“掌天星，以志星辰日月之变动。”注：“志，古文识。”《论语·子张》：“博学而笃志。”集解引孔安国：“广学而厚识也。”“标志”与“标识”音义皆同。而“誌”是“志”的分化字，专表标志之义。《第一批异体字整理表》将“誌”整理为“志”的异体字，已停止使用。《第一批异形词整理表》则将“标识”作为“标志”的异形词，推荐词形为“标志”。所以“标zhì”现在应写作“标志”。

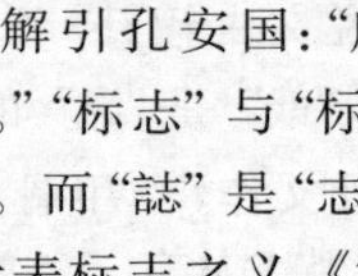

十字街头

“儒人”不是封号

◎王树凡

2019年五一小长假期间，笔者在河南省内乡县衙游览时，看到了两通御制碑。一为“敕命”碑，一为“诏命”碑，碑文的内容是清道光二十六年十二月（1847年1月17日—2月14日）皇帝御封内乡县东王营村时任河北唐山县知县王涤心之父母的诏书。其中《御制敕命碑》的内容是专为表彰王涤心之母的。因年代久远，碑文已模糊不清，但碑旁边有一方特为作注解的“小碑”却很清晰，说此碑是皇帝御封王涤心的父亲为“文林郎”、母亲为“儒人”的（见附图）。王涤心的母亲能被封为“儒人”吗？这个“儒人”为“孺人”之误。

孺人，古时称大夫的妻子，《礼记·曲礼下》：“天子之妃曰后，诸侯曰夫人，大夫曰孺人，士曰妇人，庶人曰妻。”“孺人”在唐代可称王的妾，宋代用为通直郎等官员的母亲或妻子的封号，明清则为七品官的母亲或妻子的封号。明、清时期对文武官员及其先代的妻室赠予爵位名号时，有诰命与敕命之分。五品以上授诰命，称诰封；

“卣”“卤”的前世今生

◎王殿雷

前段时间，笔者到本地县城一家餐馆用餐。进门右边是卤菜配菜柜台，上方悬挂菜品牌匾“老卣酱肉”。觉得“卣”字甚是可疑，是名叫“老卣”的酱肉吗？为了一探究竟，便向老板问询卖的是什么酱肉，那老板连顿也不打：“老卤酱肉！”原来是“老卤酱肉”啊！

做卤菜的有个讲究，就是

六品以下授敕命，称敕封。上文提到的表彰王涤心之母的碑即为“敕命”碑，王涤心的母亲应是被敕封为孺人。

在一些地方，“孺人”也用于对妇人的尊称。如广东潮汕地区“俗不论士庶之家，潮汕女子均称孺人”，女子逝世也不管墓碑和神主牌，均书以七品官妇女“孺人”称号。湖南也有“俗不论士庶之家，妇女墓碑皆书孺人”之说。

而“儒人”的基本意思是儒士。原指崇奉孔子学说的人。汉以后亦泛称读书人、学者。《史记·郦生陆贾列传》：“沛公敬谢先生，方以天下为事，未暇见儒人也。”与朝廷给官员母亲的封号没什么关系。

后查资料得知，内乡县衙的《御制敕命碑》有这样一段内容：“尔庞氏，乃直隶候补知县署顺德府唐山县知县王涤心之母，淑慎其仪，柔嘉维则。宣训词于朝夕，不忘育子之勤；集庆泽于门闾，式被自天之宠。兹以覃恩赠尔为孺人……敕命之宝。道光二十六年十二月。”可见，确实是刻石注解中把“孺人”错成“儒人”了。

卤汤越陈越好，滋味也越浓郁，所以叫“老卤”。“老卤酱肉”则表明其品质属于上乘。但以“卣”充“卤”，值得一品。

卣，读 yǒu。古代盛酒的一种器具。一般为椭圆形，大腹、敛口、圆足，有盖和提梁。盛行于商和西周，多用作礼器，盛放祭祀用的“秬鬯”（jùchàng，古代以黑黍和郁金香草酿造的酒）。《诗经·大雅·江汉》：“厘尔圭瓒，秬鬯一卣。”因而，“卣”是不会拿来放肉的，更不是拿来吃的，“老卣酱肉”说不通。

卤，读 lǔ，是个象形字。金文为“[illegible]”，繁体写作“鹵”，四个点为盐粒，整个字象盛盐到容器中。“卤”本义为盐卤，即制盐时剩下的黑色的苦味汁液，引申指不长谷物的盐碱地。后泛指饮料浓汁或者食物汤羹，《红楼梦》三十四回中，宝玉挨打之后胃口不好，“只拿那糖腌的玫瑰卤子和了吃，吃了半碗，又嫌吃絮了，不香甜”。也指以食盐为主要调料加多种调味品对食物进行煮制，制成品也就是我们常吃的卤肉、卤鸭、卤豆干等。

“卣”和“卤”虽然字形接近，但是音义相差甚远，不可混用。

《火眼金睛》提示

图 1，“马踣急”应为“马蹄疾”。
图 2，“垃极”应为“垃圾”。
图 3，“窝笋”应为“莴笋”。
图 4，“海瑶”应为“海鳐”。

文章病院

"搓"怎么"乘"

◎刘曰建

《北 京 晚 报》2019 年 3 月 21 日 39 版刊有《严修：追求实学，不务虚文》，介绍了近代著名教育家、"南开校父"严修。文中有一首引诗："海上风吹一叶舟，酒酣长啸按吴钩。带怀勿尽吾衰矣，尚欲乘搓向斗牛。"这首诗中的"乘搓"改为"乘槎"才对。

槎，是个多音字。读作 zhà 时，义为劈削、斜砍；读作 chá 时，有竹筏、木筏的意思。乘槎，即乘坐竹、木筏。晋代张华《博物志》中有载，传说天河与海通，有人居海渚者，年年八月见有浮槎去来，不失期，遂立飞阁于查（也作"楂"）上，乘槎浮海而至天河，遇织女、牵牛。南朝梁宗懔的《荆楚岁时记》也载有类似的传说：西汉张骞奉命出使西域等河源，到一城市，见一女在室内织布，又见一男子牵牛饮河，后带回织女送他的支机石。因而在古代许多诗文中，"乘槎"常与天河联系在一起。苏轼《次韵正辅同游白水山》："岂知乘槎天女侧，独倚云机看织纱。"

搓，读音为 cuō，义为两个手掌反复摩擦，或把手掌放在别的东西上来回揉。"乘搓"难以索解。

上文中引用的诗句，是严修 1902 年初赴日本时所作，原诗是："海上风催（引文为"吹"）一叶舟，酒酣长啸按吴钩。壮怀易尽吾衰矣，尚欲乘槎向斗牛。"引文除了"乘搓"，"带怀勿尽吾衰矣"也错得让人丈二和尚摸不着头脑，都应改正才是。

形容轻薄应用“蝉翼”

◎江城子

2018年11月17日《大江晚报》B2版刊有《我为书画作嫁衣》一文，介绍了传统手工装裱技艺，其中写道：“不能赶工去碰画，刷了糨糊的宣纸，薄如蚕翼，一刷子下去，会导致力度不一致，即使宣纸不破损，一幅作品可能因此减少很多保存寿命。”引文中的“薄如蚕翼”，应写为“薄如蝉翼”。

蚕蛾

蝉

蝉（chán），昆虫纲蝉科动物的通称，俗称知了、蜘蟟，种类很多。雄的腹部有发音器，能连续不断发出尖锐的声音。幼虫生活在土里，吸食植物的根的汁液。成虫刺吸植物的汁。蝉属不完全变态类，由卵至若虫，经数次蜕皮，不经过蛹而变为成虫。蝉有两对膜质的翅膀，近乎透明，看上去十分轻薄。因而，人们常用“蝉翼”比喻极轻极薄的事物，何其芳《画梦录·秋海棠》：“这初秋之夜，如一袭藕花色的蝉翼一样的纱衫，飘起淡淡的哀愁。”

蚕（cán），昆虫纲，鳞翅目，蚕蛾科和大蚕蛾科昆虫的通称。幼虫能吐丝结茧，茧丝可

“纡”“纾”岂可不分

◎阎南岗

2019年第2期《书屋》刊登的《〈金瓶梅〉别裁(中)》,对庞春梅做了分析:“春梅好像修成正果,做了守备府家娘娘,连原来主子月娘都屈尊纾贵,巴结她。”其中“屈尊纾贵”错了,正确的应是“屈尊纡贵”。

“纡”读作yū,本义为曲折、弯曲,引申可解释为屈抑。“屈尊纡贵”也作“纡尊降贵”,指地位高的人,放下高贵的身份和架子,谦卑自抑,屈尊俯就。《儿女英雄传》第十八回:“这要遇见个趋炎附势的一个小小中军,得这等一位晃动乾坤的大上司纡尊降贵合他作亲家,岂有不愿之理。”上述文章中说到的庞春梅,“性聪慧,喜谑浪,善应付”,命本苦,幼时便父母双亡,被卖给西门家做丫鬟,后来竟一路做到守备府家娘娘,使她原来的主子都要放下身份,看她眼色行事。这里用“屈尊纡贵”十分恰切。

“纾”读作shū,有缓和、解除、宽裕、延缓等义,常用词有纾缓、纾困、纾难等。“屈尊纾贵”说不通。误“纡”为“纾”,应是两者形近所致。

用作纤维资源。最常见的是桑蚕,又称家蚕。蚕的一生经历卵、幼虫、蛹、成虫等四个形态。成虫(蚕蛾)形状像蝴蝶,全身披白色鳞毛,两对翅较小,不能飞,可以产卵以繁殖后代,产卵后即死亡。带白色鳞毛的“蚕翼”,并不能给人轻盈薄透的联想,“薄如蚕翼”不恰当,经典汉语中,也从未见有此说法。

蝉与蚕,同为昆虫,但两者在外形、习性等方面差异甚远。把“薄如蝉翼”写成“薄如蚕翼”,许是没有弄清两者的特性,加上“蝉”“蚕”两字读音相近所致。

“胺”不可作“氨”

◎盛祖杰

2019年3月16日《环球时报》第5版刊载《支持奶业振兴 我们不能全喝进口奶》，文中写道：“三聚氰氨事件后，国家制订了一系列措施……都有严格规定。”其中“氨”应为“胺”。

古汉语中，“胺”读作è，意思是肉类腐烂变质。《玉篇·肉部》：“胺，肉败也。”而在现代汉语中，“胺”读作àn，是氨分子中部分或全部氢原子被烃基取代而成的有机化合物，大部分具有弱碱性，能和酸形成盐。三聚氰胺是一种三嗪类含氮杂环有机化合物，白色，几乎无味，常在化工领域使用。对身体有害，不可用于食品加工或食品添加物。

2008年，三鹿奶粉中发现化工原料三聚氰胺，是震惊全国的食品安全重大事件。《咬文嚼字》发布的《2008年十大语文差错》第二条便是“社会热词容易读错的是：三聚氰胺”。“‘氰胺’应读qíng'àn，但不少人误读为qīng'ān”。或因误读，引文作者把“胺”写成了“氨”。

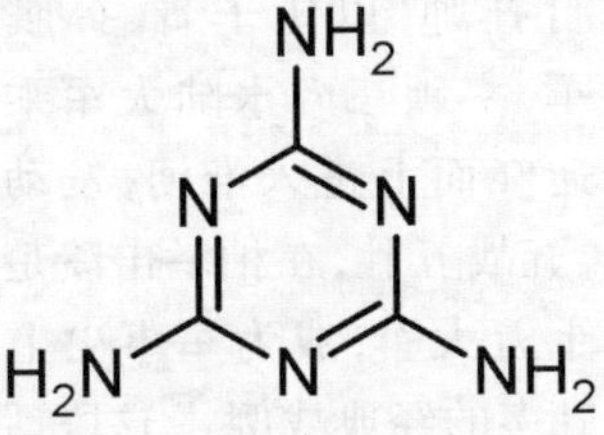

三聚氰胺化学结构式

“氨”读ān，是氮和氢的化合物，是有刺激性臭味的无色气体，易溶于水。“氨”与“胺”，一个是无机物，一个是有机物，两者属性大相径庭，切不可混为一谈。

吴王阖闾并未以孙膑为将军

◎王宗祥

“公元前506年，吴王阖闾亲自挂帅，以伍子胥、孙膑为将军，率领三万水陆大军乘战船逆江而上进入淮河，发动奇袭，五战五胜，在柏举击溃楚国二十万大军，成为军事史上以少胜多的经典战例。”这段话出自2019年2月21日《新华日报》第14版《江南湖海》一文。吴王阖闾何曾以孙膑为将军？文章把孙膑孙武弄混了。

孙武，亦称“孙子”，春秋末兵家。曾以《兵法》十三篇见吴王阖闾，被任为将。公元前506年吴楚柏举之战时，孙武率吴国军队大败楚国军队。《史记·吴泰伯世家》有载：“九年，吴王阖庐（即阖闾）请伍子胥、孙武……以其五千人冒袭楚。楚兵大败，走。比至郢，五战，楚王败。”

孙膑

孙膑，战国时兵家，孙武的后代。因受庞涓迫害遭受膑刑，故称孙膑。人们熟知的田忌赛马、围魏救赵、孙庞斗智的故事，都是与孙膑相关的。1972年在山东临沂银雀山西汉初期墓中发现孙膑论兵竹简，后整理出版。

可见，吴楚柏举之战吴王阖闾并未以孙膑为将军，而是以孙武为将军。

检测窗

编校差错扫描(十二)

◎王　敏

“驯”马顺服“训”教诲

【错例】我也知道他桀骜不训,可就是欲罢不能。

【简析】“桀骜不训”应为“桀骜不驯”。“驯”与“训”都是形声字。“驯”从马,其含义与马匹有关,本义指马顺服。《说文解字》:“驯,马顺也。”泛指服从,如“驯良”“驯顺”等。“训”从言,其含义与言语有关,本义指教导、教诲。《说文解字》:“训,说教也。”引申指教育的话(如“家训”)、法则(如“不足为训”)、解说注释(如“训诂”)、讲习(如“训练”)等。“桀骜”指凶悍倔强,本指野兽、牲畜不服管教,也可指人性情狂躁;“桀骜不驯”特指凶暴不顺、傲慢不恭的样子。古汉语中“驯”和“训”有通用的情况,但如今两者已分工,“桀骜不驯”不能写作“桀骜不训”。

“锱铢”微小“辎车”大

【错例】他们也开始勒紧裤带,辎铢必较。

【简析】“辎铢必较”应为“锱铢必较”。形声字“锱”与“辎”的声旁都是甾(zī)。“锱”从金,本义指古代的重量单位。

因时代地域的不同，“锱”的重量也不同。按照通常的说法，旧制的一两有四锱二十四铢。《说文解字》：“锱，六铢也。”引申泛指微小、细微，“锱铢必较”就是比喻对很少的钱或很小的事都十分计较，现多形容过于吝啬或小气。“辎”从车，本义指古代一种有帷盖的大车。《说文解字》：“辎，軿（píng）车前，衣（掩蔽）车后也。”朱骏声曰：“辎軿皆衣车，前后皆蔽曰辎，前有蔽曰軿。”“辎”全车遮蔽，适合载物，尤其是军需物资，如“辎重”。“辎”与“铢”语义无关，两者无法构词。

“率土之滨”非“宾客”

【错例】普天之下，莫非王土；率土之宾，莫非王臣。

【简析】“率土之宾”应为“率土之滨”。“宾”和它的繁体字“賓”都是形声字，但其甲骨文是个会意字，主人（）在房子（）里迎接外来（）的客人（），其本义指的是宾客。“滨”是形声字，从水宾声，本义指水边，名词，如“海滨”，又作动词，指靠近水，如“滨江”。引申泛指边界，“率土之滨，莫非王臣”意思是从王土的边界开始，没有一个人不是君王的臣民。“率”，自，循，沿着。“率土之滨”与“普天之下”对应，泛指境域之内，与宾客无关，不能写成“率土之宾”。

切“磋”琢磨不“蹉跎”

【错例】球队的宗旨是加强锻炼，增强体质，切蹉球艺，广交朋友。

【简析】“切蹉”应为“切磋”。形声字“磋”与“蹉”声旁相同，都读 cuō。“磋”从石，本义指磨治象牙。在古代，同样是加工器物，其加工对象不同，有不同的说法——“骨谓之切，象谓之磋，玉谓之琢，石谓之磨”（《尔雅》）。细致入微的“切磋琢磨”，都是为了利用材料优良的特性与品质，使之成有用的器物，因此“切磋琢磨”可比喻互相商量、研讨，学习长处，纠正缺点。《诗经·卫风·淇奥》以“如切如磋，如琢如磨”的诗句歌颂卫武公之德，用的就是比喻义。“蹉”从足，本义指失足、跌跤，一般不单用，常用词语是“蹉跎”，常用含义是虚度光阴、失意，如“日月蹉跎”“万事成蹉跎”。“切磋球艺”比喻相互商讨、研究球艺，“切磋”与“蹉跎”无关。

“门第”“兄弟”要分清

【错例】父母都是知识分子，所以我有着书香门弟所特有的清高，自然就不太合群。

【简析】“书香门弟”应为“书香门第”。“弟”字甲骨文写作，会意字，从（戈、矛等的木柄）从己，是用皮绳一圈一圈缠绕木棍的样子，本义指缠绕的次序。《说文解字》：“弟，韦束之次弟也。”兄弟之生有先后，因此“弟”引申指兄弟之弟。又泛指亲族中辈分相同而年纪较小的男子（如“堂弟”）、朋友间的谦称（如“小弟”）、学生（如“徒弟”）。“第”是形声字，从竹弟声，本义即次第。《广雅·释诂三》：“第，次也。”进一步引申，等级称“等第”，科举应试合格称“及第”，古代按一定品级为王侯功臣等建造的大宅院称“府第”。古汉语中，“弟”与“第”一直纠缠不清，但如今两者各自功用已然明确：“弟”只与“兄”对称，不再表示次第；次第及其引申义均由“第”承担。“书香门第”指世代都是读书人的家庭，这是根据家庭的地位和文化程度区分出的等级，与“兄弟”无关，不能写成“书香门弟”。

网言网语

当“神仙”穿越到现代

◎刘　恬

在中国古代神话传说中，神仙是超脱尘世、长生不死的人物，《逍遥游》向我们展示了早期神仙的风采：“藐姑射之山，有神人居焉，肌肤若冰雪，绰约若处子，不食五谷，吸风饮露，乘云气，御飞龙，而游乎四海之外。”西汉刘向编撰的《列仙传》记叙了自三皇五帝时至汉代七十余位神仙人物之事，这些神仙居于仙山大泽之中，乘龙凤白鹤，具备呼风唤雨、飞举升天的能力。由此可见，超凡脱俗的神仙形象在中国由来已久。人们总把最神异、最清高、最超凡脱俗的想象加于神仙之上，从而使得神仙成为完满又具有多样内涵的形象：既可指超脱凡世、本领高强、无所不能的圣人，也可指逍遥自在、无所牵挂、达到至高境界的人。

“神仙”一词进入网络语言则主要沿袭了其“无所不能”的形象特点，成为对某一方面特别突出者的爱称。原义为“神话中的女性神”的“女神”衍生出新的含义，与“女神”相对应的“男神”一词也应运而生。“男神”和“女神”起初被人们用于称呼自己爱慕的有颜值、有气质的明星大腕，后可指备受崇拜的、才华出众的各界杰出人物，体现了这些优秀者在人们心目中异于普通人的特殊地位。

然而，“神仙”一词在网络语言中的应用不止于此。“神仙”衍生出的“各界杰出人物”的意义通俗地说即“高手”，他们因为拥有极其强大的能力，做事总是轻而易举。游戏中的高端玩家们以娴熟的操作、飞快的手速决斗，让人不敢相信游戏也可以这样玩，观众们只得惊呼“神仙打架”；美国职业篮球赛场上，作为各自半区头名的凯尔特人队和勇士队的对决被看作是总决赛的预演，欧文和库里的对决就像“神仙打架”；几部大制作的影视作品同档期上映，也总要上演“神仙打架”争夺票房的戏码。当然，有高手就相应地会有“菜鸟”，在网友们神仙创造力的推动下，与“神仙打架”意义相反的“菜鸡互啄”随之产生，如：刚入门的我和“常败将军”小王下棋简直是菜鸡互啄。有时“神仙”还可指“身份地位高的人”，而这些神仙打起架来，总是“小鬼遭殃”，如公司内部上演“神仙打架”，人事纷争使员工对部门前景失去信心，也为自己的去留惴惴不安。另外，“神仙打架”也可用于形容大平台、大机关之间相互争斗，它们的斗争往往不至于使“小鬼遭殃”，因此吃瓜群众们总是静静围观，例如“沃尔玛站队京东腾讯，犹如神仙打架”；这时，“神仙”更多地带上了高高在上、与普通人关系不大的含义。

无论是何方神仙打架，“神仙”一词中都含有“超于常人”的意义，所以当它被用于修饰其他名词时，总表达出“完美的”“令人惊叹的”“让人羡慕的”等由衷赞美的褒义色彩，似乎所有美好的词语都难以言尽被赞美对象的完美程度，只得用超脱凡俗的“神仙”来形容了。但是，当“神仙”一词被广泛使用而发生意义的泛化后，它却不只具有褒义色彩了：令人惊叹的事物既可以完美得超出人们的想象，也可以让人厌倦到无以复加；既可以惹人羡慕为之疯狂，也可以奇葩得一言难尽令人摇头。由此，“神仙”也可以表达对超出正常人意料之外让人反感的奇怪事情的吐槽：“神仙单位”请病假居然要拍照证明，“这又是什么神仙操作”。与此相关，因为“神仙”一词兼具褒义和贬义，“神了”除表达赞叹的感情外，同样

“佛系”小议

◎宋静雯

用“佛系”“道系”“儒系”等词描述不同生活态度的帖子曾被疯狂转发，热情的网友们比照自己的生活态度，纷纷“对号入座”。现在，很少有网友用“道系”或“儒系”来形容自己了，而“佛系”一词却依然颇受青睐，在公众号、朋友圈，甚至是日常口语交际中频频现身。

网络流行语“佛系”最早出现于何处呢？2014年，一份日本杂志用“佛系男子”形容一种为人处世遵从自己内心喜好，享受单身生活，不愿将时间、精力和金钱花费在结交女朋友上的男子。2017年，“佛系”通过网络传播进入中国网民的视野，反映出部分现代人随遇而安、心如止水、不争不抢、不勉强自己也不苛求他人的生活状态，进而引申出“佛系买家”（网上购物时不关注物流快慢、不差评、不晒图，即使收到不好的货物，也不争不吵、不退不换的消费者）、“佛系职员”（在工作中无悲无喜，无论面对与日俱增的工作量还是暴跳如雷的老板，都泰然处之的职员）等词组。“佛”也被单独活用为动词，一句“我佛了”昭示着说话者下

可以表达疑惑、反感的情绪。

“神仙”从中国古代传说中穿越到现代网络世界中，被赋予了众多含义，成为网络交际中被频繁使用的“万能梗”。但是，“神仙”虽好，可不要滥用哦，每天吃太多“神仙食物”、看太多“神仙综艺”、刷太多“神仙微博”，生活也会了无生趣呀！

了“不争”的决心，话音刚落就脱离世俗纷扰，隐遁到内心清净之地——只要一句话或一个心理暗示，便可令心态从“焦虑无助”切换到“淡泊无为”。“都行，可以，没关系”被称为“佛系三连”，现已成为解决吃什么、去哪玩等问题的“万能钥匙”。当我们结束了一天的忙碌，想好好给自己放个假时，便可理直气壮地宣布：“今天我是佛系青年，不想动，只追剧！”达到更加心安理得追剧的效果。

提到佛教信仰，人们往往想到不杀生、不近女色、戒贪嗔痴等。“看破红尘”“无欲无求”“一切随缘”成了佛教的代名词。世人眼中的佛在高处俯视众生，人间的悲喜消散在弹指一挥间，佛心无挂碍。现实生活中的人们双手合十，口中念叨“我佛了”的样子，与印象中无悲无喜、无欲无求的高僧形象还真有几分神似。然而，对于年轻人来说，一味以“佛系少年”自居，如此“不争不抢”真的好吗？就算“佛系”如唐僧，人家也是有西天取经的追求的啊！

其实，争议的产生源于人们对“佛系”的理解各有侧重：反对“佛系”者放大了“不争”的一面，扩大了“不争”的范围，尤其反对的是年轻人以“佛系”作为自己惧怕竞争、没有梦想或懒于追逐梦想的“正当理由”（借口），这就把“佛系”和“没有上进心”等同起来了；支持“佛系”者则强调“不强求”，因为不过分执着有助于良好人际关系的建立和自身心理健康的维护。

窃以为，要不要成为“佛系××”是见仁见智的事情，问题的关键在于：能否借助“佛系”或“不佛系”的生活态度，真正达到自己的理想状态，该“佛”时就“佛”不该“佛”时就“不佛”。

科学还是不科学？

◎田童心

“他成绩这么好居然没上清华，这不科学！”

“最近雾霾这么严重，我还没被毒死，真是不科学！”

无论是几百年前的科举状元，还是请来“赛先生”的近代知识分子们，大概都想不到，他们心目中严肃的“科学”，会被加上个否定，变成一句日常吐槽吧！想搞清楚“不科学”，我们还得先弄清：“科学”这个词，怎么会从高高在上，变成稀松平常？

国人对出现“科学”一词的印象或许停留在近代，但事实上早在典籍里就已有记载。据《说文解字》，“科”是会意字，“从禾从斗，斗者量也”；故“科学”一词乃取“测量之学问”之义。到了唐宋时期，“科学”则成为科举制度下，读书人热衷的“科举之学”的略语。譬如宋代陈亮在《送叔祖主筠州高要簿序》中所言：“自科学之兴，世之为士者往往困于一日之程文，甚至于老死而或不遇。”

甲午海战失败之后，中国人背负着振兴民族的重任，于是一场学习近代西方科技的运动轰轰烈烈展开了。而通过走近代化道路崛起的日本，成为了学习的对象。康有为所著《日本书目志》中，便列举了《科学入门》《科学之原理》等书目，“科学”的含义发生了第一次转变，开始与西方世界接轨。辛亥革命时期，中国人使用“科学”一词的频率逐渐增高，因为在这种动荡的时代，“科学”是技术的代表，是振兴国家的关键。

然而，从社会历史的角度来看，国人对西方所言“科学”是陌生的，千年来“重伦理、轻自然”的传统影响了人们对这个新兴概念的理解——“科学”很轻易便泛化了。譬如丁玲在《莎菲女士的日记》中写道：“我不相信恋爱是如此的理智，如此的科学。”若是不明出处，还以为是今天的一句口语呢！虽其含义“合乎逻辑的，合理的”

仍在传统“科学”的范畴内，却不禁让人发问：这是否为后来“科学”的网络化埋下伏笔？

到了21世纪，“和平”与“发展”成为了主流，“科学”也已经完全进入了每个人的生活，成为常态，不再需要被仰望；与此同时，某事某物如果“不科学”，反倒稀罕了。一种“猎奇”“求异”的心理蔓延，使得“不科学”代替了“科学”，被更频繁地使用，演变成我们今天熟悉的“这不科学”。此话在流行之初，多指某事不符合科学常理、不合乎逻辑，与丁玲笔下的用法半斤八两。但是厉害的当代青年们总能发掘出多种含义，也渐渐地运用于各种场合。关于“这不科学”的起源，共有三种主流说法：

一说认为该词的流行源于科学真人秀《最强大脑》节目。在《最强大脑》第一季中，因帅气照片走红网络的科学判官魏坤琳，最常说的一句话就是“科学是我评判的唯一标准”。这句话随着节目的热播，在网上一炮而红。在之后的传播过程中，它演变成多种不同的形式，其中就包括“这不科学”。

一说认为这是对理查·费曼先生于2005年出版的著作《这个不科学的时代》的简称。这个书名在极客圈内被简化为“这不科学”并逐渐变成口头禅，最终演化为网络流行用语。

一说是来自日本动漫。当年深刻影响中国人求富求强的邻国日本，其动漫影响力更是不小。日剧《天才麻将少女》中，原村和同学有一句名言：そんなオカルトありえません，被翻译为“这不科学”。虽然它的原意是：这种超自然现象不可能存在，但是被联想力丰富的网民以极高频率用于吐槽后，“这不科学”就延伸出了“这很魔法”“这很科幻”的意思。

无论起源哪里，又终于何地，真实科学的强有力支撑，才使得今天的我们，可以有信心有胆量随意吐槽“这不科学”，“不科学”仍然源于对“科学”的信仰。

华语圈

试说“皮草”

[中国香港]田小琳

查“皮草”一词，《现代汉语词典》第7版的释义是“指裘皮及裘皮制品”（第992页），并标〈方〉表示来源是方言。我上世纪80年代从北京到香港，看到“皮草”一词觉得挺新鲜，那时这个词还没有进入规范词典。什么是“皮草”？进皮草店铺一看就明白了，原来就是北方人说的翻毛大衣、狐皮大衣、貂皮大衣之类，总之，毛在外面。

“皮毛”制衣，书面用“裘皮”统称，用“裘”构成的词还有“狐裘、貂裘、轻裘、集腋成裘”等。“皮草”和“皮革”不同，“皮革”是指去毛后的某些动物（牛、羊、猪等）的皮，可制成各种皮件，例如皮夹克、皮带、皮鞋、皮箱等。

接下来的疑问是，皮草这么名贵的服装，售价不菲，为什么用“草”作为构词语素呢？有人望文生义地解释说，皮草店是冬天卖皮毛，夏天卖草席。这当然是笑话，皮毛何其贵，草席何其平（便宜），风马牛不相及嘛。

我想，“皮草”的“草”，应该说的是“毛”才解释得通。怎么证明呢？如果用方言词语、文言词语、普通话词语一起拿来比较，可以互文为义。拿“皮草、皮毛、皮裘、毛皮、裘皮”一组词互相比较，可以看出“草”“裘”都是“毛”的意思了。下面再用文言词“不毛之地”和方言词“皮草”直接来做比较。

《公羊传·宣公十二年》记载：“赐之不毛之地。”“不毛”就是不长草，“不毛之地”泛指贫瘠荒凉的土地，寸草不生，不要说长庄稼了。那么，“毛”和“草”，便是同义语素。这样，可以直接推断出“皮草”的“草”，就是“毛”；“皮草”就是“皮毛”。同时，也得出“不毛之地”的“毛”就是“草”。

最后谈谈“皮草”和“草皮”的关系。这是一组同素反序词：语素相同，次序相反的合成词。“草皮”是“连带薄薄的一层泥土铲下来的草”，供铺草坪或铺在堤岸表面（详参《现汉》第7版第130页）。语素“皮”指的是地表面的一层，草长在这一层上，故称“草皮”，“草皮”之“皮”是以皮喻地；“皮草”是以草喻毛，毛长在动物的皮上，是毛皮。“皮”“草”同素反序所构成的一组合成词，词义完全不同，说明汉语语序是重要的语法手段。再仔细分析一下，会发现它们的语素义仍有联系，共同点是都含喻义。

研究一个语言现象，常常要将现代汉语、古代汉语和方言联系起来研究，才能得出答案。“普—方—古”互连，这是一个百试不爽的方法。“皮草”和“不毛之地”的比较又一例也。

（作者是本刊特约编委）

“中二病”是病吗

[中国香港]秦嘉丽

我在普通话课上，喜欢透过小组讨论及角色扮演等活动，让学生饶有兴趣地学习普通话。记得有一节课的主题是看病。在教授完课本知识以后，我请他们模拟看病的情境。学生在讨论时，有一位短头发的小女生悄悄地问我：“老师，我们可以设定病人患有‘中二病’吗？”我一下子有点蒙了，不过，最后还是同意了他们的构想，让他们自由发挥。

“中二病”是什么病？它其实是一个网络流行词，源自日本，中二即初中二年级，中二病“指的是青春期少年特有的自以为是的思想、行动和价值观”。随着这个词在网上被广泛运用，“中二病”现在主要指那些自我意识过盛、狂妄，又觉得不被理解、自觉不幸的人，尤其是那些“成形的价值观与尚未脱离的幼稚想法互相混杂”的成年人。

“中二病”又称“初二症”，是伊集院光于1999年1月11日在广播节目《伊集院光 深夜的马鹿力》中首度提出，“比喻日本青春期的少年过于自以为是的特别言行的俗语”。“中二病”一词原是在节目中主持人与听众交流时的特有简称，渐渐变成了网络上的流行语。

“中二病”这个词除了在网络上广泛使用外，也在报章杂志上出现。在网上慧科（wise news）翻查从2006年至2018年“中二病”在香港、内地、澳门及台湾的出现频率，我们发现这个词是2009年第一次在香港报章上出现，2010年内地也开始使用，直至2014年才成为内地的网络流行语。请看下表：

	香港	内地	澳门	台湾
2006	0	0	0	0
2007	0	0	0	0
2008	0	0	0	0
2009	3	0	0	0
2010	1	4	0	0
2011	6	1	0	0
2012	4	4	1	7
2013	3	18	4	7
2014	3	35	2	7
2015	11	34	2	8
2016	21	27	0	10
2017	11	19	1	10
2018	26	11	3	3

“中二病”一词于2018年在内地报章上的使用频率已经降低，但香港报章的使用频率仍有26次，高于其他3个地区。

“中二病”能否根治，或者变为另一种新的“病”，那就要看网民是否“给力”了。

（作者是香港浸会大学持续教育学院二级讲师）

谈台湾的『夯』

[中国台湾]高婉瑜

在表述某人或某物很红或很流行时,大陆常说“火”,台湾则说“夯”(hāng),如“他现在夯到不行”“这款手机今年正夯”。“夯”是个古老的词,有两个读音:一个是 hāng,当动词指用力扛、膨胀,当名词指用来敲打地基,使其结实的工具;另一个是 bèn,形容词,指呆笨之意,如“夯货”“蠢夯”“夯力量”。台湾的“夯”读第一个音,但意思不同。台湾的“夯”是怎么来的呢?

这个问题众说纷纭。有说是英语 hot 的意译;有说是闽南语“烘”(台湾闽南语罗马字拼音 hang)的谐音,“烘”有轻微发烧之义;还有说是闽南语“红”(âng)的谐音,形容人正在走运或特定事物正在流行。有趣的是,台湾闽南语也有“夯”(giâ),当动词,指扛、发作、上升之义。

笔者怀疑表热门、流行的“夯”是记音字,记录闽南语“红”的音。因为 hot 之意译一说臆测居多,于理无据。表“烘”谐音的可能性低,因两者语境有别(但超商卖的“夯蕃薯”例外,是闽南语“烘蕃薯”的双关),而且表轻微发烧义的“烘”经常重叠使用,“夯”无此用法。闽南语“红”的词性、语境与“夯”皆相同,均是形容词,如“他现在很红”等同于“他现在很夯”。再者,通用汉语 hāng 的声母 h 是一个比较弱的音,容易失落,听起来与 âng 接近,而通用汉语语音 hāng 可对应的汉字甚少,所以挑了“夯”来记音,而不管“夯”的词义。

无论是古老的“夯”(hāng)的词义(用力扛、膨胀),或闽南语“夯”的词义(扛、发作、上升),都隐含“往上”之义,而热门义的“夯”,不也是因为某人事物的声势上涨,所以才变得热门、流行的吗?当时选择“夯”记录语音,又与古老的“夯”或闽南语“夯”的语意有关联,可能就是奇妙的巧合了吧!

(作者是高雄师范大学国文学系教授)

读书

“大”与“太”

◎周振鹤

用普通话说“这太大了”，谁不会说？但用客家话来说就不容易了，多半会说成“这太太了”。这不是客家话的毛病，老祖宗们都这样说的。老古话里，“大”与“太”是不分的。《史记》里说到夏朝的疆域时说：“夏桀之居，左河济，右泰华，伊阙在其南，羊肠在其北。”这里的“泰华”，曾有人释为泰山和华山，显然不对。因为泰山与华山分居中原的东西两侧，而《史记》里的泰华显然在夏国的西侧，所以不可能是泰山与华山的合成。究其实，泰华就是今天的华山。“泰”通“太”，华山本来又叫太华山，为什么？因为在它的旁边有一座少华山。这一下就全清楚了，“太”就是“大”，“少”就是“小”，在小华山边上自然是大华山了。其他例子还有，少林寺所在的嵩山，汉代叫太室山，在它旁边也一样有一座少室山。

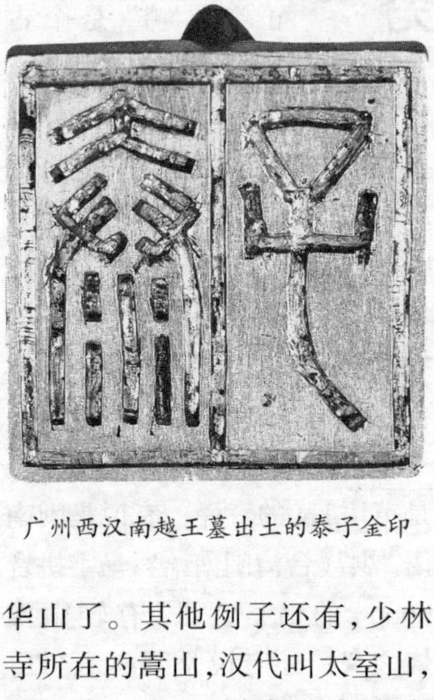

广州西汉南越王墓出土的泰子金印

“大”通“太”，不但在音，也在字。战国秦汉时，郡的长官称郡守，汉景帝以后改称太守，但出土的印章，却作大守，显然“大”“太”在书写时也是随便的。至于太子何以叫作太子，说穿了也没有什么稀奇，因“大”“太”不分，所以太子其实就是大子——国君的大儿子罢了。《左传》记晋献公的太子申生，就写作大子申生。“太子”也可以写成泰子，广州西汉南越王墓就出土了镌有“泰子”二字的金印与玉印各一枚，这个泰子就是第一代南越王赵佗之子，因赵佗之寿太长，其太子不及登王位即亡，故该印被放入第二代南越王赵眜（赵佗之孙）墓中。

钱大昕《十驾斋养新录》有“大太二字易混”条，说唐文宗与五代吴国杨溥的年号是大和，不是太和；辽道宗年号是大康，不是太康，而今辽史刊本皆作太康，无人能正之者。究其实，“大”“太”通用，恐怕写作太康在当时亦未必错。

“泰”既通“太”，泰山就是太山，那么进一步设想，五岳之首的泰山原来不过就是大山的意思，似乎也太俗了点。但很多地名就是从俗语中来的，一点不雅的。试想长江又何雅之有？与大山不正是一对吗？很多地名是从一般名称变成专门名称的。泰山是黄河下游第一高山，而且拔地而起，显得特别雄伟，当地人见了自然称其为大山，久而久之，就成专名了。

（选自《逸言殊语》，上海人民出版社 2008 年 8 月出版）

微语录·人生

1. 凡是小事都要大声说，凡是大事都要小声说。

2. 威不可使尽，福不可享尽，便宜不可占尽，聪明不可用尽。

3. 金钱像水一样，没有会渴死，多了会淹死。

4. 面对生活，要有最好的准备和最坏的打算。

（刘　芳 / 辑）

向你挑战

吃苹果的方式

（文中有十处差错，你能找出来吗？答案在本期找）

◎梁北夕 设计

尼克和杰克是十分要好的朋友。他们年龄相仿，志趣相投，有许多相象之处；但是在另一些方面，他们表现得大相经庭。就拿吃苹果来说吧。同样一箱苹果，尼克总会先挑小的、难看的、以及已经出现烂点的苹果吃，而杰克恰恰相反，他总是先选择个头大的、好看的、一点坏的痕迹都没有的吃。

为此，在这对好朋友之间还曾发生过一次争锋相对的口角。杰克取笑尼克道："按照你那种吃法，等到把烂的吃完，原本好的也烂掉了，你岂不等于吃一箱子烂苹果？"尼克不以为意，回敬道："难道还像你那样，上来就把好的全挑光，越吃越烂，到最后有些都烂透了，只能扔掉，简直是暴殓天物！"在这一点上，两人没法勾通，谁也不能说服谁。

长大以后，由于总是习惯于先挑不好的给自己，而把好的、完美的留下，尼克成了大名顶顶的慈善家，受到众人的尊敬。而杰克，由于总是善于抓住最好的，剔除不好的，最终也成为名动一方的商人。

切记以自己的行为标准，去肯定或者否定他人。个性本没有什么对错，只要你能好好地把控，它才会成为一叶破浪的轻舟，带你到达成功的彼岸。

公文写作续谈
公文写作续谈

德国细节
德国细节
The Details of Germany

火眼金睛

图中差错知多少？

龙启群　陈　敏　赵　岩　顾银乔　提供

（答案在本期找）

1

2

3

4

ISSN 1009-2390

08>

9 771009 239197

2018年度向全国少年儿童推荐的百种优秀报刊

YAOWEN-JIAOZI

咬文嚼字®

09

2019

鲫鱼

也称鲋（fù）鱼。硬骨鱼纲，鲤科。体侧扁，背面隆起呈青褐色，腹面银灰色。我国各地淡水均有分布。鲫鱼喜欢群集而行，游动时靠得很近。《本草纲目》引《埤雅》：“鲫鱼旅行，以相即也，故谓之鲫；以相附也，故谓之鲋。”“即”和“附”都有靠近之义。

上海世纪出版集团

欢迎至邮局订阅本刊 邮发代号 4-641

国内统一连续出版物号 CN 31-1801/H

定价：5.00 元

名家语画

胡适"怕太太"

李方乔 / 文　臧田心 / 画

胡适属兔,他的夫人江冬秀属虎。胡适常开玩笑说:"兔子怕老虎!"一次,有朋友寄给胡适十几个法国古铜币,币上有"PTT"三个字母,读起来谐音正巧为"怕太太"。胡适又开玩笑说:"如果成立一个'怕太太'协会,这些铜币正好用来做会员的证章。"大家都知道,胡适倡导女权,尊重女性,他不是怕太太,而是尊重太太!

咬文嚼字®

2019年9月1日出版

9

总第297期

主管：上海文艺出版总社
主办：上海文化出版社
编辑、出版：《咬文嚼字》杂志社
集团网站：http://www.shwenyi.com
E-mail：yaowenjiaozi2@163.com
官方微博：
http://weibo.com/yaowenjiaozish
电话传真：021-64330669
发行电话：021-64372608-181
邮购电话：021-64370935
地址：上海市黄浦区绍兴路7号
邮政编码：200020
发行：上海市报刊发行局
发行范围：国内外公开
订阅处：全国各地邮局
邮发代号：4-641
ISSN 1009-2390
CN 31-1801/H
印刷：上海中华印刷有限公司
印厂电话：021-60829062
021-60299079
定价：5.00元

如发现本刊有装印质量上的问题，请在当月与承印公司联系调换。

语林漫步

从“垃圾”谈到构式的制约因素

◎施南仁

今年7月1日，上海正式进入垃圾分类的“强制时代”。按相关规定，上海人必须把垃圾分成干垃圾、湿垃圾、有害垃圾及可回收物四类，在每天早上、晚上的规定时间里，到垃圾投放点，把垃圾投放到相应的垃圾箱里。如果不按规定投放，可能面临处罚。网上立马出现了一个段子：

现在住在魔都的人，每天都要经受老阿姨的两次灵魂拷问——你是什么垃圾？

在分类垃圾投放点，从理论上讲，确实有可能出现这样搞笑的对话场景：

环卫老阿姨：你是什么垃圾？

垃圾投放者：我是干垃圾。

……

《语言文字周报》迅速组织学者讨论：在这种场景里，“你是什么垃圾”是一种什么样的语言现象，从语言学角度应该如何解释？

有学者说：这是转喻。“你是什么垃圾”的意思其实是“你的垃圾是什么垃圾”。在领属结构“你的垃圾”中，“你”是“垃圾”的领有者，“你是什么垃圾”是以领有者转指整个领属结构。

也有人说：“是”常表示等同或归类，如“鲁迅是《野草》的作者”“我是复旦大学中文系的学生”。除此之外，“是”也可表示存在或领有，如“地上是花”实际上是说“地上有花”。“你是什么垃圾”的意思就是“你有什么垃圾”。

学者从不同的角度，对“你是什么垃圾”做出了解释，都有一定的道理。然而，他们做的都是“合理性”解释，难道“你是什么垃圾”真的一点问题都没有吗？

上述段子之所以成为段子，这本身就说明它异于常规表达，有“可笑”之处。我在一个小范围里做过一个调查：如果你是那位环卫老阿姨，会这样问别人吗？大家都说，正常情况下不会，除非跟熟人开玩笑。可见，大家都能意识到：在正式严肃的交流中，要回避使用“你是什么垃圾”之类的说法。段子是网民为了搞笑而编造的，也不是一个真实的对话场景。我相信，在现实生活里，环卫老阿姨有跟我们一样的语感，也会回避说“你是什么垃圾”之类的话。

原因何在？这与语言构式的制约有关。

各种语言结构，可以看成是不同类型、不同层次的构式。构式是人们长期运用语言而形成的格式，是语义和形式的“匹配”（assemblies）。人们按照构式习得语言，也按照构式运用语言。然而，构式的“话语生成能力”不是无限的，按构式造句，往往会受到某种因素的制约。

现代汉语中常说“吃饱了饭”“喝醉了酒”，但同样是V（动词）+R（补语）+了+O（宾语）结构，“吃胖了烤鸭”“看累了书”就不说。可见，这个结构是受限的。石毓智先生认为：“吃”和“饱”、“喝”和“醉”高频率共现，久而久之，人们把它们看成了一个复合动词，其后直接跟上了宾语；而“吃”和“胖”、“看”和“累”的共现频率没有那么高，词汇化程度还很低，还不能直接跟宾语。也有学者做出过其他解释，不在此一一赘述。这种制约，是语法层面的，我们称之为语法制约。

除了语法以外，还有社会心理层面的制约，我们称之为认知制约。

我们常看到“公司是我家，卫生靠大家”“社区是我家，卫生靠大家”“城市是我家，卫生靠大家”之类的宣传广告。读起来都很顺，没有人觉得有问题。然而，前不久一张照片在网上流传，上面是“公厕是我家，卫生靠大家”，大家都觉得可笑。“笑点”在哪？原来“××是我家，卫生靠大家”也是受限的，“公厕”不能进入这个结构。根据大众心理认知，家要绝对地干净，而厕所是污秽之所，把“公厕”比成“家”心理上不能接受。

“××之父”是汉语中的常见结构，如袁隆平被称为“杂交水稻之父”、钱学森被称为“导弹之父”、李四光被称为“中国地质学之父”、詹天佑被称为“中国铁路之父”等等。这个结构也是受限的。新疆乌鲁木齐市第六中学原英语教师冯刚先生为宣传、保护珍稀野生动物野驴做出了重要贡献。有媒体在报道相关事迹时，称他为“野驴之父”。这就很不合适。驴除了指似马的哺乳动物外，它还常常借喻犟、蠢。还是骂人的话，常用来骂犟脾气、傲慢之徒。汉语中许多由驴组成的词都是贬义词，如“驴肝肺”比喻极坏的心肠，“驴性子”比喻暴躁的脾气。把为宣传、保护野驴做出贡献的人称为“野驴之父”，显然也有违大众认知心理。

我们再回过头来看看“你是什么垃圾”。

在某种场景中，把“你喝的是摩卡”“他喝的是拿铁”“我喝的是卡布奇诺”说成“你是摩卡”“他是拿铁”“我是卡布奇诺”，把“她的孩子是男孩”“我的孩子是女孩”说成“她是男孩”“我是女孩”，把“他的太太是日本人，我的太太是韩国人”说成“他是日本人”“我是韩国人”，都没问题。然而，把“你的垃圾是什么垃圾”说成“你是什么垃圾”就不合适了。因为，根据社会大众认知心理，是忌讳把人说成垃圾的。在现代汉语中，垃圾也是骂人的话，常用来骂某人是社会渣滓，毫无用处，或对社会有害。

可见，“你是什么垃圾”之类的话，还是不说为好。

追踪荧屏

杂糅的"以观效尤"

◎龙启群

电视剧《一代名相陈廷敬》第14集中，康熙对涉嫌科举舞弊的官员进行了一系列惩处。宣读判决的官员说道："太子太傅、保和殿大学士索额图纵弟为祸，夺其内阁大臣、议政大臣、太子太傅等职，降为佐领，以观效尤……"这里的"以观效尤"错了，应是"以观后效"或"以儆效尤"。

汉语中有成语"以观后效"，即（对犯下错误的人从宽处理）之后观察其是否有改正的表现。效，指效果；后效，即日后的成效。《官场现形记》第四八回："蒋中丞人尚忠厚，因见两司代为求情，亦就答应暂时留差，以观后效。"另有一个成语"以儆效尤"，指（对一个坏人或一件坏事进行严肃处理）以此来警告那些意图学做坏事的人。儆，使人警醒。尤，指过失、过错；效尤，仿效坏的行为。鲁迅《准风月谈·文床秋梦》引林丁给《涛声》编者的信："我以为各人均应先打屁股百下，以儆效尤，余事可一概不提。"“以观后效”和“以儆效尤”都是处理罪行的方法，前者希望用宽容的处理感化犯人，后者以严厉的手段警告其

“割让”“租借”不同

◎李景祥

央视科教频道2019年4月19日播出的《丝路上的古城》中，主讲老师讲到湛江港历史时说，“鸦片战争失败后，腐败的清政府把香港和澳门分别割让给了英国和葡萄牙”，还说香港、澳门“租期都是99年”（字幕同步显示）。这是把“割让”和“租借”等同了。

从18世纪末开始，英国大量向我国输出鸦片，至道光十八年（1838）已达四万余箱，使得我国烟毒泛滥，大量白银外流，财政困难。道光派林则

他人。放在上述电视剧的语境中，两个词都能讲通。

“以观效尤”从字面上看意思指之后观察仿效这种坏行为的人。既然是对犯罪行为进行处置，自然是不希望出现“效尤”的，“以观效尤”一说让人莫名其妙。出现这种错误应是将“以观后效”和“以儆效尤”进行了杂糅。

徐赴广州查禁鸦片，严厉禁烟。1839年6月，林则徐在虎门公开销烟二百三十七万多斤。英国于是在1840年6月发动了侵华的鸦片战争。1841年1月26日英军强占了香港岛。清政府连吃败仗之后，于1842年8月29日签下了丧权辱国的《南京条约》。该条约中有一款说的是将香港岛割让给英国。1856年英法联合发动第二次鸦片战争。1860年10月侵华英法联军打进北京。同月24日腐败的清政府签下了《北京条约》，又把我九龙半岛的南部，也就是界限街以南地区，割让给英国。1898年6月9日，英国侵略者强行租借九龙半岛界限街以北、深圳河以南的大片土地及附近岛屿，这就是后来统称为"新界"之地，租期99年，至1997年6月30日到期。两次割让，一次租借，割让是永久占领，租借以99年为期。

澳门则并未被割让或被租借。明嘉靖三十二年(1553)时，有来华贸易的葡萄牙人以货物水湿要借地晾晒为借口，进入我澳门半岛地区。1557年，他们贿赂我方官员，得以"定居"并逐渐侵占至澳门半岛中部。但这些地方的主权仍属于我国。鸦片战争后，清朝国势日弱，葡萄牙人借机不断扩大侵略。1845年葡萄牙女王单方面宣布澳门为自由港，驱逐清政府所派官员。1851年和1864年又先后侵占了氹仔岛和路环岛。1887年中葡签署不平等条约《中葡和好通商条约》，允许葡萄牙人在澳门永久居住并管理属于澳门的土地。从1557年到1999年12月20日澳门回归，澳门既未割让，也未租借，更没有所谓"99年租期"，澳门地区一直是由葡萄牙人管治的中国土地。

割让即割地，是把国土的一部分让给别国。(国土)租借指一国以租借的名义取得对另一国某一地区的使用、管理权，但这块土地的主权仍属于出租国，且租借是有期限的。割让与租借不同，不可一概而论。

秦岭东接昆仑？

◎李可钦

央视第10频道节目《百家讲坛》2018年6月3日播出的《中华名山》中有这样一段解说："秦岭，东接昆仑，逶迤1 600千米，将关中平原和四川盆地分隔开来。"（字幕同步显示）这里解说错误，秦岭应是"西接昆仑"。

秦岭在我国中部，是中国地理上的南北分界线。秦岭在历史上曾为秦国之地，故名。广义上的秦岭西起甘肃、青海两省边境，东到河南省中部，全长约1 600公里。包括西倾山、岷山、迭山、终南山、华山、崤山、嵩山、伏牛山等。狭义的秦岭指在陕西省境内一段，在关中平原与汉江谷地之间。

昆仑则是中国西部山脉。西起帕米尔高原东部，横贯新疆、西藏间，东延入青海境内。长约2 500公里。昆仑山的东段为东西走向，分为北中南三支：北支为祁漫塔格山；中支为阿尔格山，东延为布尔汗布达山及阿尼玛卿山（积石山）；南支为可可西里山，东延为巴颜喀拉山，在四川边境与岷山及邛崃山等相接。

由上可知，是秦岭西部与昆仑山脉东部相接，应将"东接昆仑"改为"西接昆仑"。

时尚词苑

新旧两个“洗白”

◎高丕永

先请看下面的两个例句：

（1）这给黑钱的洗白提供了一条出路。（《南亚研究季刊》1992年第2期）

（2）近年来，领导干部档案被“洗白”“粉饰”等案件屡现报端，这也从一个侧面反映出当前档案管理工作存在漏洞。（《人民日报》2015年4月21日）

“洗白”一词，上世纪90年代开始出现在媒体上，进入新世纪后使用量增长较快。2016年，《现代汉语词典》（第7版）第一次把“洗白”作为条目收入，释义有二：①比喻通过某些手段，把非法所得变成合法所得。②比喻通过某些手段消除污点使显得清白。之前，2011年出版的《2010汉语新词语》一书已经收录，释义为“通过一定的不正当渠道将非法所得变成合法财物或将不光彩的记录消除”，并标明“洗白”是有“新义、新用法”的旧词。

的确，汉语里本来就有“洗白”一词。旧“洗白”本义是“脱胶精制苎麻使之变白”。洗白后的苎麻，织成夏布（夏布又名“洗白”）。洗白经染色后可用来做官袍，明清设有官办“洗白厂”，厂里专设“洗白匠”岗位。后来，旧“洗白”引申出“洗刷辩白”的意思。《汉语大词典》把引申义的“洗白”作为条目收录。引申义的“洗白”，在明清时使用不多。民国期间也很少出现，所以《国语辞典》（1937）没有收录。1949年以后，使用更少，《现代汉语词典》（第1—6版）等词典也没有收录。

旧“洗白”，和（1）（2）例句

中现在常见的新“洗白”，虽然字形相同，却是两个实质不同的词。理由主要有二。其一，旧“洗白”是一个很少使用的旧词，不可能突然之间产生新义、新用法。其二，旧“洗白”和新“洗白”，语义特征大不同，语义色彩也不同。旧“洗白”的引申义“洗刷辩白”是“原本为白，蒙受不白，需要洗刷还以清白”的意思，色彩为中性；新“洗白”刚从英语借入时，包含“原本带黑，需要用不正当手段来掩盖以显示清白”的意思，色彩为贬义。

新“洗白”，是改革开放后的借词，意译自英语的“whitewash”。起初，大多数译为“洗白”，也有译为“漂白”“粉饰”的。英语原词用作动词时的本义是“（把墙等）刷白”，引申义是“掩盖严重事故或非法行为的真相”（参见《朗文当代高级英语辞典》第5版）。新“洗白”刚借入时，语义中仍带有原词引申义的语义特征，词义色彩也是贬义的，这可以从《2010汉语新词语》有关的释义中看出来。

新“洗白”借入后不久，便开始“清洗”自身从英语原词中带来的“黑”。《现代汉语词典》（第7版）里，“洗白”的释义②已经没有了原词语义特征中的“掩盖”和“不正当手段”，语义色彩已经趋于中性。《2010汉语新词语》，释义中还有“通过一定的不正当渠道”等字样，但举例中的“洗白”似乎已经开始走上“白道”。更重要的是，现在不少用例中“洗白”后的结果是真的“洗白”了，不再仅仅是“显得清白”。例如：

（3）国内视频网站的版权问题也在风口浪尖上，原来隐藏在海量内容中的盗版电影电视很难再藏住了，各家都逐渐地“洗白”自己，借助各种资金和力量逐渐地正版化。（《2010汉语新词语》用例，此例引自《北京青年报》2009年12月9日）

另外，据某大型数据库不完全统计，2016年该库收录的用到新“洗白”的文章数约是2000年的20倍。新“洗白”使

新闻中的“敲黑板，划重点”

◎刘冰鑫

“敲黑板”是课堂上常见的动作，老师用“敲黑板”的方式提醒学生集中注意力。“划重点”指考试之前老师给学生提示重点内容。“敲黑板”与“划重点”都暗含强调的意思。近几年，“敲黑板”与“划重点”常常连用，并出现在一些主流媒体的新闻报道中。例如：

（1）互联网发展有哪些误区需要规避，有哪些弯路不能涉足？……小编整理了习近平历次讲话中关于互联网发展的10个“不能”，敲黑板划重点啦！（《人民日报》2017年12月6日）

（2）如何把近2万字的政府工作报告解读得一目了然、引人入胜，甚至让观众“陶醉其中”，今年两会上，各家媒体都使出了浑身解数，除了新媒体第一时间推出的敲黑板划重点、关键词解读等，一些媒体还使用了很多非常有意思、有特色的手段。（《中国新闻出版广电报》2018年3月7日）

例（1）（2）“敲黑板，划重点”都使用于官方的新闻报道中，起强调作用。所划重点是

用量的较快增长，原因之一是新“洗白”可以轻松替代同为汉语新词语的“洗钱、洗权、洗档案、洗稿”（这四个新词语，请参看《咬文嚼字》2018年第9期《“洗”的泛用》一文）等。如本文例（1）中“黑钱的洗白”，意思就是“洗钱”；例（2）中的“洗白”档案，就是“洗档案”。

提取或概括了习总书记讲话和政府工作报告中的重要内容。

2016 年 4 月，“敲黑板，划重点”首次出现在微博评论中。某些网友在评论热门事件时，开头总先说一句“敲黑板，划重点”来引人关注，再精辟地讲述重要内容。渐渐地，“敲黑板，划重点”成为网友们的惯用语，被人们熟知。

在使用中，“敲黑板，划重点”又引申出提醒、警示的意义。例如：

（3）水利部完成机构改革后的第一次大会就是警示教育大会，驻部纪检监察组通报了查处的典型案例，并重点介绍了我们工作职责的调整和监督重点，给水利部党员和公职人员敲黑板、划重点。（《中国纪检监察报》2018 年 11 月 1 日）

例句中纪检监察组通过反面案例，警示公职人员要严于律己。“敲黑板、划重点”突出了公职人员遵守纪律，认真做好本职工作的重要性。

此外，“敲黑板，划重点”还经常在标题中出现，后面往往紧接需要强调的信息。例如：

（4）《中国日报》推长图产品 敲黑板划重点 看数字识经济（标题，《中国新闻出版广电报》2018 年 7 月 24 日）

如今，“敲黑板，划重点”也可简缩为“敲黑板”，单独使用。请看：

（5）泡脚如锻炼，时间不足达不到效果，但也不是泡得越久越好，毕竟泡脚是加速血液循环，如果泡脚时间过长，心脏一直处于这种“高压”状态，反而会影响身体机能。敲黑板：不要久泡，要长期泡。（《新快报》2019 年 6 月 10 日）

“敲黑板”跟“敲黑板，划重点”同义，但其使用范围扩大，除了在时政类新闻中出现，还可以在生活类文章中使用，同样起到提醒、引起人们注意的作用。

“敲黑板，划重点”将肢体动作与具体意义相结合，形象生动，具有趣味性。它的流行也反映了在信息爆炸时代人们对迅速获取有效信息的需求。

“在线”新解

◎代宗艳

汉语中的“在线”本来是指“在互联网上”，也可以用于指“在某种系统的控制过程中”（参见《现代汉语词典》第7版“在线”词条），如“在线视频”“在线购买”“中关村在线”“QQ在线”等，一般构成“行业名称+在线”或“在线+网站内容”等形式。近来，在网络新媒体乃至传统纸媒中，“在线”出现了新的用法，如“颜值在线”“智商在线”“情商在线”“演技在线”等。请看：

（1）两位年龄30+的演员演十几岁的少男少女，有“装嫩”的嫌疑，脸部也有些僵硬，不够灵动，但也有观众在豆瓣评论区表示两位演员的颜值在线，古装扮相非常合适。（《新京报》2019年3月4日）

（2）如果能看到别人的难处，还能够以合适的方式予人帮助，这样的人一定是情商、智商在线，我愿意帮助。（《北京晚报》2018年4月20日）

（3）从最近的影视剧来说，新人往往会给大家意外的表演，所以倒也能接受，只要演技在线就好了。（《扬子晚报》2019年1月3日）

例（1）中的“颜值在线”表示颜值很高，例（2）中的“情商、智商在线”表示情商与智商很高，例（3）中的“演技在线”则表示演技很好。不同于以往充当谓语的“在线”是陈述“微信”“微博”等具体名词的，例（1）—（3）中，“颜值”“情商”“智商”“演技”这些名词均为抽象名词，表示人或事物所具有的内在特征。可见，“在线”一词被赋予了[+程度]的语义特征，我们可以将“在线”的引申义概括为“处于良好的状态或水平上”。

近来，随着“在线”一词的泛化使用，出现了大量“抽象名词 + 在线”的流行结构。例如：

（4）张嘉译与靳东情况完全不同，他不断霸屏，且每次都实力在线。（《广州日报》2018年2月8日）

（5）深夜是他创作灵感涌现的时候，有时候灵感在线，他会一直创作到凌晨两三点钟。（《宣城日报》2018年9月11日）

由于“在线”的引申义具有“表扬”“褒赞”的语义色彩，因此“抽象名词 + 在线”可以被视为一种褒扬性评价结构，其话语功能就是表示“对名词所具有的属性进行褒扬性评价”。

“在线”一词在语言使用中浮现出的新义新用法与人类思维当中隐喻的认知机制有关。隐喻是一种修辞手段，指用一种事物暗喻另一种事物。隐喻基础是相似性，因此人们联系生活实际，用“在线”来比喻对人或事物所具有的某些属性的正面评价。在隐喻机制的作用下，“在线”由表示相对具体的语义“在互联网上”逐渐演变出较为抽象的语义“处于良好的状态或水平上”。

“在线”的新义新用法何以流行呢？首先，用“在线”来比喻，新鲜、生动而有趣，“实力”“智商”等是人们经常涉及的话题，过去我们常说“实力很强”“智商很高”等，久而久之，这种语义透明度过高的表达方式会显得单调，“在线”的新用法满足了人们求新求异的心理追求。其次，“在线”的新用法体现了语言使用的经济性与创新性原则，符合语言的发展演变规律。最后，从语言的互动交际角度看，说话人使用“在线”这一创新的褒扬性表达方式，遵循了礼貌原则中的“赞誉准则”，这也不失为一种良好的交际策略。

相信以网络新媒体与传统纸媒为依托，“在线”的新用法会更加流行，其搭配成员的类型与数量也会逐渐增多。

一针见血

"漉州"在哪里

◎岳　伟

2019年第3期《当代》杂志刊发《血色文稿》一文,记述了唐代书法家颜真卿经历安史之乱、创作《祭侄文稿》的一段历史。文章引用了杜甫名篇《月夜》:

今夜漉州月,闺中只独看。
遥怜小儿女,未解忆长安。
香雾云鬟湿,清辉玉臂寒。
何时倚虚幌,双照泪痕干。

并将"漉州"注解为"今陕西漉县"。文中所引诗句和注释都有误。"漉州"应为"鄜州","鄜州"是今陕西富县。

鄜(fū)州,是陕西古地名,安史之乱时,首都长安城被攻破,杜甫一路向北逃到鄜州。安顿好妻子儿女后,只身北上,赶往灵武,投奔肃宗。在路上杜甫为叛军所俘,并被押回长安。于是杜甫写下了千古传诵的唐诗名篇《月夜》。鄜州后称鄜县,1964年因"鄜"字生僻,国务院批准改鄜县为富县。

漉,音lù,意为液体往下渗、过滤,如漉网。将"鄜"误写为"漉",当属形近所致。

没有"拱壁"

◎曲　云

《天一阁史话》(文化艺术出版社1992年9月出版)在谈到古书版本的珍贵时说:"所以各大图书馆对明代地方志均视若拱壁,作为特藏珍本收藏,一般不轻易示人。"(第32页)此处"拱壁"应是"拱璧"之误。

拱璧,即大璧。《左传·襄公二十八年》:"与我其拱璧,吾献其柩。"孔颖达疏:"拱,谓合两手也,此璧两手拱抱之,故为大璧。"后用以比喻极其珍贵之物。阿英《西门买书记》:"就是遇到残本,也视若拱璧。"

壁是墙壁,"拱壁"或可理解为"拱形的墙壁",但它与"特藏珍本收藏"无关。将"璧"误植作"壁",也许是两字音同形近之故。

对顶撞“不以为杵”？

◎董秋成

2019年6月28日《报刊文摘》第2版上刊载了《学子怀念徐中玉先生　学生“顶撞”反获激赏》一文，其中写道：“吴芸茜回忆，当时自己颇有点‘初生牛犊’的年少气盛，言辞中颇有些‘顶撞’，但徐老不以为杵，反而激赏这个年轻人据理力争的锋芒。”这里的“不以为杵”错了，应是“不以为忤”。

“忤”读作wǔ，义为违逆、抵触。不以为忤，即不将其认为是忤逆之举，表示不生气、不介意。《宋史·列传第二百一十七》：“尝有贵客过之，瑛酒酣而歌，以乐器扣其头为节，客亦不以为忤。”

杵，从木午声，读chǔ，指用来舂米或捣衣的木棒。“不以为杵”说不通，误“忤”为“杵”当是形近所致。

“城门失火”殃及了什么

◎阎德喜

2019年4月4日《文学报》第10版上刊载文章《乡村木匠》，其中说：“这些年间，矿山竞争残酷激烈，多少老板昨天开着大奔，一夜之间，只能重新用两条腿在风尘里奔驰。城门失火，自然殃及了鱼池。”这里的“鱼池”错了，应是“池鱼”。

上述文章化用了成语“城门失火，殃及池鱼”。《太平广记》卷四六六引了汉应劭《风俗通》的一个故事：春秋时一个叫池仲鱼的宋国人家住城门附近，一次城门失火延烧到了他家，把池仲鱼烧死了。一说宋城门失火，人们从护城河汲水灭火，最终池水干涸，里面的鱼全枯死了。后人便用“城门失火，殃及池鱼”比喻无端受牵连而遭遇祸害。上述文章说矿山企业竞争残酷激烈导致企业员工跟着遭殃，用“殃及了池鱼”姑且可以。

鱼池，即养鱼的池塘。在“城门失火，殃及池鱼”的典故中，连带遭殃的并不是鱼池，而是池鱼。

悼念逝者的应是“诔文”

◎陈福季

2019年第6期《书屋》杂志上刊载了《迷途者归来》一文，其中说：“‘不折不从，亦慈亦让；赤子其人，星斗其文。’这是沈从文的内妹、定居耶鲁多年而成为我的忘年师友的张充和先生所书，如今镂刻在沈墓碑石上的十六字诔文。”这里的“诔文”错了，应是“诔文”。

诔，读lěi，从言耒声，累述死者功德以示哀悼。诔文，即悼念死者的文章。《红楼梦》第七八回：“然非自作一篇诔文，这一段凄惨酸楚，竟无处可以发泄了。”1988年，著名小说家、散文家、民俗学家沈从文逝世，妻妹张充和发去悼文：“不折不从，亦慈亦让；星斗其文，赤子其人。”上述文章在引用时将后两句弄反了。

诔，读作chī，义为不知。汉语中没有“诔文”这个词。

“男女授受不清”？

◎阎南岗

2019年5月30日《南方周末》第16版刊载的《牛奶和蛋是对女（雌）性动物的剥夺？》一文中说：“对男女关系和接触充满敌意的预设，是要重回男女授受不清的黑暗时代吗？”这里的“男女授受不清”错了，应改为“男女授受不亲”。

“亲”读qīn，本义指关系密切，也有接近、接触的意思。“不亲”即不接触。“男女授受不亲”是儒家用来约束男女社交的一条封建戒律，指男女间互相交付和接受物件时不能发生肢体接触。《孟子·离娄上》：“男女授受不亲，礼也。”

清，指水纯净透明的样子。汉语中没有“男女授受不清”的说法。误“亲”为“清”当是音近所致。

“有朝一日”称“一旦”

◎得 喜

2019年4月5日的《讽刺与幽默》头版刊文《社会办学，不能误人子弟》，其中写道：“教育，是强国兴邦的重要基础，容不得有半点私欲，那些以办教谋利的不法商人们，请走开吧，孩子们的世界是可塑的，一但形成，是曲是直都将是国家未来的形状。”这里的“一但”错了，应改为“一旦”。

旦，本义是早晨，也可指一天。一旦，可以指一天之间，如毁于一旦；也可作副词，即有朝一日，表示不确定的时间。毛泽东《人的正确思想是从哪里来的》：“代表先进阶级的正确思想，一旦被群众掌握，就会变成改造社会、改造世界的物质力量。”

但，可作连词，表示不过、可是；也可作副词，表示只、仅仅。“一但”讲不通，汉语中没有这种说法。

“贪赎”应为“贪黩”

◎杨宏著

《前朝旧事：晚清风云人物》（安徽教育出版社2013年6月第1版）第10页上说：“他一向节俭，看到掌管银库天平的史松泉华衣锦服，大为不悦，认为仅看服用，就知其贪赎。”其中“贪赎”应是“贪黩”。

黩，音dú，本义指污浊，引申指贪求，如“黩财”即贪财，“贪黩”即贪污。唐代李冗《独异志》卷上：“吴隐之为广州刺史，旧有贪泉，人饮之则贪黩，隐之酌而饮之。”又有轻率等义，如“穷兵黩武”即使用全部武力，任意发动战争。

赎，音shú，义为用财物换回抵押品、以行动抵消弥补罪过。汉语中无“贪赎”，误“黩”为“赎”应是形近所致。

“嘎调”非“嗄调”

◎许龙桃

《郭德纲话说北京》(中国城市出版社2006年出版）第230页有这样一段话：

“坐宫”这场，老生杨四郎有几句快板。公主一下场，四郎唱：“一见公主盗令箭，不由本宫喜心间，站立宫门叫小番——”这“叫小番”是嗄调，每唱到这，观众准得满堂好。

这里的“嗄调”应是“嘎调”。嘎调的“嘎”读gá，京剧里用特别拔高的音唱某个字所唱出的音就是嘎调。使用嘎调，主要是为了强化人物的情感表现，比如《四郎探母》里的“叫小番”，“番”突然翻高唱，声腔高、亮、满，表现的就是杨四郎欲回宋营探母的急迫心情。再比如《锁五龙》里“不由得豪杰笑开怀”的“豪”、《断密涧》里的“王伯当错保了篡位的王”的“当”都是“嘎调”。

嗄是个多音多义字。读á时，同“啊(á)”；读shà时，义为嗓音嘶哑，如“嗄声”医学上用来指声音嘶哑。

为书画“提款”?

◎沈阳仁

2019年第6期《新天地》杂志上刊有《书画课程体系建设微探——以北京石景山老年大学为例》一文，文中多次用到“提款”一词，如“遇到为自己的画作提款时”“开设了书画提款班”等。这些“提款”都用错了，改作“题款”才对。

题，从页是声，本义是额头，也可作动词表示写上、签署。款，指款识。“题款”即在书画上题写受者姓名、称谓、事由、作者姓名等字样。上述文章要表达的正是“题款”之义。

提款，指将储存在银行等金融机构中的钱款领回取用。

提,指取出；款,指钱财。上文所写与提取钱财无关。

“移都临安”的并非宋徽宗

◎张家明

2019年4月29日《人民日报海外版》第12版刊有《屯溪老街　徽味悠长》一文,其中写道:“宋徽宗移都临安后,徽商在家乡建造了带有宋都风格的建筑,故屯溪老街‘宋’味颇浓。”这里有个常识性错误,移都临安的并不是宋徽宗,而是其子宋高宗。

宋徽宗赵佶在位期间,境内多次爆发农民起义,境外金军又屡屡南下入侵。靖康元年(1126)他禅位于太子赵桓,即宋钦宗。然而不久就发生了“靖康之变”,金军攻破东京。次年,金军押着徽宗和钦宗北上,北宋灭亡。徽宗后被关押在五国城,并于金天会十三年(1135)逝世,终生再未回过宋,自然也不可能做出“移都临安”的事。

真正将宋朝国都迁至临安的是宋高宗赵构。“靖康之变”后,赵构在南京即位,改元建炎,成为南宋第一位皇帝。高宗即位后放弃南京,在金军逼迫下一路南逃。建炎三年(1129)在杭州设行宫,并升杭州为临安府。绍兴八年(1138)定都于临安。

“霄壤”非“宵壤”

◎尹圣梦

2019年第7期《特别关注》刊有《酒徒》一文,其中有这样一段:“酒徒最能把握度,微醺即止……与酒鬼的丧失理性、撒泼上吊等,别于宵壤。”其中的“别于宵壤”有误,应为“别如霄壤”。

霄,本义是下雪珠,又指云气,后借指高空。如“九霄”即天之极高处、高空。壤,可表示土壤,也指地。“霄壤”本义为天和地;“别如霄壤”即像天和地那么大的差别，用来形容相去极远或差别极大。

“宵”的意思是夜晚，例如“通宵”指一整夜。汉语中没有“宵壤”，“别于宵壤”更让人难以理解。

是“医王”不是“医生”

◎重　阳

2019年5月27日《益寿文摘》第7版刊载了《白居易的养生之道》一文，其中写道：“首先，白居易乐天知命，始终保持心情的开朗、豁达。他有一个著名的观点：‘心是自医生。’”这里的“医生”应改为“医王”。

白居易是唐代著名诗人，上文所谓观点其实是引自他的一首诗《斋居偶作》。该诗末两句为：“不须忧老病，心是自医王。”意思是不必担心年老生病，良好的心态是保护自己的医生。医王，指医术极为精深的人，不能随意改为“医生”。否则，那就不是白居易的观点了。

“一阙宋词”？错！

◎杨西仑

2019年4月24日《平顶山日报》第6版上有《拜谒仓颉祠》一文，其中有一句话：“行走在这片土地上，仿佛不经意间就能踩出一首唐诗、一阙宋词来。”这里错用了一个字，“阙”应改为“阕”。

“阕”是个形声字，从门癸声，读作què，指事情终了关上大门，表示结束。乐曲演奏完毕也称阕。后作量词用于词或歌曲，一首即一阕，一首词的一段也称一阕，前一段为上阕，后一段为下阕。

阙，读què，古时宫门外两边的楼台，也指宫殿、朝廷。“阕”“阙”音同形近，但“阙”不可作词或歌曲的量词。

编校信箱

百问百答（2）

◎郝铭鉴

“等”和“等等”有哪些区别？

“等”可用作助词，“等等”是“等”的重叠形式。两者有相似之处，如都可用于列举未尽；也有明显的区别。

下列情况应该用“等”：

①在人称代词或指人的名词后面，构成复数形式，如“我等”“尔等”。

②用于列举煞尾，如“梅兰芳、程砚秋、荀慧生、尚小云等四大名旦”。

③列举未尽时后面还有其他词语，特别是单字词时，只能用“等”，如“游览过青岛、大连、苏州等地”“拜访过巴金、于伶、柯灵等人”。

下列情况应该用“等等”：

①列举的最后一项出现停顿，并用了标点，如“开设的项目，除射击外，还有游泳、骑马、体操，等等”。

②并列项结构较长并且相对比较复杂，如“作为当代的家长，不仅要让孩子吃饱穿暖，还要认真观察他们的兴趣爱好，注意他们的情绪变化，甚至要沉浸到孩子的游戏世界中等等”。

③为了表示省略内容的丰富，可以重叠使用“等等”，如“读过的作家很多，有法国的巴尔扎克，英国的狄更斯，俄国的托尔斯泰，等等，等等”。

④在列举后，可以和“如此”组合，构成“如此等等”，表示对前述列举的总结，如“生梨、瓜子、麻糖、蜜饯，如此等等，应有尽有”。

“香稻啄馀鹦鹉粒”中的“馀”可以用“余”吗?

可以用“余”。更准确地说,应该用“余”。

“香稻啄余鹦鹉粒,碧梧栖老凤凰枝”这两句诗,出自杜甫《秋兴八首》中的第八首。因这两句诗语序别致,历来为论家所赞赏。其中“余”即剩余、残余,和下句的“老”相对。这个字的写法有个演变过程。

诗中原来用的是“餘”,这是繁体字。上世纪50年代汉字简化时,“餘”字简化为“余”。因为“余”在古代汉语中可以用作第一人称代词,为了预防两个“余”字纠缠不清,1964年《简化字总表》第一次发布时,特地加了一个注释:“在余和馀意义可能混淆时,馀仍用馀。”“馀”是“餘”的类推简化字。自此以后,为了保险起见,在表示剩余、残余意思时,人们习惯用“馀”。

然而,简化字推行的几十年实践证明,两个“余”字混淆的概率极低。首先,人称代词“余”在现代汉语中已十分罕见;其次,即使偶尔使用,在特定的语境中,也能确定“余”字的实际意义。为此,2013年《通用规范汉字表》发布时,原来的《现代汉语通用字表》7000个字中,有38个字未收入该表,“馀”字便是其中之一。从用字规范的角度考虑,“香稻啄余鹦鹉粒”中自不必再用“馀”字。

到底是“冯延巳”还是“冯延己”?

记得北京大学吴小如先生曾回答过这个问题,当年拜读时曾略作摘录,现据以转述如下:

自南唐至今，凡旧时古籍，皆作“冯延己”。至1955年，夏承焘先生出版《唐宋词人年谱》，在《冯正中年谱》中，对“己”字提出不同意见，认为应作“巳”。其理由有二：

一是从名与字相对应来论证的。冯延巳字正中，“焦竑《笔乘》，释氏六时，‘可中时，巳也。正中时，午也。’”“延巳”即巳时延长到午时，不正是“正中”吗？二是从读音来论证的。延巳“一名延嗣”，读音相同，符合中国人的取名习惯。

自此说一出，半个世纪以来，学界皆从夏说，“冯延己”改作“冯延巳”。

然而，也有持不同见解者。俞平伯先生撰《唐宋词选》，在1950年代内部印本中，采用夏说作“冯延巳”，1980年代公开出版时，又改为“冯延己”。俞平老认为，《笔乘》作者焦竑为明代人，不能以晚出之书证前朝事；即使此书早出，其中引佛家语，出典甚偏僻，冯正中未必能见得。至于“巳”“嗣”同音，在古人命名中，本不是一定之规。相反，俞平老从《论语》《孟子》《左传》《礼记》中，觅得多处文字，证明“延己”与“正中”也是相配的。

本人当年摘录这段材料，很大程度上是看中了下面这则轶事：俞平老书稿交出版社后，出版社编辑登门拜访，力主把“冯延己”改回“冯延巳”。俞平老开始详述不改的理由，编辑却固执己见，一时陷入僵局，俞平老脸露不悦，默然不语。那天吴小如先生恰好也在，便赶忙打圆场劝说编辑：“千年以来，古书一直作‘延己’；而主张作‘延巳’之说，不过是近几十年的事。相比之下，不见得古人都是错的。所以俞先生的意思，仍以慎重稳妥一点为好。”

本人觉得吴先生的说法是对的。编辑碰到这种情况，理应尊重作者的见解，只要统一就好，不必强人所难。当然，为了出版的严谨，也可注上一笔：“一作某字。”

微型讲坛

“格物致知”到底是什么意思（下）

◎石毓智

上期文章指出，“格物”就是“根据法则取舍物事”，即“限止‘末’的而获取‘本’的物事”。在《礼记》的思想体系中，“格物”为立身之本，是那个时代核心价值观的“核心”：

> 古之欲明明德于天下者，先治其国；欲治其国者，先齐其家；欲齐其家者，先修其身；欲修其身者，先正其心；欲正其心者，先诚其意；欲诚其意者，先致其知，致知在格物。物格而后知至，知至而后意诚，意诚而后心正，心正而后身修，身修而后家齐，家齐而后国治，国治而后天下平。——《礼记·大学》

特别值得注意的是“致知在格物”和“物格而后知至”这种说法，讲的是“格物”是“致知”的先决条件。其中的道理，《礼记》也说得很明白：

> 知止而后有定，定而后能静，静而后能安，安而后能虑，虑而后能得。——《礼记·大学》

“知止”的“止”就是“格物”的意思，只有在物事上能够按照法则取舍，懂得何时“停止”追求物事，才能有定力，内心才能获得安静，才能静下心来思考问题，从而获得知识和智慧。这是儒家关于人类知识获得的真知灼见，是中华民族的宝贵文化遗产，可惜后人误解了原意。

在我们看来，“格物”是道德范畴，而不是“探究物理”的科学观察分析。在儒家的思想体系中，道德是第一重要的，它优先于知识和智慧。对此《礼记·大学》讲得十分明白:"大学之道,在明明德,在亲民,在止于至善。"博大的学习首先在于"明明德"。

《礼记》的体系与孔子的思想一脉相承,孔子谈"好学"也是把对待"物事"的态度放在第一位。最典型的是下面一段论述:

子曰:"君子食无求饱,居无求安,敏于事而慎于言,就有道而正焉,可谓好学也已。"——《论语·学而》

现在的人可能很难理解,"食无求饱"是吃饭问题,"居无求安"是居住条件,怎么能与"好学"挂起钩来了?然而在孔子的思想中,一个人只有限制对物质的欲望,内心世界才能获得安宁,也才能动脑筋学习思考,从而获得进步。这一点很有现实意义,在当今物欲横流的社会里,人们的内心世界充满着各种物质诱惑,心情始终处于极度烦躁不安的状态,如此就很难静下心来读书学习思考,也就无法获得知识和智慧。

孔子一生就树立了一个学习标兵,他就是颜回,孔子经常把"贤哉回也"挂在嘴边。鲁哀公问孔子弟子中谁好学,孔子说只有一个颜回好学,可惜不幸早死,尔后再没有听说谁还好学。你看,孔子如此博闻,连听都没有听说有谁比颜回更好学的。

子曰:"贤哉!回也。一箪食,一瓢饮,在陋巷。人不堪其忧,回也不改其乐。贤哉!回也。"——《论语·雍也》

其实,颜回的"好学"主要不是表现在他的读书学习上,而首先表现在他对待食物、住房这些物事的态度上。这是儒家的传统价值观,只有明白这一点才能弄懂儒家思想。

儒家谈教育总是把道德放在第一位。孔子创办的学校有四科,顺序依次是"德行、言语、政事、文学"。所以,德行科的第一名颜回被后人抬得最高。

子曰:"从我于陈、蔡者,皆不及门也。德行:颜渊、闵子骞、冉伯牛、仲弓;言语:宰

我、子贡；政事：冉有、季路；文学：子游、子夏。”——《论语·先进》

从儒家的价值体系就可以判断“格物”是属于道德范畴。在“格物、致知、诚意、正心、修身、齐家、治国、平天下”中，“格物”是放在第一位。没有例外，在儒家思想体系中放在第一位的一定是道德问题。而且这里所提及的所有方面都是属于道德伦理范畴的，并不是谈如何获取知识或者智慧。在儒家思想体系中是没有关于客观世界的物理探究的论述，否则后世儒学就可能发展出物理、化学、地理等科学。

程朱理学提倡“存天理，灭人欲”。司马光把“格物致知”解释成“抵御外物诱惑，而后知晓德行至道”，并指出“格，犹扞也、御也。能扞御外物，然后能知至道矣”。这与我们以上分析接近，但是也存在着本质差别。我们认为“格”并不是简单抵御物质诱惑，而是有更加丰富的内涵，即“按照法则取舍物事”。而且我们还认为“知”也不限于美恶的道德，而是泛指知识和智慧。

“格物”是道德范畴，指人对物事的态度，意思为“按照一定的法则取舍物事”。《礼记》中的类似表达为“仁人不过(失)于物”，志士仁人不让自己丧失在物事之中。由此才能获得“静心”，才能思考问题，从而在知识智慧上有所得。

这是儒家思想的精髓，在今天具有重要的现实意义。在当今物质主义盛行的社会中，很多人的内心失去了平静，因而就很难在知识和智慧上有所得。

《火眼金睛》提示

图1，“止庠灵”应为“止痒灵”。

图2，“山无棱”应为“山无陵”。

图3，“兰黑墨水”应为“蓝黑墨水”。

图4，“五彩斑烂”应为“五彩斑斓”。

说“则”

◎陈运舟

“则”是一个常用字，同它组合而成的词甚多，如法则、规则、守则、准则、通则、总则等等。

对“则”的初义的解释一直颇有争议。如东汉许慎《说文解字》：“则，等画物也。从刀从贝。贝，古之物货也。”《汉语大字典》认为“则”的初义是“按等级区划物体”。也有人认为“则”是“比照样子刻画器物——照样子做东西”。（《古文字研究》第7辑：《则、法度量则、则誓三事试解》）其实，我们探究一下“则”字的古文字形体，它的初义就显而易见了。

青铜器“何尊”铭文“则”字作，从刀从鼎，是一个用刀在鼎上刻字的形象。商周时代的国家法令条文是刻在鼎上的。这有史书可证。《左传·昭公六年》：“郑人铸刑书。”晋杜预注：“铸刑书于鼎，以为国之常法。”又据《左传·昭公二十九年》记载，晋国大夫赵鞅和荀寅把前执政范宣子所制定的刑法刻铸在鼎上公之于众。法律铸刻在鼎上，是因为鼎乃国之重器，它象征着国家的权力。九鼎、问鼎、定鼎，这些词语都跟政权、国运相联系。

可以说，“则”就是古代的法律文书。《尔雅·释诂》：“则，法也。”《尚书·五子之歌》：“明明我祖，万邦之君。有典有则，贻厥子孙。”意为我祖大禹，圣明之人，他为万邦的君王，既有先王之典，又有自己所立之法来传诸后世。唐人孔颖达对此的解释是：“典，谓先王之典，可凭据而行之，故为经籍。‘则，法。’典谓先王旧典，法谓当时所制。”

法律是人人必须遵守的，于是“则”有了准则、规律等一系列词义。《诗·大雅·抑》：“敬慎威仪，为民之则。”其中的“则”就是准则。《管子·形势》：“天不变其常，地不易其则。”这里的“则”就是规律。

古代“则”还可以当重量、衡器、砝码讲。现藏上海博物馆的青铜器“商鞅方升”，底部刻有秦始皇二十年诏书铭文：“法度量则不壹歉疑者，皆明壹之。”是说度（长度）、量（容量）、则（重量、衡）不统一的，都要统一。此文物是秦统一全国度量衡的铁证。1975年，湖南湘潭易俗河镇发掘北宋铜则一件。此铜则圆顶、扁体、平底，上部有一圆形穿孔，通体刻缠枝牡丹纹。前后各有铭文一行，文曰“铜则重壹佰斤”“嘉祐元年丙申岁造”。清代学者王筠《说文句读》曰：“则，盖今之天平法马（砝码）也。”如此说来，易俗镇所掘实是古代衡器所用砝码。

有趣的是，“贼”这个字的读音和涵义均与则有关。贼，《说文》：从戈则声。《左传·文公十八年》：“毁则为贼。”杜预注：“毁则，坏法也。”原来，贼的最初意思指的是破坏国家法律制度的人。后引申可表示杀害，如汉代袁康《越绝书·吴人内传》：“纣贼比干，囚箕子，微子去之。”可表示对国家、人民、社会道德风尚造成严重危害的人，如《周礼·秋官·士师》：“二曰邦贼。”郑玄注：“为逆乱者。”现在常用来表示偷东西的人。

微语录·母亲

一次跟妈妈打完电话，挂了电话才一会儿，妈妈又打来电话，问：“是不是出了什么事？刚才怎么一直唉声叹气的？”我鼻子一阵发酸，这世上，只有妈妈能听懂孩子不经意间的一声叹气。

（刘　芳／辑）

热线电话

“你好，我是64330669……”(64)

◎姚博士

“哪吒”的得名

问：最近，国产动画电影《哪吒之魔童降世》连破多项票房纪录，引起社会各界关注。哪吒是陈塘关总兵李靖的儿子，他为何叫这样一个名字，“哪吒”是啥意思？

——湖北宜昌 邹 华

答：“哪吒”确实不像国人的名字，按照汉语的结构规则理解，难明其义。过去也有人这样解释：“哪”即“傩”，指驱邪除恶的傩神，“吒”即“咤”，指“叱咤”，义为“大声吆喝、怒斥”；“哪吒”即叱喝、驱赶邪恶的神祇。这无疑有强为之解的嫌疑，不足为信。

在我国古代神话中，哪吒是乾元山金光洞太乙真人的弟子，道教护法神。据学者研究，哪吒最早来自佛教。唐代时，哪吒开始出现在佛教典籍中，如《北方毗沙门天王随军护法真言》中称哪吒为毗沙门天王的第三子。唐代的其他佛经文献中，也出现过有关哪吒的记载。唐代佛教兴盛，哪吒的故事逐渐传播开来。哪吒开始成为唐代笔记小说的人物，如《开元传信记》里就有宣律和尚路遇哪吒的故事。唐代以后，哪吒的故事广泛出现在民间传说、戏曲及小说中。大约在元末明初，哪吒正式入列道教神谱，明代的《三教源流搜神大全》《道法会元》均将他收录在道教神祇中。

正因为哪吒来源于佛教故事，其名当源于梵语的音译。有人说，在梵语中，哪吒为Nalakuvara。

“垃圾厢房”还是“垃圾箱房”？

问：今年，上海等多地陆续进入垃圾分类的“强制时代”。上海施行垃圾分类的居民生活区，普遍建起了垃圾分类投放设施，有人称它“垃圾厢房”，也有称它“垃圾箱房”。它到底是啥？

——上海　卢　刚

答：先来看看“箱”与“厢”俩字的区别。

箱，本指收藏衣物的方形器具，有底有盖。最初多用竹子制作，后来也用木头、皮革、金属、塑料等材料。字义引申，箱也指类似的东西，如信箱、镜箱、意见箱等等。不管用本义还是引申义，“箱”都是独立的个体，可以移动，离开原来的位置后还是“箱”。

厢，本指正屋两边的房屋，即厢房。字义引申，厢也指类似房屋的地方，如包厢、车厢等。厢房是房屋不可分割的一部分，不能移动，离开了正屋，厢房就不成其为厢房了。用引申义，厢也保持了这个意义特征。它是作为部件而存在的，与其他部件一起组成一个不可分割的整体，不能离开其他部件。如包厢就是整个建筑不可分割的一部分，与其他建筑区间构成一个整体，不能脱离其他建筑区间而独立存在。车厢即车的一部分，不能移动位置，不能离开车的其他部分而独立存在。

那么，到底是“垃圾厢房”，还是“垃圾箱房”呢？

住在实施垃圾分类居民区的朋友知道，建在居民区投放分类垃圾的设施，其实是一座放置垃圾箱的小“房子”，里面分好几间，分别放置干垃圾箱、湿垃圾箱、有害垃圾箱、可回收物箱（上海把生活垃圾分为干垃圾、湿垃圾、有害垃圾及可回收物四类，其他城市的分类可能略有不同）等。投放垃圾时，居民按规定把垃圾分别放入不同的垃圾箱中。搬运垃圾的时间到了，环卫人员把垃圾箱从小“房子”搬出，再运送到规定的场所处理。按规定，居民在固定的时间投放垃圾，投放时间结束后，环卫人员会把小“房子”的门锁上。

既然是放置垃圾箱的小“房子”，自然就应该称“垃圾箱房”（垃圾箱＋房）。现代城市居民生活区的建筑结构，不存在厢房，也没有人把垃圾投放到什么厢房里去。为了保持卫生，这种小“房子”大都稍离居民楼一点距离，单独建在生活区的某个位置。小“房子”的几个小间并成一排，没有特意按正屋厢房的建筑结构造。因此，称它为“房”没问题，称它“厢房”无疑不准确。“垃圾厢房”（垃圾＋厢房）是个不准确的说法。

双音节是现代汉语最基本的韵律特征。四字短语多按双音节韵律读为2+2结构，如“打草惊蛇”“一见钟情”“英雄人物”“爱国青年”等等。也许有人认为，如按2+2的韵律读，“垃圾箱房”根本读不通，而“垃圾厢房”是可以读的。也许正因为如此，有人误以为写成“垃圾厢房”才对。殊不知，“垃圾厢房”虽然按2+2韵律可读通，但在语义上，它是不符合实际情况的。汉语中的四字短语，虽然大部分都是2+2的韵律结构，但也有例外，也有3+1结构，如“一衣带水”（一衣带＋水）。“垃圾箱房”按3+1的韵律结构读，并不违背汉语的结构规律。

“化眼妆”还是“画眼妆”？

问：请问“huà了一个得体、恰当的妆容”“huà了一款眼妆”等中应该用“化”还是

“画”？如果具体到“眼线”“眼影”“腮红”等，又应该用哪一个？“画”与“化”应如何区别？

——青岛出版社 王 韵

答：与化妆相关的表述中，“化”用在妆容前后整体变化，“画”用在化妆时的具体行为。

“化”表示使变化；“妆”指梳妆打扮，也指妆容。“化妆”即用脂粉等使容貌变美丽，强调的是妆容在梳妆打扮后的整体性变化。钱锺书《围城》：“那女子不过十六七岁，脸化妆得就像搓油摘粉调胭脂捏出来的假面具。”该句就是在说“化妆”后的整体效果。“huà了一个得体、恰当的妆容”和“huà了一款眼妆”，这两个短语所说的正是脸部或部分区域（如眼部）妆容的前后整体变化，所以应该用“化”。

“眼线”是化妆时在上下眼皮边沿画的线条，“眼影”是化妆时涂在眼皮上的一种妆饰色，“腮红”则是涂抹在腮部的妆饰色。在化妆过程中，这些都是用画笔“画”出来的，所以，常用“画”来表示其动作行为，而说成“画眼线”“画眼影”“画腮红”。

因此，在与化妆相关的表述中，“化”强调妆容前后的整体变化，“画”强调化妆过程中的具体行为。

微语录·父亲

有个住校的高中生沉迷网络，时常半夜翻墙到校外去上网。一日，他照例翻墙，可刚翻过墙头便又跳回墙内，面色古怪地狂奔而归，一声不语。从此以后，他不再上网，认真读书，同学都传他见鬼了。后来他考上一所名校，同学问及此事，他沉默良久，说：那天父亲来送生活费，舍不得住旅馆，在墙下坐了一夜。

（乔 桥/辑）

文章病院

"印证"误为"认证"

◎阎心士

2019年4月19日《讽刺与幽默》第8版上刊载了《传承,创新,一个都不能少》一文,其中写道:"随后,各位漫画家结合各自的工作和感受,对报纸选用的作品,版面编辑与设计,培养新人,报纸优质资源开发再利用,特别是新时期漫画传承与创新的关系等问题提出很多宝贵建议和具体意见。尽管有些意见很尖锐,但大家的发言还是经常被笑声和掌声打断。或许,这也再次认证了漫画界的一个普遍共识:漫画是批评的工具,也是批评的艺术。"这里的"认证"一词用错了,改用"印证"才对。

"印"即图章,图章与印文彼此一致,因此"印"引申指相合、符合。印证,可指理论与实际一致,如"真实的历史印证了马克思主义的真理";也可指不同的结论彼此符合,如胡适《〈水浒传〉后考》:"这个结论也和我的《〈水浒传〉考证》的结论相同。这种不约而同的印证使我非常高兴。"

认证,辨认并证实。现在常用的"认证",指的是证明产品、技术成果等达到某种质量标准的合格评定。认证的方式,通常是权威机构确认并颁发证书,如"学历认证""资格认证""身份认证"等。

上文认为,意见尖锐的发言"经常被笑声和掌声打断",这一情况和"漫画是批评的工具,也是批评的艺术"的共识是彼此相合的,显然这里应用"印证"。

《资治通鉴》何人编纂

◎刘春生

《文化龙岩》2019 年第 1 期有一篇题为《嵩阳书院：影响中国文化的讲学之地》的文章。文中说:“我造访嵩阳书院如此心切,还与另一人物——北宋政治家、文学家、史学家司马迁有关。提及司马迁,人们首先想到的是他主持、编纂了中国第一部编年体通史《资治通鉴》。”其中说“司马迁”有误,应是“司马光”。

司马光(1019—1086),是北宋大臣、史学家,字君实,陕州夏县(今属山西)涑水乡人,世称涑水先生。《资治通鉴》正是司马光所编纂的。《资治通鉴》是一本编年体通史。全书共二百九十四卷,上起周威烈王二十三年(前 403),下迄后周世宗显德六年(959),记载了从战国到五代共计一千三百六十二年的历史。神宗以其“鉴于往事,有资于治道”,命名为《资治通鉴》。内容以政治、军事为主,略于经济、文化。对后来史学界影响很大。

而司马迁是西汉史学家,所编纂的是《史记》。《史记》是中国第一部纪传体通史,共一百三十篇。《史记》原名《太史公书》,描写从黄帝到汉武帝时期共三千年左右的历史。语言生动,人物形象鲜明,有很高的文学价值。

从上述文章的“北宋政治家、文学家、史学家”和“主持、编纂了中国第一部编年体通史《资治通鉴》”等描述来看,文章所指的显然是司马光,而非司马迁。

应是“承重孙”

◎晋　相

2019年5月7日《今晚报》12版《刘承干的“嘉业堂”》一文写道：“刘承干（1881—1963），现代著名藏书家，字贞一，号翰怡，浙江湖州人。清代富商刘镛之长孙。父刘锦藻，清进士，编有《续清文献通考》。伯父刘安澜无子，承干继为长房。刘镛去世，以长重孙继承祖业，成为豪富。”此处“长重孙”有误。

“长”读zhǎng时，义项之一为“排行最大”；“重”读chóng时，义为重复、更进一层。“重孙”即孙子的儿子，“长重孙”可以理解为重孙中最年长的。根据文章描述，刘承干是刘镛的长孙，过继给伯父之后，仍然是刘镛的孙子，而非曾孙。“重”也可以读为zhòng，但“长重（zhòng）孙”语意难解。上述文章中的“长重孙”应是“承重孙”吧。

承重，即承受宗庙与丧祭的重任。按照封建宗法制度，如果长子先于父母过世，那么父母死后，其葬礼的丧主由长孙担任，称承重孙。刘承干的伯父刘安澜为刘镛长子，早逝无子，后来刘承干过继给刘安澜，刘镛死后，刘承干就是以承重孙的身份继承了家产。正是因为继承了家产，被鲁迅先生称为“傻公子”的刘承干才能在故乡南浔镇建起嘉业堂藏书楼，收藏了一大批古籍。所以，说刘承干是“承重孙”，才符合事实。

编选《宋诗选注》是谁的指示

◎陈潍坊

2019年第2期《书屋》杂志中有《钱锺书的蜀地“朋友圈”》一文，其中写道：“何其芳确定钱锺书为一级研究员，指定编选《宋诗选注》等，既可以看出何其芳卓越的学术眼光和领导能力，又可以看出他对钱锺书的赏识。”这里说何其芳指定钱锺书编选《宋诗选注》一事与事实不符，指定钱锺书做这项工作的其实是郑振铎。

郑振铎（1898—1958），笔名西谛，福建长乐人。作家，文学史家，考古学家，有《郑振铎文集》。1953年，中央人民政府政务院文教委员会决定创建中国文学研究所，郑振铎任第一任所长。1955年—1957年，钱锺书完成《宋诗选注》的编选工作。1988年，钱锺书为港版《宋诗选注》撰写前言，题为《模糊的铜镜》，其中写道：“这部选注是文学研究所第一任所长已故郑振铎先生要我干的。因为我曾蒙他的同乡前辈陈衍（石遗）先生等的过奖，（他）就有了一个印象，以为我喜欢宋诗。”可见，让钱锺书编《宋诗选注》的人是郑振铎。

《宋诗选注》选编一事与何其芳也并非毫无关系。何其芳（1912—1977），四川万县人，诗人，文学评论家。郑振铎任中国文学研究所所长时何其芳是副所长，《宋诗选注》的编选工作他也给予了支持。

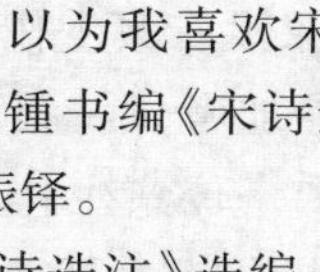

应是"廪生"

◎李华山

2019年6月12日《北京晚报》第34—35版刊载了《古代举子如何赶考》一文，其中《"神童"张居正的赶考生涯》这一章节中写道："县考之前，先要在县学教官处报名，必须有禀生作保，如果没有禀生作保人，那就不能参加考试。报名之后，教官再派一位禀生作副保，没有副保也不能参加考试。"这里三次出现的"禀生"都是"廪生"之误。

廪，读lǐn，本义为粮仓，也有领取给养的意思。廪生是科举制度中生员名目之一，又称廪膳生，明清两代指由公家给予膳食的生员。明代最初规定，府、州、县所有生员每月都给廪膳（膳食津贴）。其后名额增多，规制出现变化：称初设食廪者为廪膳生员，省称"廪生"；称增加者为增广生员，省称"增生"，地位次于廪生，无月米；额外再增取的生员附于诸生之末，称为附学生员，省称"附生"。后来初入学者都称附生，如果在岁、科两试取得高等第，可往上补为增生、廪生。《明史·选举志一》："先以六等试诸生优劣，谓之岁考，一等前列者，视廪膳生有缺，依次充补，其次补增广生。"清代基本沿袭明制。廪生除了读书应试外也有职责担负，主要是为生员具结，即上述文章所谓"作保"，保证考生中没有身家不清及冒名顶替的人。

禀，读bǐng，有禀报、领受等义。科举考试中并无"禀生"这一名目。

语言哲思

咳嗽和母牛

◎宗守云

有个笑话，讲一个英语不好的法国人到了英国，有一天患重感冒，咳嗽不止，于是想到药店买治疗咳嗽的药。但他不知道“咳嗽”用英语怎么说，便查字典，但字典里只有单词 cough，没有注音。这个法国人想起自己以前学过的一个单词 plough，读“普劳”，那么按照这个读音推，cough 应该读“拷”。这个法国人到药店后，要买治疗“拷”的药，药店营业员以为他要买治疗母牛的药，因为在英语中，“拷”是“母牛”的意思，而cough读“拷夫”。

这个笑话实际上反映了两个问题，首先，类推是人类普遍存在的认知能力；其次，类推并不总是奏效的。

这个法国人从 plough 的读音推 cough 的读音，其实就是一种类推行为，而这种类推行为在一定的情况下是可行的，比如，从 plough 的读音推 bough、drought 的读音，能得到正确的结果。但语言是复杂的，类推也并不总是奏效的，如果从 plough 的读音推 tough、rough、enough、trough 的读音，就不能得到正确结果，cough 也是如此。

类推是人类普遍存在的认知能力，只要是正常的人，都具有类推能力。这种类推能力表现在语言的各个方面。从词汇看，词群常常是类推导致的。比如，公司有“白领”和“蓝领”之分，在此基础上，人们又类推出“黑领”“粉领”“橙领”“绿领”“金领”“银领”等。再比如，台湾出现“卡奴”后，大陆仿造出“房奴”，之后又类推出“车奴”“装奴”“孩奴/娃奴”“墓奴”“猫奴”“狗奴”等。从语法看，类推是语法中整齐划一的力量，其对立面是不规则现象，由于认知的简单性要求，语法习得者希望规则整齐划一，因此不规则现象往往逐渐向规则的方向类推，从而使语法更加系统、整齐、简单。比如，古代英语不规则复数形式很多，book 的复数是 bec，cow 的复数是 kine，eye 的复数是 eyen，到现代英语中都类推为规则的形式。从修辞看，仿拟辞格就是根据常规语言形式类推形成的临时语言形式，这种临时语言形式只有修辞功能，不能进入语言系统。例如：

（1）这一年，韦文秀十八岁。出众的外貌，让这个壮族姑娘成为六细村公认的“寨花”。（凡一平《沉香山》，《民族文学》2015 年第 1 期）

（2）塔拉轻轻地笑了一声。唉，老二一思考，塔拉就发笑。（乔叶《塔拉，塔拉——致我呼伦贝尔的朋友》，《芒种》2015 年第 1 期）

例（1）“寨花”是从“校花”“交际花”这样的词语形式类推来的，但“寨花”只是仿拟修辞，不能进入词汇系统。例（2）“老二一思考，塔拉就发笑”是从犹太谚语“人类一思考，上帝就发笑”类推来的，这句犹太谚语也被米兰·昆德拉用作演讲词，其源句是固定的语言形式，仿拟的句子则是临时的语言形式。

由于语言和人类社会的复杂性，类推不总是奏效的。有些语言形式不能无限类推，是因为客观真实世界不存在或不需要相应的事物，比如“× 领”，理论上每一种颜色都应该有相应的“× 领”，但有些并不存在；“× 奴”，理论上每一种消费都应该有相应的“× 奴”，但有许多是不存在的。有些语言形式不能类推，是因为有已经存在的语言形式的阻扰，比如英语的复数形式，到现代英语仍然有许多不规则的复数形式。此外，还有社会文化心理的原因导致类推不能实现，比如“师范学院”简称“师院”，“农业学院”简称“农院”，“林业学院”简称“林院”，“漓江学院”简称“漓院”（在广西师范大学）。但“技术学院”不能简称“技院”，因为“技院”和“妓院”同音，容易引起消极联想。因此“× × 学院”类推到这里的时候，就戛然而止。

网言网语

有温情的“官宣”

◎熊瑾康

2018年10月16日上午，一阵“官宣”风席卷了整个微博，之后又迅速蔓延到QQ空间和微信朋友圈。大家纷纷以“官宣”二字发文，并在文后加一个“爱心”的表情图。有的还会“@”某个人，或者加配一张结婚证的照片。这种发文格式被网友们命名为“官宣体”。那么，“官宣体”是如何产生的呢？溯源“官宣体”，原来是两位明星赵丽颖和冯绍峰在微博上公开发表结婚的消息，他们只用了“官宣”二字，并在后面配上一个“爱心”的表情图，然后附上一张结婚照。这种形式被网友们疯狂模仿，引来一阵热潮。从此，一个新的网络热词产生了。

既然一个新词产生了，这个词就必定有它特定的含义。那么“官宣”这个词到底表示什么含义？从“官宣”这个词的形式来看，像是“官方宣布”这个词组的缩写。“缩字构词”是汉语中很常见的构词形式，这样造出来的词有个特点就是前后两个词的意思保持不变。但是“官宣”这个词似乎并不是这样。从它的来源我们可以看出，“官宣”这个词主要用来表示“公开告知结婚的消息”。虽然“官宣”二字从字面上看似乎是表示“官方宣布”，但“官方机构”这个主体被隐去，未在字面上体现的宣布内容——“结婚”反而被置于重要地位。网友们也纷纷采用这个“原始”意义来使用“官宣”这个词，也因此派生出了第一种官宣变体，如“等待××官宣”“虽是单身狗，也忍不住官宣下”。前者表示期待某人结婚，后者虽不表示结婚，但从说话者的表达中,也能体会到“官宣”这个词暗含着脱单、结婚的含义。

迅速地,“官宣”这个词似乎又有了其他含义。开始出现了第二种官宣变体。“官宣:今天彩票中奖了,开心!”“官宣:晚上打算看电影,有一起的吗?”“官宣”这个词中“结婚”的含义渐渐被隐去,进而变成一种更为普遍意义上的“官宣”——只要是宣布或者公开告知某件事情就能使用“官宣”这个词,不用在意宣布的内容,也不用在意是不是官方机构宣布的。由此,“官宣体”得到了更广泛的使用。

然而“官宣体”的进化,并没有到此止步。紧接着又出现了第三种官宣变体。网友们似乎意识到了“官宣”一词很容易联想到“官方宣布”一词,或者“官宣”就可以看作是“官方宣布”的缩写,这是一件颇为严肃的事情。个人化的滥用和泛娱乐化让一部分网友感到不适,于是出现了“官宣体”的第三波热潮——“这才是官宣”。“这才是官宣,54 年前的今天,我国第一颗原子弹爆炸。”这篇文章谈及原子弹之父钱三强与他夫人何泽慧的爱情故事,认为这才应该是“官宣”的爱情。这波浪潮源于人民日报在“官宣热”时发的一条微博——“54 年前的今天,官宣”,并配上一张老报纸,报纸上清楚地写着“1964 年 10 月 16 日,我国第一颗原子弹爆炸成功”。网友们纷纷力挺这条微博,不断发声“这才是官宣”,让“官宣”又重新回到带有正能量、严肃重要的事情上。

经过三波大的发展,“官宣”一词经历着一种语义反复的过程。从一开始特指宣布结婚,到泛化为宣布任意一件事,最后又回归到官方宣布重要的事情上。尽管如此,“爱情”的标签似乎已经融入到“官宣”这个词中。或许也正因为这样,“官宣”比起“官方宣布”有了更多的温情,许多官方机构现在也更愿意用“官宣”这个词来发布消息。

好了，我『搬砖』去了

◎叶绩

“搬砖”古已有之，《晋书·列传第三十六》记载：“侃在州无事，辄朝运百甓于斋外，暮运于斋内。人问其故，答曰：‘吾方致力中原，过尔优逸，恐不堪事。’其励志勤力，皆此类也。”其中的“甓”即砖块，这段话描述了东晋名将陶侃居安思危，把搬砖这种苦力活当作维持强健体魄的方法。而在现代，“搬砖”生发出了新的含义，在生活的多个领域担任着精彩的角色。

“搬砖”多种引申用法的源头含义，是人所共知的，即工地上枯燥重复的体力劳动。上世纪80年代后，大量农民进城务工，随着当时城市的飞速发展，“万丈高楼”需要有人助它们“平地起”，搬砖就成了缺乏文化知识的务工者的无奈之选。那时的搬砖是为城里人所不齿的廉价劳动的代表。据此，搬砖就成为枯燥乏味、赚钱不多、只靠劳力的工作的代表，并由此在网络时代生发出不同的含义。

一方面，搬砖这种苦力工作在高科技的今天虽不如从前兴盛，但其代表的枯燥乏味的工作特点已经深入人心，词义据此引申为单调乏味的活动，并不局限于体力劳动，其应用包括网游、贴吧和生活三个方面。在网游中，以“地下城与勇士”游戏来说，“砖”代指游戏中的一个重要道具“魔刹石”，玩家需要不断重复刷图赚钱来买道具，如同搬砖般又累又枯燥。由此还诞生了“搬砖豪”一词，指靠“搬砖”挣来的钱可以达到或超过人民币玩家的装备水平。这里的“搬砖”是把游戏模拟成现实环境，以现实中的搬砖劳动比喻游戏行为。在贴吧词汇中，“搬砖”是所谓“屌丝”的工作环境比喻，即无经济基础、无才华、发言无内涵的“三无网民”所从事的又苦又累的工作，是一种蔑称。比如：“你这个屌丝，除了搬砖还能干啥！”在日常生活中，“搬砖”一词的热度更高。它起初泛指程序员从事的写代码工作，多为程序员群体自嘲。后所指范围扩大，被更多群体拿来使用，例如：“做实验就像搬砖，怎么也搬不完。”至此，“搬砖”成为一切乏味工作的代称，网络聊天时若不方便透露自己的职业，就以说“去搬砖”表示去工作。“搬砖”走红也折射出现代人的自嘲心理：我的工作这么无聊辛苦，和没有文化基础的苦力劳动有什么区别？

在另一种引申义中，“砖”代指“钱”。在商业活动中，“搬砖”作为一种隐晦的说法流传开来，包括合法理财和非法贸易两个方面。对理财的年轻人来说，搬砖的意思就是搬钱，一砖代表一万元。由于不少银行的白金卡、贵宾卡会要求申请人必须在本银行存款达到一定额度才能办理，为了办这张卡，一些申请人就需要把其他银行的存款转到该银行，这种将大额存款从一个金融机构转到另一个金融机构的过程就是“搬砖”。例如：“今天从 ×× 宝搬了5砖去买 ×× 银行的理财，结果没买上，白白损失了两天收益。”“搬砖”有时还指一种不正当的商业行为，即巧借名目，混淆是非，把非产地货搬到产地，冒充产地货销售，获取暴利。例如：海南产黄花梨木，商家把越南黄花梨木搬到海南去，冒充海黄木销售。实际上就是商家为了牟取暴利而鱼目混珠、以次充好。相似的还有地下钱庄行话用法，通常指为了逃避外汇监管，通过先将源货币兑换为虚拟币，以虚拟币跨境转账，再兑换为目标货币的方式，蚂蚁搬家似的将大规模的资金分散为小股资金，转移到目标国的过程。“搬砖”一词成为这些非法行为的遮羞布，因而被蒙上了一层灰暗的阴翳。

“搬砖”虽小，却让人体会到语言的无穷魅力。

“喜提”之“喜”有几分

◎段佳蕊

不知从何时起，“喜提”一词悄悄侵入了我们的日常生活，“喜提六天小长假”“喜提大闸蟹一斤”等表述层出不穷，就连大众媒体也不甘示弱，“哈尔滨昨‘喜提’大雪，冬天渐入佳境”“恭喜文牧野导演‘喜提’影响中国2018年度人物！”“王祖蓝‘喜提’小棉袄，升级当爸爸”等新闻标题不胜枚举。

“喜提”是“开心地提取到了某物”的缩略语，这样的表述因不同于“喜报”“喜爱”“提取”“提出”等常见词语而具有某种新意，从而被广泛使用。这种创新与“提”字的语义泛化密不可分。“提”在《说文解字》中释为：提，挈也，从手，是声。本义指垂手拿着有环、柄或绳套的东西，进而引申出取出之意，如提取、提货。而到了“喜提”中，“提”的语义进一步泛化，“提”的受事不仅是客观实物，而且发展到一系列抽象对象，大事小事喜事哀事无所不包，统统可“提”。

“喜提”的语义泛化不是突兀的，人们可以轻易通过字面意义推测出“喜提”之意。经过“提”字含义的引申序列发展，日常生活中早有“提货”“提车”这样的表达，那么“喜提”即开心地得到某商品，如“喜提爱车”想必大家一看便都能理解。作为网络流行语的“喜提”一词，早期在“微商”群体中是自我炒作的宣传，如“李小姐加入微商三个月，通过自己的努力获得奖金十万元，喜提爱车”；然后网民被这种夸张的宣传搞烦了，就开始恶搞，如“李小姐加入微商三个月，通过自己的努力喜提爱车‘和谐号’，就是为了让微商团队的家人们都能有位置坐”。此后，更是出现了喜提火箭、轰炸机、国际空间站等等愈加浮夸的恶搞。

网民们一方面借“喜提”来

吐槽微商，一方面也发现了“喜提”的精练之处，仅仅两个字就将人们的心情与事件完美结合，如此经济实惠的表达恰恰契合了今天常常标榜“懒癌”的大众的使用需要。如此一来，便出现了无所不在的“喜提”。开心的事情要喜提：“恭喜××明星喜提粉丝两千万”“恭喜自己喜提驾照”“喜提海底捞一顿”；忙碌的生活也可以喜提：“恭喜生活喜提我的狗命”“喜提八篇论文”；最后，就连糟心的事也要“喜提”：“恭喜自己喜提大学以来最严重的失眠”“喜提感冒”……这种“喜”字受事的转移其实也并非新创，前些年爆红的“喜闻乐见”“喜大普奔”和“喜当爹”就已经带有某种嘲讽和解构的意味。“喜闻乐见”本指人们喜欢听、喜欢看的事物，但在网络用语中却是一种幸灾乐祸的表述（如A：“开卷考试带错了书”，B：“喜闻乐见”）；还有“喜大普奔”一词，作为“喜闻乐见、大快人心、普天同庆、奔走相告”的缩略语，既可用来形容值得开心的事亦可是幸灾乐祸型的嘲讽；“喜当爹”则完全用来调侃，指男生好不容易追到女神，但女神却怀了高富帅的孩子，无奈只好接盘。“喜”字承担的复杂情感为网民们提供了“喜提”的阐释空间，使得“喜提”也有更广泛的应用。

其实，人们赋予“喜”字的复杂情感更与社会生活息息相关。现代生活的重压之下，人们通过“喜提”的自嘲来解构生活的种种无奈，虽然被生活、工作、学习“喜提狗命”，但人们依然热爱生活，一顿大餐、一个小假期、一个通过努力而获得的成就都值得“喜提”。对于美好事物强调“喜提”，选择分享在朋友圈，也是个人积极乐观形象的建构或者说是一种知足常乐的体现。而这也是如今奋斗着的青年们的普遍现状，一面被生活所压，一面又不甘碌碌无为；一面感叹生活之苦，一面享受苦中之乐；一味抱怨又未免太“丧”，只好用“喜提”的自嘲来表达生活的喜怒哀乐。

检测窗

编校差错扫描（十三）

◎王　敏

二人争“竞（競）”曲尽“竟”

【错例】面对强大的对手，他们竞然险胜，让人大跌眼镜。

【简析】“竞然”应为“竟然”。“竞”，繁体字为“競”，会意字，下面的两个“儿”是两个“人”的象形，其含义是两人相争。“儿”上面的部分，解释有分歧：或认为是“言”字的变体，“競”指两人言语争胜；或认为是人戴的头饰，“競”指两人追逐争先。因此，“竞”本义指比赛、角逐。《说文解字》：“竞，强语也。一曰逐也。”如“竞选、竞走”。“竟”，会意字，从音从人，本义指乐曲（演奏）结束。《说文解字》：“竟，乐曲尽为竟。”引申泛指终了、完毕，如“未竟之业”，又指从头到尾、整个，如“竟日”。又用作副词，指终究，如“有志者事竟成”。“竟然”即居然，也是副词，表示超出预料，不能写成“竞然”。

“对簿公堂”不关“薄”

【错例】遇到纠纷，国人喜欢私了，但外国人喜欢对薄公堂。

【简析】“对薄公堂”应为“对簿公堂”。“簿”“薄”均为形声字，两者形旁不同。“簿”从竹，本义指记事记账的册籍（最早用的是竹简）。《广韵》：“簿，簿籍也。”如“账簿”。引申泛指书写用的各种本子，如“作文簿、练习簿”等。又指文书，如“簿牒、簿牍”。“薄”从艹，本义是草木密集丛生之处。《说文解字》：“薄，林薄也。”丛木曰林，草木交错曰薄。草木丛生，密集相迫，“薄”由此引申指迫近、逼近，如“日薄西山”。“薄”又可指厚度小，如“如履薄冰”，引申指少、淡、弱，如“微薄、淡薄、单薄”。“对簿公堂”原指在官府公堂上受审问，现泛指上法庭打官司。簿，起诉状之类的文书，受审时据状核对事实，故称对簿。“对簿公堂”与厚薄无关，不能写成“对薄公堂”。

“拨款”分“发”“拔草”拽

【错例】专项拔款单独核算，专款专用，不能挪作他用。

【简析】“拔款”应为“拨款”。形声字“拨”和“拔”区别在声旁。“拨”读 bō，本义是治理。《说文解字》：“拨，治也。”如“拨乱反正”指的就是治理混乱的局面，使恢复正常。引申指用手或棍棒等使移动、分开，如“拨动、拨云见日”。又指推开、排开，如“拨冗出席”。再引申指调拨，即分出一部分来发给其他对象，如“拨粮、拨款”。“拔”读 bá，本义是连根拽出，《说文解字》：“拔，擢也。”如“拔草、拔苗助长”。引申指挑选人才，如“选拔、提拔”，泛指拔除各类对象，比如“拔毒”。由离开原地，还引申指出发（如“开拔”）、超越（如“出类拔萃”）、突出（如“挺拔”）、攻取（如“攻城拔寨”）等。“拨”繁体字为“撥”，简化后字形与“拔”相近，二者容易造成混淆。

“侯”指箭靶“候”伺望

【错例】这是近年开发的新产品，具有良好的稳定性和持久的耐侯性。

【简析】“耐侯性”应为“耐候性”。“侯”是象形字，古文作“矦”，其甲骨文字形近似“厂”下加“矢”，象张开挂起来的射布（厂），下方有一支箭（矢），本义指箭靶。古代天子分封诸侯时举行射侯礼，是否封侯要看射箭成绩——“射中则得为诸侯，射不中则不得为诸侯”。《说文解字》：“侯，春飨所射侯也。从人，从厂，象张布，矢在其下。”因此“侯”引申指公、侯、伯、子、男五等爵位中的第二等。又特指君主、君王，如“诸侯”，泛指达官贵人，如“王侯将相”。“候”是形声字，从人矦（hóu）声，本义指守望、察看。《说文解字》：“候，伺望也。”后引申指等待（如“等候”）、探望（如“问候”），再引申指时节（如“候鸟”）等。“耐候性”指金属、皮革、塑料等耐受大气腐蚀的性能，其中的“候”与气候有关，特指大气腐蚀，如光照、冷热、风雨等的综合破坏，与达官贵人无关，不能写成“耐侯性”。

“浃”背湿透“夹”两旁

【错例】三伏天乘地铁，赶上早高峰线路出故障，一路上人山人海汗流夹背！

【简析】“汗流夹背”应为“汗流浃背”。“浃”，形声字，从水夹声，本义指浸润、湿透。《说文解字》：“浃，洽也。”“汗流浃背”指汗出得多，汗水湿透了背部的衣服，常形容极度惶恐或惭愧。“夹”，繁体字为“夾”，会意字，从大，从二人，其甲骨文字形摹拟左右二人搀扶着中间一人的样子，本义指从左右相扶持，读作jiā。《说文解字》：“夹，持也。”引申指在两旁（如“夹道欢迎”）、从两旁钳住（如“夹住”）、掺杂（如“夹杂”）、夹东西的器具（如“铁夹子”）。“汗流浃背”与在两旁夹东西无关，写成“汗流夹背”是说不通的。

东语西渐

英语里的『农民工』

◎陆建非

不少学者指出，农民工是我国特殊历史时期出现的一个特殊群体，由于文化程度普遍较低，多数农民工在城市只能从事脏、累、危险的体力劳动，较容易受到歧视。

英文中对“农民工”一词的翻译可谓五花八门，仅笔者见过的就有 peasant workers（农民工人）、rural workers（农村来的工人）、farmers-turned construction workers（农夫转变成的建筑工人）等。笔者认为，这些译法均有不妥之处。早在20世纪70年代，许多以英语为母语的人士就指出，将汉语中“农民”译为 peasant 不妥，应该用 farmer 一词。而 rural workers 的意思则不够明确，容易产生歧义，人们或许将其理解为 rural labours（农村劳力）。至于 farmers-turned construction workers 的译法，其主要问题是界定范围太窄，不能涵盖“农民工”的所指范围。

目前的英文媒体最常用的是 migrant workers（外来务工人员）这一译法。但20世纪90年代末联合国有一份文件 *Fact Sheet No. 24, The Rights of Migrant Workers*（《简报第24条，外来务工人员的权利》），其中给“migrant worker”下的定义是：the term “migrant worker” refers to a person who is to be engaged, is engaged or has been engaged in a remunerated activity in a state of which he or she is not a national（“外来务工人员”这一群体指的是无当地国籍却将要从事、正在从事或者曾经从事有薪劳动的人），显然，migrant workers 被定义为“国外来的打工者”。

其实，英语中有 off-farm work 这一说法，指农民离开土地到城里所从事的工作。笔者认为将汉语中的“农民工”翻译为 off-farm workers 也不失为一个好的选项。

华语圈

土著

[马来西亚]杜忠全

对于“土著”一词的解释，《现代汉语词典》2005年第5版的释义是“世代居住本地的人”，2012年第6版起改为“原住民”，《全球华语大词典》的释义跟《现汉》第6、7版一样，也是“原住民”。“原住民”这一解释不可谓不确切，但来到马来西亚这一多元民族的政治语境中，却要复杂得多了。

首先，将“土著”理解作“原住民”，如果只是民族和文化的归类，这本没什么大不了。但是，在马来西亚的特殊政治环境中，它涉及了政治与经济利益的归属，是或不是，关系重大，因此“土著”身份的认定，得以国家宪法为准绳。

马来西亚的中文语词“土著”，是对应马来文的“bumiputera”，意思是“土地之子”。谁是“土地之子”？当然是“原住民”或“世代居住本地的人”了，这是它的字面含义。但是，对于谁可以是“土地之子”的鉴定，却未必如此。马来亚脱离殖民统治，走上独立建国之路，主要是马来人、华裔与印裔等三大族群携手合作的。相对于华、印裔而言，马来人的族群主体本来就是本区域的住民，自马六甲王朝开始伊斯兰化之后，马来人每每相等于穆斯林，这是数百年来的历史事实。此外，殖民时代之前及之后，从东南亚区域、阿拉伯世界，甚至海南岛等地移入的穆斯林社群，在伊斯兰的共同信仰下，也就融合无间了。就马来半岛而言，“土著”首先即穆斯林马来人，这是再清楚不过的。

1963年，东马的砂拉越、沙巴加入，马来西亚成立了，“土著”的涵盖面也就扩大，包括了东马的非穆斯林土著在内。此外，印裔穆斯林虽然自印度移居而来，由于同属穆斯林，按宪法，他们也被定义为“土著”。东马之外，马来半岛尚有非穆斯林的原住民，他们住在森林里或海岛上，大多依然保留着祖先的原始信仰，被称作“原住民”(Orang Asli)。

因此，“土著”的定义作“原住民”或“世代居住本地的人”，在马来西亚的中文语境中，就不是理所当然的了。在马来西亚，谁是“土著”，是宪法定义的，凡不符合宪法规定的，就是“非土著”；在国民身份上，那是非此即彼的标签。是或不是土著，关乎诸多的政治与社会利益，包括升大学、买房子、经商从政等等，都可能存在着不同的际遇。

（作者是马来西亚拉曼大学金宝校区中文系主任）

台湾新兴的“银~”词族

[中国台湾]高婉瑜

台湾65岁以上老年人口比率在去年初达到14.05%，每7个人就有1个是老人，显示台湾已进入“高龄社会”。华人社会对老年人很敬重，对老年人有很多的称呼，如“高龄”是以年纪称之。古代还有着眼于发色，称老人为“黄发”的，因为老人头发由黑变枯黄；现代不称“黄发”，改称“银发”，因为老人头发泛白。

有趣的是，“银”已成老年人代表词，台湾有一批以“银”为语素所组成的词语，均与老年人有关，例如“银龄”“银世代”“银光产品”“银光产业”“银光经济”“银龄设计”“银龄产品”“银龄产业”“青银共创”“青银共居”“青银共学”等等。

“银发”用来表老人是比较直观的，见到老年人发色斑白，便以“银发”称之，犹如称修车、修机器的人为“黑手”。“银龄”内部不是修饰性的偏正关系，说“银”修饰“龄”是讲不通的，因为语素“银”已有老人之义，“银”限定“龄”，是起区别性的偏正关系，跟“彩色电视”中“彩色”与“电视”的组合关系是一样的。“高龄”中的“高”与“龄”之间便是修饰与被修饰的关系。

“银龄设计”“银龄产品”“银龄产业”是由“银龄”派生出来的偏正短语，类似的短语还有“银光产品”“银光产业”“银光经济”。台湾的长辈对老化的观念已从过去的“服老”“抗老”，逐渐走向“无龄”，强调以科技、保健、陪伴等概念，为老年人设计产品，提供各项服务。新北市在2018年启用了“银光未来馆”，是引领未来银发产业的重要基地。

此外，还有“青银共创”“青银共居”“青银共学”。“青”为黑色，指代黑发，以黑发指代青年，“银”是银发族，“青银共创”就是青年与寻求第二春的退休长者共同工作，开创经济产值，或青年与长者一起交流合作，两者互补，达到世代共融、共好。青年人有动力，但缺乏经验与资金，长者有丰富的经验与资源，但观念比较保守，活力不足，透过“青银共创”平台，整合黑发青年的动力和银发长者的资源，让老年人建立社会连结，为台湾的经济带来新面貌。

“青银共居”是在一个社区中长者与青年彼此互相照料，或长者和青年是室友(同屋)，同住一个屋檐下。此举打破了传统的家的概念，建立以同理心构筑的新家庭。老年人释放居住资源，青年减轻房租压力，增加世代间的互动，例如“阳明公寓青银共居计划”。

“青银共学”是以邻、里长

为媒介，联系社区老人与学校学子，基于兴趣相同，彼此学习、交流技艺，让老年人觉得自己还有价值，学生能吸取他们的经验，青银互补，缔造青银共荣的社会。

新兴的“银～”词族提醒我们，人人都会老，要实时调整观念，运用社会资源，让自己乐活人生。

（作者是高雄师范大学国文系教授）

下重本砸重金

［马来西亚］邓月璇

粤方言是不少马来西亚华人家庭及日常交际的常用语言。多年来香港的文化产品，如电影、电视剧和流行歌曲等都使用广东话，传播到马来西亚，对华人社会的影响很大，以至有相当一部分人无论说还是写，都不同程度地被广东话化。

久而久之，潜移默化，有的粤方言词语被马来西亚华语吸收，并进入书面语。例如旅居马来西亚已有4年多的熊猫“兴兴”和“靓靓”，由于饲养费用很高，政府有意提前把这对熊猫归还中国。在报道这一新闻时，有的报章用了这样的标题：养10年太重本，兴兴靓靓提早走。

中国古代以农业为本，所谓“重本”就是以根本大事为重，亦即以农事为重，所以“重本”即“重农”。上例“重本”显然另有所指，表示很高的成本或成本很高。《全球华语大词典》收录这个词条，指出用于新马等地。的确，“重本”这个词不时会出现在马来西亚的报纸上，再举一例：当政者乐于砸重本兴建新的摩天大楼。

其实，新马华人所说的“重

本”，香港和澳门当地人常说“重皮”，《全球华语大词典》收“重皮”，释义是“成本高”，用于港澳等地。可见，新马华人多用“重本”，港澳居民多用“重皮”。

地区词（社区词）“重本”和“重皮”，跟中国普通话里的“重金”同义，新马华语也都会使用“重金”这个词。在马来西亚报纸上，我们就曾看到这样的标题：许冠杰、谭咏麟吉隆坡演唱会，不惜重金打造四面舞台。

“重金”指大量的金钱，“重金”让人产生很有气派、慷慨花钱之感，跟重皮、重本相比，感情色彩有所不同。

“水”在广东话中亦代表金钱，所以花费太高也可以说“太重水了”。“重本”“重皮”“重水”都与花大钱有关，但是选用哪个，语言用户是有所“考量”的。一般来说，书写语中只用“重本”，“重皮”或“重水”主要用于口语。

虽然这些市井口语生动有趣，不过，报章还是用规范的词语为好，不妨让“重皮”“重水”都留在口语中。

（作者是马来西亚《中国报》助理编辑主任）

《“脱帽”的价值》参考答案

1. 不径而走——不胫而走
2. 畴码——筹码
3. 揣揣不安——惴惴不安
4. 讯问——询问
5. 绉起眉头——皱起眉头
6. 待价而诂——待价而沽
7. 不用理采——不用理睬
8. 置问——质问
9. 一倍的价格——两倍的价格
10. 和作——合作

读书

『塞思黑』『阿其那』不是猪狗

◎郑张尚芳

萧一山《清代通史》上卷记载雍正四年，命囚禁与其争位的两个兄弟，八弟胤禩改名为“阿其那”，“满语狗也”；九弟胤禟改为“塞思黑”，“满语猪也”。书里这两个满语说解，想是起于民间对此事的传讲，一般人不懂满语，谁先揣测言之已难考证；但既被写进历史书，又经现今某武侠小说名家引到其畅销的作品中再一番渲染，那影响可颇是广远了。

《文史》第10辑有富丽的《“阿其那”“塞思黑”新解》，指出满语中，狗是indahun，猪是ulgiyan，跟这两词毫不相干。文章主张依故宫博物院明清档案部《有关曹雪芹家世档案史料稿》的一条按语：“塞思黑”满文作sesheri（讨人厌），把“塞思黑”改解为“讨厌鬼”。但由于该书对“阿其那”云其义未详，故文章作者又查阅满文词典，据acimbi“驮”，趋向动词“去驮”为acinambi，因而说其命令式当可作acina而对上“阿其那”，以为此词意为命其驮，不啻骂之为驮物的牲口。

按“塞思黑”对满文sesheri，解为“厌物”，可从。但“阿其那”对动词“命驮”，比拟似乎不伦。“阿其那”的本义应当是一个和“塞思黑”义类相近似的词才合。按羽田亨《满和词典》有ekcin，解为丑鬼，又解为骂人语。此词音义比对“阿其那”要相当些（“阿”有二读，可对a也可对e。“那”可能对尾缀-na，鄂伦春语即以尾缀-m表卑视难看之物，加缀时与词根有-n尾即省去之，亦与此同）。

乡间兄弟吵嘴相骂，随口骂什么“厌物、丑鬼”本来平常得很，而像雍正这样，做了皇帝，还将与他争位的兄弟，干脆取消父母起的名字，正式通令改名作“厌物”“丑鬼”的，则可

埃凡馒头店

◎周振鹤

埃凡馒头店卖的不是馒头，而是面包。因当时还不流行“面包”这个词，外国人做出来今天叫面包的东西(他们自己叫它 bread)，却不知如何介绍给中国人，只好取中国最接近面包的一种食品的名字——馒头来称呼它。所以认真说起来，“馒头”是 bread 的第一个译词。但是面包毕竟不是馒头，一个是烤制的，一个是蒸出来的，味道完全两样。所以“馒头”到底不能永远充作 bread，于是慢慢地就有“面头”出来代替，再由“面头”转而为“面包”。这一转换大约在十九世纪末完成。

不但 bread 译成面包不是一蹴而就，倒过来，中国的“馒头”译成英语也毫无办法，至今仍叫它作 steam bread，意即蒸出来的面包，真是要多别扭有多别扭。如果不用这个意译词，那就只好音译为 mantou，也一样不带劲。每一个人看问题都是从自己的角度出发，翻译也是如此，只能拿自己民族的东西去比况，无法脱离唯物的想象，这不但是翻译之难，也是文化交流之障碍。物质文化的东西还好办，不认识面包，拿实物来看就是。至于“逻辑”“涅槃”“布尔什维克”，怎么拿来看？译起来就更难了。

顺便说说，埃凡馒头店大约于 1858 年开张于上海外滩，起初只是面包食品店，后来发展成一家洋行，店主亨利·埃凡在赚够了钱以后，把店盘给人家，回英国享清福去了。虽然该店早已不存，但在一百多年前却是中国少数几家外资企业之一，在中国近代工业史上占有一席之地。

（选自《逸言殊语》，上海人民出版社 2008 年 8 月出版）

算稀奇事。但这正反映了他当时扭曲的心理状态。

（选自《胭脂与焉支》，上海教育出版社 2019 年 4 月出版）

向你挑战

“脱帽”的价值

（文中有十处差错，你能找出来吗？答案在本期找）

◎伯 淮 设计

大仲马完成了一部新剧的消息不径而走。各大剧院“蠢蠢欲动”，都在准备拿下这部新剧的谈判畴码。

在巴黎一家大剧院的经理室里，导演揣揣不安地讯问：“我们什么时候派人去跟大仲马谈？准备开出怎样的条件？”

“急什么！”经理绉起眉头，摆了摆手，“作家都是些待价而诂的家伙，最后还不是谁出的价高就给谁？大仲马清楚我们的底细。不用理采，他自己会找上门来。”

一周过去了，大仲马始终没有上门。有消息传来，他已经和一家新开的剧院签了合同。

大剧院经理火冒三丈，立马赶到大仲马家。一进门，连帽子都没脱，他就怒不可遏地置问：“听说你把新剧本给了个名不见经传的小剧院，难道他们出了天价？”

大仲马承认了这笔交易，并告诉了成交的条件。并不是什么高价！

大剧院经理蛮横地说：“我出一倍的价格，你立马收回剧本并取消交易！”

“那可不行，”大仲马摇了摇手，笑道，“他们开的价确实不算高，但我看中的并不是价钱。”

“那是什么？”大剧院经理好奇地问道。

“他们以与我和作为荣，而且，”大仲马微笑着回答，“他们见到我会脱帽致敬。”

虽然有钱，有地位，但如果缺少对人的尊重，那就难以得到别人的信任！

火眼金睛

图中差错知多少？

阎德喜　孙凯歌　李殿林　李向东　提供

（答案在本期找）

1

2

3

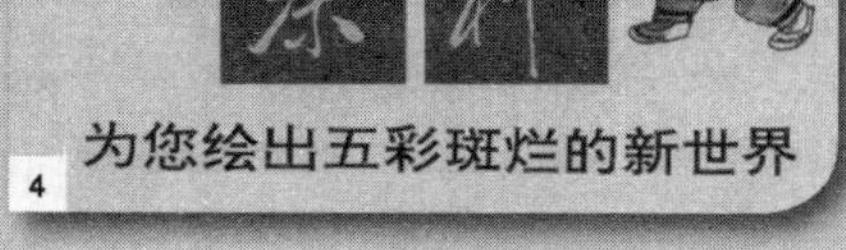

4

ISSN 1009-2390

09>

9 771009 239197

2018年度向全国少年儿童推荐的百种优秀报刊

YAOWEN-JIAOZI

咬文嚼字®

10
2019

大麻哈鱼

硬骨鱼纲，鲑科，分布于太平洋北部海域，夏初或秋末入黑龙江等河流产卵。得名源自赫哲语“dao imaha”的音译。“dao”是专名，特指这种鱼，“imaha”相当于满语中的“nimaha”，即鱼的意思。也称“大马哈鱼”。

上海世纪出版集团

欢迎至邮局订阅本刊 邮发代号 4-641
国内统一连续出版物号 CN 31-1801/H
定价：5.00 元

特殊的贺礼

张　悦／文　臧田心／画

郑振铎与高君箴结婚。按当时礼仪，男女双方的家长，均须在结婚证书上加盖印章。婚礼前数日，郑振铎才想起母亲还没有印章，于是去信请瞿秋白刻一方应急。瞿秋白立马回信："石章每字二元，一周取件。限日急件，润格加倍。边款不计字数，概收二元。"婚礼当日，瞿秋白送来大红喜包一件，上书："振铎先生君箴女士结婚志喜，贺仪五十元。"打开喜包，内中并无现金或礼券，而是三方印章。郑老夫人一方，新郎新娘各一方。新郎新娘的合成一对，边刻"长乐"二字。把玩欣赏之后，郑振铎悟出"贺仪五十元"之意。原来三章共刻十二字，润格为二十四元，急件加倍，则为四十八元，再加边款二元，共五十元。此事一时传为佳话。

咬文嚼字®

2019年10月1日出版

10

总第298期

主管：上海文艺出版总社
主办：上海文化出版社
编辑、出版：《咬文嚼字》杂志社
集团网站：http://www.shwenyi.com
E-mail：yaowenjiaozi2@163.com
官方微博：
http://weibo.com/yaowenjiaozish
电话传真：021-64330669
发行电话：021-64372608-181
邮购电话：021-64370935
地址：上海市黄浦区绍兴路7号
邮政编码：200020
发行：上海市报刊发行局
发行范围：国内外公开
订阅处：全国各地邮局
邮发代号：4-641
ISSN 1009-2390
CN 31-1801/H
印刷：上海中华印刷有限公司
印厂电话：021-60829062
021-60299079
定价：5.00元

语林漫步

"咬文嚼字"的路径

◎白岩尖

近几十年来,"无错不成书,无错不成刊,无错不成报"似已成为语言文字运用的"常态"。不过可喜的是,以"咬文嚼字"为特色的语文规范活动,似乎也呈现出从未有过的"兴盛"景象。网上出现了众多或直接或间接以"维护语文规范运用"为旗号的QQ群、微信公众号等新媒体平台,几乎每天都推送出大量"咬文嚼字"文章或帖子,有一些点击量还达到了"10万+",过百万的也能偶尔见到。这是令人兴奋的现象。我们一直希望有更多的人加入到"咬文嚼字"队伍中来,一直希望有更多的人参与"咬文嚼字"活动。众人拾柴火焰高,这对维护母语的规范运用,无疑能起到助推作用!

不过,我们也必须承认,由于一些新媒体平台并非专业人员运营管理,一些文帖也并非出自专业人士之手,时下涌现出的一些"咬文嚼字"活动,需要改进的空间还很大,说得不准确甚至说错的情况时有发生。

最突出的一点是"唯工具书"倾向。《现代汉语词典》等权威工具书,为国家的语言文字规范化工作做出过不可磨灭的贡献。然而,我们在对语言文字运用做正误判断时,只能把权威工具书当作重要参考,而不能把它当成判断标准。因为再权威的工具书都存在一定的局限,甚至存在错误。如果全按工具书"咬","咬"错是避免不了的。许多朋友知道,《咬文嚼字》杂志还有一条编辑原则：凡是工具书上能查到的一般不“咬”。

我们常在社交媒体上见到以权威工具书为唯一判断标准的“纠错”文章，其中纠“错”的还是有一定数量的。比如，有篇文章说“本帮菜”错了，应该改成“本邦菜”，理由就是《现代汉语词典》收的是“本邦菜”。其实，正确的是“本帮菜”而非“本邦菜”，已有权威专家做出过辨正。在烹饪界，凡涉及地方风味流派，用的都是“帮”而非“邦”字。这个用字习惯源于旧上海的“行帮”文化。民国时期，上海是全国的经济文化中心，来自全国各地的经商者、手工业者或其他劳动者，按行业或地域关系结成的团体叫“行帮”。苏帮、扬帮、锡帮、杭帮，以及京帮、广帮、鲁帮、徽帮等等，在当时的上海形成了“百花齐放”的景象。相应，各地风味的菜系也便称为了扬帮菜、苏帮菜、京帮菜、鲁帮菜等等。“本帮菜”本指上海菜，是在吸收各地特色的基础上逐渐成形的，为了有别于其他菜系，特地用“本帮”命名。后来，词义引申，“本帮菜”也可指本地菜。

有人说，国家颁布实施的各类语言文字标准性文件，可以视为判断对错的标准。这种说法当然是对的。不过，语言文字运用十分复杂，“国家标准”更不可能涵盖所有的语言文字问题（就覆盖面而言，还远不如工具书）。况且，就算按“国家标准”对某些问题做正误判断，也是个复杂、专业的过程，而不是简单化的“比对”。如果死抠字眼，有时不仅解决不了问题，反而还会出现偏差甚至错误。

社会语文生活中，就存在因对“国家标准”有关规定存在理解偏差而出现的争议。《通用规范汉字表》收有“锺”字，并有一个注释：“（鍾）用于姓氏人名时可简化作‘锺’。”基于此，现在多把小说名著《围城》作者的大名写作“钱锺书”（过去写作“钱钟书”），这没有什么争议，据说也符合钱先生生前心愿。但有人认为，根据《通用规范汉字表》此条规定，作为姓氏用的“钟”字都应改为“锺”，出版物应把“钟子期”改为“锺子期”、把“钟繇”改成“锺繇”、把“钟馗”改为“锺馗”……据说，《通用规范汉字表》颁布实施后，还有“钟”姓家族成员建议把姓由“钟”改为“锺”，支持者有之，反对者有之，意见始终得不到统一。在操作层面，把作为姓氏用的所有“钟”字改为“锺”，其实是办不到的。（有学者据此对《通用规范汉字表》的此项处理提出了质疑，这不是本文讨论的内容，在此不赘。）想要说的是，我们似不应简单化地理解《通用规范汉字表》的此条规定。注意，《通用规范汉字表》注释中用的是“可”字，它的意思应该是：“鍾”用于姓氏人名时，可以简化作“锺”，也可以不简化作“锺”（即简化成“钟”）。在社会实际中，遵从“名从主人”的原则。“钟子期”“钟繇”“钟馗”等等，已被社会广泛认知，也被社会广泛认同，完全没有必要改，改了反而会引起混乱。至于“钟”姓族人要不要改姓，完全由他们自己说了算。不过如果改的话，操作上很困难，涉及户口簿、身份证等等证件上的改字，很可能根本改不了。可见，对国家标准不能持机械论，不知变通。

社会语文运用是一项复杂的活动，内容涉及文史哲、理化生等社会、自然学科的方方面面，不是任何工具书所能涵盖的，更不是任何国家标准性文件所能涵盖的。以“维护语言文字规范运用”为目的的“咬文嚼字”活动，仅靠查阅工具书、国家标准是很难奏效的。除了权威工具书、国家标准，“咬文嚼字”必须依靠丰富的学科知识、清晰的学科逻辑！我们希望，刚刚加入“咬文嚼字”队伍的朋友，加强学科知识的积累和学科逻辑的训练，切实提高学科素养。只有如此，才能提高“咬文嚼字”水平，才能让“咬文嚼字”活动更专业、更够水准。

时尚词苑

“瞪羚”变成“独角兽”

◎高丕永

“瞪羚”变成“独角兽”？听起来像是“天方夜谭”。瞪羚，一种成长很快、个头不大但善于跳跃奔跑的羚羊。独角兽，西方神话传说中形如白马、前额一只螺旋角、有神奇力量的动物。自然界的瞪羚，虚构的独角兽，除了在神话传说或梦境里，现实中不可能“同框”，更不用说瞪羚变成独角兽了。但是，近年来的媒体上，瞪羚和独角兽“同台亮相”颇多。比如，“如何从‘瞪羚’走向‘独角兽’”（标题，《创业导报》2016年6月14日），“把更多‘瞪羚’变成独角兽”（标题，《广州日报》2017年12月18日），“从‘瞪羚’到‘独角兽’有多远”（标题，《大众日报》2018年10月29日）等。这些文章标题里的“瞪羚”“独角兽”是什么意思？“瞪羚”真的会变成“独角兽”？

汉语“瞪羚”一词是英语“gazelle”的意译，以前只是指“自然界的瞪羚”。上世纪90年代，美国麻省理工学院教授戴维·伯奇（David Birch）把“跨越死亡谷（创业初期的困难时期）、进入快速成长期的科创企业”比喻为自然界的“gazelle”。这个用法很快传入我国。比如：“在市场竞争中往往‘瞪羚式’企业更加充满生机和活力。”（《现代经济信息》1995年第11期）现在，汉语“瞪羚”有了一个新的意义，指“高成长性中小型科创企业”。例如：

（1）2003年，中关村发布的“瞪羚计划”是全国首个将信用激励机制与担保融资相结合的综合融资解决方案，目前“瞪羚企业”这一名词已从中关村走向全国，成为衡量各地高科技企业高成长的标准。(《人民日报》2015年5月7日)

(2)2016年全国高新区的“瞪羚企业”数量达到2576家。……从某种程度上说，瞪羚企业就是独角兽企业的“低配”版，是独角兽企业的前身。(《广州日报》2017年12月18日)

汉语“独角兽”一词是英语“unicorn”的意译，以前只是指“神话传说中的独角兽”。2013年，美国投资人Aileen Lee把“创业十年左右，爆发式增长、没有上市、估值超过10亿美元”的高新技术企业比喻为神话传说中有神奇力量的“unicorn”。现在，汉语“独角兽”有了一个新的意义，指“高成长性大型科创企业”。“独角兽”还与“瞪羚”一起描述高成长性科创企业从中小型向大型的“华丽变身”。例如：

(3)大会发布了《南京市独角兽、瞪羚企业发展白皮书》，并公布2018年首批南京市独角兽、瞪羚企业榜单，共有3家独角兽企业、16家培育独角兽企业、20家关注独角兽企业和25家瞪羚企业、43家培育瞪羚企业上榜。(《南京日报》2018年4月19日)

(4)随着瞪羚企业对于区域经济发展增效作用的显现，出台瞪羚培育计划的高新区数量不断增多；同时部分地区将瞪羚企业培育升级到省级层面，并开始探索和建立“创业—瞪羚—独角兽”的新经济企业全链条成长的支持体系。(《国家高新区瞪羚企业发展报告2018》，2018年8月28日)

2018年11月5日，习近平主席在首届中国国际进口博览会开幕式上宣布“在上海证券交易所设立科创板并试点注册制”。资金市场的支持是“创业—瞪羚—独角兽”新经济企业培育链条的重要环节，将来会有更多的科创企业变成“瞪羚”，更多的“瞪羚”变成“独角兽”。

“盘他”，兼及“盘”的新用法

◎代宗艳

2019年初，新词语“盘他”在网络迅速走红，简直是“万物皆可盘”。“盘他”是什么意思呢？如果只从字面意思上去理解，难免会让人一头雾水。其实，“盘他”出自孟鹤堂、周九良的相声《文玩》中的台词：“干巴巴的，麻麻赖赖的，一点都不圆润，盘他！”这个“盘”，指的是一种文玩玩法，是北京人用来消磨时光的一种手部行为艺术，即通过双手不断地按、压、揉、搓等动作，将器物打磨光亮、改变颜色、产生半透明的包浆等，让它们更加光滑、更有质感。“盘”的对象还从文玩延伸至多种事物，如“盘核桃、盘根雕”等。

真正让“盘他”这个网络新词语流行起来的是抖音视频。一位用户在抖音上发布了一条题为《万物皆可盘》的视频，说道：“甭管他什么东西，盘他。”由于很多用户一起参与，并且可“盘”的东西各式各样，于是“盘他”也就火了起来，成为新闻标题、娱乐话题、广告软文中的高频词语，语义及语用功能也呈现多样性。

新词语“盘他”是个动宾结构，常用于祈使句中。其语义类型大致有以下三种：

第一种语义是“鼓励、加油”，用于鼓舞自己或他人迎难而上。例如：

（1）今晚国足战伊朗，盘他！（标题，《北方新报》2019年1月24日）

（2）高考助威团的加油口号更是花样百出。今年我觉得最有趣也最有力的一句是：高考，盘他！（《钱江晚报》2019年6月8日）

例（1）“盘他”用于给国足助威，例（2）“盘他”用于为高考考生加油。

第二种语义是“处理、改造、教训”，主要用于对问题的处置，所涉及的主体既可以是事物，也可以是人。例如：

（3）几十位消防战士对着森林大火喊道，“兄弟们上！盘它！”（《人民日报》2019年4月5日）

（4）再碰到公交车抢方向盘、高铁霸座、地铁咸猪手，别犹豫，盘他！（《太仓日报》2019年1月24日）

例（3）的“盘它”是“盘他”的变体，表示对森林火灾的解决和处理；例（4）的“盘他”则相当于“怼他”，含“教训”之意。

第三种语义是“入手、了解、接近”，多用于面对心仪的人或事物时，勇敢地靠近或争取。例如：

（5）最强618攻略，首付5万超给力，没错！盘他！（标题，《临沂日报》2019年6月20日）

（6）浐灞网红桥真可爱，我要找个机会盘他。（《西安日报》2019年2月19日）

例（5）“盘他”表示入手、购入，例（6）“盘他”表示了解、接近。

在“盘他”的基础上，人们又让“盘”与各种名词搭配，形成了极具特色的“盘×”结构，简洁生动，蕴含了丰富的感情色彩。“盘”和不同名词耦合便会产生不同的涵义。例如：

（7）相比熬夜，“盘夜”多了些享受生活的愉悦感；相比过年接受亲戚“轮番询问”，“盘亲戚”更有一种兵来将挡、化被动为主动的痛快；相比追星，抖音红人李雪琴对偶像说“我想盘你”，别有一番亲昵。（人民网2019年1月23日）

表示“熬夜”的“盘夜”，表示接受亲戚“轮番询问”的“盘亲戚”，以及表示对偶像喜爱的话语“我想盘你”，都体现了“盘”的新义新用法。可见，词义引申和泛化后的“盘”确实能够为语言表达带来新颖别致的情趣。

千万个语境，演化出千万种“盘他”。在“盘”的过程中，每个人赋予了自身情绪，又“脑补”出不同的行为状态。“盘”的多义性和模糊性使得“盘”的应用领域不断扩展。

“神器”，何物

◎刘冰鑫

古代，人们对自然世界的认识很有限，常常将许多无法解释的现象归于“神”的力量。因此，像盘古开天辟地的“盘古斧”，黄帝击败蚩尤的“轩辕剑”，女娲补天的“五彩石”等，都可以称为“神器”。那时，“神器”的“神”是名词性语素，即指称神话中具有超能力的人，“神器”则用来指神话传说中神秘莫测、威力无穷的器物。

21世纪，科学技术高速发展，人们对神话传说有了更清晰的认识，对“神器”也有了新的理解。因而“神器”走下了“神坛”，比方说，现代的高端武器由于功能强大，技术含量高，更新速度快，往往被称作“神器”。

（1）近年来，美国X-51A、X-43、HTV等高超音速飞行器不时见诸媒体，而俄罗斯、中国也在积极发展这种潜力无限的“科幻神器”。（《钱江晚报》2013年9月17日）

（2）驻扎在中东地区的美军，面对武装分子的火箭弹、迫击炮袭击，应对办法不多。以色列的“铁穹”防空系统能拦截来自加沙地带的火箭弹、迫击炮弹，成功率较高。所以，美军需要购买这一“神器”弥补自身短板。（《解放军报》2019年3月29日）

“神器”也可以指生活中的新事物和高科技产品。例如：

（3）自动洗袜机、拖地机器人、电动拖把等懒人神器不断涌现，能够解决家务问题的高科技电子产品均有着千万的市

场规模。(《北京商报》2018年12月11日)

(4)演出中作为背景的几块大屏,在摇臂的操作下变化造型,这就是导演组在表演前一直在说的"神器"……这也改变了传统静态舞台展现形式,被称为"会跳舞的机器人"。(《南方日报》2018年9月3日)

例(3)"神器"是为人们生活提供便利的高科技产品,具有强大的功能;例(4)"神器"以尖端技术为支撑,向观众呈现了新的表演形式。

渐渐地,"神器"不仅可以指具体存在之物,甚至还可以指抽象事物。请看:

(5)"国家之权乃是'神器',是个神圣的东西。公权力姓公,也必须为公。只要公权力存在,就必须有制约和监督。"习近平总书记的重要讲话高屋建瓴、振聋发聩。(《中国纪检监察报》2019年3月23日)

(6)与强调逻辑严密的《海市蜃楼》《调音师》不同,《祈祷落幕时》的推理过程并没有太复杂,最后几乎靠回忆完成了整个破案过程,其中的亲情部分成为"催泪神器",不少观众看到最后都泪流满面。(《羊城晚报》2019年4月24日)

例(5)用"神器"说明公权力神圣不可侵犯;例(6)"催泪神器"指电影中的亲情部分很能打动人,催泪能力特别强。这两处"神器"着重突出指称对象的强大功能。

可见,当代"神器"中的"神"已变为形容词性语素,表示高超的、强大的。"神器"通常指具有独特作用的新器物或功能强大的高科技产品。对一般人来说,它们尚未普及使用,具有新奇性,容易让人产生眼前一亮的感觉。

如今,像"筑路神器""解暑神器""治污神器""育娃神器"等种种"神器"层出不穷,这些"神器"提高了人们的生活质量,让生活更加便捷。我们也应支持创造和发展各式"神器",让"神器"走进千家万户,更好地造福人民。

“嗦”与“嗉”

◎屠林明

最难熬的是大雪纷飞的冬季。鼠类早已囤积得满仓满钵的，穿着厚厚的裘皮大衣，在洞穴口欣赏雪景。而麻雀却没有隔宿的食粮，仅靠嗦子里的夜粮，维持不了两三天。

这是2019年6月27日《新民晚报》A20版上《如果没有麻雀》一文中的句子。其中“嗦子”错了，正确的应是“嗉子”。

嗦，音suō，一般不单独使用，常见组词有啰嗦（形容说话繁复、絮叨）、哆嗦（指因受外界刺激而身体不由自主地颤动）等。但并没有“嗦子”的用法。

与麻雀及存粮有关的，是“嗉（sù）子”。嗉子即嗉囊，是鸟类消化器的一部分，在食道的下部，形状像个袋子，用来储存食物。这与引文中表达的意思是符合的。“嗦”与“嗉”两字形似音近，应是致误的原因。

“充轫”应为“充牣”

◎王宗祥

2019年5月21日《文汇报》第11版刊有《近代上海城市空间为何越扩越大》一文，说上海开埠之前城市也颇具规模，城墙外靠近黄浦江小东门一带商业也十分兴盛，并引文说：“沙、卫各船之装卸货物者，皆泊于南市，故自董家渡至十六铺一带，百肆喧市，万物充轫。”显然这里“万物充轫”表示的意思是万物充满，但用“充轫”错了，应用“充牣”。

轫，音rèn，支住车轮阻止车轮滚动的木头。常见的词有“发轫”，即拿掉支住车轮的木头，使其前进，汉语中无“充轫”一词。

牣，也读rèn，义为充满。“充牣”为并列结构，表示充满。汉司马相如《子虚赋》：“若乃俶傥瑰玮，异方殊类，珍怪鸟兽，万端鳞崒充牣其中，不可胜记。”也作“充仞”，“仞”通

“轫”。《史记·殷本纪》：“益收狗马奇物，充仞宫室。”将“充牣”误写成“充轫”，可能是“牣”“轫”二字音同形近而致误。

“干涸”不可少一点

◎杨昌俊

2019年7月14日的《西安晚报》第6版刊有《饲养室的水井》一文，其中写道：“直到八十年代，农村实行土地承包，分田到户，生产队饲养室拆除，这口井也为村里弃用，井水逐年减少，直至最后彻底干涸荒废。”引文中的“干涸”，显然是“干涸”之误写。

“涸”，读作hé，义为水干枯。后引申出竭尽、枯竭之义。干涸，即水量枯尽，多用于河道、池塘等，用“干涸”形容井水枯竭是合适的。

“涸”，读作gù，义为因寒而凝固、闭塞。《通用规范汉字表》中不收此字。把“涸”写成“涸”，应是形近致误。

“藩臬两司”是什么机构

◎达式东

2019年7月12日《中老年时报》所刊《晚清官场“坐探”》一文中说：“‘坐省’亦称‘坐省家人’‘省友’，常年驻守省城，沟通督抚部院、藩臬两司……”句中的“藩桌”令人费解，改作“藩臬”才对。

藩臬（fānniè）是指藩司和臬司，是明清两代的布政使和按察使的并称，既可指省级地方行政机关，也可指两司的主管官员。藩司管行政财政，臬司管司法监察邮驿。明何景明《省中公宴》诗：“劝酬尽是文武士，列坐俱为藩臬臣。”

“藩”有屏障、保卫的意思，旧时称王侯的属地，相当于地方。而布政使在明朝时乃一省之最高长官，因此称为“藩司”。虽然清朝官员制度有所改变，布政使的职责有了变化，但仍沿用了旧称。“臬”的本义是箭靶，引申义为目标、准则、法度等。按察使掌一地司法监察，以“臬司”命名与其职责相符。

夏桀的宠妃是“妹喜”？

◎赵　岩

《文史知识》2019年第5期刊文《叶嘉莹讲女性词(五)》，文中有这样的表述：“我们说夏桀是因为宠爱妹喜，商纣王是因为宠爱妲己，周幽王是因为宠爱褒姒……”句中的“妹喜”有误，应该是“妺喜”。

妺，音mò，主要用于女子人名。“妺喜”也写作妺嬉、末喜、末嬉，是夏朝最后一位君主夏桀的宠妃。关于妺喜的史料记载最早出自《国语》：“昔夏桀伐有施，有施人以妺喜女焉，妺喜有宠，于是乎与伊尹比而亡夏。”韦昭注：“有施，喜姓之国，妺喜其女也。”后人常认为夏桀因宠爱妺喜而亡国。

“妹”即妹妹或指称比自己年纪小的同辈女性，也指年轻女子。误“妺”为“妹”当是字形相近所致。

是“劬劳”非“够劳”

◎严志清

红旗出版社2012年10月出版的《中华典故》第一册中引用了《诗经·小雅·鸿雁》一诗，其中有这样几句：“之子于征，够劳于野。”“虽则够劳，其究安宅？”“维此哲人，谓我够劳。”(第327页)这三句中的“够劳”都应当是“劬劳”。

劬，读qú，表示劳苦、勤劳。“劬劳”指劳累。如《诗经·小雅·蓼(liǎo)莪(é)》中有“哀哀父母，生我劬劳”，其中“劬劳”指父母养育子女十分劳苦。《鸿雁》诗中，“之子于征，劬劳于野”意思是“那人远行，在野外辛苦劳作”。“虽则劬劳，其究安宅”可以理解为：“虽然劳累，但是要在何处安身？”“维此哲人，谓我劬劳”大意是“唯有那些通情达理的人，知道我的辛劳”。

够，读gòu，汉语中没有“够劳”之说。把“劬劳”误写成“够劳”，当是形近致误。

本是同胞兄弟，何谈情同手足

◎汤生根

“周总理同胞兄弟三人，他是老大，老二早逝，他与三弟恩寿情同手足。”这段话出自长江文艺出版社2013年9月出版的《梁衡散文精选》(第204页)。用“情同手足”形容周恩来与其胞弟周恩寿的深厚情感，显然不当。

“情同手足”是个成语。手足，比喻兄弟。“情同手足”即情谊深厚，如同兄弟，常用来形容不是同胞兄弟的朋友之间的深厚情谊，如同兄弟一样。如陈明远《田汉不死》一文说田汉和郭沫若“他俩一见如故，情同手足”。周恩来与周恩寿本来就是同胞兄弟，还需说什么“情同手足”吗？周恩来与周恩寿感情深，用“手足情深”即可。

“收梢”不可作“收稍”

◎杨宏著

文汇出版社2012年12月出版的《为坏人辩护》一书中，谈到《刘心武续红楼梦》时说：“刘作家在续书中叙述大量男性阴险、恶毒、肮脏——还未见得高明的权谋争斗。刘作家还添加了一大反派忠顺王爷，全书差不多就是以忠顺王爷之死收稍。”此处“收稍”一词并非汉语中规范用语，应改正为“收梢”。

“梢”指树木或其他植物的末端，引申指事物的末端或一段时间的结尾。因而，“收梢”即收场、结尾。清代吴趼人《二十年目睹之怪现状》：“忽然说这么一句收梢，倒像唱戏的好好一出正戏，却借着科诨下场。”

“稍”本义指禾之末端，引申义为小。另可作副词，义为逐渐、恰好、只、暂且等。“收稍”欠通顺，古今经典文献中也未见其踪影。

“梢”与“稍”有一笔之差，不能用“收稍”取代“收梢”。

是“切忌”非“切记”

◎谢云秋

“此外，梅雨季节食物易馊或者霉变，建议大家每顿少做一些，吃新鲜的，尽量不剩余食物……如果发现食物发酸变质，切记食用。”这是2019年6月19日《京江晚报》A04版《闷热梅雨季节“防霉”最重要》中的一段话，其中的“切记”是“切忌”之误。

“切”有一定、务必的意思。切记，即务必牢记。如《春渚纪闻·陇州鹦歌》：“你到京师，切记为我传语通判宅眷。”上述引文中说“食物发酸变质”，如用“切记食用”即表示一定要记住食用这些食物，显然不是文章要表达的意思。

忌，即禁忌、忌讳。切忌，意思是务必避免。宋代戴复古《论诗十绝》之四：“须教自我胸中出，切忌随人脚后行。”“切忌”正符合以上引文的意思。

应是“不遑多让”

◎李可钦

2019年4月30日《番禺日报》第4版刊有文章《游全域番禺　赏岭南风韵》，其中写道：“时下文旅融合发展在全国如火如荼地开展中，番禺在此方面亦不逞多让。”这里“不逞多让”写错了，应是“不遑多让”。

遑，读作huáng，义为闲暇、空闲，“不遑”即来不及、没有时间（做某件事）。“不遑多让”即表示没有闲暇过多地谦让，与其他相比毫不逊色。

逞，读作chěng，有多个含义：可指显示、夸耀，如“逞能”；也可指实现意愿、称心，如

"得逞"；还可指纵容、放任，如"逞性子"。"不逞"有怨恨、不得志、不满意等义，也泛指为非作歹。"不逞多让"文意欠通顺。

"1993年全国第一个教师节"？

◎周　振

《报刊文摘》2019年5月20日第3版刊有《人大老校长袁宝华逝世　多次强调尊重知识分子》一文，其中这样说道："1993年全国第一个教师节上袁宝华大声疾呼：'尊师重道，天经地义。'""1993年全国第一个教师节"的说法有误，全国第一个教师节不在1993年。

中华人民共和国成立后，教育部曾先后将6月6日、5月1日定为教师节，但因为种种原因执行效果不佳。1985年1月，第六届全国人大常委会第九次会议通过国务院关于建立教师节的议案，将每年的9月10日确定为教师节，沿用至今。可见，1985年9月10日才是全国第一个教师节。

将"1985年"误为"1993年"，可能是因为1993年10月31日第八届全国人大常委会第四次会议通过的《教师法》，有"每年九月十日为教师节"（第六条）这一规定。但1993年9月10日其实已经是第9个教师节了。

"徼""缴"大不同

◎禾　宝

2019年1月14日《环球时报》第13版刊有《美高校担心入学季留学生税减》一文。文中这样写道："对美国的公立大学而言（以加州大学为例），在第二、第三梯队的加大校区，外州和国际学生徼的学费比本地学生多很多……对于私立大学来说，所有学生所徼的学费是完全一样……"其中的两个"徼"都应为"缴"。

"徼"是个多音多义字。读jiào时，义为边界、巡查。如

“儌人”指边民，“儌巡”即巡查。读 jiǎo，用于“儌倖”。“儌倖”是被淘汰词形，义同“侥幸”，表示希望获得意外成功，由于偶然的原因而得到成功或免去灾害。读 yāo，同“邀”，义为求取、招致等，“儌福”义为求福。“儌”与学费无关，学生不能“儌”学费。

缴，读 jiǎo，表示为履行义务而交纳或被迫交出。如“缴纳”即交纳。学生上大学，“缴”学费必不可少。

另补充一点，文章标题中的“税减”应是“锐减”。

周瑜字“公瑾”还是“公谨”？

◎孙凯歌

“遥想公谨当年，小乔初嫁了，使我不得开心颜！”这句话来自 2019 年 7 月 17 日《北京晚报》第 37 版连载的小说《少年派》，从内容看是学生在恶搞古诗词。但这里的“公谨”当为“公瑾”。

“遥想公瑾当年”语出苏轼的《念奴娇·赤壁怀古》。原句为：“遥想公瑾当年，小乔初嫁了，雄姿英发。羽扇纶巾，谈笑间，樯橹灰飞烟灭。”公瑾指的是周瑜。周瑜（175—210），庐江舒县（今安徽庐江西南）人，汉末时东吴名将。曾在“赤壁之战”中，与刘备协力大败曹操，从而奠定了“三分天下”的基础。相传他精通音律，民间有“曲有误，周郎顾”之语。

“瑾”是一个形声字，从玉，堇声，本义是美玉。《左传·宣公十五年》：“谚曰：‘高下在心，川泽纳污，山薮藏疾，瑾瑜匿瑕。’”瑾和瑜都是美玉的名字，后也用“瑾瑜”比喻美德贤才。古人取字是十分讲究的，往往与名产生意义上的关联，“瑾”与“瑜”对应，这正是周瑜字公瑾的缘由。

谨音同瑾。义为谨慎、小心，也有郑重地、恭敬之义，但是都和周瑜的名字没有太大的联系。

编校信箱

百问百答（3）

◎郝铭鉴

“掰手腕”可以写成“扳手腕”吗

可以。工具书中也许查不到“扳手腕”，但并不等于这种写法是错的。掰，音 bāi，这是近代的口语新造字，从字形即可看出，其本义是把物体分开或者折断，如“熊瞎子掰苞米”。后引申可指扳的动作，如“掰着手指头数”，其实就是“扳着手指头数”。扳，读音本为 pān，“攀”的异体字，“攀援”可以写作“扳援”。近代以后引申指向相反方向用力，读音为 bān。“掰手腕”是一种民间游戏，谁能把对方的手腕扳倒，即为获胜者。这种游戏的写法，带有某种方言色彩。北方人通常写作“掰手腕”，工具书也承认这种写法；南方人往往不但写作“扳手腕”，而且也读作“bān 手腕”。无论是从汉字历史，还是从构词理据来说，都是站得住的。两者可视为同义词。

科举殿试结束后公布的是“皇榜”还是“黄榜”？

黄榜。古代科举考试分为乡试、会试和殿试三级。乡试为初级考试，发榜时正值桂花盛开，故称桂榜。会试于次年春天在京城举行，各地举子会集京师，发榜时正值杏花盛开，故称杏榜。殿试则是皇帝主持的考试，是最高级别的考试，发榜时用黄纸书写，“黄色，地之色也”，故称黄榜。黄色近金色，所以黄榜又称“金榜”。《神童诗》中有宋代汪洙的《四喜》：“久旱逢甘雨，他乡遇故知；洞房花烛夜，金榜挂名时。”“金榜挂名”便是人生“四喜”中的一喜，也作“金榜题名”。

不过，写作“皇榜”恐怕不能判错。殿试既然以皇帝名义发榜，称之为“皇榜”，还是持之有故的。不能因为词典中没收，就一棍子将其打死。黄梅戏中不就有一个流行的段子《谁料皇榜中状元》吗？

“扯谈”是“扯淡”的误写吗

确实有人是这么认为的，所以书稿中每遇“扯谈”，必改成“扯淡”。但我觉得此事要慎重。“寒暄，扯谈，终于切入正题：修改合同。”——此句中的“扯谈”，能改成“扯淡”吗？

“扯淡”有明显的民间俚语色彩，不过，明清小说中已有大量用例，资格是很老的。所谓“扯淡”，就是胡言乱语，或说话无聊。明田汝成《西湖游览志余·委巷丛谈》认为此语是杭州人的发明：“又有讳本语而巧为俏语者……言胡说曰‘扯淡’。”讳的是哪条“本语”呢？或说是“扯蛋”，但考之语言事实，此说似不能成立。事实是“扯淡”在前，“扯蛋”在后，“扯蛋”倒可能是后人恶作剧的产物。

“扯谈”的历史确实不长。一般的工具书中，只有“扯谎”“扯皮”“扯闲”，没有“扯谈”。然而，我们不能因此否认它的存在。谢觉哉曾在《不惑集·信言摘录》中对这一新词作过论述：“扯谈是无拘束的，东拉西扯，你一句，我一句，常常能搞通问题，顶大事。”既然能说得通，用得上，那就给它一席立足之地吧。

锁定名人

《游园惊梦》非京戏

◎钱 辉

台湾著名作家林清玄先生在《平生一瓣香》一文中说:“我站在那里怅望良久,竟然忘了自己身在何方,真像京戏《游园惊梦》里的人。”《游园惊梦》是明代大戏曲家汤显祖的代表作《牡丹亭》中的一个曲目,也是整部作品最为大众熟悉和喜爱的曲目,四百多年来常演不衰。但是《牡丹亭》一直都是昆曲的保留剧目,把它说成“京戏”不妥。

昆曲与京戏是两个不同的剧种。昆曲又称“昆腔”“昆剧”“昆山腔”。发源于元末明初苏州昆山,是我国最古老的剧种之一,流行于苏、沪、浙、京、湘、赣等地。以唱传奇剧本为主,表演上注重动作优美,舞蹈性强。尤其在舞台艺术上,创造了中国古代完整的民族戏曲表演体系。2001 年被联合国教科文组织列为“人类口述和非物质文化代表作”。

京戏也称京剧,形成于清代,在昆曲、秦腔部分剧目、曲调和表演方式的基础上,吸收了一些其他民间曲调,逐渐融合、演变、发展而成。是我国五大剧种之一,国粹的典型代表,在世界上都有很大的知名度和影响力,2010 年被列入“世界非

李白“遍于诸侯”?

◎林建平

李泽厚所著《美的历程》(生活·读书·新知三联书店2009年7月出版)中有这样一段话:“直到玄宗时的李白,依然是‘白陇西布衣,流落楚汉,十五好剑术,遍于诸侯,三十成文章,历抵卿相。’(《上韩荆州书》)一副强横乱闯甚至带点无赖气度……”(第130页)在这段文字中,除了括注里的“《上韩荆州书》”应为“《与韩荆州书》”,“遍于诸侯”也引错了,正确的当为“遍干诸侯”。

《与韩荆州书》是李白在漫游荆州时,听闻荆州长史韩朝宗喜欢提拔后进、举荐有才之士,而写下的一封自荐书。文章赞美了韩朝宗谦恭下士、识拔人才,接着毛遂自荐,介绍自己的经历、才能和气节。文章通篇气势雄浑,因而广为传诵。

“遍干诸侯”中的“干”读作gān,义为求取、追求,旧指追求职位俸禄,这里指对人有所求而请见。“诸侯”指地方长官。“遍干诸侯”即说李白拜访过多位地方长官。

物质文化遗产代表著作名录”。

著名京剧表演艺术家梅兰芳,曾多次与京剧名角俞振飞、言慧珠等联合演出《游园惊梦》,但唱的也是昆腔。作家白先勇的小说《游园惊梦》中也曾提到过,梅兰芳第三次南下到上海在丹桂第一台唱的便是《游园惊梦》,唱的同样是昆腔。林先生可能误以为他们演出的该曲目是“京戏”。其实不然,他们演出的是“昆曲”。

追踪荧屏

此“强汉”非彼“强悍”

◎夏斯斯

新版电视剧《水浒传》第78集林冲因宋江放走高俅而愤懑不平，宋江宽慰他说：“梁山好汉该当是国家栋梁，该当做‘不破楼兰终不还’的大汉铁骑，做当关的飞将军，铁血杀契丹，扬威漠北，敢对着来犯的外敌大喝一声‘犯强 hàn 者虽远必诛’……”其中“强 hàn”，字幕同步显示为“强悍”。错了，应是“强汉”。

“犯强汉者，虽远必诛”语出《汉书·陈汤传》。陈汤，字子公，西汉山阳瑕丘（今山东兖州东北）人。汉元帝时，匈奴郅支单于奴役康居，攻略乌孙、大宛等，威胁西域。时为西域副校尉的陈汤与西域都护甘延寿发兵至康居，攻杀郅支单于，为边疆安定做出了贡献。事后，两人给汉元帝上书，其中就有“明犯强汉者，虽远必诛”之语，意为“让他们知道，敢于侵犯强大汉廷的人，即使再远也一定要诛杀”。“明”在此处为形容词的使动用法，即“使……明白”。这句荡气回肠的豪言壮语，直至今日仍影响深远。

宋江认为“路见不平，拔刀相助”不过匹夫之勇，“犯强汉者，虽远必诛”方显忠良气节，

“义正言辞”并不正确

◎李信宜

你私自与别人结盟，就是大罪，竟然还说得如此义正言辞。

以上这段话出自电视剧《白发》第52集，是小皇帝与镇北王对质时的台词（字幕同步显示）。其中的“义正言辞”有误，应改为“义正词严”。

义正词严，也作“义正辞严”，指道理正当而措辞严厉。明胡应麟《少室山房笔丛·丹铅新录四》：“子玄之论，义正词严，圣人复起，弗能易矣。”义，道理、道义；正，正大。词，措辞、话语；严，严厉、严肃。“义正”和“词严”相对，正因所恃道理正大，说的话才能显出严厉。

“言辞”指说话或写文章用的词句。“义正言辞”字面似可解释为正义的词句，但不符合上述语境中的意思。

而若想成为这样的忠良，就要设法使朝廷派员前来招安，故将落败的太尉高俅释放，试图利用其传递消息。宋江援引陈汤等人上书中的这句话，意在说服林冲暂时摒弃私仇，以大局为重，从而让梁山好汉接受招安，摆脱草寇的身份，为国效力。字幕中的“强悍”是误用同音词造成的差错。

这哪里是“不耻”

◎朱友林

CCTV 中文国际频道 2019 年 7 月 4 日《华人世界》栏目报道章莹颖案最新进展，章莹颖家人的代理律师说道：“章莹颖的家人对于对方律师无所不用其极的伎俩，以各种理由要求推迟审判时间，表示愤怒与不chǐ！”律师话中的“不chǐ”，字幕同步显示为“不耻”。对“对方无所不用其极的伎俩”，章莹颖的家人怎么会是“不耻”呢？

“不耻”是“不以……为耻”，即“不认为是羞耻”。如《文选·干宝·晋纪总论》：“先时而婚，任情而动，故皆不耻淫逸之过。”成语“不耻下问”，意思是不以向地位比自己低、知识比自己少的人请教为耻。在上述报道中，辩方律师多次以各种理由要求推迟审判，章莹颖家人对对方推迟审判的要求不可能是“不认为羞耻”，而应是对此举表达愤怒和鄙视！代理律师说的应是“不齿”。

因牙齿是成排并列的，所以“齿”有并列的意思。不齿，义为不与同列，表示鄙视。鲁迅《且介亭杂文·〈木刻纪程〉小引》：“《艺苑朝华》四本虽然选择印造，并不精工，且为艺术名家所不齿，却颇引起了青年学徒的注意。”上述报道用“不齿”与律师想表达的意思正相符合。

应为“鼎力支持”

◎高良槐

电视连续剧《北平战与和》第25集中，傅作义对齐声表示“跟随总司令，绝无二心”的诸军长师长说：“诸位，请坐，请坐。在此生死关头得弟兄们的鼎 lì 支持，作义感动至深……”“鼎 lì 支持”字幕写作“鼎立支持”，其实应为“鼎力支持”。

鼎，古代炊器，多为圆腹三足两耳，是一种煮、盛食物的器物。相传夏禹分天下为九州，故铸九鼎，历商至周，都作为传国的重器。因为鼎形巨大，故“鼎”有大、盛的比喻义。“鼎力”就是大力的意思，一般用于请求或感谢别人帮助。

鼎立，语出《汉书·蒯通传》：“方今为足下计，莫若两利而俱存之，参（通“三”）分天下，鼎足而立，其势莫敢先动。”“鼎立”的意思是像鼎足一样并立，因为鼎多为三足，故表示三方对立。

对于部下诸军长师长的大力支持，用“鼎力支持”形容是贴切的，不应写作“鼎立支持”。

语言哲思

“罗姆”和“因纽特”

◎宗守云

有个到处流浪的族群，欧洲人尤其是英国人称他们“吉卜赛人”，而他们自称“罗姆人”：

（1）方家驹哦了一声，咽了一口唾沫道，其实，都是一个人种，在俄罗斯叫茨冈人，英国叫吉卜赛人。意犹未尽，又补充道，法国人称他们为波希米亚人，西班牙人称他们为弗拉明戈人，海内存知己，天涯若比邻的阿尔巴尼亚，称他们为埃弗吉特人，希腊人称他们为阿金加诺人，伊朗人称他们为罗里人，斯里兰卡人称他们为艾昆塔卡人……而吉卜赛人则自称为罗姆，在他们的语言中，“罗姆”的原意就是人的意思。（南翔《抄家》，《钟山》2013 年第 6 期）

北极地区住着一个族群，印第安人称他们“爱斯基摩人”，而他们自称“因纽特人”：

（2）因纽特人就是我们熟知的爱斯基摩人。爱斯基摩人是印第安人对他们的称呼，意思是“吃生肉的人”，显然含有贬义。因纽特的意思是“真正的人”或“土地上的主人”。2004 年，因纽特民族发布了一个声明，自此以后所有的官方文件都称“因纽特”。（《中国海洋报》2016 年 7 月 27 日）

上述两个事实其实反映了一种非常普遍的观念——族群中心主义。每个族群，都会以自己的眼光来看待世界和其他族群，自己的族群总是优越的，合理的，自己族群所看到的世界才是真正的世界，而其他族群往往是不合理的，不可思议的，他们所看到的世界不是真正的世界。这在信息闭塞的古代尤其如此。“夜郎自大”就是典型例子，汉朝使者站在汉朝的立场，以汉朝为中心，嘲笑夜郎国的自大；如果我们站在夜郎国的角度来看问题，以夜郎国为中心，那么"夜郎自大"是完全合理的，不应该嘲笑的。

族群中心主义对语言有很大的影响。首先是对用词的影响。常敬宇在《汉语词汇与文化》中说："汉族人对异国、异族人往往采取歧视、排斥的态度。秦汉以前，对华夏以外的民族称为'夷、戎、蛮、狄'等。秦汉以后，由于儒家的正统本位思想观念占统治地位，而对其他非正统思想视为'邪门异端'，同时对异族也更加以排斥，如对域外的少数民族称为'胡人''番邦'，以表示对这些少数民族的歧视，反映了大汉族主义意识。"其实不仅汉民族如此，其他族群也都有这样的倾向，这种族群中心主义思想具有普遍性。朝鲜和韩国本来是一个国家，属于同一族群，后来由于分裂，成为两个不同族群。在朝鲜看来，韩国是"南朝鲜"，而在韩国看来，朝鲜是"北韩"，这都是以自己族群为中心用词的。抗日战争期间，我们把侵略中国的日本人称为"小日本鬼子"，而他们自称"大日本皇军"，这也是不同族群的不同用词，反映了中国人民和日本侵略者的不同思想意识。

族群中心主义还影响到说话人话语的内容和风格。不同的族群中，总有一些为正义或真理而献身的人，他们留下的话语，往往带有族群中心主义的色彩。布鲁诺被审讯的时候，宗教裁判所希望布鲁诺放弃自己的观点，向教会忏悔，布鲁诺说："高加索山上的冰川，也不能冷却我心头的火焰。"谭嗣同在英勇就义之前作诗云："我自横刀向天笑，去留肝胆两昆仑。"这些光辉的话语都带有族群中心主义的印记：在欧洲文化中，高加索山承载着普罗米修斯和金羊毛的美丽传说；而在汉民族文化中，昆仑山具有"万山之祖""龙脉之祖"的显赫地位。

热线电话

“你好，我是64330669……”(65)

◎姚博士

“筑就”与“铸就”

问：我是一个机关公务员，经常和文字打交道。我想请教一个问题，媒体上时而用“铸就”，时而用“筑就”，非常混乱，到底该如何用？

——湖北宜昌市　杨一平

答：在现代汉语权威辞书中，大都只收“铸就”而不收“筑就”。于是有人认为，“筑就”是个错误词形，正确的写法是“铸就”。我们认为，这种说法值得商榷。

就，本指靠近、凑近，引申指完成。筑（築），本指捣土的杵，引申指捣土使坚实，进一步引申指修建、建造。“筑就”即建造成。铸，本指把金属加热熔化后倒入砂型模子里，冷却后凝固成铸件。“铸就”即铸造成。可见，“筑就”“铸就”是含义完全不同的两个词。

在实际语言运用中，“筑就”和“铸就”都用得很普遍。如“筑就”例——宋代陈著《真珠帘·寿孙古岩》：“金碧楼台新筑就，傍翠麓、旋添花草。”《三国演义》五十九回：“汝欺我营寨不成，今一夜天已筑就，汝何不早降！”再如“铸就”例——宋代黎廷瑞《大江东去·题项羽庙》：“空费咸阳三月火，铸就金刀神器。”《金瓶梅》第三十二回：“先唱《水仙子》‘马蹄金铸就虎头牌’一套。”稍做观察不难发现，与“筑就”搭配的对象，多是“楼台”“营寨”等土木建筑物，而与“铸就”搭配的对象，多是“金刀”“虎头牌”等金属器具。用法上也有明显区别。

既然“筑就”和“铸就”在词义、用法上都有区别，无疑应该看作两个不同的词，不可混用。如：“这意味着高606米的我国第二高楼武汉绿地中心主体工程将主要由武钢矿渣筑就，这将是中部六省利用固体废弃物建设的最高建筑。”（2013年12月24日荆楚网）“铁剑通体雪亮笔直，剑柄乌黑，乃纯铁铸就。”（2015年12月3日热游文学网）无疑，前例中的“筑就”就不能换作“铸就”，后例中的“铸就”也不能换作“筑就”。

“筑就”和“铸就”有时用的是比喻义而非本义，但还是不能错位使用。如：“筑就理论创新和学术繁荣的广阔空间。”（2019年6月18日《光明日报》）“中国水电铸就大国重器。”（2019年7月15日中国水利水电工程网）前例中“筑就”与“空间”搭配，后例中“铸就”与“重器”搭配，如果错位让“筑就”与“重器”搭配，让“铸就”与“空间”搭配，显然是不合适的。

在实际语用中，情况往往十分复杂，需要具体情况具体分析，做准确的选择。如果跟“堤坝”“基石”“路”等与“建筑物”关联的字词搭配，应选“筑就”；如果跟“利剑”“盾”等与金属器物关联的字词搭配，应选“铸就”。如果与“辉煌”“伟业”“信念”“品质”“忠魂”“梦想”“脊梁”“荣耀”等抽象概念搭配，选“筑就”与“铸就”似乎都通；但我们更倾向选“铸就”，因为“铸就”更能表达“坚不可摧”“牢不可破”“不可撼动”等意思，在语义上更有表现力。

“5G”到底是什么意思

问： 现在“5G”是个媒体热词，几乎天天都在新旧媒体上见到。请问，“5G”到底是什么意思？

——陕西　江　华

答："5" 即 "第五"，"G" 是英语 generation 的首字母，表示 "代"；"5G" 即 "第五代移动通信网络"，是英文 "5th generation mobile networks" 或 "5th generation wireless systems" 的缩略语。"5G" 是最新一代移动通信技术，数据传输速率比 "4G"（第四代移动通信网络）快 100 倍，网络延迟（各种数据在网络传输介质中传输所用的时间）低于 1 毫秒，4G 为 30 ～ 70 毫秒。5G 技术是新一代技术革命的引擎，它将改变世界，将人类带入智能互联网时代。

"牛轧糖" 的 "轧" 字怎么读

问：编辑老师您好！"牛轧糖" 的 "轧" 字，应该怎么读？

——大连　白敏男

答："牛轧糖" 的 "轧" 应读为 gá。

按《现代汉语词典》，"轧" 字有三个读音，分别为 yà、zhá、gá。读 yà 时，表示碾压、排挤等，如高云览《小城春秋》第十八章："他猛扑过去，车轮轧过他的脑袋，他被抬到医院时断气了。" 读 zhá 时，用在 "轧钢" "轧机" 等词中，表示把钢坯压成一定形状的钢材。读 gá 时，用在方言中，可表示挤，如 "人轧人"，即人挤人。也可表示结交，如周而复《上海的早晨》第四部六十："墙倒众人推，轧了个坏蛋男朋友出事了，她也跟着倒霉，受人的脚板气。" 还可以表示核对、查验，如轧账等。

牛轧糖是一种用糖、蜜、蛋白、果仁等作为原料经充气加工制成的果仁糖。常见的蛋白牛轧糖，其制作方法是先快速搅拌蛋白，制作蛋白泡沫，然后混入糖、蜜，再加入果仁，最后切割成型。从其原料和生产特点来看，牛轧糖不仅与 "牛" 无关，也与 "轧" 的字义无关。牛轧糖是法语词 "nougat" 的音译。"轧" 应取与 "nougat" 第二个音节 "gat" 发音相近的 gá。

微型讲坛

『有教无类』究竟何意

◎石毓智

“有教无类”是一个成语，受过中学以上教育的人都知道它的意思：不论贤愚贵贱，都一视同仁地加以教育。这个成语出自《论语·卫灵公》。《论语》中的这句话，孤零零的，子曰：“有教无类。”前后内容都与教育无关，没有上下文。问题是，这是孔子原来的意思吗？

易中天在《先秦诸子百家争鸣》中，指出了另一位学者的完全不同的看法。所谓“有教无类”就是说，人，原本是“有类”的。比如有的智，有的愚；有的贤，有的不肖。但通过教育，却可以消除这些差别。这就叫“有教则无类”。可见“有教无类”是教育的结果，不是前提。

我从语言学的角度来证明，易中天所提到的这个观点是正确的。也就是说，千百年来，人们都错会了夫子的话。表达“领有”这个概念的动词，在世界上许许多多语言中，都发展出了一个重要用法——放在动词前，表达该动词所指的动作已经完成。这是人类语言的一个普遍规律。比如，学过英语的都知道，英语中的have（有）出现在动词eat（吃）之前，表示“吃的行为已经完成”。汉语的不少南方方言都有这个用法，经常听到他们说“我有吃饭”，这样你就放心了，不用担心再招待他们了。

“有”的上述用法，在先秦汉语中也存在。下面是比《论语》更早的文献《诗经》中的例子：

子兴视夜，明星有烂。（《诗经·女曰鸡鸣》）

女子有行，远父母兄弟。（《诗经·泉水》）

学界普遍搞不懂“有”在这里的意思，所以你翻开词典，就会看到：有，词头，无义。语言中是不存在没有意思的词语的。上面第一个例子的意思是，一位男士晚上起来看天空，发现启明星已经亮了。第二个例子则是说，女子出嫁了，远离自己的父母兄弟。很明显，只有出嫁的行为已经完成，才有远父母兄弟的结果。

其实，“有”放在动词之前表示动作完成的用法也见于《论语》。例如，“子路有闻，未之能行，唯恐有闻”（《论语·公冶长》），其中“有闻”就是听到了什么，“唯恐有闻”就是担心再听到了什么。又如，颜回死时，孔子哭得非常悲痛，旁边的人劝孔子：“您太悲痛了（子恸矣）。”孔子说：“有恸乎？非夫人之为恸而谁为！”（《论语·先进》）“有恸乎”就是说“太悲痛了吗？”那时候“有”的一种用法相当于现代汉语的“了”。

这样，“有教无类”中的“有教”，准确意思是，“已经教育了”，或者说“教育的行为已经完成了”。那么，“无类”自然是教育的结果，不可能是接受教育的前提条件。

通过教育消除差别，这是孔子的一个重要的教育思想。那么，如何评价它呢？易中天先生认为，这是一个了不起的构想。因此，说孔子是中国历史上最伟大的教育家，一点也不过分。

我的问题是，教育能做到这一点吗？应该做到这一点吗？

首先，教育做不到孔子所说的“有教无类”。智、愚、贤、不肖，是人之天性。教育只能拉大这种差距，不会缩小这种差距。读书关键在悟性，一个天生愚笨的人，通过教育可以变得聪明一些，在知识上有所进步；那么一个天资聪慧者，会更加聪明，进步会更快。两者之间的距离只会拉大，不会缩小。拿体能为例，李宁学体操之前，在自由体操上可能翻一圈，我则一圈翻不了，我们天生的差距只有一圈；进入体校以后，我以断胳膊瘸腿的代价学会翻一圈，李宁可以腾空三圈半落地纹丝不动，我们的差距变成了两圈半。如果一个体校让我和李宁“无类”了，变得一样了，则只能对我拔苗助长，对李宁也要胳膊腿上坠四个铁锤。这个学校一定存在着严重的教育问题，绝对不可能培养出"体操王子"。其他学科的教育也是如此。

其次，教育也不应该把人都培养得一模一样。教育应该让每个人的个性和天赋得到充分的发挥，即个性化教育。同时，社会的需求也是多种多样的，学校只有培养不同的人才，才能满足社会的需要。

孔子是如何在他的教育实践中贯彻他的"有教无类"这一思想呢？那就是截长补短，压高拉低。

《论语·先进》记载，一次子路问孔子："听到马上就执行吗？"孔子回答说："有父兄在，怎么能够听到就做呢？"冉有也问同样的问题，孔子则说："听到了马上去做。"一旁的公西华一头雾水，问老师为何同样的问题，回答如此不一样呢？孔子解释道："阿求呀，性格退缩，所以要鼓励他；阿由啊，争强好胜，所以要压一压他。"

能不能通过这种教育来改变子路的急性子和冉有的慢性子呢？我想很难。干吗不能充分发挥他们两个的个性，让他们将来从事不同的职业呢？比如，让子路担任城市消防站的站长，哪里有火警，就立即行动，不必再去征求他父兄的意见，然后再决定这场火该不该灭。让冉有做城市规划处的处长，把城市事先规划好，不要一条马路，今天自来水公司挖开一次，明天废水排放公司挖开一次，后天供电公司铺电缆再挖开一次，不仅可以避免巨大的浪费，也可以少给老百姓带来交通不便。

"过犹不及"这个成语也出自《论语》，它与"有教无类"密切相关。一次子贡问："阿师（子张）和阿商（子夏），谁更优秀？"孔子说："师呢，过了；商呢，不够。"子贡说："那么是不是阿师好一些呢？"孔子的回答为"过犹不及"。（《论语·先进》）在孔子看来，过了和不够，是一样不好的。

孔子所追求的“有教无类”，不光是性格都一样，能力都一样，而且专业知识也都要一样。这就是为什么樊迟要学农业，孔子才那么生气的一个理由。孔子的理想就是把每个人都培养成政治、伦理方面的人才。

“有教无类”的思想，也有它的积极的一面。就是现在所说的公民化教育，每一个公民都要接受一定的必要的知识训练。特别是进入社会大生产时代，每个工人都应该掌握同样的技能，让他们接受同样的训练。

然而，“有教无类”也有它负面的影响，与个性化教育背道而驰，限制了创造性人才的培养。压制个性，并不是我无端给孔子加上的一条罪状。他以身作则，杜绝四种毛病：

子绝四：毋意，毋必，毋固，毋我。(《论语·子罕》)

抱着为圣人讳的态度，孔子所杜绝的自然都是些不好的东西：不凭空想象，不绝对肯定，不固执拘泥，不自以为是。这些消极词语，诸如“凭空”呀，“绝对”呀，“固执”呀，都是后世的学者加上去的。

易中天先生是这样评说上面一段话的：孔子对颜回的评价，为什么这么高呢？就是因为颜回有悟性。孔子做学问最反对四种毛病，叫意、必、固、我(《论语·子罕》)。意，就是凭空想象；必，就是绝对肯定；固，就是固执拘泥；我，就是自以为是。这四种毛病，孔子都没有，今人都不少。原因之一，就是没有悟性，一根筋，认死理，画地为牢，还死不开窍。

假如我们能够站在中立的立场，孔子的原话应该是：不要有想象力(毋意)，不要太相信自己(毋必)，不要坚持己见(毋固)，不要保持个性(毋我)。

现在马上看出问题。孔子要杜绝的四点，正是个性化教育应该提倡的，也是创新型人才应该具备的素质。几千年来，中国教育所缺乏的，所应该深刻反省的地方，就出在儒家的这一教育思想。

文章病院

应是“弦歌不辍”

◎阎德喜

2019年2月21日《南方周末》第21版刊登的《基隆吹来暖暖的风——在台湾寻找“地下党”父亲的脚印》中，有一段这样写道：“当年济南一中的校长孙东生在1937年8月新学期的开学典礼上说：大家必须读书，我们是教员，你们是学生。我们应当把你们培养成国家的人才，要弦歌不缀。”文中的“弦歌不缀”错了，应是“弦歌不辍”。

弦歌，就是弹琴瑟和唱歌诵诗，也指礼乐教化。《论语·阳货》：“子之武城，闻弦歌之声。”《史记·儒林列传》：“高皇帝诛项籍，举兵围鲁，鲁中诸儒尚讲诵习礼乐，弦歌之音不绝，岂非圣人之遗化，好礼乐之国哉！”辍，音chuò，义为中止。“弦歌不辍”就是弦歌不停，礼乐教化不中断。上述引文是说虽然时局混乱，动荡不安，学校经常搬迁，但教学活动不能中断，要为国家培养人才。把“弦歌不辍”用在这里，十分准确。

在现代汉语中，缀，音zhuì，可表示用针线等使连起来，常用的词语有缀合、连缀等。“弦歌不缀”似可理解成弦歌不连缀，也就是教学不连贯。这哪里是上述引文所要表述的意思？“缀”与“辍”两字形似，引文之误可能正源于此。

哪有“民盟党员”

◎毛纬武

《富阳日报》2018年7月24日第2版《曲文姝：从黑土地走来的新生命卫士》一文，介绍了新生儿科医生曲文姝的先进事迹，其中有这样一句话：“本科学历的曲文姝曾在北京‘八一儿童医院’进修新生儿重症医学一年，获得过黑龙江省伊春市科技进步奖两项；同时，她还是一名民盟党员。”这里“民盟党员”用得不规范，规范的称呼为“民盟盟员”。

我国实行的是中国共产党领导的多党合作和政治协商制度。我国有八个民主党派，民主党派成员根据所在党派不同，有党员、会员、盟员、社员四种称呼。具体采用哪一种称呼，根据各民主党派的章程，是有明确规定的。“中国民主同盟”简称“民盟”，是主要由从事文化教育以及科学技术工作的高、中级知识分子组成的，具有政治联盟特点的，接受中国共产党领导、同中国共产党通力合作，进步性与广泛性相统一的中国特色社会主义参政党，为我国的八个民主党派之一。《中国民主同盟章程》第二章“盟员”第十四条规定，“吸收盟员，须由本人提出书面申请，经两位盟员介绍”。可见民盟成员的政治面貌为“中国民主同盟盟员”，简称“民盟盟员”，不可称“民盟党员”。

除了民盟之外，其他的民主党派也有各自规范的称呼，分别是民革党员、民建会员、民进会员、农工党党员、致公党党员、九三学社社员、台盟盟员。党派称呼应规范，不可混淆。

“矽肺”还是“硅肺”？

◎盛祖杰

我在外边捡矿石、开挖土机，这不算苦，在矿洞里的工人才是最功勋的，很多人得了矽肺，有的人开刀把肺拿出来，肺都能立起来。

这是2019年7月18日《环球时报》第7版刊载的《可可托海见证新中国70年荣光》中的一段话。这里的“矽肺”应规范写作“硅肺”。

“硅(guī)”是化学元素Silicon的译名。硅是非金属元素，广泛地存在于岩石、砂砾、尘土之中，是重要的半导体材料，还可以用来制造合金等。硅肺，由长期吸入含二氧化硅的灰尘引起，症状是呼吸短促，胸口发闷或疼痛，咳嗽，体力减弱，常并发肺结核。在矿洞中的工人长期接触含有二氧化硅的粉尘，易得硅肺。“矽(xī)”是“硅”的旧称，“矽肺”则是“硅肺”的旧称。

“矽”字最早出现在成书于1871年，由英国人傅兰雅口译、徐寿笔录的《化学鉴原》中。该书在翻译化学元素时一般取与西文首个音节发音近似的汉字，“加偏旁以别其类，而仍读本音”。“矽”字是专为化学元素Silicon新造的字，“夕”表音，从“石”则表示该元素常温下是固态非金属。

20世纪初，有学者又将该元素译为“硅”。“硅”字为汉语中原有字形，《康熙字典》就有收录，但是在语言生活实际中该字基本废而不用。将“矽”改为“硅”后，最开始“硅”还是读为xī，后因误读的人较多，改读guī。也有人说“硅”一开始就读为guī，吴国庆《硅作为元素名一开始就读作guī而不读作xī》说，最早日本将化学元素Silicon译为“珪(guī)素”或“硅素”，受日本影响，国人在翻译时便将“矽”改作了“硅”。

1957年，中国科学院编译出版委员会名词室公布的《关于几

“光顾”与“垂青”

◎谷兴云

“我平时除了时常光顾王府井书店、北京图书大厦之外，对一些新建的网红书店也格外垂青，不时地去那里感受那浓郁的书香。”这句话出自2019年3月27日《中华读书报》第3版《春天里来好读书》一文。句中“光顾”和“垂青”两词使用不当。

“光顾”是敬辞，意思是赏光照顾，商家多用来表示欢迎顾客前来购物，如鲁迅《南腔北调集·关于女人》：“一些正人君子责备女人爱奢侈，不肯光顾国货。”上述文章用“光顾”说自己到书店看书、买书，是错用敬辞于自身。

垂，本指物体的一头向下，故作敬辞，表示对方或他人在上自己在下，有抬高对方或他人的意思。一般用于别人对自己的言行，如“垂念”“垂询”等。“青”指黑眼珠（古人称黑眼珠为青眼）。“垂青”是青眼正视，表示对方看重或优待自己。上述文章中说自己“垂青”网红书店不太合适，改用“青睐”庶几可通。

个化学名词订名问题的通知》中正式废“矽”用“硅”。而辞书中通常释“矽”为“硅”的旧称。

尽管如此，两字混用的局面还是持续了几十年。“硅谷”用“硅”，“矽肺”用“矽”，甚至在医学专业书籍中可以见到如下表述：“矽肺是由于长期大量吸入含有游离二氧化硅的粉尘所引起。”（人民卫生出版社1981年版《实用内科学》）吸入含“硅”成分的粉尘所引起的疾病却称“矽”肺，可见其混乱。

2013年公布的《通用规范汉字表》有“硅”无“矽”。2019年6月全国科学技术名词审定委员会批准公布的《结核病学名词》中收录“硅肺”，而无“矽肺”。显然，“矽肺”已是不合规范的旧称，上述引文中应规范作“硅肺”。

清兵入关的领军人不是皇太极

◎李景祥

《沈阳日报》2019年6月12日第10版刊有《一把御制鹿角椅讲述的八旗故事》，文中写道："这是一个民族崛起的地方，也是一个王朝腾飞的起点。当年，声势浩荡的八旗劲旅就是从这里走进北京，开创大清三百年的盛世辉煌。其领军人，就是历史上赫赫有名的政治家、军事家——清太宗皇太极。"皇太极继承清太祖努尔哈赤之志，登基称帝，改国号为大清。但是，他虽几次率军攻明，却并未能走进北京。统帅八旗走进北京的领军人是多尔衮，不是皇太极。

多尔衮（1612—1650）是清太祖努尔哈赤的第十四子，皇太极之弟。崇德元年（1636）皇太极登基称帝，建国号大清，封多尔衮为和硕睿亲王，其后几年，多尔衮随皇太极攻明。崇德八年（1643）皇太极猝死于盛京宫中，第九子福临继位，由多尔衮与济尔哈朗辅政。这一年李自成农民起义军亦成燎原之势。1644年清改元顺治。顺治元年（明崇祯十七年），李自成率农民起义军攻入京师，崇祯皇帝朱由检在煤山自缢。

当时吴三桂驻防山海关，李自成招他归降，不从。四月十三日，李自成亲率大军赴山海关讨吴。吴三桂不敌，向多尔衮乞师，请清军入关。多尔衮率军入关，起义军大败。李自成退入北京，在武英殿举行了登基大典，第二天就退出北京。五月初二，清军进入北京。八月顺治帝由盛京起驾，皇室贵胄、百官也都"从龙入关"。到达北京之后，十月，顺治又一次祭天登基，正

河北无“祈州”

◎李华山

2019年4月18日《沈阳日报》第2版刊有《广生堂：明朝老店悠悠四百年》一文，其中这样说道：“卜涿如原是专门从祈州（今河北省安国县）‘跑关东’的药贩，往返关内外贩运药材多年，曾在沈阳城内有几间储存药材的房子。”这段话有两处差错：如今的安国是县级市，而非县；“祈州”应是“祁州”。

祁州，唐景福二年（893）分定州置。治无极（今属河北）。宋景德元年（1004）移治蒲阴（今安国市）。明洪武二年（1369）蒲阴县入祁州。1913年改祁县，1914年1月改为安国县，1991年改为县级市，由保定市代管。安国有“药都”之称，有一座有千年历史的药王庙，拥有丰富的中药材资源，是著名的中药材集散地。2006年5月20日，安国药市被列入首批国家非物质文化遗产名录。

祁州之名或与伊祁山有关。乾隆年间修订的《祁州志》中引《快圃志》说：“祁州，古鲜虞国伊祁山，祁水出，故名。”《明史·地理志》完县：“西有伊祁山，祁水出焉，其下流为方顺河。”完县即河北省保定市顺平县。

祈，有祈祷之义，如祈福。也可表示请求、希望，如祈求、祈望等。河北省并无“祈州”，“祈”“祁”都读 qí，应是致误原因。

式宣布“定鼎燕京”。顺治加封多尔衮为叔父摄政王，封吴三桂为平西郡王。

所以，说清太宗皇太极率八旗“走进北京”是不符合史实的。

检测窗

编校差错扫描(十四)

◎王　敏

病态“恹恹”非“泱泱”

【错例】这些孩子大都像病泱泱的小花,天冷就不肯到户外做操,有点小病上课就请假。

【简析】“病泱泱”应为“病恹恹”。“恹”,形声字,从心厌声,本义为安静、安详,读作yān。《说文解字》:“恹,安也。”由安静引申形容因患病而懒散、精神不振的样子。宋代韩琦《点绛唇》:“病起恹恹,画堂花谢添憔悴。”此句写病体初愈,见画堂花谢而情绪低落。添憔悴,既是写花,也是写人,花凋谢与人恹恹,物我交融。现常用的词语还有“恹恹欲睡”。“泱”,形声字,从水央声,本义指云气兴起的样子。《说文解字》:“泱,滃也。”《集韵·阳韵》:“泱……谓云气起貌。”多叠用,引申指水深广的样子,如“云山苍苍,江水泱泱”。又引申指气势宏大,如“泱泱大风”“泱泱大国”。“病恹恹”即病态恹恹,与气势宏大相去甚远,不能写成“病泱泱”。

“瞥(piē)一眼”莫作“撇(piě)一眼”

【错例】他斜撇了一眼女孩,吐露心声:“我一直在找生命中的另一半。”

【简析】“撇了一眼”应为

“瞥了一眼”。“瞥”“撇”都是形声字。“瞥”从目，本义指用眼光扫视，读作 piē。《说文解字》：“瞥，过目也。”如“瞥见”即一眼看见，“偷瞥”即偷看一眼。“撇”从手，本义指分离、离弃，又指轻击、击打，读作 piē。《说文解字》：“擎（即撇），别也。一曰击也。”前者如：“撇开”即分开、放一边不管，“撇下”即丢下。又特指将液体表面的异物分离、去除，如“撇油”“撇沫儿”。后者如：“撇波”即击波破浪。“撇”又读作 piě，作名词指笔画“丿”和像撇的东西（如“两撇眉毛”），作动词指平扔出去（如“撇手榴弹”）、向外倾斜（如“外八字走路脚向外撇”）、向下倾斜（如“撇嘴”）。“瞥”“撇”古时可通假，如今已分工，“瞥（piē）一眼”不能错成“撇（piě）一眼”。

“帷幕”无力“募”有力

【错例】铁路开建伊始，面向各界，广幕同僚，汇各行之英才，聚四方之能士。

【简析】“广幕同僚”应为“广募同僚”。“募”“幕”都是形声字。“募”从力，本义是广泛征求、征召。《说文解字》：“募，广求也。”比如：“募集”即广泛征集，“募捐”指募集捐款或物品，“招募”指募集人员。“幕”从巾，本义指悬空遮在上面的帐布。《说文解字》：“幕，帷在上曰幕。”古时帐篷，“在旁曰帷，在上曰幕”（《周礼》郑玄注）。“幕天席地”，即以天为幕（帐篷的顶布）以地为席。又泛指帐篷，如“帐幕”。古代将帅出行无固定处所，以帐幕为办公府署，称幕府。又引申指挂着的大块帘布，如“帘幕”。演剧的段落间有幕布开合，因此一段叫“一幕”。再引申指形状或作用像幕的事物，如“天幕”“夜幕”等。

“秾”指肥硕“浓”指多

【错例】古代书论说颜真卿楷书浓纤兼出、顾盼分明。

【简析】“浓纤兼出”应为“秾纤兼出”。“秾”“浓”均为形声字。“秾”从禾，本义指花木繁盛。《玉篇·禾部》：“秾，花木盛也。”“秾花”即盛开的花。引申指艳丽，如“秾艳”“秾丽”。又指丰硕、肥大，“秾纤”即肥瘦，“秾纤得衷，修短合度”（曹植《洛神赋》），指美女不胖不瘦，不高不矮，身材匀称。“浓”从水，本义指露水多。《说文解字》：“浓，露多也。”《诗经·蓼（lù）萧》：“蓼彼萧斯，零露浓浓。”意思是艾蒿高又大，露滴多又多。“浓”词义扩大，特指液体、气体、颜色中所含成分多，与“淡”“薄”相对，如“浓茶”“浓烟”。进一步引申指程度深，如“游兴正浓”。“秾纤兼出、顾盼分明”是指颜楷笔画有粗有细，对比鲜明，与浓淡无关，不能写成“浓纤”。

镂刻用“锲”不用“契”

【错例】他们以打造优质卫星为己任，以“工匠精神”为引领，契而不舍地坚守岗位。

【简析】“契而不舍”应为“锲而不舍”。“契”是会意字，从大，从丯（qià），本义指重大的契约，读作 qì。《说文解字》：“契，大约也。”“丯”是“栔”字的初文，本义指刻，古人刻木为记，“栔”引申指契约。古代兵符、凭证等信物用竹木制成，分为两半，刻齿其旁，以合齿验证，因此契约、信符等均可称“契”。由契约的合齿引申指投合、切合，如“默契”“契合”。“锲”是形声字，从金契声，本义指镰一类的农具，读作 qiè。《说文解字》：“锲，镰也。”引申指用刀刻。“锲而不舍”指不断地镂刻，比喻坚持不懈，与契约、默契无关，不能写成“契而不舍”。

这拨“节奏”带得漂亮

◎梁星月

说起“节奏”一词，大家都不陌生，它最初指音乐的节奏，当时那首红遍大江南北的《最炫民族风》里就有这么一句歌词“什么样的节奏最呀最摇摆”。之后它从音乐延伸到生活中的各个领域：生活的忙碌或悠闲叫生活节奏，说话的抑扬顿挫叫话语节奏，就连文学作品的高潮迭起也可以形成影响读者情感的节奏变化。近年来出现的“带节奏”一词，又在网络上掀起了一拨新的用法。

“带节奏”发源于电子竞技圈，最开始被用于游戏解说，后来逐渐成为多人竞技类游戏的常用术语。由“节奏”到“带节奏”，人的隐喻思维在这里面起了很大作用，无论是音乐节奏还是生活节奏，都表达了一种对于时间的把握，将这个概念抽象出来，用以形容不同时间内游戏的进展过程也是再合适不过的。当虚拟战场的冲锋号角响起，强大的英雄身披铠甲振臂高呼，身后的队友攻守得当气势如虹，占尽天时地利人和，便是“带起了一拨节奏”。如果选手的表现不佳，解说也会不无遗憾地说一句：“这拨节奏没有起来呀！”这时的“带节奏”，是对于团队里优秀队友技术操作的盛赞，也包含了团队内部的凝聚力和自豪感在其中。

随着越来越多人的使用，“带节奏”一词的使用范围也从游戏圈扩展到了其他的网络领域，主要有微博和直播间。此时这个词语中所蕴含的关于时间的概念变得模糊，重心几乎完全转移到“带”字上面，使“带节奏”产生了引申意义：在讨论某个话题时，个人或媒体为了追求利益引导舆论走向，模糊事实真相、混淆视听的行为，也被称作“带节奏”。这种行为常见于微博热搜的热评中，在事情的前因后果不是很明确的时候，带节奏的人随便说一个看似合理的观点，就会有人信以为真，然后对事情做出并不合理的评价。大多数情况下这种“节奏”作为茶余饭后的消遣，很快就会失去热度。但有时也会造成很严重的后果，比如德阳女医生自杀一案，就是有人在网上故意发布删减后的视频混淆视听，联合某些微博大V带节奏，最后才导致女医生不堪舆论压力自杀身亡。当然，除了在网络上，我们生活中也可以见到“带节奏”的例子。比如新品发布会上商家有时会安排几个人装出一副哄抢的样子，使消费者误以为这种商品知名度很高，并营造一种“不抢就买不到了”的紧迫感；淘宝卖家通过雇用水军来提高好评率，带动消费者来购买商品等。这些都是常见于营销中的带节奏行为。

此时“带节奏”这个词开始由褒义走向贬义，人们对于蓄意引导自己看法的行为很是反感，屡屡呼喊着：“不要再带节奏了！”但网友们似乎又难以避免受其影响，因为在反驳带节奏者的同时，他们不知不觉也加入了这拨节奏的浪潮中，并为话题提供了热度。网友们容易被“带节奏”，究其原因主要有两点：其一是网络时代信息纷繁复杂，流言蜚语难辨真假；其二是网民的从众心理也为带节奏这种行为推波助澜，追随“主流”带来的安全感使得越来越多的人投身节奏的浪潮当中。随着“带节奏”的流行，它催生出了一系列新的词语，比如形容一个人擅长带节奏，我们可以叫他“节奏大师”，一群人集体带节奏的行为则被称作“组团带节奏”。

可见，“带节奏”一词在电子竞技圈和自媒体平台中扮演着不同的角色，在不同的语境中内涵不尽相同，感情色彩更是迥异。

“妈妈”很忙

◎马晓航

2009 年 7 月 16 日，随着魔兽世界贴吧里的帖子《贾君鹏，你妈妈喊你回家吃饭》，一个火遍大江南北的网络热词“你妈喊你回家吃饭”横空出世了。同年，步步高点读机推出了令人印象深刻的广告词“So easy！妈妈再也不用担心我的学习”，于是以“妈妈再也不用担心我……”为格式衍生出了许多段子和广告，甚至有些 App 也以此命名。自那时起，“妈妈”，作为每个人人生中的重要角色，开始在网络流行语中“忙碌”起来。

而今，十年过去了，“妈妈”仍然没有退出网络流行语的舞台。每当天气转凉，“有一种冷，叫作你妈觉得你冷”以及配套的表情包就会季节性地活跃起来。这句话源于中国北方的一个普遍现象，在天气预报刚刚宣布降温之后，妈妈的电话就会打来，反复叮嘱孩子该穿上秋裤了。这本是母亲关心孩子的行为，却由于没有考虑到儿女的实际情况，比如儿女身在海南等热带地区，而逐渐发展成为一种调侃意味浓重的网络用语。以此为文的段子往往会配上孩子在夏季身着鸭绒衣之类带有极大反差性的图片，进一步加强调侃意味。

火自韩国的网络热词“姨母笑”，本用来形容在看到可爱的小孩子时，由于类似母爱的感情而自然流露出的一种微笑。后来在流行的过程中不断发展，使用范围逐渐扩大，当女生看到萌物或者偶像的时候，洋溢的少女心和花痴一般的笑容也可以用“姨母笑”来形容。

与“姨母笑”用法相似的就是“老母亲般慈祥的微笑”，用来表示一种欣慰的感觉，比如“看到剧中他们二人终于修成正果，我忍不住露出了老母亲般慈祥的微笑”。除此之外，“老母亲般慈祥的微笑”还可以用来表示QQ聊天表情中微笑的表情，这个表情本来是为了表示亲切和友好，但是由于这个微笑看起来过于僵硬，于是在年轻人的使用中逐渐变化，更多地用来表示不爽和无语。试想，当你在端水果的时候不慎打碎了盘子，这时妈妈突然出现在你的背后，脸上带着一种意味复杂的微笑说“怎么连这点小事都干不好”，这时你感受到的是妈妈的无语和无奈，这就是该表情现在表达的意思了。

另一个和“妈妈”有关的流行语是“妈问跪”，这是“妈妈问我为什么跪着看手机”的简称，最初出现在视频弹幕当中，用来形容对视频当中厉害的操作和能人的佩服之情，夸张到五体投地。随着“妈问跪”应运而生的还有“妈妈问我为什么跪着听歌”“妈妈问我为什么跪着打游戏”等一系列网络语言，目的都是为了表达所指对象的不同寻常，令人大开眼界。

关于母亲的网络用语繁多，当将它们陈列在一起，我们不难发现贯穿在其中的是母亲对孩子的关心和爱，于是才会有“你妈喊你回家吃饭”“妈妈再也不用担心……”“你妈觉得你冷”“老母亲般慈祥的微笑”“妈妈问我为什么跪着……”这一系列的网络流行语。当我们在网络交流中重复使用着它们的时候，别忘了回过头，多关心关心操劳的母亲。

《火眼金睛》提示

图1，“蝉娟”应为“婵娟”。
图2，“开城布公”应为“开诚布公”。
图3，“德艺双磬”应为“德艺双馨”，“二零一七”应为“二〇一七”。
图4，“普新篇”应为“谱新篇”。

破解“人造癌”

◎窦文欣

癌症本是人类避之唯恐不及的“恶魔”，然而近年来，“×癌”形式的词语却成为了网络中一种极为流行的表达方式：

作业还有一堆然而完全不想动手，懒癌晚期的我已经弃疗。

为什么找不到女票？这位直男癌患者请先进行一下自我反思。

购物车永远是满的，钱却永远在路上——穷癌患者本人确诊无疑了。

这类新兴用语涵盖了日常生活的方方面面，各种“奇葩癌”层出不穷，已然成为一个自我嘲讽、吐槽他人的常用梗：朋友生病了只会安慰“多喝热水”的是“直男癌”，做什么事都拖拖拉拉的是“懒癌”，对他人唠唠叨叨呵护备至是“妈癌”，不想学习看到书本就困倦恶心是“学癌”，更不用提闻者无奈、听者无语的“穷癌”“丑癌”“小清新癌”……

“癌”本是一个医学术语，指恶性肿瘤。癌症的英文为“cancer”，该词本义为“螃蟹”，以此为名正是对肿瘤暴露在外的酷似蟹爪的肿大血管以及癌细胞如横行霸道的蟹一般破坏人体的形象隐喻。由于“癌症”的毁灭性的力量，它往往被称为“杀手”疾病，与之如影随形的是绝望、痛苦和恐惧。“×癌”是医学上对具体癌症的常用命名方式，如肺癌、肝癌、皮肤癌等，都是以癌变身体部位与“癌”字组合构成一个偏正名词。

如今流行的“×癌”词语便是对这一造词方式的沿用，

同样是将某一语素与“癌”字组合构成新词，只是前面起到修饰限制作用的语素扩大了范围，名词性、形容词性、动词性语素都可以用于构词。此类词语往往着眼于某类具有普遍性且相对负面的特征，用最有代表性的语素对其进行概括，如“穷”“懒”“丑”等，然后加上“癌”字形成新词。

不过，值得注意的是，在不同语境下“×癌”可以表达不同情感，其使用较为灵活，比如“直男癌”一词，用来形容自己时表达的是一种幽默的自嘲，用来表达对“大男子主义”的不满时则具有贬斥义。这类词语的语气强烈程度同样要视具体情况而定，既可以表达含蓄的否定，又可以表达愤怒的抨击。

五花八门的“人造癌”越来越多地出现在大众视野里，乃至成为一种被普遍接受的表达方式，这其实与社会文化的发展变化密切相关。随着社会压力的不断加大，“丧文化”已经成为青年亚文化的新形式——带有颓废、绝望、悲观等情绪色彩的语言、文字或图画越来越多地产生与流行，反映出新时期青年的集体焦虑。但在“丧”的背后，也一直存在着一种幽默调侃的情绪在进行自我安慰与彼此劝勉，在“丧”的表象下也潜藏着乐观积极的心态。“×癌”词语的广泛使用正是一例，它以绝症来喻指某类令人不快的特征，既传达着无奈和否定，又体现出一种风趣与包容。“癌”这样一个与死亡密切相连的语素在这种构词中被解构，进而被重塑用于自嘲和讽刺，正是“丧文化”的最佳体现。

当然，即使是网络用语中玩笑般的人造“×癌”也不及身心健康的幸福状态，我们还是希望大家可以与“癌”字绝缘，永葆健康！

东语西渐

“鸿蒙”变成了“和谐”

◎陆建非

2019年8月9日下午，华为在2019年开发者大会上正式发布全新分布式操作系统：鸿蒙！顿时成了轰动全球的特大新闻。据称如果未来安卓系统无法正常使用，华为会用鸿蒙系统替代。然而，鸿蒙系统的英文名称却并未像公众最初预料的那样直接采用汉语拼音HongMeng，而是取名Harmony。

《现代汉语词典》(第7版)是这样解释“鸿蒙”的：“古人认为天地开辟之前是一团混沌的元气，这种自然的元气叫作鸿蒙。”后来，世人通常用“鸿蒙”指称远古时期。华为将自主研发的操作系统命名为“鸿蒙”，既代表着一切的起源，表明从零做起，也彰显华为人突破混沌，开天辟地的决心和雄心。而Harmony的意思是和谐、协调、调和，与“鸿蒙”似乎并没有那么直观的联系。

关于鸿蒙如何译成英文，中国古典小说的英译版也有若干译例。《西游记》第一回云：“自从盘古破鸿蒙，开辟从兹清浊辨。”英国汉学家詹纳尔(W.J.F. Jenner)将此处的“鸿蒙”译成“the Enormous Vagueness”(巨大的混沌)，较为准确地还原了古人对于鸿蒙的想象和理解；美籍华人学者余国藩(Anthony C. Yu)则将这句中的“鸿蒙”译为“nebula”(星云)，即采用英语中与“鸿蒙”状态相似的一个天文词语来代替，但却难以表达出远古的概念。

英语中有个与“鸿蒙”意思比较接近的词——Genesis，指事物的开端、创始、起源。《旧约圣经》首卷就是Genesis(《创世记》),记载的是关于天地万物的创造,人类的太古史和以色列民族的起源。可以说,这是西方文化中与"鸿蒙"最为相近的一个词。那为什么华为要采用Harmony作为鸿蒙系统的英文名呢?华为消费者业务CEO、华为技术有限公司常务董事余承东是这样解释的:"'鸿蒙'中文有'开天辟地'的意思,最接近的英语单词就是Genesis。用汉语拼音太难发音了,所以我们取名Harmony,希望给世界带来更多和平、方便。"

其实,早在鸿蒙系统悄悄研发之始,华为在欧洲曾注册了专利商标,名为"Ark",即"诺亚方舟"的意思。但在2019年7月12日华为又在欧洲把"鸿蒙"一名进行了更改,变成了"Harmony",义为"和谐"。较之"诺亚方舟",少了一点霸气,但这个英语单词的发音更接近中文的"鸿蒙",更引人瞩目的是"和谐"始终是我们国人所秉持的哲学理念和追求的理想状态,拿众多网友的话讲,这个名字"很中国",而"诺亚方舟"听起来像外国人的产品。

讲到"和睦,和谐,一致"等,英语可供选择的词语也有不少,如unity,concord,agreement,harmony,accord,amity,conformity等,但从音意巧连、神形兼备的角度考虑,非harmony莫属。

《马车越空,响声越大》参考答案

1. 计录——记录
2. 绿树成茵——绿树成荫
3. 俩个人——俩人
4. 树在——竖在
5. 顷听——倾听
6. 摒息凝神——屏息凝神
7. 空马车的声音"。——空马车的声音。"
8. 分辩——分辨
9. 浅移默化——潜移默化
10. 砭损——贬损

华语圈

“乐队”“乐团”与“天团”

［中国台湾］高婉瑜

与大陆同学交流时，发现他们称台湾知名音乐团体“五月天”为“乐队”。这让我想到了“乐队”“乐团”与“天团”这三个相近的词，好奇之下，问他们对这三个词是如何区别的。有同学说，有弹奏乐器的叫“乐队”；有同学说“天团”是指韩国的，成员长相好看，没有使用乐器……这些解释听起来挺有意思，值得讨论。

查阅台湾权威辞书，“乐队”指为演奏音乐所组成的团队，如“军乐队”“管乐队”“民族乐队”等等，而“乐团”指乐曲表演者所组成的团体，如“交响乐团”。“乐队”与“乐团”属同义词。在台湾的实际运用中，两者却有十分明显的区别：“队”有行列之义，乐队演奏可以是静态的定点式表演，也可以是动态的行进中表演，但均强调队伍必须排列整齐、有序；“乐团”的“团”则侧重于一群人组成的团体，不强调队伍的排列状态。在台湾音乐界，“乐队”与“乐团”的差异不在人数、乐器类型或曲风之别。“五月天”属于后一种，所以在台湾一般称“乐团”。

“天团”是否真的是韩国团体的专称？笔者认为不是的。台湾的“五月天”有时也被粉丝、媒体称为“天团”。有媒体就曾报道：“台湾天团五月天每回开演唱会，都会缔造佳绩，还有大批死忠粉丝跟随。”在影艺圈里，“天王”“天后”“天团”以及网络用语“天菜”等词中的“天”，均为非常、极之义，表示在某领域

“全部人”

［马来西亚］杨欣儒

马来西亚华裔的方言主要有广州话、闽南话、客家话、海南话和潮汕话。由于方言的影响，这里的华语就有了方言“味儿”。

吉隆坡华裔操的方言主要是广州话，于是广州方言就渗透进了当地的华语。我打电话到吉隆坡的公司，话务员不是告诉我某某人不在，而是说他“跑开”了。我经常调侃她们，那儿是否发生火患，对方往往不明所以。我说如果没有火患，何必要“跑开”，“走开”不好吗，她们才恍然大悟。最近本地某华文报刊登了一个标题“给机会敦马”，敦马就是马来西亚首相敦马哈蒂尔。这里的远近宾语给对调了，应该是“给敦马机会”。类似的句子还经常出现在学生的作业中：给钱他，给书班长。

槟城州华裔所操的方言主要是闽南语和潮汕语，这两种方言的语法很接近。最常看到听到的是“全部人”，例如“老师要全部人都参加”“全部人都到齐了”。事实上他们说的“全部人”相当于普通话中的“大家”。典型的还有“位”字，这里用“位”指代地方，例如学生常说“明天来我位”（明天来我的地方）、“你的位在哪里”（你的地方在哪里）。

各位读者若有兴趣来马来西亚一游，注意听本地华裔讲华语，也许会有更多的发现。

（作者是马来西亚华语规范理事会副主席）

表现极好或外形出众。从词语结构上看，所谓的“天团”与国籍或使用乐器与否关联不大。为什么有的同学会认为“天团”只限于称韩国团体呢？可能是“韩流”影响力大所致吧。

（作者是高雄师范大学国文学系教授）

『当选』与『蒜头』

[中国台湾] 叶璟颐

曾看到一则新闻报道,其中说:

柯文哲办公室公布竞选经费明细,有一项80元(新台币)的蒜头,原来是柯文哲去帮某候选人站台时,买了两包蒜头。

柯文哲帮候选人站台,为何要买两包蒜头?这与台湾的选举用语有关。

台湾的助选吉祥物,除了蒜头以外,还有菠萝、萝卜。闽南话中菠萝谐音“旺来”,萝卜谐音“彩头”,而蒜头则来自“冻蒜”。“冻蒜”在闽南话中是“当选”的意思。

现代选举文化中的“当选”是个外来词,来自日文汉字“当选”(to sen)。在汉语传统文献中,“当选”指合适的人选,或应当的选择、合乎人选要求,都与现代选举活动无关。日本比中国更早接触西方文化,在引进西方文化概念时,日本通常以汉字翻译西方语言中的语词,例如“选举”“当选”“落选”等。后来这些语词从日语中直接引入了中文。

“当选”前字读平声后字读上声,读起来不够响亮。因此,在台湾的选举造势活动中,一般很少用“当选”一词。而闽南话中的“冻蒜”二字都读去声,读起来铿锵有力,可以喊出气势来。在选举造势场合,台上喊候选人的名字,台下民众回应“冻蒜”,搭配鼓声两响,现场气氛往往达到最高点!

闽南话中的“冻蒜”又是从哪里来的呢?有人说,其实“冻蒜”就是通用语中“当选”的闽南话音译,也就是说,通用语中的“当选”用闽南话读出来就是“冻蒜”。也有人不同意这种说法,认为“冻蒜”是闽南话的原有词语,其来源还需进一步考证。

“蒜头”是人们的日常食物,一旦与选举相联系令人印象深刻。这也算一种独特语言现象吧。

(作者为高雄师范大学在读博士)

读书

Tea 和 чай

◎周振鹤

中国是茶的故乡，世界上饮茶的风俗是从中国扩散开去的，所以在许多国家的语言里，“茶”的读音都是从汉语的方言演变而来。所有这些读音归结起来可分成两大类，一是chá，一是déi。前者是来自包括广东话在内的大部分方言的发音，后者则是从福建话而来（过去的拼法写成té）。发音类似于chá的国家和语种有朝鲜、日本（音变为sɑ）、蒙古、俄罗斯、伊朗、孟加拉、印地语、土耳其、希腊、阿尔巴尼亚、阿拉伯语、波兰、葡萄牙；发音类似té的则有马来语、斯里兰卡、南印度、意大利、法国、西班牙、荷兰、英国、德国、丹麦、瑞典、挪威、芬兰、捷克、匈牙利。标题上的tea（音tì）和чай（音qiái）就分别是英语与俄语的“茶”字。

注意一下这些国家的地理位置，很直观地就能推测到发chá音的国家，其茶叶应该是从中国北方经陆路输入的，而发té音的则是从海路进口中国茶叶的。这样想大体上有些道理，但再仔细分析下去，也还有些疑问。例如，葡萄牙与西班牙毗邻，也都濒海，何以两者发音不同？原来这里头还有因茶的种类不同而引起的差异。究其实，chá指的是绿茶，而té指的是红茶（更精确地说是半发酵的乌龙茶）。在17世纪前半叶，欧洲输入的茶主要是日本和中国的绿茶，少量是红茶，所以当时咖啡店卖的茶，既有chá也有té。而17世纪下半叶，由于英国东印度公司的经营，输往欧洲的红茶大大增加。18世纪以后，英国与荷兰大量进口乌龙茶，而福建正是乌龙茶的故乡，

『胡』人的原语

◎郑张尚芳

“胡”在汉语构词中常指北方或西北民族，“胡马、胡骑、胡床、胡笳、胡琴、胡麻、胡桃、胡瓜、胡椒、胡荽”是表明这些事物来源的，还有“胡来、胡闹、胡说、胡言乱语”表示因中原人不理解而觉得其蛮不讲理的言行。

此词最初是战国至汉对匈奴的称呼，战国时赵武灵王就已决意向匈奴学习“胡服骑射”(《赵策》二)，秦昭王远早于秦始皇就“筑长城以拒胡”了(《史记·匈奴列传》)。并且这“胡”还本就来自“匈奴”的自称，《汉书·匈奴传》载征和四年狐鹿姑单于致汉皇书：“南有大汉，北有强胡。胡者，天之骄子也。”

《西北民族词典》解云：“胡，西汉前期对匈奴的称呼，此后逐渐扩大，用它来称呼北方和西域的民族和国家。古汉语中‘胡’有大义，北方少数民族的形体比中原人高大，所以中原人称之以‘胡’。而‘胡’的北方一些少数民族语音当为ghur，相当于阿尔泰语系突厥语族语言中的gur，意为‘联合’‘团结’。匈奴为许多北方部族联合而成，因而自称为‘胡’。”

其开头一句除“西汉前期”应提前，应改为“战国”外，还

自然福建话的té就比chá占了上风，于是今天的英语里就只用从té演变而来的tea了。

附带说说，英语里不但有tea这一总称，还有许多茶的品种的专称，如pecco(白毫)，hungmuey(红梅)，souchong(小种)，powchong(包种)，congo(功夫)，chulan(珠兰)，campoi(拣焙)，hyson(熙春)，twankay(屯溪)，sunglo(松萝)等，也都是由汉语而来的外来语。

(选自《逸言殊语》，上海人民出版社2008年8月出版)

是说得对的。但随后两个语源的解释可都不对，既说是自称，又说中原人因其高大而称为“胡”，那到底这语源是胡语还是汉语呢？说“胡”跟gur音近，是据今音hu说的，这个今音怎么能用到两千多年前去解说先秦的“胡”？这可违背历史成了笑话了，要是这样做也可以，还不如引达斡尔语称人xuu音岂非更近呢（不过此xuu音实际来自鼻尾丢失，那倒本应对“匈”）！

“胡”的上古音是gaa。如果看藏文也用kla称野蛮人、落后民族，用dgra称敌人（波斯也称敌众为kār、kāran），那么还可能读glaa。就此音看来，古突厥语当有qara一词，可指人们、所有人（A.阔南诺夫《七至九世纪突厥鲁尼文文献语言的语法》9章）。回鹘西迁葛逻禄所建“喀喇汗”王朝，其可汗就自号qaraxaqan，此词本义为“黑色（胡俗崇黑）、强大”。这和说称胡之语源是“大”，却也接近。

但不是“胡”的汉语义表高大，而是原词qara本义就表强大。只是汉人对译时选用了音义兼译的“胡”字。

东汉三国以后，西域、印度、波斯、中亚人来华日多，“胡”又扩及新疆和中亚的白种人，他们的特征是深目多须，所以汉语又增加了“胡须”“胡子”，“胡”古义本指“兽颔下垂肉”（《说文》：胡，……牛顄垂也），《汉书·郊祀志》“龙垂胡髯下迎黄帝”，颜师古注：“胡谓颈下垂肉也。”明指胡不同于须髯。所以“胡须”跟胡原义无关，是借喻于胡人的多须而再造的，产生较晚。

胡人常爱留须成络腮胡。因重视胡须，所以阿尔泰语言胡须一词变化很小，从匈牙利szakal、土耳其sakal到维吾尔、哈萨克saqal、东裕固saGal、蒙古saxal、满洲salu，都可断为同源，其中也有kal音。我甚至怀疑它跟藏文头发skra也有联系呢。

（选自《胭脂与焉支》，上海教育出版社2019年4月出版）

向你挑战

马车越空，响声越大

（文中有十处差错，你能找出来吗？答案在本期找）

◎梁北夕　设计

大哲学家黑格尔有一段著名的回忆录，计录了一件发生在他小时候的事情。

某天上午，父亲邀请十来岁的儿子，一起到家附近绿树成茵的小径上散步。儿子高兴地答应了。

走着走着，俩个人到了一个拐弯处。父亲停了下来，把食指树在嘴边“嘘”了一下，示意儿子仔细顷听。短暂的沉默之后，父亲问儿子：“除了小鸟唱歌外，你还听到了什么？”

儿子摒息凝神，又听了几秒钟后才回答父亲：“还听到了马车的声音。”

“没错，”父亲高兴地接话，“是一辆空马车的声音”。

“空马车？”儿子惊讶地重复着，“爸爸，你又没有看见，你怎么会知道马车是空的？”

父亲答道：“从声音就能轻易地分辩出来。马车越空，响声越大。”

这句话播下了小黑格尔心中谦逊的种子，并且浅移默化地影响了他的一生。

当初的小男孩长大成人，成了举世闻名的大哲学家。每当自己有自以为是、得意忘形或想砭损他人的苗头时，父亲那句话就会再次回响在耳边：“马车越空，响声越大。”

火眼金睛

图中差错知多少？

一　沤　林建平　李俊彬　单亚非　提供

（答案在本期找）

1

2

3

4

ISSN 1009-2390

2018年度向全国少年儿童推荐的百种优秀报刊

YAOWEN-JIAOZI

咬文嚼字®

11
2019

鲨鱼

生活在海洋中，是海洋中最凶猛的一种鱼类。体呈纺锤形，侧面有5～7个鳃裂。中国产100余种，经济价值很高。古称“鲛”。因皮上有沙，又称“沙鱼”。《本草纲目》：“鲛皮有沙……古曰鲛，今曰沙，其实一也。”现在写作“鲨鱼”。

上海世纪出版集团

欢迎至邮局订阅本刊 邮发代号 4-641
国内统一连续出版物号 CN 31-1801/H
定价：5.00 元

不能“老让朱婷坐板凳”

石 安/文 臧田心/画

2019年女排世界杯赛,中国女排以11连胜的佳绩成功卫冕。队长朱婷的表现,无疑最为耀眼。在一场新闻发布会上,有记者问郎平,为何“死用朱婷”而不让更多新人上场。郎平幽默地回答:“老让朱婷坐板凳,会得罪观看比赛的球迷!”后来郎平解释过真正原因:朱婷没有参加国家队前期集训,并且明年就要打东京奥运会,必须做更充分的准备,让朱婷多上场是希望让她通过实战加强与队友的攻传配合。

咬文嚼字®

2019年11月1日出版

11

总第299期

主管：上海文艺出版总社
主办：上海文化出版社
编辑、出版：《咬文嚼字》杂志社
集团网站：http://www.shwenyi.com
E-mail：yaowenjiaozi2@163.com
官方微博：
http://weibo.com/yaowenjiaozish
电话传真：021-64330669
发行电话：021-64372608-181
邮购电话：021-64370935
地址：上海市黄浦区绍兴路7号
邮政编码：200020
发行：上海市报刊发行局
发行范围：国内外公开
订阅处：全国各地邮局
邮发代号：4-641
ISSN 1009-2390
CN 31-1801/H
印刷：上海中华印刷有限公司
印厂电话：021-60829062
021-60299079
定价：5.00元

语林漫步

“通用性”“逻辑性”与“系统性”

◎陈　彦

前不久，看到一篇文章谈到语言的变异问题，文中说：过去一直认为对的现在不对了，而过去一直认为不对的现在又对了。语言的演变实在是太快，让人跟不上节奏！

这种说法稍显夸张，但也不是毫无道理可言。语言处于不断变化之中，这是一条颠扑不破的铁律。社会的发展，人们物质文化生活的变化，必然推动语言的演变。近几十年来，我国国民经济快速增长，现在已经是世界第二大经济体，社会生活发生了天翻地覆的变化。语言生活空前繁荣，语文运用空前复杂。语言随之出现一些变化，是符合规律的。

语言本身的因素，也会对语言的演变产生影响。比较起来，汉语的演变似乎要比英语快很多、剧烈很多。原因可能和中英两种语言的结构特点有关。英语有丰富的词形变化，如名词、形容词、副词等等常有词尾标记。在组词成句上英语也有许多限制，如主语与谓语、动词与宾语之间往往有“一致性”要求，人称代词在动词前用主格形式，在动词后用宾格形式，等等。而汉语则缺乏这些手段，主要用语序、虚词来表现相应的语法关系。词尾标记、“一致性”要求等，既是语法的表现手段，也是语法的制约因素。英语形式化语法手段多，制约因素相对也多，结构比较稳定，演变起来相对缓慢一些。汉语形式化语法手段少，制约因素也相对少，结构比较灵活，演变相对快一些。

近几十年来，汉语的演变确实非常快。当年老一辈语言学家认可的语法规则，其中的一部分现在已做了新的认定。比如，当年有权威专家认为“全国人民代表大会”简称为“人大”不合适，现在就没有人坚持这种观点了。再如“很青春”“很中国”等等，在过去会判错（副词不能修饰名词），而现在大都认为是正常的搭配。

应该如何看待语言中的变异现象呢？变异有两种，一种是积极的，一种是消极的。既符合汉语结构、运用规律，也符合社会文明规范的变异，即积极的变异。反之，则是消极的变异。积极的变异，我们要承认、接受，把它们吸收进汉语库中来，让它们成为汉语中的新成员。消极的变异，我们要抵制、纠正，把它们排除在汉语库之外，不让它们入侵汉语的肌体。问题是，哪些变异是积极的，哪些变异是消极的，有时很难做出判断，不易得出一致的结论。我们认为，处理这类问题，必须坚持以下三个原则。

第一，通用性原则。约定俗成是语言的本质特征，只有大众认可、在社会广泛流行的变异，才能视为积极的变异。反之，则是消极的。余秋雨《十万进士》中说：“大量中国古代知识分子一生最重要的现实遭遇和实践行为便是争取科举致仕……”体会句意，余先生是把“致仕”一词理解成“获得官位”的意思了。著名学者、《咬文嚼字》编委金文明不认可这种用法，指出：“致”当“归还”讲，“仕”当“禄位”讲，“致仕”的意思是“把禄位归还给国君”，即“辞去官职”。余先生不同意金先生的批评，辩解说：“致”有“获得”的意思，“致仕”可以理解成“获得官位”。我们也不同意余先生的意见，原因是这种用法有违通用性原则。传统经典文献中都把“致仕”用作“辞官”，“获得官位”的用法没有得到社会的普遍认可。

第二，逻辑性原则。语言

是按自身的内在逻辑发展演变的，符合逻辑的变异，才能视为积极的变异。不合逻辑，则是消极的变异。有一些人把“鸡㙡菌”的“㙡”写成“枞”，稍作分析不难发现，这个写法不符合汉字的造字逻辑。鸡㙡菌，食用菌的一种，味美如鸡，所以俗名称“鸡”，由于生长在土中，所以“㙡”字从“土”。汉字中凡是以“木”为义符的字，字义都与“木”有关，“鸡㙡菌”不是在木头或树木上长出的，与“木”毫无关系。如果承认“鸡㙡菌”的“㙡”也可以写作“枞”，有违汉字的造字逻辑。历来权威工具书及经典文献，收的或用的也都是“鸡㙡菌”而非“鸡枞菌”。遗憾的是，《现代汉语词典》第7版一改其以前所有版本的做法，认定了“鸡枞菌”的写法，把它当成“鸡㙡菌”的或体。一些人把“枞”用作“㙡”，主要是因为在目前的汉字输入法中“㙡”字很难打出。汉字输入是个纯技术问题，很容易解决，因很容易解决的技术原因而不顾汉字的造字逻辑去修改用字规范，无疑不可取。

第三，系统性原则。语言是一个精密的系统，任何变异都要放进语言系统中去做整体考虑。只有与语言系统完美融合、与系统中其他成员“和谐相处”的变异，才能视为积极的变异。反之，则是消极的变异。“反戈一击”本指掉转枪口向己方阵营发起攻击，现在有人把它当“反击”用，即回击对方阵营也说“反戈一击”。这种用法违背了系统性原则。“反戈一击”与“反击”的运用本来呈“对称性”的互补分布，“反击”针对对方阵营，“反戈一击”针对己方阵营。如果让“反戈一击”也表示“反击”的意思，“一对一”的平衡对应关系便会遭到破坏。语言讲究“经济性”，完全相同的意思也没有必要用两个词形来对应。

必须强调的是，只有以上三个原则都得到了满足，才能视为积极的变异。否则，只能看成消极的变异，应予以纠正。

追踪荧屏

丝竹变竹成丝？

◎李景祥

央视中文国际频道2019年7月28日播出的《快乐汉语》节目中提出了一个问题，问“丝竹”的“丝”与“丝绸”的“丝”有关系吗？最后公布的答案是“没有”。跟着嘉宾解说道：“丝竹是把竹变成了像丝一样细的东西，不是我们这个真丝的丝。”主持人总结：“其实材料还是竹子，只不过它很细，跟丝一样……”这里犯了常识性错误，“丝竹”不是竹子变成的丝，和丝绸也并非没有关系。

“丝”有很多义项，本义指蚕丝，即制作丝绸绢帛等织物的原料。也指弦乐器，八音之一。八音是我国古代对乐器的统称，具体指金、石、丝、竹、匏(páo)、土、革、木等八种材料。《周礼·春官·大师》：“皆播之以八音：金、石、土、革、丝、木、匏、竹。”郑玄注：“金，钟镈(bó)也；石，磬也；土，埙也；革，鼓鼗(táo)也；丝，琴瑟也；木，柷敔(zhùyǔ)也；匏，笙也；竹，管箫也。”八音将制作乐器的材料和乐器一一对应，丝对应以琴瑟为代表的弦乐器，正是因为古代弦乐器的弦由蚕丝制成。丝竹，即八音中的丝和竹，弦乐器与竹管乐器的总称，也用来泛指音乐。叶圣陶《倪

"生辉"的是"蓬荜"不是"棚壁"

◎高良槐

电影《王树声征战豫西》中有这样一个情节，八路军司令员王树声和妻子为借道行军拜访地方武装势力的首领周延寿。周延寿在迎接他们时说："王将军、王夫人亲临寒舍，真是棚壁生辉呀。"（字幕同步显示）其中的"棚壁生辉"应是"蓬荜生辉"。

蓬，蓬草，是四处可见的野草；荜，荆条竹木等编成的遮蔽物。两者都被古人用来修葺简易的房屋。"蓬荜"是"蓬门荜户"的省语，指穷人住的房子。蓬荜生辉，使简陋的房屋增添光彩，常用来作谦辞。王世贞《鸣凤记·邹林游学》："得兄光顾，蓬荜生辉，先去打扫草堂迎候。"电影中周延寿在迎客时先称自己家为"寒舍"，接着恭维来客说"蓬荜生辉"，都是谦谢的说辞。

棚，义为楼阁，我国传统楼房的一种。壁，墙壁。"棚壁生辉"似可理解为棚屋的墙壁生出光彩，但古今汉语中都没有这种说法。

焕之》十："这时候，前街的锣鼓声和人声一阵阵地沸扬起来，中间碎乱地夹杂着丝竹的吹弹。"蚕丝作为丝绸的原料，同时也是制作弦乐器的材料之一，可见"丝竹"的"丝"和"丝绸"的"丝"并非没有关系。

节目中说到把竹子加工成"像丝一样细的东西"时还配了一张照片，照片上的材料其实是竹丝。四川自贡的特产竹丝扇便是以此制成。"丝竹"本指乐器，泛指音乐，它与蚕丝有关，与竹丝无关。

是“巫蛊”不是“巫盅”

◎王重阳

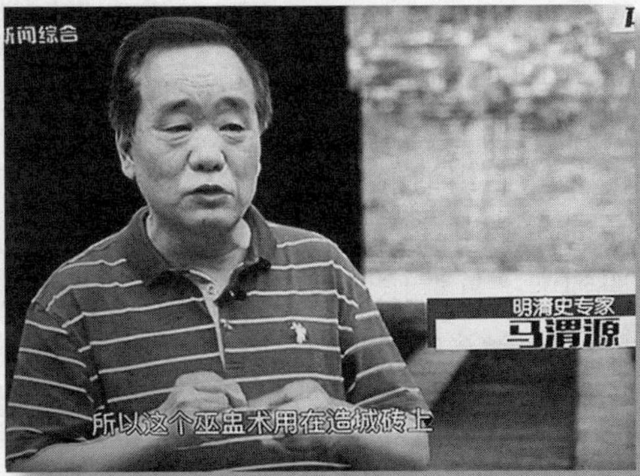

2019 年 8 月 17 日晚，南京广播电视台新闻综合频道播出的《南京》第五季《一城山河》节目中，介绍上世纪五十年代南京一处拆城工地上，发现了一个笑面人头。这个笑面人头表情诡异，似笑非笑。节目为此采访了明清史专家马渭源先生，马先生说道：“那么这两个工程都很大，老百姓忍受不了，所以这个巫盅术用在造城砖上，给他弄个人头，弄得怪模怪样，我认为正常。”这里提到的“巫盅术”其实应是“巫蛊术”。

蛊，音 gǔ，本指毒虫。古人把许多有毒的虫子放在一个器皿里，令它们相互吞食，剩下的毒虫就是用于害人的蛊，所以“蛊”字（繁体作“蠱”）从虫从皿。引申指害人的邪术。古代称巫师使用邪术加害于人为“巫蛊”。汉武帝时就因为巫蛊屡兴大狱，史称“巫蛊之祸”。

盅（zhōng）指饮酒、喝茶时用的没有把的杯子，如酒盅、小茶盅。中国古代没有“巫盅术”之说。将“巫蛊术”误作“巫盅术”，应是形近致误。

杜冠李戴一例

◎梁德祥

央视中文国际频道2019年8月17日播出的《中国文艺》节目中，节目组请来一位歌词作家当嘉宾。在谈到为一首歌作词的情景时，嘉宾表示受到了唐诗的影响，并说：“李白有一首很动人的诗句就叫‘遥怜小儿女，未解忆长安’……”（字幕同步显示）嘉宾搞错了诗作者，“遥怜小儿女，未解忆长安”并非李白所作。

“遥怜小儿女，未解忆长安”出自唐代诗人杜甫的《月夜》。全诗为：“今夜鄜州月，闺中只独看。遥怜小儿女，未解忆长安。香雾云鬟湿，清辉玉臂寒。何时倚虚幌，双照泪痕干。”该诗作于唐天宝十五载（756）。时逢安史之乱爆发，长安陷落，杜甫携家逃到鄜州羌村。在鄜州，杜甫获悉唐肃宗在灵武即位的消息后只身赶去，企图为平叛效力。不料，他在去灵武的途中被叛军所俘，押回长安。国破家亡，被困长安的杜甫思念离散的妻子，写下了这首《月夜》。该诗别出心裁地将视角放在留在鄜州的妻子身上，表面上写的是妻子思念丈夫的情景，其实表达的却是诗人自己的相思之情。

时尚词苑

"守正创新"，勇当时代弄潮儿

◎刘冰鑫

改革开放四十年来，现代汉语中出现了并流行着一大批四字格短语，比如"与时俱进、不忘初心、凝心聚力、反腐倡廉、打虎拍蝇、公序良俗、脱贫致富、一带一路、工匠精神、真金白银"，等等。这些短语，反映时代特色，体现汉语特点，概括力强，言简意明，易读易记，为广大人民群众所喜爱，并且乐于使用。因而，一部分四字短语，渐渐"成长"为新成语或准成语，其中一些已经被新版词典接纳，成为现代汉语词汇库中的新成员。近来最令人关注的四字格短语当推"守正创新"。

《人民日报》2019年1月6日刊登了一篇述评《守正道　创新局》。文章中说："2018年8月，习近平总书记在全国宣传思想工作会议上发表重要讲话，指出宣传思想战线进入了守正创新的重要阶段，强调'推动宣传思想工作不断强起来'。"自此，全国各地报纸上掀起了"守正创新"的热潮，"守正创新"这个短语也就迅速流行开来，常见于主流媒体的新闻报道中。请看：

（1）70年来，我们党开新局于伟大的社会革命、强体魄于伟大的自我革命，让社会主义中国巍然屹立于世界东方，也在革故鼎新、守正创新中实现自身跨越。（《人民日报》2019年7月17日）

（2）出版社坚持党建统领，时刻把出版工作的社会效益摆在首位，在守正创新中把社会效益做大做强，广泛传播社会主义核心价值观，把中国故事讲好讲精彩。（《光明日报》2019

年6月20日）

坚持“守正创新”，就是坚持正确的政治方向与勇敢创新相结合，增强制度活力，为发展中国特色社会主义事业提供根本制度保证。

“守正创新”，是一个并列短语，由“守正”与“创新”两个动词构成。“守正”，古汉语中就有，本义是恪守正道。如《后汉书·侯霸传》：“（霸）在位明察守正，奉公不回。”“守正”的本义一直沿用至今。“创新”指有别于常规，改进或创造出新的事物。“守正”与“创新”具有辩证关系，即在“守正”的基础上“创新”，在“创新”的过程中“守正”，可概括为“守底线勇开拓，敢创新不逾矩”。

“守正创新”是一个永不停息的过程，这个过程没有终点。因此，“守正创新”是各行各业应该始终坚持的。请看：

（3）新版语文教材不是对既有同类教材的颠覆，而是“守正创新”，吸收既有各种版本的优点，更加强调遵循教学规律，也更有效地提升语文素养。（《北京青年报》2017年8月29日）

（4）张火丁的《霸王别姬》是守正创新、培根铸魂，创造性转化、创新性发展的杰出范例。（《人民政协报》2019年6月3日）

“守正创新”也可指一种坚定信念、敢为人先、勇于实践的首创精神。例如：

（5）在加快创建世界一流大学的征程中，既要引进世界标准，又要注重本土特色，保持守正创新的品格，循序渐进，审时度势，科学谋划，为实现“中国梦”和“北大梦”奋斗。（《新京报》2013年3月23日）

“守正创新”四字短语，简短有力，激人上进，符合新时代坚守使命、奋发图强、急流勇进的精神。

“守正创新”传播广泛，影响巨大，它也可分开使用。如：以守正促创新，以创新强守正。此外，“守正”与“创新”并非唯一搭配，还有“守正出新”“守正出

漫话『快闪』

◎高丕永

2003年，中国就曾经出现过“快闪”活动。今年以来，“我和我的祖国”等主题“快闪”，在全国各地的街头、景点、商场等公共场所频频亮相，“快闪”一词更加流行。例如：

（1）“青春为祖国歌唱”，各地大学生接力唱响《歌唱祖国》，爱国之情激荡青春力量；在山东、内蒙古、广东等地，人们用一曲《我和我的祖国》表达爱国之情；在香港金紫荆广场，市民们开展了一场“快闪”活动，同唱国歌，声动香江……（《人民日报》2019年5月9日）

（2）当日，上海市文联和黄浦区委宣传部携手举办“再现上海解放前夜——上海文艺界庆祝上海解放70周年”主题“快闪”活动。（《解放日报》2019年5月27日）

那么，“快闪”是什么意思？是从哪里来的？

“快闪”，是“快闪族”去掉类后缀“族”而产生的新词。“快闪族”，则是个借词，意译自2003年问世的英语新词“flash mob”。（按，英语词汇里只有“快闪族”，没有“快闪”。）“flash mob”一词中，“flash”相当于汉语“闪电”的“闪”（突然出现），“mob”指“具有共同特征的一群人”。“flash mob”的意思就是“通过手机或电子邮件等约定在某地集合、完成特定任务后迅速撤离的一群人”。[参见《韦氏大学英语词典》、《朗文当代高级英语辞典》（第5版）、《牛津高阶英汉双解词典》（第

奇”等，它们与“守正创新”同义。

“守正不渝、创新不息。”如今，“守正创新”已成为思想界、文化界一致遵循的准则。“守正创新”激励着每一个人勇当时代弄潮儿，抓住机遇，敢为人先，勇迎挑战，以新气象、新风貌、新作为稳步行进在新时代。

8版)]显然,源自“快闪族”的“快闪”,是指“通过手机、电子邮件或网络社交平台等约定在某地集合、完成特定任务后迅速撤离的活动”。

2003年5月,“flash mob”活动在纽约曼哈顿首次出现,很快就传入中国。“flash mob”,现在一般译为“快闪族”,以前还有其他译法。比如:“如今在国内一些大城市出现一种‘快闪一族’,他们在城市最繁华的地区出没,进行一种类似于行为艺术的表演抑或娱乐。”(《北京青年报》2003年10月17日)有时还译成“闪客”。不过,这个“闪客”很容易与另一个“闪客”混淆。试比较:

(3)……也有几百名志愿者同样以网络“闪客”方式,迅速聚集把街道打扫得干干净净。(《人民日报》2011年8月18日)

(4)一种新型动画软件——Flash则成为杂文、相声、小品之后最受欢迎的现实性娱乐样式,它的制作者(“闪客”)有100万人,爱好者多达1000万。(《人民日报》2005年3月11日)

例(3)中的“闪客”就是“快闪族”。例(4)中的“闪客”,却是“网络动画设计师”,也是借词,意译自英语的“flash designer”,已经收入《现代汉语词典》;这个“flash”,原本是一种网络动画软件的商标名称,后来可以泛指“网络动画”。而表示“快闪族”意义的“闪客”,现在很少见到了。

2015年左右,出现了时尚的“快闪店”。“快闪店”,指“为了短时间内提高品牌知名度而设立的临时商铺”。“快闪店”英语原词是“pop-up shop/store”。什么是“pop-up”?比如,鼠标点击应用程序菜单栏某项目,就会出现有关的弹出式菜单(pop-up menu)。再如,浏览网页有时会突然跳出引起你注意的弹出式广告(pop-up ad)。可见,“快闪店”与“快闪(族)”只是行为有点相似,并没有渊源关系。

『逆生长』正蹿红

◎代宗艳

眼下打开电视，含“逆生长”的广告词常常跃动于荧屏；浏览网页，“逆生长”不时映入眼帘；翻阅杂志报纸，“逆生长”更是扑面而来。可见，“逆生长”已经成为当红的流行语。“逆”即“向着相反的方向”（跟“顺”相对），“逆生长”的本义就是指人在成长过程中所出现的生长倒退现象。比如明明已经成年了，但身形或智力却与年龄增长逆向发展。请看：

（1）完美告白：少女逆生长变婴儿，揭秘逆生长的奥秘（标题，《齐鲁晚报》2015年2月2日）

《完美告白》是辽宁卫视推出的一档节目。2015年初，节目现场请来一位四川自贡的逆生长女孩曾玉珊，她因病导致生长倒退，20岁仍是孩童模样。例（1）中的“逆生长”就是指生长倒退，当然，说长成了婴儿，夸张过度了。

近来媒体上流行的“逆生长”，使用范围已经大大扩展，搭配能力骤增，引申意义呈现多样性。值得注意的是，“逆生长”的本义用法倒是很少见。如今，“逆生长”可以指人们对于语言、面貌、行为等与年龄不相符之表象的主观感受，语义逐渐从客观认知域转向心理情感域。例如：

（2）坚持每天锻炼的张顺京，发现自己“60岁了，身体还越来越好”。他以惊人的毅力，创造了个人生命的“逆生长”。（《解放军报》2019年4月3日）

（3）“真是逆生长了！您越活越年轻！”这样的称赞，听起来让人美滋滋的。（《长沙晚报》2018年5月3日）

以上两例中的“逆生长”并非指真的生长倒退现象，而是用来表达本人或他人的主观感受。犹如成语“返老还童”，常用来形容老人越活越年轻。

有时，“逆生长”也可以指为达到某种目的，故意造成所报年龄小于实际年龄的弄虚作假现象，带有讽刺意味。例如：

（4）“逆生长”局长欺骗组织丢“官帽”（标题，《中国纪检监察报》2015年11月16日）

《现代汉语词典》（第7版）中，“生长”有两个义项：一是生物体在一定的生活条件下，体积和重量逐渐增加；二是出生和成长，产生和增长。很显然，例（1）—（4）“逆生长”中的“生长”主要是从“生长”的第一个义项——“生物体的生长”引申而来。另一种情况是，“生长”的第二个义项——“产生和增长”被凸显和引申，使得“逆生长”发生了语义泛化，主要表现在两个方面：一是[+倒退]的语义特征逐渐虚化，而转向褒扬性的比喻；二是其语义指向由人扩展到了事物。例如：

（5）通过线上线下传递能量，联动所有人参与绿色公益行动，让具有“死亡之海”之称的库布其沙漠再次出现“生命的痕迹”，真正实现沙漠面积“逆生长”。（《公益时报》2019年1月24日）

（6）进入网络时代，故宫仿佛开始了“逆生长”，不断以新的方式，走进公众尤其是年轻人的生活。（《人民日报》2019年1月10日）

（7）许多老字号在天猫“逆生长”，“95后”粉丝占比超过国际大牌。（《人民日报海外版》2019年5月28日）

例（5）“逆生长”比喻沙漠面积越来越小；例（6）“逆生长”比喻故宫（虽然历史悠久，但是）呈现出崭新的面貌，吸引了众多年轻人；例（7）“逆生长”比喻老字号品牌在网络购物平台中的粉丝群体逐渐年轻化。

网络使用的普及化与开放化为新词语的传播创造了良好的条件，旧词新用现象层出不穷。“逆生长”的新义新用法，不仅满足了大众求新求异的表达需求，也体现出当代汉语词汇发展的特点和趋势，因而在网络媒体和纸媒中迅速流行开来。

一针见血

“旁骛”讲不通

◎阎德喜

2019年4月18日《南方周末》C21版刊载了《文理兼精的奇才：日记中的黄际遇教授》一文，其中有这样一段话：“他当着一些比较亲近的学生的面，烧毁各种社团的邀请信件。劝勉他们一心向学，心无旁鹜。”这里的“心无旁鹜”错了，应是“心无旁骛”。

“骛”是个形声字，从马敄声，本义指乱跑，引申作力求、追求之义。心无旁骛，即心中没有其他的追求，形容心思集中，专心致志。冰心《谈信纸信封》：“有不少人像我一样，在写信的时候，喜欢在一张白纸，或是只带着道道的纸上，不受拘束地，心无旁骛地抒写下去的。”

“鹜”也是形声字，从鸟敄声，指家鸭，古亦指野鸭。“心无旁鹜”讲不通。

“饯行”误为“践行”

◎杨宏著

傅希境揉了揉她的头说：“别生气了。我饿了，我们去吃饭好吗？给我践行。”

“你要回去了？”南风惊讶道……

上面这段对话描写出自《南风过境》（湖南文艺出版社2018年5月出版）一书的第280页，其中的“践行”错了，应改为“饯行”。

饯，从食戋声，义为以酒食送行。中国人自古就有用酒食给亲友送别的传统。饯行，义同饯。夏衍《秋瑾传》第一幕：“真的要去留学，也得给此地的几个朋友们知道，拣个日子，我给您饯行，好吗？”《南风过境》书中描写的是男女主角分别的场景，男方提到“吃饭”，后面显然该用“饯行”。

践，本义是踩踏，引申有履行的意思。践行，即实行、实践。吃饭和“践行”搭不上边。

弄错了“数典忘祖”

◎李可钦

2018年10月10日《中华读书报》第13版刊载了《横山寻根记》一文,其中写道:“说来也惭愧,对我这个受过高等教育的读书人来说,居然有半个多世纪‘数祖忘典’忘了自己的老祖宗是谁。”此处的“数祖忘典”错了,正确的词形为“数典忘祖”。

“数典忘祖”是个成语,典出《左传·昭公十五年》中讲的一个关于籍谈的故事。晋大夫籍谈出使周朝,周景王问他为何晋国不送上贡物。籍谈回答晋国从未收到过周王室赏赐的器物,所以也没有东西可以献给周王。于是周王指出,从晋国始祖唐叔开始就不断受到王室赐器,他责备籍谈身为晋国司典的后裔不该不知道这些史实,并说他是“数典而忘其祖”,即列举典故时忘记了祖先的事情。数,指列举;典,指典故、故事。后以“数典忘祖”比喻忘本,现又比喻对本国历史的无知。对于“忘了自己的老祖宗是谁”这件事,称“数典忘祖”庶几可通。

“数祖忘典”语义不通,汉语中没有这个说法。

应是“命运多舛”

◎得　喜

2019年6月26日《中华读书报》第9版整版刊发《〈阿Q正传〉首个外文译本的问世》一文,其中这样写道:“他忆起国内过年的盛况,联想自己少小离家、在修院环境里的艰险、命运多桀……”此处的“命运多桀”错了,应该为“命运多舛”。

舛,读作chuǎn,义为相违背,也指不幸、不顺。命运多舛,即命运中充满了不顺,指一生坎坷,屡受挫折。上述文章的主人公敬隐渔父母皆亡,家庭离散,一个人在法国自费留学,靠着恩师罗曼·罗兰接济勉强度日，算得上是“命运多舛”了。

桀，读作 jié，本义为小木桩。也指凶悍、横暴，如夏朝最后一个君王相传为暴君，便被称作夏桀。

“面喝”何来

◎新 德

2019 年 8 月 19 日《文汇读书周报》第 5 版上刊发了《施蛰存先生给我的一封信》一文，讲作者读研究生时所作的一篇论文受了朱东润、施蛰存、刘学锴等先生指点，深受激励。文章最后写道：“不成熟而能得到如朱、施、刘诸先生之耳提面喝，或也能渐次成熟。”这里的“耳提面喝”错了，“耳提面命”才对。

“耳提面命”是个成语，也作“面命耳提”，语出《诗经·大雅·抑》“匪面命之，言提其耳”。面，当面；命，教诲。当面教诲还嫌不够，甚至要提耳嘱咐，后人便以“耳提面命”形容教诲殷勤恳切，要求严格。严复《原强》：“今微论西方宗教何如，然而七日来复，必有人焉，聚其民而耳提面命之。”上述文章说作者作成论文后得到了几位前辈老师或当面或来信的提点，被他当作“耳提面命”般教诲，很受用。

“喝”有多个义项，可以指饮用，可以指大声喊叫。从《施》文所见，各位前辈指点时都是谦逊有礼、循循善诱，并无所谓“面喝”之行。

奉承用“谀”不用“瘐”

◎阎心士

2019 年 6 月 26 日《中华读书报》第 17 版刊有《汉语没有凝固，探索从未停止：三十四年后再谈“新小说”》一文，其中说：“然而，你又不得不承认，恰恰因为没有伪装、没有阿瘐、没有互相吹捧……”这里的“阿瘐”错了，应改成“阿谀”。

谀，读 yú，从言臾声，义为谄媚，用甜言蜜语奉承。阿(ē)，迎合。阿谀，即迎合谄媚，曲意逢迎。曹禺《北京人》第一幕："她又不屑于学习那谄媚阿谀的妾妇之道来换取婆婆的欢心。"看前文语境，与"伪装""互相吹捧"平列的当是"阿谀"无误。

瘐，读 yǔ，旧指罪犯因受刑、饥寒而生病，或死于狱中。汉语中没有"阿瘐"一词。误"谀"为"瘐"当是音近形似所致。

何谓"浪费公帑"

◎董绍兴

2019 年 8 月 23 日《报刊文摘》头版刊有《政府的紧日子该怎么过》一文，文章说道："请允许我们说一句，对各级政府部门而言，过紧日子不等于'过苦日子'……那种大手大脚，浪费公帑的做法倒不是紧日子——根本就是败家子的行为。"其中的"公帑"应是"公帑"之误。

帑，音 dài，指囊、口袋。《玉篇·巾部》："帑，盛物囊。""公帑"只能理解为"公家的口袋"，但古今汉语中都没有这种说法，再说意思也不明确。

帑，音 tǎng，指国库里的钱财、公款。公帑即公款。上述引文正是在说浪费公家的钱财。

"乐不可吱"?

◎李信宜

2018 年 7 月 30 日《信息时报》B09 版刊有文章《"脑洞"如何"提现"？看〈西虹市首富〉和〈狄仁杰 3〉》，其中写道："如果一夜暴富，钱该怎么花？回答一构想，已经为《西虹市首富》提供大量让观众看到乐不可吱的情节，毕竟看别人花钱，也有满足想象力的快感。"这里"乐不可吱"写错了，应是"乐不可支"。

支，即撑持、支撑。乐不可支，意思是乐得到了支撑不了的地步，形容快乐到极点。而“吱”是拟声词。读zhī时，形容物体摩擦或鸟虫鸣叫的声音，如咯吱、嘎吱。读zī时，形容小动物的叫声，如老鼠吱吱地叫。古今汉语中皆无“乐不可吱”。

误“支”为“吱”，应是音似形近所致。

“梦得”非“孟德”

◎郭 灿

《作文与考试》2019年第16—18期上刊有《刘禹锡笔下的秋天》一文，其中写道：“刘禹锡，中唐时期的诗人、哲学家，字孟德，今河南洛阳人。”这段介绍中有个常识性差错，“孟德”应为“梦得”。

刘禹锡是唐代文学家、哲学家，洛阳（今属河南）人，自称系出中山（治今河北定州）。贞元年间进士，又登博学宏词科，曾任监察御史。他和柳宗元交谊很深，人称“刘柳”；晚年与白居易多唱和，并称“刘白”。刘禹锡的字是梦得，有《刘梦得文集》。

历史上“字孟德”的诗人也是有的，他便是魏武帝曹操，有《魏武帝集》。上文显是因“梦得”“孟德”同音而混淆了两位诗人。

朝阳误为土墩

◎阎南岗

2019年第4期《书屋》杂志第93页刊载了文章《诗人唐德刚》，文中提到唐先生为岳父作诗十首祝寿之事，并一一列举十首诗。其中一首的前两句是：“云外莫嫌夷夏殊，朝墩长照子孙贤。”“朝墩”令人费解，细思应为“朝暾”。

暾，读tūn，义为初升的太阳。朝暾，即朝阳，也指早晨的阳光。郭沫若《晨兴》诗：“月光一样的朝暾，照透了这蓊郁着的森林。”代入诗句，“朝暾长照”就是说（唐先生的岳父）像早晨的阳光一样照耀关怀着后辈。

墩，读 dūn，义为土堆。“朝墩”讲不通。误“暾”为“墩”应是音形相近所致。

考中秀才称“入泮”

◎沈阳仁

《今晚报》2019 年 7 月 29 日 12 版《诗人张玉裁笔下的京津冀》，有段话这样说：

张同书“十二已读三百篇，十五操笔学为文”。19 岁时入畔，20 世纪初入保定高等师范学堂读书，并于光绪丁未年（1907）卒业。

其中的“入畔”应为“入泮”。泮，音 pàn。西周诸侯所设的大学前有半圆形的池，名泮水，学校称泮宫。据《说文》，泮宫“西南为水，东北为墙”，一半有水，一半无水，所以“泮”从半从水。后代沿袭其形制。明清时期，各州县经过考试新进的生员（秀才）都要进入学宫拜孔老夫子，因之称那些考中成了秀才者为入泮（也叫游泮）。张先生是 19 岁时考中秀才的，所以说他“19 岁时入泮”。

畔，也读 pàn，可表示附近、旁边，如湖畔、路畔，也可表示田地的边界，如田畔。误“入泮”为“入畔”，应是音同形近所致。

哪有“半调子工程”

◎李良琪

2019 年 8 月 20 日《环球时报》第 13 版刊载《巴黎城市焦虑症几百年都没治愈》，文中述及 1852 年拿破仑三世称帝后任命奥斯曼主持巴黎的全面改建工程时，这样说道：“奥斯曼盲目上马了很多‘半调子工程’，令巴黎城内到处是基建大坑……”其中“半调子”应为“半吊子”。

“半吊子”的“吊”是量词。旧时，有孔的钱币一千枚串在一起称一吊。半吊是五百，不能满串，故用来形容知识或技艺火候尚浅的人，也指不通情理、办事不实的人。还可以用以形容事物，如谌容《赞歌》中有：“从七一年开始，这个工程已经花了不知多少投资，动用了不知多少劳力，工程仍然是个半吊子。”句中就是以“半吊子”形容有始无终的“工程”。上述文章认为当时奥斯曼盲目上马了许多的项目，“令巴黎城内到处是基建大坑”，称这些工程为“半吊子工程”正符合文意。

“调子”指曲调、音调，也可表示某种情绪或比喻论调。“半调子”不能表达上述文章的文意。

大米与恩仇的关系

◎阎龙江

2018 年第 49 期《黑龙江广播电视报》第 13 版刊登的《哲理老话儿，越看越对》中，有这样一句话：“所谓‘斗米恩，升米仇’，就是这个理儿。”这话说反了，正确的是“升米恩，斗米仇”。

民间谚语有“一斗米养个恩人，一石米养个仇人”。在古代，石和斗都是容量单位，一石相当于十斗。这条谚语的意思就是说帮人一点小忙，给人一点小惠，对方知道感恩；帮人很大的忙，给了太多恩惠，对方因贪心不足或无法回报，反倒成了仇人。《儒林外史》中就有：“郭先生，自古‘一斗米养个恩人，一石米养个仇人’，这是我们养他的不是了！”“升米恩，斗米仇”应是这条谚语的变体，一斗相当于十升，两者所表达的意思是相同的。

而将“升米恩，斗米仇”说成“斗米恩，升米仇”，则变成给予对方的多，对方就感激，给予对方的少，对方就仇恨。这与谚语原来的意思正好相反，也就不是什么“哲理老话儿”了。

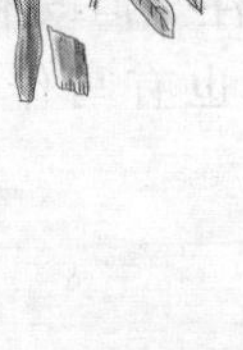

编校信箱

百问百答（4）

◎郝铭鉴

“直截了当”可以写成“直接了当”吗

应该承认，确实有这种写法。而且，意思上也说得通。对于这类语用现象，不能轻易判错。但我们还是想说，“直接了当”的写法不宜提倡。

首先，这是一个已经定型的成语，在词形上不宜随便改动。改为“直接了当”，并没有现实的表达需要，实际上也没有体现出不同的表达效果。其次，在词汇意义上，“直接”和“直截”还有着微妙的区别。“直接”和间接相对，义为不通过中间环节，这是就程序而言的；“直截”和迟疑相对，义为不兜圈子，不绕弯子，这是就态度而言的。“直截了当”想表达的是简单、干脆，“了当”本身便有爽快的意思，无疑和“直截”搭配更为合理。

“刘姥姥”是“刘老老”的误写吗

有这种说法。《红楼梦》中的“刘老老”，占的篇幅不多，但人物生动可爱，历来为“红学”研究所关注。但既有写作“刘老老”的，也有写作“刘姥姥”的。报刊上不时有人指出，“刘姥姥”是“刘老老”的误写。其实，这是只知其一，不知其二。

从语言角度来说，“老老”和“姥姥”虽然词形不同，但作为称谓用词，都可以指称外祖母。这是一组异形词。明沈榜《宛署杂记·民风二》："外甥称母之父曰老爷，母之母曰姥姥。"《二十年目睹之怪现状》第一〇七回："北边人称呼外祖母多有叫老老的。"这一称谓至今仍带有地方色彩，南方人习惯称外婆。"老老"除了用于女性老人，还可用于男性老人。敬称和自称皆可用。

关键是《红楼梦》中用哪一个。我之所以说只知其一，不知其二，就因为《红楼梦》的版本是复杂的，既有抄本，又有印本，既有八十回本，又有一百二十回本，不能只凭一个版本便作出结论。在本人的书架上，庚辰本用的是"刘姥姥"，程甲本用的"刘老老"。可见，"姥姥"和"老老"没有对错之分。作为引文，要忠实于原文；作为论文，则应尽可能做到全文统一。

不能确定性别时要处理成"他（她）"的形式吗

一般来说，没有必要。在古代汉语中，"他"作为人称代词，既可指男性，也可指女性，还可指其他事物。现代汉语中，"他"分化为他、她、它，通常"他"用于男性，"她"用于女性，"它"用于人以外的一切事物。但在不能确定男性还是女性，或者既包括男性也包括女性的情况下，"他"仍保留着传统用法，处理成"他（她）"或"他（她）们"格式，有画蛇添足之嫌。

《现代汉语词典》在解释"他"字时，对此有明确提示，并举了两个例子："'五四'以前'他'兼称男性、女性以及一切事物。现代书面语里，'他'一般只用来称男性。但是在性别不明或没有区分的必要时，

'他'只是泛指，不分男性和女性，如：从笔迹上看不出他是男的还是女的｜一个人要是离开了集体，他就将一事无成。"

"交代"和"交待"有区别吗

关于这个问题，辞书界是存在争议的。

一般情况下，两者是异形词关系。"交代"的本义是前者交，后者代，其他义项都是由本义引申出来的。"交待"其实是"交代"的误写。"待"的本义为等候，没有以此易彼的意思。故以下义项应首选"交代"。

1. 把自己经手的事情交给别人接替。如"限时限刻交代工作"。

2. 吩咐；叮嘱。如"老师再三交代考生要认真审题"。

3. 说明；解释。如"万一途中出事，我回来怎么交代"。

4. 承认错误或罪行。如"只有老实交代，才能改过自新"。

除以上义项外，还有一个义项，即了结、完结。如"水中真有鳄鱼，这条小命就交 dài 了"。这个句子中的"交 dài"，有些词典主张用"交代"，有些词典主张用"交待"，至今还没有统一的意见。我个人认为，这是一种带有玩笑性质的说法，其词汇意义还是从移交来的。"水中真有鳄鱼，这条小命就交出去了"，交给谁呢？交给死神了，所以有了结、完结的意思。依此来看，还是用"交代"为宜。

《火眼金睛》提示

图 1，"放影点"应为"放映点"。

图 2，"浆"应为"桨"。

图 3，"上善苦水"应为"上善若水"。

图 4，"酒过三旬"应为"酒过三巡"。

借题发挥

琴瑟岂能“合弦”

◎董秋成

2019年7月28日《绍兴晚报》A05版整版刊文《琴瑟合弦　乒乓球打出美丽退休生活》，报道了一对恩爱夫妻数十年来热衷乒乓球运动，退休后夫妻俩依然活跃在球场上的事。故事很好，但标题中的“琴瑟合弦”不妥，可改为“琴瑟和谐”。

从谈恋爱起就在同一个单位工作
数十年同进同出，新昌有对夫妻——
琴瑟合弦
乒乓球打出
美丽退休生活

琴瑟，即琴与瑟两种乐器。古人多以“琴瑟”来比喻夫妻间感情和谐，也作“瑟琴”。语出《诗经·周南·关雎》：“窈窕淑女，琴瑟友之。”又《诗经·小雅·常棣》：“妻子好合，如鼓瑟琴。”《诗经·郑风·女曰鸡鸣》：“宜言饮酒，与子偕老。琴瑟在御，莫不静好。”如果要组成四字词语，可用“琴瑟和谐”，如山谷《罗时慧回忆夫君傅抱石》：“罗时慧和傅抱石琴瑟和谐，相亲相爱，可谓知音。”也可用“琴瑟调和”“琴瑟和同”等，都是形容夫妻间感情谐调和顺，作为上述报道的标题都很合适。

“合弦”本是戏曲行话，指演员的演唱与胡琴的伴奏结合紧密，无丝毫相违，泛指歌唱时能与伴奏相合。弹奏琴瑟与“合弦”的词义不搭，不应随意组词。

笔和鸟嘴不相似

◎李茂名

聚力攻坚再出发　携手共

——去年以来我市文明创建工作

本报记者张开兴　实习生宫世杰

春来万物生。微风轻拂、万亩葱郁，漫步今日滁城街头，道路干净整洁、文化墙精美别致、志愿服务随处可触……一座充满活力、富有魅力，宜居、宜业、宜游的现代化文明新城正在皖东大地加速崛起。

2018年以来，全市上下认真贯彻市委、市政府决策部署，紧紧围绕创建工作目标任务，全面动员、连续奋战，掀起了上下协调、齐抓共管、全民参与的创建热潮，打了一场胜利的攻坚仗，向全市人民交上了一份令人鼓舞的答卷。

高位推进，如喙巨笔绘新图

创城，只许成功、不许失败，这是市委、市政府着眼全局、立足长远作出的重大决策部署，也是全市人民多年来孜孜追求的美好夙愿。

机关选配得力干部，挂

人集中办公方式，充实

社区将文明创建作为首

工作各项任务落实；建

组织机关事业单位万名

次登门走访，发动群众、

与创建的浓厚氛围。

创建为民，

创建文明城，就是要

来展开，让人民成为这

滁州坚持创建为民、

题入手，盯紧薄弱环节，

2019年4月26日《滁州日报》头版刊有《聚力攻坚再出发　携手共育文明花》一文，其中的一个小标题《高位推进，如喙巨笔绘新图》有误，“喙”应改为“椽”。

椽，读chuán，从木彖声，本义为椽子，指放在檩子上，承接望板、瓦或其他屋面材料的木条。“椽”也可用来指房屋间数。所谓“如椽巨笔”，即像椽子一样巨大的笔。典出《晋书·王珣传》，其中说东晋大臣王珣在梦中遇到有人给他“大笔如椽”，醒来后和别人说：“此当有大手笔事。”所谓“大手笔”，指朝廷诏令文书等重要文章。不久后晋孝武帝驾崩，哀册谥议等重要文书果然都由王珣草拟。后人便以“如椽笔”比喻重要的文字，引申指笔力雄健。“如椽笔”也作“如椽大笔”“如椽巨笔”。上述标题显然是用了这个典故，“如椽巨笔绘新图”就是说要用雄健的笔力来绘制新图。

喙，读huì，从口彖声，本义为鸟兽虫鱼的嘴。笔和鸟兽的嘴毫无关系，“如喙巨笔”更是让人无从想象。

微型讲坛

繁体字与简化字转换规则的补充

◎苏培成

1964年2月4日，国务院发出《关于同意中国文字改革委员会简化字问题的请示的通知》，全文如下："1964年1月7日报告收悉。同意你会在报告中提出的意见：《汉字简化方案》中所列的简化字，用作偏旁时，应同样简化；《汉字简化方案》的偏旁简化表中所列的偏旁，除了4个偏旁（纟、讠、钅、饣）外，其余偏旁独立成字时，也应同样简化。你会应将上述可以用作偏旁的简化字和可以独立成字的偏旁，分别做成字表，会同有关部门下达执行。"根据国务院的这个指示，中国文字改革委员会于1964年5月编印了《简化字总表》加以推行。《简化字总表》是新中国推行简化汉字的重要标准。1986年6月24日，国务院发出《批转国家语言文字工作委员会〈关于废止《第二次汉字简化方案（草案）》和纠正社会用字混乱现象的请示〉的通知》，《通知》中说："为便利人们正确使用简化字，请《人民日报》《光明日报》以及其他有关报刊重新发表《简化字总表》。"当前我们使用的《简化字总表》就是根据国务院的这个指示重新发表的。《简化字总表》附有50条注释，对繁简转换中的相关问题做了说明。

近些年来出版的《语言文字规范手册》有的竟然把《简化字总表》删除了，这是不对的，应该纠正。《简化字总表》不能废，如果废了，哪些简化字和简化偏旁可以类推、哪些不可以类推就失去了依据，简化字的类推就乱了套。汉字的繁简转换比较复杂。经过多年的实践，我们发现转换中有些情况是《简化字总表》没有说明的，语言文字学界和辞书学界已经做出了补充。在这篇短文中，我们列出其中的四组例字，供使用简化字时参考。

一、蘋—苹。《简化字总表》规定“蘋”简化为“苹”，读为 píng。如“蘋果”简化为“苹果”。可是有一种水生的蕨科植物，它的四片小叶生在叶柄顶端像田字，俗名叫田字草。它的孢子囊外有硬孢子果，读为“pín 果”，在繁体字里写作“蘋果”。在简化字里，如果也简化为“苹果”，就容易和水果里的“苹果”相混，因此需要加以区分，把“pín 果”写作“蘋果”。《新华字典》《现代汉语词典》等权威工具书已经采纳了这个意见。还要注意不要把“蘋(pín)果”误认为是“苹(píng)果”。

二、穀—谷。《简化字总表》规定“穀”简化为“谷”，如“穀物、稻穀”简化为“谷物、稻谷”。可是“穀梁、穀梁传”的“穀梁”是复姓。文言中有“不穀”一词，意思是“不善”，是王侯自称的谦词。《老子》第三十九章：“故贵以贱为本，高以下为基，是以侯王自谓孤、寡、不穀。”在简化字文本里如果把“穀梁、穀梁传、不穀”中的“穀”简化为“谷”容易引起误会，辞书界主张这样用的“穀”仍旧用“穀”。这个意见已被学界所接受。

三、阎—闫。《说文·门部》：“閻，里中门也。”《说文》《广韵》《集韵》里都只有“閻”，而没有“閆”。“閆”是后起的俗字。金代韩道昭著的《改并四声篇海·门部》引《俗字背篇》：“閆，与閻同。”可见在金代已经有了“閆”字。1932 年当时的教育部国语统一筹备委员会编的《国音常用字汇》收“閻”和“閆”。1953 年出版的《新华字典》：“閻(閆)，姓。”把“閆”作为“閻”的异体字，但只用于姓氏。1955 年文化部和文改会发布的《第一批异体字整理表》没有把“閆”作为异体字废止。1986 年发布的《简化字总表》把“閻”简化为“阎”,没有收“閆”和“闫”。1988 年 3 月国家语委和新闻出版署联合发布的《现代汉语通用字表》收“阎”,没有收“闫”。这表明新中国建立以后“閆”字虽然没有废止,但已经很少使用。改革开放以来,用作姓氏时除了“阎”继续使用外,许多人也使用了“闫”,可能是因为“闫”的笔画比较减省。但是在简化字文本里,表示里巷的门的“阎”不能用“闫”;“阎罗”是梵语的音译词,其中的“阎”也不能用“闫”。《现代汉语词典》(第 7 版)“阎”字的注释是:“①〈书〉里巷的门。②姓(近年也有俗写作闫的)。”“阎罗,佛教称管地狱的神。也叫阎罗王、阎王、阎王爷。”这条注释是正确的,可以作为使用的规范。

四、萧—肖。《简化字总表》规定“蕭”简化为“萧”。“蕭”和“萧”都读 xiāo。汉字中另有“肖”字。《现代汉语词典》(第 7 版):“肖,xiào。相似;像:酷肖|逼肖|惟妙惟肖|寥寥几笔,神情毕肖。”最近几十年,用作姓氏的“萧”也常写作“肖”,读 xiāo。如两会换届时发表的代表、委员的名单里的“萧”都已改作“肖”。有的辞书收录了“肖”用作姓氏的音义。《新华字典》(第 11 版):“肖 xiāo ㄒㄧㄠ 姓。”《现代汉语词典》(第 7 版):“肖 Xiāo 图姓。”应该注意的是这个“肖(xiāo)”只用于姓氏,偶尔也用作地名。如北京市海淀区的“萧家河”,当地已经简化为“肖家河”。但“萧”字下列意义仍作“萧”,不作“肖”。如:萧墙|萧然|萧瑟|萧森|萧索|萧条|风萧萧兮易水寒|萧萧马鸣,悠悠旆旌。至于古代人名地名里的“萧”仍作“萧”,不用“肖”。如:萧何|萧史|萧太后|萧规曹随|萧关。现当代姓氏中的“萧”有逐渐改用“肖”的趋势。今后如何发展尚待观察。

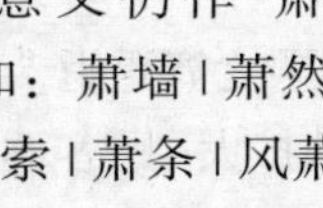

文章病院

罂粟汁液怎么采集

◎冰城子

2019年2月11日，笔者走进云雾缭绕的山脉中，看见农民零零散散地在山谷中劳作，他们用尖刀割开罂粟的主秆，让乳白色的汁液流进易拉罐做成的小桶。

罂粟的果实与花

上述文字出自2019年4月18日《南方周末》A7版的《罂粟之海重返“金三角”，毒品倾销扩大“顾客群”》一文。这里写的应是作者探访“金三角”地区的调查记录，但对当地人收获罂粟汁液的描述有误，罂粟“乳白色的汁液”并不是割开主秆采集到的。

罂粟，亦称“罂子粟”，罂粟科，一二年生草本，原产欧洲。夏季开花，花瓣四片，呈红、紫或白色，可供观赏。蒴果球形或椭球形。将未成熟的果实表皮划开，其中会流出乳状白汁。该乳汁干后可制成鸦片，含吗啡和其他生物碱，有镇痛、镇咳和止泻作用，但常用能成瘾。果壳也能入药，称“罂粟壳”“御米壳”，性平、味酸涩，功能敛肺、涩肠、止痛。

上述文章中那些农民采集的罂粟汁液，显然将用于制毒，那么他们用尖刀割开的必是未成熟的罂粟果实。罂粟主秆不会流出“乳白色的汁液”，从中也采集不到毒品原料。

"舷梯"不是"旋梯"

◎晋　相

2019年7月31日《北京晚报》第33版《祖国派军舰接亲人们回家》,讲2015年3月26日—4月7日中国海军也门撤侨的故事。文中这样说道:"临沂舰靠在2号泊位旁。旋梯刚刚架好,20名特战队员和武装舰员立即冲向码头,快速布设内外相套的两个警戒区域,由特战队员负责持枪警戒,把124名撤离人员牢牢地保护起来。"其中的"旋梯"应是"舷梯"。

军舰的舷梯

旋梯是一种螺旋式供人们步行上下的楼梯。还有一种体育运动器材也叫旋梯,形状像梯子,中间有一根轴固定在铁架上,能够来回旋转,用以进行体育锻炼。这两种都不能供军舰使用。

在军舰上使用的是舷梯。舷梯是一种供有关人员上下轮船、飞机等的活动踏步扶梯,一般为用木材或金属材料制成,设在侧面,用时放下,平时收起。"舷"指的是船、飞机的两侧。

旋梯与舷梯不是同一物。旋读 xuán,舷读 xián,可能是报纸的有关人员误把"舷"读为 xuán,以致误植失校了。

染色不用“拓黄”

◎王宗祥

柘木

2019年6月23日《文汇报》第8版刊有《这一抹桃红的大唐风华》一文，介绍了用纯天然的植物染料给纺织品上色的方法“草木染”，其中写道：“古北当地出产的一些植物比如薰衣草、核桃、黑豆、丝瓜叶、南瓜叶、栀子、拓黄，对草木染的色谱拓展很有帮助。”此处的“拓黄”写错了，应改为“柘树”。

柘，读zhè，植物名，落叶灌木至小乔木，树皮常有刺。叶可以喂蚕，皮可以染色，木材质坚而致密，是贵重的木料。用柘树汁染出的赤黄色，自隋唐以来都是帝王的服色，称“柘黄”。明李时珍《本草纲目·木三·柘》：“其木染黄赤色，谓之柘黄，天子所服。”另外，柘黄其实还可指柘树上生长的木耳，不过此物不用作染色。上述引文中的“拓黄”应是“柘黄”之误。但“柘黄”用在这里也不准确，用“柘树”才符合句意。

拓，义为开辟、扩充。“拓黄”义难解，汉语中没有这个词。上述文章既然是在列举植物，严格来说“丝瓜叶”“南瓜叶”也应改为“丝瓜”“南瓜”。

语言哲思

“练琴”都练哪些“琴”

◎宗守云

我喜欢吹笛子。有一次去上海音乐学院向著名青年笛子演奏家范临风请教。临别，范临风说：“我要去练琴了。”我不解地问：“练琴？练钢琴吗？”范临风说：“练笛子啊。”我这才知道，在音乐领域，不仅练习月琴、竖琴、柳琴、钢琴、大提琴、小提琴是“练琴”，练习笛子、唢呐、二胡、琵琶、古筝甚至架子鼓也都是“练琴”，“练琴”的对象可以是各种乐器，不限于琴类。在音乐领域，“练琴”的意思是“练习乐器”，这是“领域语言”现象。

“领域语言”，顾名思义就是特定领域使用的语言。在一个社会中，存在着许许多多的领域，每个领域都有自己特殊的语言形式，于是就有了领域语言。领域语言主要表现在词语差异上，特定的领域，一般都有一些特殊的词语。比如，在笛子领域，有“花舌、飞指、双吐、筒音”等；在晋剧领域，有“正红、爱爱腔、十三咳、二音子”等；在基督教领域，有“同工、按立、掰饼、保惠师”等；在语言学领域，有“音位、义素、短语、复句”等。熟悉特定领域的人，能够正确理解特定领域的特殊词语；而不熟悉特定领域的人，在看到某一领域的特殊词语时往往一头雾水，不知所云。

领域语言是社会分化的产物，社会分化为多少领域，就有多少种领域语言。由于社会领域具有多样性，相应地，领域语言也具有多样性。领域语言对内有认同性，行内的人能够运用领域语言自由交流，没有障碍；对外有排他性，对行外的人而言，某一领域的语言有时是完全陌生的。领域语言也具有层次性，这是由社会领域的层次性导致的。比如，音乐领域又可分为声乐领域和器乐领域，器乐领域又可分为吹奏乐领域、弹拨乐领域、拉弦乐领域、打击乐领域等，吹奏乐领域又可分为笛子领域、唢呐领域、芦笙领域、管子领域等。再比如，语言学领域又可分为语音学领域、词汇学领域、语法学领域等，语法学领域又可分为形态学领域和句法学领域等。不同层次的社会领域有不同层次的领域语言，因此即使属于同一大类的领域，其内部的领域语言也还是有差异的。比如，在音乐领域，声乐领域的人不一定懂得笛子领域的词语；在语言学领域，语法学领域的人不一定懂得语音学领域的词语。

领域语言能够满足特定领域内部的交流沟通，因此其存在是合理的，有价值的。但领域语言的存在，也在一定程度上造成了不同领域沟通的障碍。为此，在需要的场合，有时可以通过适当解释来消除这些障碍。例如：

（1）古玩行里，把赝品称为“妖怪”。陈老师的家里，据说大部分都是“妖怪”。（荆歌《联排别墅》，《湘江文艺》2019 年第 4 期）

（2）说相声要长相儿。长相儿不一定好，但是得带人缘儿，行话叫脸上身上都有“买卖儿”。用行里人的话说，不要一帅，就要一怪。（王松《春景》，《山花》2019 年第 7 期）

（3）曲艺行里无论哪个门儿，拜师都要请客，行话叫“摆知”，也就是吃这样一顿饭，向行里人知会一下的意思。（王松《春景》，《山花》2019 年第 7 期）

例（1）“妖怪”是古玩领域语言，例（2）“买卖儿”和例（3）“摆知”是曲艺领域语言，作者做出解释，行外人就能够正确理解其意义。

领域语言是相对全民语言而言的。全民语言是全民普遍使用的语言，不因领域的不同而不同。汉语的基本词汇和基本语法结构都是全民的。其实，不同领域的人在交流沟通时，大部分还是用全民语言的，这正是不同领域得以顺利交流沟通的基础。

有此一说

别说『饕餮盛宴』好吗

◎邵纯

“饕餮(tāotiè)”是古语,虽可古文今用,但应正确理解这个词的含义。“盛宴”的含义尽人皆知。现在相当流行把“饕餮”和“盛宴”合为“饕餮盛宴”一语,但认真分析后就会发现此说十分滑稽。

笔者年幼时曾查词典,得知“饕餮”是传说中的一种怪兽,头上没有眼耳鼻,只有一张大嘴,贪吃无尽。其中包含的贬义显而易见。

近来,电视节目中常把“饕餮盛宴”当褒义词来用。比如2019年9月6日某电视台晚上10点多播放的家具广告中,不但以“饕餮盛宴”赞美那些待购的家具,而且把这四个大字推上荧屏。9月中旬某电视台在介绍北京天坛的字幕中,多次显示天坛之美可使观众享受“饕餮盛宴”。我是一个老朽,不敢过于自信,于是再次向辞书请教。结果如下——

金文明主编的《中华古汉语字典》对“饕餮”的解释是:1. 贪食的恶兽;2. 比喻贪婪凶残的人。李行健主编的《现代汉语规范词典》对“饕餮”的解释为:“传说中一种贪吃的凶兽。比喻贪吃或凶恶贪婪的人。”商务印书馆出版的《辞源》对“饕餮”的解释是“恶兽名”,并以《吕氏春秋》《左传》《淮南子》等为例,指为“有首无身,贪食的凶兽”。很显然,无论用其本义还是比喻义,“饕餮”与“盛宴”搭配都不合适。也有不同意见,《现代汉语词典》中“饕餮”词条前三个义项和其他辞书相似,最后一个义项却突然化贬为褒,说表示“丰盛的;可以充分享用的”,更以“饕餮盛宴”为例,笔者对此实难苟同。

荆轲『不复还』的是哪里

◎石毓智

荆轲易水别离时的两句歌词——“风萧萧兮易水寒，壮士一去兮不复还！”常被解读为表达了他视死如归的悲壮情感，这其实并不准确。

按照当时的语言解读，其实可以看出歌词中包含着英雄的自信和乐观。拿这两句跟荆轲临行前与太子丹说的那句话对比，即“往而不返者，竖子也”，马上可以发现有所不同。在先秦汉语中，“往”和“返”相对，着眼于所到达的目的地，这里即指秦国都城。荆轲的话清楚地表明，他原本计划进入秦国后还要出来，而非与秦王同归于尽。“去”和“还”相对，先秦的“去”与现在的意思正相反，着眼于出发点，比如“去秦国”义为“离开秦国”，歌词中的“去”只能理解为“离开燕国”。荆轲这句歌词真意是：壮士离开燕国就再也不回这里了！

原因很明显，燕国并不是荆轲的祖国，卫国才是。他是因卫国被秦国占领而逃难到燕国的。荆轲清楚，此去不论成败，他都不会再回燕国。如果刺杀成功，秦国能返还侵占的土地，自己就能重回卫国。如果失败，那更谈不上回燕国了。

也就是说，荆轲的《易水歌》有两层意思。第一层是自信、乐观，相信自己的行动能够成功，并盼着自己的家园恢复；第二层是为了理想义无反顾，为抗击暴秦可以视死如归。这样解读才符合英雄的丰富思想感情。

不能否认，语言文字并非一成不变，但它最大的特点是长期稳定性。像“饔飧”这样的古代专用语，属于传统文化的一部分，不应随意乱用或创造新义。

热线电话

“你好，我是64330669……”（66）

◎姚博士

“建国”之说真的不规范吗

问： 今年是中华人民共和国成立70周年，全国各地举办了各种庆祝活动。有人在网上发帖，提醒人们在庆祝活动中慎用“建国”一词，把“中华人民共和国成立70周年”说成“建国70周年”是个“不规范”的表述。请问，这种说法对吗？

——江苏南京　李　岳

答： 这种说法是基于这样的考虑：“国家”和“中华人民共和国”是两个不同的概念；“建国”的意思是“建立国家”，而不是“建立中华人民共和国”。然而，真的不能把“建立中华人民共和国”说成“建国”吗？答案是否定的。

要说清这个问题，我们想引入“上位概念”（常称“属概念”）和“下位概念”（常称“种概念”）两个逻辑学术语。

“上位概念”表达抽象事物的特点，反映一组具体形象的共性；“下位概念”表达具体事物的特点，反映个别对象的个性。如就“铁、铝、铜”和“金属”这两类概念而言，“铁、铝、铜”是下位概念，而“金属”则是上位概念。

在语言运用中，“上位概念”与“下位概念”不能并列使用，如不能把“书报刊等出版物”说成“书报刊及出版物”，不能把“猪牛羊等家畜”说成“猪牛羊和家畜”，不能把“金银铜铁锡等一切金属材料”说成“金银铜铁锡以及一切金属材料”。上下位概念并列，是一个常见语病类型。

然而，在动宾结构（动词+名词）中，有时把动词后的名词从下位概念切换成上位概念，语义保持不变。比如我们就常常见到有人把“去文具店买铅笔、本子、墨水”“坐游船去岛上”“送一束玫瑰给朋友”“去商店买衬衫”等，说成“去文具店买文具”“坐船去岛上”“送一束花给朋友”“去商店买衣服”等。“铅笔、本子、墨水”“游船”“玫瑰”“衬衫”是下位概念，“文具”“船”“花”“衣服”是上位概念，上下位概念的切换，并未导致语义上的变化。也就是说，在语言生活实际中，人们常用“上位概念”表达“下位概念”的语义。并且，有时还有使用这种表达方式的倾向。比如在“吃鱼”和“吃鲈鱼”、“吃零食”与“吃花生米”之间，似乎有时人们更倾向说前者而非后者。

就“国”和“中华人民共和国”两个概念而言，“国”是上位概念，“中华人民共和国”是下位概念。把动词“建立”后的宾语由下位概念“中华人民共和国”切换成上位概念“国”，符合语用规律，语义也没有发生变化。考察语用实际，把“建立中华人民共和国”说成“建国”也是常见表达，广泛出现在70年来的经典文献中。如中国共产党十一届六中全会通过的《关于建国以来党的若干历史问题的决议》，其中“建国”的“国”就指“中华人民共和国”；为庆祝中华人民共和国成立60周年拍摄的献礼作品《建国大业》，其中的“国”也指“中华人民共和国”。如今，绝大多数人说到“建国”，“国”的语义都指向“中华人民共和国”，而非其他的什么“国”。《现代汉语规范词典》在“建国”词条下解释：“建立国家；特指建立中华人民共和国。”

因此，我们认为，把“中华人民共和国成立70周年”说成“建国70周年”，不存在“不规范”的问题。

什么是“循吏”

问： 前不久看一古装剧，发现其中一位官员被称为“循吏”。“循吏”到底是什么意思？

——山西太原　李格非

答： 大家都熟悉“清官”一词，指的是廉洁公正的官员。在我国民间，“清官”是普通百姓对官员的最高评价。“清官”是对“好官”的一种民间称呼，在正史中“好官”则称“循吏”。

“循吏”即遵守为官之道、守法循理的官员。其名最早见于《史记·循吏列传》，后为《汉书》《后汉书》直至《清史稿》所承袭。《循吏传》成为正史中记述清正廉洁且有突出政绩的地方官员事迹的体例。一般认为，除了清正廉洁外，能称作“循吏”的官员，还要在经济、教育、理诉等方面取得突出政绩。如《汉书·循吏传》记述的第一个“循吏”是文翁，汉景帝末年的蜀郡守。当时蜀人总体文化水平很低，文翁便选择小吏中较为有才华的人，亲自教诲，然后送到京师深造，学成后提拔成绩优异者。文翁还在蜀地大修官学，让优秀者补为吏员。在文翁的苦心经营下，蜀地文教大行，到京城求学的蜀人与日俱增。文翁成了“兴文教”的榜样。文翁主要是因其教育政绩而获得“循吏”之称的。

微语录·母亲

某日，儿子打电话回家，第一次跟妈妈说了一句：我爱你，妈妈。母亲笑着问道：说吧，要买什么，要多少钱？儿子说：什么也不要，只是想你了。母亲急忙问：怎么了，出什么事了？不要想不开啊。儿子一再解释，母亲才勉强相信。挂掉电话，儿子鼻子一酸，流出了眼泪。

（程　官／辑）

网言网语

从戏精到杠精

◎宋晓凤

近年来，无论是视频里的弹幕，还是微博下面的评论，甚至于知乎和豆瓣这样知识分子云集的网站上，都会常常出现“杠精”这个词语。与其他网络词语不同，它不是一夜爆红的，而是逐渐普及，慢慢成了一种社会现象。

那么杠精是什么意思呢？字面上就是指那些“抬杠成精”的人，他们抬杠成瘾，不管别人说的什么，都要先反驳挑刺，为了反对而反对，通过反对别人来获得自己的优越感。

“杠”原本指的是在阅读或批改文字中作标记而画的粗直线，后来引申为动词，指把不通的文字或错字用直线划去或标出，接着就引申出与人争辩，纠正别人的错误的含义。“抬杠”的产生使这个词带上了贬义，用来指无事生非地争辩、顶牛，《儿女英雄传》第四十回就有“姑老爷先不用和我们姑太太抬杠”这样的用例。

“杠精”这个词语的出现恐怕受到了“戏精”的影响。“戏精”也是这两年开始流行的网络词语，是指通过表演或模仿来作秀，从而显示自己的存在价值，如今这个词也慢慢变成贬义词。“抬杠”和“戏精”合在一起，就有了“为了显示自己的特殊地位，故意与人抬杠”的意思，这就是“杠精”。杠精往往令人讨厌，他们的口头禅总是“不是这样的”。在网上有一个很好玩的例子充分体现了什么是杠精，当两人加了微信好友之后：

“很高兴认识你！”

“有多高兴？”

“别提有多高兴了！”

“为什么不提？”

“提了就不高兴了。”

“不高兴就不提了？”

“别提了，高兴死了。”

这就是一个令人哭笑不得的杠精最后把天聊死的过程。当然，上述这种例子是比较极端的，但是生活中的杠精也会或多或少带着一些这样的影子。

生活中包含三种杠精，第一种是因为自己情绪不好，为了杠而杠，无论你说什么，他都会进行反驳，哪怕他的内心是认同你这个观点的，因为他的关注点根本不在你提出的观点上，他只是借此来发泄自己的怒气。比如，当你说我觉得胡歌好好看呀，他就会立即反驳，哪里好看了，我怎么没觉得。第二种是“假学术型”杠精，他们在看别人写的文章、别人发表的观点时，会抓住其中的一个点，运用其他知识点来抬杠，完全不理会这篇文章的上下文语境，作者真正想表达什么。最终他们得到了自己世界上最聪明的结论，并且为此洋洋得意。第三种是无论什么问题，他都会把这个问题升级到国家高度、人权高度，站在道德制高点来批评你。比如当你说到英国的奥黛丽·赫本太美丽了吧，他就会说：“你可真是崇洋媚外，我们中国人难道不好看吗？刘亦菲不好看吗？”当你说到希望生一个可爱的男孩子，这些人就会说：“女孩子难道不可爱吗？就是你们这些重男轻女的人的存在，才会出现中国的男女不平等。”这一类的杠精永远会把个人感受上升到一个制高点来评论抨击别人。

不过，我们也要注意，随着“杠精”这个词语的流行，有的人一言不合就给别人扣上“杠精”的帽子，不允许别人有反对他的意见，这也是不对的。网络上确实存在着许多杠精，但我们也不能因为杠精的存在就放弃了真正的有效批评。有则改之，无则加勉，才是对待批评的正确态度。

“童年”到底怎么了

◎马红霞

“你走开！不要毁我童年！”

你是否也注意到“毁童年系列”频频出现在论坛帖子或是你的朋友圈呢？每当这时不知情者不禁会发问：“你的童年到底怎么了？”

接下来让我们来聊聊“毁童年”的真面目。“毁童年”的用法大体可分为以下两类：

一指长大后再次看到童年接触过的同样的事物时会有更深入的理解，从而改变了当初天真的想法。现在通常用于小时候看过的童话故事、影视作品等。例如，小时候被大家津津乐道的《小红帽》《睡美人》，如今被文学评论家分析出其中的暴力血腥成分，《灰姑娘》《白雪公主》中的虐童情节以及邪恶母亲形象也渐渐得到大众的关注。

二是指长大后对于童年接触到的事物的重新认识，通常多见于颠覆了原先的认知，摧毁了美好的童年回忆。例如，当琼瑶奶奶的《还珠格格》《情深深雨蒙蒙》再次出现在电视荧幕上时，长大的网友惊呼一夜之间剧中人物来了个大变样：温柔善良的“令妃”摇身一变成了“心机 girl”；“乾隆皇上”是“大猪蹄子”；“何书桓”变“渣男”；“如萍”变“高级绿茶婊”……小时候的美好，长大后发现完全变了味儿。

“简直是‘毁童年’！宝宝需要吃根棒棒糖压压惊！”

“毁童年”是一个述宾结构，它的意义并不是语素意义的简单组合，而在一定程度上发生了变化。“毁”在字典中有以下几个基本的义项：①破坏；损害：毁灭、毁害、毁弃、销毁。②烧掉：烧毁、焚毁。③把成件的旧东西改造成别的东西。④诽谤，说别人的坏话：毁谤、毁誉、诋毁。但在“毁童年”中，“毁”不是客观意义上的“毁坏；摧毁”，而是带有“重新理解”“颠覆原先认知”“重新塑造价值观”的意义，这与“毁三观”中的“毁”意义相同，都有一定的主观性。“童年”原义是指“幼年时期”，是人的一个成长阶段，但在“毁童年”这样的语境中，“童年”一词发生了词义转移，从“幼年时期”的时间意义转移成“幼年时期对某事物偏于美好的感受或理解”。

这样的“毁童年”也产生了两种典型用法：一方面，对于小时候看的动画片、影视剧经典被一遍遍改版翻拍，面对满屏“槽点”，人们却“无力吐槽”，只能回一句“毁我童年”来表达失望的心情，以待引起社会的思考。另一方面，“毁童年”被大众赋予戏谑调侃的意味，在玩笑之间，“我们互相毁童年”，比如：“暑假来了，经典翻拍要上映了，毁童年的时间到了！”

童年是美好的，希望“毁童年”永远只是一个网络玩笑吧！

《比钻石更贵重的宝物》参考答案

1. 提心掉胆——提心吊胆
2. 顾员——雇员
3. 西亚就带着账目——西亚才带着账目
4. 迁徒——迁徙
5. 她却带着账目和钻石——她都带着账目和钻石
6. 小心意意——小心翼翼
7. 入不付出——入不敷出
8. 坚难——艰难
9. 流于人世——留于人世
10. 去逝——去世

“白莲花”的前世今生

◎傅娅倩

一说到白莲花，就不得不提及周敦颐的《爱莲说》：“出淤泥而不染，濯清涟而不妖，中通外直，不蔓不枝，香远益清，亭亭净植。”这是何等纯洁、美好！同样，在白居易的《东林寺白莲》中“白日发光彩，清飙散芳馨。泄香银囊破，泻露玉盘倾”，可谓倾尽全力描绘白莲花的美好姿态和清雅的香气，甚至用了“但恐出山去，人间种不生”作结——在诗人心中，那圣洁的白莲花本是天上的仙子，又怎会在人间长留呢？

长期以来，白莲花在人们的印象中就是高洁、美好的形象。但是，在当今的网络语言中，当“白莲花”重新活跃于人们的视线之中时，它又出现了怎样的转变呢？

最初，“白莲花”是用来形容琼瑶小说中的女主角的。比如，《梅花烙》中皓祯对白吟霜专情忠贞，兰馨公主因此嫉妒她，不断折磨、打骂她，她却一再忍让、以德报怨，只求息事宁人。更经典的是《还珠格格》中的夏紫薇，初进皇宫，就受到皇后和容嬷嬷的“特别关照”，之后更是各种刑罚不断。当皇后和容嬷嬷真正受到惩罚的时候，紫薇却又主动替两人求情……我们可以发现，以上两位女主角都有着善良柔弱、隐忍奉献、宽容大度的性格，尤其是偏执地追求“善”与“爱”，且不分对象——这些特点正与白莲花所象征的某些品质、特征达到了一定程度的契合。所以在一些文学作品中，女性角色出现这样的性格设定时，就会被贴上"白莲花"的标签。

上世纪九十年代末，琼瑶小说以及琼瑶剧在大陆渐渐升温，其作品的女主角几乎"承包"了"白莲花"式的设定，千篇一律的性格毫无变化。而在二十一世纪初，网络言情小说开始进入了人们的视野，其中模仿琼瑶"白莲花"式女主角的作品比比皆是。因为"白莲花"角色的过于"博爱"以至于是非不分的行为，人们对她们的态度由最初的同情，渐渐变成了厌恶，甚至有些愤怒，颇有一种"怒其不争"的意味。

在上述情绪的基础上，"白莲花"的网络语义发生了彻底的贬义变化。这个变化最早源于某影视明星接受采访时，自称是娱乐圈的"白莲花"，但事实是关于这位影视明星的各种黑料并不少。所以，网友们对其自称"白莲花"的行为不买账，甚至在采访播出后，暗讽其为"白莲姐"。同时，各路网络小说作者又在言情小说中塑造着"升级版"的"白莲花"——外表看上去纯洁、楚楚动人，其实内心阴暗、恶毒，一味装纯洁、装清高，其实却是做作的人。更具体地说，指的就是一味给女主角使绊子、下黑手的恶毒女配角，但是她们会以自己柔弱的外表和伪善的行为来迷惑其他人，以达到为自己"洗白"的目的。至此，"白莲花"已演变为一个具有强烈贬义色彩的流行语了。

值得一提的是，2017年10月29日，在北京举办的首届"燧石文学奖"特别为年度抄袭作品设立了一个奖项"白莲花奖"，主要是为了打击抄袭、洗稿等文坛不正之风。我们可以看出其中对于文坛不正之风的嘲讽，但更多的却是对广大作家、读者的提醒和警示。

网络时代的"白莲花"走上了与最初高洁的象征相反的道路，其讽刺意味不言而喻。希望表里不一的"白莲花"学会做人之道，做更真实的自己，让生活更和谐美好。

检测窗

编校差错扫描(十五)

◎王　敏

“诀”“窍”并列指关键

【**错例**】学英语没什么绝窍！每天多实践，终有一天会收获。

【简析】“绝窍”应为“诀窍”。“诀”，形声字，从言，决省声，本义指永别，也指方法。《说文解字》：“诀，诀别也。一曰法也。”“诀别”本指再无会期的离别，如“永诀”，后泛指分别、辞别；所谓“法也”，就是方法，“妙诀”即高明的方法，“秘诀”即秘而不宣的方法，“要诀”即关键的方法。由关键方法，再引申指帮人掌握要领的词句，如“口诀”“歌诀”等。“绝”，会意字，其甲骨文字形为，从刀，从糸(mì)，本义指以刀断丝。《说文解字》：“绝，断丝也。”引申泛指截断、断开，如“韦编三绝”。又特指断气，如“气绝”“绝命”。由断开又引申指尽头、极端，如“绝境”“绝顶”等。“窍”本义是孔洞，由其通达，引申比喻解决问题的途径、方法，如“一窍不通”“开窍”等。“诀”与“窍”都可指方法，并列为“诀窍”特指关键性的好方法，也可指事物的关键。“绝”不能指方法，不能与“窍”并列。“诀窍”不能写成“绝窍”。

整齐有序称“井然”

【**错例**】两个多小时的报告精彩纷呈，两百多人的报告厅秩序紧然。

【简析】“秩序紧然”应为“秩序井然”。“井”，象形字，甲骨文字形象四木交搭而成的井口围栏。《说文解字》释“井”：“象构韩（井栏）形。”其本义即水井，泛指像井的事物，如“矿井”“天井”。古时因井设市，人口聚居地称“市井”，乡里称“乡井”。另，古有“井田制”，以方九百亩为一里，划为九区，形如“井”字。其外八区为私田，中区为公田，私田各百亩，同养公田。公田事毕，而后治私田。井田之制，条理分明，“井”因此指整齐有序，如“井井有条”。“紧”，会意字，下部为糸，其义与丝绳有关。《说文解字》：“紧，缠丝急也。”其本义指缠丝时绳线受力的紧张状态，引申泛指紧张，如“不紧不慢”。又作动词，指使变紧，如“紧腰带”。由拉紧，又引申指靠近、空间小（如“紧密”），又指急迫、压力大（如“紧急”）。“秩序井然”指有秩序，与紧迫无关，不能写成“秩序紧然”。

“皇天”“后土”敬神灵

【错例】那样皇天厚土的盛大浪漫，只有勇敢者才能得到吧。

【简析】“皇天厚土”应为“皇天后土”。“后”，本义指君主、帝王。《尚书·汤誓》：“我后不恤我众。”孙星衍疏：“后者，《释诂》云：君也。”《诗经·鲁颂》有“皇皇后帝”，其中“后帝”即天帝。“后土”指土神、地祇。《周礼·春官·大宗伯》：“王大封，则先告后土。”郑玄注：“后土，土神也。”“后土”是敬称大地，“皇天”是尊称上天，“皇天后土”则是泛指天神地祇。如《左传·僖公十五年》：“君履后土而戴皇天，皇天后土，实闻君之言。”以“后”指君王正妻，在春秋战国之后，与“后土”之称无关。“厚”，本义指山高地厚。《说文解字》：“厚，山陵之厚也。”“厚土”与地神无关，不是尊称。

“津渡”“经纬”莫混淆

【**错例**】从下装尝试平时从不问经的潮流色，就不会羞得不敢出家门喽！

【简析】“从不问经”应为“从不问津”。“津”，形声字，本义指渡口。《说文解字》：“津，水渡也。”如“津渡”“津梁”。引申指水陆冲要之地，如“扼守津要”。又引申指体液，如“遍体生津”，进而指充盈、味浓，如“津津有味”，还指资助、补贴，如“津贴”。“经”，形声字，本义指织机上的纵线。《说文解字》：“经，织也。”织机上的横线，则称“纬线”。经纬交错，纵横有序，“经纬”由此喻指条理、秩序，“经”又引申指治理、管理，如“经邦治国”“经理”。另外，经线是纬线的依据，“经”又引申指准则、义理，如“天经地义”，再引申指堪为思想行为准则的著作，如“经典”。“问津”即询问渡口，引申喻指探问。“从不问津”指从不过问，与经典无关，不能写成“从不问经”。

“村郭”不能作“村廓”

【**错例**】山脚下有苍松翠柏，可见一古老村廓坐落其间。

【简析】“村廓”应为“村郭”。“郭”，形声字，形旁为邑（阝），本义指外城。春秋战国时，有内城外郭的都邑模式，“城”指内城，“郭”指外城，都是防御性的。如《孟子·公孙丑下》：“三里之城，七里之郭，环而攻之而不胜。”后“城郭”泛指城市，而“郭”则泛指事物的轮廓，如古钱圆边及其方孔轮廓称为“周郭”。此义后作“廓”。“廓”，形声字，形旁为广，本义指广大、广阔。《尔雅·释诂上》：“廓，大也。”如“寥廓”。引申指肃清，如“廓清”。“村郭”指村落与外城，泛指村镇，与轮廓无关，不能写成“村廓”。

东语西渐

“呵呵”含义何其多

◎陆建非

2019年7月31日的外交部例行记者会上，有记者问：“第三个问题……美国总统特朗普称，中方经常出尔反尔。如果要等到明年大选他连任之后才签订协议，那一定会是一个更差的协议。中方对此有何评论？”

外交部发言人华春莹答道：“关于第三个问题，我看到了有关报道。我只想‘呵呵’两声。”话音未落，现场的记者顿时兴奋起来，这位女发言人睿智而幽默的回答随即引起舆论的广泛关注，网友纷纷赞其“怼得好”“爽”“霸气”。但是其中的“呵呵”一词该怎么翻译，引来了不少人的讨论。

从字面上看“呵呵”是个表示笑声的拟声词，“呵呵”用英文表达有一个常用的写法“ho ho”，英国英语念 [həʊ][həʊ]，美国英语念 [hoʊ][hoʊ]。例如：

Provine realized that the reason chimps cannot emit string of “ho ho’s” is that they cannot make more than a single sound when they exhale or inhale.（普罗文认识到，黑猩猩之所以不能发出一连串的“呵呵”声音的原因，在于它们在呼气或吸气时无法发出一个以上的音节。）

但华春莹的那声“呵呵”显然不只是随意地笑两声。2019年8月1日微信公众号“外交部发言人办公室”对这段发言给出了官方英语译文：On your third question，I have seen relevant reports and twitter.Hmm. How interesting.

这里将中文感叹词“呵呵”翻译成了“hmm”。根据《牛津高阶英汉双解词典》的释义，“hmm”是一个感叹词的书写形式，表示有疑虑或犹豫时发出的声音：嗯、唔、哼。事实上，英文感叹词 hmm 在不同的语境中可以表达出多种不同的情感和意思。例如：

Hmm...Well, maybe we can buy this house then.（嗯……好吧，也许我们可以买下这个房子。）——表示同意

Hmm...What if we want to review our configuration？（嗯……如果我们想复查我们的配置，该怎么做？）——表示疑虑

What are you doing？ Hmm. Captain gives orders on the ship.（你干什么呢？哼，船长有权在船上下达命令。）——表示不满

Hmm, sounds like they might have found oil.（嗯，听起来就像他们已经发现了石油。）——表示犹豫

如此看来，表意丰富的“hmm”和同样“身负多职”的“呵呵”对译相当合适。

那么，华春莹在答记者问时使用“呵呵”这个词到底想表达什么情感呢？为了更清晰更准确地传递发言人的原意，可以看到官方在译文里增译了一个感叹句“How interesting（多有趣啊）”。这样，发言人“惊异、不屑”之意即刻被表达了出来，避免了误解。

在互联网迅猛发展，特别是聊天工具广为普及的今天，人们把“呵呵”这个词频繁地用在网络上来展示自己的感情。虚拟空间交流语不断丰富和延展，“呵呵”也不例外。它可表示轻笑、单纯的笑、开心的笑；也可以表示嘲笑、轻蔑的笑、糊弄的笑。“呵呵”也可表示无奈、犹豫、惊讶等情感，甚至作为想结束本次聊天时发出的一个信号。由于“呵呵”表示多种不同含义的笑声，隐含的深层意义较为复杂且多变，使用和翻译时需要特别注意，不然对方很容易误解你的意思。

华语圈

另类“车手”

[中国台湾]高婉瑜

“手”表示做某项活动或某类工作的人,如对手、舵手、歌手、鼓手、旗手、水手、选手、乐手、喇叭手、提琴手,等等。不过,有些“手”千万不能做,如诈骗集团中的“机(仔)手”(指打电话给诈骗对象,并跟他们对话的人)、“计算机手”(指以网络电话发信息诈骗的人)、“收簿手”(指收人头存折、账户的人)、“车手”(领取赃款的人),等等。

在诈骗集团的分工里,“车手”最容易落网,也是见报率最高的词,常组成“诈欺车手”“诈骗车手”“提款车手”“车手头”等短语。“车手”往往不了解实际状况,只听命行事,加上取款不具技术性,属集团的低阶人员,与其他成员相比,抽佣少,风险大。他们常用数十张提款卡盗领人头账户的金额,由于每张卡片有提款上限,需不断更换提款机,且在提款机前反复操作,十分费时,很容易被警察盯上。2018年6月,台湾警方针对“车手”实施查缉行动(代号“斩手行动”),口号是“现在当车手,准备被斩手”。结果4天之内就有数百名“车手”落网。

为何将盗领赃款者称为“车手”呢?根据“手”族词构词规律推测,“车手”本应是指驾驶车辆的人,“赛车手”“试车手”用的即是此义。尽管诈骗集团的“车手”往往是开车、骑车去领款,但“车手”之名并不是取决于交通工具,而是“车”在黑话里指人头账户,还有“大车”“中车”与“小车”之分。因此，去取款的人称作“车手”。

近年，台湾诈骗之风猖獗，媒体上表盗领赃款义的“车手”比表驾车者义的“车手”普遍、常见。“车手”的高见报率其实是这股歪风的反映。

（作者是高雄师范大学国文学系教授）

“隐议程”与“U转”

[马来西亚]杨欣儒

最近几年来马来西亚华文报的新闻报道经常出现“隐议程”这个词语。例如：

哈迪阿旺说：朝圣基金局课题已经被具有隐议程的特定人士利用。（2018年12月28日《中国报》）

“隐议程”译自英语hidden agenda，意思是“隐蔽的动机”或“不可告人的目的”。上述新闻的“被具有隐议程的特定人士利用”指的是被具有不良动机的特定人士利用。“隐议程”即不良动机、不可告人的动机。

查《现代汉语词典》（第7版）的《西文字母开头的词语》一表，在U项有UFO、U盘等条目，其中并无“U转”。可马来西亚的华文报最近一两年经常出现“U转”一词。例如：

坚持需符合规定，黄德否认立场U转。（2019年6月1日《中国报》国内新闻标题）

这里说的是，行动党文冬区国会议员黄德否认在莱纳斯稀土厂可在马来西亚继续营运课题上，立场已经U转。“U转”译自英语U-turn，指（车辆等的）U形转弯，即掉头。从该则新闻报道来看，说的是黄德否认态度180度转变。

（作者是马来西亚华语规范理事会副主席）

“歪哥”是什么“哥”

[中国台湾]叶璟颐

台湾因面临“2020年大选”，近期常出现对政治人物或政党的负评，如：“这就是台湾的悲哀，这种烂党还那么多人投。喊电价不涨却拼命涨，喊清廉却爱歪哥。”什么是“歪哥”？

《台湾话的语源与理据》中解释说：

歪哥——贪污

例句1：他这一生最不会的就是“歪哥”。

例句2：当事人黄××及谢××互推是对方的责任，二人均表示愿公开对质，谁“歪哥”，谁就退选。

例句3：世纪末的台湾，有自称清廉政客被控A钱、“歪哥”。

“歪哥”读作uai-ko，是贪污（利用职务上的方便非法或用不正当手段取得财物）的意思。这个词应该是在台湾生成的台湾话语词。

“歪”字，《正字通》说它是“竵”的俗字。《说文》：“竵，不正也。从立，𥁕声。”《汉字源流》说，“竵”是一个会意兼形声字，“𥁕”是锅，竵字从立、从𥁕（锅），会锅放得不正之意，𥁕也兼表声。也许是这个字太难写，后来民间另外造一个从不、正会意的“歪”字。“歪”字的本义是不正、偏斜，引申为不正当、不正派。如歪学究、歪理、歪风、歪脑筋等。

“哥”字，《说文》说：“哥，声也。”本义是声声相续，是“謌”及“歌”的本字。《汉字源流》说：“魏晋后鲜卑族进入今华北地区，其语称兄和父辈为‘阿干’，后讹为‘阿哥’，于是‘哥’又用以表示父、兄……唐以后‘哥’渐代替‘兄’，专用以表示兄长之义。并进而引申泛指与自己年龄差不多的男子。”

在台湾，兄长仍称“阿兄”，不用“哥哥”。大哥叫大兄、二哥叫二兄。也有人用“兄哥”泛指兄长。

台湾“哥”跟普通话一样，也用于称呼跟自己年龄差不多的男子，一般用在名字后面，含有亲热的意思，此时“哥”读轻声。例如：发哥、财哥，是对阿发、阿财的亲热称呼。另外，“公子哥儿”在台湾叫“阿哥”或“阿哥舍”。“阿哥”有时也用于情歌里，指称情郎。例如：“伊乎阮烦恼在心内，阿哥全然拢不知。”(《初恋思君》)

“哥”在台湾又用来表示某种特殊性格的人。例如“痴哥”是对女色痴迷的人，引申为好色之徒、色鬼。“猪哥”本来指种猪，也指好色之徒、色鬼。“猪哥精”本指猪八戒，也指好色成性的人；“猪哥沫”是好色之徒看到女人就流出口水的样子；“猪哥神”是好色的神情。

“歪哥”本来是指“不正派的人”。贪污是不正当的行为，是不正派人的所为，所以对贪污的人或者喜欢用不正当手段取得钱财的人，就叫“歪哥”。引申成动词，“歪哥”就等同“贪污”，或表使用不正当手段取得钱财义。进而“歪”单用也有“歪哥”的意义，如“歪人钱”就是“用不正当的手段获取别人的钱”。

（作者为高雄师范大学在读博士）

微语录·父亲

小时候，爸爸上街常让我跟着。他总是伸出小手指来让我牵着。遇到喜欢的东西，只要我要，他就会买。自从上中学以后，我就寄宿在学校，很少回家，再也没有跟爸爸上街了。考上大学的那个暑假，我在家里住了很长一段时间。一次，我跟爸爸去菜场买菜，我走在他后面，我看见他仍然伸出小指头，一如我小时候的样子……

（吕　兴／辑）

读书

古代房屋建造上的“东西”选择

◎郑张尚芳

太子所居为什么叫“东宫”？主人为什么称“东家”？上厕所为什么婉称“登东”？这其实都是跟古代房屋建筑的东西配置有关。

古人建房子最重向阳，所以窗户和门都在南面，古代室门称“户”，南窗称“牖”，北墙只有通气的小后窗称作“向”（也写作“嚮”“鄉”）。而“窗”原来是指屋顶的天窗，跟“囱”同源。（详拙作《说“牖中窥日”之“牖”》，《文史知识》1998年7期。）

房子面南背北，南墙上的“户”“牖”各分东西。《说文解字》“牖”字段玉裁注：“古者室必有户有牖，牖东户西，皆南向。”此注里的“东”“西”正好说反了，应该是户东牖西，《说文解字系传》“家”字注，明说“东为户，西为牖”。这才是对的，这样孔子当年去弟子冉伯牛家问疾时，才能从牖中伸手至西南角的冉伯牛床而执其手。（《论语·雍也》：“伯牛有疾，子问之，自牖执其手。”）段氏注这里可能是误解了《尚书·顾命》“牖间南乡”，孔颖达疏：“间者，窗东户西，户牖之间也”，那是指的牖之东、户之西的中间的壁，即扆。

东为户，户后为“窔”，是堆放席子杂物的地方。进户则到东北角的“宧”，那是饮食之处，厨房和餐厅。西为牖，牖下称“奥”，是主人寝席卧息之处。由日光透牖照射处则称为“当室之白”，也叫“屋漏”，那是供神的地方。《诗经·采蘋》：“于以奠之,宗室牖下。"《诗经·抑》"尚不愧于屋漏",指的是无愧于神明。屋内一般有屏帏隔开,人们由户进屋之后,绕过屏帏,最后才能看到"奥",奥处于最深处,所以就有"深奥"这么个词了。

就室内配置看,无疑是西重于东。

其实古代房屋建筑的东西配置大都是有意选择的。因为房子朝南则右首为西,左首为东,习惯上尊右卑左,所以在房建配置上,常常以西为较尊,而以东为较逊。

《公羊传·僖公二十年》"西宫者何"何休注:"礼,诸侯娶三国女……夫人居中宫,少在前;右媵居西宫,左媵居东宫,少在后。"君主如果有太子,太子所居也为东宫(汉代有太后居东宫,唐代有上皇居西宫的事,是后代之事了)。

迎宾揖客后主人上东阶(也叫阼,阼阶),宾客上西阶(也叫宾阶)。于是后来宾客乃尊称为"西宾、西席",主人则称"东人、东主、东家、东翁"。

宫城也总是右社稷、左宗庙;太庙在东,是在主位。齐国招贤的"稷下"之学设于京都西门,是为宾位。

所以,西厢宴客(汉王延寿《灵光殿赋》),家厨则设于正房之东,叫"东厨"(曹植诗)。而设厕所更要偏于全所房屋之东角,说成以下这些用"东"开头的词:"东司",《古尊宿语录》卷十四:"东司上不可与你说佛法也。"《张协状元》五十四出:"黄昏侍奉我们上东司。"也作"东厮",《醒世恒言·李汧公》:"原来支成登东厮去了。""东厕",《水浒传》六回:"管东厕的净头。""东圊",《西游记》六十七回:"就是淘东圊也不似这般恶臭。""东净",《金瓶梅》一十九回:"西门庆正在后边东净里出恭。"于是上厕可婉称"登东",《警世通言·拗相公》:"见屋旁有个坑厕,讨一张手纸,走去登东。"

(选自《胭脂与焉支》,上海教育出版社 2019 年 4 月出版)

“中”的活用

◎周振鹤

日语是用汉字包装起来的一种外国语。虽然汉字记诵繁难，但有载荷大，亦即包容信息量大的优点，所以日文虽然一再减少汉字数目，仍然不得不保持一千八百多个当用汉字。日本文化的最大特点是在于改进而不在于发明，使用汉字时也是如此，对“中”字的活用就是明证。“中”在汉语里意义很多，其中有一项是表示期间，亦即一个时间段，尤其是常与朝代、年号连用，如“晋太元中，武陵人捕鱼为业”。日语加以发展，就变成表示“正在……”的意思，比如“营业中”“开放中”“展览中”等等。这些词的意思中国人一看即能懂，不但懂，而且现在已经在国内用开了，国人似乎并不将其当成外来语看。在日本国内，这个“中”字用得更加邪乎，比如马路挖开，正在重新铺设管线，把路一拦，挂个牌子，上面就写着：工事中。“营业”“开放”“展览”都可作动词用，加上“中”字，表示“正在……”的意思，无可厚非。但“工事”是名词，加上“中”字表示正在施工，就有点离谱了。这还不算是最离谱的。如果你在机场候机，还可以在告示牌上读到某某航班“出国手续中”的怪话，当然中国人很容易猜得出，这是表明该航班的旅客“正在办理出国手续”。多省事，五个字就起了八个字的作用，效率提高近一倍。说不定什么时候，“出国手续中”之类也会赫然出现在我们的机场里。

（选自《逸言殊语》，上海人民出版社2008年8月出版）

向你挑战

比钻石更贵重的宝物

（文中有十处差错，你能找出来吗？答案在本期找）

◎伯　淮　设计

“二战”后期，盟军展开大反攻，柏林许多市民提心掉胆，准备打点细软逃离。巴比纳信托行保管的财物，几乎提取一空。行长也逃了，只留下顾员西亚清点账目。直到柏林城中响起爆炸声，西亚就带着账目和一个小盒子匆匆离开。盒子里是一颗价值连城的钻石，其主人没来得及取走它。

为了躲避战乱，西亚在各地迁徒。但无论走到哪里，她却带着账目和钻石。战争结束后，西亚重返柏林，可巴比纳信托行已在战火中夷为了平地。行长也不幸遇难。西亚继续小心意意地保管钻石。

战后十几年，西亚一直没找到好工作，入不付出，日子过得很坚难。没有人知道，这个穷苦的妇人家里藏着一件宝物。社会形势逐渐稳定了下来，政府决定成立一个战争博物馆，并面向社会搜集“二战”遗物。西亚将珍藏多年的账目和钻石交给了政府，希望能物归原主。后来查明，钻石的主人已经在战争中遇难，钻石还给了其尚流于人世的家人。其家人提出卖掉钻石，要用一半的收入报答西亚。西亚婉拒了，只收取保管费用。西亚的故事不胫而走，在世界各地流传。

西亚去逝后，有人用远远超过那颗钻石的价钱，向她的后人购得冠名权，用西亚的名字为一家信托行命名。人们相信，西亚所代表的诚信精神，是比钻石更贵重的宝物。

火眼金睛

图中差错知多少？

张震东 张吉文 邢新锋 李可钦 提供

（答案在本期找）

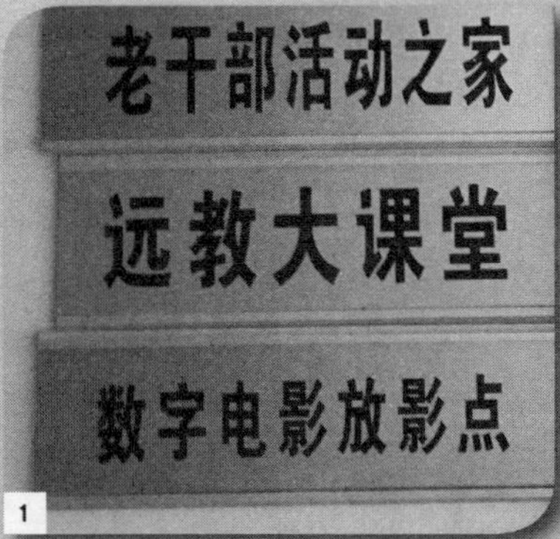

1

2

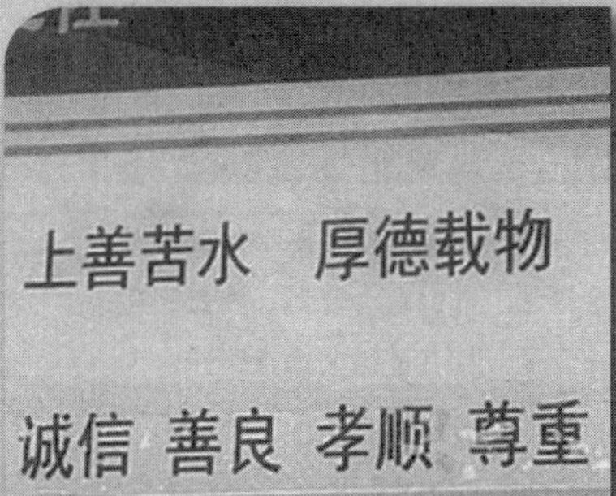

3

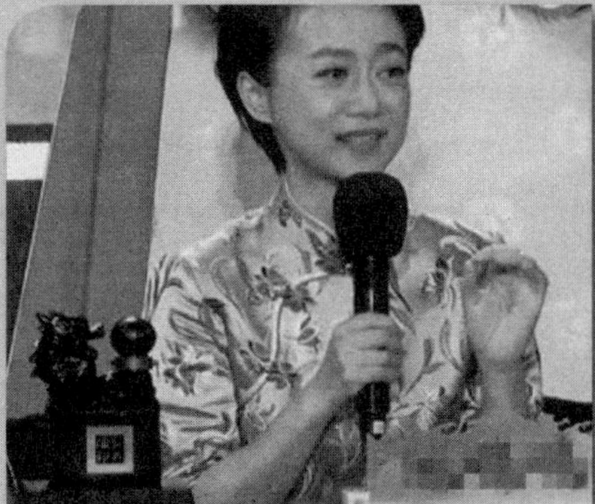

4

邮政 扫码订刊 轻松快捷

淘宝 扫码购书 优惠立享

微信公众号 扫码关注 精彩无限

ISSN 1009-2390

11>

9 771009 239197

2018年度向全国少年儿童推荐的百种优秀报刊

YAOWEN-JIAOZI

咬文嚼字®

12
2019

魔鬼鱼

软骨鱼纲，身躯呈菱形，体宽可达6米余，尾细长如鞭，其头侧有一对由胸鳍分化而来的头鳍向前凸起。因在海中优雅飘逸的游姿与空中飞行的蝙蝠相仿而得名“蝠鲼”。其怪异的身躯，很容易让人联想到恶魔，故民间又称之为“魔鬼鱼”。

上海世纪出版集团
欢迎至邮局订阅本刊 邮发代号 4-641
国内统一连续出版物号 CN 31-1801/H
定价：5.00 元

名家语画

“是说我吗？”

李皓扬 / 文　臧田心 / 画

一次，姚明出席中国篮协的新闻发布会，坐在主席台发言。一个记者为了拍照，站了起来，影响到了身后的人。有人喊道：“请坐下！”由于声音有点大，一时全场静默，大家纷纷转过头去看喊话的人。姚明故作惊讶，问：“是说我吗？”全场大笑起来，尴尬气氛顿时消散。身高 2 米 26 的姚明，坐着也比许多人站着高啊。

咬文嚼字®

2019年12月1日出版

12

总第300期

主管：上海文艺出版总社
主办：上海文化出版社
编辑、出版：《咬文嚼字》杂志社
集团网站：http://www.shwenyi.com
E-mail：yaowenjiaozi2@163.com
官方微博：
http://weibo.com/yaowenjiaozish
电话传真：021-64330669
发行电话：021-64372608-181
邮购电话：021-64370935
地址：上海市黄浦区绍兴路7号
邮政编码：200020
发行：上海市报刊发行局
发行范围：国内外公开
订阅处：全国各地邮局
邮发代号：4-641
ISSN 1009-2390
CN 31-1801/H
印刷：上海中华印刷有限公司
印厂电话：021-60829062
021-60299079
定价：5.00元

语林漫步

不要以“规范”的名义轻易说“不”

◎施南仁

在一定的历史阶段，语言处于相对稳定的状态，也只有如此，语言的功能才能得以实现。但历时地看，语言则处于不断地发展变化之中，是一个动态的演进系统。语文规范活动中，对正处于演变中的语言现象，一定要持谨慎态度，不能做简单化、机械化处理，不要以“规范”的名义轻易说“不”。

“七月流火”出自《诗经·豳风·七月》。火，星座名，大火星，即心宿，夏历每年六月在正南方天空出现，位置最高，七月后逐渐偏西下沉。“流火”指大火星向西向下移动。古代用“七月流火”指夏历七月暑热逐渐消退，秋凉将至。台湾新党主席郁慕明曾在中国人民大学发表演讲，时任校长纪宝成在致欢迎辞时说：“七月流火，但充满热情的岂止是天气，今天我们中国人民大学的师生以火一般的热情在这里欢迎郁慕明先生一行……”纪校长显然是在用“七月流火”形容当时天气炎热似火。网友纷纷指责堂堂人大校长居然用错成语。有一次全国出版系统编校质量大赛，其中有一道“纠错”题，也把“七月流火”的这种用法当成纠正对象之一。

有人检索过现代汉语语料库，凡是出现“七月流火”的语例，绝大部分都是用来形容公历七月天气火热，几乎没有用来形容夏历七月天气转凉的。上古时代人人是“天文学家”，人人能观测星相，大家见到夏历七月大火星西沉，就知道天气转凉。而现在，普通民众几乎没人知道哪个星星是大火星，更不知道它的运行与天气有啥关系。加上现在通用公历，说到七月，除了部分农村地区，大都想到公历七月。公历七月小暑、大暑接踵而至，正是一年最炎热的时候。现在的人们，只会有公历“七月”热的感觉，而不会有夏历“七月”凉的感受。“流火”可以理解成“火苗或火花、火星都流出来了”，用“七月流火”形容公历七月酷热的天气，准确且形象生动。

现在已经有权威工具书承认了“七月流火”这个新用法。如《现代汉语规范词典》：“现也形容公历七月天气炎热似火。”《现代汉语词典》：“现也用来形容天气炎热。”

在现代汉语词汇库中，似“七月流火”这一类的语词还有很多，如大家比较熟悉的“空穴来风”“愚不可及”“美轮美奂”等等，都出现了不同于传统的新含义或新用法。对它们都不要轻易说“不”。

吕叔湘先生曾说：“许多语法现象就是渐变而不是顿变，在语法分析上就容易遇到‘中间状态’。词和非词（比词小的，比词大的）的界限，词类的界限，各种句子成分的界限，划分起来都难于处处‘一刀切’。这是客观事实，无法排除，也不必掩盖。”（《汉语语法分析问题》）吕先生的意思是，许多语法现象处于渐变状态，给语法单位的切分带来了困难。语言的“渐变”状态，表现在语法的方方面面，在处理相关问题时，都不能“一刀切”。

按传统语法，一般只有形容词带双音节后加成分，如黑乎乎、臭烘烘、甜丝丝、光溜溜、香喷喷、红彤彤、绿油油、黑魆魆、干巴巴、硬邦邦、慢腾腾等等，这一限制现在似乎已经被冲破。名词也可带，如楼渣渣、路塌塌、桥糊糊等等。按传统语法，不及物动词一般不带宾语，现在同样有突破趋势，如挑战（主持人）、缺席（宇航大会）、亮相（国际电影节）、进军（芯片市场）、投资

（娱乐产业）等等，都直接跟了宾语。在一次编校质量检查中，曾有人欲将此类现象当差错处理，这显然是不恰当的。

语言符号的多义性，语言表达的丰富性，语用环境的多样性，使得语言系统呈现出异常复杂的状态。在具体的语用中，语言成分的选择往往具有足够的灵活性，并非“非此即彼”的单一选择。在语文规范活动中，对此我们要有充分认识。

前不久，在一个微信公众号里见到一篇谈“的”“地”用法的文章，其中提到一个语例：“专家对此进行了全面的研究。”文章作者认为，“的”应改成“地”。其实，未必要改。朱德熙先生有《现代书面汉语里的虚化动词和名动词》一文，谈的就是“进行……研究”这种结构。朱先生所说的虚化动词，就是“进行”“加以”“给予”“予以”等词，这些词“原来的词汇意义已经明显地虚化了”，它们“所带的宾语只能是表示动作的双音节词”，如“调查”“研究”“解释”“改造”“奖励”“答复”“贡献”等等。如果把这类词看成动词，其前面的修饰成分无疑是状语，状语后当用“地”。那么，“专家对此进行了全面的研究”中的“的”确实应该改成“地”。可事情并非这么简单。朱先生接着继续讨论，他说，“出现在此类宾语位置上的是表示动作的双音节词”，但“跟一般动词的性质不同，带有明显的名词性”。随后朱先生从四个方面论证了这些“动词”的“名词”性特征。既然这些动词具有名词性特征，名词前面的修饰成分是定语，定语后当用“的”。那么，“专家对此进行了全面的研究”中的“的”则不必改。可见，此句中用“的”或“地”均能得到合理解释。类似现象，汉语中普遍存在。常见到有人试图把它们统一起来，做“非此即彼”的选择。

总之，语文规范是一项专业活动，如果对语言规律不熟悉，不能对语言进行整体把握，是难以做好这项工作的。

时尚词苑

跑好两个“一公里”

◎高丕永

两个“一公里”，指的是“最先一公里”和“最后一公里”。2014年1月20日，习近平总书记在党的群众路线教育实践活动第一批总结暨第二批部署会议上发表重要讲话，提出要“解决好联系和服务群众‘最后一公里’问题”。2015年2月27日，习总书记在中央全面深化改革领导小组第十次会议上讲话，强调“处理好改革‘最先一公里’和‘最后一公里’的关系”。很快，两个“一公里”频频出现在各种媒体上，进入了人们的日常语言生活。

“最先一公里”和“最后一公里”的由来，与我国电信、有线电视和因特网的发展和普及有关。上世纪九十年代，我国翻译出版了不少美国电信网络宽带接入用户的技术资料。资料原文里经常出现行业用语“first mile”和“last mile”。这里的“mile（英里）”不是具体的距离概念，是比喻用法。“first mile”指“从用户到运营商整个过程在最先阶段需要解决的问题（瓶颈）”，“last mile”指“从运营商到用户整个过程在最后阶段需要解决的问题（瓶颈）”。有人把“first mile”和“last mile”直白意译为“最先一英里（第一英里）”和“最后一英里”。比如：“最后一英里问题（the last mile problem）：光缆线路装到节点，再由节点到用户。”（《环渤海经济瞭望》1996年第2期）也有人用我国法定计量单位的“公里”取代英制计量单位的“mile”，先后仿造出了“最后一公里”和“最先一公里”。比如：“用户接入网是信息高速公路的最后一

公里，是电信网络宽带化的关键，必须在现有的电信网基础上分步分层次地建设。”（《广东通信技术》1996年第2期）

英语的“first”和“last”是一对反义词，不过“first mile”和“last mile”这两个英语行业用语的意义实际上没有大的区别，只是视角的不同。运营商的“last mile”就是用户的“first mile”，反之亦然。比如，“802.3ah研究题目中‘第一英里’指的是用户端到电信运营商局端设备的这一段连接，这段连接从使用者的角度是最先一英里，而从运营者的角度是最后一英里。”（《接入网技术》人民邮电出版社2009年出版）

但是就汉语而言，仿照“first mile”和“last mile”而来的“最先一公里”和“最后一公里”，其意义有明确的“先”“后”之分。“最先一公里”指“起始阶段要解决的关键问题（瓶颈）”，“最后一公里”指“最后阶段要解决的关键问题（瓶颈）”。比如，“‘破局’极其重要，‘落地’更为关键——改革‘最先一公里’与‘最后一公里’的有机对接”（标题，《人民论坛》2018年第23期）。

“最先一公里”和“最后一公里”，经常结对使用。有时还用“两个‘一公里’”先总起后分述。比如：“如何解决生鲜电商发展‘痛点’？会议认为，就是解决‘两个一公里’，即‘最先一公里’和‘最后一公里’。众所周知，‘最后一公里’就是贮藏、物流。……而‘最先一公里’则是产品的标准化、保鲜技术及品牌化。”（《中华合作时报》2016年3月18日）有时先分述后总结。比如，2016年5月26日的《科技日报》上，有题为《科技创新“马拉松”要跑好两个“一公里”》的文章，文中有这样一句：“如果把科技创新比作一场‘马拉松’，原始创新可视为‘最初一公里’，推广应用可看作‘最后一公里’。这两个‘一公里’跑不好，我们就会在白热化的国际科技创新‘马拉松’比赛中败下阵来……”

“种草”和“拔草”

◎代宗艳

如今琳琅满目的商品中，功能相似、价位大致相同的产品不计其数，那么到底该如何选择呢？靠直觉？靠经验？还是靠广告？现在有一个新途径，就是靠“种草”。此“种草”非彼“种草”，不是指拿起锄头去栽草，而是指“把一样事物分享、推荐给另一个人，让另一个人喜欢这样事物”的行为。请看：

（1）新浪微博上“母亲节礼物种草”这个话题就有超过2000万的阅读量，在话题里，鲜花、护肤品、首饰、家具用品、保健用品等都成为人们母亲节“种草”的对象。（《大连晚报》2019年5月28日）

（2）随着“6·18”的临近，很多人开始逛各大“种草”APP平台，看着攻略给购物车里加产品。现在年轻人向人推荐一款心仪的产品时都会说：这东西我用得蛮好的，你也试试。这就是时下风头正劲的“种草”。（《台州日报》2019年6月17日）

“草”在《现代汉语词典》（第7版）中有八个义项，其中基本义是“高等植物中栽培植物以外的草本植物的统称”。根据释义，我们可以了解到“草”具有自生性和繁衍性。流行词“种草”中的“草”指的是人们的购买欲望，与“草”的本义、“草”的特点具有相似性。在隐喻认知机制的作用下，“种草”从其本义所在的自然域投射到与人的购买欲望紧密相关的经济域。

当前，流行词“种草”广泛活跃在各大网络新媒体与纸媒上，使用者以年轻人为主。2018年4月17日，中国著名电商唯品会联合艾瑞咨询在北京发布《种草一代·95后时尚消费报告》，《报告》将“95后”称为“种草一代”，并指出“种草一代”的典型特征：拥有很强的品牌传播和“种草”能力，且对自身消费的社交价值诉求明显增长。“种草一代”的出现不仅带红了小红书、B站、新浪微博、知乎等“种草”网络平台，也促进了“种草经济”的发展。此外，《2019年中国消费趋势报告》总结了十大消费趋势，“种草消费”便是其中之一。

在生活中，看到“网红”推荐的口红不错，就想着去买；看到微博上某个明星穿的衣服好看，赶紧去搜索同款；看到直播平台的美妆视频，按捺不住又下单……可以说，“种草”已经成为时下一种火热的消费现象，逐渐渗透进生活的各个领域。

（3）一名美妆达人在直播间试涂口红，给不同色号搭配不同使用场景；一名网络红人拍摄短视频，时不时给某品牌零食“带货”；一名摄影爱好者在专业论坛里交流，顺带推介某款相机……“种草”无处不在，万物皆可“种”，“种草经济”正在塑造一种新的消费形态。（《海口日报》2019年6月20日）

“种草”走红之后，又出现了“拔草”的说法。流行词“拔草”具有多义性，主要有两个义项：一是指满足购买欲望，把某物买回来；二是指放弃购买计划，不再购买某物，似可看作“种草”的反义词。例如：

（4）眼下各大电商都在集中精力搞年中大促，大幅度的折扣令人心动，于是一大拨“种草”族开始按捺不住，纷纷想借此机会出手“拔草”。（《安徽日报》2019年5月28日）

（5）拔草！这些“美妆神器”千万别再买了！（搜狐网2018年5月29日）

例（4）中的“拔草”指将心仪的物品买回来；例（5）中的“拔草”则含有“不喜欢、放弃购

“十二时辰”的新用法

◎徐靖怡

电视剧《长安十二时辰》讲述了李必等人在十二个时辰内破解阴谋、拯救长安的惊险故事。随着该剧的热播，“十二时辰”成了当下的热词。

（1）网剧《长安十二时辰》细节受好评，有人称可看作唐代纪录片（标题，《解放日报》2019年7月8日）

（2）3月底，第一财经·新一线城市研究所推出了“城市夜生活排名”，调查337个地级及以上城市……。笔者电话采访了多位夜间消费者，试图简要描绘中国不夜城的“十二时辰”。（《人民日报海外版》2019年7月24日）

“十二时辰”原本已成为历史词语，常见于历史小说和历史剧中，在现实生活中很少使用。它是我国古代劳动人民根据生活作息和日升日落的自然规律归纳总结而成的计时方法，把一昼夜划分成十二个时段，每一个时段叫一个时辰。

（3）十二时辰则是把一天划分为子、丑、寅、卯、辰、巳、午、未、申、酉、戌、亥十二个小

买”之意。

流行词“种草”和“拔草”都属于动宾结构的复合词，最初走红于网络，后来在年轻人的口中广泛流传，属于典型的“旧瓶装新酒”式流行词。对于“种草”，我们既要看到它刺激消费新活力的一面，也要看到它可能是虚假诱导的一面。作为消费者，应学会理性消费，量力而行，适度“拔草”，谨防过度消费、透支消费。

段，每小段又划分为初、正两部分，如子初、子正等。（《北京日报》2012 年 10 月 10 日）

如今，“十二时辰”在新闻中频频现身，各种媒体上也涌现出“考研十二时辰”“急救车十二时辰”“地震后的十二时辰”等各种各样的“十二时辰”。又如：

（4）日月经天，边防战士的十二时辰，又将启动。（《人民日报》2019 年 7 月 21 日）

（5）8 月 1 日，《大河报》推出 3 个版的《初心 24 小时》接力采访视频播报，记录郑州“十二时辰的劳动者”，配合音频版上线，呈现出融媒新业态。（《中国新闻出版广电报》2019 年 8 月 6 日）

（6）台风“十二时辰”，用心防御（标题，《新闻晨报》2019 年 8 月 11 日）

“×× 十二时辰”或“十二时辰 ××”成为人们向他人介绍讲解某某名人、单位、职业、事件等各种对象的新兴用语。人们常将“十二时辰”置于文章的标题中。例如：

（7）高温下的坚守：铁路人的“十二时辰”（标题，《新华日报》2019 年 7 月 25 日）

例（7）将铁路人的“十二时辰”作为标题，总括全文，而主体段落的小标题也切题地取用子时、丑时、寅时、卯时、辰时、巳时、午时、未时、申时、酉时、戌时、亥时等时辰名称，形成一种独具特色的叙事结构，日以继夜、夜以继日，按时间顺序娓娓道来，前后连贯，层次清晰。

“十二时辰”是中华民族代代相传、独创于世的智慧结晶。它的再次“翻红”，既折射出人们的创新精神，也反映了人们对民族文化的认同和传扬。

《火眼金睛》提示

图 1，“攻艰”应为“攻坚”。
图 2，“既享”应为“即享”。
图 3，“今昔”应为“今夕”。
图 4，“祟尚”应为“崇尚”。

一针见血

嗑头？磕头！

◎李华山

2019年2月14日《辽宁老年报》第2版刊有《拜年嗑头》一文，作者写儿时在鲁西北老家"春节给父母、家族长辈嗑头拜年"，及长，又把这"山东老家过年的习俗"带到了东北。文题中用了"嗑头"，正文中也多次出现"嗑头"。其实这"嗑头"应是"磕头"。

磕头，也称叩头、叩首、叩拜，是旧时向长者行大礼或向神、佛参拜的一种礼节。"磕"的意思是碰在某硬质物体上，"磕头"即额头碰到地面。磕头时，双腿跪在地上，两手扶地，头近地或着地。

嗑，是个多音多义字。读kē，指话，有时特指现成的话，如唠嗑。读kè，指用上下牙咬开有壳的或较硬的东西，如嗑瓜子。

"磕头"用不着"嗑"，不可以写成"嗑头"。

"精悍"莫作"精焊"

◎阎德喜

《修辞荟萃》（安徽大学出版社2001年5月出版）中《王三胜练武》一文有这样一段话："这段作品成功的原因不只一个，例如材料的精选适当，句子的精焊短小，语气的急促紧凑等。"句中的"精焊短小"乃"精悍短小"之误。

"悍"有勇敢、勇猛、蛮横、强劲等义。精悍，既可用来形容人精明强干，也可形容文笔精练犀利。阿英《小品文谈》："这一类作品，在当时，正和'巴尔底山'一样，是一种短小精悍的敏锐的袭击。"前述引文所说的"这段作品"指的是老舍的小说《断魂枪》中王三胜"卖武"的一段，这段文字简短有力，完全当得起"精悍短小"的说法。

"焊"本义是使物干燥，现在指用熔化的金属把金属工件连接起来，或用熔化的金属修补金属器物。它和文句、笔力等没有什么关系，“精悍”不可写作“精焊”。

“捣礁”应为“捣碓”

◎杨增强

2019年9月11日《今晚报》第9版《一百个孤儿的妈妈》一文中，写了一个瑞典老太太在视频里用山西五寨方言说唱小时听到的童谣：“噢噢，娃娃睡，大捣礁，灶火上烧着个胡萝卜，大人吃上不瞌睡，娃娃吃上肯瞌睡。”此处“捣礁”令人费解，应为“捣碓”之误。

碓，读音为duì，本义指舂米的器具，通常由木石等材料做成，是过去农村常见的劳动工具。最早是一臼一杵，用手执杵舂米。后用柱架起一根木杠，杠端系石头，用脚踏另一端，连续起落，脱去下面臼中谷粒的皮。后来又有利用畜力、水力等代替人力的，使用范围亦扩大，如舂捣纸浆等。

“捣碓”即在碓臼中舂东西，后也用来形容频频磕头。前引文中的童谣，即用“捣碓”形容娃娃瞌睡时头一点一点的样子。“礁”通常指水中离水面较近的岩石，“捣礁”与文章语境不符。

“祓禊”不是“拔楔”

◎李　军

《中国电视报》2019年第35期B20版刊有《秋分节气的习俗》一文，其中写道：“拔楔最初只有上巳节的春楔，如兰亭曲水流觞等，后来……又有了秋楔。”这段话中的“拔楔”错了，应为“祓禊”。

“祓”“禊”都从“示”。《说文》：“示，天垂象，见吉凶，所以示人也。……示，神事也。”因而从“示”取义的字多与祭祀、鬼神、吉凶等义有关。“祓禊”是古祭名。“祓”音fú，是古代为除灾去邪而举行的祭礼，亦泛指扫除。“禊”音xì，为古人祓除不祥之祭，常在水滨举行，三月上巳行春禊，七月十四行秋禊。王羲之《兰亭集序》："暮春之初，会于会稽山阴之兰亭，修禊事也。"

"拔"的本义是连根拽出。"楔"从木，音 xiē。楔子是插在榫缝中起固定作用的木片。"拔楔"与"祓禊"风马牛不相及。同样，上述引文中的"春楔""秋楔"，也应改为"春禊""秋禊"。

"镜像"不用"桢"计数

◎杨昌俊

《光明日报》2018 年 12 月 1 日第 9 版刊有《木格窗棂》一文，其中写道："那饱经风雨的小小窗棂，是一桢历久弥新、生动鲜活的旧日镜像，更是一册纸张发黄的家谱、村史，记载着一个家族、村落的兴衰更迭和生死荣辱，镌刻着农耕岁月的春华秋实和风雨沧桑。"其中的"一桢"，应写为"一帧"。

帧，读作 zhēn，本义为画幅。如"装帧"，指书画、书刊的装潢设计。现"帧"多作量词，用于字画、照片等作品，与"幅"同义。如，一帧山水画。

桢，也读作 zhēn，木名，即女贞。是一种常绿灌木或乔木，初夏开白花，果实称"女贞子"，为椭球形，成熟时蓝黑色。在古代，"桢"也可指筑土墙时两头用的木柱，引申出支柱、主干之意。如"桢干"，比喻能担当重任的人才或者起决定作用的事物。但无论哪种含义，"桢"都不能拿来作"镜像"的量词。

"越渫"不是"越谍"

◎张　林

2019 年第 3 期《党员干部之友》刊发了《要言妙道固根本》，文中提到了西汉辞赋家枚乘《七发》中楚太子生病的故事，说一个人如果"缺少精神追求和道德自律，就会导致'精神越谍，百病咸生'"。此处"越谍"有误，应该是"越渫"。

渫，读作 xiè，本义为清除污秽，后引申有疏通、散发、污浊等义。越渫，即涣散，散失。“精神越渫，百病咸生”出自枚乘《七发》，是说楚太子贪恋享乐，不知节制，因而精神涣散，好像得了百病。

谍，读作 dié，《说文解字》：“谍，军中反间也。”指间谍，古时亦称细作。后引申为刺探情报、传递情报等义，也假借为“牒”。“精神越谍”难以说通。

胡适未去西南联大

◎陈福季

《书屋》2019 年第 7 期刊出《罗暟岚的文学人生》一文，其中写道：“后来在西南联大的文学院教授还有罗常培、胡适、杨振声、刘文典、王力……”这里说胡适是西南联大文学院的教授，但事实上胡适从未在西南联大任职。

西南联大，即国立西南联合大学。抗日战争爆发后，北京大学、清华大学、南开大学迁往长沙，1937 年合并成立长沙临时大学。1938 年 4 月再迁至昆明，更名国立西南联合大学。抗战胜利后，回迁复校。西南联大从 1937 年平津沦陷后在长沙组成临时大学，到抗战胜利后停止办学，回迁复校，共存在将近九年，为战时的中国培养了大批人才。

而胡适在 1937 年 9 月受蒋介石委托以非官方身份赴美游说。第二年 10 月正式接任驻美大使。1942 年 9 月胡适不再担任驻美大使，移居纽约，继续学术研究，直至 1946 年 6 月才离美回国。1946 年 7 月胡适回到北平，任北京大学校长。

可见，胡适与西南联大并无交集，不可能担任西南联大的教授。

“严惩”自应“不贷”

◎龙启群

2019 年 4 月 17 日《永州日

报》第5版上有一则题为《重拳出击 严惩不怠——道县扫黑除恶向纵深发展掠影》的报道。这个标题用错了一个成语，"严惩不怠"应改为"严惩不贷"。

贷，从贝代声，读作dài。本义是施予，引申出宽恕的意思。"严惩不贷"指严厉地进行惩罚，并且决不宽恕。张炜《古船》第二四章："士兵的头头通过有线广播勒令抢枪的人交枪，不然执行上级'对抢枪者开枪'的命令，严惩不贷。"

怠，音同"贷"，义为轻慢，也有松懈、懒惰等意思。误"贷"为"怠"，显然是音同所致。

"謦欬"不可误为"馨欬"

◎王宗祥

2019年6月5日《中华读书报》第3版刊《小如先生著译品读记》一文，文中写道："小如先生故去，转眼行将五年。……现在先生不在了，再也无法亲聆先生馨欬了，我只能在他的书中，在字里行间，感受先生的神情风采，回味他待我的情义。"此处"馨欬"有误。

馨，指香气远闻、芳香。欬，音kài，指咳嗽。"馨欬"讲不通，古今汉语中都没有这种用法。上述文章中的"馨欬"应是"謦欬"之误。

謦，音qǐng，咳嗽声。謦欬，即咳嗽，引申为言笑。《新华月报》1980年第10期："在重庆时，我得以经常亲聆周恩来同志的謦欬。"上述引文中说的正是吴小如先生故去，不能再聆听先生的言笑，用"謦欬"正合适。《咬文嚼字》在2006年第10期《"如聆謦欬"是什么意思》一文中也详细谈过这个词的用法。

"眼神带有些许没落"？

◎周 振

《报刊文摘》2019年5月29日7版刊登有一篇题为《神木叫停采矿区综治项目》的文章，导言中有这样的句子："张衡眼神中带有些许没落。几天后他就要离开此地了，因为‘政府要求他们4月份之前就要完成停厂、撤离’。”其中“没落”应改为“落寞”。

没（mò）落，义为衰败、走向衰亡。如家道没落，义为家业衰败，家境变差；没落腐朽，常形容王朝或政权的凋敝衰落。落寞，通常形容事物冷落凄凉、寂寞的样子。如他刚刚退休的时候，整天无所事事，心里感到非常落寞。

“没落”是一种态势，形容对象通常是时代、家族、王朝、命运等，而“落寞”更偏向于形容一种心境和情绪状态，使用对象往往是人。上述《报刊文摘》之文说的是一个人的神情，用“没落”来描述显然不贴切。

“冀然”应为“翼然”

◎张震东

2019年9月6日《江海晚报》第15版刊载文章《问津西津渡》：“出券门不几步，高台上，有亭冀然，便是‘待渡亭’。”其中的“冀然”应为“翼然”。

翼，读yì，指翅膀或像翅膀的东西，如鸟翼、蝉翼、机翼等。翼然，就是鸟展开翅膀的样子，可用以形容山石或亭台等建筑物高耸开张之状。“有亭翼然”，即“有一个亭子，四角翘起像鸟展翅一样”。欧阳修《醉翁亭记》中有“峰回路转，有亭翼然临于泉上者，醉翁亭也”。

冀，读jì，可以表示希望，也是河北省的别称，还可以用作姓。“冀”与亭子的形状无关，也没有“冀然”这种说法。

俞樾是俞平伯的祖父吗

◎王江泰

文化艺术出版社2010年出版的《红楼梦大辞典》（增订本）中这样写道：“俞平伯（1900—1990）浙江德清人。他的祖父俞樾，号曲园，是清代的经学大师。他的父亲俞陛云，是学者兼诗人。”说俞樾是俞平伯的祖父有误,俞樾是俞平伯的曾祖父。

俞樾,字荫甫,号曲园居士,是清末著名学者,曾任翰林院编修。俞陛云是俞樾的孙子,是知名学者、诗人。俞陛云出生在苏州,出生后不久,他的父亲俞祖仁就患重病。俞陛云于是由祖父亲自教育。俞陛云《诗境浅说·序》(商务印书馆2017年出版):“忆弱冠学诗,先祖曲园公训之曰:学古人诗,宜求其意义……”序中称“先祖曲园公”,也可知俞樾为俞陛云的祖父。而知名作家、学者俞平伯是俞陛云之子。故俞樾是俞平伯的曾祖父,而不是祖父。

龙的头像什么

◎新 德

《文汇报》2019年8月2日第14—16版《“恐怕还是北斋适合中国一般人眼光”——葛饰北斋与中国的不解之缘》一文云:

至宋代初,龙的形象“有三停九似、蜿蜒、升降之状”(三停:自首至膊,膊至腰,腰至尾也。九似:角似鹿,头似驰,眼似鬼,项似蛇,腹似蜃,鳞似鱼,爪似鹰,掌似虎,耳似牛也。《图画见闻志》卷一)。

其中的“头似驰”有误,查宋郭若虚《图画见闻志》卷一,应是“头似驼”,即龙的头像骆驼的头。

龙是中华民族的象征,龙在中国神话传说中是一种神异的动物,它的形体是由许多动物的形象组成的,在各个历史时期说法不一。在古代青铜器上,在历代画家的笔下,形象各异。郭说为其中之一。据说,龙的各个部位有着不同的象征意义,头似骆驼,是因为骆驼是“沙漠之舟”,其头又高高昂起,故以“头似驼”象征龙的威严和能抗旱。

而“驰”不是动物名,有奔跑、快跑、向往、传播、驱车马追逐诸义。“头似驰”语意不通,当是笔误。

辨字析词

说说『狗皮膏药』

◎郝铭鉴

老同学聚会，聊到“狗皮膏药”。有人发问：名为“狗皮膏药”，为何见不到狗皮？

关于“狗皮膏药”，常用工具书中是这样解释的：

《辞海》：药膏涂在小块狗皮上的膏药。疗效比一般膏药好。

《汉语大词典》：将药膏涂在小块狗皮上制成，能消痞止痛。

《现汉》：药膏涂在小块狗皮上的一种膏药，疗效比一般膏药好。

《现规》：将药膏涂在小块狗皮上而制成的膏药。

这些说法，大同小异。总的说来，没有说错，但在两个方面，似易造成误解。

第一，几家都提到了“小块狗皮”，给读者留下的印象是，没有这“小块狗皮”，就不成其为“狗皮膏药”。其实并非如此。狗皮膏药是中医的一种外敷药品，它有活血化瘀、消肿止痛的功能。在它问世之初，药膏确实是涂在狗皮上的，因此称之为“狗皮膏药”。狗皮大小随膏体大小而定。后来改用布质、纸质或其他托底材料，但仍沿用“狗皮膏药”这一名称。工具书在解释时，似应说清楚开始时因涂在狗皮上而得名，以让读者有个历史概念。

第二，有些工具书肯定狗皮膏药的疗效比一般膏药好，这也许是事实，但在表述中和“小块狗皮”连在一起，读者会误以为没有狗皮，疗效就要打折扣。其实并非如此。狗皮膏药的疗效，取决于所选的药材和熬制的技术，和狗皮没有直接关系。刚开始之所以选用狗皮，出于两方面考虑：一是狗皮紧致细密，膏药不容易渗漏，以免玷污衣服；二是狗皮质地坚韧，经得起折叠搓揉，膏药可以多次使用。

除了本义，狗皮膏药还有引申意义。工具书的表述是：

《辞海》：旧时走江湖的人

常假造这种膏药，因而用来比喻骗人的货色。

《汉语大词典》：旧时走江湖的人常伪造狗皮膏药来骗取钱财，因用以比喻骗人的货色。

《现汉》：旧时走江湖的人常假造这种膏药来骗取钱财，因而用来比喻骗人的货色。

《现规》：旧时江湖骗子常假造以骗钱，因而用来比喻骗人的货色。

众口一词！由此可见，“狗皮膏药”比喻骗人的货色，在辞书界是有共识的。但仅有这一义项，似不合语言实际。我觉得至少还可补充两条：

一、比喻一旦沾上就难以摆脱的人或事。这正和狗皮膏药的特性有关。一般膏药有时会发硬掉落，狗皮膏药则粘得很牢，想甩也甩不掉。《语海》引有一条书证——张宇的《境界》：“王大娘知道七婶是狗皮膏药，一粘上就再也揭不下来，就冷不丁地截断她的话。”《语海》引用这条书证，和骗人无太大关系，只是强调这位七婶黏劲十足，让她打开话匣子，就会说个没完没了，所以赶紧“截断她的话”。日常生活中说张三李四是狗皮膏药，都是说他们黏人，而不是骗人。

二、形容一种声嘶力竭的宣传或者鼓动。凡是当年见过卖狗皮膏药的，一定会留下深刻的印象。卖药者铺开地摊，在上面随意撒一些膏药，随后便开始吆喝。那真叫个口若悬河，舌灿莲花。有时不但吆喝，还附带表演，顶石担，玩石锁，甚至有硬气功。表演者上身赤裸，贴有膏药，现身说法。所以，人们常用“卖狗皮膏药”，形容那种摇唇鼓舌的场面，既可以讽人，也可以自嘲。凡是夸夸其谈，言不及义，血脉偾张，唾沫四溅，都可一言以蔽之：卖狗皮膏药。孙犁《风云初记》中有一用例：“‘你看这位老大娘，’年长的兵说，‘比我们那卖狗皮膏药的政工队长说的还有道理。’”这位政工队长，肯定整天没油没盐地说了一堆，但并没有说到当兵的心里，所以被称作“卖狗皮膏药”；至于骗人不骗人，不是这句话的落点。

追踪荧屏

干支纪年中哪有“已己年”

◎黄殿容

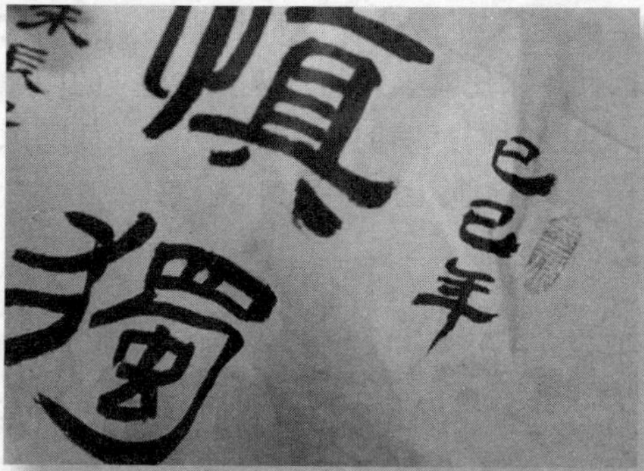

电视剧《白鹿原》第四十八集中，白嘉轩召集家庭主要成员宣布分家，并请他的姐夫朱辰熙先生作为中人前来作证。长子孝文在分家单上按了手印后，姑父朱先生送他一幅亲笔题写的条幅，中间写有“慎独”两个大字，右侧的小字为“已己年”。这“已己年”显然是指当年的干支年份，可是干支纪年中哪有“已己年”呢？

干支是天干和地支的合称。我国古代用十天干（甲、乙、丙、丁、戊、己、庚、辛、壬、癸）与十二地支（子、丑、寅、卯、辰、巳、午、未、申、酉、戌、亥）依次相配，总共配成六十组，通称“六十甲子”，用来表示年、月、日、时的次序，周而复始，循环使用。现今农历的年份仍用干支纪年。天干无“已”字，地支无“已”字，干支纪年中不可能出现“已己年”。上述条幅上的“已己年”应该是“己巳年”之误。

电视剧《白鹿原》根据陈忠实先生创作的同名小说改编。其中提到白家分家正值年馑（荒年）。据悉，《白鹿原》中的年馑是依据《续修蓝田县志》

“亲亲我我”应为“卿卿我我”

◎肖遥生

电视剧《女人的抗战》第15集中，曹弘毅对儿子曹子轩说：“你呀，真不像个男子汉大丈夫，成天在那儿女情长亲亲我我……”（字幕同步显示）“亲亲我我”应为“卿卿我我”。

卿，音qīng，是古时夫妻或好朋友之间表示亲爱的称呼。“卿卿”一词，出自《世说新语》王安丰和他妻子的故事。卿卿我我，形容男女相爱，情意缠绵。

亲，是个多音多义字。读qīn，表示爱、亲戚等意思。读qìng时，用在“亲家”中，表示姻亲关系。在古汉语中，“亲亲”也用作对心上人的昵称。如冯梦龙《挂枝儿·调情》：“俊亲亲，奴爱你风情俏。”汉语中并无“亲亲我我”，不能将“卿卿我我”写作“亲亲我我”。

等史料而描写的。《续修蓝田县志》中记载：“己巳年，旱太甚，麦无收，粮价每斗七八元，民剥树皮、剜草根充饥，县设粥场。”其中所说的正是“己巳年”，对应民国十八年，即公元1929年。

路费称“川资”不是“穿资”

◎盛祖杰

电视剧《老酒馆》第31集中，小晴天不辞而别，陈掌柜追到街上，得知她要去关东山，便劝说：“那关东山这么远的道，你就是走的话，那走之前，也得多备点那个chuān资路费，还有吃喝，等我都给你备齐了，你再走不迟。”字幕中的“穿资”错了，正确的写法应是“川资”。

“川”是象形字，本义是河流，《说文》：“川，贯穿通流水也。”后又有平地、道路、旅途等义。“川资”指旅途的费用，或称“盘川（缠）”。例如《官场现形记》第五十六回：“老弟几时动身？大约要多少川资？我这里来拿就是了。”鲁迅《〈呐喊〉自序》：“我的母亲没有法，办了八元的川资，说是由我的自便。”

“穿”是会意字，《说文》：“穿，通也，从牙在穴中。”用牙咬物通透成孔，泛指用尖利的工具钻凿孔洞，常用作动词。另有多个引申义，如通过、钻进、着上衣物等，但都与旅途无关，“穿资”难以索解。

学林

“隹”和“佳”

◎苏培成

在现行的汉字中，“隹”和“佳”是形、音、义都不同的两个字。《新华字典》11版：“隹 zhuī 短尾巴的鸟。”释义后没有例词，说明这个字不单用，只用于组字。用它组成的字有“骓椎锥魋谁睢难雄雏隽集焦崔售雀翟”等。“佳 jiā 美，好的：佳音（好消息）|佳句|佳作。”东汉许慎著《说文解字》以小篆作为字头，“隹”作，“佳”作，有明显的分别。在《说文解字》里这两个字的释义和构字方式也不同：“隹，鸟之短尾总名也。象形。”“佳，善也。从人，圭声。”

汉字演变为楷书，“隹”和“佳”字形变得相近容易混淆。用楷书印制的古籍里已经发现这个问题。例如，王弼本《老子》第三十一章：“夫佳兵者不祥之器。”这个“佳”字应该是“隹”。王念孙《读书杂志》：“佳当作隹，字之误也。隹古唯字也（唯或作惟，又作维）……古钟鼎文唯字作隹，石鼓文亦然。”王念孙的意见是正确的。

现代有时也见到“隹”“佳”相混的例子。几年前有位歌唱家认为简化字不如繁体字。他以繁体的“進”和简体的“进”为例，认为繁体的“進”从辶从佳，意思是向前走就进入佳境，而简体的“进”从辶从井，意思是向前走就掉到井里。其实他把“進”和“进”的字形都分析错了。《说文·辵部》：“進，登也。从辵，閵省声。”“閵”是音符，省去了其中的“門”只剩下“隹”。他把“隹”误认为“佳”，曲解为佳境的佳。简化字“进”里的“辶”是意符,表示行走,而“井”是记号,不表义,不能讲为掉到井里。

近来有人解释困难的“难”字,把“难”分解为从“又”从“佳”。解释说遇到了困难,但不是坏事,它可以激励我们奋发向上,克服了困难就出现了佳境,就变得更为美好。这种解释没有根据。“难”是简化字,它的繁体作“難”,是形声字。右边的“隹”是意符,指鸟名;左边的部分是音符,简化为“又”,是符号代替,不表意。“难”的本义为鸟名,假借为难易的“难”。“隹”不能分析为“佳”。

甲骨文里有“隹”字也有“鸟”字,有什么区别?有的专家指出凡“鸟”字皆突出其喙形。至于意义,《说文》认为:“隹,鸟之短尾总名也。”“鸟,长尾禽总名也。”清代文字学家段玉裁作的注说:“短尾为隹,长尾为鸟。析言则然,浑言则不别也。”“析言”指分开说、区别地说,“浑言”指合起来说、笼统地说。这是目前许多人接受的讲法,以后会不会有改变,要看有没有发现新的资料。

《谁更有资格》参考答案

1. 巨擘——巨擘
2. 灯火阑珊——灯火辉煌
3. 谈笑风声——谈笑风生
4. 撇见——瞥见
5. 招乎——招呼
6. 彬彬有理——彬彬有礼
7. 不少于一百万以上——不少于一百万
8. 一楞——一愣
9. 指高气扬——趾高气扬
10. 挑恤——挑衅

词语春秋

也说"人不为己天诛地灭"

◎陈壁耀

读《咬文嚼字》2015年12期倪培森先生《为"人不为己，天诛地灭"正本清源》，深有同感。诚如倪先生所说，至今还"没有一本辞书作出新的释义"。于是倪先生"正本清源"了。只是略感遗憾，倪先生所清之"源"也有误，特呈请赐教。兹先引录有关文字如下：

该俗谚的本义其实是：个人要加强道德品行的修炼以造福社会，否则会遭到天地的惩罚。它出自佛教典籍《佛说十善业道经》第二十四集。上海古籍出版社2013年10月出版的《实用佛学辞典》第80页简介："《佛说十善业道经》(经名)。……佛为海龙王说一切法无不由心，应修十善，终明广为(笔者按："为"乃"摄"之误)十善之功德及一切之善法。"该书中有言："人生为己，天经地义，人不为己，天诛地灭。"

倪先生认为该俗谚典出《佛说十善业道经》。为查看此俗谚前后文的语境，我请教了上海佛学院的天消法师。他却非常肯定地说此《道经》并没有什么"人生为己，天经地义，人不为己，天诛地灭"的话，随即发来《佛说十善业道经》。全文连标点在内不过2900字，没有倪先生所说的"第二十四集"，也没有这句俗谚，不知倪先生所说"该书中有言：'人生为己，天经地义，人不为己，天诛地灭。'"中的"该书"究竟是指哪部书。我认为替一条主要在民间流行的俗谚找到书证以"清源"，恐怕是比较困难的。倪先生以为"出自佛教典籍《佛说十善业道经》第二十四集"，看来还真是误说了。

其实，“清源”并非“溯源”，未必一定要找到源头，重点当在词义的正解上，即说清此俗谚的正确意思，分析为何会有误读或曲解，才是最主要的。就这条俗谚而言，诚如倪先生所说，其误读或曲解的关键就在“‘人不为己’中的‘为’字”的读音上。所以，把“为”字读对，说清为什么要这么读而不那么读，也可以说是“正本清源”了。

“为”是个多音字，有两个读音。作介词用时读去声，如“为人民服务”的“为”，表示行为的对象。“为己”的“为”表示行为的对象时，“为己”也就是“为自己服务”，如《礼记·礼运》的“力恶其不出于身也，不必为己（有力气的人嫌他偷懒不用，但不必是为自己服务）”。在这个句子里，“为己”的“为”就是读去声的。但是，“为”在作动词用时却是读阳平的，义项之一是“做”，如“事在人为”“为所欲为”的“为”。而“为己”的“为”有时也是作动词用的，如《论语·宪问》“古之学者为己”之“为己”。这个“为”字就是动词“做”义的延伸，“为己”可以释为“修为自己”或“修养自己”。北齐颜之推《颜氏家训·勉学》说是“古之学者为己，以补不足也”，补不足就是“修为自己”；杨伯峻《论语译注》则直接译为“修养自己的学问道德”。

正是因为“为己”的“为”有这两个不同的读音和用法，便形成了两个不同的意思，又因为读阳平作动词的用法比较少见，民间就按通常的介词用法读了去声，于是原先强调提高自身修养的“修为自己”的意思，就变成了提倡自私的“为自己服务”，并因此习非成是地延续了一千多年。这应该是“人不为己天诛地灭”历来一直被曲解的主要原因。

如果从这个角度来“正本清源”，那么“人不为己天诛地灭”中最关键的“为己”一词，也可认为就是源出《论语·宪问》“古之学者为己”之“为己”的。

“你好，我是64330669……”(67)

◎姚博士

“窜入”“蹿入”如何分辨

问：我是一个编辑，在编的一篇文章中有句话说：“原稿本来没问题，但印出来后发现窜入了几个奇怪的乱码。”句中“窜入”用得对吗，要不要改成“蹿入”？

——河南　张　宇

答：句中“窜入”用得不准确，最好改成“蹿入”。不管是“窜入”还是“蹿入”，均未见权威工具书收录；不过，要准确分辨并不是一件困难的事情。

我们先来看看“窜”与“蹿”的含义。

窜，繁体字作“竄”，从穴从鼠，以洞穴中的老鼠会意，其本义为“藏匿”“隐藏”。众所周知，老鼠听到声响或看见人影等，会惊慌奔逃，因而窜又有“逃奔”“乱逃”“乱跑”等义。此义多含贬义，常用于匪徒、敌军、兽类等等。如成语“抱头鼠窜”常形容像老鼠一样张皇逃走的狼狈相；“流窜”指盗匪或敌人到处流动、转移或逃跑；“窜犯”指盗匪或敌人流窜进犯；“窜扰”指盗匪或敌人流窜骚扰；等等。有时也用于调皮的小孩身上。如：“才一会儿工夫，不知这小子又窜到哪儿去了。”窜还可指“改易”“更动”，如“窜改”即改动文字，其对象多为文章、古籍、成语等，也多含贬义。

蹿，本是“窜”的后起字，主要分担“窜”字的“逃跑”“奔跑”义。近代此义已基本不用，现代汉语中蹿常指“向前或向上跳”。如：“他身子往上一蹿，接住了队友传来的球。”“他一下蹿到小溪对岸去了。”也喻指“向上猛长”。如：“现在毛妹一下蹿到了一米八二。”也指“迅速上升”。如：“自从队里实行了大包干生产责任制，全队生产和社员生活一下子蹿上去了。”现在蹿还指“往上冒”“喷射”等，如：“他鼻子蹿血了。”“火苗直往上蹿。”“打开阀门，水直往外蹿。”“两股泪水不禁蹿了出来，止不住地流。”

从上面分析不难看出，“窜”的字义重在“逃”，“蹿”的字义重在“跳”。因此，“窜入”大致相当于“逃入”，是一种被动行为，“蹿入”大致相当于“跳入”，是一种主动行为。两者含义不同，适用场合也不同。如：“在警方的围捕下，逃犯窜入一片密林中。”“行进中，队伍中不知什么时候蹿入了一个青年。”前句中的“窜入”不宜换成“蹿入”，后句的“蹿入”也不宜换作“窜入”。

文稿中“蹿入”乱码，即相当于说文稿中“跳入”乱码，可视为比喻修辞。文稿中“窜入”乱码，即相当于说文稿中“逃入”乱码，显然没有人会这么说。

“桔子”还是“橘子”？

问：常见到有人把“橘子”写成“桔子”，请问这个写法对吗？

——西藏　蒋　睿

答：最好写成“橘子”。

“桔”与“橘”本来是两种不同的植物。橘，读 jú，本为树名，即橘子树，果实红黄色，果肉多汁，味甜酸，是一种常见水果。也称其果实。桔，读 jié，一种多年生草本植物，根可入药。也称桔梗。

在古代文献中，“橘”“桔”两字“井水不犯河水”，使用“泾渭分明”，从不混搭在一起。

据学者研究，“橘”“桔”两字的纠缠大约始于明末清初。著名学者屈大均（1630—1696）所著《广东新语》中出现了以“桔”表示水果的用例，现在工具书在释“桔”字的“橘”义时，都引以为例。不过，查阅《广东新语》原文，似乎在当时的广东，“桔”和“橘”并不同义。书中“橘”字也出现了，与“柚”对举；而“桔”与“柑”对举。“橘”“桔”两字使用有别，“桔”似乎是“橘”的一个种类。在介绍“金橘”时，书中就是“金橘”，并未写作“金桔”。在广东话中，“橘”与“桔”的读音也是有些许差异的。不过，现在全国许多地方都把“桔”当作了“橘”的“俗字”。在这个义项上，“桔”也读成了 jú。

还有学者说，把“橘”写成“桔”也可能与民间习俗有关。南方很多地方，现在仍有新年赠“橘”的风俗，“橘”谐音“吉”，“大橘”谐音“大吉”，赠“橘”是为了表达新年祝福。把“橘”写成“桔”，应该也反映了这种民间“信仰”。可备一说。

在现代经典文献中，也有以“桔”代“橘”的用例。最著名的例子莫过于冰心的《小桔灯》，这大家都很熟悉。在现代植物学书籍中，也能找到以“桔”代“橘”的例子。

然而，在国家标准性文件中，被认可的还是“橘”。

1955 年发布的《第一批异体字整理表》，并未对“橘”和“桔”进行整理。1964 年颁布实施的《简化字总表》（1986 年重新发表）中，也未将“橘”简化成“桔”。1988 年发布的《现代汉语常用字表》中只有“橘”字，而未见“桔”。2013 年公布的《通用规范汉字表》中，“橘”字收入《一级字表》中。可见，在历来的国家标准性文件中，“橘”字的地位“稳如泰山”，从未动摇过。“橘”既未当成“桔”的异体字废除，也没有简化成“桔”。（1977 年颁行、1986 年废止的《第二次汉字简化方案（草案）》中，曾将“橘”简化成

"桔")历来的各种工具书,也都是把"橘"当成正体字,而把"桔"当成它的"俗字"。

我们建议,在书报刊等正式文献中,还是不要把"橘"写成"桔"。

"过敏原检测"还是"过敏源检测"?

问: 现在在医院可以做"过敏 yuán 检测",通过这个检测,可以知道自己对哪些东西过敏。请问这个检测应该写作"过敏原检测"还是"过敏源检测"?

——广西　季　颖

答: 应是"过敏原检测"。

原,有最初的、开始的之义,如原始、原生动物。可表示原本、本来的意思,如原地、原作者等。还可以表示没加工的,如原煤、原油。在医学术语中,常能看到以"原"为词尾的词,如"抗原""热原""丝裂原"等。"抗原"是指能够诱导免疫应答并能与相应抗体或T细胞受体发生特异反应的物质(《细胞生物学名词》第二版)。"热原"指引入或释放到体内后能引起恒温动物体温升高的物质(《核医学名词》)。"丝裂原"指诱导细胞发生有丝分裂的物质(《免疫学名词》)。从这些词的词义中可以看出,其中的"原"取最初、原始义,指可以引发某种情况的原初物质。"过敏原"即"变应原",是能诱导I型超敏反应的抗原(《免疫学名词》)。过敏原检测,则指明确具体过敏原的检测。

而源,本指水流起头的地方,引申表示来源、根源。"源"与"原"在字义上有联系,但两字区别也是明显的,"源"不能完全代替"原"。在上述医学术语中,还是应遵守"行业规范",不能以"源"代"原"。"过敏原"也是如此。

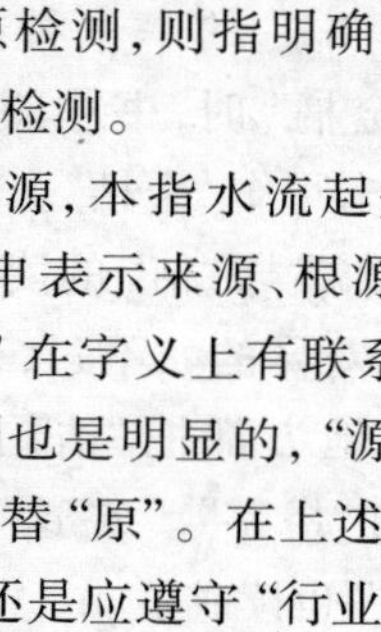

语言哲思

“李可及戏三教”

◎宗守云

《唐阙史·李可及戏三教》中记载了这样的事情：

咸通中，优人李可及者，滑稽谐戏，独出辈流，虽不能托讽匡正，然巧智敏捷，亦不可多得。尝因延庆节，缁黄讲论毕，次及倡优为戏。可及乃儒服险巾，褒衣博带，摄齐以升崇座，自称三教论衡。其隅坐者问曰：“既言博通三教，释迦如来是何人？”对曰：“是妇人。”问者惊曰：“何也？”对曰：“《金刚经》云：‘敷座而坐。’或非妇人，何烦夫坐然后儿坐也？”上为之启齿。又问曰：“太上老君何人也？”对曰：“亦妇人也。”问者益所不喻，乃曰：“《道德经》云：‘吾有大患，为吾有身。及吾无身，吾复何患！’倘非妇人，何患于有娠乎？”上大悦。又曰：“文宣王何人也？”对曰：“妇人也。”问者曰：“何以知之？”对曰：“《论语》云：‘沽之哉，沽之哉，我待价者也。’向非妇人，待嫁奚为？”上意极欢，宠锡甚厚。

李可及附会《金刚经》《道德经》《论语》中的话语，把释迦如来、太上老君、文宣王都说成是妇人，唐懿宗明明知道李可及所言非是，仍然“上意极欢”。这是因为，李可及对《金刚经》《道德经》《论语》话语的解读不是常规解读，而是修辞解读。修辞解读以娱乐为目的，因此能取得“上意极欢”的效果。

修辞解读是对现有语言形式的非常规的解读，是有意的，积极的。现有语言形式的解读，一般情况下都是常规的，词典释义型的；特殊情况下是非常规的，修辞表达型的。比如，

“靓仔”的常规解读是“英俊的男生”，而在一些相声中，“靓仔”被解读为“天一亮就把你宰了”，这是修辞解读。

修辞解读是有意的行为，是表达者明知故错的行为，主要目的是为了打趣逗笑。如果是无意中对现有语言形式做出非常规解读，是错误解读，也就是通常所说的“误解”，这样的情况不属于修辞解读。修辞解读是积极的行为，是表达者引发接受者愉悦的行为。如果是消极地对现有语言形式做出非常规解读，是歪曲解读，也就是通常所说的“曲解”，这样的情况也不属于修辞解读。

修辞解读广泛运用于曲艺和文学作品等领域。比如相声《歪批三国》中，“既生瑜何生亮”被解读为“既氏生了周瑜，何氏生了诸葛亮”，也就是周瑜母亲姓既，诸葛亮母亲姓何，“无事生非”被解读为“吴氏老太太生了张飞”，“赵子龙老迈年高”被解读为“赵子龙老卖年糕”，等等。文学作品也不乏其例。如：

（1）什么叫丈夫？丈夫丈夫就是一丈之内是你的夫，一丈之外立即作废。（铁凝《对面》）

（2）连长又看看张振武的脚，那双大头鞋“空前绝后”，前边露着脚指头，后边露着脚后跟。（袁静《伏虎记》）

例（1）把“丈夫”解读为“一丈之内是你的夫”，例（2）把“空前绝后”解读为“前边露着脚指头，后边露着脚后跟”，都是修辞解读。

对于现有语言形式来说，常规解读和修辞解读各有其用。常规解读用于信息传递，体现的是语言的信息功能，修辞解读用于话语娱乐，体现的是语言的游戏功能。在社会生活中，信息传递固然是重要的，有时能够满足人的物质需求，有时也能够满足人的精神需求；而话语娱乐在满足人的精神需求方面也是同样重要的，正是因为语言具有游戏功能，人类的精神生活才更加丰富多彩，充满生机。

文章病院

是“戊戌政变”失败了吗

◎得　喜

《书屋》2019年第2期刊登的《一位民国杰出女性自己的声音》中写道：“毛彦文出生那年，‘戊戌政变’虽告宣告失败，但四面八方要求改革的浪潮排山倒海涌向危机四伏的清皇朝廷。”引文中“告”“宣告”重复，应删去其一；更为严重的是，“戊戌政变”并未失败。

戊戌六君子（一排左起为谭嗣同、杨锐、林旭，二排左起为刘光第、杨深秀、康广仁）

戊戌变法，是1898年（旧历戊戌年）资产阶级改良派进行的政治改革运动。1898年6月11日，光绪颁布“明定国是”诏书，宣布变法，推行新政。随后光绪先后发布上百道改革令，除旧布新。这遭到了保守派的反对。1898年9月21日，慈禧太后和荣禄发动政变，史称“戊戌政变”。光绪被囚禁于中南海瀛台，慈禧以“训政”的名义重掌政权，并下令逮捕康有为等改良派，杀害谭嗣同、林旭、杨锐、杨深秀、刘光第、康广仁等六人（史称“戊戌六君子”），罢免数十名支持维新派的官员，所有新政除京师大学堂外都被废除。

可见，失败的是“戊戌变法”，而不是“戊戌政变”。

“舟棹”如何摇

◎厉国轩

《益寿文摘》2019年5月24日第10版所刊《小满》诗中有一句为:“晨摇舟棹莲花醉。”这句中的“舟棹”为何物?应是“舟棹”。

“棹”是一个多音字,读zhào时,指划船的一种工具,类似船桨,长曰“棹”,短曰“枻”或“楫”。《楚辞·九歌·湘君》:“桂棹兮兰枻。”后“棹”也借指船,或者划船。前引诗句,描绘的是小满节气时清晨在莲花丛中泛舟的情景,用“舟棹”是十分恰当的。

“棹”音zhuō,古同“桌”,系“桌”的异体字,从《第一批异体字整理表》发布之日起就已被淘汰了。“舟棹”难以索解。

金秋九月怎会“秋意阑珊”

◎晋相

2019年9月10日《辽沈晚报》第16版刊有《九月》一文,文中说道:“九月,是秋意阑珊的时节。行走在乡间小路上,最美的是树上金黄的柿子……”结合语境可知,该文中的“九月”是指公历九月,此时正是暑气退,白露生,金风送爽,开镰收获的大好时节,怎么能说是“秋意阑珊的时节”呢?

“阑珊”一词有将尽、衰落的意思。白居易诗《咏怀》有“白发满头归得也,诗情酒兴渐阑珊”,说的是对诗、酒的兴趣逐渐衰减,这是进入老年期者暮气的表露。

金秋九月正是农历仲秋时节,满眼秋光,根本没到“秋意阑珊”的时候。上述文章中的“秋意阑珊”应改为“秋意正浓”。

写错了皇帝名

◎李景祥

“小皇帝赵罡逃亡海上的时候，文天祥招兵北上，收复多处失地。……1276 年，恭帝被俘，两年后逃到福州继位的九岁端宗受到惊吓而死。……1279 年，左丞相陆秀夫背着 8 岁的少帝赵昺在崖山投海自尽，元统一中国。”

这是《沈阳日报》2019 年 5 月 10 日第 11 版《藏在一篇序言里的文人风骨》中的一段话，在这段史实陈述中，“小皇帝赵罡”的名字写错了，正确的写法应是“赵昰”。

赵昰（1269—1278），即宋端宗，是南宋的第八位皇帝。1276 年 1 月，蒙古大军兵临临安，南宋朝廷求和不成，太皇太后谢道清抱着五岁的宋恭帝赵㬎被迫投降。混乱中，一些宋室臣僚带着宋恭帝赵㬎的庶兄赵昰、庶弟赵昺出逃。后由陆秀夫、张世杰等人护送两人至福州，同年 6 月，赵昰被拥立为皇帝，改元景炎，下诏各地尚存的抗敌将领分道出师，兴复帝室。小朝廷一直在流亡之中，1278 年，因落水受惊而得病的赵昰病死在硇洲。后陆秀夫、张世杰等人又拥立年仅八岁的赵昺为帝，改年号祥兴。1279 年，小朝廷遭元军猛攻，最终兵败，陆秀夫背着赵昺投海而死。至此南宋彻底败亡。

从宋高宗赵构到末帝赵昺，南宋共历九帝，而宋末三帝都是小孩子，都是宋度宗的儿子。三个小皇帝的名字用字都是今天不常见的字。“㬎”读 xiǎn，“昰”读 shì，“昺”读 bǐng。三个字都属“日”部。“罡”读 gāng，主要用作星名，与“昰”也不属同部。

一条鱼还是两条鱼？

◎阎南岗

2019年第4期《书屋》杂志第40页刊登了《琴台烟雨行》一文，其中有一段描写了作者的回忆，说："记得在耶鲁课堂上，每次给学生讲述中国成语'相濡以沫'，讲到庄周寓言里那两条涸澈之鱼，倚靠彼此的唇沫微湿而得以存活的故事……"这里有个别字，"涸澈之鱼"应改为"涸辙之鱼"。

"涸辙之鱼"也作"涸辙之鲋"，典出《庄子·外物》，原文为："周昨来，有中道而呼者，周顾视车辙中，有鲋鱼焉。"涸，水干；辙，车轮碾过的痕迹。鲋鱼，即鲫鱼。所谓"涸辙之鱼"，是指处于干涸了的车辙里的鲋鱼，比喻在困境中急待援救的人。

需要注意的是，上述文章将涸辙之鱼和"相濡以沫"的故事对应，其实难免牵强。成语"相濡以沫"典出《庄子·大宗师》，其中说："泉涸，鱼相与处于陆，相呴以湿，相濡以沫。"呴(xǔ)，张口呼气。这句话说的是泉水干涸了，有两条鱼在陆地上相互依存，用张口哈出的气湿润对方，互相沾濡对方的涎沫，比喻在困难中以微小的力量互相帮助。这里的泉涸之鱼和涸辙之鱼还是有区别的，不过都有处境困难这个共通点，这可能是发生混淆的原因。简单来说，"涸辙之鱼"讲的是一条鱼的故事，"泉涸之鱼"则是两条鱼的故事。记住这一点，就不容易把两者搞混。

澈，指水清。"涸澈之鱼"讲不通。

正音室

“脍”字怎么读

◎木　子

央视中文国际频道2019年8月18日《快乐汉语》的主题词是“宴”。讲到宴会上菜的摆放位置时，导师说：“最远的一排就是huì，现在韩国人把生鱼片叫huì，这东西是细切的鱼肉。”同步出现的字幕中将huì写作“脍”，屏幕上出现的示意图中也写作“脍”。但“脍”字不读huì。

脍，音kuài。《说文》：“脍，细切肉也。”是切得很细的鱼和肉。《论语·乡党》：“食不厌精，脍不厌细。”说的就是粮食不嫌舂得精，鱼和肉不嫌切得细。上述节目中，导师所介绍的摆放位置，与《礼记》中的相关描述一致。《礼记·曲礼上》有：“凡进食之礼，左殽（通“肴”，带骨的熟肉）右胾（音zì，切成大块的肉），食居人之左，羹居人之右。脍炙处外，醯（xī，醋）酱处内……”大意是说人吃饭的时候有这样的礼仪，左边放带骨的熟肉，右边放切成大块的肉，主食在左，汤羹在右。切细的鱼和肉及烤熟的肉放在外边，醋和肉酱放在内侧。可见，应是导师误读了“脍”字。

鸩不读 jiū

◎王树凡

2019 年 1 月 5 日央视戏曲频道播放了京剧《捉放曹》，剧中有一个情节：曹操因刺杀董卓失败而逃走，途经中牟县被捕。在县衙大堂受审时，曹操向中牟县县令陈宫揭露了董卓的罪行。其中有一段唱词是："你怎知董卓贼犯奸作恶，鸩少帝坠太后臣伦尽夺。""曹操"把唱词中的"鸩"唱成 jiū，错了。

鸩，音 zhèn，是我国旧时传说中的一种毒鸟，为黑身赤目，羽毛紫绿色，雄的叫运日，雌的叫阴谐，性喜食蛇。传说若以其羽毛或粪便放入酒中，可制成有剧毒的"鸩酒"，能毒杀人。成语"饮鸩止渴"即用毒酒解渴，比喻用错误的办法来解决眼前的困难而不顾严重后果。历史传说古代皇宫中常以此作为谋杀或赐死的"上品"。"鸩少帝"即用毒酒毒杀少帝。"曹操"将"鸩"唱成 jiū，可能把"鸩"当作"鸠"来唱了。

鸠，读 jiū，是鸠鸽科部分鸟类的通称，通常是指该科中体型较小而尾长、外形像鸽子的一种鸟类，如斑鸠。鸠不是毒鸟，将其羽毛放在酒中，也是绝不可能制出毒药来的。"鸠少帝"说不通。

有此一说

别释“白衣冠”

◎石毓智

荆轲刺秦王的事迹是司马迁《史记》中写得最精彩的部分，甚至被后来的历史学家认为是“《史记》中第一激烈文字”，“太史公愤激著书处”。不知有多少史学家评价荆轲事迹的得失，又不知有多少文学家感叹其成败，但是很多人误解了司马迁所记录的史实。造成误解的原因之一就是对荆轲传中关键词语的训释失误。本文以一个关键词的训释为例，来说明如何通过词语训释来正确解读重大历史事件的真相。

太子丹不仅舍得财物，也很舍得身份。在荆轲答应了他的重托之后，他则“日造门下”，厚礼相待。待荆轲踏上征途时，太子丹又远送到易水之滨。《史记》有关记载为：

太子及宾客知其事者，皆白衣冠以送之。至易水上，既祖，取道，高渐离击筑，荆轲和而歌，为变徵之声，士皆垂泪涕泣。

关于太子及其宾客的服饰，最常见的说法是：他们穿的“白衣冠”为凶丧之服。太子丹这样做的原因是，一方面知道荆轲难以还国，表示哀悼，另一方面表示激励，让他们义无反顾。这种说法听起来也可以自圆其说，但是仔细推敲起来，会遇到以下几个问题：

问题一，这与太子的目的不相符。太子丹第一次见荆轲时说自己的“上愿”是生擒秦王，签返还六国土地的合约。荆轲临行前跟太子说的那句话“往而不返者，竖子也”，也说明他也在策划着回来方案。荆轲在秦廷里说的最后那句话：“事所以不成者，乃欲以生劫之，必得约契以报太子也。”也证明他们的首要目的还是要得到秦王的约契回报太子丹的。与秦王同归于尽，应该不是太子丹和荆轲的原意。

问题二，太子丹率领一帮宾客穿着白色的丧服，从蓟城走到易水，这么长一段路，该引起多少人的注意！之前太子丹清楚地知道这是“国之大事”，不可泄漏，怎么这个时候变得连这点头脑也没有了？

问题三，太子丹策划刺杀秦王的事恐怕是一直瞒着燕王喜的。如果太子丹一行穿着丧服送荆轲，这么大的动静，即使秦国不会马上知道，燕王喜也一定会马上得到通报，也许很快阻止刺秦行动，因为这会给燕国带来灭顶之灾。

我们认为，另外一种观点也许更合理，即这里的“白衣冠”指的是普通老百姓的衣服。

汉代以后习以“白衣”指称庶民的服装，因此“白衣”可借指平民。《史记·儒林列传》就有这样的用法：“公孙弘以《春秋》白衣为天子三公，封以平津侯。”其中就说公孙弘本是个平民学者。又如《风俗通义·三王》：“舜、禹本以白衣，砥行显名，升为天子。”顾炎武《日知录》卷二十五“白衣”就已明确指出：“白衣者，庶人之服。”根据《辞源》的记载，唐代以“白衫”称便服，又以“白丁”“白身”指平民，没有官职或者功名的人。

这样就可以解释通了。平时太子及其宾客穿的都是相对华丽的衣服，可是如果还穿着这些衣服送荆轲他们，等于告诉大家他们有重大活动。所以太子丹一行换上平民的衣服，以掩人耳目。《史记》只是说“太子及宾客”才“皆白衣冠”，显然不包括荆轲的那帮哥们儿如高渐离他们，因为这帮人本来穿的就是平民的衣服，而且也不是引人注目的重要政治人物，无须更换衣服。易水已经到了燕国的边界，太子丹也送到了不能再送的地方，也可看出他对荆轲为自己报仇的感激之情。

检测窗

编校差错扫描(十六)

◎王　敏

“抑或”不能作“亦或”

【**错例**】无论是数额的增加,亦或是机构的扩张,其规模都将超乎想象。

【简析】“亦或”应为“抑或”。“亦”是指事字,甲骨文写作,从大(正立之人形),左右腋下加点,本义指腋窝。《说文解字》:“亦,人之臂亦也。”徐灏注笺:“即古‘腋’字。”但是,“亦”字在甲骨文中就被假借用作副词,相当于“也、又、只是”等义,其本义反而不用了。“抑”,其初文为“印”字,本义指按。《说文解字》:“归,按也,从反印。抑,俗从手。”甲骨文中印归正写反写无差别,都是印字。引申指压制、控制,如“压抑”“平抑”。又引申指忧闷,如“抑郁”。又用作连词,表示选择,相当于“或是、还是”,如:“求之与?抑与之与?”“抑或”表示选择关系,用法等于“抑”。“亦”不表选择,“抑或”不能写成“亦或”。

“辩”“辨”如今不通假

【**错例**】对很多同学来说,毕业论文答辨并不容易。

【简析】“答辨”应为“答辩”。“辩”与“辨”有共同的部件——辡(biàn)。“辡”是会意字,从二辛。“辛”是象形字,甲骨文作，象实施黥（qíng，在人脸上刺字并涂墨）刑的刑具。刑具是用于有罪之人的，“辛”以具体代抽象，其本义是“罪”。《说文解字》：“辛，罪也。”“辡”从二辛会意，本义是辩解、争辩。《说文解字》：“辡，罪人相与讼也。”清代饶炯在《部首订》中说：“辡，即争辩本字，谓罪人互讼，争论曲直，各自疏解其事，故从二辛见义。盖辡为罪人自辩其非。”从构字上说，“辩”是会意兼形声，从言从辡，辡亦声，其本义是争辩以决是非。《墨子·经上》：“辩，争彼（彼，指论题）也。”“辨”是形声字，从刀辡声，本义指判别、分辨。《说文解字》：“辧（即辨），判也。”“辩”与“辨”古汉语中可通假，但如今二者已分工。“答辩”指答复别人的指责、控告等，为个人的行为或论点辩护，不能写成“答辨”。

“一箪食”与“单”无关

【错例】一单食，一瓢饮，颜回不改其乐。

【简析】“一单食”应为“一箪食”。“单”，繁体字为“單”，象形字，甲骨文写作，这是古代狩猎工具的样子。这个武器是在绳索两端各拴上一个石球，用时握住绳索中间，让石球在空中旋转，朝逃跑的野兽抛出，石球飞旋使绳索缠住野兽的腿或角。“獸”（简化字为“兽”）即从狩猎石球和猎犬会意，指狩猎目标。后“單”引申指武器，“戰”（简化字为“战”）、“彈”（简化字为“弹”）等字皆从之。有意思的是，狩猎石球两两配用，但“单”却引申泛指一个（与“双”相对）。“箪”，形声字，从竹单声，本义指盛饭的竹器。《说文解字》：“箪，笥也。”“一箪食，一瓢饮，在陋巷，人不堪其忧，回也不改其乐。贤哉回也！”《论语》中这段赞扬颜回的文字，后来缩写成“箪食瓢饮”，成了生活简朴、安贫乐道的典故。在这里

“箪”与“单”同音，但含义迥异，不能混为一谈。

刻铁称“镂”线称“缕”

【错例】这些古建筑精雕细缕，飞金重彩，布局合理，造型典雅。

【简析】“精雕细缕”应为“精雕细镂”。“镂”和“缕”都是形声字，声旁都是“娄”。“镂”音 lòu，从金，本义指坚硬的铁。《说文解字》：“镂，刚铁，可以刻镂。”段玉裁注：“镂本刚铁之名，刚铁可受镌刻，故镌刻亦曰镂。”因此，“镂”用作动词，指的是雕刻，如“锲而不舍，金石可镂”。“缕”音 lǚ，本义指丝线、麻线。《说文解字》：“缕，线也。”如“千丝万缕”。引申泛指线状物，如“云缕”“香缕”。又用作副词，引申指逐条地、细致地，如“条分缕析”。还可作量词，如“一缕阳光”。“精雕细镂”，精心细致地雕刻，比喻做事认真细致。其中“镂”与“雕”同义，错成“缕”就语义不通了。

形容惭愧不“舔”脸

【错例】她四处为前夫筹钱，又舔着脸去医院，帮着照顾前夫。

【简析】“舔着脸”应为“觍着脸”。“舔”是形声字，从舌忝声，本义指以舌触物或取食。《字汇·舌部》：“舔，以舌舔物。”如“舔碗”“舔食”。“觍”也是形声字，从见典声，本义指面有愧色。《字汇·见部》：“觍，面惭也。”如“觍颜”即羞愧的脸色，“觍然”即羞愧的样子。“觍”也指厚脸皮，如“觍颜”也指厚颜，“觍然”也指厚颜无耻的样子。“觍着脸”是口语的说法，意思是厚着脸皮。“觍”与“舔”都读 tiǎn，但形义截然不同，“觍着脸”不能写成“舔着脸”。

网言网语

从"柠檬人"到"柠檬精"

◎杜蓓琪

近来成精势力又添一员猛将"柠檬精",它起源于电竞圈。由于某电竞战队未获奖,其粉丝就发表了很多酸气十足的话语,被各路粉丝戏称为"柠檬人"。

原来有一句熟语"吃不到葡萄说葡萄酸",用来形容妒忌的心态。但是在网络时代,"柠檬"代替了"葡萄"成为"酸"的代名词。说到柠檬,大家的第一反应肯定是很酸,柠檬的酸属性比葡萄更明显,因此网友们选择了"吃柠檬"来表示妒忌。"吃柠檬"的人就是"柠檬人",形容那些躲在键盘后表达很多酸言酸语的人,他们通过贬低别人来提升自己的优越感,嫉妒心很强。而"柠檬人"成精就变成"柠檬精","柠檬精"是"柠檬人"的升级版。

"柠檬人"和"柠檬精"的兴起与如火如荼的粉丝文化有着密不可分的关系。在网络上的攻击成本如此之低,网络生态也就不那么和谐,出现了一些非理智粉。他们往往会失去客观性、不加思考地维护自家偶像,而且讽刺、攻击别家的粉丝,现在对他们也有了新的称呼——"柠檬粉"。

"柠檬精"最初的产生是为了嘲讽他人,近来它的贬义色彩在不断下降。"柠檬精"们也意识到自己在嫉妒,但明明知道嫉妒不好,又很难战胜这种情绪,于是坦然承认"我酸了,我是柠檬精",有着自嘲、调侃之意。"酸"如果打成柠檬的表情符号,则又衍生出"我柠檬了"这一流行语。此外还衍生出许多其他变体,如"柠檬树上柠檬果,柠檬树下你和我

（只有我）”“我坐在高高的柠檬山上”“一起恰柠檬”（“恰”是“吃”的方言表达）……这里面的嫉妒之情也往往变化为一种羡慕之意。

“柠檬精”贬义色彩的褪去还体现在柠檬没那么酸了，“柠檬精”中出现了“酸甜柠檬精”这一种类，用来形容被别人的浪漫爱情甜到，又不禁产生醋意的复杂心情。原来，“柠檬精”酸在嘴里，甜在心头，这和之前流行的“发糖”“撒糖”也有了呼应之处，还有了“柠檬糖”的说法，“今天是柠檬糖”，“柠檬糖也是糖”，其中包含着一种欣赏和祝福。

“柠檬精”从 2017 年产生，到现在产生了更强大的生命力，很直接的一个原因是我们处在一个信息爆炸的时代。小时候羡慕学习好的同学，到现在什么都成了我们羡慕的对象。看到网络上铺天盖地的秀恩爱行为，我们会不禁酸一下，网友们还把 2 月 14 日情人节称作“柠檬日”或“柠檬节”；看到偶像的超高颜值，底下就有一大片粉丝为之酸倒；看到同龄人找到了好工作，有了可观的收入，一股柠檬的气息才下眉头，却上心头……我们只能说“不知道为什么，柠檬它围绕着我”。

此外，更重要的一个原因是“柠檬”和当下社会心理暗合。“羡慕嫉妒恨”是一种普遍的人类情感，我们有着追求理想生活的愿望，但往往被生活本身所局限，最终止步于艳羡他人的人生，“柠檬”一词让这种隐秘的情绪以一种玩笑化的方式得以抒发。用法上，网友更倾向于用柠檬的表情符号来代替“柠檬”二字，柠檬的表情多么可爱，也更加委婉，于是我们的屏幕就被黄黄的一大片“”笼罩了。在这扎堆的柠檬体中，檬友们在彼此身上求得了一种认同，自嘲中既带有好笑，又透露着心酸。

希望大家都做一个理智而文明的“柠檬精”，可以“恰酸”，但不可过度，小酸怡情，大酸伤身。

小议“刚刚”体

◎关　玥

在如今的政务和官媒新媒体平台上，“刚刚”体已经成为了一种普遍的标题模式，例如：

刚刚，“安比”登录崇明！

刚刚，剑桥大学这样回应“承认中国高考成绩”

“刚刚体”走红还要追溯到 2017 年 6 月 21 日，新华社微信公众号推送了一则消息，标题为《刚刚，沙特王储被废了》，短时间内刷爆微信朋友圈，形成了当天社交平台的现象级话题。其实，大多数网友很可能都说不出沙特王储的名字，就连对他为何被废也不感兴趣，更不会好奇接任王储之位的是谁，但是标题中的“刚刚”二字成功地引起了大家的注意。

“刚刚”是一个限定性时间副词，意为“非常短的时间之前”。在传统的用法中，多把“刚刚”放在句中位置，例如“我刚刚回来，先休息一会儿”。而在新华社的新闻标题中，“刚刚”被放置到了句首位置，担任时间性句首状语。这样的处理就十分契合新闻的本质特点。新闻是新近发生事实的报道，依靠真实和迅捷来吸引受众。当传统媒体向新媒体平台发展，新闻的播报不再拘泥于早、午、晚的时间段限制，随时随地推送要闻。“刚刚”二字突显了新闻的时效性，简洁凝练地向公众传递最新重大消息。同时，“刚刚体”也十分契合大众在短时间内快捷获取有效信息的需求。网络世界的资讯层出不穷，订阅的公众号、朋友圈无暇刷遍，而“刚刚体”自带“划重点”的特效，甚至不用点开标题，都能大体知道消息的主要内容，以至于有网友调侃道，“刚刚一出，必有大事”。

作为“国社”的新华社主动“放下身段”，采用了“刚刚”这种接地气的词语，让人不禁眼前一亮。传统意义上，新华社播发的突发新闻，一般会在开头标注“快讯”“简讯”或是“详讯”。而沙特王储被废的这条消息则属于“快讯”。倘若把“快讯：沙特王储被废”和“刚刚，沙特王储被废”进行比较，就可以发现“快讯”是一种正式的新闻表述，而“刚刚体”则显得自然直接。不同于以往官媒从上至下的严肃传播，“刚刚体”拉近了权威媒体与大众的距离，就像是朋友之间平等地分享最新资讯。官媒的权威性丝毫未被削弱，反倒是增添了几分生动活泼。

在“刚刚体”的带动下，各类政务和官媒新媒体平台纷纷沿用了这套新型话语模式，例如环球时报、共青团中央、中国邮政等。除了发源之初的政治新闻，随着“刚刚体”的蓬勃发展，它涵盖了新闻的多种题材。例如气象新闻，“刚刚，超级蓝血月全食来了”；又如法治新闻，“刚刚，这个恶魔被执行死刑”；再如教育新闻，“刚刚，2019考研国家线公布”；还有财经新闻，“刚刚，邮储银行公布2018年度业绩”……“刚刚体”能够在各类题材的土壤上生根发芽，既突出了消息的新鲜度，又拉近了与读者之间的距离，为传统的严肃新闻报道注入了新的活力。

“刚刚体”很好地适应了网络传播的语境，简洁精练又富有个性的表达颠覆了传统官媒“枯燥”“刻板”等印象，使网民们乐意去主动关注时政要闻。“刚刚体”提升了时政新闻的网络传播效果，也为新媒体平台上的官媒报道开拓了新的方向。

“头秃”与精神困境

◎颜鑫渝

不知不觉，“头秃”这个词语已经走进大家的生活，让青年一代对之产生强烈的共鸣。我们在生活中除了见识“头秃”的现象，更是经常听到“我头要秃了”“真令人感到头秃”“学到头秃”等直接表述，以及“头有点冷”“头发渐渐消失”等间接表达。“头秃”产生了一种新的语义和语境，反映着当代青年面对生活压力的精神状态。

“头秃”一词最早是指一种生理现象，即“头上没有或有很少的头发”，也就是常说的“秃顶”。但是，“头秃”与“秃顶”语义相近，使用语境却发生了改变。“秃顶”在大家的印象中，是发生在中老年男性身上的一个生理现象。但是在当今社会，不少青年已不同程度地出现了掉发现象，重者已致全秃，轻者则发量减少……广大群众便把这一现象与高压力、高强度的工作环境以及平时熬夜、饮食不规律等不良生活习惯联系起来，认为正是由于生活的艰辛，他们的身体机能衰老加速，青年男性提前出现了中年大叔的秃顶症状，而女性则出现了不同程度的脱发，于是纷纷叫嚷着自己“要秃了”。不过，“头秃”虽带一个“秃”字，但是表达的却不光是“一根头发都没有”的含义，还包含“发量减少”“因压力脱发”等现象，“头秃”在不少情况下是一个带有夸张成分的词语，从一个描述生理变化的词语变成了描述精神状态的词语。

最能表现这一情况的莫过于网上曾经流传的一名同学从本科到博士期间的证件照，三张证件照分别展示了一名“90后”容貌的先后变化，而最引人注意的在于他从浓密到稀疏的头发。不少同样在学术研究过程中经历了挑灯苦读、废寝忘食的网友，见此便纷纷大呼“学到头秃”“学习真叫人头秃”，更是用秃头的表情包表达了内心的共鸣。照片中的博士生并非完全无头发，网友想来也不是如此，在这里的“头秃”指的只是由于环境压力大而导致的不同程度的脱发。除了刻苦学习的学生，“头秃”的情形还适用于各种高压力的工作者，大家面对困境的心酸和压力尽在不言之中。

“头秃”来源于有压力，因此当人们感到有压力，哪怕只是轻微压力的时候，也会说一句“真令人感到头秃啊”，以此表达他们对眼前棘手境遇的感叹。在这种情况下，“头秃”并不指当事人出现了任何秃头现象，而是指当前情景比较棘手，需要动脑思考一番才能解决。从这个角度看，“头秃”具有了困境难以马上解决的意思。有时，这种“头秃”还具有抱怨的意味，比如“单身真叫人头秃”，显然不是单身让人头发一根根掉落，更不是单身让人面对超级强大的压力，而是人们抱怨单身这个境遇让他们感到焦虑，但是又无法马上解决。

同时，“头秃”也衍生出了一系列相关表达，比如开篇所说的“头冷”，指因为头发减少，在天气寒冷时头部没有遮盖物而感到寒冷。这里对头秃有了打趣的意味，和“令人感到头秃”有一些共通之处，比如“学建筑很容易的，就是头有点冷”。这里更多的是打趣和消遣的意味，减少了博士生与高压力工作者那种与生活抗衡的心酸。

头秃的语境有种种不同，但是它们却殊途同归，指向了当下青年面对高压力、快节奏的生活而应接不暇的社会现象。虽说人生需要压力，但是还是希望大家能够好好平衡自己的工作与休闲时间，调整好面对困难的心态，别让“头秃”的精神困境过早降临。

“粉身碎骨”如何英译

◎陆建非

国家主席习近平于2019年10月13日在加德满都同尼泊尔总理奥利会谈。奥利表示，尼方坚定支持中国维护主权和领土完整，坚定奉行一个中国原则，坚决反对也决不允许任何势力利用尼泊尔领土从事反华分裂活动。习近平强调：“任何人企图在中国任何地区搞分裂，结果只能是粉身碎骨；任何支持分裂中国的外部势力只能被中国人民视为痴心妄想！”

对习近平的表态，外媒普遍译成“Anyone attempting to split China in any part of the country will end in crushed bodies and shattered bones.”（如美国《华盛顿邮报》、美国之音、英国《卫报》等）这样的翻译即把习近平话中的“粉身碎骨”，直译为“crushed bodies and shattered bones”。“crush”和“shatter”都有砸碎、打碎的意思，字面意思就是“打碎身体，砸碎骨头”，由此可以看出，这个译法是非常直白的。而新华社英文稿则展现出些许委婉格调，只用了“crush”一个词就一笔带过，减少视觉冲击力：“Anyone attempting ... will be crushed”。

“粉身碎骨”，即身躯粉碎。最早见于唐朝蒋防《霍小玉传》：“平生志愿，今日获从，粉骨碎身，誓不相舍。”多指为了达到某种目的而牺牲生命，也可比喻遭到彻底失败或遭遇极大的磨难。例如：“如果战争狂人胆敢轻举妄动，发动战争，结果必然会被压在大山底下，弄得粉身碎骨。”（杨朔《东风第一枝》）英语可译成“smash body into powder and break the bones into pieces”。

事实上，英语中关于“粉身碎骨”，还有两种比较常见的译法。一种更直白，更血腥：be chopped up for mincemeat，字面意思是“剁成碎肉”。另一种则尽显悲壮气息，甚至有点儿浪漫：deserve to die a thousand deaths，即“应该死去一千回”。在爱情小说里，如果男主角在表白爱意时说“For the sake of love, I would die a thousand deaths（为了爱而粉身碎骨）”，听上去颇有一种痴情汉的浪漫情调，不会让人有血腥的联想。而在此类语境中倘若用上“crushed bodies and shattered bones”的说法，那可能就会把姑娘给吓跑了。规而不拘，译无定法，全看译者的取舍标准，同时也得考量具体语境以及对方的感受程度，一般不主张一字一词的对等直译。

而网络上对于“粉身碎骨”的翻译也就更多样了，而且不乏委婉达意的译例，摘录一些如下：

1. 如果你已被炸得粉身碎骨，并弄丢了钢盔，他们依然会给你寄账单。（If you get blown up and you lose your helmet, they still bill you.）此处用“blown up”（爆裂）来表达“粉身碎骨”之义。

2. 那只鸟粉身碎骨，成了几根可怜的羽毛。（The bird disintegrated into a few pathetic feathers.）“disintegrate”有瓦解、碎裂的意思，与“粉身碎骨”的意思相近。

3. 他们正好踩上了饵雷，结果被炸得粉身碎骨。（They walked right into a booby-trap and got blown to smithereens.）“smithereen”义为碎片，“get blown to smithereens”字面意思即“炸成碎片”，与“炸得粉身碎骨”想表达的意思是一致的。

华语圈

「捡到枪」

［中国台湾］高婉瑜

台湾政治人物、新闻媒体常用“捡到枪”一语，如有媒体说：“民进党当局要给低薪族‘发红包’，没想到却被打得‘满头包’。最近蔡英文频繁在社交媒体上发声，为自己的‘政绩’鼓噪。她在回应网友时说，加薪不用‘捡到枪’。”大陆朋友听了也许一头雾水，不晓得什么是“捡到枪”。

“捡到枪”的来源，有人说是警察抓到持枪之人时，按例询问枪是谁的、从哪边来的等问题，对方往往不会承认，有的会辩称“捡到的”，以推脱责任。由此“捡到枪”引申出“说谎”之义。

其实，“捡到枪”的语义是有一个演变过程的。早在1989年，台湾已经有人说“捡到枪”了。当年台湾治安不佳，出现了多起绑票案，有关负责人在回应民意代表质询时竟称：“这几天我们走路真的会捡到枪。”他所谓“捡到枪”用的是词面义，意思就是捡到枪。捡到的枪当然是绑匪掉下的，他想用此说法说明当时绑匪猖獗至极。

这种说法当然很夸张，就算绑匪多，市民在大街上“捡到枪”的概率还是非常低的。也许正因为如此，后来“捡到枪”引申出“夸大其词”“乱编理由说谎”等义。现在，“捡到枪”的意思又有了新的发展，指“说话如同捡到了一把枪，‘十分呛辣’”。进一步引申，“捡到枪”还指“呛”。前述所谓“加薪不用捡到枪”，意思就是“加薪这件事不用呛了”。

有意思的是，模仿“捡到枪”，后续台湾又出现了更具威力的“捡到炮”“捡到坦克”甚至“捡到原子弹”“捡到核弹头”等等说法。“捡到 + 武器”的“捡”，语义逐渐弱化，不管武器种类是否容许"捡",统统都可说"捡到"。也不管"捡"到的是什么武器,其意思仍指"说话直接火爆、呛辣、呛"。不过,借由武器威力的增加,"呛"的"火力"也在增强。

(作者是高雄师范大学国文学系教授)

马来西亚的"神"族词语

[马来西亚]邓月璇

神,在《现代汉语词典》里这么解释:"宗教指天地万物的创造者和统治者,迷信的人指神仙或能力、德行高超的人物死后的精灵。"同时也可形容"特别高超或出奇"。

华语圈各地都有大量的"神"族语词,马来西亚就特别多,现介绍几个如下:

挖土机是最重要的工程机械,它长长的吊臂能伸能屈,挖土搬泥,移动钢管、水泥板,人力望尘莫及,马来西亚称它为"神手"。江湖术士常假借"神力"骗财骗色,马来西亚将之称为"神棍"。《全球华语大词典》收有"神棍"词条,"指耍弄玄虚手法假托鬼神的骗子"。"神字"是赌徒们下注买的万字号码,多是从神庙问卜求签时"求"来的。为了发财转运,还有人去专门的坟场求"神水"。号曰"神水",其实是一些山泉水,被"有心人"赋予"神力",说是"能祛病转运",不少迷信的人趋之若骛地去取用,当然啦,不低的费用是少不了的。

这些语词,无疑是马来西亚通俗文化或草根文化的代表符号。

(作者是马来西亚《中国报》助理编辑主任)

读书

姐是谁

◎周振鹤

姐是母亲，汉代时就这样了，《说文解字》载："蜀谓母曰姐。"今天依然如此。湖南耒阳就称母谓jià，写出来就是姐。福建莆田仙游人现在不叫母亲姐了，但在唱莆仙戏时，还唱的是姐。戏曲唱词有时也是保留古代语言的活化石。还有些词从侧面也可以看出姐在古代是用来称母的，如丈母娘，在福鼎市沙埕话（此话保留早期泉州话的特点）中叫丈母姐，可见姐与娘可以相当。姐还有祖的意思，长沙人就叫祖母作艾姐（āijǐ）。虽然jǐ和jià音不同，但都是姐。"艾"是接头词，如同"阿"字。"艾姐"也有写成娭毑的，但那是方言字，不晓得本字为何而自造的。姐在某些地方甚至是父母的合称，如湖南江永人在泛指父母时，就只用"姐"一字。若分别父母而言之，则父为姐爷，母为姐娘。当然现代也渐为爸、妈代替了。关于姐是母亲，过去有人已注意到。徐振之《四绘轩诗钞·彬阳竹枝词》唱道："小槽醇酒不论钱，夜合花前一醉眠。毑去传言呼阿崽，郎来随意认同年。"自注曰："白酒曰醇酒，毑音姐，崽音宰，称母曰毑，呼儿曰崽，男妇以同年称，则往还若兄弟。"

不但姐是母亲，姐姐也是母亲。宋叶绍翁《四朝闻见录》载宋高宗宪圣曰："极知汝相同劳苦，反与后进者齿，朕甚有愧。俟姐姐（指高宗母韦太后）归，尔其选已。"事实上以姐姐称母在文献上的记载比这还要早，只不过写成姊姊就是。据《北史》，太原王绍德因不得见

郑和为什么叫三保太监

◎郑张尚芳

约600年前，郑和统率两万七千多人的庞大舰队，七下西洋（当时称婆罗洲即文莱以东为东洋，以西为西洋），最远到达东非的麻林国，就是现在肯尼亚的马林迪。至今肯尼亚海滨拉穆群岛的帕泰岛西尤村，还留有一群船队沉船水手传下的后裔，其中一个名叫夏瑞福（Mwamaka Shariff）的女孩，在纪念郑和下西洋600周年的活动中，还得到中国教育部特批的公费留学中国的名额。

郑和下西洋意义深远，至今东南亚好多地方立有奉祀郑和的庙宇，据不完全统计有14座，以印度尼西亚6座、马来西亚4座为多，多以“三保”命名。如中爪哇三宝垄的三保庙是印尼第一大华人庙宇。马来西亚登嘉楼州的三保公庙、槟城的郑和三保宫、沙捞越州尖山的义文宫三保庙都很有名。郑和把凿井技术传至日惹等地，这里的水井通常叫作“三宝井”。

其母，愠曰：“儿岂不知耶，姊姊腹大，故不见儿。”除称母外，姊姊在当时也用来称乳母，见《北齐书·琅琊王俨传》，不赘引。

姐有时可作“者”，以音同而替用。关汉卿《拜月亭》第二折云：“又被哨马赶上，轰散俺子母两人，不知阿者那里去了！”此处“阿者”之“者”，即姐，音 jia（今厦门音读“者”犹如是），亦是母之义。

（选自《逸言殊语》，上海人民出版社2008年8月出版）

中国台湾的三宝姜、榴梿也有跟郑和有关的传说。

所以孙中山先生也赞扬他：至今南洋土人犹有怀想当年三保之雄风遗烈者，可谓壮矣！

为什么东南亚各国不以郑和本名而以“三保（宝）太监”称呼？纪念他的庙宇为什么叫“三保宫”？有好几种说法：

1. 他小名三保。

2. 他有一兄，四姊妹。可能是一兄一姊，所以行三，叫三宝。

3. 由“佛、法、僧”的“三宝”来。

4. 他历事永乐、洪熙、宣德三朝皇帝，俱受宠信重任。

第四和第二种说法皆不可信。郑和下西洋在永乐朝，当时已经被称为三保太监，跟历事三朝不搭边。男人的排行一般是据兄弟说的，他是次子，应是老二。

再据史传谱记，郑和出身于穆斯林世家，公元1371年生于云南昆明州和代村（今昆明市晋宁县宝山乡）马姓回族家庭，父亲祖父都曾远渡重洋去麦加朝圣，从而得到“哈只”的称号（《滇绎》：“回教之例凡朝天方而归者称哈儿只，犹言师尊也。”此为hadji的译音）。永乐三年（1405）其父马哈只的墓志铭说，郑和“自幼有材志，事今天子，赐姓郑，为内官太监”。他家是元代的色目贵族，约在傅友德、沐英定云南时被俘，明初边将常有俘幼童阉割以充内侍的恶习，他因此被送到燕王藩邸当宦官。郑或许是俘送者的姓，或抚养太监的姓。唐时著名太监高力士原名冯元一，也以其父被诛的罪孥身份由岭南招讨使作为阉童送入宫，由高姓内侍抚养因而随之改名，情况类似。大约到后来他随燕王征战有功，官至司礼监，才认回父母的。但以这样出身的家庭，小名绝不会取佛教三宝之名，也不会以此为称号的。

“三宝”或“三保”这个词，应当是由伊朗语系统的“萨保”或“萨宝”转来的。斯坦因盗掘敦煌长城烽燧发现的晋时粟特语信札中已有 saartpaaw，是商队首领的意思，后又以为祆教教职之名。唐有《米萨宝墓志》，“萨宝”也为人名。这在穆斯林家庭里应该是很常见且被尊重的名字。

因此，其穆斯林家庭以此为之取名，或者此后在下西洋时，别人以此尊称他，都是有可能的。郑和正是由于出身于虔诚的穆斯林家庭，家族有远航的渊源，才被选为远航舰队领袖的。随从郑和出没红海的主要是会讲阿拉伯语的穆斯林，航行到一些文化比较原始的国家时，他还修造了清真寺，这是他最初的基本信仰。

现在昆明话“萨”读 sa 阴平，“三”读 sa 鼻化阴平，两个音也还很近。如果用来对译 saartpaaw 的第一音节，都是适宜的。

不过，由于肩负通好不同信仰各族的责任，郑和也对佛教等相当尊重。斯里兰卡有一块郑和竖立的石碑，碑上分别用中文、泰米尔文、波斯文三种文字镌刻了祈求佛祖、湿婆神和真主保佑的文字。这是他出使中要交好佛教、印度教国家的需要，表示对不同信仰的尊重，体现了特别宽和的宗教精神。

郑和还曾出资印造大藏经，捐赠给故乡云南五华寺，五华寺有他的施印大藏经的发愿文，表示他又有佛弟子的名分，这是符合皇帝要他和好各族各教的需求，有利于他肩负的使命的。但也不能由这些行为就推断他的小名取义于“三宝”，否则也不能解释为什么记作“三保”的要远远多于“三宝”。

（选自《胭脂与焉支》，上海教育出版社 2019 年 4 月出版）

向你挑战

谁更有资格

（文中有十处差错，你能找出来吗？答案在本期找）

◎梁北夕　设计

酒店正在举行一场盛大的宴会，出席者是在慈善活动中捐出巨款的社会名流。他们大都是捐款过百万的商业巨擘。

宴会厅里灯火阑珊，流光溢彩，谈笑风声。一位亿万富翁忽然撇见大厅角落的沙发上坐着一个沉默不语的人，于是端着红酒杯走了过去。

“嗨，朋友，”富翁打招乎道，“你也是这里的客人吗？”

“是的，先生。”那个人彬彬有理地回答。

“哦，那我们可以认识一下，请问你是做什么的？”富翁又问。

“我是报社的专栏作家。”那人答道。

听到这个回答，富翁感到有些意外，惊讶地睁大了眼睛说：“哦？你非常成功，能来这里的人捐款都不少于一百万以上。”

“我是例外，”专栏作家淡淡一笑，“我的捐款额只有五万元。”

“什么？”富翁先是一楞，继而哈哈大笑起来，指高气扬地挑恤道，“你有什么资格出席今晚的宴会？”

这话听起来非常刺耳，作家不卑不亢，正色道：“我当然有资格，先生！我虽然只捐了五万，但那却是我全部财产的二分之一。而你呢，捐了一百万，但相对你的财产只不过九牛一毛。请问，到底谁更有资格站在这里？”

富翁顿时无言以对。

广角镜

咬文嚼字讲习所第二十四期剪影

2019 年 10 月 21 日至 25 日，咬文嚼字讲习所第二十四期在上海成功举办。本期学员共 78 人，来自 7 个省、区、市的 54 家新闻出版、文化教育单位（编 者）

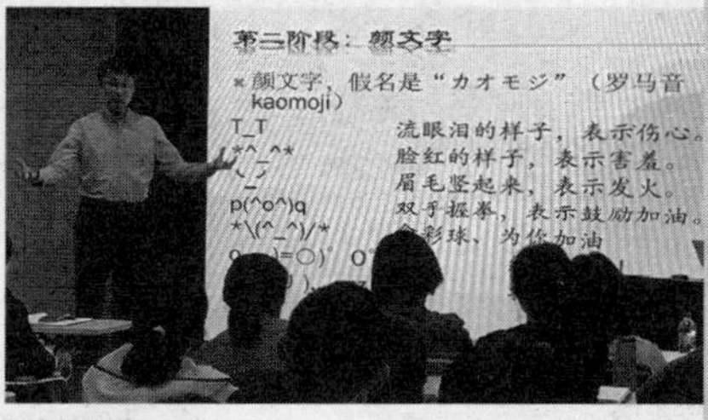

教师授课各有风采

学员听讲聚精会神

随堂测验全力以赴

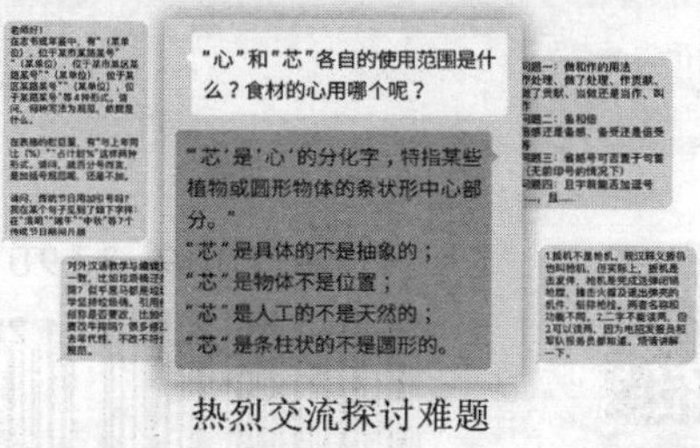

热烈交流探讨难题

圆满结业喜获证书

火眼金睛

图中差错知多少？

高维翰　陈　敏　提供
贾鸣谦　马兆家

（答案在本期找）

1

2

3

4

ISSN 1009-2390
12>
9 771009 239197

2019年荣誉校对名录

田玉道	吴孝成	陈关春	侯新民	石　勇
孙延宜	孙凯歌	辜良仲	阎德喜	袁品荣
陈福季	霍民起	张骏鹏	厉国轩	刘曰建
叶才林	韩翕言	姜登榜	李景祥	龙启群
黄丹曙	李丽妍	周国梁	金火生	韩铁民
唐　原	陈　瑞	阙新建	王　旭	张　林
张子方	李可钦	裘　真	道书元	刘　晨
段智玲	黄乾康	方必成	李　玲	刘丽艳
徐建娇	余雪光	顾银乔	毛纬武	周建群
高　峰	陈　霞			